Marcel Link

Schritt für Schritt zum erfolgreichen Trader

MARCEL LINK

Schritt für Schritt zum erfolgreichen TRADER

Mit der größten Wahrscheinlichkeit zum Erfolg

FinanzBuch Verlag

Bibliografische Information der Deutschen Bibliothek:
Die Deutsche Bibliothek verzeichnet diese Publikation in der
Deutschen Nationalbibliografie; detaillierte bibliografische Daten
sind im Internet über **http://dnb.ddb.de** abrufbar.

Original edition copyright © 2003 by Marcel Link. All rights reserved.
German edition copyright © 2007 by FinanzBuch Verlag. All rights reserved.
Das Originalbuch erschien 2003 unter dem Titel »High Probability Trading. Take the Steps to Become a Successful Trader« bei The McGraw-Hill Companies, Inc.

Gesamtbearbeitung: Druckerei Joh. Walch, Augsburg
Lektorat: Dr. Renate Oettinger
Covergestaltung: Judith Wittmann
Druck: Druckerei Joh. Walch, Augsburg
Übersetzung: baerenundbullen Ltd.

1. Auflage 2007
© 2007 FinanzBuch Verlag GmbH
Frundsbergstraße 23
80634 München
Tel.: 089 651285-0
Fax: 089 652096

Alle Rechte vorbehalten, einschließlich derjenigen des auszugsweisen Abdrucks sowie der photomechanischen und elektronischen Wiedergabe. Dieses Buch will keine spezifischen Anlage-Empfehlungen geben und enthält lediglich allgemeine Hinweise. Autor, Herausgeber und die zitierten Quellen haften nicht für etwaige Verluste, die aufgrund der Umsetzung ihrer Gedanken und Ideen entstehen.

Den Autor erreichen Sie unter
link@finanzbuchverlag.de

ISBN 978-3-89879-238-7

Weitere Infos zum Thema
www.finanzbuchverlag.de
Gerne übersenden wir Ihnen unser aktuelles Verlagsprogramm

Dieses Buch widme ich sowohl den Lesern (ich will hoffen, dass es ein paar davon gibt), die alles in ihrer Macht Stehende tun, um bessere Trader zu werden, als auch denjenigen, die nichts dafür tun, sich zu verbessern. Schließlich sorgen Letztere dafür, dass es Ihnen und mir ein bisschen leichter fällt, Geld zu verdienen.

Vielen Dank, dass Sie sich für dieses Buch entschieden haben. Ich hoffe, dass es Ihnen hilft und Sie Freude daran haben.

Inhalt

| | Danksagung | 9 |
| | Vorwort | 11 |

TEIL 1	*Die Bausteine*	19
KAPITEL 1	Die Ausbildung zum Trader	21
KAPITEL 2	Realistische Ziele setzen	44
KAPITEL 3	Gleiche Rahmenbedingungen schaffen	67

| **TEIL 2** | *Richtige Anwendung von News* | 81 |
| KAPITEL 4 | Mit News richtig traden | 83 |

TEIL 3	*Technische Analyse*	101
KAPITEL 5	Erhöhen Sie Ihre Chancen mit Mehrfach-Zeitrahmen	103
KAPITEL 6	Mit dem Trend traden	122
KAPITEL 7	Der Umgang mit Oszillatoren	150
KAPITEL 8	Break-Outs und Umschwünge	179
KAPITEL 9	Exits und Stopps	209
KAPITEL 10	Trades mit hoher Erfolgswahrscheinlichkeit durchführen	245

TEIL 4	*Mit einem Plan traden*	263
KAPITEL 11	Der Trading-Plan und die richtige Strategie.	265
KAPITEL 12	System-Trading.	279
KAPITEL 13	Exkurs: Systeme testen	305
KAPITEL 14	Wie man einen Money-Management-Plan richtig einsetzt .	325
KAPITEL 15	Risikoparameter bestimmen und einen Money-Management-Plan erstellen.	338
TEIL 5	*Selbstkontrolle*	361
KAPITEL 16	Disziplin: Der Schlüssel zum Erfolg	363
KAPITEL 17	Die Gefahren des Tradens ohne Absicherung.	378
KAPITEL 18	Die innere Seite beim Trading: einen klaren Kopf bewahren	407
	Über den Autor.	429
	Index	431

Danksagung

Dieses Buch ist zweierlei Lesern gewidmet (und wenn ich sage: zwei, dann hoffe ich, dass es mehr als zwei von Ihnen sind): denjenigen, die was auch immer tun, um bessere Trader zu werden, und jenen Tradern, die nichts tun, um sich zu verbessern. Weil diese leichter Geld verdienen werden, so wie Sie und ich.

Vielen Dank für die Entscheidung für dieses Buch. Ich hoffe, dass es Ihnen hilft und dass Sie es genießen werden.

Vorwort

Börsenhandel ist einfach; jeder, der ein paar Euros übrig hat, kann ihn betreiben. Geld damit zu verdienen ist jedoch etwas komplett anderes. Beim Börsenhandel ist es ganz einfach so, dass fast 90 Prozent aller Rohstoff-Trader und der ins Tagesgeschäft involvierten Wertpapierhändler Geld verlieren. Die Geldanlage in Aktien hingegen wurde immer als sicheres langfristiges Spiel angesehen. Ich muss jedoch – nun, da ich dies schreibe – zugeben, dass dies wohl nicht mehr der Fall ist. Woran liegt es denn nun, dass so viele Händler Geld verlieren? Haben sie alle etwas gemeinsam, was sie ständig verlieren lässt? Warum verdienen einige wenige Händler ständig Geld, während die große Masse verliert? Worin bestehen die grundlegenden Eigenschaften, die den erfolgreichen Händler vom Verlierer unterscheiden und umgekehrt? Kann ein Verlierer zum Gewinner werden? Was machen schlechte Händler, was gute Händler nicht tun? Oder was noch viel wichtiger ist: Was machen erfolgreiche Händler anders?

Angesichts eines so hohen Prozentsatzes von Händlern, die Geld verlieren, muss es bestimmte Dinge geben, die allen gemein sind und solche Ergebnisse hervorrufen. Im Verlauf dieses Buches werde ich versuchen, diese Fragen zu beantworten. So werde ich genau beschreiben, inwieweit sich erfolgreiche Händler anders verhalten und immer wieder Geld machen, indem sie Geschäfte mit einer hohen Gewinnwahrscheinlichkeit eingehen und gleichzeitig häufig gemachte Fehler vermeiden. Es ist sehr wichtig, dass man lernt, wie man erfolgreich handelt. Mindestens genauso wichtig ist es aber, dass man lernt, wie man es vermeidet zu verlieren. Wer sich darüber nicht im Klaren ist, wird es schwer haben, über den Berg zu kommen und zu einem erfolgreichen Händler zu werden. Ich werde mich nicht darauf beschränken, die Schwächen der Händler herauszuarbeiten; vielmehr werde ich den Lesern helfen, diese häufigen Fehler erst gar nicht zu begehen, indem ich ihnen zeige, wie ein erfolgreicher Händler in der gleichen Situation reagieren würde. Mein Ziel ist es, allen Händlern die Denkweise eines erfolgreichen Händlers einzuimpfen.

Es gibt kein Patentrezept dafür, wie man zu einem erfolgreichen Trader wird. Sicherlich gehören harte Arbeit, Erfahrung, Kapital und Disziplin zu den Hauptbestandteilen. Obwohl die meisten Geld verlieren werden, glaube ich, dass der Durchschnittsmensch durchaus zu einem erfolgreichen Händler werden kann, wenn er es schafft, mit den Prozentzahlen richtig umzugehen. Für die Mehrheit der Top-Händler begann der Börsenhandel mit einer frustrierenden Aktiennotierung. Aber dann schafften sie die Wende. Natürlich gibt es ein paar Händler, die gleich zu Beginn das nötige Glück haben. Normalerweise stellt der Handel aber einen Lernprozess dar, und man braucht mehrere Jahre, um klarzukommen. Ein wesentlicher Teil dieses Lernprozesses besteht in der Fähigkeit, den Unterschied zwischen aussichtsreichen und weniger aussichtsreichen Marktsituationen zu erkennen. Dadurch kann man Geschäfte, die wenig Erfolg versprechend sind, allmählich herausfiltern und stattdessen andere intensiver betreiben.

Viele Börsenbücher, die ich gelesen habe, vermitteln den Eindruck, der Börsenhandel sei ein Kinderspiel, und man müsse nur das entsprechende Buch lesen, um damit klarzukommen. Dies ist nicht der Fall. Lesen hilft sicherlich, aber Erfahrung ist ein viel besserer Ratgeber. Meiner Meinung nach besteht eine der besten Möglichkeiten, sich zu verbessern, darin, dass man versucht, Fehler aus der Vergangenheit zu korrigieren. Es ist leicht, einem Händler zu sagen, wie er vorgehen soll, und ihm beizubringen, dass der Handel mit den potenziell höchsten Gewinnen zu einem möglichst niedrigen Risiko die besten Erfolgsaussichten bietet. Doch es gibt nichts, was ein Buch einen lehren kann, damit ein 1.000-Dollar-Verlust sich nicht weiter ausdehnt. Kein Buch kann einem beibringen, wie man mental mit Verlusten umgeht oder in welcher Form Emotionen die Handelsgewohnheiten beeinflussen. Nur wer selber Geld aufs Spiel setzt, kann den Schmerz und die Ausgelassenheit nachvollziehen, die einen Händler dazu bringen können, sich unberechenbar zu verhalten. Handel auf dem Papier kann bei einigen Dingen hilfreich sein, aber man muss tatsächliches Geld einsetzen, um zu lernen, wie man mit Emotionen und Risiko umgeht. In der Theorie folgt man bestimmten Regeln bis ins kleinste Detail, aber sobald echtes Geld im Spiel ist, neigt man dazu, diese Regeln zu missachten.

Die ersten Jahre eines Traders werden voller Fehler sein. Diese Fehler sind wichtig. Schließlich kann ein Händler nur dann, wenn er merkt, was er falsch macht, sich allmählich darauf konzentrieren, diese Fehler nicht ständig zu wiederholen. Indem er schlechte Handelsgeschäfte aussondert, kann ein Händler zu einem insgesamt besseren Händler werden. Es ist wichtig zu zeigen, warum manche Geschäfte, die Gewinne versprechen, sich als schlecht entpuppen – einfach deshalb, weil sie ein hohes Chance-Risiko-Verhältnis haben. Einige Geschäfte lohnen das Risiko nicht und sollten unbedingt vermieden werden. Um erfolgreich Handel zu betreiben, sollte man stets bemüht sein, Geschäfte zu betreiben, die im Vergleich zum Gewinn ein eher geringes Risiko besitzen.

■ VORWORT

Im Verlauf des Buches werde ich die wichtigsten Punkte ein ums andere Mal wiederholen; ich tue dies nicht, weil mein Verleger ein dickeres Buch möchte, sondern weil diese grundlegenden Dinge durch ständiges Wiederholen dem Leser im Gedächtnis bleiben. Nach der Lektüre von »Technische Trading-Strategien« sollte man zwischen verschiedenen Formen von Kaufgelegenheiten unterscheiden können und in der Lage sein, eine Gewinn versprechende Vorgehensweise zu wählen. Wenn Sie derzeit an der Börse handeln und Geld verloren haben, wird Ihnen dieses Buch nicht nur bei der Suche nach dem Warum helfen, sondern Sie auch bei der Bewältigung Ihrer Fehler unterstützen. Es wird Ihnen dabei helfen zu verstehen, warum ein Trading-Plan so wichtig ist, und Ihnen zeigen, wie man ihn erstellt. Ohne einen solchen sollte man sowieso nicht handeln. Ein Trading-Plan muss nicht bis ins Detail ausgetüftelt sein, aber jeder Händler sollte einen haben.

Da ich sowohl mit Aktien als auch mit Waren gehandelt habe, werde ich in diesem Buch auf beide eingehen. Hierbei bezieht sich der Ausdruck »Markt« auf beide.

Ursprünglich sollte sich dieses Buch auf den Handel mit Rohstoffen konzentrieren, aber ich habe es erweitert, damit auch Aktienhändler davon profitieren können. Handel ist Handel, ganz gleich, ob jemand mit IBM, Yahoo, Schweinebäuchen oder S&P-500-Futures handelt; im Grunde ist alles dasselbe. Es gibt ein paar Unterschiede wie etwa Margen, Hebeleffekte, Software, ablaufende Verträge und Limitierungen. Meistens gilt jedoch Folgendes: Wer das eine handeln kann, kann auch das andere handeln. Das Buch weist zwar eine gewisse Tendenz zu Tageshändlern auf, hat aber dennoch zum Ziel, allen Händlern zu helfen – vom Anfänger bis hin zum alten Hasen, egal ob es sich um Tageshändler oder Händler, die Positionen übernehmen, handelt.

WAS BEDEUTET »HANDEL MIT HOHER GEWINN-WAHRSCHEINLICHKEIT«?

Meiner Definition nach handelt es sich beim Handel mit hoher Gewinnwahrscheinlichkeit um Geschäfte mit einem niedrigen Chance-Risiko-Verhältnis. Diese wurden bezüglich ihrer Erfolgsaussichten mithilfe vorgegebener Parameter mehrfach getestet. Die besten Trader handeln immer dann, wenn die Chancen gut für sie stehen, und nicht nur, weil der Markt offen ist. Sie handeln aus einem Grund: *um Geld zu verdienen* und nicht, um sich zu amüsieren. Größtenteils werden gewinnträchtige Geschäfte nur in der Richtung der allgemeinen Marktentwicklung getätigt. Wenn sich der Markt nach oben entwickelt, wird ein Händler erst auf einen »Dip« (gewisser Abwärtstrend) warten und einige Unterstützungs-Levels ausprobieren, bevor er einsteigt. Dips sind nichts anderes als Wellen innerhalb eines Trends, und obwohl es recht lukrativ sein kann, wenn man Leerverkäufe tätigt, sollte man einen solchen

Handel eher vermeiden, da er nur wenig Prozente Gewinn bringt. An Gewinnchancen ausgerichtete Trader wissen, wie man seine Verluste einschränkt, und lassen ihre guten Geschäfte einfach laufen. Man kann sich in diesem Geschäft nicht durchsetzen, wenn man, sobald man verliert, gleich 500 Dollar verliert und gleichzeitig mit seinen guten Geschäften nur 200 Dollar gewinnt, weil man zu sehr darauf aus ist, Gewinne zu machen. Es ist nicht nur wichtig, Gewinne laufen zu lassen, sondern auch, zu wissen, wann man einen Gewinn mitnehmen sollte. Viele schlechte Händler schauen dabei zu, wie erfolgreiche Geschäfte zu Nieten verkommen, nur weil sie nicht wissen, wann man aus einem guten Handel aussteigen sollte, oder weil sie keine Exit-Regeln haben. Aus einem Handel auszusteigen ist sogar wichtiger als den Handel einzugehen, denn damit entscheidet sich, ob man gewinnt oder verliert. Wenn ein Händler wahllos Geschäfte eingeht, aber dabei genau weiß, wie er anständig aus der Sache rauskommt, dann handelt es sich bei ihm höchstwahrscheinlich um einen erfolgreichen Händler. Obwohl die Erfolgsquote immer am höchsten scheint, wenn man der allgemeinen Marktlage folgt, kann es durchaus recht Erfolg versprechend sein, wenn man versucht, Höchst- oder Tiefstwerte mitzunehmen. Voraussetzung dabei ist, dass das richtige Verhaltensmuster vorherrscht und der Händler schnell erkennt, wann er danebenliegt. Beim Versuch, das Ende eines Trends abzupassen, werden Händler oft danebenliegen. Daher müssen sie in der Lage sein, schnell zu akzeptieren, dass sie sich geirrt haben. Wenn man bei der Mitnahme eines Höchst- oder Tiefstwertes richtig liegt, kann die Belohnung enorm sein; insgesamt können diese Geschäfte eine hohe Erfolgswahrscheinlichkeit aufweisen. Es ist egal, welchen Handelsstil man pflegt: Wenn ein Händler diszipliniert vorgeht und über eine solide Handelsstrategie sowie einen Money-Management-Plan verfügt, kann er Geld verdienen.

Als guter Trader muss man über einen Trading-Plan verfügen. Dies beinhaltet Handelsstrategien, und – ganz wichtig – man sollte wissen, wie man mit Risiken umgeht. Dieses Buch hilft Ihnen als Händler dabei, all die notwendigen Fähigkeiten und Werkzeuge zu entwickeln, die man braucht, um einen passenden Trading-Plan zu erarbeiten. Da jeder seinen ureigenen Stil hat, gibt es keinen allgemein gültigen Trading-Plan, der bei jedem funktioniert. Jeder Einzelne muss einen Plan erstellen, der am besten zu seinen Geschäften und seiner Psychologie passt. Sobald erst einmal ein Plan erstellt wurde, ist der schlimmste Teil der Arbeit überstanden. Dennoch versäumen es viele Händler, Zeit in die Erarbeitung eines Plans zu investieren, und stürzen sich stattdessen gleich auf die Börse.

WAS MACHT EINEN GUTEN TRADER AUS?

Kurz gesagt: Ein Händler, der Geld macht, arbeitet, wenn die Börse geschlossen ist, genauso hart, wie er es tut, wenn der Markt offen ist. Diese Händler wissen schon

■ VORWORT

vorher, auf welchen Märkten sie handeln und wie ihre Handlungen aussehen werden. Sie warten geduldig darauf, dass Ihnen der Markt die Chance eröffnet, einzutreten, und sind sehr schnell wieder weg, sobald sie danebenliegen. Sie suchen Märkte oder Aktien, die im Trend liegen, und warten auf einen Kursrückgang, um in den Handel einsteigen zu können. Sie versuchen nicht, den Markt zu überlisten oder zu glauben, sie seien besser als der Markt; sie nehmen, was der Markt ihnen gibt. Sie haben ihre Emotionen absolut im Griff, sind immer voll konzentriert, gehen nicht zu viele Spread-Positionen ein und spekulieren nicht ohne Absicherung.

Ein Trader mit guten Erfolgsaussichten verfügt über die folgenden Attribute: Er

… ist mit ausreichend Kapital ausgestattet,
… sieht Trading als Geschäft an,
… hat eine niedrige Toleranzgrenze für Risiko,
… handelt nur, wenn der Markt ihm eine Chance bietet,
… kann Emotionen kontrollieren,
… verfügt über einen Trading-Plan,
… verfügt über einen Risk-Management-Plan,
… ist äußerst diszipliniert,
… ist hoch konzentriert und
… hat seine Trading-Methodik mehrfach getestet.

Ein Händler, der wahrscheinlich scheitern wird, verfügt über eines der folgenden Attribute: Er

… hat zu wenig Kapital,
… hat zu wenig Disziplin,
… spekuliert ohne Absicherung,
… versteht die Märkte nicht,
… geht vorschnell einen Handel ein,
… jagt den Markt,
… hat Angst, den Zug zu versäumen,
… ist eigensinnig und in eine Position oder Idee verliebt,
… bewertet Neuigkeiten falsch,
… sucht stets nach Home Runs,
… lässt Verluste zu groß werden,
… greift bei Gewinnern vorschnell zu,
… nimmt den Handel zu locker,
… geht große Risiken ein und
… hat seine Emotionen kaum unter Kontrolle.

ÜBER DAS BUCH

In diesem Buch werde ich immer wieder persönliche Beispiele anführen sowie Beispiele von Händlern, die ich kenne, unter denen es sowohl gute als auch schlechte Trader gibt. Ich kenne Händler, die furchtbar angefangen haben, danach aber in der Lage waren, die Wende zu schaffen, und viele, die einfach nicht dazulernen. Ich werde diese Beispiele verwenden, um meinen Standpunkt besser zu verdeutlichen, wenn ich herausstellen will, was man tun sollte und was nicht. Ich schütze die Identität dieser Leute, um sie vor peinlichen Situationen zu bewahren. Ich bin nicht gerade stolz darauf, Ihnen sagen zu müssen, dass ich ein schrecklicher Trader war, und ich werde meine unrentablen Gewohnheiten ausführlich beschreiben, aber auch diejenigen, die mir während meiner Karriere bei anderen aufgefallen sind. Ich hatte schon immer ein gutes Gefühl für die allgemeine Marktentwicklung, aber es gab zu viele Nebenkriegsschauplätze, die mich am Erfolg hinderten. Als ich es geschafft hatte, diese Schwächen zu überwinden, und gelernt hatte, dann zu handeln, wenn alles für mich sprach, wendete sich das Blatt. Mein Wendepunkt kam hauptsächlich durch die Beobachtung guter und schlechter Händler zustande. Dadurch ahmte ich die für einen erfolgreichen Händler charakteristischen Dinge nach, während ich zugleich alles vermied, was ich mit einem schlechten Händler gemeinsam hatte. Dass ich besser wurde, hatte auch damit zu tun, dass ich meine unrentablen Geschäfte analysierte und versuchte, meine Schlüsse daraus zu ziehen. Schließlich tut es irgendwann weh, wenn man ständig nur verliert; genau wie bei einem Kind, das erst an die heiße Herdplatte langen muss, kann Schmerz ein guter Lehrer sein. Was mir auch half, war die Tatsache, dass ich neben einem Typen saß, der einfach nur schrecklich war; er hörte nicht auf, immer wieder die gleichen Fehler zu machen. Ich konnte gewisse Ähnlichkeiten zu mir feststellen und entschied spontan, dass es höchste Zeit sei, daran etwas zu ändern. Ihm beim Handel zuzuschauen half mir dabei, mir meine eigenen Fehler deutlicher vor Augen zu führen.

Technische Trading Strategien wird dem Leser die wichtigsten Aspekte, die meiner Meinung nach einen erfolgreichen Händler ausmachen, veranschaulichen. Das Buch behandelt die meisten Aspekte des Tradens. Zunächst geht es um die Bausteine, die jeder Händler benötigt, um Erfolg zu haben, und schließlich um Disziplin und um die emotionalen Faktoren, mit denen Trader konfrontiert werden. Zwischendurch beschäftigen wir uns ausführlich mit technischer und fundamentaler Analyse, damit, wie man einen Game-Plan, einen Trading-Plan und einen Risk-Management-Plan erstellt und anwendet, sowie mit dem Schreiben und dem Backtest eines Systems. Dies wird den Lesern helfen zu lernen, wann man am besten handelt und wie man gleichzeitig die wohlbekannten Verlustsituationen umgeht. Ich werde jedes Kapitel mit einem kurzen Abschnitt – »Ein besserer Trader werden« – beschließen. Diesem lasse ich einige Anregungen folgen hinsichtlich dessen, was man tun sollte und was man besser unterlässt, sowie einige Fragen, die sich ein

Händler selbst stellen kann, um zu überprüfen, ob er das Richtige tut. Dies sollte Ihnen beim Ermitteln Ihrer eigenen Stärken und Schwächen helfen und Sie auf den richtigen Weg hin zu einem erfolgreichen Trader führen.

ÜBER MICH

Ich selbst war ein perfektes Beispiel dafür, was ein Händler nicht tun sollte. Wenn es eine Möglichkeit gab, beim Traden Geld zu verlieren, dann habe ich sie genutzt. An der Börse seit 1990 aktiv, verlor ich sieben Jahre lang permanent Geld, bis ich endlich die Wende schaffte. Ich war ausdauernd und entschlossen genug, um zu wissen, was ich wollte, und um hart genug dafür zu arbeiten. Dadurch, dass ich seit 14 Jahren als Angestellter, Parketthändler, Retailbroker oder Trader in dem Geschäft dabei bin, habe ich schon nahezu jeden Fehler, den ein Trader machen kann, gesehen oder selbst gemacht. In all den Jahren genoss ich den Luxus, ständig den erfolgreichen professionellen Tradern, aber auch den weniger erfolgreichen über die Schulter schauen zu können. Dadurch konnte ich die verschiedenen Qualitäten dieser Leute begutachten. Ich habe gesehen, wie sie dieselben Geschäfte am Laufen hatten. Doch während die guten Trader Geld daraus machten, schienen die schlechten dazu nicht in der Lage. Durch meine Kundschaft konnte ich als Broker regelmäßig beobachten, wie und warum der durchschnittliche Trader wiederholt Geld verliert. Und was noch viel wichtiger war, ich konnte sehen, was ich mit schlechten Tradern gemein hatte. Dadurch wurde mir bewusst, dass ich meinen Stil ändern musste, um Erfolg zu haben. Das Traden ohne Absicherung etwa war der größte Klotz am Bein, bis ich feststellte, dass auch alle anderen Trader, die ohne Absicherung handelten, Verluste einfuhren. Die Händler, die selektiver vorgingen, fuhren letztlich auch das große Geld ein. Im Verlauf dieses Buches werde ich genau erklären, welche Maßnahmen ich ergriffen habe, um mich zu einem besseren Händler zu entwickeln. Gleichzeitig werde ich zeigen, wie man mit der nötigen Entschlossenheit dasselbe erreichen kann. Es ist nicht leicht zu lernen, wie man eine schlechte Gewohnheit ablegt, aber es ist nötig, wenn man ein besserer Trader werden will.

EIN KURZER BERUFLICHER RÜCKBLICK

Nach einem kurzen Intermezzo als Börsenmakler im Jahre 1987 arbeitete ich als Angestellter für Rohöl-Optionsgeschäfte an der New Yorker Handelsbörse. Wenige Jahre später kratzte ich 30.000 Dollar zusammen und bekam einen Sitz an der »New York Futures Exchange« (New Yorker Börse für Termingeschäfte). Außerdem handelte ich mit Dollar-Index-Futures.

Da ich zu wenig Kapital zur Verfügung hatte, dauerte es nur wenige Monate, bis ich die Hälfte meines Geldes durch einen einzigen Fehler verloren hatte. Nun hatte ich aber nicht mehr ausreichend Geld, um aus diesem Tal herauszukommen. Daher bündelte ich meine Kräfte und tat mich mit einem Partner zusammen, mit dem ich eine Handelspartnerschaft gründete. Wir begannen, aus einem Maklerbüro zu traden – gemeinsam mit mehreren anderen erfahrenen Ex-Parkett-/Börsenhändlern. Hier lernte ich, Charts zu lesen, und ich begann damit, Systeme zu erstellen.

Von 1995 bis 1997 legte ich eine Pause ein und handelte nicht mehr hauptberuflich, um mein Studium abzuschließen. Als ich fertig war, entschloss ich mich, eine Diskontmaklerfirma ins Leben zu rufen: »Link Futures«. Der Online-Handel an den Terminbörsen steckte noch in den Kinderschuhen, und relativ wenige Firmen hatten einen Internetauftritt. Link Futures bot fundierte Diskont-Maklertätigkeiten an und hatte eine Handelsstelle, wo Trader handeln konnten. Leider entwickelte sich der Online-Handel zu einem wahren Wahn, und größere Firmen begannen damit, sich gegenseitig im Preis zu unterbieten. Das bedeutete, dass ich wieder einmal zu wenig Kapital zur Verfügung hatte: Ich verfügte nicht über den nötigen Werbeetat, um konkurrenzfähig zu sein und um mein Geschäft ins Laufen zu bringen. Das Positive an der Sache war, dass ich meine Handelsgewohnheiten allmählich immer mehr verbesserte, da ich beobachten konnte, was meine Kunden falsch machten.

Im März 2000 wurde mir eine Position im Handel mit Equities angeboten, und ich musste nicht lange überlegen, um mich dafür zu entscheiden, dieses Angebot anzunehmen. Mein Potenzial als Trader war im Vergleich zu dem Potenzial meiner Maklerfirma wesentlich größer, sodass ich mich dazu entschloss, ein Eigenkapitalhändler zu werden. Nur sehr wenige Leute können von sich behaupten, dass sie ihren Job lieben, aber ich gehöre wirklich dazu.

Hier noch eine abschließende Bemerkung: Wenn ich von Händlern rede, verwende ich immer die männliche Form. Ich bin kein Sexist; ich tue das nur zur Vereinfachung. Obwohl der Handel hauptsächlich eine von Männern dominierte Industrie ist, gibt es auch weibliche Händler, die ihre Sache recht gut machen. Bei Link Futures hatte ich eine Partnerin, und sie war großartig.

Viel Spaß mit dem Buch!

TEIL 1

Die Bausteine

KAPITEL 1

Die Ausbildung zum Trader

Wie man Geld mit Gefäßchirurgie, mit Haushaltsartikeln und Küchenutensilien verdient. Ich denke nicht, dass man solch ein Buch lesen würde in der Hoffnung, während der Freizeit schnell mal eine Operation am offenen Herzen durchführen zu können. Dennoch lassen sich viele auf das Trading ein, obwohl sie keinerlei oder nur wenig Erfahrung haben, und erwarten, dass sie nach der Lektüre von ein bis zwei Büchern Erfolg haben.

Ärzte, Anwälte und Ingenieure müssen jahrelang studieren, bevor sie ihren Beruf ausüben und damit ihren Lebensunterhalt verdienen können. Ein Baseball-Profi spielt erst ein paar Jahre in den unteren Klassen, bevor er in der ersten Liga mit den Stars zusammenkommt. Football- und Basketballspieler spielen in den ersten vier Jahren ihrer Karriere in College-Mannschaften, und danach werden nur die besten von ihnen mit Profi-Verträgen ausgestattet. Elektriker, Installateure und Schweißer machen zunächst einmal eine Lehre. All diese Menschen entscheiden sich nicht dafür, auf einem bestimmten Gebiet zu arbeiten, um dies gleich vom ersten Tag an zu tun, sondern sie arbeiten gezielt darauf hin.

Warum also sollten Trader glauben, sie seien anders oder etwas Besseres? Schließlich versuchen sie, in einem Beruf Fuß zu fassen, den ich persönlich für den härtesten halte, wenn es darum geht, seine Hoffnungen auf Erfolg mit wenig oder gar keiner Erfahrung umzusetzen. So wie es Jahre dauert, um ein Chirurg zu werden, muss auch ein Händler Zeit investieren, bevor er mit Erfolgen rechnen kann. Wie in jedem anderen Beruf, benötigt auch ein Händler die richtige Ausbildung. Leider bietet Harvard keinen Studiengang auf diesem Gebiet an. Die einzige »Schulung«, die ein Händler beim Erlernen seines Berufs erhält, besteht in der praktischen Erfahrung. Somit kann man das Geld, das er verliert, als Studiengebühr betrachten. Durch diese Verluste kann er hoffentlich die nötige Erfahrung sammeln, um später ein erfolgreicher Trader zu werden.

DIE LEHRJAHRE

Die ersten Jahre als Händler sollte man als Lehrjahre betrachten. Dies ist nicht die Zeit fürs große Geld; vielmehr sollte man sich darauf konzentrieren, sein Geld zusammenzuhalten und sich fortzubilden. Dieser Lebensabschnitt sollte genauso behandelt werden wie die Schulzeit. Wenn man als Händler anfängt, wird man etliche Fehler begehen, und zwar ganz einfach deshalb, weil man es nicht besser weiß. Es ist kein Problem, ein bisschen Geld zu verlieren. Trader, die am Beginn ihrer Karriere stehen, sollten sogar darauf vorbereitet sein. Man sollte sein Kapital nicht als Geschäftskapital betrachten, sondern eher als Lehrgeld. Zu Beginn sollte man nur einen kleinen Teil seines Geldes riskieren, gerade so viel, dass man sich nasse Füße holt und ein Lernprozess einsetzt. Zu viele Händler agieren schon zu Beginn übereifrig und konzentrieren sich nur darauf, Geld zu machen, anstatt sich als Händler zu verbessern. Denken Sie immer daran, dass die meisten erfolgreichen Händler am Anfang ziemlich viel Geld verloren haben. Selbst die Mehrheit von Richard Dennis' »Turtle Traders« verlor in ihrem ersten Jahr Geld, bevor sie zu den weltweit mit am erfolgreichsten Händlern wurde. Fast alle Geschichten, die man in *Market Wizards* liest, handeln von Tradern, die ein- bis zweimal auf die Nase fielen, bevor sie aus ihren Fehlern lernten. Dabei ist es völlig egal, ob man in Aktien oder als Tageshändler in festverzinsliche Wertpapiere investiert; man muss sehr hart arbeiten und viel Erfahrung besitzen, um gut handeln zu können. Während viele Anfänger nach einem holprigen Start aufgeben, haben diejenigen, die sich durch einen Negativtrend nicht abschrecken lassen und ihn in Kauf nehmen, um Erfahrungen zu sammeln, gute Chancen, langfristig erfolgreich zu sein. Voraussetzung ist, dass sie ausreichend Kapital zur Verfügung haben.

Hier eine Auswahl dessen, was ein Trader braucht, um das nötige Rüstzeug zu erlangen: Er muss

… eine Order aufgeben,
… Charts lesen,
… die Technische Analyse verwenden,
… das Traden verschiedener Märkte verstehen,
… Neuigkeiten austauschen,
… Systeme erstellen,
… Systeme testen,
… Disziplin an den Tag legen,
… einen Money-Management-Plan erstellen,
… mit Risiken richtig umgehen,
… mit Verlusten klarzukommen lernen,
… einen Trading-Plan erstellen,
… seine Emotionen kontrollieren können und
… wissen, wann man traden sollte und wann besser nicht.

Ebenso wichtig: Händler müssen lernen, was sie nicht tun sollten: einige dieser Tabus sind die folgenden:

… die Märkte jagen,
… ohne das nötige Kapital traden,
… ohne Deckung spekulieren,
… die Verluste zu groß werden lassen,
… sich in eine Position verlieben,
… bei Gewinnern vorschnell zugreifen,
… zu viel Risiko eingehen,
… nur zum Spaß traden und
… eigensinnig sein.

Beim Traden durchläuft man einen ständigen Lernprozess. Man lernt es nicht im Schlaf, indem man vielleicht mal ein Buch liest oder ein Seminar besucht. Man kann fünf Bücher lesen, die sich damit beschäftigen, wie man richtig Tennis spielt, und danach noch ein paar Trainingsstunden nehmen. Man wird aber erst dann wettbewerbsfähig sein, wenn man auf den Platz geht und immer und immer wieder übt. Beim Traden verhält es sich kaum anders: Um richtig gut zu werden, muss man viel üben. Der einzige Unterschied zwischen Tennis und Traden ist, dass man als schlechter Tennisspieler immer noch Spaß hat und vielleicht sogar ein paar Pfund abnimmt, während man sich in Form bringt. Natürlich kann man auch beim Traden ein paar Pfund abnehmen, aber das liegt dann eher daran, dass man kein Geld mehr für Essen hat.

HANDEL AUF DEM PAPIER HILFT, IST ABER NICHT WIRKLICH DAS WAHRE

Egal, was man in einem Buch gelesen hat oder wie lange man schon auf dem Papier tradet, sobald jemand damit anfängt, wirklich zu traden, ist alles anders. Nie geahnte Fehler tauchen gleich reihenweise auf, und am besten ist, man macht sie, damit man sie später vermeidet. Durch den Verlust von Geld wird man sich seiner Fehler bewusst, und sobald dieselbe Situation erneut eintritt, wird man sich an sie erinnern. Der Verlust echten Geldes verursacht Schmerzen, die man beim Handel auf dem Papier nicht nachempfinden kann. Wenn man schließlich genug verloren hat, wird man lernen, nicht ständig dieselben Fehler zu machen. Obwohl der Handel auf dem Papier eine gute Möglichkeit für Anfänger darstellt und Händler erst dann Geld riskieren sollten, wenn sie ein hübsches Sümmchen verdient haben, ist es dennoch nicht dasselbe, wie wenn man echtes Geld aufs Spiel setzt. Ein Verlust von 1.000 Dollar auf dem Papier ist schnell verdaut; wenn es sich aber um echtes Geld handelt, kann es einem gehörig auf den Magen schlagen, und falls es an einem Freitag passiert, ist sogar das ganze Wochenende versaut. Diese Emotionen verspürt man beim Handel auf dem Papier normalerweise nicht. Schmerzen oder das bedrückende Gefühl, einen Fehler begangen zu haben, empfindet man dort jedenfalls nicht. Beim Handel auf dem Papier erhält niemand einen Margin Call und muss Positionen auflösen, und jeder erhält die besten Preise bei jedem Trade.

Wenn echtes Geld im Spiel ist, schaut die Sache schon ganz anders aus. Was man auf dem Papier nicht machen würde, tut man, sobald echtes Geld auf dem Spiel steht. Der Grenzwert, bis zu dem man Risiko geht, verändert sich, Gewinne werden zu schnell mitgenommen, Verluste lässt man zu groß werden, Slippage (Kursdifferenzen, die sich aus der zeitlichen Verzögerung zwischen Orderaufgabe und Ausführung an der Börse ergeben) und Vermittlungsprovisionen werden zu einem Hauptfaktor. Dies sind nur einige Dinge, die der Handel auf dem Papier nicht simulieren kann. Zwar ist es wichtig, echtes Geld zu riskieren, doch ist es eine kluge Entscheidung, erst auf dem Papier zu beginnen, bis man ein Gefühl für die Märkte entwickelt hat. Ich rate Ihnen auch ausdrücklich, alles zu lesen, was Sie in die Finger bekommen. Es gibt immer Platz für Verbesserungen, und nach mittlerweile 15 Jahren in diesem Geschäft versuche ich stets, mehr über das Traden zu lernen.

DIE AUSBILDUNG ZUM TRADER

Was das Lernen kostet

Nach allem, was ich bisher gehört, gelesen und gesehen habe, dauert es ungefähr drei bis fünf Jahre, bis ein Händler die Lernphase durchlaufen hat. Während dieser Zeit, in der er lernt und an seinen Fähigkeiten feilt, wird ein Trader seine »Ausbildung« ebenso bezahlen wie ein Anwalt, Abteilungsleiter oder Arzt, die 25.000 Dollar pro Jahr investiert haben, um ihr Handwerk zu erlernen. Da es keine Schule/Uni gibt, die er besuchen kann, profitieren andere, mit mehr Erfahrung ausgestattete Trader von seiner Ausbildung, indem sie ihn schulen und ihm ein paar Lektionen erteilen. Bald schon wird er dafür entschädigt und seinerseits wissbegierige »Studenten« unterweisen, die mit leuchtenden Augen zu ihm kommen. Alles in allem sollte man gewillt sein, mindestens 50.000 Dollar in seine Ausbildung zu stecken. Mit jedem schlechten Handel lernt man ein wenig dazu und wiederholt diesen Fehler danach hoffentlich nicht mehr. Das Traden gehört zweifellos zu den härtesten Berufen; man muss über sehr viel praktische Erfahrung verfügen, um gut zu sein. Lassen Sie sich von Verlusten nicht entmutigen – Erfahrung ist schließlich immer der beste Lehrer –; betrachten sie diese vielmehr als einen Teil Ihres Lernprozesses.

Startkapital

Wenn Sie nicht so viel »Glück« haben wie Hillary Clinton, die innerhalb eines Jahres durch Termingeschäfte mit Rindern aus 1.000 Dollar 100.000 Dollar machte, dann brauchen Sie wahrscheinlich etwas mehr Geld, um loszulegen. Wenn man realistisch ist und eine echte Chance zum Überleben haben will, braucht man meines Erachtens mindestens 25.000 bis 50.000 Dollar, einen Zeitraum von drei Jahren und einen sehr verständnisvollen Ehepartner. Viele gehen mit 5.000 Dollar auf dem Konto an die Börse und denken, damit seien sie ausreichend finanziert, um mit dem Traden anzufangen. Sie rechnen sich aus, sie hätten genug Geld, um die erforderlichen Margins zu erfüllen oder um die Aktien zu kaufen, die sie wollen, und bilden sich ein, das sei genug, um mit dem Traden zu beginnen. Sie bedenken überhaupt nicht, dass sie auch mal verlieren könnten, sondern gehen fest davon aus, dass sie vom Start weg Geld machen, was jedoch selten der Fall ist. Die meisten von ihnen verlieren daher zunächst einmal Geld – 80 bis 90 Prozent aller Trader, die neu an der Börse sind, machen innerhalb eines Jahres ausgeprägte Verluste. Je mehr Startkapital man zur Verfügung hat, desto wahrscheinlicher ist es, dass man am Ende des ersten Jahres noch dabei ist. Wenn Sie lediglich ein paar tausend Dollar haben und damit versuchen, mit dem Traden zu beginnen, dann würde ich Ihnen raten, Ihr Geld besser zu sparen oder in Investmentfonds zu stecken. Mit einer solch kleinen Summe kann man sich kaum einen Irrtum leisten, und man braucht nicht viele Fehler zu machen, bis man ganz schnell weg vom Fenster ist.

> **KLEINE UND GROSSE KONTEN**
>
> Das durchschnittliche Privatkonto, das wir bei Link Futures eröffnet haben, lag zwischen 3.000 und 5.000 Dollar. Paradoxerweise gingen diese kleinen Konten normalerweise das meiste Risiko ein und überlebten nur wenige Monate. Die Konten für 25.000 Dollar aufwärts handelten eher konservativ und hielten am längsten durch, nicht weil es sich bei diesen Leuten um bessere Trader handelte, sondern weil sie sich mehr Fehler leisten konnten.

Arbeitskapital

Zum Traden benötigt man mehr Kapital, als die meisten Trader glauben wollen. Man muss nicht nur die Anfangszeit überstehen, sondern auch sicherstellen, dass man für die Zeit danach über ausreichend Betriebskapital verfügt, um Erfolg haben zu können. Nichts ist frustrierender, als knapp bei Kasse zu sein, wenn die Kurse dabei sind, sich richtig zu entwickeln. Dies ist mir mehrfach passiert. Die große Markterholung, die ich so lange herbeigesehnt hatte, trat endlich ein, und ich hatte nicht mehr genug Geld zum Traden, da ich das wenige, das ich hatte, bereits verpulvert hatte. Ich hatte das Gefühl, dass die besten Kurse immer dann kamen, wenn ich mich nicht auf dem Markt befand. Ich sehe es noch vor mir, wie ich von draußen schimpfte, dass jetzt genau der richtige Kurs da sei, auf den ich immer gewartet hatte, ich aber nicht eingreifen konnte, da mir das nötige Arbeitskapital fehlte. Jetzt, da meine Mittel nicht mehr begrenzt sind, muss ich mir darüber keine Gedanken mehr machen: Ich weiß, dass ich beim nächsten günstigen Kurs da sein werde. Das heißt nicht, dass ich weniger vorsichtig sein kann; auch jetzt muss ich aufpassen, dass ich nicht zu viel verliere. Schließlich habe ich keine Lust darauf, in die Bredouille zu geraten. Aber zumindest muss ich mir keine Gedanken mehr darüber machen, wie ich wieder zu Geld komme; nun kann ich mich voll auf das Traden konzentrieren.

Wenn man beim Traden ängstlich mit seinem Geld umgeht, muss man sich darüber im Klaren sein, dass man in den ersten paar Jahren wahrscheinlich nicht vom Traden leben kann. Man muss in der Lage sein, das Traden mehrere Jahre lang zu finanzieren, nicht nur bei den ersten Geschäften. Wenn man mit einer Summe zwischen 25.000 und 50.000 Dollar anfängt zu traden und dabei konservativ vorgeht, hat man gute Chancen auf Erfolg – vielleicht nicht sofort, aber doch in angemessener Zeit. Ein Händler sollte sich nicht entmutigen lassen, wenn er verliert. Er sollte diese Kosten als Teil seines persönlichen Lernprozesses betrachten und versuchen, aus jedem verlorenen Dollar das Beste zu machen. Ich würde sagen, dass ich außer einer gelegentlichen Glückssträhne in sieben Jahre mehr als 75.000 Dollar verloren habe. Erst dann war ich in der Lage, durchweg gut zu traden. Ich lernte recht langsam.

Das Leben genießen

Abgesehen vom Geschäftskapital sollte man auch in der Lage sein, Rechnungen zu bezahlen und das Leben zu genießen. Es ist äußerst wichtig, eine solide Finanzierung zu haben, sodass man sich beim Traden nicht von anderen Dingen ablenken lässt, Dummheiten wie etwa: Wie bezahle ich meine Miete, mein Essen, den nächsten Kinobesuch? und so weiter. Wenn man sich erst einmal solche Gedanken macht, dann leidet das Geschäft darunter. Eines der schlimmsten Dinge, die ein Trader machen kann, ist, anzufangen zu hoffen, dass er von seinen Gewinnen beim Traden leben kann. Man braucht so viel Geld wie möglich auf seinem Konto; wenn man erst einmal damit anfängt, etwas Geld zur Begleichung von Rechnungen abzuheben, dann wirkt sich dies genauso auf das Konto aus wie mögliche Verluste. Ich kenne genügend Leute, die versucht haben, hauptberuflich an der Börse zu handeln, und schließlich wieder bei ihren Eltern eingezogen sind oder sich einige Jahre von ihrer Partnerin finanzieren ließen. All diese Leute waren sehr viel schlechter dran als diese Schnösel, die vom Geld ihrer Eltern leben und damit traden. Es kann ganz schön hart sein, wenn man nicht in Urlaub fahren kann oder am Wochenende zu Hause bleiben muss.

Man muss das Leben genießen können; wenn man mit Geld tradet, das man eigentlich für einen schönen Urlaub oder ein neues Auto eingeplant hat, ist man nicht mit ausreichend Kapital ausgestattet. Sie glauben ja gar nicht, welchen Unterschied es macht, wenn man entspannt an das Traden herangehen kann, weil man keine Geldsorgen hat. Als ich erstmals an der Börse getradet habe, tat ich dies mit geliehenem Geld. Ich war sofort gezwungen, Geld zu verdienen, um meine Schulden abbezahlen zu können, und meine finanzielle Lage war von Anfang an angespannt. Ich musste in der Nacht und an den Wochenenden arbeiten, um über die Runden zu kommen. Dies bedeutete aber auch, dass ich dem Traden nicht die notwendige Aufmerksamkeit widmen konnte. Die Zeiten, in denen ich mit Freunden um die Häuser zog und Spaß hatte, gehörten der Vergangenheit an – schließlich musste ich ständig arbeiten. Das alles war ziemlich deprimierend und spiegelte sich auch in meinem Verhalten an der Börse wider.

Die Werkzeuge

Wenn man das Ganze vernünftig angehen will, sollte man nicht nur über ausreichend Kapital zum Lernen, Traden und Leben verfügen, sondern auch sicherstellen, dass man die passenden Werkzeuge verwendet. Ein Trader benötigt, wie jeder Berufstätige auf anderen Gebieten auch, eine Reihe von Werkzeugen. Dazu gehören Charts, Kursdaten, Trading-Software, Feed-Aggregatoren und ein guter Computer. All dies ist nicht ganz billig, lohnt sich aber für einen Trader, der wettbewerbsfähig sein will. Solange man Werkzeuge benötigt, sollte man sie sich unbedingt beschaffen, und Geld sollte dabei eine eher untergeordnete Rolle spielen. Als ich damit begann, selbstständig zu traden, habe ich es versäumt, ausreichend in Tools zu investieren. Später, als ich mehr als 1.000 Dollar im Monat für verschiedene Dinge ausgab, wirkte sich dies auf mein Verhalten als Trader sehr positiv aus. In Kapitel 3, »Gleiche Rahmenbedingungen schaffen«, stelle ich einige der Werkzeuge vor, die einem dabei helfen können, ein besserer Trader zu werden.

AUS FEHLERN LERNEN

Jeder macht Fehler und erleidet Verluste. Der Unterschied zwischen einem erfolgreichen und einem weniger erfolgreichen Trader liegt in der Art und Weise, wie man mit diesen Fehlern umgeht. Ein guter Trader nimmt seine Fehler zur Kenntnis und versucht daraus zu lernen; ein schlechter Trader macht dieselben Fehler immer wieder, ohne daraus zu lernen. Schlaue Trader, die wiederholt Geld verloren, weil sie eine Aktie kauften, sobald sie in zehn Minuten um zwei Dollar stieg, kommen irgendwann einmal auf die Idee, dass es vielleicht nicht die aussichtsreichste Strategie ist, Aktien zu kaufen, deren Kurse gerade steigen. Diejenigen Trader, die ständig hinter einer bestimmten Aktie her sind, gleichen einem Idioten, der ständig versucht, eine Tür einzurennen, indem er seinen Kopf als Rammbock benutzt, anstatt nachzudenken, mit welchem Schlag man die Tür am besten aufbrechen kann. Ihnen ist es offensichtlich egal, dass ihre Chancen bei diesem Trade eher gering sind. Sie gehen vielmehr davon aus, dass ein guter Trade überfällig ist, den sie auf gar keinen Fall verpassen wollen. Jedes Mal, wenn Sie denken, etwas falsch gemacht zu haben, nehmen Sie sich die Zeit, darüber nachzudenken; fragen Sie sich selbst, was genau Sie falsch gemacht haben, wie Sie denselben Fehler in Zukunft vermeiden können, was Sie zu dieser Entscheidung veranlasst hat und was Sie vielleicht besser getan hätten. Genauso sollten Sie sich verhalten, wenn Sie richtig gehandelt haben. Diese kleinen mentalen Übungen werden Ihnen helfen, beim Traden so erfolgreich wie möglich zu sein.

Ein Fehler ist nicht zwangsläufig die Fehleinschätzung der allgemeinen Marktentwicklung; in etwa 50 Prozent aller Fälle wird ein Trader danebenliegen. Der Unterschied zwischen einem Fehler und einer guten Entscheidung liegt vielmehr darin, wie man mit einem Trade, der sich als Verlustgeschäft entpuppt, richtig umgeht. Sobald einem Trader klar wird, dass er falsch liegt, und er aussteigt, handelt es sich um eine gute Entscheidung; eine weniger gute Entscheidung ist es jedoch, krampfhaft an einem Trade festzuhalten in der Hoffnung, schon irgendwie aus der Sache rauszukommen. Fehler kann man auch bei letztlich rentablen Trades begehen. Es ist generell ein Fehler, den Markt zu jagen, egal ob man Geld macht oder nicht.

Fehler zu begehen und aus ihnen zu lernen ist Teil des Lernprozesses und gehört zum Traden einfach dazu. Aus diesem Grund haben Trader mit ausreichender Finanzierung auch bessere Überlebenschancen. Sie verfügen über einen gewissen Spielraum, um Fehler zu machen und daraus zu lernen, ohne gleich weg vom Fenster zu sein. Ein kleiner Trader läuft schnell Gefahr, sein gesamtes Kapital zu verlieren, bevor er richtig verstanden hat, was der Markt ihm eigentlich beibringen wollte.

EINE TEURE LEKTION

Als ich meinen ersten richtigen Treffer landete, verlor ich 12.000 Dollar durch Optionsgeschäfte, was etwa der Hälfte meines Kapitals entsprach. Damals beging ich viele Fehler, die ich heute nicht mehr machen würde. Ich war gierig, ungeduldig, spekulierte ohne Absicherung und hatte nicht ausreichend Kapital zur Verfügung. Zudem kümmerte ich mich nicht um Risikomanagement. Heute erkenne ich meine Fehler von damals; als ich sie zum ersten Mal beging, glaubte ich nicht, dass man überhaupt etwas falsch machen konnte. Man kann 20 Bücher über das Traden lesen, doch

> sie ersetzen nicht die Erfahrung, die einen lehrt, wie man mit solchen Situationen umzugehen hat. Trotz meines schwierigen Starts betrachte ich meine gesamte Erfahrung und all das verlorene Geld als Teil meines persönlichen Lernprozesses. Gleichzeitig hoffe ich, dass mir jeder Fehler und jeder verlorene Dollar auch etwas gebracht haben.

FEHLVERHALTEN NICHT WIEDERHOLEN

Ein Trader sollte nicht nur aus seinen Fehlern lernen, sondern auch erkennen, was gut war, damit er dieses Verhalten wiederholen kann. Leider trifft man bisweilen auch schlechte Entscheidungen, durch die man aus dem Markt gedrängt wird. Beispielsweise kann es passieren, dass ein Trader zu lange an Verlierern festhält, weil er auf einen Marktumschwung hofft, den er nicht verpassen will. Wenn ein Trader für dieses Verhalten einmal belohnt wird, kann es durchaus sein, dass er auch in Zukunft mit einer Belohnung rechnet und allgemein viel zu lange an Losern festhält. Es ist generell kein guter Handelsbrauch, eine Aktie zu halten, die um drei Dollar fällt, nur um schließlich einen Gewinn von fünf Cent mitzunehmen, nachdem sich die Aktie wieder erholt hat. Das Chance-Risiko-Verhältnis ist hier etwas unausgewogen, denke ich. Auf den ersten Blick mag dieser Trade erfolgreich sein, und es ist immer ein besseres Gefühl, ein paar Cents zu gewinnen als ein paar Dollars zu verlieren. Dennoch handelt es sich bei diesem vermeintlich rentablen Trade um einen schlechten Trade, der ein eventuelles Fehlverhalten noch verstärken könnte. Man hätte bei einem Kurs von 80 Cent aussteigen und nicht noch einen weiteren Rückgang mitmachen sollen; man sollte damit nicht auch noch belohnt werden. Das Beste, was jemandem passieren könnte, der sich so verhält, ist, dass er bei diesem Trade zehn Punkte verliert; spätestens dann wird diese Person lernen, Stopp-Loss-Orders einzusetzen.

Ich lasse meine Trades jeden Tag Revue passieren und vermerke alle schlechten Trades, die ich gemacht habe, in meinem geistigen »Rolodex«-Karteisystem. Dort kommen sie in den Ordner »Nicht wiederholen!«. Negatives Verhalten zu wiederholen ist für einen Trader ebenso schlecht, wie nicht aus seinen Fehlern zu lernen. Lieber verhalte ich mich bei einem Loser richtig, als dass ich bei einem erfolgreichen Trade unüberlegt agiere. Es geht mir gut, wenn ich aus einem schlechten Trade sofort aussteige und in der Folge beobachten kann, wie sich der Kurs weiter verschlechtert. Meines Erachtens handelt es sich hierbei um einen guten Trade; Verlieren gehört zum Traden dazu, und anständig zu verlieren macht einen guten Trader noch besser.

DAS UNHEIL DES SCHNELLEN GELDVERDIENENS

Die meisten Top-Trader handelten zu Beginn ihrer Karriere mit furchtbaren Kursen und fuhren in den ersten Jahren erst mal Verluste ein, bevor sie die ersten Erfolge verbuchen konnten. Jeder, der neu an der Börse ist und denkt, er könne vom ersten Tag an Geld verdienen, sollte sich auf eine Überraschung gefasst machen. Tatsächlich ist es fast das Schlimmste, was einem passieren kann, dass man sofort anfängt, Geld zu verdienen. Es läuft gut, man hat Glück, und der Trader könnte glauben, er sei gut, obwohl er eigentlich noch gar keine Ahnung vom Markt hat. Dies könnte ihn dazu verleiten, viel zu aggressiv zu traden. Wenn ihn dann aber das Glück verlässt, werden seine Fehler teuer – viel teurer, als wenn er dieselben Fehler schon zu Beginn gemacht hätte. Schauen Sie sich all die Leute an, die während des Nasdaq-Booms Ende 1999 und Anfang 2000 mit allen möglichen Aktien Geld gemacht haben. Das waren keine Trader; die haben einfach irgendwas gekauft, und der Kurs ist gestiegen. Es war völlig egal, was sie kauften: der Kurs stieg, sie jagten eine Aktie bis auf zehn oder 20 Dollar – völlig egal, sie stieg. Vielleicht haben sie ja wirklich geglaubt, sie seien tolle Trader, aber den meisten ist es nach dem abrupten Ende des Booms nicht allzu gut ergangen. Viele haben sogar ihr ganzes Geld verloren.

Ich habe darunter gelitten, dass ich zu schnell Geld gemacht habe. Als ich an der New Yorker Börse für Termingeschäfte (NYFE) einstieg, setzte ich mir 200 Dollar pro Tag zum Ziel. Doch schon in meiner zweiten Woche hatte ich einen 1.000-Dollar-Tag. Plötzlich erschienen mir 200 Dollar lachhaft. Es war einer jener Tage, als mir das Glück hold war und ich machen konnte, was ich wollte – es funktionierte. Wahrscheinlich konnte mir nichts Schlimmeres passieren als das, denn nun versuchte ich jeden Tag, 1.000 Dollar zu verdienen. In der Folge handelte ich ohne Absicherung und mit zu vielen Verträgen. Als ich damit begann, Fehler zu machen, kosteten mich diese leider mehr, als sie sollten. Ich begann, regelmäßig ohne Absicherung zu handeln. Als Neuling hätte ich – unabhängig davon, wie viel Geld ich zur Verfügung hatte – nur einen Vertrag traden sollen, um daraus zu lernen und mein Kapital zusammenzuhalten. Stattdessen interessierte mich nur, wie viel Geld ich erzielen konnte.

WERTVOLLES KAPITAL BEWAHREN

Schon früh riet mir ein Kollege, der mich ohne Absicherung traden sah, ich solle mich darauf konzentrieren, *mein wertvolles Kapital zu bewahren*. Um sich selbst an diese Regel zu erinnern, schrieb er oben auf seine Notizzettel immer »**PPC – Preserve Precious Capital**«. Er pflegte zu sagen, »Vergiss die Geldmacherei und versuche lieber mit aller Macht zu verhindern, dass du Geld verlierst. Jeder Dollar, den man hat, ist wertvoll. Versuche daher alles, damit er in deiner Tasche bleibt und nicht bei jemand anderem verschwindet. Wenn du stets überlegt tradest und dein Geld bewahrst, wirst du die meisten anderen Trader überleben und deine Gewinnchancen dadurch erhöhen.« Der Schlüssel zum Erfolg als Trader ist, dass man seine Verluste im Rahmen hält, sobald man verliert. Wenn man seine Verluste begrenzt, dann kümmern sich die Gewinne um sich selbst. Das erinnert mich daran, was mir mein Tennislehrer am College einst sagte: »Wenn du es schaffst, den Ball viermal übers Netz zu schlagen, gewinnst du 80 Prozent der Ballwechsel. Mach dir keine Gedanken darüber, wie du Punkte gewinnst, kümmere dich lieber darum, dass der andere sie verliert; halte den Ball einfach im Spiel, und du machst genau das Richtige. Es ist einfacher zu gewinnen, wenn du dich darauf konzentrierst, nicht zu verlieren, anstatt unbedingt gewinnen zu wollen; um den Rest kümmert sich schon dein Gegner. Man muss nicht ständig auf den Gewinnschlag aus sein. Wenn man so spielt, wird man die meisten Bälle ins Netz oder ins Aus befördern. Schlage den Ball einfach auf die schwache Stelle deines Gegners, und du wirst keine Probleme bekommen.«

> **20 DOLLAR VERTEILEN**
>
> Als ich an der Börse anfing, bat mich ein erfahrener Trader, mir folgendes Szenario vorzustellen: Ich stehe mitten auf dem Parkett mit einem Stapel 20-Dollar-Noten in der Hand, die ich verteilen muss, da ich sie gerade verloren habe. Wenn ich bei jedem kleineren Kursverfall tatsächlich Bargeld berappen müsste, wäre ich wesentlich schneller wieder vom Markt, als wenn sich die Verluste nur auf dem Papier ereignen. Man empfindet einen Verlust erst dann als schlimm, wenn es sich um echtes Geld handelt. Es würde einem leichter fallen, bei einem schlechten Trade eine Stopp-Loss-Order einzubauen, wenn man innerhalb einer Stunde 500 Dollar Bargeld verteilen müsste. Wenn es nur vom Konto abgebucht wird, empfindet man es als weniger schmerzhaft.

BESCHEIDEN BLEIBEN

In den ersten ein oder zwei Jahren sollte man vorsichtig sein, um zu verstehen, dass dies nicht die Zeit für den großen Reibach ist, sondern die Zeit des Lernens. Handelsvolumen und Risiko sollten minimal gehalten werden. Wenn Sie mit Wertpapieren handeln, handeln Sie nur 100 Aktien; bei Rohstoffen sollten Sie nur einen Kontrakt abschließen und weniger schwankende Märkte traden – egal wie viel Geld Sie haben. Gehen Sie möglichst einfach vor, traden Sie nur ein paar Märkte, anstatt zu versuchen, auf jeden Markt oder auf jede Aktie aufzuspringen. Studieren Sie erst das Verhalten bestimmter Märkte, bevor Sie damit beginnen, zu viele

Spread-Positionen einzugehen. Widerstehen Sie der Versuchung, mehr zu traden, besonders dann, wenn Sie eine Gewinnsträhne haben. Dies fällt vielen Tradern schwer, da ihre Emotionen überhand nehmen. Vielen bedeutet es nichts, wenn sie 150 Dollar bei einem Trade machen, aber in ihrem Kopf Summen um mehrere hunderttausend Dollar pro Jahr herumspuken. Sie sind nur darauf fixiert, in diese Bereiche vorzustoßen, und nicht bereit, erst ihre Hausaufgaben zu erledigen. Denken Sie immer daran, dass Sie im ersten oder zweiten Jahr sicherlich einen Fehler nach dem anderen machen werden; daher ist es am besten, dies in einem kleinen Rahmen zu tun. Wenn man mit dem Traden beginnt, sollte man dies nicht nur ein Jahr lang, sondern sein ganzes Leben lang betreiben. Wenn Sie vorhaben, auch in zehn Jahren noch zu traden, was macht es da aus, wenn Sie im ersten Jahr nur einen geringen Gewinn erzielen? Im Gesamtzusammenhang betrachtet bedeutet dies gar nichts. Wenn Sie lieber überstürzt an die Sache herangehen, kann alles schon nach weniger als einem Jahr vorbei sein, weil Sie dann kein Geld mehr übrig haben, um weiterzumachen.

TOTALVERLUST

Ich weiß, man hört es nicht gerne, aber die meisten Top-Händler haben auf ihrem Weg an die Spitze mehrfach Totalverluste erlitten. Ich dachte immer »Jaja, aber nicht ich.« Nun, es ist mir dann doch öfter passiert, als mir lieb ist. Ich kenne Leute, die 5.000, 25.000, 50.000, 100.000 und fünf Millionen Dollar und alles dazwischen verloren haben; keiner ist dagegen immun. Es kam schon mehrfach vor, dass ich raus war und eine Pause vom Traden einlegen musste. Falls Sie *Market Wizard (Magier der Märkte)* lesen, werden Sie sehen, dass der Blow-out ein unter Tradern weit verbreiteter Charakterzug war; das gehört einfach dazu und ist Teil des Trainingsprozesses.

Falsches Spekulieren kann für einen engagierten Trader einen wertvollen Erfahrungswert darstellen. Es ist die Zeit, sich neu aufzustellen und herauszufinden, warum man verloren hat. Die Antwort lautet meist »Traden ohne Absicherung« oder »zu wenig Kapital«, aber ein Trader muss seine eigenen Erfahrungen machen. Alle anderen Fehler führen zu Verlusten, die man normalerweise überwinden kann, aber sobald man anfängt, ohne Absicherung zu traden, und ein zu hohes Risiko eingeht, dauert es nicht mehr lange, bis man alles verloren hat. Hier eine kleine Warnung: Meist passiert es nach einer Gewinnsträhne. Ein Grund dafür, warum man Wert auf ausreichend Kapital legen sollte, ist, dass man dadurch in der Lage ist, Pechsträhnen zu überstehen, sobald sie auftauchen. Ein Totalverlust muss nicht passieren, wenn ein Trader mit ausreichend Geld anfängt und bescheiden ist. Falls es Ihnen passieren sollte oder schon passiert ist, lassen Sie sich nicht entmutigen und schauen Sie nach vorne. Wenn Sie verstehen, warum es passiert ist, und glauben, dass Sie Ihren Fehler reparieren können, versuchen Sie es einfach noch mal. Wenn Sie sich den Grund nicht erklären können, suchen Sie erst intensiv nach der Antwort, bevor Sie noch mehr Geld riskieren.

ENGAGIERT SEIN

Wenn man unbedingt als Trader arbeiten will, sollte man sich von einem Totalverlust nicht entmutigen lassen. Wenn es passiert und man engagiert ist, wird man sich mehr Geld beschaffen und von neuem beginnen. Wer die Anfangsjahre übersteht, hat gute Erfolgschancen, weil er engagiert ist und nie aufgibt. Viele enden als Verlierer, weil sie nach einer Serie von Verlustgeschäften die Waffen strecken. Um jedoch ein erfolgreicher Trader zu sein, muss man entschlossen an den Sieg glauben und langfristig dabeibleiben. Es ist mehr als nur harte Arbeit; es ist der Wunsch, zu wachsen und alles Notwendige zu tun, um sich zu verbessern. Engagiert sein bedeutet nicht nur, dass man das Kapital zum Überleben hat; es bedeutet auch, dass man seine Fehler betrachtet und stets an ihnen arbeitet. Engagiert sein bedeutet einen Prozess, der einen ein Leben lang begleitet. Solange man tradet, muss man immer daran arbeiten, sich zu verbessern, und seine Fehleinschätzungen stets kritisch hinterfragen. Dies bedeutet: viel lesen, Seminare besuchen und das Beste aus sich herausholen. Es ist unheimlich wichtig, dass man daran glaubt, der beste Trader auf der Welt zu sein. Wenn man daran zweifelt, wird man es nie zu etwas bringen, weil man nur seine eigenen geringen Erwartungen erfüllen möchte.

TAGEBUCH FÜHREN

Engagiert sein bedeutet auch, dass man seine Entwicklung im Blick hat. Dies könnte man sehr gut durch das Führen eines Trading-Tagebuchs erreichen. Das Führen eines Tagebuchs hilft dabei, die eigene Leistung zu bewerten und allmählich auftretende Verhaltensmuster beim Traden zu erkennen, die zeigen, was man gut macht und was weniger gut. Wenn man dies regelmäßig tut, hilft es einem zu erkennen, was funktioniert und was nicht oder auf welchen Märkten man erfolgreich ist und auf welchen weniger. Dadurch kann ein Trader auch wertvolle Erfahrungen über sich selber gewinnen. Bei einem solchen Tagebuch handelt es sich um nichts anderes als um ein Notizbuch, in das man all seine Trades schreibt, warum man sie gemacht hat und wie sie sich entwickelt haben. Es muss nicht aufwendig gestaltet sein, aber selbst ein erfahrener Trader sollte eines haben. Man merkt sich nicht alles, daher ist es am besten, alles aufzuschreiben. So kann man sich an alles, was man gemacht hat, erinnern. Obwohl es recht mühselig sein kann, jeden Trade aufzuschreiben, wird es dennoch hilfreich sein, besonders wenn man dazu neigt, ohne Absicherung zu traden. Schließlich hat man weniger Zeit zum Traden, wenn man alles aufschreiben muss, was man gemacht hat. Ein Tagebuch hilft auch beim Aufbau dessen, was jeder erfolgreiche Trader unbedingt benötigt: *Disziplin*.

Institutionelle Trader haben Desk Leader (zur Datenbeschaffung von bereits für andere Zwecke verwendeten Daten), Manager und Software, die jeden ihrer Trades überwachen. Sie werden ständig ausgewertet, und dadurch können sie Fehler korrigieren. Ich zum Beispiel ließ mir früher jede Woche einen Ausdruck über mein Trading-Verhalten geben. Daraus konnte ich halbstündlich meine Ergebnisse ersehen; ferner erhielt ich Auskunft darüber, wie lange ich an rentablen und unrentablen Trades festhielt. Außerdem informierte mich dieser Ausdruck über meine prozentuale Gewinnquote, meine durchschnittlichen Verluste und Gewinne sowie mein Abschneiden bei einzelnen Aktien. Ich stellte fest, dass ich während der ersten halben Stunde des Tages nicht gut tradete, und hielt mich während dieser Zeit fortan stark zurück. Ich hielt zu lange an unrentablen Trades fest, mit dem Traden bestimmter Aktien machte ich überhaupt kein Geld, und ich neigte dazu, viel zu traden. Deshalb konzentrierte ich mich speziell auf diese Bereiche. Um die unrentablen Trades zeitlich einzuschränken, begann ich damit, eine Tabelle anzulegen, in die ich bei jedem Handel eintrug, wann genau ich eingestiegen war. Wenn ich nach 45 Minuten noch immer im Besitz dieser Aktie war und Geld damit verlor, würde ich aus dem Trade aussteigen. Was meine Stärken betrifft, so lagen diese im Nachmittags-Trading sowie im Trade langweiliger Aktien wie etwa Gillette, Coke, Colgate und Home Depot. Bei diesen hatte ich normalerweise eine viel höhere Erfolgsquote, und meine Verluste waren geringer. Ohne diese Informationen wäre ich nicht in der Lage gewesen, mich auf meine Stärken zu konzentrieren. Zudem würde ich heute noch Aktien traden, bei denen ich meist verliere.

Diejenigen Trader, die sich nicht den Luxus eines Managers oder Programms leisten können, die sie überwachen, sollten am besten ein Tagebuch führen. Es gewährleistet eine gewisse Selbstkontrolle, gibt einen Einblick ins Trading-Verhalten und arbeitet Stärken sowie Schwächen heraus. Finden Sie heraus, bei welchen Aktien und Märkten Sie erfolgreicher abschneiden und bei welchen weniger. Vielleicht verdienen Sie an Freitagen generell kein Geld, oder Sie schaffen es nicht, sich in eine Story einzukaufen. Wenn Sie diese Dinge wissen, können Sie allmählich damit beginnen, all das, was Ihnen den größten Ärger bereitet, auszumerzen und die für Sie erfolgreichen Trading-Situationen auszuweiten.

WAS IN EIN TAGEBUCH GEHÖRT

Was habe ich gekauft und verkauft?

Das Folgende versteht sich eigentlich von selbst: Behalten Sie Ihre Aktien oder Rohstoffe im Auge und ob Sie gekauft oder verkauft haben. Ich markiere dies einfach mit Plus- und Minuszeichen. Ich weiß gerne, ob ich bei kurz- oder langfristigen Trades besser bin und von welchen ich mehr ausführe. Einige haben ein Faible für eine Seite des Marktes, und es kann durchaus sein, dass sie selbst in einem Bärenmarkt 90 Prozent der Zeit Long-Positionen halten.

Wenn Sie wissen, dass Sie das tun, können Sie Ihr Trading dementsprechend neu bewerten und ausgewogen gestalten.

Wann habe ich den Trade gemacht?

Einige Trader handeln zu unterschiedlichen Tageszeiten besser. Einige kann man in der Mittagszeit einfach vergessen; andere sind am Morgen erfolgreich, aber dafür am Abend nicht. All diese Dinge kann man in einem Tagebuch überwachen. Ich weiß, dass ich am Nachmittag besser trade als am Morgen. Ich kann in der letzten halben Stunde besser traden als in der ersten halben Stunde; außerdem gibt es bei mir eine Tendenz, dass ich zwischen elf und 14 Uhr am besten trade. Dies wird aus einem Trend oder Umschwung genau ersichtlich. Mit diesem Wissen kann ich genau sagen, wann ich mit einem Mehr an Umfang und Überzeugung traden und wann ich mich eher zurückhalten sollte. Wenn man ein Tagebuch führt und dieses ständig aktualisiert, kann man die Phasen, in denen man am besten tradet, besser ausmachen und von ihnen profitieren.

Warum bin ich den Trade eingegangen?

Das Wichtigste in einem Tagebuch ist, festzuhalten, warum man einen Trade eingegangen ist. Wenn man sich angewöhnt, für jeden Trade den Grund anzugeben, warum man ihn eingegangen ist, wird man eine dramatische Verbesserung seines Trading-Verhaltens feststellen. »Mir war langweilig« oder »Ich habe IBM gekauft, weil sich die Aktie gerade in nur 20 Minuten um drei Dollar verbessert hat und ich einen weiteren Kursanstieg nicht verpassen wollte« sind keine guten Gründe, einen Trade einzugehen. Wenn jemand so etwas in sein Buch schriebe und dann mit seiner Entscheidung zufrieden wäre, dann hätte er noch einen langen Weg vor sich. Hinter vielen Trades steckt zu wenig Überlegung. Wenn man jedoch jeden Trade rechtfertigen müsste, würde man wahrscheinlich die wirklich dummen Trades vermeiden. Wenn der Eintrag lautete: »Ich habe IBM gekauft, weil der Dow stark war und auf insgesamt stabilem Niveau nur leicht nachließ; zwischenzeitlich fiel IBM um 75 Cent von seinem Hochkurs und pendelte sich an der Trendlinie ein; ein erneuter Aufwärtstrend erschien wahrscheinlich«, wäre dies ein ausreichender Grund für einen Trade. Durch dieses Vorgehen zwingt man sich selber zu besseren Entscheidungen beim Traden, denn man entledigt sich der unrentablen Trades. Gerne notiere ich mir auch, ob ich den Markt gejagt oder auf einen Rückgang der Kurse gewartet habe. Spätestens wenn Sie dieses Buch gelesen haben, sollten Sie in der Lage sein, einen guten Trade von einem schlechten zu unterscheiden.

Wie intensiv setze ich mich mit dem Trade auseinander?

Bewerten Sie Ihre Trades auf einer beliebigen Tabelle und schauen Sie sich Ihr Ergebnis an. Früher habe ich bei meinen Trades jede Nacht alle möglichen Szenarios für etwa zehn Märkte geplant. Für jeden Rohstoff spielte ich Kauf- und Verkaufsszenarios durch und bewertete sie auf einer Skala von eins bis fünf Sternen, wobei fünf Sterne dem Bestwert entsprachen. Nach einer Weile stellte ich fest, dass meine Fünf-Sterne-Trades sich wunderbar entwickelten, während meine Ein-Stern-Trades reine Glückssache waren. Ich erreichte nicht so viele Fünf-Sterne-Trades wie Ein- oder Zwei-Sterne-Trades, aber hätte ich die nötige Geduld aufgebracht, einfach auf sie zu warten, wäre ich wesentlich besser gefahren. Durch solch ein Vorgehen kann man erkennen, welche Trading-Szenarios am besten funktionieren, und sich auf diese konzentrieren. Wenn man lernt, zwischen den verschiedenen Möglichkeiten zu unterscheiden, ist man auf einem guten Weg, nur rentable Trades zu tätigen und die weniger rentablen zu ignorieren.

Gewinnvorgaben

Es ist durchaus hilfreich, sich Gewinnvorgaben zu setzen, damit man am Ende nicht mit Trades dasteht, die ihren Höchstwert längst hinter sich haben. Bevor man sich auf einen Trade einlässt, sollte man sich darüber im Klaren sein, wie viel Gewinn man sich von diesem Trade erwartet. Das wird Ihnen helfen, mit Ihren Positionen besser zurechtzukommen, wenn Sie welche haben. Sobald Sie das von Ihnen festgesetzte Ziel erreichen, steigen Sie aus, oder verändern Sie Ihre Position leicht. Versuchen Sie in keinem Fall, Ihre frühere Entscheidung im Nachhinein anzuzweifeln, nur weil der Markt sich jetzt besser präsentiert. Natürlich tut er das; er hat sich wieder erholt und das Niveau erreicht, das Sie sich erhofft hatten, und Sie reagieren äußerst emotional, da Sie jetzt einen Gewinn haben. Wenn Sie das tun, traden Sie irgendwann mit Emotionen und verlieren Ihren klaren Kopf. Sobald man ein Ziel erreicht hat, ist es höchste Zeit, Gewinne mitzunehmen und Neubewertungen durchzuführen. Wenn dann der Markt ein bisschen zurückgegangen ist, sollte man erneut kaufen.

Stops / Stopp-Loss-Orders

Ebenso wie bei einer Gewinnvorgabe ist es hilfreich, wenn Sie eine Stopp-Loss-Order festlegen: Das wird Ihre Verluste einschränken und Ihnen zeigen, wann Sie sich aus einem Trade zurückziehen sollten. Wenn Sie dabei einen klaren Kopf bewahren, sind die Ergebnisse besser, als wenn Sie in einer schlechten Position sind und es Ihnen weh tut.

Wie viel Geld habe ich verdient oder verloren?

Es ist immer gut, wenn Sie Ihre durchschnittlichen Gewinne und Verluste im Auge behalten. Dadurch stellen Sie sicher, dass Sie über ein angemessenes Risikomanagement verfügen. Durch entsprechende Notizen merken Sie etwa, dass Sie vielleicht 300 Dollar mit rentablen Trades machen, andererseits aber etwa 900 Dollar durch unrentable Trades verlieren. Falls Sie diese Art von Muster sehen, müssen Sie sich schneller von den unrentablen Trades trennen und die Gewinne steigern. Falls Sie keine Möglichkeit haben, diese Zahlen zu berechnen, werden Sie nie erfahren können, ob es ein Problem gibt, oder sich darüber Gedanken machen, wie Sie Ihre Aufteilung verbessern können. Mit einem Excel-Kalkulationsprogramm können Sie ganz leicht den Durchschnitt pro rentablem oder unrentablem Trade herausfinden.

Haltezeit

Es ist nicht nur wichtig zu wissen, wie viel die rentablen und unrentablen Trades wert sind, sondern man sollte auch wissen, wie lange man diese behält. Unrentable Trades sollte man wesentlich schneller abstoßen als rentable Trades. Ich hielt früher ewig an unrentablen Trades fest, da ich entweder auf einen Umschwung hoffte oder einfach nicht zugeben wollte, dass ich mich geirrt hatte. Jetzt gebe ich mir höchstens 45 Minuten, um an unrentablen Trades festzuhalten; danach steige ich aus. Sollte ein Trade nicht funktionieren, muss man sich das auch eingestehen und aussteigen. Zu viele Trader sehen einen Gewinn und steigen schnell aus, während sie bei schlechten Trades genau das Gegenteil tun. Noch einmal: Nur wenn Sie sich Notizen machen, werden Sie wissen, wie Sie bei den Haltezeiten rangieren.

System-Trader

Falls man die Signale eines Systems gegeneinander abwägt, sollte man stets im Blick haben, wann man sich über das System hinweggesetzt hat. Dadurch kann der Trader erkennen, ob er erfolgreicher als das System abschneidet oder ob es besser ist, nicht am System herumzudoktern.

Trading-Entscheidungen

Vielleicht wollen Sie auch im Auge behalten, ob Sie eine gute Trading-Entscheidung gefällt haben oder nicht. Sind Sie bei einem unrentablen Trade unverzüglich ausgestiegen? Haben Sie einen rentablen Trade zu lange behalten? Sind Sie zu schnell ausgestiegen? Haben Sie Ihre Regeln befolgt? Haben Sie auf einen Pullback (Rückzug) gewartet? Durch wiederholtes Aufschreiben Ihrer richtigen und falschen Entscheidungen werden Sie in der Zukunft verstärkt ein angemessenes Trading-Verhalten praktizieren. Es wird für Sie einfacher sein, eventuelle Schwachpunkte herauszustellen und diese künftig zu vermeiden. Wenn Sie etwa merken, dass Sie immer aufschreiben: »Bin aus einem rentablen Trade zu früh ausgestiegen«, dann können Sie damit beginnen, an diesem Problem zu arbeiten. Falls Sie es nicht aufgeschrieben haben, ist Ihnen dieses Problem wahrscheinlich gar nicht bekannt.

DER UMGANG MIT DEM TAGEBUCH

Wenn es je einen Beruf gegeben hat, bei dem eine regelmäßige Ausbildung am Arbeitsplatz unerlässlich war, dann ist es das Traden. Das Führen eines Tagebuches ist, als ob man sich in der Schule Notizen macht; wenn es helfen soll, muss man sie regelmäßig durchsehen. Einfach nur ein Tagebuch zu führen reicht nicht aus; man sollte es auch gründlich durcharbeiten, um zu erkennen, wo man seine Stärken und Schwächen hat. Wenn Sie damit anfangen, Ihr Abschneiden beim Trading zu überprüfen, geraten Sie allmählich auf die richtige Schiene. Ich schaue mir meine Trades jeden Tag auf meinem Nachhauseweg noch mal an. Ich versuche zu verstehen, was ich bei den schlechten Trades falsch gemacht habe und welche Entscheidungen bei den guten Trades richtig waren. Bei meiner Entscheidung, ob ein Trade gut oder schlecht war, geht es mir nicht darum, wie viel Geld ich damit erzielt habe. Für mich ist es zum Beispiel eine gute Entscheidung, wenn ich aus einem unrentablen Trade schnell ausgestiegen bin. Nicht alle Trades werden funktionieren, und je schneller man seine Verluste minimiert, desto besser ist man dran. Aber am meisten konzentriere ich mich auf die Trades, bei denen ich eine Dummheit begangen habe. Dann lange ich mir selber an den Kopf, da ich es eigentlich besser hätte wissen müssen. Ein Fehler wie das Festhalten an einem Trade, nachdem sich meine Indikatoren verändert haben, und die Rückgabe vieler Gewinne stellen Fehler dar, die ich in Zukunft lieber vermeiden würde. Bei der nochmaligen Durchsicht meiner Trades versuche ich nachzuvollziehen, warum ich getan habe, was ich getan habe, und was ich hätte anders machen können, damit ich das nächste Mal mit größeren Gewinnen davonkomme. Hat der Markt mir ein Zeichen gegeben, das ich nicht erkannt habe?

Ich schaue nicht nur auf meine Fehler, sondern lobe mich durchaus auch selbst, wenn ich intelligent getradet habe. Vorigen Montag war ich zum Beispiel bis zum Mittag auf 3.000 Dollar gefallen (das war noch nicht der intelligente Teil), merkte aber, dass ich bei jedem Trade falsch lag. Also stieg ich aus meinen Trades aus und ging spazieren, um einen klaren Kopf zu bekommen. Als ich zurückkam, war ich in der Lage, den Markt objektiver zu beurteilen. Ich befand mich wieder auf der richtigen Seite des Marktes und konnte 2.500 Dollar gutmachen. Ich fühlte mich gebauchpinselt, dass ich nur 500 Dollar verloren hatte, und ich verbuchte den Tag als Erfolg. Ein Tag wie dieser ist sehr lehrreich und bestärkt mich darin, aus sämtlichen Trades auszusteigen, wenn ich eine schwierige Phase durchlaufe.

PROFESSIONELLE TRADER

Warum bekommt man den Eindruck, dass der durchschnittliche Händler stets verliert, während der professionelle Trader die große Mehrheit jener zehn Prozent ausmacht, die Erfolge verbuchen? Einer der Gründe, warum institutionelle Trader viel erfolgreicher sind als durchschnittliche Trader, ist, dass sie wesentlich mehr Kapital zur Verfügung haben. Sie können durchaus dieselben Fehler begehen, müssen sich aber keine Sorgen machen, dass ein Fehler bereits das Ende ihrer Karriere bedeutet; mit ausreichend Kapital und dem richtigen Management im Rücken können sie solche Fehler überleben. Zu Beginn ihrer Laufbahn durchlaufen sie ein Trainingsprogramm, sind Assistenten, arbeiten mit erfahrenen Händlern zusammen oder sind für kleine Konten verantwortlich, bei denen sie keinen größeren Schaden anrichten können. Wenn sie es vermasseln, kostet es die Firma praktisch gar nichts, zumindest im Vergleich zu den Fehlern von größeren, etablierten Tradern. Wenn sie langsam besser werden, gibt man ihnen mehr Kaufkraft und größere Freiheiten. Dies passiert natürlich nicht über Nacht, sondern kann ein paar Jahre dauern, da sie ja erst ihre Lehrjahre absolvieren müssen.

TRAININGSPROGRAMME

Viele professionelle Trader durchlaufen ein umfangreiches Trainingsprogramm, bevor man Erfolge von ihnen erwartet. Als ich anfing, Dividendenpapiere zu traden, sagte man mir, man gehe davon aus, dass ein neuer Trader in den ersten zwei Jahren Verluste machen würde. Wer ankommt und glaubt, er könne gleich anfangen, Geld zu machen, wird enttäuscht sein. Während dieser zwei Jahre lernen Trader, wie man tradet. In den ersten drei Monaten traden sie nicht einmal, sondern drücken den ganzen Tag die Schulbank und lernen, welche verschiedenen Möglichkeiten ein Händler hat, oder traden auf dem Papier. Danach teilt man ihnen einen begrenzten Umfang von Aktien zu und zwingt sie, strikte Regeln zu befolgen, bis sie sich bewährt haben. Erst dann bekommen sie größere Aktienmengen, mehr Kaufkraft sowie die nötigen Freiheiten zum unabhängigen Trading. Während dieser Zeit geht die Firma mit diesen Tradern nur ein sehr geringes Risiko ein. Selbst wenn jemand 50.000 Dollar verlieren sollte, macht dies der Firma kaum etwas aus; sie betrachten dies als Teil der Ausbildungskosten für einen neuen Trader.

Große Unternehmen wie Goldman Sachs, Bear Stearns und Merrill Lynch besuchen landesweit die besten Universitäten und bieten den Top-Studenten – widerwillig – sehr viel Geld, um diese für die Trainingsprogramme für künftige Trader zu gewinnen. Sie heuern diese Studenten nicht einfach als Trader an; sie heuern sie an, damit sie sie zu Händlern ausbilden können. Der Grund, warum sie nur diese Elite-Kandidaten nehmen, besteht darin, dass diese Menschen wissen, wie man lernt. Die Firmen glauben, es sei leichter, diese Leute zu unterrichten als irgendeinen durchschnittlichen Absolventen einer mittelmäßigen Universität.

Spätestens jetzt sollte man sich Folgendes fragen: Wenn professionelle Trading-Firmen davon ausgehen, dass ihre Trader ein paar Jahre brauchen, um zu reifen, und zudem bereit sind, riesige Geldsummen in ihre Ausbildung zu stecken, warum glaubt dann der typische Durchschnitts-Trader, er könne ein Futures-Account für 5.000 Dollar eröffnen, obwohl er nie zuvor getradet hat, und damit auch noch sofort Geld verdienen?

Selbst die Paketthändler gehen nicht einfach raus und kommen gleich ins Geschäft; die meisten waren jahrelang Angestellte, bevor sie sich zum Trading in den Börsensaal gewagt haben. Ich habe drei Jahre auf dem Parkett verbracht und alles gelernt, was ich konnte. Erst dann bin ich in den Ring gestiegen und habe getradet. Man sollte bezüglich seines Fortschritts immer realistisch bleiben und mit ausreichend Kapital daran arbeiten. Falls man sein Startkapital verliert, sollte man nicht den Mut verlieren; stattdessen sollte man es als einen Teil der Ausbildungsgebühren betrachten, die einen dem ultimativen Ziel näher bringen: ein erfolgreicher Trader zu sein.

ES HAT ZEIT UND GELD GEKOSTET, ABER SCHLIESSLICH HAT ER ES GESCHAFFT

Im Folgenden nun ein Beispiel eines Mannes, der sich nach Begleichung seiner Schulden auf seinem Weg zum Top-Trader nicht mehr aufhalten ließ. Es handelt sich um einen Mann, dessen Bruder – ein großer Börsenhändler – ich kenne. Dieser hat ihm beim Einstieg auf der Börse auch entscheidend geholfen und ihm Kapital vorgeschossen, mit dem er traden konnte. Im ersten Jahr verlor er weit über 100.000 Dollar, weil er keinen

> Fehler ausließ. Er ließ sich nicht entmutigen und hatte noch viel mehr Kapital zur Verfügung, solange sein Bruder dabei war. Auch das zweite Jahr begann schlecht, aber er schaffte die Wende und verlor nur wenig. Im dritten Jahr hatte er es schließlich geschafft: Er war ein regelrechter Geldautomat. Er handelt jetzt seit etwa 15 Jahren und verbucht jedes Jahr siebenstellige Gewinne. Seine Ausbildung war teuer, aber er ist am Ball geblieben und schließlich ein großartiger Trader geworden. Hätte er nach dem Verlust von 20.000 Dollar aufhören müssen, hätte er das nie geschafft.

EINIGE PERSÖNLICHE GEDANKEN

Trading ist einfach ein zu hartes Geschäft, als dass man erwarten könnte, von Anfang an Erfolg zu haben. Ich habe anfangs sehr darunter gelitten, dass ich zu wenig Kapital zur Verfügung hatte, und bin der festen Überzeugung, dass ich wesentlich eher die Wende geschafft hätte, wenn ich mehr Kapital gehabt hätte. Die ersten Jahre habe ich daher zum Sammeln von Erfahrungen genutzt, anstatt zu versuchen, vom Start weg meinen Lebensunterhalt mit dem Traden zu verdienen. Es ist einfach viel zu schwierig, wenn man alles aufs Spiel setzt, ohne irgendein Einkommen zu haben, das einen im Notfall auffangen kann. Ich machte von Beginn an Druck und versuchte mit Gewalt, über Nacht reich zu werden. Zu Beginn war ich etwas zu optimistisch und glaubte, es besser zu wissen als die Erfahrenen. Immerhin waren sie so freundlich, mich zu unterrichten. Mehrmals habe ich sie ignoriert, weil ich glaubte, sie seien übervorsichtig und würden nicht genug Geld machen. Doch sie gingen konsequent vor und verdienten damit die ganze Zeit Geld. Ich musste meine eigenen Erfahrungen machen, und dies kostete mich sehr viel Geld. Wie bereits erwähnt, verlor ich mehr als 75.000 Dollar, bevor mir der Umschwung gelang. Es wäre vielleicht besser für mich gewesen, das ganze Geld auf einmal zu haben, aber ich benötigte sieben Jahre, um langsam, aber sicher mein Geld zu verdienen. Ich war gezwungen, Gelegenheitsjobs anzunehmen, ich arbeitete jahrelang nachts und an Wochenenden und versuchte gleichzeitig, mich als Trader durchzuschlagen. Alles Geld, das ich nebenbei verdiente, steckte ich sofort in den Markt und schaute dabei zu, wie es ganz schnell weniger wurde. Dies hatte nichts damit zu tun, dass ich ein schlechter Trader war, sondern es passierte, weil ich ständig zu wenig Kapital zur Verfügung hatte. Dadurch wurde ich zu einem schlechten Trader, der allen Widrigkeiten zum Trotz tradete. Ich tradete eine bestimmte Zeit lang richtig gut, bis ich übermütig wurde und fast alles innerhalb von nur einer Woche wieder verlor. Danach war ich gezwungen, erst mal wieder 24 Stunden lang Taxi zu fahren, um mir die Margin auf meine Sojabohnen-Position leisten zu können. Es ist unmöglich, gut zu traden, wenn man sich ständig Gedanken darüber macht, wie man zu Geld kommt, wie man seine Margins einhält, oder wenn man versuchen muss, von dem Geld, das man beim Trading macht, zu leben.

EIN BESSERER TRADER WERDEN

Ein besserer Trader zu werden braucht Zeit. Mit dem nötigen Engagement kann man es aber schaffen. Außerdem sollte man bereit sein, Zeit zu opfern, und man muss über ausreichend Kapital verfügen, um erfolgreich zu sein. Fangen Sie nicht mit dem Traden an in dem Glauben, Sie würden ohne ausreichend Vorbereitung und Kapital sofort Geld machen; es wird schon eine Weile dauern. Man braucht genügend Kapital, wenn man überleben will, während man das Einmaleins des Tradens erlernt. Ein 5.000-Dollar-Konto wird kaum ausreichen, damit ein Trader überleben kann. Ein Trader kann natürlich versuchen, mit einem kleinen Konto zu traden, aber seine Erwartungshaltung hinsichtlich möglicher Gewinne sollte realistisch bleiben. Er muss sich daher auf seinem Weg zum Erfolg auch auf einen oder zwei mögliche Totalverluste gefasst machen; man sollte dies aber besser als eine Art Übergangsritus betrachten.

Zu Beginn seiner Laufbahn sollte ein Trader stets daran denken, dass es nicht wichtig ist, wie viel Geld man verdient, sondern wie wenig man verliert. Dies hält einen im Spiel. Daher sollte man seine Priorität eher darauf setzen, sein Kapital zusammenzuhalten, als darauf, Geld zu machen. Fehler sind wichtig; jeder begeht welche, besonders dann, wenn er zum ersten Mal tradet. Lassen Sie sich nicht von irgendwelchen Dummheiten entmutigen; lernen Sie daraus und versuchen Sie, diese in der gleichen Situation nicht noch einmal zu begehen. Führen Sie ein Tagebuch über Ihre Trades und sehen Sie es regelmäßig durch, um sich Ihrer Stärken und Schwächen bewusst zu werden. Wenn Sie dieselben Fehler immer wieder begehen, ist es an der Zeit, zu überdenken, ob Trading das Richtige für Sie ist.

Alles in allem möchte ich betonen, dass Sie langsam an die Sache herangehen und Ihr Kapital zusammenhalten sollten, bis Sie mindestens zwei Jahre lang getradet haben; selbst nach fünf Jahren ist ein Trader nicht vor Überraschungen sicher. Indem Sie ein überhastetes Vorgehen vermeiden, geben Sie sich selbst die Chance, langfristig dabeizubleiben. Wenn Sie Ihre Gebühren und Schulden bezahlt haben, können Sie Ihren Abschluss machen und Ihren Lebensunterhalt mit Trading bestreiten.

Die Probleme, mit denen sich ein Trader zu Beginn konfrontiert sieht, sind folgende:

1. Er missachtet den Lernprozess.
2. Er hat zu Beginn zu wenig Kapital zur Verfügung.
3. Ihm mangelt es an Betriebskapital.
4. Er hat nicht die nötige Ausbildung.

5. Er hat nur mangelnde Schulbildung.
6. Die Kontrolle fehlt.
7. Er erwartet zu schnelle Erfolge.
8. Er rechnet gleich zu Beginn mit riesigen Gewinnen.
9. Er erleidet einen Totalverlust.

Nützliche Dinge, um zu überleben, während man sein Trading verbessert, sind folgende:

1. Nehmen Sie sich Zeit.
2. Setzen Sie sich kleine Ziele beim Traden.
3. Zahlen Sie Ihre Trading-Ausbildung.
4. Lernen Sie aus jedem Fehler.
5. Lernen Sie aus Erfahrung.
6. Stellen Sie sicher, dass Sie langfristig über ausreichend Geld verfügen.
7. Bewahren Sie wertvolles Kapital.
8. Traden Sie zuerst auf dem Papier, bevor Sie richtig loslegen.
9. Führen Sie ein Tagebuch.
10. Überprüfen Sie Ihre Trades regelmäßig.
11. Seien Sie engagiert.
12. Haben Sie Spaß.

Hilfreiche Fragen, die man sich stellen sollte:

… Habe ich ausreichend Kapital zum Traden?
… Warum habe ich getan, was ich getan habe?
… Was hätte ich tun sollen?
… Wie könnte ich das beim nächsten Mal vermeiden?
… Gehe ich jeden Trade vernünftig an?
… Nehme ich mir die nötige Zeit, um darüber nachdenken, was ich falsch gemacht habe?
… Lobe ich mich ein bisschen, wenn ich etwas richtig gemacht habe?

KAPITEL 2

Realistische Ziele setzen

Kürzlich erhielt ich einen Brief vom Besitzer eines Immobilienbüros. Er hatte gerade einen Kurs abgeschlossen, in dem es darum ging, wie man durch das Traden von Rohstoffen zum Millionär wird. Nun glaubte er, er sei bereit, loszulegen. Denselben Brief schrieb er auch einigen anderen Börsenmaklern in der Hoffnung, das bestmögliche Geschäft zu machen. Darin stand etwa Folgendes:

Innerhalb der nächsten Wochen plane ich in das Traden von Rohstoffen einzusteigen. Ich habe noch nie getradet, aber gerade die Einführung von Ken Roberts gelesen. Im Moment trade ich auf dem Papier. Ich habe vor, ein Konto mit 25.000 Dollar zu eröffnen und langsam anzufangen. Tausend Dollar pro Woche wären nicht schlecht. Nach ein paar Monaten, wenn ich mich sicherer fühle, werde ich mein Trading-Volumen steigern, damit ich allmählich mehr Geld machen kann. Mein Ziel ist, innerhalb eines Jahres etwa 5.000 Dollar zu verdienen, sodass ich aus dem Immobiliengeschäft aussteigen und vom Traden leben kann. Da ich sehr viele Pläne für das Traden habe und meine eigenen Entscheidungen fälle, bin ich derzeit auf der Suche nach einem Discount-Broker mit günstigen Kursen, dem ich ganz einfach meine Aufträge erteilen kann. Bitte antworten Sie mir schnellstmöglich mit Ihrem besten Angebot, da ich unbedingt loslegen will.

Ich antwortete ihm mit dem mir eigenen Sarkasmus und schrieb in etwa Folgendes:

Gerne bieten wir Ihnen einen Kurs von 15 Dollar pro Transaktion an. Bevor Sie jedoch beginnen, möchte ich Sie darauf hinweisen, dass Ihre Zielsetzungen keineswegs realistisch sind. Sie haben vor, bei einem 25.000-Dollar-Konto zwischen 200.000 Dollar und 250.000 Dollar zu machen; dies entspricht einer jährlichen Rendite von 800 bis 1.000 Prozent. Die besten Hedge-Fonds-Manager und professionellen Trader geraten in Ekstase, wenn sie eine 35-prozentige Rendite im Jahr erreichen. Sie haben noch nie zuvor getradet, dennoch glauben Sie, dass Sie diese Men-

schen in hohem Bogen überflügeln können. Selbst 1.000 Dollar pro Woche entsprechen schon einer Rendite von 200 Prozent. Dies muss ein neuer Trader erst einmal schaffen. Sie haben Recht, man kann es schaffen. Was Sie aber nicht berücksichtigen, ist die Tatsache, dass es auch Wochen geben wird, in denen Sie Verluste machen. Ihr Ziel als neuer Trader sollte es sein, langsam loszulegen und zu lernen. Wenn Sie 5.000 Dollar pro Jahr machen würden, wäre das sehr gut. Mit diesem Ergebnis lägen Sie besser als 90 Prozent aller Trader. Außerdem würde ich einem neuen Trader zu Beginn kein Discountkonto empfehlen. Sie werden zwangsläufig einige Fehler begehen, und daher wäre es nicht schlecht, sich von einem Broker beraten zu lassen. Wir bieten Broker-unterstützte Konten für 25 Dollar pro Transaktion. Diese sind gerade für Anfänger ideal geeignet. Sobald Sie sich mit Ihren Trades sicherer fühlen, werde ich Ihnen selbstverständlich die günstigsten Kurse empfehlen, die wir haben. Ich stehe Ihnen gerne telefonisch zur Verfügung. Dann können wir genauer besprechen, was Sie für das Trading benötigen, oder ein Konto eröffnen.

Man braucht wohl nicht extra zu erwähnen, dass er meine Antwort als etwas zu direkt empfand und kein Konto bei uns eröffnete. Er eröffnete woanders ein Konto und begann, online zu traden. Zwei Monate später besuchte er mich, weil er sein Konto meiner Firma übergeben wollte; er hatte sich an meine Worte erinnert, und ihm gefiel meine Aufrichtigkeit. Er hatte etwa 17.000 Dollar verloren, und allmählich glaubte er, dass das Trading doch härter war, als er angenommen hatte. Er hatte Lehrgeld zahlen müssen, um zu begreifen, dass man sich realistische Ziele setzen sollte. Sechs Monate später, nachdem er noch ein bisschen mehr verloren hatte, gab er auf und widmete sich wieder komplett seinen Immobilien. Er hätte es zu einem guten Trader bringen können, doch er nahm sich nie die nötige Zeit, um das Trading zu erlernen. Stattdessen versuchte er, viel zu schnell zu viel zu machen, und zum Schluss hatte er fast all sein Geld verloren, noch bevor sein Lernprozess vorbei war. Ich kann nicht behaupten, dass es bei mir zu Beginn viel anders war. Ich erstellte Charts und Tabellen, wie ich mit meinen 5.000 Dollar am besten 2.000 Dollar pro Monat machen könnte, bis ich irgendwann 10.000 Dollar hätte. Danach würde ich beginnen, 3.000, 4.000, 6.000 Dollar zu machen, während mein Konto wachsen würde, und schon bald würde ich auf meinem Weg zum großen Geld 25.000 Dollar pro Monat verdienen. Doch irgendwann merkte ich, dass es auf dem Weg zum großen Geld nicht immer nur geradeaus geht, sondern dass viele Umwege, Straßensperren und Schlaglöcher lauern.

REALISTISCHE ZIELE SETZEN

Realistisch sein im wirklichen Leben und im Trading

Mögliche Erfolge realistisch einzuschätzen ist für viele hart. Ich lebe in New York City und komme daher mit vielen Menschen zusammen, die weniger realistische Ziele als Träume haben. Hierher kommen jeden Monat Tausende, die davon träumen, in der Schauspielerei, der Musik-, Model- oder Designerbranche Fuß zu fassen und groß rauszukommen; einige wollen es gar an der Wall Street schaffen. Sie alle wissen, dass die Wahrscheinlichkeit, es zu schaffen, ungefähr genauso groß sind wie die Wahrscheinlichkeit, zweimal vom Blitz getroffen und danach noch von einem Hai gebissen zu werden. Nichtsdestotrotz sind sie voller Hoffnung und haben leuchtende Augen, wenn sie hier ankommen, um letztlich den besten Kellner oder Barkeeper abzugeben, den man sich nur vorstellen kann. Als ich mit dem Trading anfing, arbeitete ich als Kellner in einem Restaurant. Ich war umgeben von Möchtegern-Stars, -Models, -Schauspielern, -Tänzern und was nicht alles, doch meine Träume übertrafen alles: Ich war der Einzige, der ein Star-Trader werden wollte.

Wenn es darum geht, sich Ziele zu setzen, muss man realistisch bleiben, egal in welchem Bereich. Egal ob im wirklichen Leben oder an der Börse, man muss stets auf dem Boden der Tatsachen bleiben. Viele Investoren und Trader glauben, sie könnten ihren Job aufgeben und vom täglichen Börsengeschäft leben – und das Ganze mit einem »kleinen« Konto von 25.000 Dollar. Einige erliegen sogar dem Irrglauben, es mit 5.000 Dollar zu schaffen. Sie haben in irgendeinem Buch gelesen, dass es ein oder zwei Trader geschafft haben, aus 5.000 Dollar zehn Millionen Dollar zu machen, und glauben, dass sie das auch schaffen können. Ja, es ist möglich und passiert gelegentlich sogar, aber gleichzeitig machen Zehntausende Trader Pleite. Wer sich realistischere Ziele setzt, wird vielleicht nicht die erträumten Millionen erreichen, aber doch ganz gut wegkommen.

»90 Prozent aller Trader werden verlieren – aber ich nicht«

Einst besuchte ich ein Ausbildungsseminar für Broker. Der Seminarleiter erzählte uns, dass eine Methode, an Kunden zu gelangen, darin bestehe, kostenlose Trading-Seminare abzuhalten. Auf diesen Seminaren erzählte er den Teilnehmern, dass nur zehn Prozent von ihnen es schaffen würden, mit Trading Geld zu machen. Er erklärte, dass 90 Prozent seiner Kunden letztlich scheiterten, und erläuterte die Gründe dafür. Danach pflegte er seine Zuhörer zu fragen: »Wer denkt, dass er irgendwann zu diesen zehn Prozent gehört, die es schaffen?«, und jedes Mal gingen alle Hände nach oben. Diesen Leuten hatte man soeben, was das Trading betraf, reinen Wein eingeschenkt und ihnen mitgeteilt, dass die meisten es nicht schaffen würden. Dennoch ging keiner realistisch damit um. Die meisten haben nur die großen Möglichkeiten, die das Trading bietet, vor Augen, sind sich aber der Realität nicht bewusst. Sie stellen sich alle vor, wie sie Erfolgsgeschichte schreiben, und keiner denkt daran, dass er scheitern könnte, selbst wenn man ihm mitteilt, wie wahrscheinlich es ist. Natürlich ist es wichtig, an seinen Erfolg zu glauben, doch man sollte sich auch bewusst sein, dass man scheitert, wenn man nicht aufpasst.

»Ich will doch nur 10.000 Prozent schaffen; das ist durchaus realistisch, oder etwa nicht?«

Wenn man sich realistische Ziele setzt, kann man diese nicht nur erreichen, man kann auch mögliche Schäden vermeiden. Wenn Ziele lächerlich sind, sollte man sich auf eine herbe Enttäuschung gefasst machen. Ein Trader, der von einem 10.000-Dollar-Konto leben will, muss sich viel zu sehr ins Zeug legen und kann sein Ziel nur dadurch erreichen, dass er ohne Absicherung spekuliert. Sobald man damit anfängt, gehen die Überlebenschancen rapide zurück. Solche Trader sind nicht nur gezwungen, ohne Absicherung zu spekulieren und ein zu hohes Risiko einzugehen, sie müssen außerdem ungeheuerliche Renditen erreichen. Und das ist, ehrlich gesagt, sehr schwierig. Jeder träumt davon, ein Konto zu eröffnen und daraus innerhalb weniger Jahre eine Million Dollar zu machen. Doch man sagt, dass es nur eine todsichere Möglichkeit gibt, eine Million Dollar auf sein Konto zu bekommen – wenn man mit zwei Millionen anfängt. Über die Jahre hinweg habe ich eine Erfahrung gemacht: Die Trader mit dem meisten Geld sind normalerweise auch die erfolgreichsten; hier bewahrheitet sich das alte Sprichwort, dass man Geld braucht, um Geld zu machen. Ein größeres Konto macht noch keinen besseren Trader; es räumt einem Trader aber mehr Spielraum für eventuelle Fehler ein und ermöglicht es ihm, pro Trade weniger zu riskieren sowie eine größere Ausdauer an den Tag zu legen. Je länger man durchhält, desto größer wird die Chance auf Erfolg. Ich denke, ein Grund dafür, dass diese Trader länger durchhalten, ist folgender: Wenn jemand nur ein paar tausend Dollar hat, ist es weniger dramatisch, wenn er alles verspielt. Diese Leute gehen volles Risiko, denn was macht es schon, wenn sie wirklich verlieren – 2.000 Dollar werden ihr Leben nicht verändern. Für jemanden mit einem 100.000-Dollar-Konto hingegen gibt es viel Geld zu verlieren. Er wird daher mehr dafür tun, um es zu schützen.

Es ist auch eher realistisch, dass jemand mit 100.000 Dollar auf dem Konto beim Trading etwas bescheidener vorgeht. Wenn diese Trader 1.000 Dollar am Tag erzielen wollen, dann müssen sie wesentlich weniger dafür kämpfen und deutlich weniger riskieren als jemand, der nur 10.000 Dollar zur Verfügung hat. Und selbst dann spekulieren sie auf eine jährliche Rendite von 200 Prozent. Wenn man das Gleiche mit einem kleinen Konto versucht, spekuliert man auf eine Rendite von 10.000 Prozent. Wer das schafft, kann sich schon einmal darauf einstellen, dass ihm Morgan Stanley demnächst ein achtstelliges Gehalt bietet, damit er für sie arbeitet.

Verstehen Sie mich nicht falsch: Sie können mit wesentlich weniger 1.000 Dollar am Tag erreichen. Ich habe es mit 2.000er-Konten geschafft. Aber wehe, Sie machen einen Fehler, dann ist es vorbei. Der Grund dafür, warum professionelle Trader Erfolg haben und Millionen verdienen können, ist folgender: Sie traden mit Konten, auf denen sich mehrere Millionen Dollar befinden, und versuchen, eher bescheidene 20 bis 35 Prozent pro Jahr zu erzielen. Dies erreichen sie durch eine genauere Auswahl ihrer Trades. Sie achten auf dauerhafte Gewinne, wobei sie nicht mit Gewalt auf den großen Reibach aus sind. Anstatt sich eine bestimmte Marke vorzunehmen, konzentrieren sie sich darauf, gute Trades zu machen. Das Geld ist dann die logische Konsequenz daraus.

> **DIE GEFAHREN UNREALISTISCHER ZIELSETZUNGEN**
>
> Eine der schlimmsten Niederlagen zu Beginn meiner Karriere war der Tag, an dem ich über 1.000 Dollar erzielte. Es geschah in meiner zweiten Woche, und danach wurde diese Marke mein tagtägliches Ziel. Als ich mehr als 1.000 Dollar machte, hatte ich einfach einen großartigen Tag; alles, was ich machte, funktionierte auch. Die meisten Tage verlaufen jedoch ganz anders, und nicht jeder Trade wird von Erfolg gekrönt sein. Doch ich war überzeugt, auch am darauf folgenden Tag 1.000 Dollar zu erzielen. Daher tradete ich nicht nur den einen Kontrakt, den ich hätte traden sollen, sondern ich spekulierte ohne Absicherung auf einen zweiten und dritten. Ich begann, andere Märkte zu traden, und hielt ständig Ausschau nach Trades. Immerzu ging ich ein viel zu hohes Risiko, und dies schadete mir. Ursprünglich war es mein Ziel, 200 Dollar am Tag zu verdienen – bei einem Kontrakt ein durchaus realistisches Ziel. Und ich hatte auch Erfolg, bis ich zu hoch hinaus wollte und mir unrealistische Ziele setzte.

REALISTISCHE ZIELE DEFINIEREN

Wenn Sie sich Ziele setzen, sollten diese in erster Linie realistisch sein. Anstatt Ihre Ziele zu hoch anzusetzen, sollten Sie bescheidene Ziele formulieren, die Sie auch erreichen können. Wenn Sie nur 10.000 Dollar zum Traden haben und versuchen, 1.000 Dollar pro Tag zu verdienen, können Sie Ihr Ziel erreichen, indem Sie etwa festverzinsliche Wertpapiere oder E-Mini-S&P-500 (Future des amerikanischen Aktienindexes Standard & Poor's 500) traden, doch ist dies realistisch? Das bedeutet, Sie müssten jeden Trade mit Margin-Einschüssen decken und regelmäßig ein paar anständige Kursanstiege mitnehmen. Nicht nur das, es läuft auf eine Rendite von 50 Prozent pro Woche hinaus, und das ist ziemlich lächerlich. Stattdessen wäre es ein realistisches Ziel, zu versuchen, dass jede Woche einen Gewinn bringt, dass man ein Gewinn-Verlust-Verhältnis von 45 Prozent erreicht und durchschnittlich acht Punkte mit rentablen Trades macht, während man nur vier mit unrentablen Trades riskiert. Wenn Sie sich kleine Ziele setzen, die Sie auch erreichen können, befinden Sie sich definitiv auf dem richtigen Weg.

VERGESSEN SIE DIE WENIGER ERFOLGREICHEN TAGE NICHT

Manch einer setzt sich vielleicht ein Ziel von 400 oder 500 Dollar pro Tag in der Hoffnung, im Jahr auf 100.000 Dollar zu kommen. Die 400 Dollar erscheinen durchaus realistisch und leicht erreichbar, doch wenn man den Gewinn am Jahresende voraussagen will, vergisst man leicht, eventuell weniger erfolgreiche Tage mit einzurechnen. Man geht davon aus, dass man regelmäßig Tag für Tag auf dieselbe Summe kommt, und ignoriert die Tage, die nicht so gut laufen, dabei völlig. In Wirklichkeit aber ist die Zahl der weniger erfolgreichen Tage mindestens genauso groß wie die der erfolgreichen Tage. Hierbei erweisen sich die weniger erfolgreichen Tage oft als wesentlich schlimmer. Ich habe es schon oft erlebt, dass jemand, der 400 Dollar pro Tag machen wollte, an einem schlechten Tag von einem Augenblick zum anderen 2.000 Dollar verlor. Was man außerdem weiß, ist die Tatsache, dass der Trader sein eigentliches Ziel aus den Augen verliert und versucht, seine Verluste vom schlechten Vortag sofort wieder aufzufangen, um wie geplant voranzukommen. Das führt zum Traden ohne Absicherung und ist niemals gut. *Versuchen Sie niemals, Verluste wieder aufzufangen.* Wenn Sie glauben, 400 Dollar seien ein realistisches Ziel, dann halten Sie sich auch daran. Es dauert vielleicht ein paar Tage, bis man den Verlust wieder auffängt, das ist aber allemal besser, als ohne Absicherung zu spekulieren. Wenn Sie sich Ziele für erfolgreiche Tage setzen, dann sollten Sie auch Ziele für weniger erfolgreiche Tage haben. Diese Ziele sollten bescheidener sein als Ihre Erwartungen bezüglich eines guten Tages. Wenn 400 Dollar Ihr oberstes Ziel ist, dann sollte es Ihr Ziel sein, an einem schlechten Tag nicht mehr als, sagen wir mal, 300 Dollar zu verlieren. Sobald Sie anfangen, auch die schlechten Tage in Betracht zu ziehen, wird es schon ungleich schwieriger, 100.000 Dollar zu machen, sodass eine Marke von 20.000 Dollar im Jahr realistischer erscheinen mag. Ich denke, jeder Trader sollte sich Ziele setzen, denen er nacheifert. Diese sollten aber immer realistisch sein und viel mehr eine Richtlinie darstellen als einen Wert, den man jeden Tag unbedingt erreichen muss.

DIE MINDESTGRÖSSE EINES KONTOS

Ich erzähle Ihnen immer wieder von Leuten, die versuchen, mit zu wenig Geld zu traden. Wo liegt also der Mindestbetrag, den man zum Traden braucht? Es ist sicherlich schwierig, eine genaue Zahl zu nennen, aber mit rund 25.000 bis 50.000 Dollar für Futures und 100.000 Dollar für festverzinsliche Wertpapiere kommt man ganz gut hin. Wenn Sie mit diesen Summen traden, ist es durchaus angemessen, in einem guten Monat zwischen 5.000 und 10.000 Dollar zu erwarten, während man immer noch eher konservativ vorgeht. Diese Mindestsummen für Ihr Konto genügen, um sich ausreichend mit Margin-Einschüssen zu decken und die Fehler zu überleben, die ein Trader zwangsläufig begeht. Natürlich werden Ihre Chancen umso besser, je mehr Sie haben. Es gibt Phasen, in denen ein Trader eine Reihe von Verlusten einfährt, nur um an ein paar gute Trades zu kommen. Dadurch hat er dann zu wenig Kapital zur Verfügung und nimmt sich die Chance, bei den guten Trades zuzugreifen. Daher ist, langfristig gesehen, die Chance eines Traders aufs große Geld bei einem kleinen Konto eher gering. 5.000 Dollar sind einfach zu wenig, um gerade zu Beginn seiner Laufbahn eine Durststrecke zu überstehen. Wenn Sie ein kleines Konto haben, ist das in Ordnung; passen Sie Ihre Ziele ganz einfach Ihrem Kapital an, und traden Sie entsprechend Ihren Mitteln. Sie können immer noch traden, aber eben weniger häufig und auf Märkten oder mit Aktien, die weniger unbeständig sind. Versuchen Sie einfach, wesentlich weniger zu machen.

MEHR ZIELE, ALS MAN VERMUTET

Man sollte sich nicht nur Ziele bezüglich der Gesamtleistung setzen. Es gibt verschiedene Ebenen, auf denen man sich Ziele setzen kann, wie zum Beispiel pro Markt, Welle, Tag, Jahr und Dauer des Lernprozesses.

MARKTZIELE

Average True Range

(*Average True Range*) von J. W. Wilder 1978 entwickelter Indikator zur Darstellung der Schwankungsbreite für Rohstoffe und Terminmärkte)

Ich beginne auf der kleinsten Ebene – wie sehr sich der Markt bewegen kann –, sodass Sie abschätzen können, wie viel Sie in etwa erzielen oder verlieren können. Sie müssen realistische Vorstellungen darüber haben, wie viel Ihnen jeder Markt oder jede Aktie geben kann oder wie viel Sie damit in einem Trade verlieren können. Dies gilt sowohl für das Day-Trading als auch für Long-Positionen (durch den Kauf von Kontrakten entstanden). Dafür muss man die Average True Range (ATR) das Marktes oder der Aktie, den oder die man traden will, kennen. Diesen Indikator kann man für jede beliebige Zeitspanne berechnen.

AVERAGE TRUE RANGE (ATR)

Entspricht Höchstwert

1. Die Spanne zwischen Hoch (heute) und Tief (gestern).

2. Die Spanne zwischen Hoch (heute) und Close (gestern).
   Wenn die Marktlücken höher liegen.

3. Die Spanne zwischen Tief (heute) und Close (gestern).
   Wenn die Marktlücken niedriger liegen.

Wenn man mit einer Aktie Day-Trading betreibt, deren ATR während der letzten zehn Tage vier Dollar pro Tag anzeigte und deren Kurs an einem Tag bereits um 3,75 Dollar gestiegen ist, dann sollte man sich ganz realistisch fragen, um wie viel höher sie noch steigen kann, und allmählich den richtigen Zeitpunkt wählen, um auszusteigen. An diesem Punkt ist der Trade höchstwahrscheinlich gelaufen, und es ist nicht unbedingt ratsam, dabei zu bleiben, nur um aus dem Trade auch noch den letzten Penny herauszuquetschen. Die Aktie ist um ihren Durchschnittswert angestiegen, und falls es sich nicht gerade um einen außergewöhnlichen Tag handelt, wird sie höchstwahrscheinlich wieder abwärts tendieren oder auf gewisse Widerstände stoßen. Wer schlau ist, sollte sich jetzt absichern oder zurückziehen, das Momentum wird wohl bald nachlassen. Es ist besser, ein Trader verpasst das Ende eines Kursanstieges und steigt vor allen anderen aus, als dass er auf einen weiteren Anstieg der Aktie spekuliert. Wenn er zu lange wartet und erst nach einer Kehrtwende aussteigt, kann es schon zu spät sein, und er wird mit allen Mitteln versuchen, seine Order auszuführen, während der Kurs sich gegen ihn entwickelt.

Das Entscheidende ist, auszusteigen, wenn der Markt es zulässt; dies gilt vor allem dann, wenn man in großem Umfang tradet, da sich ein Großauftrag nicht sehr gut ausführen lässt, sobald die Kurse fallen. Es wird natürlich immer wieder mal Tage geben, an denen der Kurs bis auf fünf Dollar oder höher steigt – *na und?* Normalerweise bewegt er sich jedoch nicht über seinen Durchschnittswert von vier Dollar hinaus. Wer auf Prozentzahlen achtet, wird versuchen, auszusteigen, sobald der Markt sich innerhalb von 80 Prozent der durchschnittlichen Schwankungsbreite pro Tag bewegt. Schauen Sie sich dazu bitte Abbildung 2-1 an.

Seit Monaten beträgt die durchschnittliche Schwankungsbreite bei AMAT rund vier Dollar; darüber hinaus hat sich der Kurs nur an relativ wenigen Tagen bewegt. Wem also bewusst ist, um wie viel der Kurs auf täglicher Basis steigen kann, befindet sich in einer besseren Ausgangslage, um davon zu profitieren. Wenn man an einem Tag ausgestiegen ist, an dem der Kurs noch weiter angestiegen ist, aber diesen Anstieg verpasst hat, dann ist es auch in Ordnung. Sie haben den Trade mit der besten Gewinnwahrscheinlichkeit gewählt, indem Sie ausgestiegen sind, und langfristig wird es sich für Sie auszahlen, weil Sie die Trades mit den besten Gewinnwahrscheinlichkeiten machen.

Wenn Sie nicht über die nötige Software verfügen, um an die ATR eines Marktes zu gelangen, müssen Sie diese per Hand oder mit Excel errechnen. Die

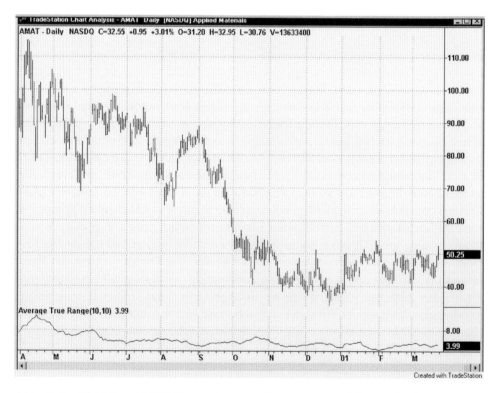

Abb. 2-1: *Täglicher AMAT-Chart: Average-True-Range-Indikator gleich 3,99 (AMAT = Applied Materials Inc.)*

durchschnittliche Schwankungsbreite eines Marktes verändert sich mit der Zeit, daher müssen Sie ständig Schritt halten. Aktien, die ich früher getradet habe, zum Beispiel Ariba (ARBA), die damals noch eine Schwankungsbreite von 15 Dollar hatten, haben heute nur noch eine Schwankungsbreite von 50 Cent. Andere sind von einer Schwankungsbreite von vier auf jetzt zwei Dollar gefallen; Sojabohnen unterliegen im Sommer größeren Schwankungen als während des restlichen Jahres. Sie müssen die Schwankungsbreite von Märkten ständig neu bewerten, damit Sie nicht irgendwann dastehen und merken, dass diese völlig anders liegen, als Sie geglaubt haben. Ich schaue mir gerne den Durchschnitt der letzten fünf bis zehn Tage an, wenn ich die ATR berechne. Wenn man ungefähr weiß, um wie viel sich eine Aktie oder ein Markt bewegen kann, dann kann man auch realistische Prognosen anstellen. Es ist unrealistisch zu glauben, dass eine 15-Dollar-Aktie mit einer ATR von einem Dollar sich innerhalb eines Tages um fünf Dollar bewegt, während einer 70-Dollar-Aktie mit einer ATR von sechs Dollar dies durchaus zuzutrauen wäre. Wenn Sie Tageshandel betreiben, könnte auch die ATR eines 30- oder 60-minütigen Zeitfensters für Sie von Interesse sein, damit Sie nicht zu lange an kurzfristigen Trades festhalten.

Hören Sie auf, ständig nach dem Mega-Trade zu suchen

Es gibt immer wieder Zeiten, in denen eine Aktie oder ein Markt durch irgendetwas beeinflusst wird und sich der Tageskurs extrem bewegt – weit über die normale Schwankungsbreite hinaus. Durch News ausgelöste Kursbewegungen oder Ausbrüche auf der technischen Ebene, durch die der Markt explodiert, können einen Markt weit über das normale Maß hinaus ansteigen lassen. Doch solche Tage stellen eine Ausnahme und nicht die Regel dar. Es passiert mir oft, dass ich dies in der allgemeinen Hektik des Marktes vergesse. An Tagen, an denen der Dow Jones stark fällt und etwa 200 Punkte verliert, beginne ich mir zu überlegen, ob dies vielleicht der Mega-Trade sein könnte, der Tag, von dem man seit Jahren spricht. Ich fange an, massenhaft Leerverkäufe zu tätigen in der Hoffnung auf ein 500-Plus-Drop des Dow. An solchen Tagen fahre ich stets große Verluste ein, denn tatsächlich hat es in der Geschichte der Märkte bisher nur eine Hand voll wirklich großer Tage gegeben. Doch ich glaube oder hoffe, dass es jede Woche passiert. Ich verliere jeglichen Sinn für die Realität, wenn es darum geht, wann es passiert. In 99 Prozent der Fälle sind die Märkte an diesem Punkt bereits gesättigt, und sobald ich glaube, dass es einen Crash geben könnte, gibt es einen Kurswechsel. Der Markt hat seinen normalen Extremwert erreicht, und die beste Taktik ist es, sich zurückzuhalten, bis der Markt klare Signale zum Handeln gibt. Wenn Sie aussteigen und der Markt dennoch weiter steigt, bleiben Sie locker, denn schließlich wäre dies nichts Ungewöhnliches. Das Ironische daran ist, dass ich diesen Textabschnitt heute morgen im Bus auf dem Weg zur Arbeit geschrieben habe, und am Mittag war der Markt um etwa 200 Punkte gefallen. Ich deckte meine Leerverkäufe, um das, was ich immer predige, auch in die Tat umzusetzen, und natürlich gab es einen Kursverfall bis auf fast 400 Punkte. Solch schlechte Tage hatte es zuvor nur sehr selten gegeben. Obwohl ich mir wünschte, ich hätte den ganzen Move erwischt, handelte ich doch richtig, indem ich Deckungsverkäufe tätigte. Ich konnte dann später einsteigen, nachdem der Markt sich wirklich schwach präsentierte.

Gewinnziel pro Trade

Ein Trader sollte nicht nur die durchschnittliche Schwankungsbreite eines Marktes kennen, sondern auch daran denken, dass der Markt Wellenbewegungen vollzieht. Egal, ob sich eine Aktie um 30 Dollar in zwei Monaten oder um vier Dollar in einem Tag bewegt; es kommt sehr selten vor, dass sich dies in einer geraden Linie vollzieht. Es passiert in Wellen, und obwohl eine Aktie eine durchschnittliche Schwankungsbreite von vier Dollar haben kann, ist es doch möglich, dass sie sich innerhalb eines Tages um einen ganzen Punkt nach oben und einen halben Punkt nach unten bewegt. Obwohl Sojabohnen eine durchschnittliche Schwankungsbreite von zwölf Punkten pro Tag haben können, ist es doch unwahrscheinlich, dass Sie in einem schnellen Move alles mitnehmen. Stattdessen werden Sie mal fünf Punkte hier, mal vier Punkte dort erwischen und an anderen Tagen vielleicht mal zwei Punkte. Die besten Day-Trader versuchen, beim Traden immer viele einzelne Trades zu erwischen und dabei bescheidene, aber konstante Gewinne zu verbuchen. Wenn Sie ständig umschwenken, werden Sie eher Gewinne mitnehmen; es ist besser, drei oder vier einzelne Trades am Tag zu erwischen, als auf große, risikoarme Strategien zurückzugreifen. Kleine Trades durchzuführen ist sicherer und bringt normalerweise mehr.

Wellenreiten

Weder gibt es eine einfache Formel, um die Länge einer typischen Welle zu errechnen, noch eine komplizierte Formel; man muss einfach den Markt kennen, auf dem man tradet. Unterschiedliche Zeitrahmen, wie fünf oder 60 Minuten, täglich oder wöchentlich, werden unterschiedliche Wellengrößen haben. Sie werden sich an Tagen verändern, an denen mehr oder weniger Aktivität herrscht, und nicht jede Welle hat dieselbe Größe. Gewinne müssen erzielt werden aufgrund dessen, was der Markt geben kann, und nicht aufgrund dessen, was der Trader erzielen will.

Wenn die Welle zu Ende geht, ist es höchste Zeit auszusteigen. Auf den optimalen Kurs zu warten kann sehr kostspielig werden, falls die Marktsituation sich verändert; abgesehen davon können Ihre Geschäfte ins Stocken geraten, wenn Sie stundenlang nur auf einer Position sitzen und warten, bis die Welle weitergeht. Die beste Art, ein Gefühl für die Länge der durchschnittlichen Welle zu bekommen, ist eine Kombination aus der Kenntnis des Marktes, Berufserfahrung mit der Elliott-

KAPITEL 2 ■ REALISTISCHE ZIELE SETZEN

Wellen-Analyse sowie der Gebrauch von Trendlinien, Kanälen und Oszillatoren, um zu entscheiden, ob der Markt über Bedarf gekauft oder verkauft ist. In dem Teil des Buches, der der technischen Analyse gewidmet ist, gehe ich noch mal genauer darauf ein.

Abbildung 2-2 zeigt einen zweiminütigen AMAT-Chart, dessen täglicher Indikator der Schwankungsbreite für Rohstoffe und Terminmärkte rund vier Punkte beträgt. Er öffnete um etwa zwei Punkte höher, und eine halbe Stunde später (Punkt A) hörte er auf, sich nach oben zu entwickeln, und fing an zu sinken. Um 12.30 Uhr (Punkt B) war er um vier Dollar unter seinen Höchstwert gefallen und erreichte damit seine durchschnittliche tägliche Schwankungsbreite. An diesem Punkt hatte eine große Verkaufsposition ihren Move abgeschlossen und sich für den Rest des Tages in eine gute Kaufposition verwandelt. Der clevere Trader kennt die Schwankungsbreite der Aktie und hört damit auf, die Aktie zu verkaufen, sobald sie sich ihrer ATR nähert. Kurz nach Punkt B versucht die Aktie noch tiefer zu fallen, aber sie stabilisiert sich bei Punkt C, und das ist der Punkt, an dem sich der Markt allmählich erholt.

Kehren wir noch mal zurück zum Traden von Wellen. Beim Abwärts-Move zwischen 10 und 12.30 Uhr, der gerade über vier Dollar lag, bewegte sich AMAT nicht in einer geraden Linie nach unten. Stattdessen stabilisierte sich der Kurs immer wieder – wie die Pfeile nach oben es zeigen. Leider habe ich diese Pfeile erst nach-

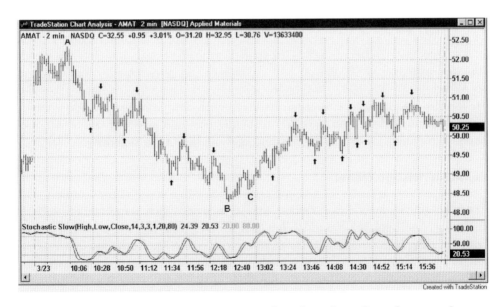

Abb. 2-2: *AMAT innerhalb eines Tages: Trading der Schwankungsbreite und »Fangen« der Wellen*

träglich eingefügt; ich arbeite noch immer daran, dass sie schon vorher von selbst erscheinen.

Die Abwärtswellen wiesen eine Schwankungsbreite von etwa ein bis zwei Dollar auf, wobei der Durchschnitt etwa eineinhalb Dollar betrug. Die Aufwärtswellen betrugen etwa einen Dreiviertel-Dollar. Als sich der Markt bei Punkt C erholte, tat er dies in ähnlichen Wellen wie bei seiner Abwärtsentwicklung. Der Grund für diese Wellen ist, dass Day-Trader ihre Gewinne mitnehmen, nachdem sie einen schnellen Move erwischt haben. Was das Day-Trading erschwert, ist die Tatsache, dass es 30 Minuten dauert, bis eine Aktie um einen Punkt fällt. Im Gegensatz dazu benötigt sie nur zehn Minuten, um drei Viertelpunkte nach oben zu schießen. Um ein guter Day-Trader zu sein, muss man wendig und wachsam sein. Sobald Sie jedoch ein Gefühl für die Größe von Marktwellen entwickelt haben, können Sie diese allmählich vorhersehen. Wenn ich trade, verwende ich stochastische Berechnungen und ein verzögertes Momentum, die mir helfen, meinen Ein- und Ausstieg zu bestimmen. In Abbildung 2-2 können Sie erkennen, dass die Pfeile nach oben und nach unten mit den Wendepunkten des Stochastik-Indikators darunter zusammenfallen. Alles, was der Markt ist, ist eine Funktion dessen, was alle Trader sich von der Preisentwicklung erwarten. Wenn sie alle Gewinne erwarten, sobald es einen Kursrückgang um eineinhalb Punkte gegeben hat, muss man realistisch sein und ebenfalls Gewinne mitnehmen. Wenn man während der Wellen dabeibleibt, kann man beobachten, wie ein Gewinn von einem Dollar zu einem Vierteldollar-Gewinn wird. Dann bekommt man Angst, dass man alles verliert, und nimmt den Trade, nur um ihn fünf Minuten später wieder zu verkaufen, wenn sich der Aktienkurs weiter nach unten bewegt. Wenn ich einen Move von 1,5 auf 1,75 Punkte bekomme, nehme ich ihn und schaue, dass ich bei nächster Gelegenheit verkaufe. Sogar wenn ich den nächsten Move verpasse, weiß ich trotzdem, dass ich richtig getradet habe, und es ist gut so. Wenn die Wellen klein sind, bleibe ich dabei, so lange bis ich denke, dass der Haupt-Move vorüber ist. Ansonsten reibe ich mich auf und zahle zu viele Vermittlungsgebühren. Wenn man bei Wellen ständig ein- und aussteigt, kann man Gewinne mitnehmen und endgültig aussteigen, wenn der Markt sich dreht.

Für längerfristige Trader

Dasselbe gilt für langfristige Trades. Märkte bewegen sich selten gerade in eine Richtung ohne Rückzieher und Wellen. Genauso wie Ein-Tages-Charts haben langfristige Charts Trendlinien und Oszillatoren, die einem Trader helfen können, aus einem Trade auszusteigen, bevor man einen Rückschlag erleidet. Wenn die stochastischen Indikatoren hoch sind und die Aktie in der Nähe ihrer Kanalobergrenze liegt, ist es höchste Zeit, auszusteigen und die Gewinne mitzunehmen, die man noch mitnehmen kann. In den nächsten Tagen kann man damit anfangen, einen neueren und besseren Einstiegspunkt zu suchen, falls alles sich leicht zurückentwickelt. Viele Trader sehen eine Aktie in der Nähe ihrer Kanalobergrenze und denken automatisch, dass sie fallen wird. In den meisten Fällen wird sie es nicht tun, und ein Trader muss in der Lage sein, schnell zu reagieren, bevor der Markt sich zurückzieht. Wenn man sich erst mal damit abfindet, dass es nicht schlecht ist, den Anfang und das Ende eines Trades zu verpassen, und versteht, dass es die Hauptsache ist, die Mitte des Trades zu erwischen, wird Wellenreiten einfacher. Abbildung 2-1 zeigt, wie die Aktie sich in Wellen bewegt. In der ersten Hälfte des Charts, als AMAT von 115 auf 40 fiel, gab es immer, wenn es so aussah, als ob die Aktie noch tiefer fallen würde, Aufwärtstrends von zehn, 15 oder 25 Punkten. Wenn man zu dieser Zeit verkaufte, hat man schwere Verluste erlitten. Im letzten Teil des Charts, als die Aktie sich der Schwankungsbreite angepasst hatte, gab es Momente, in denen es so aussah, als ob sie ausbrechen würde. Sie hat allerdings jedes Mal die Richtung geändert und eine neue Welle initiiert. Diejenigen, die auf einen Anstieg oder Rückzieher gewartet haben, um einzusteigen, wären besser gefahren als diejenigen, die sich in den Markt stürzten.

PERSÖNLICHE ZIELE

Abgesehen von den Zielen, wie viel Geld man erzielen will und welche Marktentwicklungen man erwartet, braucht man Ziele, die einem täglich dabei helfen, sich zu verbessern. Wenn man sich Ziele setzt, sollten sie einfach und leicht erreichbar sein, damit man nicht gleich frustriert wird. Wenn Sie sich ein Ziel setzen, wollen Sie dieses auch erreichen. Das Ziel sollte jedoch auch nicht zu einfach gestaltet werden, sodass es unmöglich wird, es nicht zu erreichen; Sie müssen sich einfach ein bisschen anstrengen. Einige Ziele, um sich selber zu verbessern, werden unten beschrieben.

Arbeiten Sie an Ihren Schwachpunkten

Jeder hat seine eigenen Schwachpunkte, die ihn daran hindern, der Beste zu sein. Jeder Trader sollte sich als Ziel setzen, diese Schwachpunkte herauszufinden und an ihnen zu arbeiten. Das sind eigentlich zwei Ziele und nicht eines. Das erste Ziel ist es, seine Schwachpunkte zu ermitteln, und das zweite, sie zu beseitigen. Wenn Sie im Verlauf dieses Buches etwas finden, das mit Ihren Schwachpunkten zu tun hat, machen Sie sich eine Notiz und konzentrieren Sie sich darauf, sie zu beheben.

Aus Fehlern lernen

Fehler gehören zum Trading. Missachten Sie diese nicht, sondern lernen Sie daraus; sie sind für Ihr Fortkommen als Trader sehr wichtig. Das Lernen aus Fehlern sollte auf der Liste Ihrer persönlichen Ziele ganz weit oben stehen, und Sie müssen sich dies ernsthaft vornehmen. Sie werden im Lauf Ihrer Karriere als Trader ständig Fehler begehen. Wenn Sie es vermeiden, dieselben Fehler immer wieder zu machen, werden Sie es als Trader weit bringen.

Halten Sie Ihre Verluste im Rahmen

Dies ist ein einfaches und dennoch bisweilen schwer realisierbares Ziel. Seien Sie vernünftig, wenn es um Verluste bei Aktien oder Rohstoffen geht. Wenn eine Aktie, die Sie im Tageshandel traden, eine Schwankungsbreite von drei Dollar hat, dann verlieren Sie nicht bei jedem Trade 2,50 Dollar damit. Ein Verlust zwischen 50 und 75 Cent ist vernünftiger. Wenn Sie mit einem 10.000-Dollar-Konto traden, dann verlieren Sie nicht täglich bei jedem Trade 1.000 Dollar. Wer ständig mehr als fünf Prozent verliert, geht ein zu hohes Risiko ein und ist zum Scheitern verurteilt. Versuchen Sie, Ihre Verluste bei unter zwei Prozent Ihres Kapitals zu halten – je niedriger, desto besser.

Schützen Sie Ihr wertvolles Kapital

Eines Ihrer Ziele sollte es sein, Ihr Geld nicht zu verlieren. Sie wollen auch in ein paar Jahren noch im Geschäft sein, also versuchen Sie alles in Ihrer Macht Stehende, um sicherzustellen, dass Sie dann auch noch Geld haben. Am ehesten erreicht man dieses Ziel, indem man sich darauf konzentriert, dass man kein Geld verliert. Vergessen Sie es, Geld zu machen; Ihr Ziel sollte es vielmehr sein, keines zu verlieren. Wenn Sie das schaffen, werden Sie sich in einer guten finanziellen Lage befinden, wenn Sie ein guter Trader werden.

Hören Sie auf damit, den Markt zu jagen

Das ist einer der Bereiche, bei dem Anfänger leicht Schaden erleiden können. Sie beobachten einen großen Move auf dem Markt, geraten deswegen in Ekstase und kaufen, solange die Aktie noch steigt, oder verkaufen, wenn sie noch im Fallen ist. Man muss realistisch einschätzen, wie lange sie sich in gerader Linie bewegen kann. Sogar wenn eine Aktie sich besser entwickelt als gedacht, wird sie sich irgendwann zurückentwickeln. Je besser sie sich entwickelt, desto tiefer wird sie fallen. Sie müssen abwarten, bis der Markt aufhört zu steigen und sich entweder konsolidiert oder zurückzieht, bevor Sie einsteigen. Ansonsten laufen Sie Gefahr, die Höchstwerte zu kaufen und in einen Rückgang der Kurse zu geraten, durch den Sie aus dem Trade rausfliegen können. Sogar wenn Sie einen Trade völlig verpasst haben, ist es besser, auf einen Rückzieher zu warten. Wenn man ihn nicht bekommt, na und? Ein anderes Mal wird es noch einen Trade geben. Wenn man lernt, auf einen Rückzieher zu warten, verbessert man seine Chancen auf Erfolg dadurch, dass man die Trades, die Misserfolg bringen, meidet.

REALISTISCH BLEIBEN

Realistisch bleiben, selbst wenn der Markt unrealistisch ist

Zwischen 1999 und April 2000 haben viele Geld damit eingefahren, dass sie jede Technologie-Aktie gekauft haben, die sie nur zwischen die Finger kriegten. Diese Leute waren keine guten Trader, sondern glückliche Trader. Es gab nichts, was man damals falsch machen konnte. Leider wurden sie ein wenig übermütig, wofür sie Ende 2000 und 2001 teuer bezahlen mussten. Sie entwickelten weder irgendwelche Fähigkeiten zur richtigen Geldanlage, noch hatten sie realistische Vorstellungen davon, was eine Aktie tun sollte. Eine Aktie sollte nicht innerhalb von drei Monaten von sechs auf 150 Dollar ansteigen, splitten und dasselbe noch mal tun. Doch viele dachten, dies sei normal. Als der Markt sich letzlich normalisierte, verloren diese Leute viel von dem Geld, das sie in den Markt gesteckt hatten.

Wenn es sich nicht gerade um einen unglaublichen Anstieg der Kurse handelt, wie es etwa zwischen 1999 und April 2000 beim Nasdaq der Fall war, als die Aktienkurse von 15 auf 200 Dollar stiegen, dann wird eine Aktie in einem guten Jahr üblicherweise nur um jährlich 20 bis 35 Prozent ansteigen. Diese Leute haben auf die harte Tour gelernt, dass Trading nicht so einfach ist, wie es aussieht, und dass man realistische Ziele haben sollte, selbst wenn sich der Markt unrealistisch verhält. Schließlich gilt das Motto: »Every trend will end« (Jede Entwicklung geht irgendwann zu Ende), und ein Trader sollte realistisch damit umgehen, indem er Deckungskäufe tätigt oder gar die Seiten wechselt. Ich kenne einfach zu viele Leute, die immer noch im Besitz von Lucent-Aktien sind, die sie für 60 Dollar gekauft haben und die jetzt nur noch zwei Dollar wert sind; an einem bestimmten Punkt mussten sie sich damit abfinden, dass diese Aktie nicht weiter steigen würde. Fast hat es den Anschein, als ob tagtäglich irgendjemand bei »Buy, Sell or Hold« (Kaufen, Verkaufen oder Halten) auf CNBC anruft und Folgendes erzählt: »Ich habe Lucent bei 60 gekauft. Jetzt ist sie bei zwei. Was soll ich tun?« Nun ist es zu spät, um irgendetwas zu tun. Man hätte vor ein paar Jahren aktiv werden sollen, als die Aktie überbewertet war.

Realistisch einschätzen, wie lange es dauert

Wie ich im ersten Kapitel bereits erwähnte, ist Trading nicht einfach oder etwas, womit die meisten gleich gut zurechtkommen. Sie sollten nicht mit unmittelbaren Erfolgen rechnen und realistisch einschätzen, wie lange es dauern könnte. Ich würde sagen, es dauert zwei bis fünf Jahre, ehe man alle Ausbildungsgebühren und Beiträge bezahlt hat, mit denen ein Trader rechnen sollte. Während der ersten Jahre sollte ein Trader sich nicht eine bestimmte Summe x zum Ziel setzen; der Idealfall wäre, wenn man nach dieser Zeit noch genug Kapital zum Traden hätte; Geld verdient man dann irgendwann von ganz alleine. Es dauert Jahre, bis man seine Fähigkeiten verfeinert und genug Kapital zum Überleben hat, um ganz oben anzukommen. Wenn man mit dem Trading beginnt, sollte man sich dessen bewusst sein. Selbst wenn ein Trader gleich zu Beginn für Furore sorgt, handelt es sich nicht zwangsläufig um einen guten Trader. Er muss erst mal eine Durststrecke durchlaufen. Sobald er dies getan hat, kann es durchaus sein, dass er sein Konto überzieht und seine Gewinne schnell verliert. Viele legen los in dem Glauben, gleich vom Traden leben zu können, und haben schließlich nicht genug Geld, um zu überleben. Ich habe mehrere Jahre gebraucht, bis ich vom Trading allein leben konnte. Zu Beginn meiner Karriere musste ich meistens nachts und an den Wochenenden arbeiten, um meine Trading-Gewohnheiten zu finanzieren. Ich fuhr in New York Taxi, gründete einen Autoverleih für Limousinen, kellnerte, verfasste Einkommensteuererklärungen für einen Steuerberater und spielte in mehreren Bands Gitarre. Stets dachte ich mir: »Noch ein paar Monate, und diese Trading-Sache zahlt sich aus«, doch aus Monaten wurden Jahre.

Realistisch mit Verlusten umgehen

Schließlich müssen Sie auch ein mögliches Scheitern in Betracht ziehen. Obwohl jeder Trader zu Beginn davon träumt, das große Geld zu machen, und eine positive Grundeinstellung auch dazugehört, sollte man sich stets bewusst sein, dass man durchaus scheitern könnte. Etwa 90 Prozent aller Trader werden scheitern, und je ehrlicher Sie mit diesen Zahlen umgehen, desto leichter wird es Ihnen fallen, nicht zu dieser Kategorie zu gehören.

MACHEN SIE TRADING ZU IHREM GESCHÄFT

Eine Möglichkeit, mit dem Trading realistischer umzugehen, besteht darin, es als ernsthaftes, eigenständiges Geschäft zu betrachten. Um Erfolg zu haben, sollte man genauso ernsthaft an die Sache herangehen wie jemand, der sich selbstständig macht und sein eigenes Geschäft betreibt. Wenn man ein Geschäft gründet, sollte man immer sicher sein, dass man ausreichend Kapital zur Verfügung hat, um auch schlechte Zeiten zu überstehen. Niemand geht davon aus, dass ein neues Unternehmen gleich Gewinne einstreicht. Ohne ausreichendes Start- und Betriebskapital wird ein Geschäft wahrscheinlich scheitern. Noch bevor es richtig losgeht und man Einnahmen hat, kommen die ersten Rechnungen. Es dauert, bis man regelmäßige Einkünfte hat und sich etabliert, egal in welchem Bereich. Dennoch rechnen Trader damit, von Anfang an Gewinne einzufahren. Wenn Sie vorhaben, ein Unternehmen zu führen – egal welches, ein Restaurant, ein Einzelhandelsgeschäft, eine Unternehmensberatung, die Müllbeseitigung oder IBM –, dann möchten Sie das nicht mit einem Budget von nur ein paar Groschen tun. Die meisten Unternehmen, die scheitern, tun dies innerhalb der ersten beiden Jahre. Den überwältigenden Grund stellt dabei ungenügendes Kapital dar.

Man stürzt sich nicht einfach in ein Geschäftsvorhaben, ohne es gründlich durchzuplanen; man analysiert viel, erarbeitet einen realistischen Plan und vergewissert sich, dass man Geld genug hat, um zu starten. Entscheidungen sollten generell vorsichtig getroffen werden, nicht nur, was das Kapital betrifft. Wenn man eine Textilfirma besäße, würde man auch nicht gleich eine Jeans-Linie kaufen, nur weil sie auf den ersten Blick gut aussieht oder weil man Angst hat, den neuesten Modetrend zu verpassen. Ein tüchtiger Geschäftsmann würde in Erfahrung bringen, ob die Konkurrenz die Jeans schon hat, ausrechnen, ob überhaupt Bedarf daran besteht, und überlegen, ob Preiserhöhungen und mögliche Gewinne es wert sind, die Aufwendungen für einen extra Warenvorrat zu tragen. Ganz zu schweigen davon, dass man entscheiden muss, ob der Geschäftsraum für bessere Zwecke genutzt werden könnte. Nachdem man sich alle diese Dinge gut überlegt hat, könnte man die Entscheidung treffen, ob man in eine neue Jeans-Linie investiert. Das ist ein gut überlegter Prozess, keine Aktion aus der Laune heraus. Man will jede risikoreiche Situation möglichst vermeiden. Wenn man die erste Phase eines Modetrends verpasst hat, weiß man, dass man die Linie später immer noch kaufen kann, falls noch Nachfrage besteht und sich das Risiko zu investieren minimiert hat.

Mehr als irgendetwas sonst ist Trading mit Risiken verbunden und muss deshalb so ernst wie nur möglich genommen werden. Wenn man tradet, muss jeder Trade mit dem Gefühl durchgeführt werden, dass man ein Geschäft führt. Wie ein Unternehmer muss ein Trader das Ziel haben, die Entscheidungen zu treffen, die es ihm ermöglichen, mit minimalem Risiko möglichst viel Geld zu machen. Wenn ein Trader das Trading nur wegen des Nervenkitzels betreibt und nicht als ernsthaftes Geschäft betrachtet, sollte er lieber ins Kasino gehen und Würfel spielen; das kommt aufs Gleiche raus. Leider verfallen viele in einen gewissen Trading-Wahn und konzentrieren sich dann nicht mehr darauf, einen besseren Trader aus sich zu machen. Nur wenn man damit beginnt, Trading als wirkliches Geschäft zu betrachten und nicht nur als eine Möglichkeit, sich zu amüsieren, wird man allmählich etwas objektiver.

EINEN BUSINESS-PLAN ERSTELLEN

Ein wesentlicher Punkt, der ein erfolgreiches Geschäft von einem zum Scheitern verurteilten Geschäftsvorhaben unterscheidet, ist ein durchdachter Business-Plan. Ein Business-Plan legt die Idee und Ziele des Geschäftsvorhabens dar und setzt die Etappen fest, in denen diese Ziele erreicht werden sollen. Wenn man versucht, Geld zu verdienen, ist ein Business-Plan unerlässlich. Doch selbst dann, wenn man nicht auf Fremdkapital angewiesen ist, stellt der Business-Plan einen wesentlichen

Punkt dar, wenn es darum geht, ein Geschäft zum Laufen zu bringen und es mit Erfolg zu führen. Die meisten neuen Trader unterlassen es, einen Business-Plan zu erstellen, obwohl ihnen dies sehr helfen würde. Sie vergessen dabei, dass es sich beim Traden auch um eine Art von Geschäft handelt. Es ist nicht einfach und meist recht zeitaufwendig, einen Business-Plan zu erstellen, darum verstehe ich durchaus, dass nur wenige Trader einen solchen erstellen; wenn man sich jedoch die nötige Zeit dafür nehmen würde, wäre dies sehr hilfreich.

Ein Business-Plan für einen Trader ist im Wesentlichen nichts anderes als die Bekanntmachung, die ein Terminhandelsberater oder Terminverwalter vornimmt, wenn er Gelder generieren möchte. Er enthält die gleichen Bestandteile wie ein Business-Plan in jedem anderen Bereich auch. Das Erstellen eines solchen mit dem Hintergedanken, andere davon zu überzeugen, Ihnen Geld zur Verfügung zu stellen, hilft Ihnen letztlich dabei, alle Kosten und Faktoren – egal ob klein oder groß – zu berücksichtigen, die das Traden betreffen. Sie werden sich angewöhnen, das Trading mit der nötigen Ernsthaftigkeit zu betreiben. Sie werden erkennen, wie schwer es ist, unrealistische Renditen zu erzielen. Er wird Ihnen dabei helfen, genau herauszufinden, wie viel Geld Sie benötigen und welche Risiken auf Sie lauern könnten. Sie sollten Ihre Trading-Vorstellungen, Ihre Parameter, Ihr Potenzial sowie alle möglicherweise aufkommenden Probleme klar formulieren. Wenn Sie sich an all diese Punkte halten, werden Sie alle möglicherweise aufkommenden Risiken erkennen und auch merken, wie hoch Sie Ihre Ziele stecken sollten. Setzen Sie sich niemals zu hohe Ziele! Sie werden feststellen, wie viel Kapital Ihnen zum Traden zur Verfügung steht, wie viel Sie zum Leben haben und welchen Betrag Sie für Notfälle zurücklegen können. Ein Trader kann folglich erkennen, dass er zu wenig Kapital zur Verfügung hat, um vom Traden zu leben, falls er nur 10.000 Dollar auf der Bank hat. Anstatt einen Business-Plan zu erstellen, sollte ein Trader einen Trading-Plan erstellen. Wie das geht, werde ich später noch genauer erklären; fürs Erste folgt hier eine kurze Zusammenstellung der wesentlichen Punkte.

Bestandteile eines Trading-Plans:

... Tradingstil, -strategie oder -system
... Zeitrahmen, den man benötigt, um Erfolg zu haben
... Damit verbundene Kosten
... Money-Management-Plan
... Potenzielle Gewinne
... Risiken
... Externe und interne Faktoren, die Ihr Abschneiden beeinflussen könnten
... Warum Sie von Ihrem Erfolg überzeugt sind

WAHRE GESCHICHTE EINES GLÜCKLOSEN TRADERS

Im Folgenden nun ein Beispiel von jemandem, der sein eigenes Verhalten und das des Marktes nicht realistisch einschätzte. Ich habe es bis heute nicht vergessen. Einer meiner Kunden hatte einen Freund, der das Trading auch einmal ausprobieren wollte. Er eröffnete ein Konto mit 4.000 Dollar, ursprünglich, um Getreideoptionen zu traden. Nachdem sich sein Konto geleert hatte, rief ich ihn an, um ihm mitzuteilen, dass er kurz vor dem Aus stand. Er hatte gerade CNBC geschaut, wo man ständig darauf herumritt, wie gut der Nasdaq stehe (es war gerade zu der Zeit, als der Nasdaq im März 2000 seinen Höhepunkt erreicht hatte und äußerst unbeständig war). Im Moment war er leicht gefallen, und der Kunde stellte mir dann zahlreiche Fragen über die Nasdaq-E-Minis, bis er schließlich einen kaufen wollte. Ich versuchte verzweifelt, ihn davon abzubringen. Ich meinte, es sei gar keine gute Idee, beim ersten Trade gleich einen der unbeständigsten Märkte überhaupt zu traden. Schließlich könne es ihn schnell über 1.000 Dollar kosten, falls er sich täuschte. Er ging nicht darauf ein; er glaubte fest daran, dass es eine gute Möglichkeit sei, einzusteigen – schließlich habe der E-Mini nur leicht nachgelassen, und der Markt würde sich schon wieder erholen, so wie er es jeden Tag gemacht hatte. Er platzierte eine Stopp-Order bei 1.000 Dollar, ohne ernsthaft damit zu rechnen, dass er sie brauchen würde. Etwa eine Stunde später musste ich ihn erneut anrufen, um ihm mitzuteilen, dass der Kurs um 800 Dollar gefallen sei. Ich wollte sehen, was er nun zu tun gedachte. Während wir telefonierten, fiel der Kurs noch weiter, doch mein Kunde war der festen Überzeugung, dass er wieder steigen würde. Er zog also seine Stopp-Order wieder zurück und bestand auf dem Kauf eines zweiten Kontrakts. Nach einer zweisekündigen Erholung fiel der Markt weiter. Als ich ihn das nächste Mal anrief, war er um mehr als 2.000 Dollar gefallen, und der Kunde entschloss sich, aus dem Trade auszusteigen. Danach erholte sich der Markt natürlich stark. Nun war er frustriert, dass der Markt sich erholt hatte, kaum dass er ausgestiegen war. Er teilte mir mit, dass er mehr Geld überweisen würde, und kaufte zwei Kontrakte statt einem. Sobald er dies getan hatte, fiel der Markt abrupt, diesmal noch viel stärker als beim ersten Mal. Als er nun merkte, wie sein Konto auf unter 1.000 Dollar einbrach, erstarrte er und fragte mich zum ersten Mal überhaupt um Rat. Ich riet ihm, auszusteigen und die Verluste mitzunehmen, aber dazu war er viel zu verstört. Schließlich musste ich seine Positionen für ihn auflösen. Als alles vorüber war, hatte er praktisch all sein Geld verloren, und dies an seinem ersten Tag als Trader. Er hatte nicht realistisch genug eingeschätzt, was passieren könnte, und das kam ihn teuer zu stehen. Er hatte seine Haus-

> aufgaben zu keiner Zeit erledigt, hatte keine Ahnung von Risiko oder davon, was der Markt überhaupt leisten könnte, und tradete zudem weit über seinen Möglichkeiten. Am nächsten Tag schloss er sein Konto wieder und tradete nie mehr.

Meine persönliche Erfahrung

Mein Problem war, dass ich immer versucht habe, so zu traden, als hätte ich eine Million Dollar zur Verfügung. Ich versuchte stets dasselbe zu machen wie der Trader neben mir; dabei spielte es für mich überhaupt keine Rolle, dass er eine halbe Million auf seinem Konto hatte und ich nur 30.000 Dollar. Ich riskierte pro Trade viel mehr, als vernünftig gewesen wäre, da ich bereit war, die gleiche Summe zu verlieren wie ein Typ neben mir, der aber zehn Mal so viel Geld hatte wie ich. Letztlich verlor ich, weil meine Erwartungen zu hoch waren und sich unmöglich erfüllen ließen. Bei dem Versuch, meine Ziele zu erreichen, war ich permanent gezwungen, ohne Absicherung zu traden, was langfristig nicht funktionierte. Ein weiterer Fehler war, dass ich ständig außer Acht ließ, wie sehr sich ein Markt bewegen kann, und dachte, er sei stabiler, als es tatsächlich der Fall war. Ich gab viele gute Trades zurück, weil ich – was die Gewinnmitnahme betrifft – nicht realistisch genug war. Es dauerte eine bestimmte Zeit, bis ich gelernt hatte, bei der Mitnahme von Gewinnen und Verlusten realistischer zu agieren. Nachdem ich gute Trader aber wiederholt dabei beobachtet hatte, wusste ich, wie man es macht. Obwohl ich immer noch glaube, dass sich Gewinne entwickeln sollten, bin ich nun realistischer. In der Vergangenheit wartete ich stets so lange, bis aus Gewinnen Verluste wurden. Ich bin realistischer geworden, was die Tatsache betrifft, wie viel Geld ich mit dem Betrag verdienen kann, der mir zum Traden zur Verfügung steht. Ich habe damit aufgehört, zu versuchen, mehr Geld zu machen, als ich sollte. Obwohl meine besten Tage im Vergleich zu früher schlechter geworden sind, habe ich jetzt mehr gute Tage und viel weniger wirklich schlechte Tage. Ich habe gelernt, dass Trading Überleben bedeutet, und nicht, wie viel Geld man verdient.

EIN BESSERER TRADER WERDEN

Ein besserer Trader zu werden bedeutet, realistische Ziele zu haben, aber nicht nur, was die eigene Persönlichkeit betrifft und wozu man fähig ist, sondern auch, wozu der Markt fähig ist. Lernen Sie, wie die Märkte, auf denen Sie traden, reagieren und wie viel Sie auf ihnen machen können. Sie werden zu einem besseren Trader, wenn Sie richtiges Kapital besitzen, um Erfolg zu haben, oder die richtigen Erwartungen von dem Kapital haben, das Sie besitzen. Mit 5.000 Dollar müssen Sie niedrigere Ziele und Erwartungen haben als mit 50.000 Dollar. Dies heißt auch, dass man verstehen sollte, wie lange man braucht, um Erfolg zu haben, und dass ein Scheitern durchaus möglich ist. Ein Totalverlust ist stets im Bereich des Möglichen, aber es ist auch eine wertvolle Erfahrung auf dem Weg zu einem erfolgreichen Trader. Es ist durchaus normal, zunächst Verluste einzufahren; die meisten erfolgreichen Trader haben so begonnen. Gehen Sie nicht davon aus, sofort ein Star-Trader zu sein; nehmen Sie sich mindestens zwei Jahre Zeit, um die Märkte zu studieren. Obwohl es immer wichtig ist, realistisch zu sein, muss man doch daran glauben, der beste Trader der Welt zu sein, und sich dies tagtäglich vergegenwärtigen. Nur so wird man zu einem besseren Trader. Ansonsten werden Sie es nie an die Spitze schaffen.

Am wichtigsten jedoch ist es meines Erachtens, dass man realistisch einschätzt, wie viel Geld man machen kann und wie viel Startkapital man benötigt. Die meisten scheitern deshalb, weil sie versuchen, mit ungenügendem Kapital zu traden. Je mehr Startkapital man hat, desto besser sind die Erfolgsaussichten. Wenn man versucht, mit einem Konto von 2.000 Dollar zu traden, wird man letztlich nur enttäuscht. Man scheitert nicht deshalb, weil man ein schlechter Trader ist, sondern weil man zu wenig Kapital zur Verfügung hat, um auch schlechte Zeiten durchzustehen. Selbst die Annahme, ein Konto von 10.000 Dollar könnte ausreichen, um den eigenen Lebensunterhalt zu bestreiten, ist weit hergeholt. Dennoch glauben Neueinsteiger, dass sie schon zu Beginn eine Rendite zwischen 500 und 10.000 Prozent erreichen können. Erfolgreiche Hedgefonds-Manager und professionelle Trader sind überglücklich, wenn sie eine 35-prozentige Rendite im Jahr erreichen. Machen Sie sich weniger Gedanken darüber, wie viel Geld Sie verdienen können, sondern setzen Sie sich ein Ziel, um nicht Ihr gesamtes Geld zu verlieren. Wenn Sie sich realistische und leicht umsetzbare Ziele setzen, werden Sie merken, dass aus Ihnen ein besserer Trader wird.

Die Probleme, mit denen ein unrealistischer Trader zu kämpfen hat:

1. Keinen Gedanken ans Verlieren verschwenden
2. Ohne Deckung spekulieren
3. Zu hohes Risiko eingehen
4. Nach den Sternen greifen
5. Enttäuscht und entmutigt sein
6. Totalverlust erleiden
7. Erwarten, dass eine Aktie jährlich um das Dreifache ansteigt
8. Ein unangenehmes Privatleben führen

Was Ihnen hilft, den Blick für die Realität zu bewahren

1. Halten Sie Ihre Ziele bescheiden.
2. Denken Sie daran, dass nicht jeder Tag mit Gewinnen endet.
3. Traden Sie mit mehr Geld.
4. Kennen Sie die Average True Range.
5. Kennen Sie die durchschnittliche Wellenlänge.
6. Hören Sie auf, den Mega-Trade zu suchen.
7. Suchen Sie kleinere Renditen.
8. Investieren Sie Ihre Zeit, und gewinnen Sie an Erfahrung.
9. Lernen Sie aus Fehlern.
10. Halten Sie Ihre Verluste in Grenzen.
11. Jagen Sie einen Markt nicht.
12. Bleiben Sie realistisch, selbst wenn es der Markt nicht ist.
13. Betrachten Sie Trading wie ein Geschäft.
14. Erstellen Sie einen Trading-Plan.

Nützliche Fragen, die Sie sich stellen sollten:

… Sind meine Ziele angemessen?
… Sind meine Erwartungen an den Trade angemessen?
… Gehe ich realistisch vor?
… Habe ich den Move verpasst?
… Versuche ich, zu viel aus dem Trade herauszuholen?
… Riskiere ich zu viel?
… Treffe ich sachliche Entscheidungen?

KAPITEL 3

Gleiche Rahmenbedingungen schaffen

Ich erinnere mich an unseren Geschichtelehrer an der Highschool. Er erzählte uns, dass Napoleon einst gefragt wurde, welche Seite seiner Meinung nach den Krieg gewinnen würde. Er antwortete: »Die Franzosen natürlich. Wir haben die größten Kanonen.«

MIT DEN PROFIS KONKURRIEREN

Stellen Sie sich vor, Sie nehmen mit Ihrem Privatauto am »Daytona 500« teil. Sie mögen durchaus ein guter Fahrer sein und einen nigelnagelneuen ausländischen Sportwagen – neuestes Modell – fahren. Würden Sie in Ihren kühnsten Träumen wirklich damit rechnen, eine reelle Siegchance gegen professionelle Rennfahrer in ihren hochmodernen Rennmaschinen zu haben? Egal wie gut Sie sein mögen, Sie werden erst dann mit ihnen konkurrieren können, wenn Sie über ähnliche Erfahrung, Know-how und Ausrüstung verfügen. Nicht nur Ihre Gewinnaussichten wären gering, Sie könnten auch von Glück reden, wenn Sie nicht abgeschlagener Letzter werden würden. Beim Traden sollten Sie es ähnlich halten. Sie versuchen nicht nur, zu überleben und Geld zu machen; höchstwahrscheinlich haben Sie es auch mit Profis zu tun, die, um Erfolg zu haben, besser ausgestattet sind als Sie. Wenn Sie nicht die gleichen Rahmenbedingungen vorfinden, laufen Sie Gefahr, ins Hintertreffen zu geraten.

Man versteht oft nicht, dass der Markt als Ganzer die Gesamtsumme der Positionen aller Einzel-Trader darstellt. Vom Trader eines Einzelpostens bis zum Hedgefonds-Manager – gemeinsam bilden sie den Marktpreis. Der Markt handelt zu seinem aktuellen Preis, und er entwickelt sich in eine bestimmte Richtung nicht aufgrund irgendeines Charts, eines Indikators oder irgendwelcher Nachrichten, sondern weil die Positionen der verschiedenen Trader es so wollen.

Wenn ein typischer kleiner Trader versucht, ein paar Dollars zu verdienen, sollte er immer daran denken, dass er mit den besten Tradern der Welt konkurriert. Diese wiederum sind Profis, die über die neueste und beste Ausrüstung, Informationen, Order Flow, Erfahrung, Kapital und Kaufkraft verfügen, die sie in eine bessere Ausgangslage versetzen. Dabei kann es sich um Market Maker, Hedgefonds-Manager, Spezialisten, institutionelle Trader, einflussreiche Einzelpersonen, Parketthändler oder Großhersteller und Großverbraucher von Rohstoffen handeln. Sie sind in der Lage, Märkte zu bewegen und zu stützen und/oder mit ihnen zu spielen. Sie können den Eindruck erwecken, dass ein Markt gerade sehr interessant ist, um ihre wahren Absichten zu verbergen. Ihr Ziel ist es, Geld zu machen, und zur Umsetzung ihrer Angelegenheiten benutzen sie – Sie.

Worauf ich hinaus will, ist Folgendes: Diese Leute sind Ihre Konkurrenten, und ein einzelner Trader eines Einzelpostens hat nicht dieselben Erfolgsaussichten wie ein millionenschwerer Trader bei Merrill Lynch. Profi-Trader geben monatlich Tausende von Dollars aus, um Zugriff auf neueste Ausrüstung, Software, News, Informationen und »Straight-to-the-floor«-Services zu haben. In der Zwischenzeit nutzen einige die Zeitung als Quelle von Kursen und Informationen und wollen so konkurrenzfähig sein. Bedenken Sie Folgendes: Wenn Sie einen Erdölkontrakt mit 5.000 Dollar auf Ihrem Konto traden, sehen Sie sich Parketthändlern mit mindestens 50.000 Dollar auf dem Konto, millionenschweren Hedgefonds-Managern oder Exxon als Konkurrenz gegenüber. Wer hat Ihrer Meinung nach mehr Kapital zur Verfügung und befindet sich in einer günstigeren Ausgangsposition? Ein Profi-Trader sitzt meist vor zwei oder vier Großbildschirmen mit Echtzeitkursen – und nicht nur mit den Preisen für die Futures –, und wahrscheinlich kennt er auch die Bargeldpreise. Er hat ausreichend Immobilien auf seinen Bildschirmen, um jederzeit zahlreiche Charts einsehen zu können, während er außerdem noch News, Kurse und firmeneigene Trading-Systeme beobachtet, die ihm eventuell zur Verfügung stehen. Viele Firmen engagieren Strategen, deren einzige Aufgabe es ist, Systeme zu erstellen und zu testen, was zu einer bemerkenswerten Analyse des Marktes führen kann. Im Gegensatz dazu hat der Durchschnitts-Trader oft nur ein Lineal und einen Chart für seine Analyse zur Verfügung.

GLEICHE RAHMENBEDINGUNGEN SCHAFFEN

Wenn jemand ein ernsthafter Trader werden will, sollte er alles in seiner Macht Stehende tun, um Rahmenbedingungen zu schaffen, die mit denen der Profis identisch sind. Da auch jeder andere sein Möglichstes tut, um zu gewinnen, ist es überaus wichtig, sich den größtmöglichen Vorteil zu verschaffen. Sie können keine Schlacht gewinnen, wenn Sie mit Steinen und Stöcken gegen jemanden kämpfen, dem Kanonen und Geschosse zur Verfügung stehen. Institutionelle Trader verfügen stets über ausreichende Budgets, die neuesten Technologien sowie die Fähigkeit, sich alle News, Kurse und Informationen in Echtzeit zu beschaffen. Dem Durchschnitts-Trader steht eine Vielzahl dieser Tools erst seit kurzem zur Verfügung – seit Beginn des Internetzeitalters. Wenn also Profi-Trader massenhaft Geld dafür ausgeben, um an diese Sachen zu kommen, denken Sie dann nicht, sie könnten tatsächlich ein bisschen helfen? Heute bietet sich jedem Trader, selbst bei beschränktem Budget, die Möglichkeit, näher an die institutionellen Trader heranzurücken, die mehrere Millionen ausgeben. Dank des Internets kommen Einzelne viel leichter (zu relativ geringen Kosten) an dieselben Tools und Informationen, die einst institutionellen Tradern vorbehalten waren. Nicht alles ist umsonst oder billig, aber zumindest kommt man irgendwie dran, und es gibt zahlreiche Software, die einen nicht professionellen Trader dabei unterstützen kann. Obwohl alles frei verfügbar ist und in Echtzeit angeboten wird, hoffen viele Neueinsteiger immer noch, sie könnten den Profis Paroli bieten, indem sie kostenlose, aber leicht verzögerte Kurse, Charts und News verwenden. Ein alter Computer, antiquierte Software, ein langsamer Prozessor sowie fehlender Zugang zur Börse können sich ebenfalls negativ auf die Nettogewinne eines Traders auswirken. Es ist noch nicht allzu lange her, dass ich in meiner Tätigkeit als Börsenmakler den ganzen Tag über Kurse ausgab. Sobald ich aber wollte, dass jemand einen Blick auf einen Chart wirft, war ich gezwungen, ihm diesen Chart zu faxen. Heute können Trader sich all dies selber besorgen, und sie sollten diese Möglichkeit auch nutzen. Wenn ein Trader über gleiche Rahmenbedingungen verfügen will, sollte er sich gut überlegen, ob er für die geeigneten Tools nicht lieber bezahlt; selbst wenn sie ein kleines Sümmchen kosten, können sie sich äußerst positiv auf den Nettogewinn auswirken.

INTERNET UND ONLINE-TRADING

Mit dem Trend zum Online-Trading und der verstärkten Präsenz von Discount-Brokern ging zweifellos auch ein vermehrtes Trading-Volumen einher. Dafür ausschlaggebend sind Anfänger, die glauben, über die gleichen Vorteile wie Profi-Trader zu verfügen, und ihre Trading-Aktivitäten deutlich erhöht haben oder völlig neu einsteigen. Noch vor ein paar Jahren konnten nur sehr wenige nicht professionelle Trader Echtzeit-Charts, Kurse und News zu Gesicht bekommen. Jetzt stehen sie jedermann zur Verfügung. Heute kann man dank moderner Technologien zwar genauer und schneller traden, aber deshalb ist man noch lange kein besserer Trader. Dies bedeutet auch, dass heute jeder die Möglichkeit hat, mit kurzfristigen Trades Geld zu verdienen. Es bedeutet zwar nicht, dass jeder Geld damit verdient, doch immerhin hat man eine echte Chance.

DAY-TRADING IST HEUTE EINFACHER GEWORDEN

Früher war Day-Trading auf Profis und Parketthändler beschränkt. Durch die Schaffung gleicher Rahmenbedingungen jedoch hat heute auch der Durchschnitts-Trader eine reelle Chance, als Day-Trader konkurrenzfähig zu sein: Online-Trading, bessere Technologien, Echtzeit-Charts, niedrigere Vermittlungsgebühren, verbesserte Liquidität und eine höhere Schwankungsbreite der täglichen Märkte haben ein Übriges getan.

Zu Beginn meiner Tätigkeit als Trader war Day-Trading den Parketthändlern und ein paar auserwählten Profis vorbehalten; es war ganz einfach zu kostspielig für Durchschnitts-Trader, an all die benötigten Daten und Charts zu gelangen. Damals, als ein Sechs-Punkte-Move des S&P 500 noch als etwas Besonderes galt und die Vermittlungsgebühren höher lagen, hatte ein Day-Trader nur wenig Spielraum, um Geld zu verdienen. Heute, wo Umschwünge von 15, 20 oder 30 Punkten innerhalb eines Tages nichts Ungewöhnliches sind, wo jeder über einen Internetanschluss verfügt und die Vermittlungsgebühren in den Keller gefallen sind, hat jeder Durchschnitts-Trader die Möglichkeit, durch Day-Trading und die Mitnahme kleinerer Gewinne Geld zu verdienen. Dadurch, dass immer mehr Day-Trader an die Börse kamen, verbesserte sich die Liquidität, und der Spread (Kursdifferenz unterschiedlicher Kontrakte) wurde eingeengt. Dies hatte zur Folge, dass Market Maker und Spezialisten ein wenig von ihrer Macht einbüßten, was gleichzeitig einer größeren Zahl von Tradern die Chance auf Erfolg einräumte.

ONLINE-TRADING

Als ich *Link Futures* ins Leben rief, war ich erstaunt, wie viele Trader unbedingt online traden wollten. Für viele Investoren wurde ein Traum Wirklichkeit. Endlich konnten sie einen Makler umgehen und sich einen Großteil der Vermittlungsgebühren sparen. Online-Trading ermöglichte es, zu weniger als der Hälfte des sonst üblichen Preises mühelos zu traden. Dies stellte vor allem für erfahrene, aktive Trader einen riesigen Vorteil dar. Die Zahl derer, die ganz ohne den Rat oder die Hilfe eines Maklers online mit ihrem eigenen Geld traden wollen, scheint unaufhörlich zuzunehmen. Abgesehen von den günstigeren Gebühren hassen es viele, wenn sie mit einem Makler zu tun haben – vor allem wenn es sich dabei um einen penetranten Typen handelt. Trader lieben ihre Unabhängigkeit, die es ihnen ermöglicht, dann zu traden, wenn sie es wollen, anstatt sich darüber Gedanken zu machen, was ein Makler denken könnte. Sie mögen die Tatsache, dass sie sich so viel Zeit lassen können, wie sie wollen, wenn sie Entscheidungen treffen, oder dass sie eine Order 50 Mal zurücknehmen können, ohne sich dabei wie ein Plagegeist vorzukommen.

Online-Trading hat das Maklergeschäft revolutioniert und ist zu einem ungeheuren Vorteil für den durchschnittlichen Retail-Trader geworden. Doch obwohl es sicherlich auch seine Vorteile bietet, würde ich es dem Anfänger nicht empfehlen. Es gibt einfach zu viele Dinge, die man erst lernen muss, und man kann sehr leicht Fehler begehen, sodass ein Makler sicherlich hilfreich ist. Neben den grundlegenden Fehlern beim Trading, wie etwa der Kauf eines überkauften Marktes, werden neue Trader auch deshalb Fehler begehen, weil einige von ihnen nicht einmal den Unterschied zwischen einer Limit- und einer Markt-Order kennen oder nicht wissen, was das Symbol einer Aktie ist oder wann Kontrakte auslaufen und fällig werden.

Die Vorzüge des Online-Tradings

Geringere Vermittlungsgebühren

Dank des Online-Tradings sind die Trading-Kosten dramatisch zurückgegangen, was zur Folge hatte, dass dem Durchschnitts-Trader jetzt ein Tool von unermesslichem Wert zur Verfügung steht. Die Vermittlungsgebühren gingen nicht nur bei den Discount-Tradern zurück. Auch diejenigen Makler, die Versicherungsleistungen anbieten, verlangen jetzt im Kampf um Kundschaft weniger als zuvor.

Geschwindigkeit

Wenn man elektronische Future-Kontrakte und Nasdaq-Aktien handelt, kann man innerhalb von Sekunden Aufträge ausführen. Auch auf anderen Märkten dauert es nun erheblich kürzer, bis man einen Auftrag platziert und er ausgeführt wird. Dies hat insgesamt zur Folge, das Day-Trading für den Durchschnitts-Trader immer einfacher wird.

Flexibilität

Das Erteilen, Ändern, Parken und Zurücknehmen von Aufträgen ist mittlerweile einfach und bequem geworden. Es besteht keine Veranlassung, jedes Mal einen Makler zu rufen, wenn man etwas tun will.

Traden ohne Druck

Durch Online-Trading können Sie aufdringlichen Maklern aus dem Weg gehen, die Ihnen die Empfehlung des Tages durchgeben oder versuchen, Sie aus guten Positionen zu drängen, um höhere Vermittlungsgebühren zu erwirtschaften.

Informationen

News, Kurse, Charts, Grundlagen und Berichte stehen Ihnen ohne Zusatzkosten zur Verfügung, sofern Sie über ein Online-Konto verfügen. Mit nur einem Mausklick erhalten Sie praktisch alles, was Sie interessieren könnte.

Positionen überwachen

Die Möglichkeit, all seine aktuellen Positionen in Echtzeit abzurufen, stellt einen angenehmen Vorzug dar, der mir zu Beginn meiner Laufbahn noch nicht zur Verfügung stand.

Die Nachteile des Online-Tradings

Anfänger brauchen noch Unterstützung

Bis man sich ans Traden gewöhnt, ist es das Beste, sich an einen traditionellen Makler zu halten. Dabei muss es sich nicht unbedingt um einen Full-Service-Broker handeln, sondern einfach um eine Person am anderen Ende der Leitung, die Ihnen ein wenig über die Schulter schaut und Ihnen den rechten Weg weist, wenn Sie umherirren oder einen der weit verbreiteten Fehler begehen, den man als neuer Trader gerne mal macht.

Fehlende Kenntnis über Auftragserteilung

Bis man gelernt hat, welche unterschiedlichen Arten von Aufträgen es gibt, ist die Unterstützung eines Maklers äußerst wertvoll; andernfalls kann man viel zu leicht Fehler begehen.

Fehlende Risikokontrolle

Ein Hauptgrund dafür, dass viele Trader scheitern, ist ihre fehlende Kenntnis bezüglich Risikokontrolle. Ohne die richtige Unterstützung kann man sich bis zum Ruin traden. Im Gegensatz zu einer Online-Trading-Plattform kann ein guter Makler einen Trader warnen, wenn dieser in Schwierigkeiten gerät.

Overtraden wird einfacher

Einem Trader, der hinter seinem Computer sitzt und Zugang zu Kursen, Charts und News in Echtzeit hat, kann dies schon einmal zu Kopf steigen. Er könnte glauben, er sei ebenso gut wie ein Profi, und leicht Overtrading betreiben und ein zu hohes

Risiko eingehen. Verwechseln Sie Online-Trading nicht mit einer offenen Aufforderung zum ununterbrochenen Traden. Ein Trader sollte sich stets vor Overtrading in Acht nehmen.

DIE TOOLS

Sollten Sie Echtzeitinformationen benötigen – die Zeiten, in denen diese nur den wichtigen Akteuren vorlagen, sind längst vorüber. Heute stehen sie jedem zur Verfügung, der einen Internetanschluss besitzt. Wenn Sie etwas benötigen, können Sie es meist im Web finden. Obwohl man für die meisten Dinge immer noch zahlen muss, gibt es dennoch eine Vielzahl kostenloser Informationen. Normalerweise besteht der einzige Unterschied zwischen dem, was man kostenlos bekommt, und dem, wofür man zahlen muss, in der Flexibilität des Angebots sowie einer gewissen Zeitverzögerung im Vergleich zur Echtzeit. Wenn Sie keine Echtzeitinformationen benötigen, können Sie alle beliebigen News, Berichte, Kurse und Charts kostenlos bekommen. Die heutzutage im Web verfügbaren Informationen können eher allgemeiner Natur sein, wie zum Beispiel einfache Kurse und Charts, oder sehr spezifisch und den Bedürfnissen von Tradern angepasst, die Gann, die Elliott-Wellen-Analyse oder neuronale Netze verwenden.

Kurse und Charts

Kurse und Charts sind für einen Trader unerlässlich, ohne sie tradet er blind. Die Kurse teilen einem Trader lediglich mit, wo sich der Markt im Augenblick befindet, doch ein Bild ist mehr wert als tausend Worte. Wenn Sie also sehen wollen, wie sich der Markt entwickelt hat, benötigen Sie Charts. Es gibt eine Vielzahl von Stellen im Internet, wo Sie kostenlose Kurse und Charts erhalten, doch für Echtzeitcharts mit einer gewissen Qualität müssen Sie bezahlen. Ich verwende schon seit Jahren »*TradeStation*« als meine persönliche Chartplattform. Dabei handelt es sich nicht gerade um die billigste Software, die man kriegen kann, da das Angebot weit über die Bereitstellung von Charts und Kursen hinausreicht: »*TradeStation*« gibt mir außerdem die Möglichkeit, Systeme zu erstellen und zu testen und diese dann im Auge zu behalten. Sobald sie ein Signal geben, werde ich alarmiert.

> **PAPER CHARTS**
>
> Um ein besseres Gefühl für den Markt zu bekommen, sollte jeder Trader, egal ob er über hochmoderne Software zur Erstellung von Charts verfügt oder nicht, Paper Charts ausdrucken und diese per Hand aktualisieren. Dadurch bekommen Sie das Gefühl, als ob Sie »live« auf dem Markt dabei

> wären; dieses Gefühl kann ihnen kein Computer vermitteln. »CRB Futures Perspective« (www.crbtrader.com) bietet tolle Futures-Charts, die ich ungefähr einmal im Monat kaufe und per Hand aktualisiere. Ebenso aktualisiere ich monatliche Charts per Hand, um mir ein besseres Bild vom Markt zu verschaffen. Bis vor kurzem war dies die einzige Möglichkeit für den Durchschnitts-Trader, an Charts zu gelangen. Heute benötigt man lediglich einen Internetanschluss, um am Ende des Handelstages kostenlose Charts zu erhalten. Diese Charts sollte man zumindest ausdrucken, sie aktualisieren und per Hand Trendlinien einzeichnen. Dies ist wesentlich persönlicher, als sich nur irgendwelche Charts am Computer anzuschauen, und Sie werden dadurch näher am Markt sein können.

News

News stellen eine weitere wichtige Option dar, über die man verfügen sollte – nicht so sehr, um damit zu traden, sondern eher, um zu erfahren, warum eine Aktie oder ein Rohstoff sich in einer bestimmten Art und Weise verhält. Wenn sich etwas anders verhält als erwartet, möchte ich wissen, warum. Obwohl ich nicht zu denjenigen gehöre, die auf der Grundlage von News traden, halte ich doch gerne mit der aktuellen Entwicklung Schritt und schaue mir an, welche Aktien derzeit im Spiel sind. Die meisten Informationen erhalte ich dabei von meinem »news wire service« (elektronischer Nachrichtendienst), doch wenn ich trade, achte ich normalerweise nicht besonders auf die News. Daher ist es von Vorteil, wenn man zusätzlich noch den Fernseher laufen lässt. Bei mir läuft den ganzen Tag CNBC. Dies hält mich sowohl über die aktuelle als auch die zurückliegende Marktentwicklung auf dem Laufenden, leider jedoch nicht über die künftige, und wenn man den ganzen Tag in einem Raum mit zwölf Typen verbracht hat, sieht Maria Bartiromo richtig gut aus.

Software zur Systemerstellung

Wenn Sie es mit dem Traden ernst meinen, dann überprüfen Sie Ihre Ideen mit einem geeigneten Programm. Ich bin ein großer Fan von »*TradeStation*«. Außer dass es sich dabei um eine Software handelt, mit deren Hilfe man Kurse und Charts schon im Voraus erhält (alle Charts in diesem Buch wurden mit »*TradeStation*« erstellt), kann man damit auch Indikatoren erzeugen sowie Systeme mit historischem Datenmaterial erstellen und testen, bevor man echtes Geld riskiert. Für mich als Trader stellt »*TradeStation*« ein Tool von unschätzbarem Wert dar. Man kann damit alles erstellen, von simplen, kleinen »Moving Average-Crossover-Systemen« bis hin zu den fortschrittlichsten Systemen und Indikatoren, die man sich nur vorstellen kann.

Wenn Sie Ihr Trading verbessern wollen, dann sollten Sie sich unbedingt dieses Programm besorgen. Es mag vielleicht ein wenig schwierig in der Anwendung sein und etwas teurer als einige der anderen Programme, doch es stellt den Industriestandard für den ernsthaften Trader dar und bringt Sie bei der Schaffung gleicher Rahmenbedingungen einen wichtigen Schritt voran.

> **DIE ZEITEN HABEN SICH GEÄNDERT**
>
> Als ich erstmals Charts auf einem Computer betrachtete, benutzte ich hierzu einen 486er mit 13-Inch-Monitor und einer Standleitung, dank der ich einen Echtzeit-Newsfeed von *Future Source* erhielt. Ich zahlte rund 1.000 Dollar im Monat und hielt es für die tollste Sache der Welt. Danach holte ich mir »TradeStation« auf meinen Computer. Jedes Mal, wenn ich einen Chart aufrief, dauerte es ein paar Sekunden, bis er auf meinem Bildschirm angezeigt wurde. Dennoch hielt ich meine Anlage für das Tollste überhaupt. Nun, Jahre später, schaue ich zurück und kann gar nicht glauben, wie antiquiert dies alles war und welchen Unterschied es macht, mit besserer Technologie zu traden. Der Unterschied zwischen diesen paar Jahren ist wie der zwischen Tag und Nacht. Die Computer sind heute schneller, die Programme ausgeklügelter, alles ist jederzeit zu haben und zudem billiger geworden. Statt eines langsamen Computers und eines winzigen Monitors stehen mir nun zwei Computer zur Verfügung, und ich schaue auf drei riesige Monitore, die mir alle Charts, News, Kurse und Positionen liefern. Es ist mir wichtig, mehrere Bildschirme zu haben, da ich Charts mehrerer Aktien und Futures ebenso im Auge behalten muss wie die Kurse, Kurznachrichten, meine Positionen und meine Software – und dies alles auf einmal. Im Nachhinein fällt es schwer zu glauben, um wie viel einfacher das Traden durch die neuen Technologien geworden ist. Würde ich meinen alten Computer für meine heutigen Aktivitäten verwenden, dann würde er wahrscheinlich explodieren.

Man braucht mehr als nur die geeigneten Tools

Selbst wenn ein Trader die besten Tools zur Verfügung hat, heißt dies noch lange nicht, dass er auch Erfolg hat. Es stellt sicherlich einen Pluspunkt dar, doch er muss dennoch wissen, wie man tradet, mit Risiko umgeht und Disziplin entwickelt. Man tradet, um Geld zu verdienen, das heißt, man sollte bei seiner Ausrüstung nicht zu sparsam sein. Machen Sie sich nicht zu viele Gedanken über den Kauf eines neuen Computers, über einen Live-Feed, Echtzeitkurse oder gute Software. Diese Kosten gehören zum Geschäft einfach dazu und sollten sich langfristig betrachtet amortisieren. Ich brauchte über ein Jahr, bevor ich mich dazu durchringen konnte, 3.000 Dollar für »TradeStation« zu investieren. Sobald ich es hatte, begann ich damit, die Systeme zu testen, die ich bisher verwendet hatte. Nun wurde mir klar, warum ich ständig Geld verloren hatte. Einige meiner Trading-Ideen funktionierten ganz einfach nicht. Ich hatte das Gegenteil vermutet, doch bei genauerer Überprüfung stellte sich dies als falsch heraus. Nach ihrer Auswertung verwarf ich sie, um an neuen Ideen zu arbeiten.

Das Geld, das ich für das Programm ausgab, war nichts im Vergleich zu dem Geld, das ich einsparte, indem ich meine Verluste schlagartig minimierte.

Es geht nicht nur um die Tools. Selbst wenn sie dieselben Tools haben, sollten sich Amateur-Trader stets klarmachen, dass ein professioneller Trader durchaus über die besseren Rahmenbedingungen verfügt und die Nase vorn hat. Professionelle Trader werden durchaus bevorzugt behandelt; so zahlen sie etwa kaum Vermittlungsgebühren. Im Gegensatz dazu betrachtet man kleinere Trader als lästig. Ein institutioneller Trader ist im Vorteil, weil er selbst die Kurse beeinflussen, genaue Angebote einholen kann, jegliche für ihn relevante Information ermitteln oder sich den ganzen Tag mit einem Angestellten im Börsensaal telefonisch austauschen kann; diese Trader werden aufgrund ihrer Größe bevorzugt behandelt. Einige haben sogar eigenes Personal im Börsensaal, um eine schnellere und bessere Ausführung der Aufträge zu gewährleisten.

PROFI CONTRA EINZELPERSON

Zwei Hauptunterschiede zwischen einer Einzelperson und einem Profi-Trader liegen in den anfallenden Vermittlungsgebühren sowie der Dienstleistung, die man erhält. Wenn eine Einzelperson tradet und ein Online-Konto eröffnet, bei dem er für Futures zwölf Dollar pro Transaktion und für Aktien acht Dollar bezahlt, mag er dies vielleicht für spottbillig halten. Sollte er diese Gebühr jedoch mit dem Preis vergleichen, den die Profis zahlen, würde er schnell merken, dass er stark benachteiligt wird. Ich beziehe mich dabei nicht nur auf Trader, die lediglich ihre Clearing-Kosten bezahlen und nicht einmal Vermittlungsgebühren entrichten, so wie es etwa Parketthändler und jene, die im Auftrag von Maklerfirmen traden, tun. Trader wie zum Beispiel Hedgefonds, CTAs (Commodity Trading Advisors = Manager von Managed Futures) und große Konten aller Art zahlen nur einen Bruchteil der Kosten, die ein normaler Einzelhändler für sein Konto bezahlen muss. Dadurch können sie Gewinne in weniger als einem Move erzielen. Wer glaubt, dass er ständig nur Verluste einfährt, sollte den Grund dafür einmal in den hohen Vermittlungsgebühren suchen. Selbst die Sätze für Diskontprovisionen können sich letztlich sehr nachteilig für einen Trader auswirken. Wenn man dieselben Sätze hätte wie ein Profi, wäre es einfacher, über den Berg zu kommen.

Abgesehen vom eingesparten Geld liegt der große Vorteil der Profi-Trader in den Dienstleistungen, die sie erhalten. Groß-Trader werden von Maklern gesucht, die sich förmlich ein Bein ausreißen, um sie zufrieden zu stellen. Mit anderen Worten: Sie werden bevorzugt behandelt und genießen einen exzellenten Service. Sie haben die Möglichkeit, den Makler zu umgehen und direkt auf dem Parkett zu handeln; sie können genaueste Kurse erhalten, während sie einen Auftrag auf Grundlage dieser Kurse ausführen können. Wenn ein gewöhnlicher Trader seinen Makler um einen Kurs bittet, schaut dieser in der Regel auf seinem Bildschirm nach. Bis der Trader aber den Auftrag auf dem Parkett erteilt, kann es gut sein, dass der Kurs nicht mehr ganz stimmt. Wenn man die Möglichkeit hat, direkt auf dem Parkett zu traden, ist man klar im Vorteil gegenüber einem Trader, der einen Börsenauftrag erteilen muss, ohne den genauen Preis des Marktes zu kennen. Dies können leicht zwei minimale Kursänderungen sein, was sich langfristig gesehen durchaus summiert.

Professionelle Trader haben zudem den Vorteil, dass sie Order Flow und Kaufkraft hinter sich haben. Wenn ein kleiner Trader etwas kauft, bedeutet das für den Markt gar nichts. Wenn ein Investmentfonds eine Aktie kauft, könnte es den Markt beeinflussen. Professionelle Trader können beim Kauf einer Aktie zunächst diskret vorgehen, bis sie sich eine Position aufgebaut haben. Erst dann werden sie öffentlich ihr Interesse bekunden und versuchen, den Preis der Aktie nach oben zu schrauben. Sie können damit beginnen, öffentlich hohe Angebote anzubieten, und ganz offiziell verkünden, dass sie kaufen, um dadurch die Aufmerksamkeit anderer Trader auf sich zu ziehen. Diese können dann helfen, den Preis anzuheben. Große Institutionen haben außerdem die Möglichkeit, andere Groß-Trader anzurufen, sobald sie sehen, dass sich auf dem Markt etwas tut. So können sie erkennen, was genau vor sich geht oder warum gerade gekauft wird. Kleine Trader erfahren alles immer zuletzt, da sie warten müssen, bis man ihnen per Kurznachricht mündlich oder schriftlich mitteilt, warum sich eine Aktie verändert hat. Bis sie es herausfinden, kann es durchaus vorkommen, dass der Move schon vorüber ist.

Unter anderem aus all diesen Gründen ist es für einen kleinen, unabhängigen Trader sehr mühsam voranzukommen. Deshalb sollte man alles in seiner Macht Stehende tun, um gleiche Rahmenbedingungen zu schaffen.

EIN BESSERER TRADER WERDEN

Ein besserer Trader zu werden ist in den vergangenen Jahren einfacher geworden. Der Durchschnittshändler von heute kann mittlerweile an fast alle Informationen gelangen, die auch den Tradern der größten Firmen zugänglich sind. In den Zeiten, zu denen niemand einen PC oder einen Internetanschluss hatte, war das Day-Trading noch auf einige wenige beschränkt. Selbst für Langzeit-Trader gab es kaum eine Möglichkeit, an einen Chart über die tägliche Entwicklung einer Aktie zu gelangen, es sei denn, man ging zu einem Maklerbüro oder einer Bücherei, um in *Value Line* nachzuschlagen, oder man zeichnete eine per Hand. Heute hat jeder diese Möglichkeit.

Ein besserer Trader zu werden bedeutet auch, dass man alles versucht, um an die bestmöglichen Technologien und Informationen zu gelangen. Mein Trading hatte sich erheblich vebessert, sobald ich in die geeigneten Tools investierte. Heute kann ich mir wirklich nicht mehr vorstellen, nochmals mit diesen antiquierten Tools und Methoden von damals zu traden. Besonders Tageshändler sollten alles nutzen, was ihnen dabei helfen kann, das Pendel in ihre Richtung zu bewegen. Schrecken Sie nicht vor Investitionen in nützliche Dinge zurück – es handelt sich um Kosten, die zum Geschäftemachen dazugehören. Und versuchen Sie, die niedrigsten Vermittlungsgebühren zu bezahlen, ohne dabei den Service zu kurz kommen zu lassen. Denken Sie immer daran, dass Sie mit Leuten konkurrieren, die praktisch gar keine Vermittlungsgebühren bezahlen. Je weniger Vermittlungsgebühren Sie bezahlen, desto leichter fällt es Ihnen, aus einem schlechten Trade auszusteigen. Schließlich brauchen Sie sich keine Gedanken darüber zu machen, wie Sie die Vermittlungsgebühren wieder reinholen, und – nicht zu vergessen – Sie haben mehr Geld auf Ihrem Konto.

Obwohl es sich beim Online-Trading durchaus um die günstigste Variante handeln kann, sollte man doch genau wissen, wie man tradet, bevor man sich ohne Unterstützung an die Börse begibt. Sobald Sie sich aber sicher fühlen, sollten Sie diese kostengünstige Variante des Online-Tradings unbedingt nutzen.

Das Letzte, was man bedenken sollte, ist die Tatsache, dass man sich, egal, was man tut, immer im Wettbewerb mit den besten Tradern befindet. Diese haben am meisten Geld und Erfahrung und verfügen über die besten Technologien und Kontakte. Tun Sie also alles dafür, möglichst gleiche Rahmenbedingungen zu schaffen. Dabei bringt Sie jeder kleine Schritt auf dem Weg zu einem erfolgreichen Trader ein Stückchen weiter.

Warum man als Trader ins Hintertreffen geraten könnte:

1. Keine passende Technologie vorhanden
2. Mangelnde Erfahrung
3. Fehlende Echtzeitinformationen
4. Fehlendes Geschäftskapital
5. Zu langsame Ausführung von Trades
6. Kein Zugang zum Börsensaal
7. Zu hohe Vermittlungsgebühren
8. Fehlender »Order Flow« und zu geringe Kaufkraft

Hilfreiche Tipps, um für gleiche Rahmenbedingungen zu sorgen:

1. Stellen Sie sicher, dass Sie über ausreichend Kapital verfügen.
2. Beschaffen Sie sich Kurse, Charts und News in Echtzeit.
3. Machen Sie Gebrauch vom Internet.
4. Besorgen Sie sich eine schnelle und leistungsstarke Internetverbindung.
5. Nutzen Sie kostenlose Informationen im Web.
6. Aktualisieren Sie Charts per Hand.
7. Nutzen Sie Online-Trading.
8. Zahlen Sie geringere Vermittlungsgebühren.
9. Verwenden Sie Software zum Erstellen von Systemen.
10. Beschaffen Sie sich einen schnellen Computer.

Hilfreiche Fragen, die Sie sich stellen sollten:

… Habe ich die geeigneten Tools?
… Brauche ich einen schnelleren Computer?
… Brauche ich Echtzeitkurse?
… Sind meine Trading-Kosten zu hoch?
… Sollte ich Online-Trading betreiben?

TEIL 2

Richtige Anwendung von News

KAPITEL 4

Mit News richtig traden

Im Februar 1999 titelte das Magazin *Futures*: »Große Sorge um das Erdöl; wie tief können die Preise noch fallen?« Nachdem Erdöl in weniger als zwei Jahren von 27 US-Dollar auf unter zehn Dollar gefallen war, prognostizierte man, dass der Markt sich von seinem jämmerlichen Zustand nicht erholen würde. Als Gründe gab man an, dass der Markt an einem Überangebot leide und es keine Nachfrage gebe. Außerdem führte man die gescheiterten Versuche der OPEC (Organisation Erdöl exportierender Länder), eine Einigung bei den Produktionskürzungen zu erreichen, sowie das wärmere Klima auf Grund von »El Nino« als Gründe an. Die »Experten« rechneten für die nähere Zukunft nicht mit einem nennenswerten Marktanstieg. Nun schauen Sie sich bitte Abbildung 4-1 an und sehen Sie, was passiert ist; hier ist ziemlich genau der absolute Tiefstpunkt auf dem Erdölmarkt markiert. Unmittelbar danach explodierte er förmlich und bewegte sich um fast 30 Dollar nach oben, was einen Höchstwert in den zurückliegenden zehn Jahren darstellte. Dieser Wert wurde nur durch den Ölpreis kurz vor dem Golf-Krieg übertroffen. Die Moral von der Geschicht'«: Man sollte vorsichtig sein mit dem, was man liest und hört; ein wichtiges Ereignis oder eine bedeutende Geschichte könnte einfach ein Signal für Investoren sein, die nur darauf gewartet haben, auszusteigen und den Move zu beenden.

FUNDAMENTAL ORIENTIERTE CONTRA TECHNISCHE ANALYSTEN

Grundsätzlich gibt es zwei Schulen von Tradern: die technischen Analysten, die Charts austauschen, und die fundamental ausgerichteten Analysten, die News sowie Rahmenbedingungen des Marktes austauschen. Es gibt auch eine Art Mittelding, bei dem Trader beides verwenden. Hierbei handelt es sich jedoch entweder um technische oder fundamental orientierte Trader, die die jeweils andere Quelle nutzen, um eine Vermutung zu bestätigen.

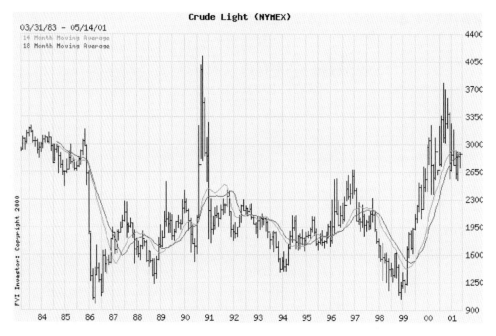

Abb. 4-1: *Monatschart Erdöl:Nettoertrag*

Ein technischer Trader kann fundamentale Informationen verwenden, wenn er die Marktbedingungen beurteilt oder wenn er sehen will, ob sich die Stimmung auf dem Markt insgesamt verändert hat. Ich bin weitestgehend ein treuer Anhänger der technischen Analyse als Hauptmethode beim Trading, doch ich halte es weiterhin für wichtig zu wissen, warum der Markt sich so verhält, wie er sich verhält. Ein Wandel bei den Rahmenbedingungen kann die Richtung, in die sich ein Markt entwickelt, verändern. Es ist wichtig, dass man sich dessen stets bewusst ist.

Bei den fundamental ausgerichteten Tradern handelt es sich eher um Langzeit-Trader, die nach bedeutenden Veränderungen auf einem Markt suchen. Sie verwenden grundlegende Informationen, um zu bestimmen, wie die allgemeine Marktentwicklung verlaufen sollte, und nicht, um auf Trades schnell noch aufzuspringen. Einige sind Kurzzeit-Trader, die glauben, dass jede Bewegung im Markt auf der kleinsten Pressemeldung basiert, die damit in Zusammenhang stehen könnte. Doch meistens sind die Bewegungen einer Aktie nicht das Ergebnis von Ertragsaussichten, und nicht jede Bewegung im Getreidemarkt ist das unmittelbare Ergebnis der jüngsten Wettervorhersage. Würde jemand all seine Trading-Entscheidungen auf der Grundlage dessen treffen, was er gelesen oder gehört hat, hätte er damit vermutlich wenig Erfolg. Viele Profi-Trader geben wenig auf gegenwärtige News, da sie die Erfahrung gelehrt hat, dass der Markt sich nicht immer so verhält, wie er sollte. Stattdessen interessiert es sie eher, wie der Markt auf die News reagiert. Wenn der Markt nicht wie erwartet reagiert, neigen sie oft dazu, eine neue Geschichte zu vernachlässigen, anstatt beim Traden der vermeintlichen Marktentwicklung zu folgen. Meiner Meinung nach macht man die Erfolg versprechenden Trades oft dann, wenn man die News dabei ausblendet. Dies werde ich später in diesem Kapitel noch genauer erklären.

WENN SIE ES WISSEN, SIND SIE WAHRSCHEINLICH NICHT DER ERSTE

Neueinsteiger benutzen die News meist nicht richtig: Viele lesen einen Artikel im *Wall Street Journal* und stürzen sich gleich darauf in einen Trade. Dabei bedenken sie aber nicht, dass die News auf dem Markt bereits Tage oder Wochen vorher dementiert wurden, und sie vergessen, dass die großen Trading-Firmen Abteilungen unterhalten, deren Aufgabe es ist, genau zu wissen, was auf den einzelnen Märkten oder mit einzelnen Aktien passiert, bevor es die breite Öffentlichkeit erfährt. Sie haben ihre eigenen Meteorologen, die den langfristigen Wetterbericht längst erstellt haben, bevor ihn der Durchschnitts-Trader im Internet bekommt. Sie haben Volkswirtschaftler und Analysten, die stets versuchen, den anderen einen Schritt voraus zu sein. Noch wichtiger: Sie sind in der Lage, vor allen anderen die Quelle der News zu ermitteln.

Denken Sie darüber nach: In den meisten Fällen, in denen die Öffentlichkeit Informationen erhält, muss sie eine Geschichte irgendwo lesen oder davon hören. Das bedeutet, dass sie jemand bereits kennt. Wenn Sie etwa eine Geschichte bei *Reuters* sehen, dann musste der Reporter sie zuerst eintippen. Das bedeutet, er musste vor Ihnen darüber Bescheid wissen. Dies wiederum bedeutet, er musste die Geschichte von jemand anderem bekommen, der sie vor ihm kannte. Was lässt Sie denken, dass die Kette so kurz sei? Bis die Geschichte den Reporter erreichte, konnte sie schon längst einem Trader bei Goldman Sachs vorliegen, und bis dieser sie weitergab und Sie die Geschichte hörten, hatte er lange Zeit, um darauf zu reagieren.

Wenn News an die Öffentlichkeit gelangen, sind diese meist nicht mehr frisch, und es hat sich bereits jemand gefunden, der davon profitiert hat. Oftmals werden Sie erst die Reaktion des Marktes mitkriegen, um sich dann zu fragen, warum er so reagiert hat. Erst ein kleines bisschen später werden Sie dann die News hören. Dann kann es aber schon zu spät sein, um irgendetwas zu unternehmen, also ignorieren Sie am besten alles. Jagen Sie nie einen Spitzenwert, der auf Grund von News zustande gekommen ist. Warten Sie, bis der Markt sich beruhigt und die Neuigkeit verdaut hat. Wenn Sie einen Trade verpassen, gibt es jederzeit einen neuen.

Wenn Sie zufällig schon mitten drin sind, bleiben Sie ruhig und geraten Sie nicht in Panik. Auch hier gilt: Warten Sie, bis sich der Markt beruhigt hat, bevor Sie irgendetwas unternehmen.

Ein Beispiel dafür, wann die Öffentlichkeit als Letzte informiert wird

Vor kurzem erlebte ich am eigenen Leib, wie der Durchschnitts-Trader als Letzter von einer Neuigkeit erfährt und wie der Aktienkurs bereits angepasst wurde, noch bevor die Öffentlichkeit darüber informiert wird. Damals tradete ich gerade die Rambus-Aktie (RMBS, Abbildung 4-2). Glücklicherweise befand ich mich bei diesem Move auf der richtigen Seite. Ich war gerade dabei, die Aktie zu verkaufen, als sie urplötzlich nach unten stürzte, als sei sie vom Tisch gefallen. Der Aktienmarkt hatte an diesem Morgen auf Grund schwacher Arbeitslosenzahlen allgemein viel niedriger geöffnet (Abbildung 4-3), war dann aber den ganzen Tag über stark angestiegen. Ich hatte hauptsächlich Long-Positionen, aber um solche Positionen auszugleichen, suche ich mir gerne ein paar Aktien, die auf einem starken Markt schwach reagieren. Rambus war eine von ihnen; sie war nicht in der Lage, an einem Tag, an dem die meisten Aktien sich stark nach oben entwickelten, einen Aufwärtstrend zu vollziehen und diesen beizubehalten. Ganz offensichtlich stimmte irgendetwas bei dieser Aktie nicht. Ich hatte keine Ahnung, was es war, und es war mir eigentlich auch egal. RMBS erschien auf meinem Bildschirm als eine relativ schwache Aktie. Beim Blick auf ein Chart fiel mir auf, dass sie nicht annähernd so stark war wie alles andere, und daher verkaufte ich sie gegen 13 Uhr. Sie zeigte keinerlei Tendenz, aber ich vermutete, dass sie fallen würde, falls der Markt schwächer tendierte, also handelte es sich um eine gute Short-Position. Dann, urplötzlich, gegen halb drei, zeigte sie eine klare Abwärtstendenz, und ich hatte keine Ahnung, warum; in den nächsten zwölf Minuten fiel sie um etwa 3 Dollar. Ich wusste, dass es etwas mit News zu tun haben musste, denn sonst fällt eine Aktie nicht einfach so. Dennoch hatte ich nichts gehört.

Dann nahm die Nasdaq die Aktie wegen bevorstehender News für eine Stunde vom Markt. Während dieser Stunde wartete der Markt auf die Veröffentlichung der Neuigkeiten. Um 15.40 Uhr wurde schließlich bekannt gegeben, dass ein Richter eine Patentklage abgewiesen hatte, die Rambus gegen seinen Konkurrenten Infineon Technologies eingereicht hatte. Danach wurde die Aktie wieder auf den Markt gebracht.

Unmittelbar danach fiel sie um weitere eineinhalb Dollar. Ich erteilte eine Market-Order, um auszusteigen, denn allzu häufig entwickeln sich die Dinge nach Herausgabe einer Pressemitteilung entgegen ihrer ursprünglichen Reaktion; außerdem hatte ich einen schönen Gewinn damit gemacht. Wenn eine Aktie vor einer Pressemitteilung fällt und danach noch niedriger eröffnet, kann man häufig beobachten,

KAPITEL 4 ■ MIT NEWS RICHTIG TRADEN 87

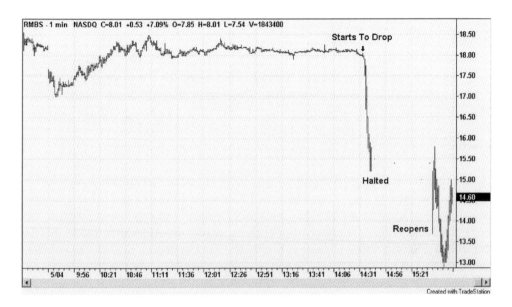

Abb. 4-2: Einminütiger RMBS: Vollziehen eines Moves vor der Veröffentlichung der News

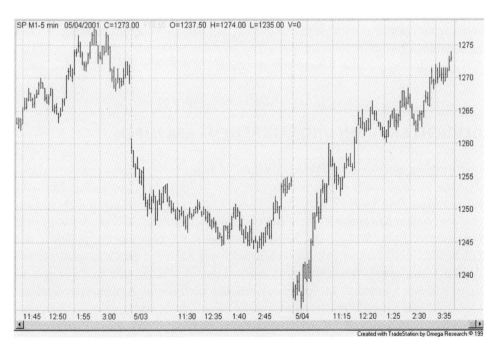

Abb. 4-3: Fünfminütiger S&P 500: ein starker Tag nach schlechten News

wie Trader Gewinne mitnehmen, indem sie ihre Positionen sichern. Ich erteilte meinen Auftrag, auszusteigen, unmittelbar nachdem die Aktie eröffnet hatte, und anscheinend war ich dabei nicht der Einzige. Anschließend stieg sie so schnell an, dass ich nach Ausführung meines Auftrags etwa einen Dollar mehr bekam als bei meiner ursprünglichen Auftragserteilung. Dann freilich, kaum dass ich ausgestiegen war, entwickelte sie sich wieder nach unten. Mein Ausstieg war genau das Richtige, weil sie sich gerade erholte und ich dachte, sie würde die schlechten News einfach abschütteln und direkt wieder steigen, um den Einbruch aufzufangen.

Wenn man sich dieses Beispiel vor Augen führt, kann man erkennen, dass einige schon im Voraus von der bevorstehenden Pressemitteilung gewusst haben mussten: Sie begannen, lange bevor die Aktie ausgesetzt wurde, und eineinhalb Stunden, bevor irgendeine Pressemitteilung veröffentlicht wurde, die Aktie abzustoßen. Bis die Information an die Öffentlichkeit gelangte, war sie bereits um drei Dollar gefallen. Warum also haben einige Trader einen gewissen Vorsprung bei den News? Warum konnten manche reagieren, bevor das Trading ausgesetzt wurde? Der Grund dafür könnte sein, dass institutionelle Trader direkten Zugang zu wichtigem Personal und Informationen in den Unternehmen haben, für die sie auf dem Markt aktiv sind. Falls eine wichtige Gerichtsentscheidung kurz bevorsteht, kann es durchaus sein, dass sie den ganzen Tag mit einem Verantwortlichen des Unternehmens telefonieren. Egal ob dies nun der Grund ist oder nicht, entscheidend ist, dass die Star-Trader ihre Aktivitäten schon längst abgeschlossen haben, wenn die breite Öffentlichkeit erst darüber informiert wird. An diesem Tag fiel die Aktie um 20 Prozent, doch fand dieser Abwärtstrend zum größten Teil statt, bevor diese Pressemeldung öffentlich gemacht wurde. Man konnte also nur dann auf dem Markt aktiv werden, wenn man vorher Bescheid wusste.

GERÜCHTE KAUFEN UND TATSACHEN VERKAUFEN

Das Problem mit dem auf Pressemitteilungen basierenden Trading besteht darin, dass die meisten nicht genau wissen, was sie mit ihnen machen sollen. Ich habe schon viel zu viele Trader erlebt, die irgendwelche Pressemitteilungen mitbekamen, einen schnellen Kursanstieg erkannten und sofort einstiegen, weil sie den Zug nicht verpassen wollten. Was sie als Nächstes realisierten, war, dass sie lediglich den Höchstwert des Marktes gekauft hatten, während sie dabei zusehen mussten, wie der Kurs extrem fiel. Wenn Sie schon etwas länger als Trader tätig sind, kennen Sie sicherlich den folgenden Ausspruch: »Gerüchte kaufen und Tatsachen verkaufen«. Die effektivsten Trader reagieren darauf, indem sie die Kursentwicklung genau beobachten und dann eine Pressemitteilung vernachlässigen. Sie wissen ganz genau, dass die Pressemitteilung bereits im aktuellen Kurs berücksichtigt wurde, und sobald der Markt das bekommt, was erwartet wurde, hat das Spekulieren ein Ende.

Nun nimmt man seine Gewinne mit und steigt aus. Dadurch wendet sich der Markt. Die Bewegung des Marktes findet statt, bevor die Pressemitteilung veröffentlicht wird. Danach hat man keine Vorteile mehr, und die Investitionsgelder verschwinden.

WENN DER KURS NIEDRIGER IST, ALS ER SEIN SOLLTE, STEIGT ER

Auf die Pressemitteilungen kommt es nicht wirklich an. Viel wichtiger ist die gesamte Position aller Trader und was sie alle erwarten, sobald die Pressemitteilung veröffentlicht wird. Sobald dies der Fall ist, versuchen tüchtige Trader zu erkennen, wie der Markt darauf reagiert und was die anderen Trader machen. Als Faustregel für den Fall einer Pressemitteilung, die den Kurs einer Aktie oder eines Rohstoffes beeinflussen sollte, gilt: Wenn es schlechte Nachrichten sind, die der Markt abschüttelt und nach denen er sich erholt, handelt es sich um eine Reaktion mit steigender Tendenz – höchste Zeit zu kaufen. Dies bedeutet höchstwahrscheinlich, dass der Markt die News bereits dementiert hat. Die andere Seite der Medaille ist folgende Situation: Wenn eine gute Pressemitteilung erscheint, nach der sich Ihre Aktie oder Ihr Rohstoff nicht erholt, dann ist es das Beste, zu verkaufen. Es ist also wichtiger zu beobachten, wie der Markt auf News reagiert, als diese News zu kennen. Erfahrene Trader versuchen zu erkennen, was nach einer Pressemitteilung passiert. Danach reagieren sie entsprechend. Sie hoffen darauf, dass der Markt nicht wie erwartet auf die Mitteilung reagiert, und vernachlässigen diese daraufhin. Je mehr man erwartet, dass eine Pressemitteilung positiv oder negativ wird, desto wahrscheinlicher ist es, dass ein Trade auf der Grundlage des Berichts katastrophale Folgen haben wird. Falls der Markt mit guten News gerechnet hat, ist er wahrscheinlich entsprechend gestiegen, bevor er diese News tatsächlich bekommen hat. Das heißt, dass die Kurse des Marktes diese News schon enthalten.

Oftmals liegt der Grund dafür, warum der Markt seinen Move beendet, sobald eine Pressemitteilung veröffentlicht wird, in Folgendem: Die Trader haben diese Pressemitteilung schon sehnsüchtig erwartet – eine Senkung des Kurses oder eine Hitzewelle –, und dann tritt tatsächlich ein entsprechendes Ereignis ein, oder eine Pressemitteilung wird veröffentlicht. Sobald dies der Fall ist, kann es durchaus sein, dass der Markt aufhört, sich zu entwickeln, weil er mit Long-Positionen gesättigt ist und man keine mehr kaufen kann. Während die Letzten noch auf den Markt strömen, sehen die Investoren dies als ihre Chance, Gewinne mitzunehmen. Sollte der Markt auf die Pressemitteilung wie erwartet reagieren, ist es das Beste, zu warten, bis er sich beruhigt, und danach auf der richtigen Seite einzusteigen. Wenn Sie zu früh einsteigen, laufen Sie immer Gefahr, in einem kurzfristigen Tief oder Hoch stecken zu bleiben.

Die monatlichen Arbeitslosenzahlen wurden am gleichen Morgen veröffentlicht, an dem auch die Sache mit RMBS passierte. Dies stellte den größten Anstieg an Gewinnmitnahmen im zurückliegenden Jahrzehnt dar. Der Markt reagierte auf diese schlechten Neuigkeiten, indem er wesentlich niedriger eröffnete; der Dow fiel schnell um mehr als 100 Punkte, und die S&Ps gingen um etwa 20 Punkte zurück (Abbildung 4-3). Aber innerhalb kürzester Zeit hörte der Markt auf zu fallen, und um 10 Uhr erholte er sich allmählich wieder. Am Ende des Tages waren der Dow wieder auf 148 Punkte gestiegen und die S&Ps um 18 Punkte.

Dies diente als exzellentes Beispiel dafür, wie man mit Pressemitteilungen umgehen sollte. Die News waren schlecht, und der Markt konnte nicht mehr tiefer fallen, also war Kaufen genau das Richtige. Wenn Sie Abbildung 4-3 anschauen, werden Sie erkennen, wie die S&Ps um 17 Punkte niedriger eröffneten, um anschließend noch ein bisschen mehr zu fallen. Nach der ersten halben Stunde jedoch konnte der Kurs nicht mehr tiefer fallen und begann sich zu erholen. Als Trader sollte man immer dann, wenn Pressemitteilungen veröffentlicht werden, die einen extremen Move im Eröffnungskurs eines Marktes zur Folge haben, versuchen, nicht darauf einzugehen, solange der Move nicht durchgängig anhält. Wie Sie sehen, versuchte der Markt vergeblich zu fallen, um danach abrupt zu steigen. Dies hatte zunächst eine Überreaktion des Marktes zur Folge. Danach wurde er jedoch spielend damit fertig, indem er entschied, dass die Pressemitteilung nicht wichtig genug sei, um eine Abwärtsentwicklung des Marktes zu verursachen. An diesem Punkt begann man, seine Short-Positionen zu verkaufen und Long-Positionen zu kaufen. Auch in diesem Fall war eine schlechte Pressemitteilung eigentlich eine gute, denn sie brachte die Leute zum Nachdenken. Nun rechnete man damit, dass die schwache Konjunktur die US-Notenbank dazu veranlassen würde, die Zinssätze erneut zu senken.

HANDELT ES SICH UM GUTE ODER UM SCHLECHTE NEWS?

Was eine gute Pressemitteilung ausmacht, ist oft subjektiv und schwer festzustellen. Gute wirtschaftliche News können nämlich auch kontraproduktiv sein, indem sie die Notenbank dazu bringen, die Zinssätze zu senken. Es scheint, als sei die Reaktion der Notenbank auf eine veröffentlichte Nachricht wichtiger als die Nachricht selbst. Trader sollten daher in Situationen wie der oben beschriebenen mit den schlechten Arbeitslosenzahlen genau aufpassen. Sie sind in der Tat schlecht für die Konjunktur. Doch wenn sich die Konjunktur verschlechtert, kann dies auch zur Folge haben, dass die Notenbank die Zinsen senkt oder sie zumindest nicht weiter erhöht. Dadurch kann sich dann der Markt erholen. Oft kommt es auch vor, dass ein Unternehmen die Entlassung von Mitarbeitern ankündigt. Dies hört sich nach schlechten Neuigkeiten für das Unternehmen an, doch viele sehen darin eine Möglichkeit, Kosten zu senken, wodurch das Unternehmen sein Betriebsergebnis letztlich verbessern kann. Dies kann durchaus dazu führen, dass sich eine Aktie erholt, selbst wenn die Pressemitteilung auf den ersten Blick negativ erscheint.

DER MARKT WIRD SICH SO VERHALTEN, WIE ER WILL

Oft kommt es vor, dass unerwartete Neuigkeiten veröffentlicht werden, die der bisherigen Marktentwicklung entgegenstehen. Zunächst reagiert der Markt darauf mit einem schnellen, unvermittelten Move in die andere Richtung. Sobald die Trader aber einmal tief durchgeatmet haben und die Situation neu bewerten, wird der Markt seinem bisherigen Verlauf wieder folgen. Ich kann nicht mehr zählen, wie oft es schon vorkam, dass eine fallende Aktie bessere Erträge brachte als erwartet, schnell stieg und sich dann allmählich wieder nach unten entwickelte. Die Pressemitteilung ist hier unwichtig; viel wichtiger ist, wie der Markt nach seinem anfänglichen Move darauf reagiert. Fundamentale Daten sollte man nur so lange in Betracht ziehen, wie sie mit den technischen Signalen übereinstimmen. Viel zu häufig kommt es vor, dass ein Trader auf Grund einer Pressemitteilung den Wald vor lauter Bäumen nicht mehr sieht, egal wie sich der Markt letztlich verhält. Persönliche Meinungen sind dem Markt völlig egal; der Markt entwickelt sich so, wie er will, und nicht, wie Sie sich das vorstellen. Falls ein Markt Pressemitteilungen abschüttelt und seine bisherige Tendenz trotzdem beibehält, sollten Sie lieber dem Markt folgen und die Pressemitteilung ignorieren.

UNERWARTETE EREIGNISSE KONTRA ERWARTETE EREIGNISSE

Schauen Sie sich bitte an, wie der Markt auf die unerwartete Zinssenkung der US-Notenbank vom 3. Januar 2001 reagiert hat (Abbildung 4-4). Nach einem wochenlangen, starken Abwärtstrend explodierte der Markt förmlich, als er von dieser unerwartet positiven Neuigkeit erfuhr. Dieser Tag war auch zufällig einer meiner schlechtesten Tage überhaupt, da ich 30 Minuten vor der Zinssenkung sehr viele Verkäufe getätigt hatte. Dies hatte zur Folge, dass ich durch meine Verkäufe zwischen fünf und zehn Dollar pro Aktie verlor. Die unerwartete Zinssenkung trieb den Markt direkt wieder nach oben, und die S&Ps machten bis zum Ende des Tages rund 70 Punkte gut. Doch Tatsache war, dass die Konjunktur schwach war, was die Notenbank durch ihre unerwartete Zinssenkung auch bestätigte. In den folgenden Tagen, nachdem sich alle wieder beruhigt hatten und die erste Euphoriewelle abgeebbt war, entwickelte sich der Markt wieder zurück und verfiel erneut in seinen ursprünglichen Abwärtstrend. Es dauerte noch ein paar Tage, bis man mit einer erneuten Zinssenkung der Notenbank anlässlich des Offenmarktausschusses vom 31. Januar rechnete. In Erwartung dessen begann der Markt allmählich wieder zu stei-

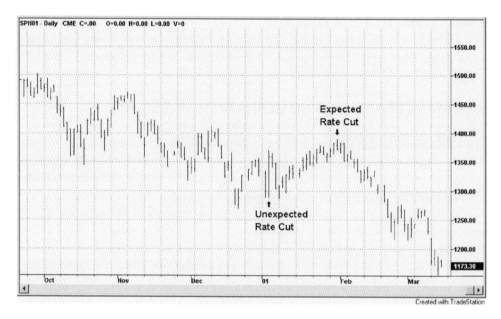

Abb. 4-4

gen. Am 31. Januar senkte die Notenbank die Zinsen erneut. Doch diesmal hatte der Markt damit gerechnet und reagierte nicht wieder ruckartig. Stattdessen wurde verkauft, was die Spitze des Aufwärtstrends widerspiegelte, der kurz nach der ersten Zinssenkung eingesetzt hatte.

Es ist schon witzig, wie der Markt bei zwei unterschiedlichen Gelegenheiten auf dieselbe Pressemitteilung reagierte. Die Pressemitteilung war dieselbe – die Notenbank hatte den Diskontsatz um 50 Basispunkte gesenkt –, doch an einem Tag explodierte der Markt förmlich, während er am zweiten Tag fürchterliche Einbußen hinnehmen musste. Warum? Weil man beim zweiten Mal mit einer Zinssenkung der Notenbank gerechnet hatte und der Markt sich in Erwartung dessen wochenlang erholen konnte. Sobald der Markt erhielt, was er wollte, gab es nichts mehr, worauf man sich freuen konnte. Getreu dem Motto: »Das Gerücht kaufen, Tatsachen verkaufen« bedanken sich die Investoren in einem solchen Fall, nehmen ihr Geld und steigen aus.

DAS BESTE AUS DER FUNDAMENTALANALYSE RAUSHOLEN

Einen Gesamteindruck gewinnen

Wenn Sie vorhaben, auf der Grundlage von Pressemitteilungen zu traden, dann tun Sie es richtig und verschaffen Sie sich einen Gesamteindruck, anstatt nur bruchstückhafte Eindrücke zu gewinnen. Sollten Sie vorhaben, Sojabohnen zu kaufen, weil Sie gehört haben, dass massive Überschwemmungen erwartet werden, die die Ernte massiv beeinträchtigen und zu Preiserhöhungen führen, bedenken Sie, dass Sojabohnen nicht nur im Mittleren Westen der USA angebaut werden. Was ist mit den Sojabohnen in Argentinien? Was ist mit Europa – kann man dort diese Flaute überbrücken? Wie sieht es mit der weltweiten Nachfrage aus? Gibt es Vorräte? Zwar wird das Wetter den Anbau durchaus beeinträchtigen, doch rechnen Sie deshalb nicht gleich mit einer Explosion des Marktes; andere Faktoren spielen ebenfalls mit hinein. Sollten Sie vorhaben, effektiv mit Fundamentalanalyse zu traden, müssen Sie unbedingt einen Gesamteindruck aller an der Marktentwicklung beteiligter Faktoren gewinnen. Ein bequemer Trader bekommt vielleicht nur ein Teil vom Puzzle ab.

Wenn man zum Beispiel Erdöl tradet, möchte man wissen, wie der aktuelle Produktionsstand ist, wie viele Lagerbestände existieren und wie diese sich im Vergleich zu den vorherigen Monaten verhalten, was die OPEC vorhat (die Produktion steigern oder zurückschrauben) oder wie das Wetter ist. All diese Faktoren beeinflussen das Gesamtbild des Marktes und geben Ihnen eine bestimmte Tendenz vor, in der sich der Markt entwickeln könnte. Wenn etwa die Lagerbestände groß sind, kann man mit einer anhaltend starken Produktion rechnen. Wenn der Winter warm sein sollte, können Sie davon ausgehen, dass die Preise auch weiterhin fallen. Mit anderen Worten: Sie sollten verkaufen.

Wenn man Aktien tradet, sollte man nicht nur genauestens über das Unternehmen Bescheid wissen, sondern man sollte auch wissen, was auf dem Markt passiert und wie die allgemeine Konjunktur ist. Wie verhält sich die Branche? Wie schaut es mit dem Einzelhandelsumsatz aus? Was ist mit dem Index des Verbrauchervertrauens? Steigen die Zinssätze oder fallen sie? Befindet sich das Bruttoinlandsprodukt derzeit im Aufwärtstrend? Wie ist die Situation auf dem Arbeitsmarkt? All dies sollte einem Trader helfen, doch sollte man sich nicht allzu lange mit jeder Kleinigkeit aufhalten, die veröffentlicht wird. Ich weiß einfach gerne über diese Dinge Bescheid, damit ich einen Gesamteindruck davon habe, wie sich die Aktie oder der Markt verhalten könnte.

Traden mit planmäßigen Pressemitteilungen

Worauf es beim »High Probability Trading« besonders ankommt, ist, dass man im Vorfeld einer planmäßigen Pressemitteilung neutral bleibt. Wenn eine Pressemitteilung veröffentlicht wird, kann sich der Markt in beide Richtungen entwickeln. Durch das Einnehmen einer bestimmten Position geht man beim Traden nur ein unnötiges Risiko ein. Es lohnt sich nicht, darüber zu spekulieren, in welche Richtung sich der Markt nach einer Pressemitteilung entwickelt. Sobald ein Trader damit anfängt, wird er zum Zocker statt zum Trader. Dies gilt hauptsächlich für Kurzzeit-Trader, da ich nicht glaube, dass eine einzelne Pressemitteilung den Aktienkurs langfristig gesehen wirklich beeinflusst.

Ich gehe mit planmäßigen Pressemitteilungen immer so vor, dass ich wenige Minuten vor ihrer Veröffentlichung schaue, wie der Markt reagiert. Egal in welche Richtung er sich bewegt, es spiegelt die allgemeine Meinung wider. Wenn die Zahl mit den Erwartungen einhergeht, ist dies die Richtung, in die sich der Markt entwickeln sollte. Eventuelle Überraschungen können dafür sorgen, dass er sich genau in die andere Richtung bewegt. Wenn der Markt seine bisherige Entwicklung nicht beibehalten kann und die Pressemitteilung der allgemeinen Erwartungshaltung entsprach, ist es das Beste, dies zu ignorieren. Schließlich entsprach diese Reaktion nicht der allgemeinen Erwartung.

Oft ist die erste Reaktion auf eine Veröffentlichung ein unvermittelter Aufwärtstrend, der schnell wieder abebbt. In manchen Fällen entwickelt er sich danach noch weiter abwärts, manchmal steigt er auch wieder und erholt sich. Es gehört beim »High Probability Trading« dazu, dass man kein zu hohes Risiko eingeht. Es ist gefährlich, zu schnell auf einen Trade aufzuspringen, noch bevor eine klare Tendenz zu erkennen ist. Am besten, man wartet in einer solchen Situation ab, bis der Markt sich in eine klare Richtung entwickelt und sich beruhigt, um danach einzusteigen. Früher versuchte ich, auf den ersten Aufwärtstrend aufzuspringen, doch dies ging einige Male fürchterlich schief. Deshalb warte ich jetzt lieber ab. Sobald sich der Markt für eine Richtung entschieden hat, gibt es immer noch genug Spielraum, um Geld zu verdienen. Abbildung 4-5 zeigt exemplarisch, wie der Markt nach einer Zinssenkung der Notenbank die News ignoriert hat. Um 14.15 Uhr (Punkt A) am 20. März 2001 kündigte die Notenbank eine erneute Zinssenkung an. Obwohl es sich hier um gute Neuigkeiten für den Markt handelte, hatte man mit dieser Aktion der Notenbank gerechnet. Die erste Reaktion während der Anfangsviertelstunde war ein Rückgang der Kurse, dem ein schneller und anhaltender Aufwärtstrend folgte. Dieser lag am Ende nur wenig höher als der Kurs vor der Pressemitteilung. Kurz darauf brach der Aufwärtstrend ab, was einen Rückgang der Kurse zur Folge hatte.

An diesem Punkt sollten Sie einmal darüber nachdenken, dass es sich hier um gute Neuigkeiten handelte, der Markt sich aber trotz mehrerer Versuche nicht mehr nach oben entwickeln konnte. Spätestens jetzt sollte man über Verkäufe nachdenken. Es stimmt, mittlerweile ist eine halbe Stunde vergangen, doch jetzt haben Sie einen besseren Eindruck davon, wie sich der Markt verhält. Sobald er sich tiefer entwickelt als zum Zeitpunkt nach der Veröffentlichung (Punkt B), sollte man anfangen zu verkaufen. An diesem Punkt hat der Markt die Neuigkeiten verdaut und sich für eine Richtung entschieden. Das heißt, man sollte die Neuigkeiten vergessen und den Markt traden.

Trauen Sie keinen fundamental ausgerichteten Meinungen

Ein Fehler, dem Trader gerne verfallen, die sich zu sehr auf fundamental ausgerichtete Analysen konzentrieren, besteht darin, dass sie sich eine Meinung in den Kopf setzen und davon nicht mehr abweichen – selbst dann nicht, wenn sich der Markt wendet. So können sie etwa glauben, das Wetter für die Getreideernte sei dieses Jahr so gut wie schon seit Jahren nicht mehr.

Auf Grund des guten Wetters sollte es eine Rekordernte geben, und der Preis für Getreide sollte fallen. Doch nach ein paar Wochen fällt der Preis nicht mehr, obwohl die Temperaturen und die Niederschläge weiterhin perfekt sind. Die sturen Trader werden auf ihren Positionen sitzen bleiben und dazu noch beitragen, indem sie beharrlich bei ihrer Meinung bleiben. Sie ignorieren die Tatsache, dass der Markt ihnen mitteilt: »Hey, schaut mal, die Preise steigen. Warum kauft ihr nicht, ihr Trottel?« Sie schauen auch weiterhin stur auf die Wettervorhersage, überzeugt davon, richtig zu liegen. Dabei vergessen sie aber völlig, dass China im vergangenen halben Jahr keinen Regen mehr hatte und alles Getreide kauft, das es kriegen kann. Wenn sich der Markt nicht so verhält, wie er sollte, kann es durchaus sein, dass es

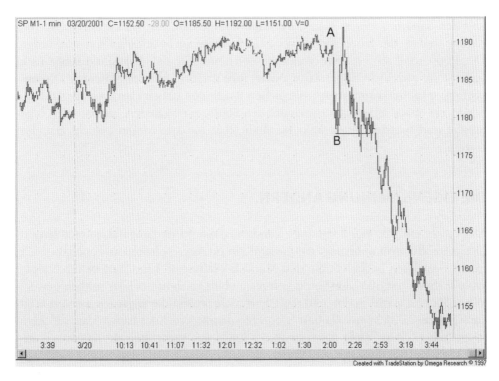

Abb. 4-5: *Einminütiger S&P 500: den Markt traden und nicht die News*

noch andere Faktoren gibt, die ihn beeinflussen. Ein Trader, der Erfolg haben will, sollte also nicht stur auf seiner Meinung beharren.

Ich erlebe viel zu viele Trader, die großen Schaden erleiden, während sie krampfhaft versuchen, sich mit ihrer offensichtlich falschen Meinung auf dem Markt zu behaupten, nur weil sie glauben, der Markt sollte sich auf Grund irgendeiner Fundamentalanalyse drehen. Dies ist auf dem Aktienmarkt sehr oft der Fall. Jemand kauft eine Aktie für 188 Dollar, weil das Unternehmen einen Chip produziert, der die Welt revolutionieren wird. Dann hält er an der Aktie fest, bis sie auf vier Dollar gefallen ist, weil er immer noch daran glaubt, es handle sich um ein großartiges Produkt und um ein solides Unternehmen. Es gibt einen Punkt, an dem man erkennen sollte, dass man falsch liegt, und an dem man auf die richtige Seite des Marktes wechseln sollte.

Als der Nasdaq-Markt im März 2000 allmählich zusammenbrach, wollten dies viele nicht wahrhaben, weil sie der Meinung waren, die Konjunktur befinde sich im Aufwärtstrend und viele der Hightech- und Internetunternehmen, in die sie investiert hatten, würden auch weiterhin stetig steigen. Was sie nicht berücksichtigten, war, dass diese überbewerteten Aktien auf einen Normalwert zurückfallen würden, sobald die Konjunktur sich verlangsamte. Als der Markt schließlich anfing zu fallen und sich danach in einem klaren Abwärtstrend befand, kauften sie auch weiterhin Aktien, weil sie der Überzeugung waren, dass diese auch weiterhin steigen würden. Der Preisverfall war ein sehr deutliches Zeichen dafür, dass der Markt längst nicht mehr stabil war. Viele sahen darin jedoch ihre Chance, weitere Aktien zu Diskontpreisen zu kaufen oder ihre ursprünglichen Positionen zu behalten, weil sie glaubten, der Markt müsse allmählich zu seiner alten Stärke zurückfinden. Sie hatten sich getäuscht und mussten teuer dafür bezahlen, dass sie ihre Meinung nicht geändert hatten.

DIE EIGENE MEINUNG ÄNDERN

Es ist nicht einfach, eine Meinung zu ändern, die auf Fundamentalanalysen basiert. Deshalb sollte man unbedingt das Gesamtbild im Auge behalten und auch die technischen Analysen beachten, die den Markt beeinflussen. Ein Chart belügt Sie nie: Es teilt Ihnen mit, dass der Markt sich nach oben, nach unten oder seitlich bewegt. Wenn Sie eine Aktie kaufen und der Chart nicht steigt oder sogar nach unten zeigt, dann haben Sie sich verkalkuliert, wenn Sie damit gerechnet haben, dass die Aktie steigt. Kämpfen Sie nicht dagegen an. Es lohnt sich nicht; steigen Sie einfach aus, und bewerten Sie die Lage neu. Wenn ich merke, dass ich mich getäuscht habe, verwende ich folgende Methode, um meine Meinung zum Markt zu ändern. Ich frage mich: »Angenommen, ich hätte keine Position, auf welcher Seite würde ich mich gerne befinden?« Mich selbst zu hinterfragen hilft mir dabei, mir klarzumachen, dass ich meine Position aufgeben sollte; der schwierigste Teil ist, auszusteigen.

LERNEN SIE, OBJEKTIV ZU SEIN

Wenn es darum geht, bei einer fundamentalanalytischen Idee objektiv zu sein, dann denken Sie niemals mit Ihrer Position. Zwei Trader können dieselben News hören und diese auf Grund ihrer Position völlig unterschiedlich bewerten. Ein typisches Beispiel hierfür tritt dann ein, wenn ein günstiger Wirtschaftsindex veröffentlicht wird. Wer eher kaufen will, sagt sich: »Toll, die Konjunktur entwickelt sich großartig; dieser Markt wird sich weiter aufwärts entwickeln.« Wer eher verkaufen will, wird sich das Ganze anschauen und denken: »Großartig, die Konjunktur entwickelt sich zu stark, die Notenbank wird die Zinssätze nicht schon wieder senken, sodass man verkaufen sollte.« In diesen Situationen kann sich der Markt in beide Richtungen entwickeln. Er wird Ihnen mitteilen, wie er sich entwickeln sollte, und Ihre persönliche Meinung interessiert den Markt in keiner Weise. Wenn man sich auf den Markt konzentriert und nicht so sehr auf die fundamentale Analyse, kann man objektiver sein und das aktuelle Marktgeschehen besser verstehen.

EIN BESSERER TRADER WERDEN

Um ein besserer Trader zu werden, muss man lernen, wie man mit fundamentaler Analyse umgeht, und man sollte wissen, wie man mit News tradet. Verschaffen Sie sich zunächst einen grundsätzlichen Überblick über den Markt. Egal ob Sie Getreide, Schweinefleisch, den japanischen Yen, »JPMorgan« oder »Microsoft« traden, Sie sollten unbedingt herausfinden, warum sich der Kurs in die jeweilige Richtung bewegt. Achten Sie auf die Gesamtindustrie und auf alles, was auf der Welt passiert und sich auf Ihren Markt oder Ihre Aktie auswirken kann. Wenn Sie etwa herausfinden, dass der Kurs für Getreide steigt, weil die weltweite Produktion in den vergangenen zwei Jahren mäßig war, verfügen Sie über einen kleinen Vorteil gegenüber vielen Tradern. Sie wissen, dass es besser wäre, Aktien zu kaufen – vorausgesetzt, die Grundvoraussetzungen bleiben gleich.

Eine andere Möglichkeit, sein Trading-Verhalten zu verbessern, besteht darin, dass man seine grundsätzliche Einschätzung der Marktsituation durch einen Blick auf Charts bestätigt. Wenn der Chart für Getreide steigt, wissen Sie, dass Ihre Grundeinschätzung stimmt; wenn er jedoch keine Veränderungen aufweist oder fällt, sollten Sie dies hinterfragen. Es könnte durchaus andere Gründe für Marktbewegungen geben, aber egal, welche dies sind, fixieren Sie sich nicht auf einen Trade, der in den Charts nicht bestätigt wird. Als Trader muss man bereit sein, häufig seine

Meinung zu ändern, da der Markt ständigen Veränderungen unterworfen ist. Handeln Sie bei einem Trade niemals eigensinnig: Wenn er nicht so reagiert, wie Sie geglaubt haben, steigen Sie aus und machen Sie weiter. Viele Trader scheitern, weil sie viel zu lange an einem Trade festhalten, wenn sie der Meinung sind, dass der Markt auf News reagieren muss.

Was brandneue Meldungen und Berichte betrifft, vergessen Sie niemals, dass sie in den Marktkursen bereits berücksichtigt sein könnten. Sie sollten nicht allzu sehr überrascht sein, wenn der Markt sich genau entgegengesetzt entwickelt, sobald die News veröffentlicht werden. Schließlich gilt: »Man verkauft die Fakten.« Sollten Sie auf der Grundlage von News traden, dann traden Sie niemals die News, sondern die entsprechende Marktreaktion. Nur auf Grund irgendwelcher neuer Ereignisse auf einen Trade aufzuspringen ist nicht sehr Erfolg versprechend; es handelt sich dann eher um Zockerei. Versuchen Sie lieber herauszufinden, was passieren sollte, und reagieren Sie dann entsprechend auf die tatsächlichen Marktbewegungen. Wenn es sich um gute News handelt und der Markt weiter steigt, dann kaufen Sie während eines Tiefs. Wenn es gute News sind und der Markt nicht steigt, dann würde ich normalerweise alles daran setzen, um zu verkaufen. Kurz vor der Veröffentlichung von News sollten Sie verschiedene Szenarien künftiger Ereignisse durchspielen; dann können Sie später in jedem Fall reagieren, unabhängig davon, was passiert.

Das Problem beim Traden von News:

1. Man versucht, die Antwort des Marktes vorherzusagen.
2. Man fixiert sich auf eine grundsätzliche Meinung.
3. Man handelt nicht objektiv.
4. Man ignoriert die Marktentwicklung.
5. Man bleibt in einem kurzfristigen Hoch stecken.
6. Man weiß nie als Erster Bescheid.
7. Man tradet News, die schon im Kurs eingerechnet sind.
8. Man geht hohes Risiko.

Wie Sie Ihre Chancen mit Fundamentalanalyse erhöhen:

1. Verschaffen Sie sich einen Gesamteindruck.
2. Verwenden Sie Fundamentalanalysen, um festzustellen, was Marktbewegungen auslöst.
3. Ergänzen Sie dies durch technische Analysen.
4. Gewinnen Sie einen langfristigen Eindruck von der Marktentwicklung.

5. Wenn der Markt steigen sollte und dies nicht tut, dann fällt er.
6. Schrecken Sie nicht davor zurück, News zu ignorieren.
7. Springen Sie nicht auf einen Trade auf, sobald Neuigkeiten veröffentlicht werden.
8. Warten Sie, bis der Markt die News verdaut hat.
9. Traden Sie nicht Ihre Meinung; traden Sie den Markt.
10. Sie sollten in der Lage sein, Ihre Meinung zu ändern.
11. Kaufen Sie das Gerücht, verkaufen Sie Tatsachen.
12. Denken Sie an Folgendes: Schlechte News können gut für den Markt sein.
13. Zocken Sie nicht: Verhalten Sie sich vor einer Pressemitteilung neutral.

Hilfreiche Fragen, die Sie sich stellen sollten:

… Auf welcher Seite wäre ich gerne, wenn ich keine Position hätte?
… In welche Richtung sollte sich der Markt nach diesen News entwickeln?
… Habe ich lange genug gewartet, bis der Markt die News verdaut hat?
… Bin ich auf meine Meinung fixiert?

TEIL 3

Technische Analyse

KAPITEL 5

Erhöhen Sie Ihre Chancen mit Mehrfach-Zeitrahmen

ERHÖHEN SIE IHRE CHANCEN MIT MEHRFACH-ZEITRAHMEN

Die folgenden Kapitel sind nicht dazu gedacht, Ihnen die technische Analyse in allen Einzelheiten näher zu bringen. Ich erläutere Ihnen nur, welche Indikatoren und Muster mir persönlich bei der Suche nach Erfolg versprechenden Trades am meisten geholfen haben. Es gibt eine große Zahl verschiedenster Indikatoren und Muster, mit denen man arbeiten kann. Da jeder einen anderen Trading-Stil pflegt, ist es ratsam, zunächst alles Wissenswerte über die technische Analyse zu erfahren, bevor man sich auf die vermeintlich beste Methode festlegt. Ich werde mich hier nur auf einige wenige Gebiete der technischen Analyse konzentrieren; daher würde ich Ihnen empfehlen, sich ein gutes Buch zu diesem Thema zu besorgen und es sich zu Gemüte zu führen, wenn Sie mehr erfahren wollen.

Zwar kann man durch die fundamentale Analyse durchaus einen guten Eindruck von der Richtung gewinnen, in die sich der Markt entwickeln sollte, doch ist es schwierig, sich einen Vorsprung gegenüber anderen Tradern zu verschaffen. Dies schafft man nur, wenn man über Vorkenntnisse verfügt und weiß, dass etwas passiert. Wenn ein Trader jedoch über Kenntnisse auf dem Gebiet der technischen Analyse verfügt, kann er davon stark profitieren und sich einen Vorteil gegenüber der Konkurrenz verschaffen. Ein technischer Analyst geht davon aus, dass ein Chart schon jede Auswirkung, die News auf den Markt haben könnten, in den Kurs mit einrechnet. Das führt so weit, dass viele Trader die Neuigkeit völlig ignorieren. Sie wissen, dass alles Wesentliche in den Charts steht. Sie benötigen keine News, um zu erfahren, dass eine Aktie steigen wird; sie sehen es selber. Egal welche News kursieren, ein Trader, der in der Lage ist, Charts zu lesen, erhält einen genaueren Eindruck von der aktuellen Marktsituation. Selbst die Trader, die auf die Fundamentalanalyse schwören, können von Charts profitieren. Sie können sich News nicht nur bestätigen lassen, sondern auch den Zeitpunkt ihrer Trades genauer bestimmen.

Wenn man auf einen Chart schaut, kann man mühelos feststellen, ob sich die Kurse nach oben oder unten entwickeln oder ob sie neutral bleiben; schwierig hingegen ist es, aus Indikatoren, Preismustern und künftigen Marktentwicklungen schlau zu werden. Fünf verschiedene Trader können ein und denselben Chart betrachten und fünf verschiedene Dinge darin erkennen – was die technische Analyse ein bisschen schwierig macht. Einige Indikatoren zeigen Ihnen, was bisher passiert ist, während andere versuchen, künftige Entwicklungen vorherzusehen. Egal mit welchen Charts Sie es zu tun haben, alle haben eines gemeinsam: Sie kennen den Kurs von morgen nicht und können den künftigen Kurs nie 100-prozentig sicher voraussagen. Daher sehen verschiedene Trader unterschiedliche Dinge, wenn sie einen Chart betrachten.

In den folgenden Kapiteln werde ich näher auf Trading-Strategien eingehen, die auf technischer Analyse basieren (dem Trend folgen, den Trend brechen, dem Trend entgegengesetzt agieren, sich an Schwankungsbreiten halten). Jede erfordert die Berücksichtigung verschiedener Faktoren und einen unterschiedlichen Trading-Stil. In einer Situation, bei der man dem Trend folgt, verwendet man andere Indikatoren (oder dieselben Indikatoren anders) als auf einem Markt mit vorgegebener Schwankungsbreite. So sind etwa Trendlinien und Moving Averages exzellente Indikatoren, wenn man dem Trend folgt. Bei einem Markt mit vorgegebener Schwankungsbreite sind oszillierende Indikatoren eher geeignet – zum Beispiel stochastische Berechnungen oder der RSI (Relativer-Stärke-Index), mit denen man eine Kehrtwende des Marktes leichter ermitteln kann.

Während Sie diese Kapitel lesen, sollten Sie stets daran denken, dass es unheimlich wichtig ist, mit Volumen zu arbeiten, wenn Sie gegenwärtige Marktentwicklungen verfolgen. Das Volumen verwendet man, um Kursentwicklungen zu bestätigen. Wenn sich Kurse mit starkem Volumen verändern, ist es wahrscheinlicher, dass der Markt dieser Entwicklung folgt, egal ob es sich um einen Umschwung oder ein Anhalten des bisherigen Trends handelt. Das Volumen gibt Aufschluss über die Nachfrage nach Aktien oder Rohstoffen und ermittelt die Stärke eines Trends. Wenn der Kurs steigt, während das Volumen größer wird, erhöht dies die Wahrscheinlichkeit für einen anhaltend starken Trend. Wenn das Volumen allmählich abflaut, könnte dies ein Zeichen dafür sein, dass jeder, der vorhat, zu kaufen, dies längst getan hat. An diesem Punkt gibt es niemanden mehr, der noch kaufen will, was durchaus für eine bevorstehende Veränderung des Momentums sprechen könnte.

Obwohl es sich nicht unbedingt um eine Wissenschaft handelt, glaube ich dennoch, dass Trader mit guten Grundkenntnissen der technischen Analyse einen Vorteil gegenüber anderen Tradern genießen. Sie sind in der Lage, die besten Trades für sich herauszusuchen, und haben ein besseres Gespür dafür, wann sie eine Stopp-Loss-Order einbauen sollten. Viele Trader agieren unvorsichtig und gehen mit der technischen Analyse völlig falsch um. Daher erläutere ich im Folgenden den geeigneten Umgang mit den unterschiedlichen Indikatoren, gehe aber auch auf mögliche Fehler näher ein. Um die Sache ein wenig zu vereinfachen, werde ich nicht ständig Beispiele für Trader mit Long-Positionen und für Trader mit Short-Positionen geben. Gehen Sie einfach davon aus, dass das, was bei einem Trader mit Long-Positionen funktioniert, umgekehrt eher nicht funktioniert. Wenn ich dazu neige, eher von Aktienkäufen und Aufwärtstrends zu sprechen, dann heißt das nicht, dass ich voreingenommen bin; eine einseitige Sichtweise des Marktes vereinfacht die Dinge manchmal.

MEHR ALS NUR EINEN ZEITRAHMEN IM AUGE BEHALTEN

Vor einigen Jahren besuchte ich einen Freund, einen erfahrenen Trader auf dem Ölmarkt, in dessen Büro. Er war schon immer ein guter Trader, der regelmäßig Geld machte – zunächst auf dem Parkett und dann daneben. Er tradete hauptsächlich Erdöl, und wenn der Erdölmarkt um 15.10 Uhr schloss, tradete er anschließend noch ein bis zwei S&P-Futures-Kontrakte in deren letzter Stunde. Obwohl er normalerweise nicht mehr als einen Markt gleichzeitig tradete, hatte er ein wahres Arsenal von Computermonitoren vor sich stehen. Er verwendete den CGQ-Chartservice, der ihm vier Computermonitore zur Verfügung stellte, und arbeitete mit Erdölcharts mit unterschiedlicher Zeitdauer. Auf einem Bildschirm hatte er Zwei-, Fünf- und Zehn-Minuten-Charts; auf einem anderen erschienen 30- und 60-Minuten-Charts; auf einem dritten gab es Tages- und Wochencharts, die er für News und Kurse verwendete. Damit nicht genug, er aktualisierte die Tagescharts per Hand, und an der Wand hing ein Monats-Chart, der bis zum Beginn des jeweiligen Kontraktes zurückreichte. Ich war von seiner technischen Ausstattung durchaus beeindruckt, hatte ich doch nur einen Monitor, der in vier Fünf-Minuten-Charts aufgeteilt war. Jeder Chart zeigte einen anderen Markt. Was glauben Sie: Wer hatte einen besseren Überblick und bessere Grundvoraussetzungen beim Traden von Erdöl?

Ich fragte ihn, nach welchem Zeitrahmen er tradete, worauf er mir antwortete, er benutze sie alle. Seine Trading-Strategie bestand darin, nur dann in einen Trade einzusteigen, wenn er in all den verschiedenen Zeitrahmen eine Bestätigung erhielt. Zunächst handelte er hauptsächlich in die Richtung des allgemeinen Trends. Um diesen Trend zu ermitteln, benutzte er die Tages- und Wochencharts. Diese beiden Zeitrahmen verschafften ihm einen genauen Überblick über die allgemeine Tendenz sowie die Lage der wichtigsten Unterstützungs- und Widerstandslinien. Danach verschaffte er sich eine noch genauere Perspektive, indem er die 30- und 60-Minuten-Charts betrachtete. Diese Zeitrahmen verwendete er, um zu entscheiden, was er tun wollte. Er mochte es, wenn sie einen bestimmten Trend oder Gegentrend aufzeigten, und glaubte fest daran, dass sie ihm einen genaueren Marktüberblick für die nächsten Stunden oder gar Tage verschaffen würden. Sobald feststand, was er tun wollte, überprüfte er die Zwei- und Fünf-Minuten-Charts (Balkendiagramme) ganz genau, um so den richtigen Zeitpunkt für seinen Einstieg zu finden. Normalerweise wartete er auf eine passende Gelegenheit, um einzusteigen. Sobald sich der Markt stabil zeigte, konnte er ihm keinen allzu großen Schaden zufügen, falls er sich täuschen sollte.

Er erklärte mir, dass er erst dann einstieg, wenn er der Überzeugung war, dass es sich bei diesem Trade auf jedem Chart um einen guten Trade handelte. Falls er dennoch einstieg – was selten vorkam –, dann tat er dies angesichts der geringen Erfolgsaussichten nur mit einer kleinen Anzahl von Kontrakten. Wenn alles passte, verbesserten sich die Erfolgsaussichten jedoch erheblich. Der Anblick seiner technischen Möglichkeiten und seiner Art zu traden öffnete mir die Augen. Mir wurde bewusst, dass man durch Vielfach-Zeitrahmen ein ganz anderes Niveau beim Traden erreichen kann.

KURZFRISTIGE KONTRA LANGFRISTIGE PERSPEKTIVEN

Wenn es darum geht, welche Zeitrahmen Trader am liebsten betrachten, kann man eine Unterteilung in zwei Gruppen vornehmen: eine Gruppe von langfristigen Tradern und eine andere, die eher kurzfristig vorausblickt. Ein Langzeit-Trader wird sich eher auf Tages-, Wochen- und Monats-Charts konzentrieren, während ein kurzfristigerer Day-Trader wahrscheinlich Ein- und Fünf-Minuten-Balkendiagramme bevorzugt. Es gibt auch eine Art Zwischengruppe, wo unschlüssige Trader zwei bis drei Tage an einer Position festhalten können und für ihre Analysen meistens 30- oder 60-Minuten-Charts verwenden. All diese Trader können durchaus Erfolg damit haben, dass sie sich fest an ihren bevorzugten Zeitrahmen halten, dennoch sollten sie sich nicht ausschließlich auf einen Zeitrahmen festlegen. Jeder Zeitrahmen bietet eine unterschiedliche Perspektive des Marktes, und ein Trader kann auf allen Ebenen Geld verdienen. Warum sollte man also nicht alle für sein Trading nutzen, egal welchen Zeitrahmen man bevorzugt?

Jeder Trader muss den Zeitraum wählen, der am besten zu seinem persönlichen Trading-Stil passt. Es gibt viele Gründe, warum Trader verschiedene zeitliche Ansätze bevorzugen. Manche glauben, eine bessere Risikokontrolle zu haben, wenn sie schnell in Trades ein- und aussteigen, und richten ihr Hauptaugenmerk auf einen kürzeren Zeitrahmen. Manche halten eine Position lieber längerfristig und kümmern sich nicht um Auf- und Abwärtsentwicklungen auf dem täglichen Markt. Manche haben gerade mal so viel Geld, um damit Day-Trading mit Rohstoffen zu betreiben, aber zu wenig, um eine Position mehr als einen Tag halten zu können. Manche fühlen sich einfach unwohl, wenn sie eine Position länger als einen Tag halten, und steigen aus ihrem Trade aus, bevor der Markt schließt. Andere glauben, dass das Momentum den Trade einige Tage überleben lässt. Selbst unter Day-Tradern gibt es solche, die eine Position nur wenige Minuten halten und auf kleine Gewinne spekulieren. Andere hingegen halten ihre Positionen mehrere Stunden. Einige Trader zahlen nicht gerne Vermittlungsgebühren und hassen es daher, den ganzen Tag über zu traden; stattdessen machen sie lieber ein bis zwei gute Trades und halten diese stundenlang. Egal um welchen Trader es sich handelt, jeder fühlt sich in einem anderen Zeitraum wohl.

Zwar erlauben es kürzere Zeitrahmen einem Trader, schneller ein- und auszusteigen und kleinere Verhaltensweisen des Marktes zu ermitteln, doch leider kann er es versäumen, einen Gesamteindruck des Marktes zu gewinnen, wenn er zu engstirnig agiert. Kurzzeit-Trader tendieren oft dazu, zu viel Zeit damit zu verbringen, auf Ein- und Fünf-Minuten-Charts zu achten, obwohl Kursbewegungen in diesen Zeiträumen durchaus willkürlich und unvorhersehbar sein können. Durch einen Blick auf 60-Minuten-Charts könnte es eher der Fall sein, dass ein Kurzzeit-Trader einen stärkeren und stabileren Move mitnimmt und Dinge erkennt, die in einem Fünf-Minuten-Chart nicht deutlich werden. Durch einen Blick auf Tages- und Wochencharts kann man viel gewinnen, denn hier werden die Verhaltensmuster oft noch deutlicher und können anzeigen, wo genau sich das wirkliche Marktmomentum gerade befindet. Ein Trend auf einem Fünf-Minuten-Chart ist weniger stabil als ein Trend auf einem Wochenchart.

> **EIN CHART IST EIN CHART**
>
> Ich möchte betonen, dass der Chart eines Marktes immer gleich ist, egal ob es sich um einen Ein-Minuten-Chart oder um einen Wochenchart handelt. In den meisten Fällen wäre es schwierig, den genauen Zeitrahmen zu ermitteln, ohne die Zahlen auf dem Chart zu kennen. Alle Charts haben im Wesentlichen das gleiche Muster und den gleichen Aufbau, unabhängig davon, was man betrachtet. Sobald man also in einem Zeitrahmen mit einem Chart umgehen kann, sollte es kein Problem darstellen, andere Charts zu lesen. Schauen Sie sich die Charts in den Abbildungen 5-1 bis einschließlich 5-4 an. Abgesehen von ihrer unterschiedlichen Zeitdauer weisen sie keine wesentlichen Unterschiede auf.

VERSCHIEDENE ZEITRAHMEN: ERWEITERTER HORIZONT

Mein Trading hat sich stark verbessert, als ich begann, meine Blickwinkel auf den Markt zu erweitern, indem ich auf verschiedene Zeitrahmen achtete, wenn ich meine Trading-Entscheidungen traf. Zu Beginn meiner Karriere war ich sehr kurzfristig veranlagt und achtete ausschließlich auf Fünf-Minuten-Charts. Ich verwendete Tagescharts, um mir Anregungen zu holen, doch sobald es darum ging, in einen Trade einzusteigen, beschränkte ich mich ausschließlich auf Fünf-Minuten-Charts. Ich argumentierte folgendermaßen: Da ich mich auf schnelle, kurze Kursänderungen konzentrieren wollte, musste ich mich auch nicht mit Zehn-, 30- oder 60-Minuten-Charts abgeben. Die Tagescharts vermittelten mir ein Bild vom großen Ganzen, Wochencharts sah ich für meine Zwecke als übertrieben an. Die Ein-Minuten-Charts konnte ich nicht richtig lesen, sie waren zu wechselhaft und enthielten zu wenige Daten, um ein klares Bild abzugeben. Deshalb zog ich es vor, beim Fünf-Minuten-Chart als Zeitrahmen zu bleiben.

Schließlich stellte ich fest, dass dies gleichbedeutend damit war, Golf mit einem Stück Holz und einem Putter zu spielen. Wenn man gewinnen will, braucht man einen Schläger für jede Entfernung und Situation. Ebenso sollte ein Trader eine größere Vielfalt an Tools zur Verfügung haben und nicht nur über gewisse Grundkenntnisse verfügen. Ich kenne mehr als genug Trader, die sich mit nur einem oder zwei Zeitrahmen begnügen und nie daran gedacht haben, mal was anderes auszuprobieren. Durch einen erweiterten Blickwinkel könnten sie den Markt viel genauer betrachten. Sie könnten ihn nicht nur besser erkennen, sondern den Zeitpunkt ihres Ein- und Ausstiegs genauer bestimmen.

Mithilfe eines Blicks auf größere Zeitrahmen kann man die Richtung des allgemeinen Trends erkennen. Zudem sieht man, wo die Unterstützungs- und Widerstandslinien liegen. Wenn man den allgemeinen Trend kennt, sollte man in etwa wissen, in welche Richtung man traden sollte. Wenn ein Tages- und Wochenchart einen Aufwärtstrend aufweist, ist es vermutlich besser, Aktien zu kaufen. Sobald man dieses Kriterium erfüllt hat, sollte man kürzere Zeitrahmen verwenden, um Trades in dieser Richtung zu finden und den richtigen Zeitpunkt dafür zu wählen. Der 60-Minuten-Zeitrahmen ist äußerst wichtig, denn meines Erachtens stellt er einen durchschnittlichen Move dar (zwei bis fünf Tage).

Wenn man in seine Richtung tradet, nimmt man meiner Meinung nach das meiste Momentum mit, vorausgesetzt, es gibt keine Unterstützungs- oder Widerstandslinie oder der Trade findet in einem überkauften oder überverkauften Markt statt. (Ich gehe im Verlauf des Kapitels über die technische Analyse noch genauer darauf ein, wie man verschiedene Indikatoren und Systeme verwendet und diese mit unterschiedlichen Zeitrahmen kombiniert.)

Wenn Sie dann so weit sind und mit dem Traden beginnen, werden Sie eher die kleineren Zeitrahmen verwenden wollen. Es ist wesentlich einfacher, auf den passenden Moment zum Einstieg in einen Trade zu warten und das Risiko zu kontrollieren, wenn man Ein-, Fünf- und Zehn-Minuten-Charts verwendet. Wenn Sie wissen, dass Sie Aktien kaufen wollen, warum schauen Sie sich nicht die Wellen der kürzeren Charts an, um sicherzugehen, dass Sie nicht während eines kurzen Aufwärtstrends kaufen, oder um abzuwarten, bis ein Abwärtstrend vorbei ist? In beiden Fällen werden Sie einerseits wesentlich weniger verlieren, wenn Sie falsch liegen. Andererseits vergrößern sich Ihre Erfolgsaussichten beim Trade. Dieser Prozess, verschiedene Zeitrahmen zu verwenden, kann von allen Tradern angewandt werden, von jenen, die kleine Gewinne machen wollen, ebenso wie von denjenigen, die wochenlang eine Position halten. Durch ein vollständiges Panoramabild des Marktes kann man den richtigen Trade finden, den günstigsten Augenblick dafür abpassen und seine Trades besser überwachen.

SICH EINEN GESAMTEINDRUCK VERSCHAFFEN

Wenn man einen Fünf-Minuten-Chart betrachtet, mag einem bisweilen ein Abwärtstrend toll erscheinen, und man mag den Wunsch verspüren, bei jeder sich bietenden Gelegenheit Verkäufe zu tätigen. Wenn Sie aber allmählich über Ihren eigenen Tellerrand hinausschauen und auch mal auf 60-Minuten- oder Tages-Charts achten, werden Sie vermutlich eine völlig andere Situation vorfinden. Was Sie für einen guten Short-Trade gehalten haben, erweist sich lediglich als kleine Schwächeperiode auf einem insgesamt starken Markt. Diese hätten Sie niemals bemerkt, wenn Sie nicht auf die längeren Zeitrahmen geachtet hätten.

Abbildung 5-1, ein Fünf-Minuten-Chart von Intel, zeigt Ihnen dafür ein gutes Beispiel. Zwischen dem 08.11.2001 und dem 12.11.2001 erlitt Intel einen regelrechten Sell-Off (panikartiger Verkauf von Aktien am Ende einer Baisse), der nach einer missglückten Markterholung am Morgen des 08.11. einsetzte. Am nächsten Tag ließ er ein wenig nach, aber nicht viel. Am 12.11. öffnete die Aktie jedoch niedriger und erlitt nach einer missglückten, kurzen Markterholung einen Sell-Off. Die anschließende Kursentwicklung wirkte wie eine ideale Gelegenheit, Verkäufe zu tätigen, besonders rund um Punkt C. Hätte man jedoch am Morgen des 12.11. verkauft, dann hätte man keinen sehr Erfolg versprechenden Trade getätigt – obwohl man dies mit einem Blick auf den Fünf-Minuten-Chart nie hätte sagen können. Hätte sich ein Trader die Zeit genommen, auf den Tages-Chart (Abbildung 5-2) und den 60-Minuten-Chart (Abbildung 5-3) zu schauen, dann hätte er erkannt, dass es keine sehr kluge Entscheidung war zu verkaufen. Diese Zeitrahmen teilen dem Trader mit, welcher der wirkliche Trend ist und in welche Richtung der Trader schauen sollte, falls er vorhat einzusteigen. Der Tageschart zeigt einen klaren Aufwärtstrend der Intel-Aktie, und er verdeutlicht, dass die letzten Tage nichts anderes darstellten als eine ganz normale Schwächeperiode. Hätten Sie den Stochastik-Indikator an Punkt C des 60-Minuten-Charts im Auge behalten, dann hätten Sie gesehen, dass der Markt ziemlich überkauft war. An diesem Punkt hätten Sie noch nicht kaufen wollen, da das kurzfristige Momentum noch gering war, doch Sie hätten zumindest wissen müssen, dass Sie auf keinen Fall verkaufen wollten, da das längerfristige Momentum stark war.

Durch einen Blick auf Abbildung 5-3 können Sie auch feststellen, dass der Markt zum gegenwärtigen Kurs in den vergangenen Wochen sowohl mehrere Unterstützungs- als auch Widerstandslinien durchschritten hat, sodass eine gute Chance bestand, dass der Kurs seinen Rückgang aufhalten und wieder steigen würde. Wenn Sie das größere Bild betrachten, können Sie leicht erkennen, dass es wenig Erfolg versprechend war, Verkäufe zu tätigen, da sich der Markt im Aufwärtstrend befand. Während eines Aufwärtstrends zu verkaufen ist normalerweise kein allzu guter Trade. In diesen Situationen wäre es wesentlich aussichtsreicher, auf ein Kaufsignal zu warten. Sobald Sie erkennen können, dass die Aktie sich nicht weiter nach unten bewegt und Sie in der Lage sind, dies mit Zehn- und 30-Minuten-Charts zu belegen, können Sie allmählich nach einer passenden Gelegenheit zum Kauf Ausschau halten. Um noch mal auf dan Fünf-Minuten-Chart zurückzukommen: Hier würde ich etwa im Bereich von Punkt C am 12.11.2001 versuchen zu kaufen. Dafür spricht die folgende Argumentation: Der Stochastik-Indikator zeigte einen überverkauften

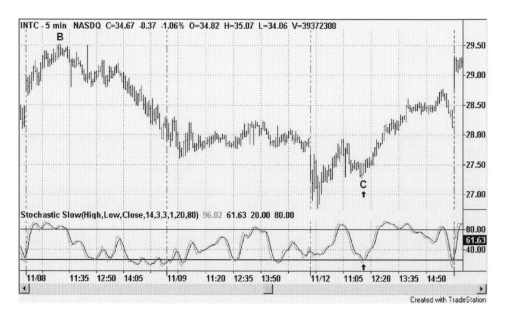

Abb. 5-1: *Fünf-Minuten-Intel-Chart: Das kleine Bild*

KAPITEL 5 ■ ERHÖHEN SIE IHRE CHANCEN MIT MEHRFACH-ZEITRAHMEN 111

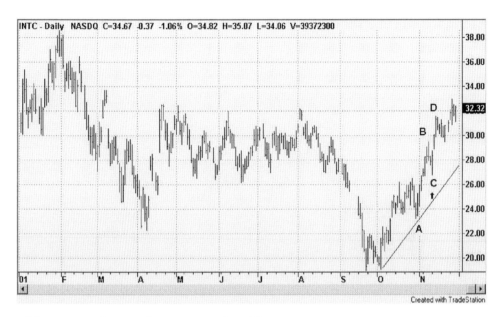

Abb. 5-2: *Intel-Tageschart: Das große Bild*

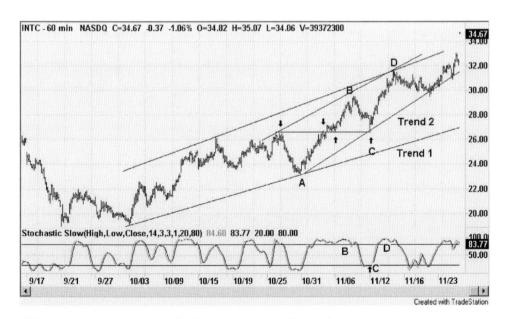

Abb. 5-3: *60-Minuten-Intel-Chart: Der Kontrollzeitrahmen*

Abb. 5-4: *Ein-Minuten-Intel-Chart: Den richtigen Zeitpunkt für den Trade finden*

Markt an, und die Aktie hatte vergeblich versucht, tiefer zu eröffnen; außerdem hatte der Markt Unterstützung, wie man in Abbildung 5-3 sieht. Als Nächstes würde ich zu Abbildung 5-4 gehen, einem Ein-Minuten-Chart, um wirklich nach einem Einstiegspunkt zu suchen. Ich würde in einen Long-Trade entweder dann einsteigen, wenn er die Trendlinie berührt oder wenn er die im grauen Kreis markierte Schiebezone durchbricht. Beides geschah innerhalb weniger Minuten, das heißt, man hätte je nach Höhe der Slippage an diesem Punkt seine Positionen ausspielen können. Sobald Sie sich erst einmal im Trade befinden, können Sie fast augenblicklich mit einem schnellen Gewinn wieder aussteigen – falls dies Ihr Stil ist. Wenn Sie Trades lieber länger halten, könnten Sie erneut auf den 60-Minuten-Zeitrahmen zurückgreifen und zum Beispiel bis zum Punkt D halten, wo er auf die Kanallinie trifft.

> **WENN SIE EINE AKTIE TRADEN, SCHAUEN SIE AUF DAS ALLGEMEINE GROSSE BILD DES MARKTES**
>
> Eine andere Möglichkeit, als Aktien-Trader einen allgemeinen Gesamteindruck zu gewinnen, besteht darin, einen Mix aus dem Gesamtmarkt, dem Sektor und der Aktie zu verwenden. Um die allgemeine Marktentwicklung zu ermitteln, kann man Tages- und 60-Minuten-Charts des S&P 500 verwenden. Danach kann man dasselbe für den Sektor durchführen und eine

> Entscheidung treffen, in welche Richtung man traden will. Wenn man diese Einschätzung vorgenommen hat, kann man einen Fünf-Minuten-Chart einzelner Aktien verwenden, um den richtigen Zeitpunkt zu ermitteln. Wenn Sie statt jeder einzelnen Aktie den Sektor und die S&P-Futures im Auge behalten, werden Sie eine gute Vorstellung vom aktuellen Marktgeschehen bekommen, und die Aktien sollten folgen. Dies stellt eine gute Strategie für diejenigen dar, die gerne unterschiedliche Aktien im gleichen Sektor traden. Es ist immer noch wichtig, dass man weiß, dass die Richtung einer Aktie dem Markt folgt; andernfalls kann es durchaus sein, dass Sie entgegen dem Trend der Aktie traden, was keine allzu gute Idee ist.

DEN TRADE ÜBERWACHEN: UNTERSTÜTZUNGSLINIEN, WIDERSTANDSLINIEN UND STOPP-ORDERS RICHTIG PLATZIEREN

Sobald ein Trade abgeschlossen ist, ist es wichtig, dass man ihn überwacht, unabhängig davon, wie lange der Trader seine Position halten will. Dies macht er am besten auf Ebenen, die höher liegen als die Ebenen, auf denen er üblicherweise tradet. Der Grund dafür ist, dass man Marktbewegungen wesentlich deutlicher ausmachen kann, wenn man eine längere Perspektive hat. Unterstützungs- und Widerstandslinien treten sehr viel deutlicher zutage, je mehr man sich vom aktuellen Zeitfenster entfernt. Je kleiner der Zeitrahmen ist, desto schwieriger wird es, einen richtigen Ausstiegspunkt zu ermitteln. Eine Person, die sich nur auf einen kleinen Zeitrahmen konzentriert, wird Vorgänge verpassen, die jemandem, der den Markt sorgfältiger beobachtet, nicht entgehen. Da ich gerne Fünf-Minuten-Charts beobachte, um in einen Trade einzusteigen, bevorzuge ich zur Überwachung meiner Trades 60-Minuten-Charts, da diese den nächsthöheren Zeitrahmen bilden. Ein Trader, der auf kleine Gewinne spekuliert, bevorzugt vielleicht eher Zehn- oder 30-Minuten-Charts, wenn er nur für kurze Zeit an einer Position festhält. Ein längerfristiger Trader müsste hingegen eher einen Wochenchart verwenden, um festzustellen, wo sich in seinen Trades die verschiedenen Ebenen befinden.

Schauen Sie sich noch mal Abbildung 5-3 an. Unter Punkt A würde es sehr gut passen, wenn man eine Stopp-Loss-Order einfügte, falls man an Punkt C Aktien gekauft hätte. Genauso hätten Sie eine Stopp-Loss-Order unter den Trendlinien platzieren können, Trend 1 oder Trend 2. Vielleicht wollen Sie sich dem Aktienkauf anschließen, sobald Punkt B durchbrochen wird. Dann wäre Punkt C eine passende Stelle, um eine Stopp-Loss-Order einzufügen. Diese Bereiche erkennt man jedoch auf einem Fünf-Minuten-Chart nicht wirklich gut; zwar kann man sie auf einem Tageschart sehen, doch wirklich erkennen kann man sie nur auf einem 60-Minuten-

Chart. Man kann auf dem 60-Minuten-Chart auch leichter erkennen, wann der Markt schwächelt. Wie Sie sehen, entwickelt sich der Markt an den Punkten B und D zu weit von seiner Trendlinie weg, und je näher er dem oberen Kanalbereich kommt, desto weiter entfernt er sich. Der Stochastik-Indikator kann Sie auch alarmieren, dass er sich in einem überkauften Bereich befindet und sich an den Punkten B und D allmählich in die andere Richtung dreht. Daher wäre hier ein geeigneter Zeitpunkt, um aus dem Trade auszusteigen, weil es eine Chance gibt, dass der Trend sich abschwächt, besonders an Punkt D, wo zwei Kanalhöchstwerte zusammenfallen. Wenn Sie in Zeitrahmen zu weit nach vorne blicken, kann es zu lange dauern, bis Sie merken, dass sich der Trend vielleicht verändert. Dann kann es sein, dass Ihnen die Gewinne schon entgangen sind, bis Sie ein geeignetes Signal zum Aussteigen erhalten haben.

Was Stopp-Loss-Orders angeht: Sobald in der Nähe liegende Unterstützungs- und Widerstandslinien durchbrochen werden und Sie sich immer noch im Trade befinden, schauen Sie auf den nächsthöheren Zeitrahmen, um aussagekräftigere Unterstützungs- oder Widerstandslinien zu erhalten. Je weiter Sie nach oben gehen, desto besser wird ihre Stopp-Loss-Order, aber desto teurer wird es für Sie, wenn sie erreicht wird.

RUND UM DEN ZEITRAHMEN TRADEN, DER AM BESTEN ZUM PERSÖNLICHEN STIL PASST

Da wenige Trader denselben Stil pflegen und Trades unterschiedlich lange halten, gibt es »die« perfekte Kombination von Zeitrahmen, die bei allen Tradern funktioniert, nicht. Als Faustregel würde ich sagen, dass der Zeitrahmen zur Überwachung von Trades etwa fünf bis zwölf Mal höher sein sollte als derjenige Zeitrahmen, den Sie üblicherweise betrachten. Wenn ich Day-Trades durchführe, tendiere ich meist dazu, Fünf-Minuten-Charts zu betrachten. In diesem Fall verwende ich 60-Minuten-Charts als Grundlage für den Abschluss und die Überwachung meiner Trades. Für mich persönlich stellen 60-Minuten-Charts den Durchschnittswert dar, und ich betrachte sie als Mittelwert zwischen lang- und kurzfristigen Trades. Ich schaue sogar noch weiter nach vorne, um sicherzustellen, dass der Trade der Richtung des allgemeinen Trends entspricht. Danach konzentriere ich mich auf die kürzeren Zeitfenster, um den Zeitpunkt meines Einstiegs zu bestimmen.

Nachdem ein Trade abgeschlossen wurde, verwende ich den 60-Minuten-Zeitrahmen, um ihn zu überwachen und um zu bestimmen, wo ich meine Stopp-Loss-Orders und meine Zielvorgaben platziere. Dennoch verliere ich dabei den Fünf-Minuten-Zeitrahmen nicht aus dem Blick, um die Kursentwicklung zu verfolgen und um in den Trade ein- und auszusteigen. Wenn ich Trades über einen längeren Zeitraum hinweg halten will, verwende ich den 60-Minuten-Rahmen als meinen bevorzugten Zeitrahmen und den täglichen als meinen Rahmen zur Überwachung des Trades. Selbst wenn ich irgendetwas mehrere Tage halte, schaue ich immer noch auf das Fünf-Minuten-Balkendiagramm, wenn es so weit ist, in den Trade selber ein- oder daraus auszusteigen.

Für einen aktiven Day-Trader, der auf kleine Gewinne aus ist und schnelle, nur wenige Minuten dauernde Trades ausführt, sind die in Richtung der 60-Minuten- und Tagescharts gehenden Trades noch immer die besten. Ein Trader, der schnelle Gewinne machen will, wird in der Regel kleinere Zeitrahmen verwenden, sollte dabei aber stets die allgemeinen Trends im Auge behalten. Anstelle von Tages- und 60-Minuten-Charts zur Ermittlung von Unterstützungs- und Widerstandslinien sowie zum Platzieren von Stopp-Loss-Orders kann er einen Zehn-Minuten-Zeitrahmen zur Überwachung seiner Trades verwenden. Der Zehn-Minuten-Zeitrahmen kann dabei zum entscheidenden Zeitrahmen werden, während der Ein-, Zwei- und Drei-Minuten-Zeitrahmen dazu verwendet werden kann, die Trades zeitlich richtig zu platzieren. Ich persönlich halte nicht allzu viel vom Traden innerhalb eines so kleinen Zeitfensters, doch viele andere machen damit durchaus Gewinne.

DIE VORZÜGE ERWEITERTER ZEITFENSTER

Durch ein erweitertes Zeitfenster können Sie ihr Trading wesentlich voranbringen. Sie bekommen nicht nur einen besseren Eindruck vom Markt, Sie lernen auch, wie Sie Aktien mit steigenden Kursen länger halten und die Zahl Ihrer Trades reduzieren.

Aktien mit steigenden Kursen länger halten

Jeder weiß, dass der Schlüssel zum Erfolg darin liegt, Aktien mit fallenden Kursen zu vermeiden und diejenigen mit steigenden Kursen zu halten. Dennoch neigen viele Trader dazu, aus guten Trades zu schnell auszusteigen. Sie bleiben bei Gewinnen nicht ruhig, wollen keine Verluste einfahren oder betrachten den Markt aus einer falschen Perspektive heraus. Wenn man den Markt aus einem längeren Zeitrahmen heraus betrachtet, treten Aspekte zutage, die in einem anderen Zeitrahmen nicht deutlich werden. Ein Trader erkennt vielleicht, dass der Markt noch Spielraum für einen Move hat und dass ein zu schneller Ausstieg eine verpasste Gelegenheit darstellen könnte. Wenn ein Trader ständig nur sehr kleine Zeitrahmen beobachtet, wird er zu oft vom Markt verschwinden, obwohl dies eigentlich gar nicht nötig gewesen wäre. Durch die Verwendung eines größeren Zeitrahmens kann man dies am ehesten vermeiden und gleichzeitig die Zahl der guten Trades steigern.

Größere Zeitrahmen schützen vor Overtrading

Einige Trader glauben, dass sie ihr Risiko durch Verwendung kleinerer Zeitrahmen minimieren können, da sie so aus schlechten Positionen schneller aussteigen können. Das mag zwar durchaus stimmen, doch steigen sie so nicht nur bei Aktien mit steigenden Kursen viel zu früh aus, sondern sie häufen auch Vermittlungsgebühren an. Wenn man bei seinen Trades Ein-und Fünf-Minuten-Charts im Blick hat, erhält man selbstverständlich mehr Signale, mit denen man traden kann. Jedes kleine Blinken auf dem Chart kann dazu führen, dass der Trader in einen Trade ein- oder daraus aussteigt. In einem kleinen Zeitrahmen erscheinen diese kleinen Marktbewegungen möglicherweise bedeutsam, obwohl sie es in Wirklichkeit gar nicht sind. Wenn Sie etwa ein simples Moving Average-Crossover-System auf einen Fünf-Minuten-Chart übertragen, kann es sein, dass Sie pro Tag fünf Signale erhalten. Wenn Sie es auf einen 60-Minuten-Chart übertragen, erhalten Sie eventuell nur drei Signale pro Woche, und wenn Sie einen Tageschart betrachten, bekommen Sie nur jede zweite Woche ein Signal. Als ich anfing, meine Trades anhand von 60-Minuten-Charts zu eröffnen und zu überwachen, fiel deren Zahl erheblich. Dies hatte den einfachen Grund, dass ich weniger Trading-Signale erhielt. Anstatt 20 Mal pro Tag zu traden, hielt ich gute Trades nun mehrere Tage lang. Dadurch vermied ich es, einfach abgesägt zu werden, und meine Vermittlungsgebühren und Slippage-Kosten gingen täglich um mehrere hundert Dollar zurück, und ich konnte wesentlich einfacher Nettogewinne einfahren.

BESTÄTIGUNG VON TRADES DURCH VERWENDUNG DERSELBEN INDIKATOREN UND SYSTEME INNERHALB VERSCHIEDENER ZEITRAHMEN

Was ein Trader tun kann, um die Erfolgsaussichten eines Trades zu steigern, ist, ein System zu erstellen, das Signale abgibt, und dieses dann auf mehr als einen Zeitrahmen zu übertragen. Sobald ein Trader ein Kaufsignal im längeren Zeitrahmen erhält (60-minütig, täglich, wöchentlich), kann er dies als Bedingung dafür nehmen, Aufträge in einem kürzeren Zeitrahmen zu erteilen, wenn er ein vom selben System abgegebenes Signal erhält. Wenn man sich ein simples Moving Average-Crossover-System wie auf den Charts in Abbildung 5-5 und Abbildung 5-6 anschauen würde, dann würde man auf dem 60-Minuten-Chart ein Kaufsignal erhalten, sobald der gleitende Durchschnitt am 02.11.2001 die Linie der steigenden Kurse berührt (Punkt A). Dies wäre das Startsignal für den Trader, dass er bei kurzfristigen Trades nur noch Long-Positionen annimmt. Sobald der Trader das Moving Average-Crossover-System für den Fünf-Minuten-Chart – Abbildung 5-6 – anwendet, kann er – jedes Mal, wenn er ein Kaufsignal erhält – Aktienkäufe tätigen. Wenn die Mittelwerte auf dem Fünf-Minuten-Chart wieder unter den Kurs fallen, kann er den

KAPITEL 5 ■ ERHÖHEN SIE IHRE CHANCEN MIT MEHRFACH-ZEITRAHMEN

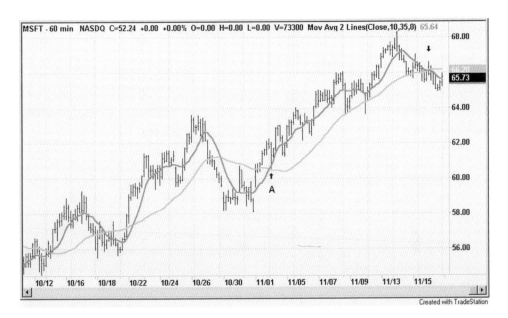

Abb. 5-5: 60-minütiger Microsoft-Chart: Das Startsignal

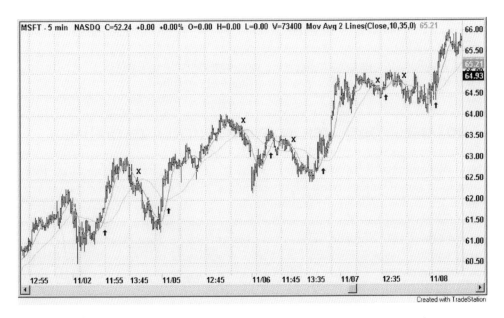

Abb. 5-6: Fünfminütiger Microsoft-Chart: In die richtige Richtung traden

Schnittpunkt (Crossover) als Ausstiegspunkt nehmen (x), nicht als Punkt, an dem er Aktien verkauft. Sobald er draußen ist, wartet er einfach auf den nächsten Aufwärtsschnittpunkt auf dem Fünf-Minuten-Chart, um erneut zu kaufen.

In dieser Situation würde man rund zwei Wochen und nicht länger kaufen; Trades mit Short-Positionen würde man erst dann vornehmen, wenn der gleitende Durchschnitt von Abbildung 5-5 sich nach unten bewegen würde.

Wenn ein Trader vorgeht wie beschrieben, erhöht er seine Erfolgsaussichten erheblich. Sobald er nämlich eine Kaufbedingung im größeren Zeitrahmen erfüllt und dafür eine Bestätigung im kleineren Zeitrahmen erhält, arbeitet das Momentum zu seinen Gunsten. Signale von längerfristigen Charts sind viel aussagekräftiger als Signale von kurzfristigeren Charts, weil sie das Momentum für die kürzeren Zeitrahmen liefern. Kurzfristigere Signale, die in Richtung der längerfristigen Signale verlaufen, sind normalerweise stärker, als es umgekehrt der Fall ist. Wenn Sie mit dem Momentum des Marktes traden, anstatt es zu bekämpfen, werden Sie ein besserer Trader. Wenn Sie gegensätzliche Signale erhalten, handelt es sich um eine Situation, in der keine Trades abgeschlossen werden sollten, da sie sich gegenseitig aufheben. Stattdessen sollten Sie besser warten, bis der Markt Ihnen bessere Chancen bietet. Es hat noch niemandem geschadet, ein oder zwei Tage zu warten, bis sich etwas Besseres ergibt. Denken Sie daran, dass Sie in etwa der Hälfte aller Trades ohnehin verlieren würden. Warum versuchen Sie also nicht, so viele schwache Trades wie möglich auszuschließen?

Sie müssen auch nicht dasselbe System verwenden. Sie können ein System verwenden, das Sie alarmiert, wenn es möglich ist, in eine Richtung zu traden, und dann ein völlig anderes System in einem kürzeren Zeitrahmen, wobei Sie Trades nur in der Richtung des längerfristigen Systems eingehen sollten.

LANGSAMES VORTASTEN IN VERSCHIEDENEN ZEITRAHMEN

Wenn Sie mehrere Kontrakte traden, können Sie beispielsweise einen Teil Ihrer normalen Position anlegen, sobald Sie ein Signal in einem kürzeren Zeitrahmen erhalten. Wenn dies funktioniert und Sie auch ein Signal im nächsten Zeitrahmen erhalten, vergrößern Sie Ihre Position. Sollten Sie später sogar in einem noch größeren Zeitrahmen ein Signal erhalten, dann vergrößern Sie Ihre Position erneut. Dadurch können Sie sich langsam eine Position aufbauen und frühzeitig einsteigen, um einen größeren Teil der Kursbewegung zu ergattern. Wenn der Trade nicht funktioniert, verlieren Sie nur einen Teil von dem, was Sie normalerweise riskieren würden, und wenn schließlich doch alles zusammenpasst, haben Sie eine größere Position, die für Sie arbeitet. Dies funktioniert hervorragend bei Break-out-Systemen. Da der Markt im kleinsten Zeitrahmen seinen ersten Break-out hat und sich von da aus auf die größeren Zeitrahmen hocharbeitet, könnte es durchaus einige Tage dauern, bis man einen Break-out auf einem längerfristigen Chart erkennt. Sie können früh einen Teil der Bewegung ergattern, indem Sie einen kleinen Trade eingehen, sobald Sie den Move auf einem Fünf-Minuten-Chart erkennen. Wenn sich dieser weiter ausprägt, können Sie nachlegen. Sollten Sie falsch liegen, verlieren Sie nicht so viel.

LERNEN SIE, WIE SICH EIN MARKT IN VERSCHIEDENEN ZEITRAHMEN VERHÄLT

Ein Trader sollte unbedingt wissen, wie die Verhaltensweise oder die Eigenheiten einer Aktie oder eines Marktes sind, die er in unterschiedlichen Zeitrahmen tradet. Ich weiß, dass es Aktien gibt, die dazu neigen, drei bis fünf Tage nach oben zu schießen, um dann auf ihrem Höhepunkt zu schließen. Nach einem unvermittelten Kursanstieg fallen sie ein oder zwei Tage, bevor sie wieder ihrem alten Trend folgen. Innerhalb eines Tages gibt es Kursveränderungen, die etwa 45 Minuten andauern, und entgegengesetzte Kursveränderungen von 15 Minuten. Wenn man 60-Minuten-Charts betrachtet, dann erkennt man, dass sie sich normalerweise auch am nächsten Tag nicht groß verändern. Einige Märkte neigen dazu, sich über Nacht stärker zu verändern als andere. Manche Aktien weisen riesige Spreads auf, die für den Laien nicht erklärbar sind, während andere Aktien ihre Kurse den ganzen Tag nicht verändern. Jede Aktie ist anders. Ein Trader lernt seine Märkte jedoch mit der Zeit besser kennen und erkennt in jedem Zeitrahmen wiederkehrende Muster, die ihm helfen, seine Trades zeitlich genauer abzustimmen.

Ich weiß, dass es für manche Märkte hervorragende Langzeitcharts gibt. Gleichzeitig sind diese Märkte jedoch zu wechselhaft, und sie werden zu wenig getradet, um es einem Trader zu ermöglichen, auch auf sehr kurze Zeitrahmen zu achten. Manche Märkte kann man nicht mit einem Fünf-Minuten-Chart traden, während dies auf anderen hervorragend funktioniert. Kakao zum Beispiel ist meiner Meinung nach ein Markt, auf dem man nur sehr schwer Day-Trading betreiben kann. Es gibt zu wenige Trades, und Kursveränderungen ergeben bisweilen nicht wirklich Sinn. Dies hat mich nicht davon abgehalten, mit Kakao zu traden; ich trade einfach mit einem längeren Zeitrahmen und verschaffe mir einen größeren Spielraum, wenn es darum geht, wie viel ich riskieren möchte. Auf anderen Märkten wie etwa den festverzinslichen Wertpapieren oder den S&Ps komme ich gut mit sehr kurzfristigen Kursveränderungen zurecht. Sie besitzen ein unglaubliches Volumen und sind so aktiv, dass man ein- oder aussteigen kann, ohne Angst haben zu müssen, dass sich auf der anderen Seite des Trades niemand befindet. Es dauert eine gewisse Zeit, bis man mit der Verhaltensweise eines Marktes zurechtkommt, doch machen

Sie es sich zum Ziel, dies zu lernen, und Sie werden Ihre Trades auf diesem Markt verbessern.

EIN BESSERER TRADER WERDEN

Ein besserer Trader zu werden bedeutet, in der Lage zu sein, den Markt aus vielen verschiedenen Perspektiven zu beobachten. Die Konzentration auf einen einzigen Zeitrahmen schränkt Ihre Sicht auf den Markt und Ihre Meinung dazu ein. Daher ist es wichtig, sich ein größeres Bild vom Markt zu verschaffen. Einen erfolgreichen Trader macht es aus, nicht nur zu wissen, was der Markt im Moment tut, sondern in allen Zeitrahmen über ihn Bescheid zu wissen. Dies vermittelt ihm einen besseren Eindruck von der Gesamtentwicklung und erleichtert ihm das Auffinden möglicher Unterstützungs- und Widerstandslinien sowie die Ermittlung von Stopp-Loss-Orders. Wenn Sie innerhalb eines Vielfachzeitrahmens Signale erhalten, dann verwenden Sie die größeren Zeitrahmen zur Ermittlung des passenden Trades und die kleineren, um den richtigen Zeitpunkt zum Einstieg in diesen Trade zu erkennen. Durch dieses Vorgehen verbessern Sie Ihre Erfolgsaussichten erheblich.

Ein Kurzzeit-Trader sollte nicht all seine Entscheidungen mit Ein- und Fünf-Minuten-Charts treffen, und ein Positions-Trader muss außer Tagescharts auch noch andere Charts im Blick haben. Egal ob Day-Trader oder Positions-Trader, man sollte immer auf mehrere Zeitrahmen achten, um seine Trades zu planen, sie grafisch darzustellen und sie zu überwachen. Sobald Sie einen Trade abgeschlossen haben, schauen Sie sich den nächstgrößeren Zeitrahmen an, um ihn hinsichtlich seiner Unterstützungs- und Widerstandslinien zu überwachen und um zu ermitteln, wo Sie Ihre Stopp-Loss-Orders platzieren. Achten Sie auf Umkehrungen oder Kursveränderungen, die sich zu weit von der Trendlinie oder dem gleitenden Durchschnitt entfernen. Nutzen Sie die höheren Ebenen, um länger an Erfolg versprechenden Trades festzuhalten und um die Gefahr des Overtradings zu minimieren.

Meiner Meinung nach sollte man für das Day-Trading mindestens vier Zeitrahmen verwenden: den täglichen oder wöchentlichen, um sich einen Gesamteindruck der allgemeinen Marktentwicklung zu verschaffen, den 60-minütigen, um den Markt zu verfolgen, und schließlich den ein- und fünfminütigen zur Ermittlung des richtigen Zeitpunktes für den Ein- und Ausstieg. Egal welche technischen Indikatoren oder Systeme man verwendet, ein Trade sollte in jedem Zeitrahmen zwingend erscheinen. Wenn einer Ihrer Trades in einem kleinen Zeitrahmen funktioniert und Sie auch von einem größeren Zeitrahmen ein Signal erhalten, dann ist dies genau der richtige Zeitpunkt, um den Trade auszubauen. Allgemein kann man feststellen: Je mehr Sie vom Markt sehen können, desto besser werden Sie darauf traden, da Sie ein genaueres Bild von ihm bekommen.

Die Nachteile des Tradens ohne Vielfachzeitrahmen:

1. Man erkennt nur ein Teil des Puzzles.
2. Man weiß nicht wirklich, wo sich bedeutende Marktebenen befinden.
3. Man verfängt sich in einem Pullback der Kurse.
4. Man weiß nicht, wann der Markt überlastet ist.
5. Man tradet gegen das Momentum.
6. Man verpasst den richtigen Zeitpunkt, um in einen Trade einzusteigen.
7. Man betreibt Overtrading.
8. Man hält seine Trades nicht lange genug.
9. Man hält sich nicht lange genug auf dem Markt auf.

Traden mit hohen Erfolgsaussichten unter Verwendung von Vielfachzeitrahmen:

1. Gewinnen Sie einen besseren Eindruck vom aktuellen Stand des Marktes.
2. Stellen Sie sich besser auf den Markt ein.
3. Verschaffen Sie sich einen Gesamteindruck vom Markt.
4. Erkennen Sie den Trend genauer.
5. Finden Sie den günstigsten Zeitpunkt für Ihre Trades.
6. Überwachen Sie Ihre Trades mit einem größeren Zeitrahmen.
7. Achten Sie genau darauf, ob der Markt überlastet ist.
8. Erkennen Sie leichter Unterstützungs- und Widerstandslinien.
9. Meiden Sie überkaufte und überverkaufte Bereiche.
10. Erkennen Sie Gewinnebenen leichter.
11. Verringern Sie die Zahl Ihrer Trades durch Verwendung größerer Zeitrahmen.
12. Halten Sie Erfolg versprechende Trades länger.
13. Bauen Sie erfolgreiche Trades in jedem Zeitrahmen weiter aus.
14. Traden Sie nur dann, wenn alle Zeitrahmen zusammenpassen.
15. Verwenden Sie dasselbe System in verschiedenen Zeitrahmen, um Ihre Trades zu bestätigen.

Hilfreiche Fragen, die Sie sich stellen sollten:

… Habe ich ein genaues Bild des Marktes in all seinen Zeitrahmen?
… Trade ich in der Richtung des allgemeinen Trends?
… Ist der Zeitrahmen, den ich zur Überwachung meiner Trades verwende, überlastet, überkauft oder überverkauft?
… Wie viel Spielraum hat mein Trade noch?
… Stimmt der Zeitpunkt meines Einstiegs?

KAPITEL 6

Mit dem Trend traden

Der Hauptgrund, warum Trader Geld verlieren, liegt wahrscheinlich darin, dass sie versuchen, gegen den Trend zu traden und Spitzen- und Tiefstwerte mitnehmen wollen. Ein Trader sollte stets das alte Sprichwort »Halte dich an den Trend« (»The trend is your friend«) im Kopf haben und versuchen, sich daran zu halten. Die Trades, die am ehesten funktionieren, liegen meist in der Richtung des Trends; gegen den Trend zu traden bedeutet, gegen das Momentum des Marktes zu traden. Ein Trend existiert nicht einfach so: Die Marktteilnehmer als Gesamtheit glauben, dass sich der Markt in diese Richtung entwickeln sollte. Wenn dies der Fall ist, ist es klug, auf der Seite des Momentums zu sein und nicht auf der Gegenseite. Leider liegt es in der Natur des Menschen, dass viele sich dazu verleiten lassen, Spitzen- und Tiefstwerte eines Trends mitzunehmen, in dem Glauben, auf dem Markt habe es bereits zu viele Aktionen gegeben.

WAS IST EIN TREND?

Grundsätzlich kann man einen Trend so definieren, dass sich in einem aufwärts tendierenden Markt (Abwärtstrend stellen lediglich das Gegenteil dar) der Markt in einer Reihe von Aufwärtswellen bewegt, die höhere Hochs erzeugen, wobei jede Abwärtswelle als Gegenbewegung betrachtet wird, die nicht unter die bisherigen Tiefpunkte fällt. Die Aufwärtsbewegungen sind länger als die Gegenbewegungen und erzeugen mehr Momentum. Es ist für den im Trend verlaufenden Markt charakteristisch, dass die Schlusskurse bei einem Aufwärtstrend in der Nähe der Höchstwerte liegen, während sie sich bei einem Abwärtstrend in der Nähe der Tiefstwerte befinden. Je stärker ein Trend ist, desto näher liegen die Schlusskurse an den Extremwerten.

Abbildung 6-1 zeigt einen typischen Trendmarkt.

KAPITEL 6 ■ MIT DEM TREND TRADEN   123

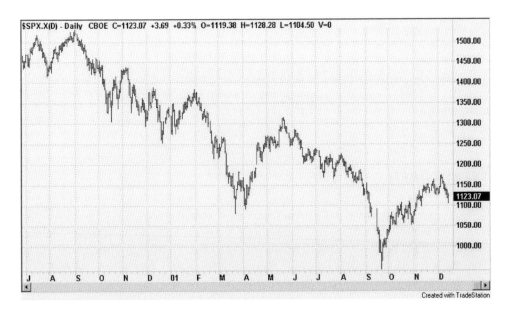

Abb. 6-1: *Tageschart S&P 500: Ein Trendmarkt*

Hier befindet sich der S&P 500 Index seit über einem Jahr in einem starken Abwärtstrend. Wie Sie sehen können, sind die Aufwärtswellen (Gegenbewegungen) viel kleiner als die Abwärtswellen, und die Tiefpunkte des Marktes werden kontinuierlich kleiner. Demgegenüber schaffte es keine der großen Aufwärtswellen, höher als eine vorhergehende Welle zu steigen.

DER TREND

Den Trend zu verfolgen gehört zu einem der am weitesten verbreiteten Aspekte der technischen Analyse. Allgemein gilt, dass man beim Traden am besten Geld verdienen kann, wenn man dem Trend folgt. Leider zeigen die Märkte nicht immer einen klaren Trend, deshalb sollte man es ausnutzen, wenn sich ein klarer Trend herausbildet. Das Traden mit dem Trend kann zu großen Gewinnmitnahmen führen, schließlich handelt es sich dabei um den Weg des geringsten Widerstandes. Zunächst einmal muss ein Trader herausfinden, was der Trend ist. Ohne dieses Wissen sollte man nie einen Trade eingehen. Sobald man den Trend ermittelt hat, kann man davon ausgehen, dass die besten Trades in der Richtung des vorherrschenden Trends gemacht werden, bis sich etwas anderes herauskristallisiert. Zur Ermittlung des Langzeittrends sollte man Tages-, Wochen- und Monatscharts verwenden. Je länger sich ein Trend nachweisen lässt, desto besser. In Abbildung 6-1 etwa ist der vorherrschende Aufwärtstrend der letzten drei Monate bei weitem nicht so stark wie der Hauptabwärtstrend der letzten 15 Monate. Es ist wesentlich schwieriger für den Markt, den längeren Hauptabwärtstrend zu durchbrechen, als wieder in den Abwärtstrend zurückzufallen. Der Aufwärtstrend stellt vorerst lediglich eine Gegenbewegung dar. Außerdem sollte man Folgendes bedenken: Je kleiner der Zeitrahmen ist, den man betrachtet, desto weniger aussagekräftig ist ein Trend. Ein Trend in einem Fünf-Minuten-Chart kann wesentlich schneller und einfacher abbrechen und sich umkehren als ein Trend in einem Tageschart.

TRENDLINIEN

Obwohl man einen Trend auf einem Chart auch sehr gut ohne die Hilfe eines gleitenden Durchschnitts oder einer Trendlinie ermitteln kann, gewinnt man doch einen wesentlich besseren Eindruck, wenn man eine Trendlinie einzeichnet. Eine Trendlinie ist nichts anderes als eine Linie, die in einen Chart eingezeichnet wird und die Richtung des Marktes angibt. Die gängigste Methode besteht darin, dass man die Tiefpunkte eines Aufwärtstrends verbindet (siehe Abbildung 6-2) oder die Spitzenwerte eines Abwärtstrends. Je länger die Trendlinie ist und je öfter sie den Chart berührt, ohne dabei durchbrochen zu werden, desto stärker und zuverlässiger ist sie, wenn sie das nächste Mal vom Markt getestet wird. Obwohl man zum Erstellen einer Trendlinie nur zwei Punkte benötigt, ist sie wesentlich aussagekräftiger,

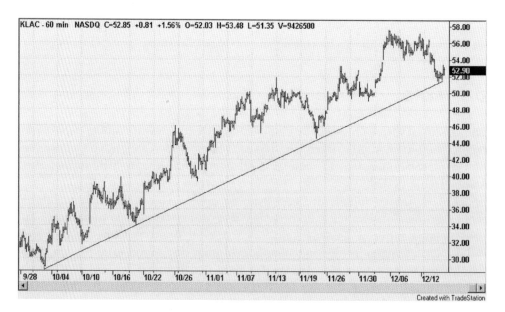

Abb. 6-2: *60-minütiger KLAC-Chart: Eine an den Tiefpunkten des Marktes gezogene Trendlinie*

wenn man drei oder mehr Punkte hat. Eine zu steil verlaufende Trendlinie ist nicht sehr zuverlässig und leicht zu durchbrechen; eine Trendlinie mit einer Neigung von 20 Prozent hält wesentlich besser als eine mit 60 Prozent Neigung. Die Trendlinie in Abbildung 6-2 hat nur eine geringe Neigung, und ich käme sehr gut mit ihr zurecht.

Der Markt hat diese Trendlinie in vier Monaten viermal berührt, sodass sie in meinen Augen durchaus aussagekräftig ist. Ich würde auch weiterhin nur kaufen, bis sie durchbrochen wird. Wenn ein Markt sich in einem klaren Trend befindet, lohnt es sich nicht, dagegen zu traden; stattdessen sollte man auf eine Marktberuhigung warten, um auf der richtigen Seite einzusteigen.

Eine Trendlinie dient als Ausgleich zwischen Käufern und Verkäufern und deren Kampf mit dem Gleichgewicht zwischen Angebot und Nachfrage auf dem Markt. Der Markt entwickelt sich nach oben, weil es mehr Käufer statt Verkäufer gibt, und nach unten, weil es mehr Verkäufer statt Käufer gibt. In einem Aufwärtstrend (Abbildung 6-2) ist die Trendlinie der Punkt, an dem die Käufer überhandnehmen und die Verkäufer sich zurückziehen. Wenn sich nun der Markt weiter von der Trendlinie entfernt, geht die Zahl der Käufer allmählich zurück, und vereinzelt tauchen wieder Verkäufer auf. Dies sorgt dann dafür, dass sich der Markt wieder bis zur Trendlinie zurückzieht, wo die Käufer schon sehnsüchtig darauf warten, wieder einzusteigen, und alles beginnt von vorne.

KANÄLE

Nachdem Sie eine Trendlinie eingezeichnet haben, sollten Sie als Nächstes nach einem Kanal suchen. Grundsätzlich entsteht ein Kanal durch das Einzeichnen einer neuen Linie, die parallel zur Trendlinie verläuft, aber die Spitzenwerte eines Aufwärtstrends verbindet. Diese neue Linie bildet dann die Obergrenze des Kanals. Abbildung 6-3 zeigt denselben 60-Minuten-Chart wie Abbildung 6-2, wobei hier zusätzlich die obere Kanallinie eingezeichnet wurde.

In diesem Aufwärtskanal beendet der Markt jedes Mal, wenn er neue Spitzenwerte erreicht, seinen Aufwärtstrend an der von der Kanalobergrenze gebildeten Widerstandslinie und zieht sich wieder bis zur Trendlinie zurück. Kanäle kann man verwenden, wenn man wissen will, wann der Markt überlastet ist, oder um im richtigen Moment vor einem Pullback auszusteigen. Außerdem sind sie nützlich, wenn man mit dem Einstieg warten will, bis sich der Markt zurückentwickelt. Wenn sich der Markt in der Nähe der Kanalobergrenze befindet, sollte man nie kaufen, weil das Risiko eines Kursrückgangs sehr hoch und die Wahrscheinlichkeit, dass er den Kanal durchbricht, eher gering ist. Wenn es einen klaren Kanaldurchbruch gibt und

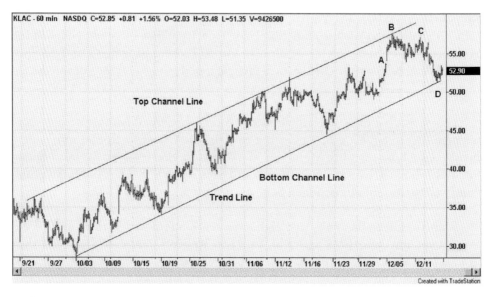

Abb. 6-3: *60-minütiger KLAC-Chart: Hinzufügen eines Kanals*

in einem größeren Zeitrahmen bestätigt werden kann, dass der Markt noch genug Spielraum nach oben hat, könnte man über einen Einstieg nachdenken (siehe auch Kapitel 8 »Break-Out«). Lassen Sie bei der Jagd nach Break-Outs Vorsicht walten, denn der Markt neigt gerade im Intraday-Handel zu vielen falschen Break-Outs.

Besonders gut eignet sich ein Kanal, wenn man feststellen möchte, wann ein Trend an Schwung verliert. Wenn in Abbildung 6-4 der Markt es – wie in Punkt C – nicht schafft, bei einer Aufwärtswelle die oberste Linie zu berühren, könnte dies ein Warnsignal sein, dass der Trend nachlässt oder bald ganz zu Ende geht. Das heißt aber nicht, dass Sie verkaufen sollten, denn sofern nichts anderes bewiesen ist, sollte man beim Traden stets dem Trend folgen. Sie sollten aber wenigstens darauf vorbereitet sein, dass der Trend bald enden könnte, um sich schon mal darauf einzustellen, Aktienverkäufe zu tätigen, sobald der Trend durchbrochen wurde. Die besten Chancen hat man auch hier, wenn man wartet, bis sich der Markt an die Trendlinie zurückzieht, bis man in einen Trade einsteigt. Dabei handelt es sich um einen hervorragenden Trade. Sobald er nämlich die Trendlinie durchbricht, wissen Sie sofort, dass Sie falsch liegen, und dies minimiert Ihr Risiko. Wenn die Trendlinie hält, können Sie einen guten Move mitnehmen, vorausgesetzt, Sie halten an solch einem Trade lange genug fest.

EINEN BESSEREN EINDRUCK GEWINNEN

Vergessen Sie nicht, auch das größere Bild zu betrachten (Abbildung 6-4). In diesem Fall können Sie erkennen, dass der Markt gerade an eine Widerstandslinie gestoßen ist, die auf dem 60-Minuten-Chart nicht zu erkennen war. Die Tagescharts verleihen dem Trade eine ganz neue Dimension. Wenn man sie betrachtet, denkt man vielleicht eher daran, dass sich der Markt dreht und wieder nach unten statt nach oben tendiert. Der Tageschart zeigt, dass KLAC trotz seiner gegenwärtigen Erholung immer innerhalb einer bestimmten Bandbreite tendiert, mit niedrigeren Spitzenwerten seit über einem Jahr. Zudem konnte er während seines letzten dreimonatigen Kursanstiegs keinen höheren Spitzenwert mehr aufweisen oder die Widerstandslinie durchbrechen. Auf dieser Ebene wird es schwieriger, den Markt zu traden, da er sich in beide Richtungen entwickeln kann. Aber da der allerletzte Trend nach oben wies und die Aktie an Punkt D die Aufwärtstrendlinie berührt, sollte man Long-Positionen eingehen, bis sie diesen Punkt nicht mehr erreicht.

Abb. 6-4: *KLAC-Tageschart: Das größere Bild*

DIE TRENDLINIE DURCHBRECHEN

Obwohl ein klarer Durchbruch der Trendlinie zeigt, dass es höchste Zeit wird, aus dem Trade auszusteigen, ist dieser nicht immer ein Signal für einen gegenteiligen Trade oder für einen Trade in der Richtung des Durchbruchs. Manchmal beginnt mit dem Durchbruch der Trendlinie lediglich ein neuerer, weniger steil verlaufender Trend, oder es setzt für eine bestimmte Zeit eine Seitwärtsbewegung anstelle einer Abwärtsbewegung ein. In anderen Fällen handelt es sich nur um einen kurzen Move durch die Trendlinie hindurch, der nach ein oder zwei Balken aber schon wieder zurückkommt. Wenn sich der Markt einer Trendlinie nähert, sollten Sie zunächst damit rechnen, dass er diese auch respektiert. Sollte es doch anders kommen als gedacht, dann sollten Sie einen Plan B in der Tasche haben. Egal ob es sich um einen echten oder um einen falschen Durchbruch handelt, man sollte darauf vorbereitet sein und für beide Fälle ein Szenario parat haben, bevor es so weit ist.

JAGEN SIE DEN MARKT NICHT

Die Gegenbewegungen: Auf- und Abwärtsbewegungen der Kurse (Pullback und Bounces)

Zwar verfügt ein Trader über die besten Erfolgsaussichten, wenn er in Richtung des Haupttrends tradet, doch sollte man sich davor hüten, auf einen Trade aufzuspringen, nur weil man dessen Richtung ermittelt hat. Denken Sie daran, dass sich der Markt nicht immer nur in dieselbe Richtung entwickelt. Unabhängig von den Zeitrahmen, die man betrachtet, wird es fast immer Auf- und Abwärtsbewegungen geben, die gegen den jeweiligen Trend verlaufen. Diese Ereignisse hängen normalerweise mit Gewinnmitnahmen und einer Überlastung des Marktes zusammen. Diese Dinge gehören zu einem Markt, der dem Trend folgt, einfach dazu. Man sollte sich dessen bewusst sein und sich darauf entsprechend vorbereiten. In jedem der oben gezeigten Charts näherte sich der Markt der Trendlinie wieder an, sobald er sich zu weit von ihr entfernt hatte. Manchmal sind die Gegenbewegungen stark und schnell, sodass ein Trader, der einsteigt, wenn der Markt sich zu weit von der Trendlinie entfernt hat, durchaus in einen ausgeprägten Move geraten kann, der gegen ihn verläuft. Dies heißt aber nicht, dass dieser Trader langfristig nicht richtig liegen kann. Darum ist es unerlässlich, den richtigen Zeitpunkt zum Einstieg in einen Trade zu finden. Wenn Sie einfach nur auf Trades aufspringen, weil der Markt sich in einem Trend befindet, machen Sie den Fehler, den Markt zu jagen. Wenn Ihr Einstieg schlecht ist, dann kann es sein, dass sich das Sicherheitsnetz der Trendlinie schon zu weit entfernt hat, um Sie zu retten, solange Sie nur einen kleinen Verlust verzeichnen. Direkt über der Trendlinie kann man normalerweise eine Stopp-Loss-Order hervorragend platzieren. Je weiter sich Ihr Einstiegspunkt davon entfernt, desto teurer wird es für Sie, wenn sich der Markt zur Trendlinie zurückorientiert und/oder die Trendlinie durchbricht.

> **ÜBERSTÜRZTER EINSTIEG IN TRADES**
>
> Ich kenne jemanden, der Monat für Monat Geld verliert. Der Grund dafür ist, dass er sich ständig in Trades stürzt, ohne diese vorher genau zu studieren oder auf einen Kursrückgang zu warten. Sobald er sieht, dass sich eine Aktie stark nach oben entwickelt, gibt er einen Kaufauftrag heraus und setzt all sein Geld auf diese Aktie, um sich dann die nächste Stunde darüber zu beschweren, die Spitze des Moves gekauft zu haben. Fast scheint es so, als ob er eine Aktie sofort kauft, kaum dass sie in zehn Minuten um 1,50 Dollar gestiegen ist. Er hat Angst davor, einen großen Move zu verpassen, und stürzt sich lieber in einen Trade, um sich später zu fragen, warum er kein Geld verdienen kann. Das Schlimmste daran ist jedoch, dass er dazu neigt, aus diesen Trades auszusteigen, sobald sie den Tiefpunkt ihrer Rückwärtsentwicklung erreicht haben. Er kann es einfach nicht mehr ertragen und schaut danach lieber dabei zu, wie die Aktie erneut auf Spitzenwerte klettert, wo er sie dann erneut kauft.

Zeitrahmen

Was für die eine Person Jagen bedeutet, kann für die andere etwas völlig anderes bedeuten, da alles vom Zeitrahmen abhängt, in dem man normalerweise tradet. Trader mit verschiedenen Zeitrahmen haben unterschiedliche Gründe für den Einstieg in Trades. Wenn Sie ein Day-Trader sind und sich auf Fünf-Minuten-Charts konzentrieren, werden Sie während eines Handelstages zu verschiedenen Zeitpunkten einsteigen, weil ein Fünf-Minuten-Chart eine günstige Unterstützungslinie aufweist. Ein Langzeit-Trader hingegen wartet vielleicht lieber auf einen großen Kursrückgang, bis er einsteigt. Ein Day-Trader muss wissen, wie der aktuelle Trend der Aktie ist, und er sollte anschließend sein Hauptaugenmerk auf Trades in genau diese Richtung legen. Wenn Sie beispielsweise auf Abbildung 6-3 schauen, dann werden Sie sehen, dass Sie eher Aktien kaufen sollten. Wenn Sie nun Abbildung 6-5 betrachten, einen Fünf-Minuten-Chart, können Sie kürzere Einzel-Trades durchführen, die nicht unter die Rubrik »den Markt jagen« fallen. Wenn Sie Abbildung 6-3 im Bereich von Punkt A betrachten würden, könnten Sie vielleicht denken, dass es für einen Einstieg in den Trade bereits zu spät sei und dass die Chance, Geld zu machen, vorüber sei. Aber wenn Sie nun in Abbildung 6-5 die Bereiche 04.12.01 und 05.12.01 betrachten, die Punkt A in Abbildung 6-3 entsprechen, erkennen Sie mehrere Stellen, an denen Sie kurzfristige Trades platzieren könnten, die durchaus sicher erscheinen. Sobald Sie aber Punkt B erreichen, der sowohl der Kanalobergrenze auf dem 60-Minuten-Chart als auch der Widerstandslinie auf dem Tageschart entspricht, werden Sie nicht mehr kaufen wollen, weil es nun Anzeichen dafür gibt, dass der Markt ein wenig zurückweichen könnte. Dies ist ein typisches Beispiel dafür, wie hilfreich Vielfachzeitrahmen sein können. Grundsätzlich gilt: Man findet die Unterstützungs- und Widerstandslinien im größeren Zeitrahmen und ermittelt danach die Einstiegspunkte im kürzeren Zeitrahmen.

BEKÄMPFEN SIE DEN MARKT NICHT

Viele Trader scheitern daran, dass sie den Trend bekämpfen wollen, weil sie darauf bestehen, dass ein Marktumschwung überfällig ist. Viele versuchen, kurzfristige Gegenbewegungen zu erwischen in der Hoffnung, einige schnelle Kursanstiege mitzunehmen, oder suchen ständig nach Spitzenwerten und Tiefpunkten, weil sie hoffen, die großen Moves einzufangen. Dies führt schließlich dazu, dass diese Trader gegen den längerfristigen Trend traden und ihre Erfolgsaussichten somit schmälern.

Meine schlechtesten Tage erlebte ich oft dann, wenn ich glaubte, ich würde nur am Tag meines Einstiegs in einen Trade Verkäufe tätigen, weil der Markt zuvor schwach tendiert hatte. An solchen Tagen beginne ich mit einem Verkauf und verdiene Geld, und dann hat es den Anschein, als ob der Markt für eine bestimmte Weile wieder nach oben tendiert. Nun überlege ich mir Folgendes: »Jetzt werde ich schnell mal Aktien kaufen und danach gleich wieder aus dem Trade aussteigen.« Am Ende kaufe ich dann, und es funktioniert nicht. Nun sitze ich mit meinen Long-Positionen auf einem Markt, in dem ich eigentlich Short-Positionen erwerben wollte.

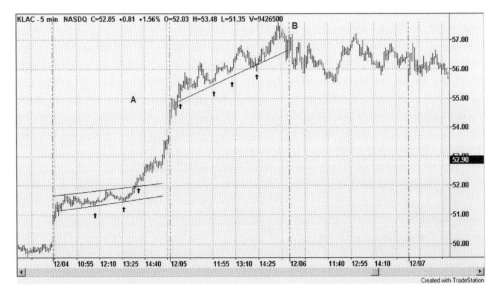

Abb. 6-5: *Fünf-Minuten KLAC-Chart: Trades zeitlich abschätzen*

Ich steige also nicht aus, da ich auf den nächsten »Kursanstieg« warte, damit ich anschließend mit einem kleinen Verlust davonkomme. Mittlerweile denke ich mir: »Da ich sowieso mit diesem Kursanstieg rechne, sollte ich meinen Einsatz verdoppeln«, was mir letztlich nur noch größere Verluste einbringt. Ich habe gelernt, dass es sich absolut nicht lohnt, mit Gegenbewegungen zu traden: Das Verhältnis zwischen Risiko und Rendite ist in solchen Trades einfach jämmerlich, und es bringt mir mehr, wenn ich mich an die Richtung des Marktes halte. Wenn man falsch liegt und gegen den Trend agiert, kann dies schmerzvoll sein, da sich der Trend jederzeit mit Macht umkehren kann. Wer gegen den Trend tradet, muss beweglich sein wie ein Kaninchen und bereit sein, oft kleine Verluste hinzunehmen. Meiner Meinung nach sollte man eher warten, bis die Gegenbewegung vorbei ist, anstatt zu versuchen, kleinere Gewinne damit zu erzielen.

> **NIEMALS ZU HOCH ODER ZU NIEDRIG**
>
> Ich erinnere mich an einen Trade im Sommer 1998. Dieser Sommer erlebte die niedrigsten Rohstoffkurse seit Jahrzehnten. Ich kaufte Schweine und Getreide zum niedrigsten Kurs seit 30 Jahren, ganz im Glauben, dass sie nicht mehr tiefer fallen könnten – und prompt fielen sie weiter auf den niedrigsten Kurs seit 40 Jahren. Ich versuchte, bei 17, 16, 15, 14, 13 und zwölf Dollar pro Barrel einen Tiefstwert beim Erdöl zu ergattern, bevor ich es schließlich aufgab. Der Fall der Aktienkurse im Jahr 2000 liefert ein weiteres Beispiel: Als die Aktien von 200 auf 100 Dollar fielen, dachte man, sie seien billig. Als sie auf 50 Dollar fielen, stiegen die Aktienkäufe stark an. Bei 20 Dollar dachte man: »Toll, was für ein Schnäppchen.«
> Bei fünf Dollar wagte man einen letzten Versuch, da man glaubte, der Markt sei nun tief genug gefallen und tendiere viel zu niedrig. Ein Jahr danach wurden viele dieser Aktien unter fünf Dollar getradet, und es gab kaum Hoffnung, dass sie sich erholen würden. Ich zog daraus den Schluss, dass ein Markt niemals zu billig oder zu teuer sein kann. Trends dauern so lange an, wie sie wollen, und nicht, bis sie einen Kurs erreicht haben, den man allgemein als zu billig ansieht. Ein Trader muss auf die Kursentwicklung achten, nicht auf Meinungen.

TRENDFOLGER

Da der Markt immer nur für eine begrenzte Zeit in eine Richtung tendiert, muss ein Trader in der Lage sein, den Zeitpunkt eines Trends zu bestimmen, damit er diesen ausnutzen kann und seine Trades trendorientiert platziert. Es gibt mehrere

Trendindikatoren, die den Trend und seine Stärke verfolgen, sodass ein Händler besser ermitteln kann, auf welcher Seite des Marktes er sich befinden sollte. Im restlichen Teil dieses Kapitels werde ich nun genauer darlegen, welche dieser Indikatoren und Strategien ich für die wichtigsten halte.

> **KISS**
>
> Ich bin ein großer Anhänger von KISS. Nicht der Band – okay, vielleicht ein oder zwei ihrer Songs –, sondern des Ausspruchs »Keep it simple, stupid« (In der Kürze liegt die Würze). Wenn man zu kompliziert mit Indikatoren und Systemen umgeht, schafft man sich viel mehr Probleme als nötig. Einige der besten Systeme sind die einfachsten, und einige Top-Trader verwenden die kleinsten Indikatoren mit großem Erfolg. Ich bevorzuge im Gegensatz zu vielen anderen die folgenden Indikatoren: Trendlinien und Kanäle, stochastische Berechnungen, gleitende Durchschnitte, MACD, RSI, ADX, Volumen, Schwankungsbreite sowie die Elliott-Wellen-Analyse. Obwohl andere Trader mit anderen Indikatoren erfolgreich sind, sind diese meine Favoriten. Sie stellen aber keinesfalls das Nonplusultra dar. Viele unterschiedliche Indikatoren drücken dasselbe aus – nur eben unterschiedlich. Da ich es aber gerne einfach habe, halte ich mich nur an ein paar wenige.

GLEITENDE DURCHSCHNITTE

Funktion

Neben Trendlinien und Kanälen gibt es noch einige andere Indikatoren, die Trends und deren Stärke ermitteln können. Gleitende Durchschnitte gehören dabei wahrscheinlich zu den gebräuchlichsten und bedienerfreundlichsten Indikatoren. Zwar kann man ein, zwei oder drei Durchschnitte verwenden sowie einfache und exponentielle gleitende Durchschnitte, doch im Prinzip drücken sie alle dasselbe aus: wie sich der Markt verhält. Wenn sie nach oben zeigen, ist der Markt gestiegen, und wenn sie nach unten zeigen, ist der Markt gefallen. Das ist schon alles. Gleitende Durchschnitte haben, wie alle anderen Indikatoren auch, keine Kristallkugel, mit der man künftige Kursentwicklungen vorhersagen kann; es handelt sich bei ihnen um einen verzögerten Indikator. Aufgrund dieser zeitlichen Verzögerung kann es sein, dass ein Trader den Beginn eines Moves verpasst, da der Markt seinen Move vielleicht schon vollendet hat, wenn endlich ein Signal aufleuchtet. Ebenso kann es vorkommen, dass ein Spitzenwert oder Tiefpunkt erst nachträglich signalisiert wird.

Was allerdings angezeigt wird, ist die Richtung des Trends und damit die Richtung, in der ein Trader die besten Erfolgsaussichten hat, da sich die Kurse generell mit dem Haupttrend entwickeln. Solange der Markt in einem Aufwärtstrend über dem gleitenden Durchschnitt bleibt, kann man davon ausgehen, dass mit dem Trend alles in Ordnung ist.

Gleitende Durchschnitte ersetzen alte Kurse durch neue. Wenn der neue Balken höher ist als der durch ihn ersetzte Balken, steigt der gleitende Durchschnitt. Solange dies der Fall ist, erkennt man einen Trend. Wenn die Kurse allmählich schwächer werden oder ihre Richtung ändern, erkennen Sie dies bald darauf im gleitenden Durchschnitt, wie etwa an Punkt X in Abbildung 6-6 beim S&P-500-Tageschart. Hier endete der Kursrückgang, und bald danach zeigte der zehnstufige gleitende Durchschnitt wieder nach oben. Der größere 35-stufige Durchschnitt brauchte ein paar Wochen länger, tendierte schließlich aber ebenfalls nach oben.

EXPONENTIELLE GLEITENDE DURCHSCHNITTE

Obwohl ein einfacher gleitender Durchschnitt gebräuchlicher ist, verwenden viele Trader mit Vorliebe einen exponentiellen Durchschnitt, da dieser größeren Wert auf die jüngsten Kursentwicklungen legt. Ich habe bisher keinen wesentlichen Unterschied zwischen exponentiellen und normalen

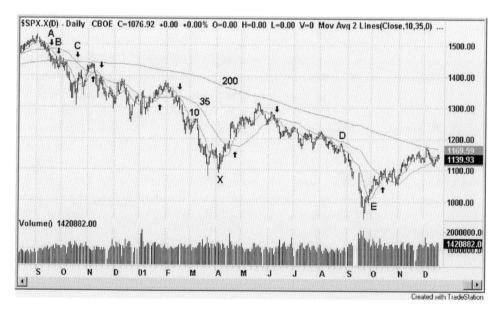

Abb. 6-6: *SPX-Tageschart: Verschiedene gleitende Durchschnitte*

> gleitenden Durchschnitten festgestellt. Sicherlich liefern sie etwas genauere Daten, und man erhält dadurch frühere Signale, doch sind viele dieser Signale falsch. Probieren Sie beide aus, und verwenden Sie den Indikator, mit dem Sie besser zurechtkommen.

Zeitrahmen für gleitende Durchschnitte wählen

Unterschiedliche Zeitrahmen für gleitende Durchschnitte liefern unterschiedliche Kursangaben, und je nachdem, was ein Trader will, wählt er den von ihm bevorzugten Zeitrahmen für gleitende Durchschnitte. Kleinere Zeitrahmen für gleitende Durchschnitte führen dazu, dass man den Trend genauer verfolgen kann, doch sie können auch bewirken, dass ein Trader nur Zickzack-Seitwärtsbewegungen vollführt. Ein größerer Zeitrahmen minimiert die Zahl der Trades, doch ein Trader kann sich nach einem Trendwechsel länger auf dem Markt behaupten. Außerdem kann man bei einem größeren Zeitrahmen nur mit leichter Verspätung in einen Trade einsteigen, wenn der Move schon begonnen hat. Allgemein kann man aber Folgendes feststellen: Je länger ein Durchschnitt ist, desto besser bestimmt er einen Trend, sobald dieser sich herausgebildet hat.

Obwohl einige gleitende Durchschnitte bei verschiedenen Aktien und Rohstoffen oder auch in verschiedenen Zeitrahmen besser funktionieren als andere, verwende ich grundsätzlich für alle Märkte, die ich beobachte, denselben Durchschnitt. Wenn eine Trading-Strategie funktioniert, sollte sie in allen Bereichen funktionieren und nicht für jeden einzelnen Markt optimiert werden.

Ich verwende gerne zehn- und 35-stufige Durchschnitte auf Intraday-Charts und zusätzlich noch den 200-stufigen Durchschnitt bei Tagescharts. Das funktioniert bei mir, muss aber nicht unbedingt bei einem Trader funktionieren, der für verschiedene Zeitperioden tradet. Ein Scalper, der aus kleinsten Kursdifferenzen innerhalb kürzester Zeit Gewinne machen will, bevorzugt vielleicht ein kürzeres Zeitfenster, wie etwa einen drei-, fünf- oder zehnstufigen Durchschnitt. Mit kürzeren Durchschnitten kann man öfter traden, wobei die Gewinne und Verluste kleiner sind und man höhere Vermittlungsgebühren zahlt. Ich glaube, es ist das Beste, etwas längere Durchschnitte zu wählen und weniger zu traden. Je länger der Durchschnitt ist, desto weniger verzettelt man sich, da ein längerer Durchschnitt den Trend besser festhält.

Abbildung 6-6 verdeutlicht, inwieweit zehn-, 35- und 200-tägige Durchschnitte unterschiedliche Dinge auf dem Markt zeigen. Der 200-tägige Durchschnitt ist fast wie eine Trendlinie und gibt den Haupttrend des Marktes an. Außerdem dient er als Widerstandslinie, sobald der Markt zu nahe kommt. Der 200-stufige Durchschnitt wird für gewöhnlich dazu verwendet, den Trend des Marktes zu bestimmen; ein Durchbruch nach oben würde normalerweise heißen, dass der Trend des Marktes sich verändert hat. Für mich ist er eine Art Überwachungsinstrument für die langfristige Richtung des Marktes. Die zehn- und 35-tägigen Durchschnitte sind Indikatoren für kurzfristigere Trends, wobei der zehntägige Durchschnitt den Markt wesentlich genauer verfolgt und am schnellsten Signale aussendet. Es kann jedoch vorkommen, dass der Markt während einer instabilen Phase ständig Zickzack-Seitwärtsbewegungen vollführt. Der 35-tägige Durchschnitt verläuft ausgeglichener und fungiert eher als mittelfristige Trendlinie. Bei der Auswahl der von Ihnen bevorzugten Zeitrahmen sollten Sie so lange mit vielen unterschiedlichen Zeitfenstern experimentieren, bis Sie die für Sie am besten geeigneten Zeitrahmen gefunden haben.

Multiple gleitende Durchschnitte

Zwar mögen manche nur einen gleitenden Durchschnitt verwenden und Signale anwenden, sobald der Markt sich darunter oder darüber befindet, doch meistens schauen Trader auf zwei oder drei gleitende Durchschnitte gleichzeitig. Normalerweise verwendet man den Schnittpunkt von gleitenden Durchschnitten als den Einstiegspunkt in ein System. Durch ihren Schnittpunkt machen mehrere Durchschnitte einen Trader nicht nur auf Ein- und Ausstiegspunkte aufmerksam, sie können zudem die Echtheit eines Trends bestätigen. Ein Markt, der sich über mehr als einen gleitenden Durchschnitt hinwegbewegt, ist letztlich stärker. Wenn es sich bei einem Trend um einen starken Trend handelt, werden sich die Kurse außerhalb des von den gleitenden Durchschnitten gebildeten Bereichs bewegen, so wie im Abschnitt zwischen Punkt D und Punkt E in Abbildung 6-6. Während dieser Zeit ließ der Markt stark nach und blieb sowohl unter dem zehn- als auch unter dem 35-stufigen Durchschnitt. Sobald der Markt wieder in diesen Bereich hineintendiert (Punkt E), muss ein Trader die Durchschnitte im Auge behalten, die Schnittpunkte aus der anderen Richtung bilden.

Wenn man zwei gleitende Durchschnitte betrachtet wie etwa den zehn- und den 35-stufigen Durchschnitt, könnte man immer dann, wenn sich zwei Linien schneiden, einen Trade eingehen. In Abbildung 6-6 wird dies durch die Pfeile angezeigt. Wenn Sie wie in diesem Chart drei Durchschnitte verwenden, dann könnten Sie an Punkt A eine kleine Position eingehen, wenn der zehntägige Durchschnitt den 35-tägigen Durchschnitt schneidet. Danach können Sie weitere Positionen eingehen, wenn der Markt und der zehntägige Durchschnitt den 200-tägigen Durchschnitt kreuzen (Punkt B). Wenn der 35-tägige Durchschnitt unter den 200-tägigen Durchschnitt fällt (Punkt C), können Sie nochmals zukaufen. Dies hilft Ihnen dabei, sich eine gute Position auf der richtigen Seite des Marktes zu verschaffen. An den Aufwärtspfeilen können Sie entweder Positionen verkaufen oder aus der ganzen Position aussteigen. Ich würde keine Aktienkäufe empfehlen, da der Haupttrend nach unten zeigt. Wenn Sie an den Aufwärtspfeilen Positionen verkaufen, stellen Sie sicher, dass Sie sich während des gesamten Abwärtstrends teilweise im Trade befinden und so auch einige Gewinne verbuchen. Wenn Sie Ihre Position tatsächlich völlig aufgeben, dann können Sie beim nächsten Crossover jederzeit wieder neu einsteigen.

Typisches Moving Average-System

Ein einfaches Moving Average-Crossover-System, das ein Day-Trader verwenden kann, beinhaltet den Blick auf drei Moving Averages auf einem Fünf-Minuten-Chart, zum Beispiel 10, 35 und 50 wie in Abbildung 6-7. Der größte ist ein Durchschnitt zur Überwachung der Trades. Dafür kann man auch einen 60-minütigen Chart oder einen Tageschart verwenden. Ich habe die Einstiegs- und Ausstiegspunkte, die mir das folgende System liefern würde, bereits mit Pfeilen und einem »x« gekennzeichnet. Dabei handelt es sich lediglich um eine Idee für ein einfaches System und nicht um eines, dessen alleinige Verwendung ich empfehlen würde.

Long-Szenario

Kaufen Sie, wenn der Schlusskurs über dem 50-stufigen Average liegt und wenn der zehnstufige Average sowohl über dem 35-stufigen als auch über dem 50-stufigen Durchschnitt liegen. Wenn der Schlusskurs über dem 50-stufigen Durchschnitt liegt, aber der zehnstufige Durchschnitt unter dem 35-stufigen, dann steigen Sie aus Ihren Long-Positionen aus, aber tätigen Sie keine Leerverkäufe.

Short-Szenario

Verkaufen Sie, wenn der Schlusskurs unter dem 50-stufigen Durchschnitt und der zehnstufige Durchschnitt sowohl unter dem 35-stufigen als auch unter dem 50-stufigen Durchschnitt liegt. Wenn der Schlusskurs unter dem 50-stufigen Durchschnitt liegt, aber der zehnstufige Durchschnitt über dem 35-stufigen , dann steigen Sie aus Ihren Short-Positionen aus, aber tätigen Sie keine Aktienkäufe.

Viele verwenden nur zwei Durchschnitte, doch wenn man einen dritten hinzufügt, kann man seine Trades einschränken, und man ist gezwungen, in der Richtung des längeren Trends zu traden. Durch längere Durchschnitte kann man einige der unregelmäßigen Seitwärtsbewegungen vermeiden, die man auf einem flauen Markt erkennen kann. Diese Art von System funktioniert hervorragend auf trendorientierten Märkten, doch weniger gut auf Märkten mit unregelmäßigen Seitwärtsbewegungen. Auf unregelmäßigen Märkten eignen sich Trendfolger einfach nicht, also ist es das Beste, sie zu vermeiden.

KAPITEL 6 ■ MIT DEM TREND TRADEN

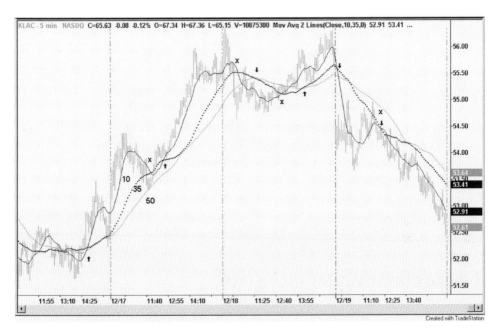

Abb. 6-7: *Fünfminütiger KLAC-Chart: Moving Average-Crossover-System*

Grundregeln für erfolgsorientiertes Traden mit Moving Averages und Trendlinien

- Nehmen wir an, die Trendlinie oder der Moving Average halten stand und werden nicht durchbrochen. Wenn sie stark sind, sollten sie als Unterstützungs- und Widerstandslinie fungieren, sobald der Markt sich ihnen nähert.

- Je stärker der Trend ist, desto wahrscheinlicher ist es, dass der Kurs die Linie nicht berührt, da viele Trader dies vorausahnen und aus Angst, die nächste Welle zu verpassen, versuchen, schneller einzusteigen.

- Traden Sie nur in die Richtung des Trends und der Moving Averages. Wenn es einen Schnittpunkt zwischen zwei Averages gibt, dann traden Sie nur in die Richtung des Durchschnitts.

- Wenn der Markt überlastet ist und es Zeit wird auszusteigen, sollten Sie Ihre Positionen möglichst beibehalten und lediglich aussteigen. Dann sollten Sie so lange warten, bis die Trendlinie und/oder der Moving Average erneut getestet oder durchbrochen wird.

- Wenn die Bereiche beider Moving Averages allmählich kleiner werden und sich einander annähern, machen Sie sich darauf gefasst, dass etwas passieren wird. Dies muss nicht unbedingt heißen, dass der Trend sich ändert oder dass man Deckungskäufe tätigen sollte, wobei dies durchaus passieren kann. Machen Sie sich also zum Aufbruch bereit.

- Wenn der Markt trendorientiert verläuft und Sie nach dem passenden Zeitpunkt suchen, um einzusteigen, dann warten Sie so lange, bis er sich auf einen Moving Average oder eine Trendlinie zurückzieht.

- Wenn der Kurs direkt auf einem Moving Average oder einer Trendlinie verläuft, ist das Risiko eines Kursrückgangs für Sie am geringsten. Sie wissen nämlich, dass Sie aussteigen, sobald der Kurs die Linie durchbricht.

AVERAGE DIRECTIONAL INDEX (ADX)

Der Average Directional Index (ADX) ist ein weiterer häufig verwendeter Trendindikator. Der ADX berechnet nicht die Richtung eines Trends; er ermittelt lediglich, ob es überhaupt einen Trend gibt, und berechnet dessen Stärke. Der ADX in einem Aufwärtstrend sieht genauso aus wie der ADX in einem Abwärtstrend. Je mehr er steigt, desto stärker ist das Trendverhalten. Er vergleicht die Bandbreiten aufeinander folgender Tage miteinander und ermittelt, um wie viel sie gestiegen oder gefallen sind. Wenn die Bandbreiten größer werden, ist ein starkes Trendverhalten im Spiel; sind die Bandbreiten kleiner, ist der Trend schwach. Wenn der ADX ansteigt, nimmt das Trendverhalten normalerweise dauerhaft zu; wenn die ADX-Linie allmählich schwächer wird, kann dies bedeuten, dass der Trend endet. Wenn man ihn alleine verwendet, ist der ADX kein allzu brauchbarer Indikator, da er der Kursentwicklung hinterherhinkt. Man sollte ihn deshalb nicht benutzen, um einen Trade in die Wege zu leiten. Stattdessen sollte man ihn als eine Art Bestätigung verwenden, um zu erfahren, ob der Markt trendorientiert ist oder wechselhaft tendiert und wie stark ein Trend ist.

Wie man den ADX verwendet

Den ADX sollte man folgendermaßen verwenden: Zuerst ermittelt man die Richtung eines Trends, indem man Charts, Trendlinien oder Moving Averages betrachtet, und danach ermittelt man durch den ADX die Stärke eines Trends. Meiner Meinung nach ist er bei Tagescharts eine größere Hilfe für einen Trader als bei Intraday-Charts, die sehr wechselhaft verlaufen können. Sowohl die Ebene als auch die Richtung einer ADX-Linie sind von Bedeutung. Die 30er-Ebene eines ADX wird allgemein als zuverlässiger Indikator für die Stärke eines Trends betrachtet.

Wenn er über 30 liegt, kann man von einem starken Trendverlauf ausgehen (Abbildung 6-8). Wenn er unter einer 20er-Ebene liegt (Bereiche A und B in Abbildung 6-9), könnte man ein schwaches Momentum vermuten; in diesen Bereichen verlief der Markt wechselhaft hin und her. Die Ebene zwischen 20 und 30 wird als neutral betrachtet. Je höher die Ebene, desto stärker der Trendverlauf; selbst wenn er allmählich nach unten zeigt, aber noch über 30 liegt, handelt es sich noch immer um eine Marktsituation mit ausreichendem Momentum. Wenn er steigt, sollte man nur in die Richtung des Trends traden. Zwar ist es grundsätzlich das Beste, auf einen Kursrückgang zu warten, doch wird ein kompletter Kursrückgang umso unwahrscheinlicher, je höher der ADX ist. Wenn Sie wissen, in welcher Art von Marktumgebung Sie sich befinden, können Sie Systeme verwenden, die bei einem ADX unter 20 in eine Richtung traden und in eine Richtung, wenn er über 30 liegt.

Einen trendorientierten Markt finden

Man benötigt eine gewisse Erfahrung, bevor man in der Lage ist, einzuschätzen, welche Marktbedingungen sich am besten fürs Traden eignen. Es ist schwierig, auf einem wechselhaften, flauen Markt zu traden; es kann zu Overtrading führen. Demgegenüber kann es auf einem trendorientierten Markt leichter fallen zu traden. Wenn sich ein Markt in einer starken Trendbewegung befindet, ist man nicht ständig gezwungen, ein- und auszusteigen. Stattdessen kann man eine Position halten, bis der Trend endet, und möglicherweise ein paar schöne Gewinne mitnehmen, wobei man viele Vermittlungsgebühren einspart. Angemessene Stopp-Loss-Orders können in einem trendorientierten Markt leichter bestimmt werden, wodurch man ein jähes Ende eines Trades vermeiden kann. Wenn man einen Trade verpasst und der Markt trendorientiert verläuft, braucht man ihn nicht zu jagen, sondern muss lediglich darauf warten, dass er sich wieder der Trendlinie nähert, bevor man einsteigt. Wenn man gelernt hat, den ADX richtig anzuwenden, findet man leichter Aktien oder Rohstoffe, die nach oben tendieren. Da es einfacher ist, Geld zu verdienen, wenn man trendorientiert tradet, erhöhen sich die Erfolgsaussichten, wenn man es schafft, Märkte zu finden, die sich in einem guten Trend befinden. Abbildung 6-8 zeigt einen Tageschart für Baumwolle, die sich seit einem Jahr in einem starken Abwärtstrend befindet. Obwohl dies sogar für den naivsten Trader offensichtlich ist, hilft der ADX, dies zu bestätigen. Als sich der Trend zuerst zwischen Dezember und April entwickelte, stieg der ADX stetig an und tendierte während dieser Zeit konstant über 30 – ein Indikator für einen starken Trendverlauf. Von Juli bis September ließ der Abwärtstrend leicht nach, und der Markt entwickelte sich seitwärts. In dieser Phase fiel der ADX und pendelte sich in den niedrigen 20ern ein, bis er wieder anfing zu steigen – ein Indikator dafür, dass der Abwärtstrend wieder erstarkte. Sobald der ADX über 30 stieg, hätte man nach einer passenden Gelegenheit für Verkäufe suchen sollen.

Wenn der ADX unter 20 liegt, kann man davon ausgehen, dass der Markt innerhalb einer festen Schwankungsbreite wechselhaft verläuft und ein System zur Ermittlung des Trendverlaufs nicht gut funktioniert, sondern Zickzack-Seitwärtsbewegungen vollführt. Schauen Sie sich den KLAC-Tageschart an (Abbildung 6-9). In den Bereichen A und B verlief der Markt seitlich und wechselhaft; in beiden Fällen lag der ADX unter 20, wodurch man noch genauer erkennen konnte, dass kein Trend existierte.

Wenn Sie in solch einer Phase traden wollen, sollten Sie über den Gebrauch von Schwingungsindikatoren (Oscillating Indicators) nachdenken (Kapitel 7), die sich für seitwärts verlaufende Märkte besser eignen. Wenn die Aktie wie in den Bereichen C und D tendierte, stieg der ADX während des Abwärtstrends verhältnismäßig stark an und behauptete sich im Aufwärtstrend nahe 30. Beides deutet darauf hin, dass ein starker Trendverlauf im Spiel war. An Punkt E ist der ADX stark, erreicht jedoch allmählich seinen Höhepunkt; dies könnte darauf hinweisen, dass der Abwärtstrend an Stärke verliert. Ein abnehmender ADX weist darauf hin, dass der Trend schwächer und ein geduldiger Trader dafür belohnt wird, dass er den passenden Zeitpunkt für einen Trade abwartet. An dieser Stelle können Sie entweder auf einen günstigeren Zeitpunkt zum Einstieg warten oder nach einem Richtungswechsel des Marktes Ausschau halten. Sie können auch nach Höchstwerten auf der ADX-Linie suchen, wie etwa an Punkt E. Wenn der ADX seinen Höhepunkt er-

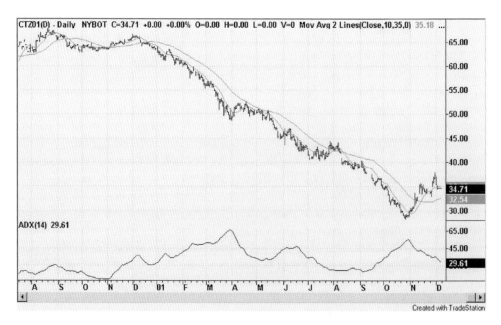

Abb. 6-8: *Tageschart für Baumwolle: Bestätigung eines starken Trendverlaufs*

reicht und über 30 liegt, können Sie nach einem möglichen Rückzug des Marktes Ausschau halten.

Mit dem ADX Gewinne verbuchen

Mit dem ADX kann man besonders gut beurteilen, wann man am besten Gewinne mitnimmt. Wenn Sie auf der Grundlage eines Trends traden und Ihr ADX niedrig verläuft und/oder abnimmt, sollten Gewinne schneller verbucht werden, da sie womöglich nicht allzu lange anhalten.

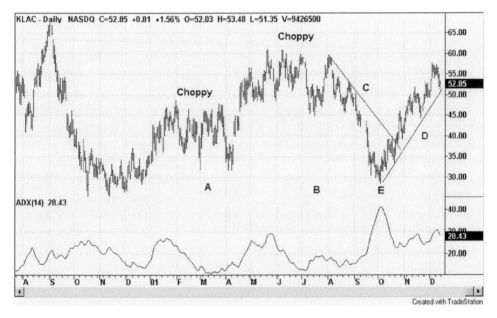

Abbildung 6-9: *KLAC-Tageschart: Umgang mit dem ADX*

Immer wenn der ADX unter 20 liegt, sollte man Gewinne früher mitnehmen. Ein niedriger Wert ist ein Zeichen für einen schwachen Trendverlauf, sodass man seine Positionen lieber nicht allzu lange halten sollte. Wenn der ADX jedoch über 30 oder höher liegt, könnte man darüber nachdenken, seine Positionen länger als normal zu halten, anstatt sich von schnellen Gewinnen verleiten zu lassen. Da man immer bestrebt ist, Gewinne in einem starken Trend mitzunehmen, kann man den ADX verwenden, um festzustellen, wann der Markt stärker verläuft. Je stärker er ist, desto mehr muss man der Versuchung widerstehen, auszusteigen. Man kann den ADX auch zur Ermittlung von Höhepunkten verwenden. Wenn der ADX einen starken, aber allmählich nachlassenden Markt zeigt, neigt man vielleicht dazu, einige Positionen aufzugeben, während man die restlichen bewahrt, um zu sehen, ob der Trend vielleicht doch anhält. Wenn er unter die 30er-Ebene fällt, folgt der Markt möglicherweise keinem Trend mehr und verläuft wechselhaft. Dann sollte man sich allmählich auf den Ausstieg vorbereiten und nicht mehr auf ein Andauern des Trends spekulieren.

RETRACEMENTS/KURSEINBRÜCHE

Manchmal kommt es vor, dass sich der Markt einige Tage am Stück gut entwickelt und jeder Balken höhere Spitzenwerte und niedrigere Tiefstwerte erreicht. Fast scheint es, als könne dies ewig so weitergehen. Lassen Sie sich nicht täuschen. Dieses Verhaltensmuster (Pattern) dauert nur selten mehr als ein paar Tage, da der Markt normalerweise unmittelbar nach einem ausgeprägten Move überschwemmt wird oder einbricht. Oft kann man nach einem ausgeprägten Move, der größer als normal ist, beobachten, wie sich der Markt in den nächsten ein bis zwei Tagen ein wenig zurückzieht, bevor er seinen Move fortsetzt. Dies geschieht hauptsächlich deswegen, weil viele Trader sofort Gewinne mitnehmen wollen oder auf eine Bestätigung des Moves warten, bevor sie aggressiv werden. Dieser Kurseinbruch (Retracement) beziehungsweise diese Überschwemmung des Marktes ist eine passende Einstiegsstelle; wenn er ansteigt, heißt es warten. Egal, ob Sie Fünf-Minuten-Charts oder Wochencharts betrachten: Märkte brechen fast immer nach einem ausgedehnten Ansturm ein. Ein cleverer Trader weiß, dass die erfolgversprechenden Trades normalerweise nach einem Kurseinbruch bis zur Unterstützungslinie stattfinden und man sie in der Richtung des ursprünglichen Trends vollzieht. Obwohl oft versucht wird, den Kurseinbruch an sich zu traden, handelt es sich hierbei um Trades mit eher geringen Erfolgsaussichten, da sie entgegengesetzt zur allgemeinen Tendenz des Marktes verlaufen.

Selbst der stärkste Move beinhaltet Retracements (Kurseinbrüche). Werfen Sie einen Blick auf den Fünf-Minuten-Chart von EBAY (Abbildung 6-10). Zwar fiel die Aktie innerhalb von drei Tagen um immerhin sechs Dollar (Punkt A bis Punkt D), doch handelte es sich dabei keinesfalls um einen ununterbrochenen Kursrückgang. An einem Punkt (zwischen Punkt A und Punkt C) erlebte sie einen starken Aufschwung von fast drei Dollar, und an anderen Stellen stieg sie um zirka einen Dollar an. Nachdem die EBAY-Aktie in drei Tagen bis auf Punkt D gefallen war, erholte sie sich am darauf folgenden Tag ein wenig, da der heftige Sell-Off (also der panikartige Verkauf von Aktien nach einer Baisse) eine Verschnaufpause benötigte. Tatsächlich konnte man Geld damit erzielen, dass man während des kurzen Aktienaufschwungs kaufte, doch waren die folgenden Sell-Offs ziemlich stark.

Wenn ein Trader versuchte, die Kursaufschwünge mitzunehmen, und dabei nicht äußerst geschickt agierte und seine Trades zeitlich perfekt abstimmte, so konnte er großen Schaden erleiden.

Retracements (Kurseinbrüche) messen

Wie weit sollte denn der Markt nun einbrechen? Normalerweise suchen Trader nach einem Prozentsatz von einem Drittel, der Hälfte und zwei Dritteln des vorherigen Moves. Diese Zahlen kommen der recht beliebten Fibonacci-Zahlenreihe von 38,2 Prozent, 50 Prozent und 61,8 Prozent sehr nahe. Nach einem kräftigen Move einer ausgedehnten Kursbewegung sollten Sie den Markt genau beobachten, um diese Zahlen während eines Kursrückgangs zu testen. Trends setzen sich normalerweise fort, falls der Markt bis zur 38,2- oder Ein-Drittel-Prozent-Marke einbricht, ohne diese zu durchbrechen. Hierbei handelt es sich um einen Prozentsatz, auf den jeder achtet, und er funktioniert wohl deshalb so gut, weil es sich hierbei um eine sich selbst erfüllende Prophezeiung handelt. Wenn der Markt diesen Bereich erreicht, weiß ein Trader, dass er wieder einsteigen kann, oder ein Trader, der gegen den Trend und mit dem Kursrückgang tradet, weiß, dass er besser aussteigt, da ein Stillstand der Kurse kurz bevorsteht. Der Markt wird von diesen Bereichen wie ein Magnet angezogen, deshalb sollten Sie hier unter gar keinen Umständen Stopp-Loss-Orders platzieren; Sie setzen diese besser ein wenig weiter weg, etwa im Bereich zwischen 35 und 40 Prozent, da sich der Markt an diesem Punkt wahrscheinlich in Richtung des Bereichs von 50 Prozent bewegt.

Der Bereich um 61,2 Prozent oder der Zwei-Drittel-Bereich wird als Bruchstelle eines Trends angesehen. Wenn dieser Bereich durchbrochen wird, ist der

Abb. 6-10: *Fünf-Minuten-Chart von EBAY: Retracement-Bereiche*

Haupttrend vorbei, und ein neuer Trend setzt ein. In Abbildung 6-10 erkennen Sie, dass sich der Markt auf die 38,2-Prozent-Marke zurückentwickelt hat (Punkt X), nachdem er zunächst von Punkt A auf Punkt B gefallen war. Dort tendierte er kurze Zeit unverändert. Sobald er diesen Punkt durchbrochen hatte, blieb er im Bereich von 61,8 Prozent wie angewurzelt stehen (Punkt C). Wenn Sie Charts studieren, dann werden Sie immer wieder feststellen, dass diese Retracement-Bereiche standhalten, also prägen Sie sich deren Positionen gut ein.

Einstieg in den Markt während eines Kurseinbruchs

Wenn Sie ganz im Stil eines guten Traders Kurseinbrüche dazu verwenden, um nach einem vorübergehenden Kursaufschwung Aktien zu verkaufen, dann sind Sie dabei nicht der Einzige. Denken Sie immer daran, dass in diesen Bereichen Stopp-Loss-Orders und Limits geradezu im Überfluss vorkommen. Manchmal ist es das Beste, wenn man versucht, ein bisschen früher einzusteigen, da der Markt sich dermaßen schnell entwickelt, dass es später schwierig werden dürfte, noch aufzuspringen. Manchmal steigt man besser zu früh ein und riskiert einen kleinen Kursrückgang – vorausgesetzt man hat ausreichende Unterstützungslinien, die einen absichern –, statt einem verpassten Move hinterherzujagen.

 Wenn Sie zum Beispiel ihre EBAY-Aktien an Punkt C verkaufen wollten und dies verpasst haben, müssen Sie die Aktie möglicherweise um bis zu einen Dollar nach unten jagen, bevor Sie Ihre Positionen erfüllen. Besser wäre es, einzusteigen, während sich der Markt gerade erholt und sich nahe des Bereiches um 61,8 Prozent befindet, diesen aber noch nicht ganz erreicht hat. Wenn Sie jetzt verkaufen, und danach erholt sich der Markt und steigt über 67 Prozent auf den Bereich von etwa 70 Prozent an, können Sie aussteigen, und Ihr Verlust hält sich in Grenzen. Man kann nicht immer exakt ermitteln, an welcher Stelle der Markt aufhört zu fallen und seinen Trend fortsetzt, aber man kann so lange warten, bis die Kurse sichtbar nachlassen, und so sein Risiko stark minimieren.

DEN TRENDVERLAUF MESSEN

Einen Trend zu ermitteln gehört zur Arbeit eines Traders ganz einfach dazu. Sobald man einen gefunden hat, wird es schon schwieriger: Man muss nämlich errechnen, wie lange er andauern kann. Fibonacci-Zahlenreihen können ebenso hilfreich sein, wenn man voraussagen will, wie lange ein Markt seinen aktuellen Trend noch beibehalten kann. Dazu ermittelt man die Differenz zwischen dem Spitzenwert und dem Tiefpunkt des Haupttrends; diese multipliziert man mit 1,382 Prozent, 1,5 Prozent und 1,618 Prozent; während eines Aufwärtstrends addiert man diesen Wert zum Tiefpunkt hinzu, und während eines Abwärtstrends subtrahiert man ihn vom Spitzenwert. Dies geschieht während eines Kurseinbruchs, da man hier die Spitzenwerte und Tiefpunkte des vorhergehenden Trends gut erkennen kann. Im Beispiel von EBAY fiel die Aktie zwischen Punkt A und Punkt B um 4,50 Dollar. Wenn Sie dies nun mit 1,382 Prozent, 1,5 Prozent und 1,618 Prozent multiplizieren und dieses Ergebnis dann vom Spitzenwert 70 subtrahieren, bekommen Sie Werte von 63,78, 63,25 beziehungsweise 62,72 für die nächste Abwärtswelle. Diese endete bei 63,75 (Punkt D), genau im Bereich von 1,382 Prozent. Zufall oder was?

Wie man das Ende eines Trends erkennt

Man muss unbedingt in der Lage sein, das Ende eines Trends zu ermitteln oder zu merken, wann ein Trend vorbei ist; andernfalls kann es sein, dass sich ein Trader noch in einem Trade befindet, aus dem er schon längst hätte aussteigen müssen. Es genügt nicht, nur auf den Durchbruch einer Trendlinie zu achten, man muss auch einen Chart des Marktes im Auge behalten. Solange ein Markt über seinem vorherigen Tiefpunkt tendiert, kann man von einem Aufwärtstrend sprechen. Abbildung 6-11, ein Tageschart für Zucker, zeigt einen anhaltenden Aufwärtstrend bis zu Punkt C. Hier erkennt man zum ersten Mal einen Tiefpunkt, der unter dem Tiefpunkt der vorherigen Abwärtswelle bei Punkt A liegt. Danach versuchte sich der Markt zu erholen und erreichte bei Punkt D einen neuen Höchstwert, der jedoch unter dem bisherigen Spitzenwert (Punkt B) lag. Spätestens hier wurde deutlich, dass der Trend vorbei war.

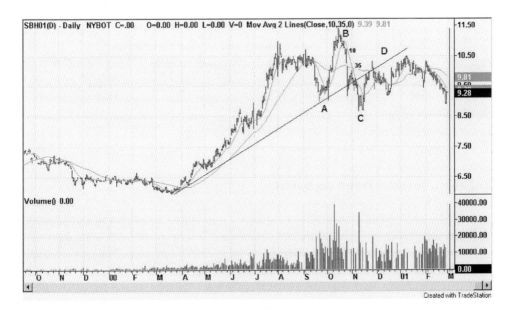

Abb. 6-11: Tageschart für Zucker: Das Ende des Trends

Man kann auch auf die Stärke von Wellen achten. Die Wellen, die in Richtung des Trends verlaufen, sollten länger und stärker sein als die Wellen des Gegentrends.

Sobald die Wellen des vorherrschenden Trends allmählich kleiner und die Gegenwellen stärker werden, könnte dies auf ein Ende des Trends hinweisen. Genau dies passierte auf dem Zuckermarkt. Hier war die Abwärtswelle zwischen Punkt B und Punkt C wesentlich größer als die nächste Aufwärtswelle zwischen Punkt C und Punkt D.

Ein weiteres Zeichen für ein Ende des Trends liegt vor, wenn ein Markt trendorientiert verläuft und urplötzlich wilde Käufe und Verkäufe in Richtung des Trends bei starkem Volumen einsetzen. Diese Kursbewegungen resultieren normalerweise daraus, dass die Seite, die falsch liegt, panisch reagiert oder euphorisch, weil sie es geschafft hat, in den Trend einzusteigen. Ein weiterer Grund sind erweiterte Positionen. In Abbildung 6-11 erkennen Sie genau am Spitzenwert bei Punkt B ein erhöhtes Volumen. Sobald dies passiert, bedeutet dies einen wahren Ansturm auf den Markt, und schon bald wird es keinen Trader mehr geben, der noch kaufen kann, sodass es leicht sein kann, dass der Markt einen panikartigen Verkauf von Aktien nach einer Baisse erlebt. Sobald der letzte Käufer seine Käufe einstellt, ist der Move vorüber.

Wenn ich sehen will, ob ein Trend zu Ende geht, achte ich auch auf die Reaktion der Moving Averages. In diesem Fall stieg der 35-stufige Average nicht weiter an, während der Markt noch bis zum Punkt B kletterte. Dies allein konnte schon ein Zeichen für einen zu Ende gehenden Trend sein, doch ich suche nach einer Blase in den Moving Averages. Wenn sich der schneller verlaufende Average allmählich zu weit vom langsamer verlaufenden Average entfernt, erkennt man eine Blase, wie in Punkt B. Sobald dies passiert, gibt der Markt meist nach, und der Abstand zwischen den beiden Averages reduziert sich wieder auf ein normales Niveau. Manchmal verursacht dieses Nachgeben des Marktes einen Richtungswechsel, so wie es auch hier der Fall war.

Zugeben, dass der Trend vorbei ist

Das Ende eines Trends zu ermitteln spiegelt nur einen Teil des Problems wider, dem sich ein Trader gegenübersieht; ein anderer Teil besteht darin, dass man sich dies auch eingesteht und dementsprechend handelt. Viel zu viele Trader halten aus unterschiedlichen Gründen an einer Position fest, lange nachdem sich die Richtung geändert hat. Mein Lieblingsspruch lautet: »Beim nächsten Move steige ich aus.« Ich weiß, dass ich noch vor ein paar Minuten einen Dollar Gewinn pro Aktie erzielt hätte, und habe jetzt keine Lust, mich mit 60 Cent zufrieden zu geben. Ich hoffe auf einen erneuten Kursanstieg, damit ich meinen Dollar bekomme. Also warte ich so lange, bis ich schließlich auch die 60 Cent verliere. Ein weiterer Grund ist der, dass viele eine Position krampfhaft festhalten, obwohl sie genau wissen, dass sie sich vielleicht täuschen. Doch es fällt ihnen schwer auszusteigen, weil sie überzeugt sind, dass es funktioniert. Egal wie sich die Situation darstellt, sobald Sie das Ende eines Trends erkennen, steigen Sie aus! Auch wenn dies bedeutet, dass Sie den Spitzenwert nicht erreicht haben oder sogar Geld verloren haben, steigen Sie trotzdem aus, und zwar so bald wie möglich; es bringt Ihnen gar nichts, wenn Sie stur sind oder auf ein Anhalten des Trends spekulieren.

EIN BESSERER TRADER WERDEN

Ein besserer Trader zu werden bedeutet in erster Linie, dass man beim Traden dem allgemeinen Markttrend folgt. Dies allein erhöht Ihre Aussicht auf Erfolg ungemein. Trendorientiertes Traden kann den Unterschied zwischen einem erfolgreichen und einem weniger erfolgreichen Trader ausmachen. Die Moves, die in Richtung des Trends verlaufen, sind meist stärker und dauern länger als die gegenläufigen Moves, sodass es durchaus sinnvoll ist, die meisten Trades trendorientiert durchzuführen. Ein erfolgreicher Trader handelt hauptsächlich in Richtung des Haupttrends und wartet auf Retracements, um einzusteigen. Den Haupttrend kann man durch Moving Averages, Trendlinien und Kanäle auf längerfristigen Zeitrahmen finden, um dann auf kürzeren Zeitrahmen den richtigen Zeitpunkt zum Einstieg zu ermitteln. Experimentieren Sie mit unterschiedlich großen Moving Averages, bis Sie die für Ihre Zwecke am besten geeigneten finden. Die längeren Averages sind zuverlässiger, während die kürzeren schneller Signale abgeben, dabei aber oft wechselhaft hin und her verlaufen.

Sobald Sie den Trend ermitteln, müssen Sie wissen, wo in einem Trend sich der Markt genau befindet. Dies schützt Sie einerseits davor, den Markt zu jagen, und andererseits davor, dass Sie frühzeitig einsteigen, noch bevor ein Kurseinbruch vorüber ist. Durch unterschiedliche Zeitrahmen können Sie einen guten Gesamteindruck gewinnen und so Überlastungen des Marktes ebenso erkennen wie die Stellen, an denen ein Pullback eine Unterstützungslinie berührt. Stürzen Sie sich niemals auf einen Trade, nur weil Sie den Trend kennen; Sie erhöhen Ihre Chancen, wenn Sie auf eine Art von Kurseinbruch warten. Achten Sie auf Kurseinbrüche von 38,2 Prozent, 50 Prozent und 61,8 Prozent, oder warten Sie mit dem Einstieg, bis sich der Markt auf seine Trendlinie oder seinen Moving Average zurückzieht. Sie werden nicht immer genau feststellen können, wann der Markt aufhört zu fallen und den Trend wiederaufnimmt. Wenn Sie jedoch auf eine Art Kurseinbruch warten, minimieren Sie das Risiko Ihrer Trades. Zur Ermittlung der Trendstärke sollten Sie den ADX verwenden, der Ihnen auch bei der Entscheidung hilft, wie aggressiv

Sie bei der Gewinnmitnahme sein sollten. Achten Sie zudem immer genau auf Anzeichen für ein mögliches Ende des Trends. Sobald Sie glauben, dass der Trend vorbei ist, steigen Sie aus. Verschwenden Sie keinen Gedanken mehr daran, das letzte Stückchen des Aufwärtstrends vielleicht auch noch mitzunehmen; steigen Sie einfach aus, bevor Sie einen erheblichen Teil Ihrer Gewinne wieder abgeben müssen. Wenn Sie sich alles in allem an den Trend halten, werden Sie zu einem besseren Trader.

Die Gefahren eines unsachgemäßen Umgangs mit dem Trend:

1. Man steigt in Trades ein, die wenig Erfolg versprechen.
2. Man befindet sich auf der falschen Seite des Marktmomentums.
3. Man jagt den Markt.
4. Man weiß nicht, wann der Markt überlastet ist.
5. Man spekuliert auf kleine Gewinne gegen den Trend.
6. Man vergisst, dass es sich beim gleitenden Durchschnitt um einen zeitlich verzögerten Indikator handelt.
7. Man gesteht sich zu, dass der Trend zu Ende ist.
8. Man lässt sich jedes Mal, wenn die Trendlinie durchbrochen wird, in die Irre führen.
9. Man konzentriert sich auf kurzfristige Trends, die weniger bedeutsam sind und leichter durchbrochen werden.
10. Man wartet bei starken Trends auf Kurseinbrüche, die es nicht geben wird.
11. Man verfängt sich in einem Kurseinbruch.
12. Man platziert seine Stopp-Loss-Orders auf der falschen Seite der Retracement-Ebenen und -Bereiche.
13. Man vergisst, dass der Markt Begriffe wie »zu hoch« oder »zu niedrig« nicht kennt.
14. Man hält zu lange an einem Trade fest.

Trendorientiertes Traden mit hoher Erfolgswahrscheinlichkeit:

1. Man kennt den Trend.
2. Die besten Trades werden in Richtung des Trends vollzogen.
3. Man sollte Vielfach-Zeitrahmen verwenden, um sich einen Gesamteindruck vom Markt zu verschaffen.
4. Gehen Sie davon aus, dass die wichtigsten Trendlinien oder Moving Averages standhalten.
5. Je kleiner die Neigung der Trendlinie ist, desto zuverlässiger ist sie.
6. Je länger der Moving Average ist, desto besser gibt er den Trend wider.
7. Warten Sie auf den Pullback.

8. Jagen Sie den Markt nicht.
9. Bekämpfen Sie den Markt nicht.
10. Selbst im stärksten Trend sollte es gewisse Kurseinbrüche geben.
11. Je näher der Markt der Trendlinie kommt, desto besser ist das Risiko-Rendite-Verhältnis.
12. In der Kürze liegt die Würze.
13. Achten Sie auf das Ende eines Trends, wenn die letzte Welle die Kanallinie nicht berührt oder den vorherigen Move nicht erreicht.
14. Ermitteln Sie die Stärke des Trends mit dem ADX.
15. Halten Sie in einem starken Trend länger an einem Trade fest.
16. Wenn Sie aussteigen, weil Sie mit einem Kurseinbruch rechnen, dann wechseln Sie nicht Ihre Positionen.
17. Bevor Sie Ihre Positionen wechseln, warten Sie so lange, bis ein Durchbruch der Trendlinie bestätigt wird.
18. Achten Sie auf Blasen zwischen den Moving Averages.
19. Erkundigen Sie sich über die Position der Fibonacci-Zahlenreihen.
20. Platzieren Sie Ihre Stopp-Loss-Orders außerhalb der Retracement-Ebenen.
21. Schätzen Sie ein, wie stark sich der Markt bewegen kann.

Hilfreiche Fragen, die Sie sich stellen sollten:

… Trade ich in Richtung des Haupttrends?
… Wenn ich jetzt einsteige, jage ich dann den Markt?
… Sieht es so aus, als ob der Markt sich beruhigt?
… Um wie viel ist der Markt gefallen?
… Wie hoch ist mein Risiko, wenn ich jetzt einsteige?
… Wo liegt die Unterstützungslinie?
… Ist der Zeitrahmen, den ich zur Überwachung meiner Trades verwende, überlastet?
… Wie viel Spielraum besteht noch?
… Habe ich in allen Zeitrahmen einen genauen Überblick über den Markt?

KAPITEL 7

Der Umgang mit Oszillatoren

Das Komische beim Traden ist, dass eine Person einen stark trendorientierten Markt sieht, während eine andere Person einen überkauften Markt erkennen will, der kurz vor einem Umschwung steht. Dies ist eigentlich eine gute Sache, denn solange man den Markt unterschiedlich betrachtet, heißt dies auch, dass sich immer jemand findet, der kauft, wenn man selber verkaufen will. Es ist schwierig herauszufinden, wann der Markt vor einem Umschwung steht und wann er an seinem bisherigen Trend festhält. Wenn man jedoch mit Momentum-Oszillatoren umzugehen weiß, wie zum Beispiel dem Stochastik und dem Relative-Stärke-Indikator (RSI), kann man sich durchaus einen gewissen Vorteil verschaffen.

OSZILLATOREN

Für mich persönlich stellen Oszillatoren einen wichtigen Bestandteil des Tradens dar, doch viele benutzen sie, ohne wirklich zu wissen, wie man damit richtig umgeht; andere beachten sie nicht einmal. Bei richtigem Umgang sind sie für einen Trader ein Werkzeug von unschätzbarem Wert. Als Teil des Trading-Puzzles können Oszillatoren einem Trader wichtige Informationen bezüglich der Marktaktivität verschaffen. Dazu zählt die Richtung eines Trends ebenso wie die Stärke einer Kursbewegung und potenzielle Umkehrpunkte. Mit Oszillatoren kann man den richtigen Zeitpunkt zum Ein- und Ausstieg ermitteln. Darüber hinaus zeigen sie einem Trader, wann er die Gastfreundschaft des Marktes überbeansprucht.

Beim richtigen Umgang mit Oszillatoren steigert man seine Erfolgsaussichten beim Traden erheblich. Oszillatoren eignen sich hervorragend für die Suche nach Spitzenwerten und Tiefpunkten auf wechselhaften Märkten. Wenn man sie auf starken Märkten mit Trendfolgestrategien kombiniert, können sie hilfreich bei der Suche nach dem richtigen Zeitpunkt für den Einstieg in den Markt und den Ausstieg aus dem Markt sein. Dies erleichtert es einem Trader, starke Trends schon relativ bald nach Beginn einer Kursänderung zu erwischen und wieder auszusteigen, bevor sich das Blatt wendet. Wie Sie sehen werden, gibt es viele verschiedene Möglichkeiten, Oszillatoren zu verwenden, und jeder Einzelne muss für sich selbst die Methode ausfindig machen, die am besten zu seinem Stil passt.

Man kann verschiedene Oszillatoren verwenden, wie zum Beispiel den Stochastik, den Relative-Stärke-Index (RSI), das Momentum, den Moving Average Convergence/Divergence (MACD, verwendet ein spezielles Diagramm zum Erkennen von Kauf- und Verkaufssignalen) sowie den »Price Oscillator« (einen Trendbestätigungsindikator). Sie haben alle unterschiedliche Eigenschaften, doch ähneln sie sich im Großen und Ganzen in Aussehen und Funktionsweise. Abbildung 7-1 zeigt mehrere unterschiedliche Oszillatoren. Wie Sie sehen können, scheinen ihre Moves zusammenzuhängen. An den Punkten A, B, C und D tendieren sie alle nach unten, und an den Punkten E, F und G tendieren sie nach oben. Oszillatoren sind Indikatoren, die – anders als der Markt – innerhalb einer festen Spanne verlaufen. Anders als Trends,

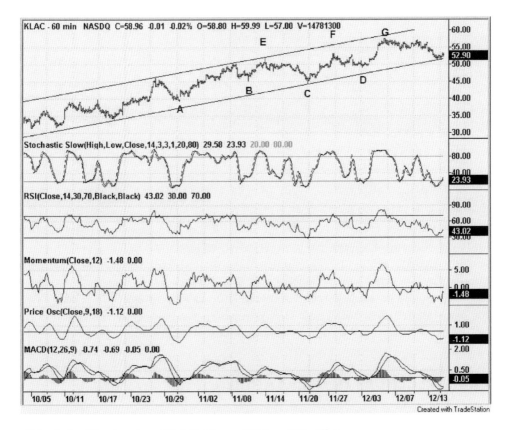

Abb. 7-1: *60-minütiger KLAC-Chart: Blick auf Oszillatoren*

Trendlinien und Moving Averages, die alle mit dem Markt verlaufen, endet ein Oszillator, sobald er die Obergrenze seiner Spanne erreicht.

Eine Aktie kann ewig ansteigen, aber ein Oszillator endet, wenn er seine Grenze erreicht hat. Sobald ein Oszillator sein Limit erreicht hat, kann er entweder dort oben bleiben oder allmählich wieder sinken, aber er kann nicht weiter steigen. In Abbildung 7-1 erkennen Sie, wie die Indikatoren sich entweder in einer Spanne von 0 bis 100 hin und her bewegen oder rund um den Nullpunkt verlaufen – unabhängig vom Verlauf der Aktie.

WAS SIE TUN SOLLTEN

Grundsätzlich gibt ein Oszillator Auskunft über die Geschwindigkeit von Kursänderungen. Ein Oszillator vergleicht die Schlusskurse aller möglichen Zeitrahmen und verwendet dabei vorhergehende Schlusskurse, um herauszufinden, ob das Marktmomentum zu- oder abnimmt. Wenn ein Markt stärker wird, tendieren die Schlusskurse in Richtung Balkenobergrenze. Wenn die Schlusskurse es schaffen zu steigen und sich auszudehnen, wird ein Oszillator nach oben gehen. Wenn die Kurse nicht mehr so schnell steigen, keine neuen Spitzenwerte mehr erreichen und nicht mehr am oberen Limit schließen, wird ein Oszillator allmählich schwächer, und er wird Zeichen eines überkauften Marktes zeigen. Es kann sein, dass der Markt weiter steigt, doch wenn die Stärke der Kursbewegungen nachlässt oder konstant bleibt, beginnt ein Oszillator sich zu stabilisieren und zu fallen. An Punkt A in Abbildung 7-2 können Sie sehen, wie ein – immer noch starker – Markt nun keine neuen Spitzenwerte mehr erreicht.

In der Folge zeigte der Stochastik allmählich nach unten, und anschließend tendierte auch der Markt schwächer. Der Markt tendiert nicht immer, wenn der Oszillator einen Extremwert aufweist, nach unten; stattdessen kann es sein, dass der Oszillator in der Nähe des Extremwerts verweilt, während der Markt weiter trendorientiert verläuft, wie es vor Punkt B während des Abwärtstrends zwischen August und Oktober der Fall war oder auch zwischen Punkt C und Punkt D. In diesen Phasen muss man sich an den Trend halten und den Oszillator als eine Möglichkeit sehen, einen starken Markttrend zu bestätigen. Dies ist leichter gesagt als getan, da es schwierig ist herauszufinden, wann der Markt trendorientiert verläuft und wann nicht.

GRUNDLEGENDES ZU OSZILLATOREN

Bevor ich auf die einzelnen Oszillatoren näher eingehe, möchte ich einige grundlegende Dinge loswerden, damit Sie wissen, wie man Oszillatoren liest und anwendet.

KAPITEL 7 ■ DER UMGANG MIT OSZILLATOREN   **153**

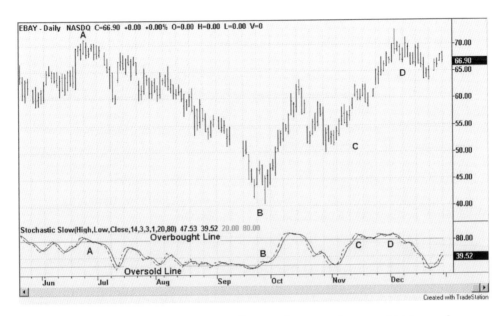

Abb. 7-2: *EBAY-Tageschart: Wie Oszillatoren keine eindeutigen Zeichen geben*

Zunächst etwas zur Lage: Ein Oszillator befindet sich normalerweise ganz unten auf dem Chart und verläuft entweder zwischen 0 und 100 oder schwankt um eine Nulllinie. Wenn er zwischen 0 und 100 verläuft, gibt es eine obere und eine untere Linie, die überkaufte und überverkaufte Zonen repräsentieren (Abbildung 7-2). Diese Linien befinden sich auf der überkauften Seite normalerweise zwischen 70 und 80 und auf der überverkauften Seite zwischen 20 und 30. Sobald der Indikator diese Bereiche erreicht hat, steigen die Chancen, dass der Trend abflaut oder es einen Umschwung gibt. Wenn er diese Ebenen erreicht und die Richtung ändert, bedeutet dies Kursänderungen und kann außerdem eine Bestätigung für eine Richtungsänderung des Marktes sein – entweder ein Umschwung oder ein leichter Pullback (Kursrückgang). Befindet sich der Indikator im überkauften/überverkauften Bereich, sollte der Trader darüber nachdenken, dass er Gewinne mitnimmt oder einen Teil seiner Positionen aufgibt, wenn er sich schon im Markt befindet. Wenn er in den Markt einsteigen will, sollte er den überkauften Bereich nutzen, um auf ein Retracement (einen Kurseinbruch) zu warten, falls er Long-Positionen einnehmen will oder um sich auf einen Trade aus einer Short-Position heraus vorzubereiten.

Oszillatoren, die sich rund um eine Nulllinie drehen, haben nicht unbedingt feste Ober- und Untergrenzen; um ihre Lage zu ermitteln, muss man auf einen Chart schauen. Bei diesen Indikatoren spielt die Nulllinie eine wichtige Rolle. Mit ihr kann man feststellen, wann das Momentum seine Richtung ändert. Zwar hängt es vom jeweiligen Markt ab, welche Parameter am besten funktionieren, und jeder

Markt kann sich mit der Zeit verändern, doch gehe ich gerne einfach vor und verwende die grundlegenden Parameter für all meine Märkte und Zeitrahmen. Normalerweise verwende ich die vorgefertigten »Look-back periods«, weil sie jeder andere Trader auch benutzt und ich nichts verpassen will oder weil ich auf einen Move spekuliert habe, den es nicht gegeben hat, und jetzt nicht weiterkomme. Wenn ich zum Beispiel den Stochastik verwende, konzentriere ich mich normalerweise ganz auf die 14,3,3-Parameter, die von den meisten Softwarepaketen verwendet werden. Ich muss gar keine ausgefallenen Dinge machen und versuchen, den besten Parameter für jeden Markt zu finden. Mir reicht das, was alle anderen auch verwenden, vollkommen aus. Außerdem ist mir die Gesamtkonzeption des Oszillators wichtig und nicht der tatsächlich am besten funktionierende Parameter. In den folgenden Abschnitten beschreibe ich einige meiner Lieblings-Oszillatoren.

> **EINE SICH SELBST ERFÜLLENDE PROPHEZEIUNG**
>
> Oszillatoren funktionieren deshalb so genau, weil sie eine sich selbst erfüllende Prophezeiung darstellen. Wenn Trader überall denselben Indikator betrachten und dieser in einen überverkauften Bereich fällt, werden sie allmählich ihre Short-Positionen decken, da sie erwarten, dass der Kurs nach oben abprallt. Während sie dies tun, erholt sich der Markt zunächst nur leicht, was die Oszillatoren steigen lässt. Nun erkennen weitere Trader dieses »Signal«, beginnen zu kaufen, und der Markt erholt sich dementsprechend. Wenn das Signal echt ist, hält die Markterholung an; wenn es sich um ein falsches Signal handelt, entwickelt sich der Markt wieder auf seine vorherrschende Richtung zurück.

Stochastik

Mein Lieblingsindikator ist ganz klar der Stochastik. Auf all meinen Charts kommt er vor, egal ob es sich um einen Ein-Minuten-Chart oder um einen Wochenchart handelt. Ich verwende den Stochastik, weil ich gerne das Marktmomentum betrachte, egal ob es sich um einen überkauften oder um einen überverkauften Bereich handelt oder ob noch Spielraum vorhanden ist. Ich betrachte diesen Indikator, seit ich mit dem Traden angefangen habe, und zu Beginn wusste ich nicht einmal, wozu er da ist und wie er funktioniert.

Als ich Ende der 80er-Jahre als Parketthändler einstieg, gab es quer über den Börsensaal verstreut ein paar Computer, die sich alle Trader teilen mussten. Einmal schaute ich mir einen Erdölchart auf einem CQG-Terminal an und bemerkte, dass vor mir jemand den Stochastik-Indikator benutzt hatte. Mir gefiel sein Aussehen, also löschte ich ihn nicht. Zunächst wusste ich nicht einmal genau, wie man ihn richtig anwendet; mir gefiel einfach, wie er sich scheinbar unentwegt zwischen Höchst- und Tiefkursen hin- und herbewegte. Als ich danach lernte, wie man ihn verwendet, spielte er in meinen Trades eine immer wichtigere Rolle. Sobald ich ihn ignoriere oder falsch verwende, merke ich, dass es mir schadet, entweder weil ich den Markt jage oder weil ich zu schnell oder zum völlig falschen Zeitpunkt aussteige.

Obwohl es sich um einen der wahrscheinlich am häufigsten verwendeten Indikatoren handelt, wissen die meisten Nutzer nicht einmal, wozu er da ist, wie man ihn herleitet oder wie er richtig funktioniert. Sie benutzen ihn, weil er so bekannt ist und scheinbar wunderbar funktioniert, wenn man die Spitzenwerte und Tiefpunkte des Marktes vorhersagen will. Zwar gibt es sowohl schnelle als auch langsame Stochastik-Indikatoren, doch wird der langsame öfter verwendet. Daher gehe ich auf ihn näher ein.

Der langsame Stochastik-Indikator besteht aus zwei Linien: aus der %D-Linie und aus der %K-Linie (in meinen Charts gepunktet dargestellt). Die %K-Linie misst den aktuellen Schlusspunkt und setzt ihn in Relation zu den letzten fünf Phasen; was als %K eingezeichnet ist, stellt einen Moving Average von %K für die letzten drei Phasen dar. Die %D-Linie bezeichnet einen Durchschnitt der geglätteten %K-Linie für die letzten drei Phasen. Zwar gibt es beim Stochastik-Indikator zwei Linien, doch die %D-Linie ist die wichtigere, da sie glatter verläuft und stabiler ist als die %K-Linie.

> **FORMEL FÜR DEN LANGSAMEN STOCHASTIK-INDIKATOR**
>
> %K = 100 x (C- L(5)) / R(5)
>
> Nehmen Sie dann den Average/Durchschnitt für die drei letzten Phasen, und Sie erhalten eine verlangsamte Version %K.
>
> %D = dreitägiger Moving Average/gleitender Durchschnitt von %K
>
> C = letzter Schlusskurs
> L(5) = Tiefstwert der letzten fünf Phasen
> R(5) = Spanne der letzten fünf Phasen

Der Stochastik-Indikator wird normalerweise an der Unterseite eines Charts eingezeichnet, der Werte zwischen 0 und 100 aufweist. Überkaufte und überverkaufte Bereiche liegen üblicherweise zwischen 20 und 30 für überkaufte Marktsituationen und zwischen 70 und 80 für überverkaufte Marktsituationen; wichtige Punkte beim Stochastik scheinen die 20er- und die 80er-Linie zu sein. Ich verwende normalerweise 25 und 75 als meine Linien für überkaufte und überverkaufte Marktsituationen, da ich so öfter Signale erhalte.

Der Stochastik-Oszillator misst den letzten Schlusskurs eines Marktes und berechnet das Verhältnis zur Kursschwankung innerhalb einer bestimmten Zeit. In der Theorie liegt der Schlusskurs in einem Aufwärtsmarkt nahe dem Spitzenwert, während er in einem abwärts tendierenden Markt in der Nähe des Tiefstwertes liegt. Wenn der Markt sich kraftvoll nach oben entwickelt, liegen die Schlusskurse im oberen Bereich, und der Indikator wird stärker. Wenn der Trend den Spitzenwert erreicht, geht man davon aus, dass sich der Indikator auf dem höchsten Stand befindet. Sobald ein Aufwärtstrend allmählich nachlässt, weisen die Schlusskurse keinen Spitzenwert mehr auf und tendieren wieder nach unten. Dies hat dann einen Umschwung des Indikators zur Folge. Selbst wenn der Markt weiter nach oben tendiert und weitere Spitzenwerte verzeichnet, kann er an Schwung verlieren, wenn die Schlusskurse nicht mehr in der Nähe der Spitzenwerte während dieser Phase liegen. Dies erkennt man dann im Stochastik-Indikator, der nicht weiter steigt und sich allmählich wieder nach unten entwickelt.

Die grauen Ovale in Abbildung 7-3 zeigen hierfür ein typisches Beispiel. Während der Aufwärtswelle war der Markt stark, und die Schlusskurse lagen bei jedem Fünf-Minuten-Balken in der Nähe des Spitzenwertes. Solange der Markt nach oben tendierte und die Schlusskurse stark waren, nahm auch der Stochastik-Indikator zu, bis er in den überkauften Bereich vorstieß. Nun erreichte der Markt keine neuen Spitzenwerte mehr, blieb aber im Bereich der bisherigen Höchstwerte, wobei er sich seitwärts entwickelte. An diesem Punkt verlor der Indikator allmählich an Stärke, weil die Schlusskurse nicht mehr so stark waren, und entwickelte sich kurz darauf genauso nach unten wie der Markt.

Zwar kann man den Stochastik auf unterschiedliche Art und Weise verwenden, doch viele können nur begrenzt damit umgehen. Das Einzige, was man als Neueinsteiger weiß, ist Folgendes: Man kauft, sobald der Stochastik-Indikator überverkauftes Gebiet erreicht und nach oben zeigt, und man verkauft, sobald er überkauftes Gebiet erreicht und nach unten zeigt. Zwar funktioniert dies in volatilen Märkten, doch weniger gut funktioniert es, wenn man gegen einen stark trendorientierten Markt tradet; dazu ist der Stochastik-Indikator eigentlich auch gar nicht gedacht.

Das Auffinden von überkauften und überverkauften Marktsituationen ist nur ein Aspekt. Da es viele subjektive Möglichkeiten gibt, wie man den Stochastik verwendet, kann es für einen rein mechanischen System-Trader recht verwirrend sein, ihn zu verwenden, doch dazu später mehr.

KAPITEL 7 ■ DER UMGANG MIT OSZILLATOREN 157

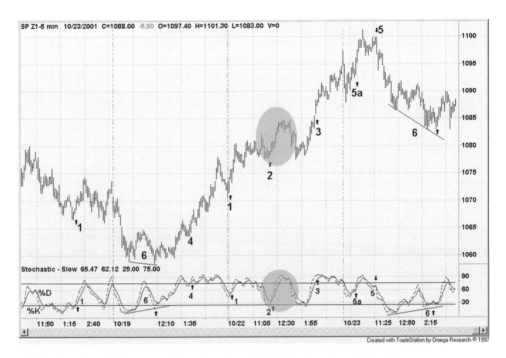

Abb. 7-3: *Fünf-Minuten-Chart für den S&P 500: Stochastische Ideen*

Einige geeignete Trading-Strategien für den Umgang mit dem Stochastik

Betrachten Sie für die folgenden Beispiele Abbildung 7-3 und beachten Sie dabei Folgendes: Wenn ich vom Kaufen rede, können Sie beim Verkaufen einfach vom Gegenteil ausgehen. Fürs Erste werde ich Vielfach-Zeitrahmen und langfristige Trends außer Acht lassen, doch sie sind weiterhin von Bedeutung, und ich komme darauf zurück.

1. Kaufen Sie, wenn sich beide Linien über dem überverkauften Bereich befinden und weiter steigen.

Dies ist einer der fundamentalsten Trades im Umgang mit dem Stochastik. Wenn sich beide Linien in eine eindeutige Richtung bewegen, in Richtung des überkauften Gebiets ansteigen und über dem überverkauften Bereich liegen, wie es in den beiden mit »1« bezeichneten Beispielen der Fall ist, dann können Sie Wellen im Markt mitnehmen, wenn Sie einsteigen. Je niedriger der Indikator bei Ihrem Einstieg ist, desto mehr Potenzial besitzt der Markt, um weiter anzusteigen. Wenn die Linien unter dem überverkauften Bereich allmählich steigen, dann warten Sie erst, bis die Linien diesen Bereich nach oben durchkreuzen, bevor Sie in den Trade einsteigen. In einem wechselhaften Markt können diese Trades von beiden Seiten des

Marktes äußerst gewinnbringend sein. In einem trendorientierten Markt nimmt man sie am besten von der Seite des Trends aus mit und verwendet ein Crossover in die Gegenrichtung, um so ein Signal für den Ausstieg zu erhalten.

2. Kaufen Sie, wenn die schnelle Linie (%K) die langsame Linie (%D) kreuzt.

Hierbei handelt es sich um ein typisches und weit verbreitetes Crossover-Signal. Wenn die schnelle Linie (%K) die langsame Linie (%D) kreuzt, sollte man kaufen, doch seien Sie vorsichtig mit falschen Signalen bei Crossovers! Der Punkt, an dem die %K-Linie die %D-Linie kreuzt, könnte über oder unter der überverkauften Linie liegen, wobei das größte Potenzial vorhanden ist, wenn dieser Punkt unter der Linie liegt. Stellen Sie sicher, dass Sie mit dem Einstieg so lange warten, bis die Linie den überverkauften Bereich nach oben durchkreuzt. Dies ist nämlich eine gute Bestätigung.

Das Signal ist stärker, wenn der Crossover stattfindet, nachdem %D seinen Tiefpunkt erreicht hat, und nicht, bevor dies der Fall war. Meist wird sich %K vor %D umkehren, doch wenn es umgekehrt ist, dann ist dies ein stärkeres Anzeichen für einen Richtungswechsel. Beispiel 2 zeigt einen typischen Crossover der beiden Linien.

In einem starken Trend, wie dem im Beispiel, kann es durchaus vorkommen, dass die Linien den überverkauften Bereich nicht erreichen. Unabhängig davon, wo dies stattfindet, ist es in der Regel ein Zeichen für eine Kursbewegung in Richtung des Wechsels.

3. Verschaffen Sie sich Long-Positionen, wenn beide Linien über dem überkauften Bereich liegen, aber noch nicht nach unten tendieren.

Beispiel 3 verdeutlicht, wie sich ein Trend auch dann fortsetzen kann, wenn ein Markt überkauftes Territorium erreicht. Die Tatsache, dass der Markt überkauft ist, bedeutet nicht, dass der Trend wie angewurzelt stehen bleibt; es kann immer noch ausreichend Spielraum für den Trend vorhanden sein. Dies ist das Verzwickte an Oszillatoren: Manchmal kann der überkaufte Bereich einen Marktumschwung bedeuten, ein anderes Mal heißt es, dass der Markt stark ist. Solange der Indikator über der überkauften Linie bleibt, sollte man sich Long-Positionen verschaffen, besonders in einem starken Trend. Was den Ausstiegspunkt oder eine Stopp-Loss-Order angeht, kann man aussteigen, sobald beide Linien unter das überkaufte Territorium fallen.

4. Kaufen Sie, wenn der Indikator stark ist und seine maximalen Werte neu testet.

Eine äußerst gute Trading-Möglichkeit ergibt sich, wenn der Indikator in überkauftes Territorium vordringt, die Kurse leicht nachlassen und der Indikator seinen Maximalwert neu testet, wie in Beispiel 4. Obwohl dieser Trade dem in Beispiel 3 ähnelt, ist er besser, da der Markt versucht hat, nachzulassen, dies aber nicht geschafft hat. Die Tatsache, dass der Indikator seinen Spitzenwert beibehält, deutet darauf hin, dass ein starker Trend vorliegt. Manchmal kann der Stochastik unendlich in überkauftem Gebiet verweilen, während der Markt weiter ansteigt. Viele Trader verpassen diesen Move entweder, oder sie erleiden Schaden beim Versuch, ihn zu ignorieren. Erneut gilt Folgendes: Solange der Indikator über der überkauften Linie bleibt, sollte man Long-Positionen halten, besonders in einem starken Trend.

5. Suchen Sie nach einem verpassten Move im Stochastik.

Für dieses Beispiel verwende ich eine Short-Position. Nachdem sich die Stochastik-Linien auf überkauftem Territorium bewegt haben und dabei ihren Spitzenwert erreichten, fallen sie oftmals wieder. Dieser Fall scheint aber nicht von langer Dauer, da sich die Linien wieder nach oben orientieren. Wenn es die Linien in diesem Aufwärtstrend nicht schaffen, sich vollständig zu schneiden, und erneut ihren Höchstwert erreichen, könnte man Aktien abstoßen. In Beispiel 5 erkennen Sie, dass der Markt versuchte, sich wieder auf seiner bisherigen Position zu stabilisieren, aber die %K-Linie konnte sich nicht mehr über die %D-Linie bewegen; dieser vergebliche Versuch eines Umschwungs bietet eine großartige Möglichkeit, Aktien-Leerverkäufe zu tätigen. Obwohl es dem aktuellen Trend widerspricht, kann dieser Trade auf Grund des vergeblichen Moves im Indikator und des kleinen Risikos bei den Spitzenwerten, wenn Sie sich irren, zu einem lohnenden Trade mit niedrigem Risiko werden. Der vergebliche Move muss nicht unbedingt nach einem Höhepunkt in überkauftem Territorium oder einem Tiefpunkt in überverkauftem Territorium erfolgen. Er kann immer dann erfolgen, wenn beide Linien ihre Richtung wechseln, und dann tendiert die schnellere %K-Linie wieder nach unten, aber hört an der %D-Linie auf, ohne diese zu kreuzen. Wenn dies passiert, liefert das eine starke Bestätigung dafür, dass der ursprüngliche Move gut war. Im Beispiel 5a erkennt man, wie nach einem Aufwärtstrend beider Linien die %K-Linie leicht nach unten tendierte und die %D-Linie berührte, um danach wieder zu steigen. An diesem Punkt zeigte sich, dass der Markt noch immer stark war. Für einen Ausstieg könnte man einen deutlichen Umschwung im Stochastik verwenden.

6. Suchen Sie nach einer Abweichung zwischen der Kursentwicklung und dem Indikator.

Die wahrscheinlich effektivste und am wenigsten verwendete Methode, mit dem Stochastik umzugehen, ist, nach einer Abweichung zwischen der Kursentwicklung und dem Indikator zu suchen. Im weiteren Verlauf dieses Kapitels gehe ich noch genauer auf die Abweichung ein, doch für den Moment nur so viel: Wenn Sie sehen, dass der Markt niedrigere Tiefstwerte erreicht, während der Stochastik-Indikator höhere Tiefstwerte erreicht, dann liegt eine Abweichung vor. Wenn dies der Fall ist, teilt Ihnen der Indikator normalerweise mit, dass der Markt an Schwung verloren hat und möglicherweise bald seine Richtung ändert. Die beiden unter 6 aufgeführten Beispiele zeigen Stellen, an denen der Markt niedriger tendierte als bei seiner vorhergehenden Abwärtswelle, während der Stochastik, der allmählich wieder nach oben tendierte, höhere Tiefstwerte erreichte. Im ersten Fall markierte er den Beginn einer dreitägigen Aufwärtsbewegung, und im zweiten Fall markierte er die Tagestiefpunkte.

RELATIVER-STÄRKE-INDEX (RSI)

Ähnlich wie der Stochastik ist der Relative-Stärke-Index (RSI) ein Momentumindikator, der den Kursverlauf einer Aktie oder eines Futures innerhalb einer festgelegten Periode – normalerweise 14 Börsentage – aufzeichnet. Dies geschieht erneut in einem Bereich zwischen 0 und 100. Er zeigt das Verhältnis zwischen den Perioden, deren Wert größer ist als der Aktienindex, und den Perioden, deren Wert kleiner ist. Obwohl die Spanne normalerweise 14 Tage beträgt, gibt es mittlerweile auch andere Größen, was zu unterschiedlichen Signalen führt. Je kürzer die Spanne ist, desto unbeständiger ist der Indikator, der folglich auch verstärkt Signale abgibt; eine kürzere Spanne gibt zwar weniger Signale ab, dafür sind diese aber umso zuverlässiger. Ähnlich wie den Stochastik kann man auch den RSI dazu verwenden, einen überkauften oder überverkauften Markt zu ermitteln und festzustellen, wann noch genug Momentum vorhanden ist. Wenn ein Markt in Schwung kommt und der RSI sich einem Tiefst- oder Spitzenwert nähert, gibt es immer eine gute Chance, dass sich der Markt ein wenig zurückzieht. Seien Sie aber auf der Hut: Er kann ein übergekauftes Signal anzeigen, gerade wenn der Markt dem Trend nicht mehr folgt, um immer neue Höhepunkte zu erreichen.

Geeignete Trading-Strategien bei RSI-Anwendung

1. Kaufen Sie, wenn der RSI überverkauftes Territorium verlässt.

Die meisten verwenden den RSI als Signal für einen überkauften oder überverkauften Bereich, wenn er den 70er- bis 80er-Bereich überschreitet oder den 20er- bis

30er-Bereich unterschreitet. Traditionell werden Kaufsignale bei 30 (an der überverkauften Linie) ausgelöst, und Verkaufsignale werden bei 70 ausgelöst (an der überkauften Linie). Bevor ich kaufe, warte ich gerne ab, bis ich sehe, dass er über die überverkaufte Linie steigt, da ein Überschreiten der 30er-Linie ein zuverlässigeres Signal für einen aufstrebenden Markt darstellt als ein Verbleib in überkauftem Territorium. Für einige RSI-Beispiele habe ich einen Abschnitt über S&Ps beigefügt, die mehr an eine bestimmte Schwankungsbreite gebunden sind, um so Oszillatoren bei verschiedenen Marktbedingungen beobachten zu können. Die vier mit »1« bezeichneten Beispiele in Abbildung 7-4 zeigen das typische Verkaufssignal, wenn der Markt überkauftes Territorium verlässt, oder das Kaufsignal, wenn er überverkauft ist.

Auch hier gibt es einige Händler, die gerne das Signal mitnehmen, wenn es so aussieht, als ob der Indikator seinen Spitzenwert erreicht, dennoch ist es besser zu warten, bis er die Bereiche der Extremwerte verlässt.

2. Kaufen Sie, wenn der RSI an der 50er-Linie hängen bleibt.

Während eines starken Marktes fällt der RSI kaum bis zur 30er-Linie, sodass man einen Fall bis zur 50er-Linie oder leicht darunter durchaus als Kaufsignal betrach-

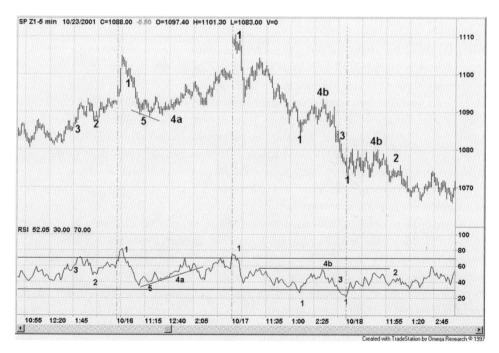

Abb. 7-4: *Fünf-Minuten-Chart S&P 500: RSI-Ideen*

ten kann. In solchen Fällen kann die 50er-Linie als Unterstützungs- oder Widerstandslinie verwendet werden. Ein Kursrückgang endet in vielen Fällen genau dann, wenn der RSI die 50er-Linie berührt. Auf diesem Chart gibt es einige Stellen (die mit »2« bezeichneten Beispiele), an denen sich der Markt in einer Art kleinerem Trend befand, versuchte, sich zurückzuziehen, und schließlich doch an der 50er-Linie endete. Man sollte sich klarmachen, dass der Markt nicht jedes Mal überverkaufte oder überkaufte Gebiete erreicht. Wenn er ungefähr auf halber Strecke endet, könnte dies eine gute Stelle zum Einstieg sein.

3. Kaufen Sie, wenn der RSI über der 50er-Linie liegt.

Statt den RSI dazu zu verwenden, überkaufte/überverkaufte Gebiete anzuzeigen, kann man mit ihm auch den Trend verfolgen. Wenn der RSI größer ist als 50, dann ist das Momentum des Trends nach oben gerichtet, und man sollte ausschließlich über Aktienkäufe nachdenken. Allgemein kann man Folgendes sagen: Sobald der Markt die 50er-Linie überquert, liegt ein Kaufszenario vor; wenn er unter diese Linie fällt, kann man über Aktienverkäufe nachdenken. Das erste Beispiel 3 zeigt, wie ein Kauf bei einem RSI-Durchbruch über 50 einen Trader auf die richtige Seite eines starken Marktes bringen kann. Das zweite Beispiel 3 zeigt, wie ein Verkauf bei einem Fall des RSI unter die 50er-Linie zu einem anständigen Trade führt.

4. Suchen Sie nach technischen Analysemustern im RSI.

Beim Umgang mit dem RSI kann man den Indikator genauso betrachten, wie man einen Chart betrachten würde. Man kann Trendlinien sowie Unterstützungs- und Widerstandslinien ebenso einzeichnen wie in einem Preischart. Die Linien in einem RSI-Chart sind durchaus genauso zuverlässig wie die in einem Preischart. Sie finden auch einige Beispiele dafür, wie man Trendlinien in den Indikator einzeichnen kann, um für seine Trades die Richtung zu ermitteln. In Beispiel 4a wurde zunächst eine Trendlinie im RSI erstellt, und solange diese standhält, kann man kaufen. Sobald Sie durchbrochen wird, kann man entweder Aktien verkaufen oder aus einem Aktienkauf aussteigen. Man kann es auch verwenden, um zu erkennen, wann sich der Indikator zu weit von seiner Trendlinie entfernt hat. An dieser Stelle kann man nach einem Kursrückgang Ausschau halten. Man kann auch nach festen Mustern im Indikator suchen, wie etwa in Beispiel 4b, wo der Indikator zunächst einen doppelten Höchstwert bildete und dann einen dreifachen Höchstwert. Hierbei handelte es sich um einen Bereich, den er nicht durchbrechen konnte. Beide Male, als er diesen Bereich erreichte und es nicht schaffte, ihn zu durchbrechen, tat sich der Markt recht schwer, in Schwung zu kommen. Wenn man Ausschau nach festen Mustern im Indikator hält, kann man, wie bei den Abweichungen, einige sehr gute Trades und bessere Ausstiegspunkte aus dem Markt finden.

5. Suchen Sie nach einer Abweichung zwischen der Kursentwicklung und dem Indikator.

Suchen Sie nach einer Abweichung zwischen der Kursentwicklung und dem RSI. Dies funktioniert genauso wie beim Stochastik. Beispiel 5 zeigt eine gewisse Abweichung zwischen dem Indikator und dem Markt, die dem Richtungswechsel des Marktes vorausging und hauptsächlich dem RSI folgte, der es nicht schaffte, einen niedrigeren Tiefstwert zu erreichen als die Futures.

> **RSI-FORMEL**
>
> RSI = 100 − (100/1 + RS)
>
> RS = Durchschnitt der höchsten Schlusskurse innerhalb einer Zeitspanne x / Durchschnitt der niedrigsten Schlusskurse innerhalb einer Zeitspanne x
>
> x bezeichnet die Zeitspanne, normalerweise 14 Börsentage.
> Je kürzer die Zeitspanne, desto unbeständiger der RSI.
> Der Durchschnitt kann exponentiell geglättet oder regelmäßig sein.

MOVING AVERAGE CONVERGENCE/DIVERGENCE (MACD)

Der MACD ist ein weiterer von mir verwendeter Oszillator. Er basiert auf exponentiell gewichteten, gleitenden Durchschnitten, das heißt, er legt verstärkt Wert auf die aktuellsten Daten. Man zeichnet ihn in einen Chart mit einer Nulllinie als Mittelpunkt ein. Anders als bei den zuvor beschriebenen Oszillatoren, bei denen es überkaufte und überverkaufte Bereiche gibt, ist bei dieser Art von Oszillator die Nulllinie (Gleichgewichtslinie) die ausschlaggebende Linie. Wonach man in einem MACD sucht, ist die Beziehung zwischen den beiden Moving Averages: der MACD-Linie (in Abbildung 7-5 gestrichelt dargestellt) und der Signallinie, die einen neunstufigen Durchschnitt der schnelleren MACD-Linie darstellt. Wenn sich die beiden Linien nähern, konvergieren sie, und wenn sie wieder auseinanderlaufen, divergieren sie – daher der Name des Indikators. Wenn die Stärke der Kursbewegung im Markt zunimmt, vergrößert sich der Abstand zwischen den beiden Linien. Wenn die Stärke abnimmt, nähern sich die Linien einander an, bis sie sich möglicherweise kreuzen. Der Unterschied zwischen den Moving Averages wird als Histogramm dargestellt. Dieses Histogramm dient als Oszillator und misst die Abweichung oder Übereinstimmung des kürzeren und des längeren Moving Averages/gleitenden Durchschnitts.

Abb. 7-5: *60-Minuten-Chart S&P 500: MACD-Ideen*

Während sich die beiden Moving Averages auseinanderbewegen, weil die Kurse steigen, steigt das MACD-Histogramm und entfernt sich von der Nulllinie. Wenn sich die Moving Averages schneiden, bleibt das Histogramm an der Nulllinie. Wenn die Linien fallen, entwickelt es sich unter Null.

Wie andere Oszillatoren auch, kann der MACD dazu verwendet werden, überkaufte oder überverkaufte Bereiche des Marktes aufzufinden, besonders dann, wenn sich der Markt innerhalb einer Handelsspanne bewegt. Da es keine überkauften oder überverkauften Bereiche gibt, muss man anhand der Abbildung erkennen, wann der Indikator in der Nähe des Höchst- oder Tiefstwertes einer bestimmten Zeitspanne liegt, um so das Ende einer Kursbewegung zu ermitteln. Wie bei anderen Indikatoren eignen sich hierfür nicht unbedingt alle Signale. Doch wenn man sorgfältig mit dem MACD umgeht, kann er durchaus ein wertvoller Bestandteil des Arsenals von Werkzeugen sein.

Trading-Strategien im Umgang mit dem MACD

1. Kaufen Sie, wenn die MACD-Linie über der Signallinie liegt.

Allgemein gesagt, sollten Sie nur dann kaufen, wenn die MACD-Linie über der Signallinie liegt, und nur dann verkaufen, wenn sie unter dieser Linie liegt. Dies kann man entweder in den Averages oder im Histogramm erkennen; wenn das Histogramm über der Nulllinie liegt, handelt es sich um ein Zeichen für einen Aufwärtstrend, da es gleichbedeutend mit der über der Signallinie verlaufenden MACD-Linie ist. Beispiel 1 zeigt, dass es durchaus richtig ist zu kaufen, solange die MACD-Linie über der Signallinie liegt. Ein Trade entgegen dieser Richtung ist nicht unbedingt empfehlenswert.

2. Kaufen Sie, wenn der Crossover unter der Nulllinie liegt.

Stärkere Kaufsignale treten auf, wenn die MACD-Linie deutlich unter der Nulllinie liegt und nach oben dreht, um die Signallinie zu überqueren. Das erste Beispiel 2 zeigt ein gutes Signal, das man hätte mitnehmen können, sobald sich die Linien nach dem überverkauften Bereich geschnitten haben. Ein Trader hätte im zweiten Beispiel 2 auch verkaufen können, wo sich die Linien weit im überkauften Territorium schneiden.

3. Kaufen Sie, wenn sich die Moving Averages über der Nulllinie schneiden.

Wenn sich die Moving Averages über der Nulllinie schneiden, liegt die Bestätigung eines Kaufsignals vor. An diesem Punkt kann es sein, dass ein Trader seine Position stärken oder in den Markt einsteigen will, sofern er dies noch nicht getan hat. Wenn die MACD-Linie die Nulllinie überquert, bedeutet dies Folgendes: Der kürzere exponentielle Moving Average (EMA), aus dem die Formel gebildet wird, überquert den längeren EMA. Dies ist nichts anderes als ein Moving Average-Crossover-Signal für einen Aufwärtstrend (siehe Kapitel 6). Beispiel 3 zeigt, dass der Markt tatsächlich anstieg, sobald die Averages die Nulllinie überquert hatten.

4. Suchen Sie nach einer Abweichung zwischen der Kursentwicklung und dem Indikator.

Wenn der MACD-Indikator oder das MACD-Histogramm von der Kursentwicklung abweicht, ergeben sich sogar noch bessere Signale. Beispiel 4 zeigt: Sobald der Markt einen neuen Spitzenwert erreichte und der Indikator nicht, war der Move bald vorüber, und danach setzte ein ziemlich heftiger Sell-Off (panikartiger Aktienverkauf) ein.

5. Suchen Sie nach technischen Analysemustern in den Histogrammen.

Man kann auch das Muster des Histogramms verwenden, um Signale auszulösen. Wenn das Histogramm unter der Nulllinie verläuft, einen Tiefstwert erreicht und allmählich wieder steigt, wie in beiden Beispielen 5, kann man durchaus versuchen, frühzeitig einen Umschwung mitzunehmen. Wenn man ein Histogramm betrachtet, dessen Linien kürzer werden, so kann dies bedeuten, dass das Momentum an Stärke verliert. Dies kann passieren, bevor die Linien die Nulllinie überqueren oder berühren, und man erhält ein Crossover-Signal.

Man sollte aber vorsichtig sein, denn wenn man versucht, einen Move vorauszuahnen, kann es wie bei den anderen Oszillatoren passieren, dass man in unregelmäßigen Seitwärtsbewegungen hängen bleibt. Ich verwende diese Spitzen und Täler des Histogramms als eine Methode, um das mögliche Ende einer Welle zu ermitteln. Entweder steige ich dann aus, oder ich versuche, meine Position zu verändern.

MACD-FORMEL

Schnelle MACD-Linie (gestrichelte Linie) = (kurze EMA – lange EMA)
Signallinie = 9-stufiger Average der schnellen MACD-Linie
MACD-Histogramm = schnelle Linie – Signallinie

Häufige Voreinstellungen:
Kurze EMA = 12-stufige EMA
Lange EMA = 26-stufige EMA
MACD MA = 9
EMA = exponentieller Moving Average / gleitender Durchschnitt

---

TRADES MIT HILFE VON OSZILLATOREN PLANEN

Oszillatoren eignen sich besonders gut dafür, den Einstieg in und den Ausstieg aus dem Markt zu planen. Ein Trader, der Oszillatoren verwendet, kann das Jagen des Marktes verhindern, auf passende Marktsituationen für den Einstieg warten und einen Ausstieg zur Unzeit vermeiden. Wenn man es schafft, sich auf diesen Gebieten zu verbessern, wird man ein viel besserer Trader. Normalerweise verläuft ein trendorientierter Markt in Wellen. Wenn der Markt aufwärts tendiert und die Indikatoren ansteigen, fühlt sich ein Trader allmählich unwohl, wenn er in überkauften Bereichen kauft. Genau an diesem Punkt kann der Markt abflauen oder seinen

Trend ändern. Wenn man weiß, wo sich ein Oszillator befindet, kann man sich vor einer möglicherweise überkauften Marktsituation schützen. Befindet sich der Oszillator in der Nähe seines Höchstwertes, halte ich dies grundsätzlich für den falschen Zeitpunkt, um zu kaufen. Schließlich hat schon eine Marktbewegung nach oben stattgefunden, und somit ist es eher wahrscheinlich, dass die Kurse wieder fallen. Ein Kursverfall ist zwar nicht zwingend notwendig, da sich der Trend auch fortsetzen kann, doch spricht einiges dafür. Viele Trader springen dennoch in diesem Bereich auf einen Trade auf, ohne dabei auf einen Oszillator zu achten oder darauf, dass der Markt überlastet ist. Sie haben Angst, einen Move zu verpassen, die Kurse scheinen stabil, und jeder spricht nur von Gewinnen, also denken sie, dass der Trend anhält, und kaufen schließlich Spitzenwerte. An diesem Punkt sollte ein Trader über Positionen zum Ausstieg nachdenken statt über einen Einstieg. Wenn der Markt überkauft ist und weiter steigt und man einen Trade verpasst, weil man auf einen Pullback wartet, ist dies kein Problem. Wenn Sie so lange warten, bis der Oszillator zurückgeht oder Ihnen ein Signal gibt, sind Ihre Erfolgsaussichten wesentlich höher, als wenn Sie in einem überkauften Markt kaufen, selbst wenn dieser weiter ansteigt. Man benötigt Geduld, um auf einen Rückgang des Marktes zu warten, doch genau diese Geduld macht einen guten Trader aus.

Nehmen wir an, Sie wollen KLAC kaufen und schauen dafür auf einen Fünf-Minuten-Chart (Abbildung 7-6). Die Aktie hat sich gerade nach oben entwickelt und erregt Ihre Aufmerksamkeit. Sie schauen auf den Chart und sehen, dass Sie sich bei Punkt A befinden. Ein cleverer Trader wird hier nicht kaufen; wenn er den Stochastik betrachtet, erkennt er, dass der Markt überkauft ist und eventuell ein wenig nachgibt, bevor er weiter steigt. Selbst wenn er nicht nachgibt, ist es keine allzu gute Idee, einen überkauften Markt zu kaufen. Statt die Aktie zu jagen, beobachtet er sie lieber und wartet mit dem Einstieg, bis der Stochastik eine überverkaufte Marktsituation erreicht hat. Er wartet geduldig und lässt sich nicht zum Kauf verleiten, bevor die Aktie Punkt B erreicht. An diesem Punkt schießen seine Erfolgsaussichten förmlich in die Höhe, verglichen mit denen an Punkt A, wenn er die Aktie gejagt hätte.

Nach seinem Einstieg beschließt er, so lange zu warten, bis sich ein passender Moment für einen Ausstieg bietet. Doch leider war er gerade auf der Toilette, als die Aktie an Punkt C ihren Spitzenwert erreichte. Als er zurückkam, hatte schon der Sell-Off eingesetzt, und die Aktie näherte sich dem überverkauften Bereich an Punkt D. In diesem Bereich werfen viele das Handtuch, wenn sie sehen, wie ihnen die Gewinne entgleiten, oder schlimmer, wenn sie Geld verlieren, weil sie an Punkt C tatsächlich gekauft haben. Ein guter Trader erkennt jedoch, dass der Indikator überverkauft ist, und wartet mit dem Ausstieg so lange, bis er weiß, ob er wieder steigt. In diesem Fall verlässt der Markt das überverkaufte Territorium und erholt sich, bis er an Punkt E den überkauften Bereich erreicht und kämpfen muss, um

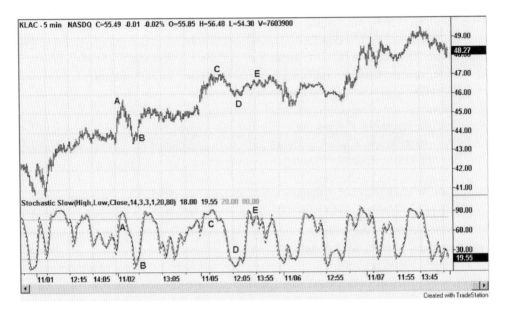

Abb. 7-6: Fünf-Minuten-Chart KLAC: Trades planen

seinen Aufwärtstrend beizubehalten. Hier steigt der Trader aus und nimmt einen wesentlich besseren Kurs mit. Gleichzeitig hat er einen wesentlich schlechteren Kurs vermieden, weil er es geschafft hat, diesen Bereich zu überstehen. Das klappt nicht immer, doch man sollte dem Markt zumindest ein wenig Zeit geben, um zu sehen, ob er im überverkauften Bereich wieder nach oben steigt, besonders wenn der längerfristige Trend nach oben zeigt. Wenn es nicht nach einem Anstieg aussieht, steigt ein guter Trader aus; wer hier zu lange an einem Trade festhält, wird nie eine reelle Erfolgschance haben.

FALSCHER GEBRAUCH VON OSZILLATOREN

Viele unerfahrene Trader verwenden Oszillatoren falsch, weil sie glauben, es handle sich lediglich um einen Indikator, mit dem man Marktumschwünge mitnehmen kann. Was die meisten Trader jedoch nicht bedenken, ist, dass Oszillatoren nicht dafür bestimmt sind, Marktumschwünge mitzunehmen, sondern als eine Art Bestätigung für trendorientierte Märkte gedacht sind. Zudem stellen sie ein Tool dar, mit dem ein Trader den rechtzeitigen Ausstieg aus einem Trade besser planen kann, noch bevor ein Marktumschwung stattfindet. Dennoch verbinden viele nur die Mitnahme von Marktumschwüngen damit. Der häufigste Fehler besteht darin zu glauben, dass, sobald der Indikator überkauft ist, der Markt nach unten tendiert. Aber wie ich schon erwähnt habe, kann er in einem stabilen Markt weiterhin eine gewisse

Zeit lang überkauft sein und dabei viele falsche Signale abgeben. Werte über der Überkauft-Linie bedeuten lediglich, dass der Kurs in der Nähe seines Spitzenwertes schließt und dass der Markt stabil ist, nicht, dass er dabei ist, Aktien panikartig zu verkaufen. Das kann zwar durchaus passieren, muss aber nicht unbedingt der Fall sein. Kaufen oder Verkaufen als Vorgriff auf einen Indikator ist nicht unbedingt üblich. Sehr oft passiert es nämlich, dass ein Markt in einer überkauften oder überverkauften Marktsituation seinen Trend eine gewisse Zeit lang beibehält. Es ist besser, auf eine Bestätigung der Kursbewegung zu warten, als voreilig einzusteigen. Wenn der Indikator eine gewisse Zeit im überkauften oder überverkauften Bereich bleibt, muss man ihn ignorieren und auf grundlegende Trendfolgestrategien zurückgreifen, da diese am besten funktionieren.

> **DURCH DEN FALSCHEN GEBRAUCH VON OSZILLATOREN VERLIERT MAN LEICHT GELD**
>
> Hierzu will ich nur so viel sagen: Ich habe jahrelang versucht, den Stochastik zur Ermittlung von Höchst- und Tiefstwerten einzusetzen, und wenn ich von meiner Unfähigkeit, Geld zu machen, ausgehe, kann ich sagen, dass sie nicht funktionieren, wenn man sie nur zu diesem Zweck verwendet. Viel zu oft habe ich versucht, in überverkauften Bereichen Veränderungen in der Marktrichtung zu ermitteln, nur um danach zuschauen zu müssen, wie der Markt seine Richtung unverändert beibehielt. Ich weigerte mich auszusteigen, da der Markt noch immer überverkauft war und ein Kursanstieg »überfällig« erschien. Schließlich fand ich heraus, dass Oszillatoren am besten funktionieren, wenn man sie mit anderen Indikatoren oder Patterns kombiniert. Ich erhielt erst dann bessere Ergebnisse, als ich anfing, Oszillatoren mit »mehr Hirn« einzusetzen.

TRADEN MIT OSZILLATOREN

Einer der großen Vorteile von Momentum-Oszillatoren ist, dass sie Wendepunkte wesentlich schneller ermitteln können als Trendfolger. In einem wechselhaften Markt führen Trendfolger dazu, dass man in seitliche Richtung hin- und hertradet (Whipsaw), während man mit Oszillatoren kurzfristige Höchst- und Tiefstwerte mitnehmen kann. Während wechselhafter Märkte kann das Kaufen von überverkauften Marktsituationen und das Verkaufen von überkauften Marktsituationen wunderbar funktionieren; das Schwierige daran ist, dass man weiß, wann ein Markt trendorientiert verläuft oder an eine feste Schwankungsbreite gebunden ist. Märkte verlaufen nur in etwa 20 Prozent der Fälle trendorientiert. Doch wenn sie einem Trend folgen, können sie durchaus stabil sein, und die Verwendung von Oszillatoren kann sehr aufwendig sein. Da Oszillatoren zur Ermittlung von Höchst- und Tiefstwerten am besten zu gebrauchen sind, wenn der Markt nicht trendorientiert verläuft, könnte man über den Gebrauch eines »Average Directional Index« (ADX) nachdenken, um festzustellen, wann man Oszillatoren eher gebrauchen kann. Als einfache Faustregel gilt: Wenn der ADX unter 20 liegt, kann man davon ausgehen, dass der Markt innerhalb einer festen Schwankungsbreite wechselhaft verläuft. System-Traden könnte in dieser Marktsituation schwierig werden, deshalb verwendet man lieber ein System, das auf Oszillatoren beruht und wahrscheinlich besser funktioniert.

Ich hatte bisher eher wenig Glück mit dem Erstellen eines Systems, das nur mit typischen Stochastik-Signalen funktioniert. Deshalb verwende ich den Stochastik als ein untergeordnetes Signal oder als einen Alarm, der mir mitteilt, dass es okay ist, in eine bestimmte Richtung zu traden, oder der mir sagt, dass ich besser aussteigen oder einige meiner Positionen aufgeben sollte. Dies mag das mechanische System-Trading als ein wenig willkürlich erscheinen lassen, doch manchmal muss man sich ganz einfach verschiedenen Marktsituationen anpassen und in der Lage sein, unterschiedliche Patterns und Money-Management-Systeme einfließen zu lassen. Ein wichtiger Bestandteil des richtigen Umgangs mit Oszillatoren ist der Einbau von Patterns wie zum Beispiel doppelte Höchstwerte, Trends und Abweichungen. Diese Patterns stellen eine der besten Möglichkeiten im Umgang mit Oszillatoren dar, sind jedoch schwierig in einem System zu programmieren.

ABWEICHUNGEN

Anstatt zu versuchen, Marktsituationen vorherzusagen, indem man Höchst- und Tiefstwerte herauspickt, ist es wesentlich erfolgversprechender, Oszillatoren zu verwenden, um nach Abweichungen zu suchen. Außer den oben beschriebenen gibt es noch viele andere Abweichungen, die man auf dem Markt finden kann. Wenn man auf sie achtet und auf der jeweiligen Seite richtig mit ihnen tradet, kann man noch wesentlich mehr aus den Oszillatoren herausholen. Insgesamt gehört es zu den besten Trading-Methoden im Umgang mit Oszillatoren, wenn man nach Abweichungen sucht. Um sie zu finden, muss man jedoch stets auf der Hut sein. Abweichungen lassen sich nicht ohne weiteres in computergestützte Tradingsysteme einprogrammieren, sodass ein Trader, der sie verwendet, sehr diskret vorgehen sollte. Hier nun einige Abweichungen, nach denen man suchen könnte.

1. Die geläufigste Form einer Abweichung tritt auf, wenn sich ein Markt in eine Richtung entwickelt und der Indikator genau in die andere Richtung zeigt. Dies ist ein typisches Zeichen dafür, dass der Markt an Schwung verloren haben könnte, da der letzte Move nicht mehr so stark war wie der vorherige Move und

das Momentum den Markt eventuell schon verlassen hat. Wenn die Abweichungen in der Nähe der Spitzenwerte vorkommen, könnte man hier außergewöhnlich gute Trades abschließen. Ein gutes Beispiel liegt vor, wenn sich der Indikator in überverkauftem Gebiet befindet, höher tendiert und danach wieder nach unten fällt, wobei er aber nicht den vorherigen Tiefstwert durchbricht, während der Markt einen niedrigeren Tiefstwert verzeichnet. An diesem Punkt kann es gut sein, dass der Move an Momentum einbüßt. Der RSI, der in beiden Beispielen in Abbildung 7-7 mit »1« bezeichnet wird, zeigt dieses Pattern beispielhaft. Hier markierten die Signale das vorläufige Ende eines mehrtägigen Sell-offs.

2. Eine zweite Art von Abweichung tritt auf, wenn der Markt abwärts tendiert und danach eine Zeit lang ziemlich flau tendiert, während sich der Oszillator nach oben in Richtung des überkauften Bereiches orientiert. Dies ist ein Zeichen dafür, dass es dem Markt in Richtung des Oszillators an Momentum mangelt und er seinen Trend auf der nächsten Welle mit voller Kraft fortsetzen kann. Sie erkennen dies in Beispiel 2, wo sich die Aktie kaum noch nach oben bewegte, während der Stochastik-Indikator in Richtung überkauftes Territorium tendierte. Was diesen Trade so erfolgversprechend macht, ist, dass der Markt nicht wie erwartet reagierte, steigend mit stärker werdendem Stochastik-Indikator. Sobald er eine überkaufte Marktsituation erreicht, warten bereits viele Trader sehnsüchtig darauf, zu verkaufen, andere Trader stärken ihre schon vorhandenen Verkaufspositi-

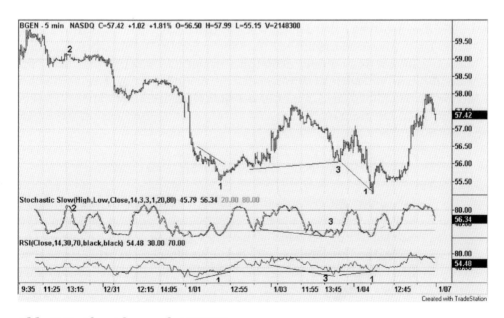

Abb. 7-7: *Abweichungen bei BGEN*

onen, und die Trader mit Kaufpositionen verlieren auch ihre letzte Hoffnung. Dies alles führt zu einem bemerkenswerten Kursanstieg der Aktie.

Obwohl es in dieser Situation ein wenig gedauert hat, bis es funktionierte, wäre es eine tolle Gelegenheit gewesen, zu verkaufen, da der Markt danach nie mehr höher stieg.

3. Normalerweise achtet man darauf, wann der Markt nach unten abbricht und der Indikator nicht, aber wenn das Gegenteil passiert, ist das auch ein gutes Signal. Ein Beispiel liegt vor, wenn der Markt nach unten tendiert, ohne einen niedrigeren Tiefstwert zu erreichen, der Indikator jedoch schon, wie in Beispiel 3. Hier tendierten sowohl der RSI als auch der Stochastik niedriger, während die Aktie nicht nach unten durchbrechen konnte. In dieser Situation könnte man allmählich nach einem Richtungswechsel Ausschau halten, da Verkäufer den Markt nicht mehr niedriger drücken konnten, als er dem Indikator zufolge hätte fallen müssen. Hierbei handelte es sich um einen kurzlebigen Aufschwung, der bei Tradern, die nach einem bedeutenden Umschwung Ausschau halten, nicht so gut funktioniert hätte. Der Verlust – falls es überhaupt einen gegeben hätte – hielt sich dagegen in Grenzen. Dies vermittelt einem Trader einen recht guten Eindruck davon, nach welchem Pattern er suchen sollte. Es signalisiert außerdem eine Stelle, an der man einen Gewinn mitnehmen kann. Man muss nicht ständig versuchen, Tiefstwerte zu erreichen, doch wenn man eine Short-Position hat und dieses Pattern vorfindet, will man vielleicht zumindest einen Gewinn erzielen.

4. Es gibt Zeiten, in denen sich der Markt nach oben bewegt und ein Oszillator nach unten. Diese Abweichung sollte als Warnung angesehen werden, dass irgendetwas nicht stimmt. Immer öfter deutet dies darauf hin, dass der Kurs dabei ist, seine Richtung zu ändern. Hierfür finden Sie ein gutes Beispiel in den beiden Beispielen 6 in Abbildung 7-3. In beiden Fällen erreichte der Markt nach diesem Pattern einen Tiefstwert.

ABWEICHUNGEN ZWISCHEN AKTIEN UND DEM MARKT

Eine andere Art der Abweichung, die ich ständig erlebe und verwende, liegt vor, wenn man einzelne Aktien mit dem Gesamtmarkt vergleicht. Nehmen wir an, der Markt hat einen stabilen Tag, ich habe für eine Reihe von Aktien Long-Positionen und darüber hinaus einen schönen Gewinn. Dann erreichen die S&Ps höhere Spitzenwerte, und während sie weiter steigen, merke ich, dass sich mein P&L überhaupt nicht verbessert. Dies bedeutet, dass meine Aktien gemeinsam mit dem Markt aufgehört haben zu steigen. Wenn dies passiert, kann man davon ausgehen, dass der Markt bald seinen Trend ändert oder dass jetzt eine andere Gruppe den Markt anführt; in beiden Fällen steige ich aus meinen Trades aus. Die andere Möglichkeit, dieses Szenario zu nutzen, besteht darin, nach Aktien zu suchen, die nicht mit dem Markt steigen, und diese zu verkaufen; dies bildet einen guten Schutz für alle Long-Positionen, die man vielleicht besitzt.

MIT DEM TREND TRADEN

Am besten ist, man verwendet den Stochastik zusammen mit Trendfolgern. Man sollte immer versuchen, in der Richtung des Haupttrends in den Markt einzusteigen. Zunächst muss man den Trend ermitteln. Als Nächstes, sobald man weiß, dass man einen aufwärts tendierenden Markt gefunden hat, in dem man hauptsächlich Aktien kaufen möchte, sollte man nach Tiefpunkten im Oszillator der überverkauften Bereiche suchen, um zu kaufen. In Abbildung 7-8, die KLAC darstellt, erkennt man an den Punkten A, B, C und D Stellen, die sich hervorragend für einen Markteinstieg eignen. Der Markt befindet sich in dieser Phase in einem anständigen Aufwärtstrend, doch an all diesen Punkten hat er einige Aktien abgegeben, weil er sich entweder einer Trendlinie genähert hat oder nach einem Tief abgeflaut war. In jedem Fall bewegt sich der Indikator in überverkauftes Territorium und bietet eine gute Gelegenheit zum Einstieg. Während der Oszillator die überverkauften Bereiche verlässt

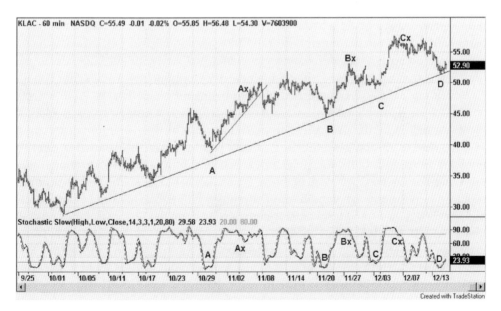

Abb. 7-8: 60-Minuten-Chart für KLAC: Mit dem Trend traden

und in Richtung überkauften Bereich steigt, kann man die Punkte Ax, Bx und Cx als Ausstiegspunkte für die ersten drei Trades verwenden. Ax ist auf Grund der Abweichung zwischen dem Kurs und dem Indikator ein wirklich gutes Ausstiegssignal: Während der Markt weiter anstieg, ließ der Indikator allmählich leicht nach, sodass man vermuten konnte, der Trend habe vielleicht ein wenig an Schwung eingebüßt. Die beiden anderen Punkte könnte man verwenden, um aus dem Markt auszusteigen, sobald der Stochastik-Indikator den überkauften Bereich nach unten durchkreuzte. An diesen Stellen sollte man aus Angst vor einem Pullback des Marktes besser aussteigen. Falls er im überkauften Bereich bleibt, sollte man seine Positionen halten, da ein starker Trend vorliegen könnte. Ich empfehle bei keinem dieser Signale zu verkaufen, da sie gegen den Trend verlaufen und demzufolge keine allzu hohen Erfolgsaussichten versprechen. Wie man sieht, lässt einem der Markt einerseits nicht allzu viel Zeit, um Gewinne mitzunehmen, wenn man richtig liegt, und er kann andererseits regelrecht explodieren, wenn man sich getäuscht hat. Denken Sie daran: Sie müssen nicht jeden Trade mitnehmen; nehmen Sie nur die erfolgversprechenden Trades, die in Richtung des Trends verlaufen.

MULTIPLE ZEITRAHMEN / VIELFACH-ZEITRAHMEN

Die Erfahrung hat mich gelehrt, dass man den Stochastik (und alle anderen Oszillatoren auch) am besten in multiplen Zeitrahmen verwendet, um auf diese Weise Trades zu planen, die mit dem Haupttrend verlaufen. Zuerst suche ich mir mit einem Tageschart den Haupttrend, so wie ich es bereits in den vorhergehenden Kapiteln getan habe. Sobald ich diesen gefunden habe, verwende ich den 60-minütigen Zeitrahmen, um mir einen besseren Eindruck darüber zu verschaffen, wie viel Spielraum ich noch habe oder wann es zu einem Pullback oder zur Überlastung einer Welle kommen könnte. Nachdem ich die Richtung meiner Trades nun kenne, suche ich mir auf den kürzeren Zeitrahmen meine einzelnen Trades. Nehmen wir an, ich würde denselben KLAC-Chart verwenden, dann würde mir der Stochastik nicht nur helfen, in die Trades einzusteigen, sondern in den kürzeren Zeitrahmen auch als eine Art Bestätigung für die gewählte Richtung dienen. Wenn etwa der 60-minütige Stochastik-Indikator steigt, trade ich im fünfminütigen Zeitrahmen nur mit Long-Positionen. Egal ob man einen Trade ein paar Tage halten will oder lieber ständig ein- und aussteigt, der kürzere Zeitrahmen hilft dabei. Mit dem Chart in Abbildung 7-9, dem Fünf-Minuten Zeitrahmen, der dem Bereich zwischen Punkt A und Punkt Ax auf dem Chart in Abbildung 7-8 entspricht, kann man einen Trade nach dem Signal bei Punkt A auf dem 60-Minuten-Chart planen. Auf dem Fünf-Minuten-Chart erkennt man: Wenn man Signal A genommen hätte, sobald es auf dem 60-Minuten-Chart erschien, hätte man einen Pullback von zwei Dollar aushalten müssen. Wenn man wartet, bis der Fünf-Minuten-Stochastik den überverkauften Bereich erreicht und steigt, kann man in einem wesentlich besseren Bereich in den

Markt einsteigen. Zwar hat es nicht augenblicklich funktioniert, doch handelte es sich um einen wesentlich besseren Einstiegspunkt, und das Risiko war geringer. Sobald er erst einmal eingestiegen ist, kann ein Trader wieder auf den 60-Minuten-Chart zurückgreifen und bis Punkt Ax seine Positionen halten, oder ein etwas kribbeliger Trader kann auch mehrere Trades im selben Zeitraum mit dem Fünf-Minuten-Chart durchführen. Einige der möglichen Stellen für den Ein- und Ausstieg habe ich mit Pfeilen markiert, die nach oben und unten zeigen. Bedenken Sie: Man sollte Trades nur mit Long-Positionen durchführen, solange der größere Zeitrahmen nach oben tendiert. Die beiden Punkte D deuten auf eine gewisse Abweichung zwischen dem Markt und dem Indikator hin, sodass Käufe an diesen Punkten besonders gute Trades bedeuten.

Wenn ich nun schon beim Thema multiple Zeitrahmen bin, dann wiederhole ich an dieser Stelle noch einmal, dass man bei den unterschiedlichen Zeitrahmen nicht dieselben Indikatoren verwenden muss. Manche verwenden gerne Volumen, Trendlinien, ADX und RSI auf dem Tages-Zeitrahmen, danach MACD und Moving Averages auf dem 60-Minuten-Zeitrahmen und schließlich den Stochastik auf einem Fünf-Minuten-Chart.

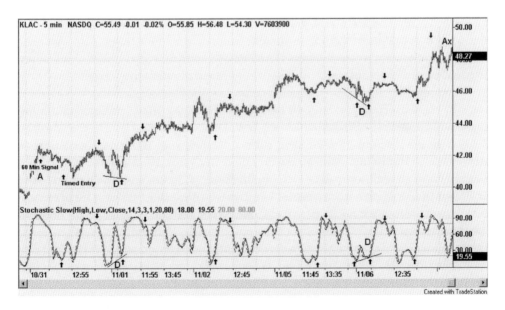

Abb. 7-9: *Fünf-Minuten-Chart KLAC: Planen Sie Ihre Trades genauer*

EIN BESSERER TRADER WERDEN

Ein besserer Trader zu werden heißt nicht nur, mit Oszillatoren umzugehen, sondern auch deren volles Potenzial auszunutzen. Man sollte Oszillatoren nicht verwenden, um Höchst- und Tiefstwerte zu ermitteln, sondern man sollte sie nutzen, um in Richtung des Haupttrends zu traden. Wenn sich der Markt in einem Aufwärtstrend befindet, verwenden Sie die Oszillatoren, um auf einen Pullback im Markt zu warten; wenn der Kursrückgang überkauft ist, versuchen Sie einzusteigen. Jemand wird zu einem besseren Trader, wenn er weiß, wo sich der Markt bezüglich einer überkauften oder überverkauften Marktsituation befindet. Ein kluger Trader wird sich nicht auf einen Trade stürzen, wenn er weiß, dass der Markt überkauft ist; stattdessen wartet er lieber auf einen besseren Einstiegspunkt. Ebenso wenig gibt er eine Position aus Angst auf, wenn der Markt fällt und überverkaufte Bereiche erreicht. Dies ist eigentlich der Bereich, in dem man in einen Trade ein- und nicht aussteigt, wie es viele Trader tun. Einer der großen Vorzüge von Oszillatoren ist es, einem Trader dabei zu helfen, in besseren Bereichen in Positionen einzusteigen und später wieder auszusteigen. Wenn man etwas länger wartet, hat man gute Chancen, in einem günstigeren Bereich auszusteigen.

Auch wenn sich der Markt in einem starken Trend befindet und sich der Oszillator weiter im überkauften Bereich bewegt, wartet man besser auf den ersten Pullback, bevor man einsteigt, anstatt einen stabilen Markt zu jagen. Bei einem starken Trend sollte man selbstverständlich auf grundlegende Trendfolger zurückgreifen, da sich Oszillatoren nicht so gut eignen. Es kann hilfreich sein, die Position des ADX zu kennen. Wenn er über 30 liegt, funktionieren die Trendfolger am besten. Wenn der ADX unter 20 liegt, kann man von einem innerhalb einer festen Schwankungsbreite verlaufenden, wechselhaften Markt ausgehen, sodass man besser Oszillatoren verwendet, um überkaufte und überverkaufte Marktsituationen zu ermitteln.

Ein besserer Trader zu werden heißt aber auch, dass man mit Oszillatoren unterschiedlich umgeht. Eine Möglichkeit besteht in der Suche nach festen Mustern beim Indikator, wie etwa Trendlinien, Unterstützungs- und Widerstandslinien sowie Abweichungen zwischen dem Markt und dem Indikator. Eine andere Möglichkeit besteht darin zu realisieren, dass sich ein Markt nicht immer so verhalten muss, wie er es laut Indikator eigentlich müsste. Die Tatsache, dass der Indikator im überkauften Bereich liegt, heißt noch lange nicht, dass der Markt mit einem Sell-off reagiert. Er kann seinen Aufwärtstrend durchaus eine gewisse Zeit lang beibehalten, während Sie ihm dabei geduldig zuschauen und auf einen Umschwung hoffen. Denken Sie daran: Der Markt verhält sich so, wie er es will, und nicht, wie man es von ihm erwartet. Es wäre demnach falsch, stur darauf zu warten, dass etwas passiert oder einen Move vorwegnehmen zu wollen, den es niemals geben wird. Wenn es sich um einen stabilen Markt handelt, wird er weiter ansteigen – trotz der überkauften

Werte. Außerdem kann sich ein Trader verbessern, wenn er Indikatoren verschiedener Zeitrahmen miteinander kombiniert, um verschiedene Blickwinkel und einen insgesamt besseren Eindruck vom Markt zu bekommen. Zusammenfassend sei gesagt: Wenn man Oszillatoren richtig verwendet, sollte man in der Lage sein, seine Trades genauer zu planen.

Probleme bei der Nichtanwendung oder falschen Anwendung von Oszillatoren:

1. Man erhält schlechte Einstiegs- und Ausstiegsbereiche.
2. Durch den Kauf überkaufter Märkte und den Verkauf überverkaufter Märkte erleidet man einen »Whipsaw« (Zickzack-Seitwärtsbewegungen beim Traden).
3. Man hält zu lange an falschen Positionen fest, weil man glaubt, der Markt sei »reif für einen Wechsel«.
4. Man erhält während eines starken Trends viele falsche Signale von Oszillatoren.
5. Man jagt den Markt.
6. Man steigt zum denkbar ungünstigsten Zeitpunkt aus.
7. Man weiß nicht, wann der Markt überlastet ist.
8. Man glaubt fest daran, dass der Markt dem Indikator folgt.
9. Man tradet gegen den Trend und spekuliert auf einen Umschwung.
10. Man verpasst einen Marktumschwung.

Aussichtsreiche Trades mit Oszillatoren:

1. Traden Sie in Richtung des Haupttrends, und kaufen Sie, wenn Retracements überverkauft sind.
2. Steigen Sie aus Trades aus, wenn der Oszillator seinen Spitzenwert erreicht.
3. Hören Sie auf, den Markt zu jagen, und steigen Sie nicht in den Markt ein, solange die Oszillatoren Extremwerte aufweisen.
4. Warten Sie auf Pullbacks, um Ihre Trades besser zu planen.
5. Verwenden Sie den Oszillator, um bessere Einstiegspunkte zu ermitteln.
6. Hüten Sie sich vor Käufen, wenn der Markt überkauft ist, und vor Verkäufen, wenn er überverkauft ist.
7. Verwenden Sie längere Zeitrahmen, um zu sehen, wie viel Spielraum ein Haupttrend noch hat.
8. Achten Sie auf Abweichungen zwischen dem Aktienkurs und dem Indikator.
9. Achten Sie auf technische Patterns bei den Oszillatoren.
10. Achten Sie auf den ADX, um zu sehen, wann sich der Markt in einem starken Trend befindet und wann nicht.
11. Wenn ein Oszillator längerfristig in der Nähe seiner Extremwerte bleibt, ist dies ein Zeichen für einen starken Trendverlauf.

12. Kombinieren Sie Indikatoren miteinander, um eine Bestätigung zu erhalten.
13. Wenn ein Oszillator über die Nulllinie steigt, sollten Sie nur kaufen.
14. Warten Sie einfach noch ein bisschen, wenn Sie es nicht mehr ertragen können und der Markt »reif für einen Wechsel« ist.

Hilfreiche Fragen, die Sie sich stellen sollten:

… Ist der Markt überkauft?
… Jage ich den Markt?
… Habe ich auf einen Pullback gewartet?
… Sollte ich aussteigen oder warten, was passiert, da der Markt gerade einen überverkauften Bereich erreicht?
… Verwende ich den Indikator richtig?
… Trade ich mit dem Haupttrend?

KAPITEL 8

Break-Outs und Umschwünge

Kein bedeutender Move beginnt ohne eine Art Break-Out oder Umschwung.

BREAK-OUTS: AUF DER SEITE DES MOMENTUMS TRADEN

Einige der ältesten, einfachsten und erfolgreichsten Trading-Systeme sind Break-Out-Systeme. Viele Trader steigen gerne anhand eines Break-Outs in den Markt ein. Dabei kann es sich um den Break-Out einer Unterstützungs- oder Widerstandslinie handeln, um den Durchbruch des höchsten Spitzenwertes der letzten Spanne x von Börsentagen oder den Durchbruch einer Trendlinie. Der Grund, warum Break-Out-Strategien so gut funktionieren, ist folgender: Sie ermöglichen es einem Trader, auf der Seite des Momentums in den Markt einzusteigen. Einen Break-Out kann es geben, wenn ein Markt aufwärts tendiert und dabei einen früheren Spitzenwert durchbricht, während er die Richtung seines Trends beibehält. Der Markt kann auch eine Trendlinie durchbrechen, um einen neuen Trend zu beginnen, oder er kann einen Congestion-Area (eine Schiebezone) durchbrechen. So oder so, wenn es sich um einen echten Break-Out handelt, kann es zu einem ausgedehnten kraftvollen Move führen, den ein Trader für sich nutzen kann – vorausgesetzt er weiß, worauf er achten muss. Das Traden mit einem Break-Out bietet noch einen zusätzlichen Vorteil: Wenn es zu einem großen Move kommt, kann man vermeiden, dass man auf der falschen Seite des Moves landet.

Abbildung 8-1 zeigt typische Arten eines Break-Outs. Der erste, an Punkt A, ereignet sich, wenn der Markt aus einem kurz zuvor erlittenen Tief ausbricht. In diesem Fall handelt es sich um einen Tiefstwert, den der Markt zweimal innerhalb einer kurzen Zeitspanne erreichte. Dieser Break-Out fand in der Richtung des Trends statt, und als er diesen Bereich tatsächlich durchbrach, setzte der Markt seinen Abwärtstrend weiter fort. An Punkt B jedoch durchbrach er die Trendlinie 1 nach oben, und dies war das erste Zeichen dafür, dass der Markt seine Richtung änderte. An Punkt C durchbrach er die Trendlinie 2 und setzte seinen Aufwärtstrend fort. Gleichzeitig lieferte er eine Bestätigung für eine Trendwende nach oben. Der nächste Break-Out an Punkt D ähnelte schließlich dem ersten, wo der Markt einen vorhergehenden Spitzenwert durchbrach und explosionsartig in den Trend einstieg. Wie Sie im Chart sehen können, ging den großen Moves im Markt jeweils ein Break-Out voraus, egal ob es sich um eine Fortsetzung des Trends handelte oder um einen Umschwung.

WAS FÜHRT DAZU, DASS EIN MARKT AUSBRICHT?

Der Markt kann aus unterschiedlichen Gründen ausbrechen. Einige Ausbrüche resultieren aus einer Pressemitteilung, zum Beispiel einer Wettervorhersage, einem Bergarbeiterstreik oder unerwarteten Erträgen. In anderen Fällen kommt es zu einem Ausbruch, weil ein technischer Indikator durchbrochen wurde. Märkte werden von aussagekräftigen Bereichen förmlich angezogen, wie zum Beispiel den bisherigen Höchst- und Tiefstwerten, klar festgelegten Trendlinien, Kanälen, Moving Averages, gerundeten Zahlen oder vorherigen Congestions (Überzeichnungen). Wenn ein Tra-

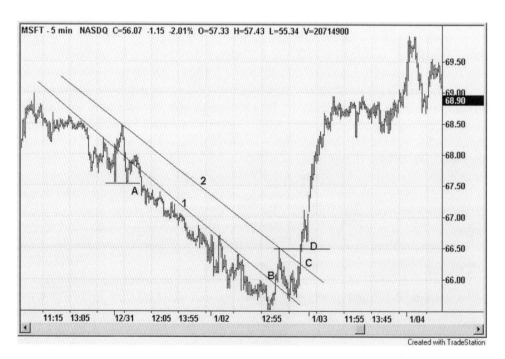

Abb. 8-1: *Fünf-Minuten-Chart für MSFT: Einige Ausbrüche*

der weiß, wo sich diese Bereiche befinden, kann er einen guten Eindruck gewinnen, wann sich ein Markt einem Bereich nähert, aus dem er ausbrechen kann.

Ein Ausbruch kann durch aufgestaute Energie im Markt verursacht werden, wenn derselbe Bereich ständig neu getestet wird. Märkte können ausbrechen, weil eine festgesetzte Grenze, die der Markt mehrfach getestet hat, automatisch Aufmerksamkeit erregt. Jedes Mal, wenn sich der Markt diesem Bereich oder dieser Linie nähert, ist man bereit, aktiv zu werden, um zu sehen, ob es einen Ausbruch geben wird oder nicht. Wenn es schließlich zu einem Ausbruch kommt, werden einige Stopp-Loss-Orders überschritten, und der Markt gewinnt Momentum, was zu einem anhaltenden Move führt. Es gibt andere Zeiten, in denen ein Markt eine gewisse Zeitlang stagniert, sich aber dann für eine Seite entscheidet und seinen Trend fortsetzt. Je länger er einen Bereich testet, desto größer wird der folgende Ausbruch wahrscheinlich sein. Manchmal ist der Ausbruch auch das Resultat eines schwächer werdenden Moves und eines an Momentum (Schwung) gewinnenden Retracements. Wenn genug Trader ihre Positionen auflösen oder verändern, kann es sein, dass der Markt aus seinem bisherigen Trend ausbricht und einen neuen Trend auslöst. Im weiteren Verlauf dieses Kapitels gehe ich noch genauer auf die Verhaltensmuster ein, die dazu führen können, dass der Markt ausbricht.

ARTEN DES AUSBRUCHS

Bisherige Höchst- und Tiefstwerte durchbrechen

Die wohl häufigste Art einer Break-Out-Strategie liegt vor, wenn man kauft, sobald der Markt einen bisherigen Höchstwert durchbricht, und verkauft, sobald er ein bisheriges Tief durchbricht. Als der Markt beispielsweise im Chart in Abbildung 8-1 unter den bisherigen Tiefstwert bei Punkt A fiel, hätte man durchaus verkaufen können.

Eine andere beliebte Strategie sieht so aus, dass man einsteigt, sobald der Höchst- oder Tiefstwert einer festgelegten Zeitspanne, zum Beispiel 20 Börsentage, durchbrochen wird. So hätte man etwa an den Punkten B und C kaufen können, als der Markt den Höchstwert der letzten 20 Börsentage durchbrach. Wenn ein Trader so vorgeht, steigt er auf derjenigen Seite des Marktes ein, auf der sich das Momentum des Trends befindet. Mit dieser Art von Break-Out kann man entweder mit einem bewährten Trend traden oder einen Marktumschwung mitnehmen.

Trendlinien durchbrechen

Die nächste Art von Break-Out liegt vor, wenn der Markt eine Trendlinie oder einen Moving Average durchbricht statt einer horizontalen Unterstützungs- und Widerstandslinie wie etwa einem vorhergehenden Höchstwert oder einem dreifachen Top. Break-Outs der Trendlinie, wie die an Punkt B und C in Abbildung 8-1, sollte man unbedingt beachten, da sie das Ende eines Trends signalisieren können und gleichzeitig das Signal für den Beginn eines neuen Trends sind. Wenn eine Trendlinie durchbrochen wird, sollte ein Trader zumindest allmählich seine Positionen auflösen, sofern er sich auf der falschen Seite des Ausbruchs befindet. Trendlinien-Break-Outs sind leicht zu erkennen, solange man die Trendlinien einzeichnet; das Schwierige für einen Trader ist, sich einzugestehen, dass man seine Positionen aufgeben muss, wenn man sich auf der falschen Seite befindet.

BREAK-OUT-MUSTER INNERHALB FESTER BEREICHE

Manchmal kann es vorkommen, dass der Markt nicht trendorientiert, sondern seitwärts verläuft und sich nicht aus festen Bereichen wie etwa Kanälen, Dreiecken, Flaggen und Rechtecken hinausbewegt. Hierbei handelt es sich um Stellen, an denen der Markt zwischen der Unterstützungs- und der Widerstandslinie überfüllt ist, während er versucht, eine Richtung zu finden. Diese überfüllten Bereiche entstehen, während die Bären und Bullen miteinander darum kämpfen, in welche grundsätzliche Richtung der Markt demnächst verlaufen soll. In dieser Zeit bewegt sich der Markt innerhalb eines kleinen Bereichs hin und her. Wenn sich der Markt innerhalb dieses festen Bereichs bewegt, kann man den oberen Bereich zum Verkaufen nutzen und den unteren zum Kaufen, doch man sollte aufpassen, weil er schließlich in eine der beiden Richtungen ausbricht. Der Markt kann entweder in Richtung des längerfristigen Trends ausbrechen oder als Umschwung. Je länger er in einem Kanal oder festen Bereich verweilt, desto größer fällt der Move wahrscheinlich aus, sobald dieser Bereich schließlich verlassen wird, da er mittlerweile verstärkt Aufmerksamkeit auf sich gezogen haben wird. Eine grobe Regel für den Ausbruch eines Marktes aus einem überfüllten Bereich lautet: Der Move entspricht in seiner Länge in etwa der Breite des überfüllten Bereiches. Schauen Sie sich Abbildung 8-2 an und messen Sie die Entfernung zwischen Punkt Y und Punkt A (der Move). Sie entspricht genau der Breite zwischen Punkt X und Punkt Y (der überfüllte Bereich). Dies funktioniert nicht immer, doch Sie wären überrascht, wenn Sie wüssten, wie oft es funktioniert. Außerdem ist es eine gute Möglichkeit, nach einer Stelle zu suchen, an der der Markt abflauen kann.

Rechtecke

Rechtecke sind seitwärts verlaufende Muster mit deutlichen Unterstützungs- und Widerstandslinien, die der Markt wiederholt berührt, wie Sie im Rechteck in Abbildung 8-2 erkennen können. Während dieser Zeit verweilte KLAC zwei Wochen lang in einem Drei-Dollar-Bereich. In einem Rechteck bewegt sich der Markt zu seinen bisherigen Höchst- und Tiefstwerten, ohne darüber hinauszugehen. Wenn der Markt das untere Ende dieses Musters erreicht, setzt das Kaufen ein, da die Trader glauben, hierbei handle es sich um den billigen Bereich des Marktes. Trader mit Short-Positionen nehmen Gewinne mit, da sie eine Unterstützungslinie erkennen. Am oberen Ende passiert genau das Gegenteil. Schließlich wird der Markt in eine der beiden Richtungen ausbrechen. Wenn dies passiert und Sie einen potenziellen Move messen wollen, dann sollten Sie dies von dem Punkt aus machen, an dem der Break-Out stattfindet (Punkt C). Wie im Beispiel zuvor flaute der Markt auch hier ab, sobald er eine Strecke zurückgelegt hatte, die der Breite des überfüllten Bereichs entsprach.

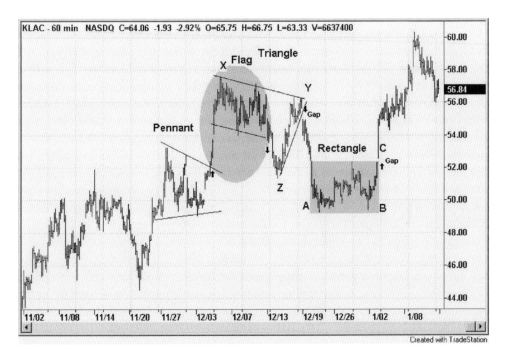

Abb. 8-2: *60-Minuten-KLAC: Break-Out-Muster*

Dreiecke, Flaggen und Wimpel

Anders als Rechtecke sind Dreiecke überfüllte Bereiche, die bei späteren Wellen nicht mehr ihre vorherigen Höchst- und Tiefstpunkte erreichen. Sie kommen in unterschiedlichen Formen vor, etwa als Keile, Flaggen oder Wimpel. Sie können auf- oder absteigen und verlaufen im unteren oder oberen Bereich flach, oder es können sowohl der obere als auch der untere Bereich einem Trend folgen, bis sie enger werden und sich schließlich an einem Punkt treffen, dem ein Ausbruch in eine

Richtung folgt. Obwohl sie sich im Aussehen durchaus unterscheiden, sind sie grundsätzlich ein und dasselbe: ein überfülltes Muster, das nach einer Richtung sucht, in die es ausbrechen kann. Der Hauptunterschied zwischen einer Flagge und einem Wimpel ist, dass eine Flagge einen Kanal bildet und gegen den Trend verläuft, während ein Wimpel eher das Muster eines Dreiecks hat und nicht unbedingt gegen den Trend verläuft. In Abbildung 8-2 erkennen Sie einen Wimpel, eine Flagge und ein Dreieck; die Flagge befindet sich im grauen Oval und ist Teil des größeren Dreiecks (XYZ).

Lücken

Manchmal bricht ein Markt nicht einfach so aus, sondern er tut dies mit einer Lücke, so wie bei einigen Ausbrüchen in Abbildung 8-2. Lücken deuten an, dass auf einer Seite des Marktes wesentlich mehr Betrieb ist als auf der anderen. Wenn dort das Momentum aufrechterhalten werden kann, findet ein nachhaltiger Break-Out des Marktes statt. Obwohl mittlerweile viele Lücken aufgefüllt werden, können diese wegfallenden Lücken den Beginn eines bedeutenden Moves im Markt bedeuten. Einige Lücken werden verursacht, weil es, während sich der Markt einer Unterstützungs- oder Widerstandslinie oder einem vorherigen Höchst- oder Tiefstwert nähert, eine unnatürlich große Zahl an Stopp-Loss-Orders außerhalb dieses Bereiches geben kann. Wenn diese Stopp-Loss-Orders berührt werden, kann dies einen heftigen Move im Markt verursachen, der zu dieser Lücke führt. Andere Lücken können durch Pressemitteilungen verursacht werden, wie etwa Ernteberichte, Kürzungen des Zinssatzes oder Gewinnwarnungen. Oft setzt unmittelbar nach einer Pressemitteilung ein derartiger Ansturm auf den Markt ein, dass er regelrecht nach oben springt. Einige Lücken entstehen, wenn sich über Nacht etwas in einem anderen Land tut. Dies hat dann zur Folge, dass der Markt am nächsten Tag wesentlich höher öffnet, als er am Vortag geschlossen hat. Was auch immer der Grund dafür ist, achten Sie genauestens auf Lücken, da sie einen großen Move des Marktes signalisieren können.

News

Obwohl man alle Break-Outs durch technische Analyse erkennen kann, können Break-Outs auch durch die Grundlagen des Marktes ausgelöst werden. News können auf zweierlei Art dafür sorgen, dass der Markt ausbricht. Zunächst tritt ein Ausbruch auf, wenn es unerwartete Neuigkeiten gibt, wie etwa einen plötzlichen Streik in einem Kupferbergwerk, den Bankrott eines Unternehmens oder eine Kürzung der Ölproduktion durch die OPEC. Diese Ereignisse können zu einem Move des Marktes führen, unabhängig von der Richtung, in die er sich zuvor bewegt hatte. Wenn der Move stark genug ist, kann der Markt einen gewaltigen Ausbruch in Richtung des Trends oder als Marktumschwung erleben. Die zweite Situation tritt dann ein, wenn der Markt seinen Move in Erwartung einer Pressemitteilung vollführt, zum Beispiel einer Zinssenkung. Sobald die Nachricht veröffentlicht wird, kann man wahrscheinlich einen Marktumschwung und einen Break-Out auf der Gegenseite erleben, da die Trader mitten in die Pressemitteilung hinein ihre Positionen schützen, indem sie »die Tatsachen verkaufen«. Trading in Erwartung einer Pressemitteilung ist immer gefährlich, da der Markt einen größeren Move vollführen kann, nachdem die Nachricht herausgegeben wurde. Der Versuch, die Auswirkungen einer Presseverlautbarung auf den Markt vorherzusagen, hat nichts mit Traden zu tun – es ist reine Zockerei. Es ist wesentlich besser, auf den unvermeidlichen Pullback zu warten, als den möglichen Verlauf des Marktes erraten zu wollen.

WIE MAN BREAK-OUTS NICHT TRADET

Voreiliges Handeln

Wie ich schon einmal erwähnt habe, können sich Break-Outs in der Richtung des Trends ereignen oder als Umschwung auftreten. Es ist relativ schwierig, das Auftreten eines Break-Outs, seinen Zeitpunkt und seine Richtung vorherzusagen. Vielen Tradern schadet es, wenn sie versuchen, Break-Outs vorherzusagen, aus denen nichts wird. Anstatt darauf zu warten, dass der Markt ausbricht, stürzen sie sich förmlich auf ihn, um zu kaufen, sobald er die Spitze der Widerstandslinie erreicht hat, und hoffen auf den Ausbruch. Abbildung 8-3, ein Fünf-Minuten-Chart für S&P 500, zeigt, wie einfach dies ist. Nachdem durch die Punkte 1 bis einschließlich 4 ein Schwankungsbereich festgelegt wurde, könnte es bei Punkt 5 durchaus passieren, dass man kauft, da sich Markt dem oberen Bereich nähert. Wenn ein Trader an Punkt 6 merkt, dass dies nicht funktioniert, kann es durchaus sein, dass er verkauft und an Punkt 7 vielleicht sogar weitere Positionen zukauft. Märkte können sich sehr lange innerhalb eines festen Bereichs bewegen, und es kann einem Händler durchaus schaden, wenn er ständig versucht, die Marktentwicklung vorherzusagen, indem er sich auf jeden verlockenden Break-Out einlässt, den er erkennt. Anstatt voreilig zu handeln, sollte ein Trader warten, bis der Markt seinen Move vollzogen hat, bevor er irgendetwas unternimmt.

Break-Outs jagen

Ein anderer Fehler, den Trader begehen, ist, Break-Outs zu jagen. Sie werden alarmiert, dass ein Markt dabei ist auszubrechen, und vor lauter Aufregung vergessen sie, den Markt vernünftig zu traden. Wenn sie es nicht schaffen, den Break-Out selber mitzunehmen, kann es durchaus sein, dass sie zu tief in den Move hineingeraten, wodurch die Wahrscheinlich steigt, dass sich der Markt gegen sie entwickelt. Punkt 8 in Abbildung 8-3 ist hierfür ein gutes Beispiel.

Wenn jemand einen Börsenauftrag erteilt und einsteigt, sobald der Markt die Tageshöchstwerte tatsächlich durchbricht, wird er wahrscheinlich seine Positionen etwa an Punkt 9 auffüllen. An diesem Punkt hat der Markt gerade einen Move um zehn Punkte vollführt und sich von einem Tiefstwert auf einen Höchstwert verbessert, sodass es sehr gut möglich ist, dass er ein wenig nachlässt. Vielen Tradern fällt es schwer, die nötige Geduld aufzubringen und 20 Minuten, eine Stunde oder gar drei Tage zu warten, bis der Markt eine bessere Gelegenheit zum Einstieg bietet. Sie haben Angst, einen hervorragenden Trade zu verpassen, wenn sie nicht augenblicklich einsteigen. Es fällt einem Trader nicht immer leicht, einen verlockenden Trade zu ignorieren, doch macht genau dies den Unterschied zwischen einem Trader mit hoher Erfolgswahrscheinlichkeit und einem Trader mit geringer Erfolgswahrscheinlichkeit aus. Es gibt noch viele andere Gelegenheiten für einen Trade; wenn man also einen Trade verpasst: Na und? Ein Trader darf sich davon nicht beeinflussen lassen. Sie fahren besser, wenn Sie einige gute Trades verpassen, dafür aber die mittelmäßigen Trades aussondern, während Sie auf die Trades mit höherer Erfolgswahrscheinlichkeit und einem besseren Risiko-Rendite-Verhältnis warten. Wenn man wartet, bis der Markt an Punkt 10 die alte Widerstandslinie testet, kann man einen Trade mit höherer Erfolgswahrscheinlichkeit durchführen, als wenn man ihn nach einem Zehn-Punkte-Anstieg jagt.

Abb. 8-3: *Fünf-Minuten-Chart für den S&P: Das Warten auf den Break-Out*

Wenn ein Trader einen guten Einstiegspunkt verpasst und danach den Markt jagt, werden die Stopp-Loss-Orders wesentlich größer, und das Risiko-Rendite-Verhältnis steigt. Es kann passieren, dass man seine guten Positionen verliert, wenn man zu spät einsteigt, weil man es irgendwann nicht mehr aushält und sich dazu verleiten lässt, mit Verlusten zu verkaufen, während der Markt allmählich zur Unterstützungslinie zurückkehrt. Das Jagen des Marktes führt außerdem zu höheren Slippage-Kosten. Wenn man versucht zu kaufen und der Markt sich gerade erholt, entfernen sich die Angebote, sodass der Einstiegsbereich schlechter ist, als man ihn sich erhofft hat. Wenn man wartet, bis der Markt abflaut, kann man seine Limits leicht füllen und zum angebotenen Kurs kaufen, wodurch man einen besseren Preis erhält.

ERFOLGREICHES TRADEN MIT BREAK-OUTS

Man kann einiges dafür tun, um die Wahrscheinlichkeit eines erfolgreichen Trades zu erhöhen. Man kann die Chancen, einen Break-Out zu erwischen, zum Beispiel durch die folgenden Maßnahmen erhöhen: Man betrachtet verschiedene Zeitrahmen, um den Markt genauer beobachten zu können, man verwendet zusätzliche Indikatoren wie den ADX oder den Stochastik, um seine Trades besser zu planen, man beurteilt die Stärke eines Moves durch das Volumen, oder man verwendet zusätzliche Filter, um nicht voreilig in einen Trade einzusteigen. Die folgenden Abschnitte beschäftigen sich näher damit, wie man aus Break-Out-Situationen das Meiste rausholt.

Break-Outs innerhalb eines festen Bereichs

In Abbildung 8-3 sehen Sie einen innerhalb einer festen Schwankungsbreite verlaufenden Fünf-Minuten-Chart für S&Ps, doch gibt der Chart keinerlei Aufschluss über das Marktverhalten. Zunächst sollten Sie einen größeren Zeitrahmen betrachten. Wenn Sie den 60-Minuten-Chart (Abbildung 8-4) betrachten, so erkennen Sie, dass der Markt sich an Punkt 1 (der Bereich, der Abbildung 8-3 entspricht) in einem Aufwärtstrend befunden hatte und zuletzt ein wenig schwächer wurde; Sie erkennen zudem, dass der Stochastik über 50 lag und weiter stieg. Diese beiden Dinge sollten Ihnen sagen, dass die Chancen auf einen Ausbruch nach oben erheblich stiegen, sobald der Markt aus seiner kleinen Schwankungsbreite ausgebrochen war. Break-Outs oder durchbrochene Höchst- und Tiefstwerte in ohnehin schon stark trendorientierten Märkten liefern hervorragende Stellen, um in Trades einzusteigen, und bieten zudem die besten Erfolgsaussichten. Wenn Sie auf der Seite des Haupttrends traden, können Sie die weniger aussichtsreichen Trades vermeiden.

Wenn Sie beim Fünf-Minuten-Chart zusätzlich den Stochastik und den ADX verwenden, wie ich es in Abbildung 8-5 praktiziert habe, können Sie Folgendes erkennen: Sobald es an den Punkten 5, 6 oder 8 nach einem möglichen Break-Out des Marktes aussah, riet der Stochastik dem Trader dazu, lieber zu warten, da es sich möglicherweise nur um einen ausgedehnten Move handelte. Der ADX tendierte während dieser Phase schwach, was die Vermutung nahe legt, dass es gar keinen Trend im Markt gab und man keinen Break-Out in der Richtung des Haupttrends hätte suchen oder jagen sollen.

Wenn der ADX stabil ist (über 30), ist ein Break-Out aus einer festen Schwankungsbreite heraus oder über einen vorherigen Höchstwert hinweg durchaus erfolgversprechend, vorausgesetzt, er findet auf der Seite des Haupttrends statt. Wie Sie sehen, befand sich der ADX ungefähr im 30er-Bereich, als der Markt ausbrach, und dies erhöhte die Chancen durchaus.

Ein weiteres Anzeichen für einen Break-Out des Marktes nach oben war die Tatsache, dass der Eröffnungskurs des Marktes niedrig lag und dass kein Tiefstwert es schaffte, unter den in den ersten 30 Minuten bestimmten Tiefstwert auszubrechen. Dies bedeutet, dass der negative Druck des Eröffnungskurses nicht sehr überzeugend war. Als die Trader den Kurs nicht mehr weiter drücken konnten, wurde ein Break-Out nach oben immer wahrscheinlicher.

Punkt 7 ist eine überaus verlockende Stelle für Verkäufe, weil es während der vorhergehenden Markterholung nach Punkt 6 nicht gelungen war, einen höheren Höchstwert zu erreichen, und auch der Stochastik wieder nach unten zeigte. Verkäufe an Punkt 7 wären ein guter Trade, da das Risiko gering ist (bis zur vorhergehenden Aufwärtswelle), und falls die Trendlinie an Punkt 7 durchbrochen würde, hätte der Markt wirklich loslegen können. Das einzige Problem hierbei ist, dass alles andere dafür sprach, auf einen Break-Out nach oben zu warten. Als es der Markt an Punkt 7 nicht schaffte, einen niedrigeren Tiefstwert zu erreichen, und er an der Unterstützungslinie blieb, stellte dies meiner Ansicht nach die ideale Stelle für Käufe dar. An diesem Punkt haben Sie auch einen schwachen ADX, der Ihnen sagt, dass der Markt innerhalb einer festen Schwankungsbreite verläuft, der Stochastik verlässt überverkauftes Territorium, der Markt befindet sich an der Trendlinie des Intraday-Charts, und der Haupttrend zeigt nach oben – mehr als das können Sie eigentlich nicht verlangen. Vieles spricht dafür, dass ich, wenn ich gekauft hätte, ausgestiegen wäre, als der Markt kurz vor Punkt 8 die Widerstandslinie berührte, da ich damit gerechnet hätte, es würde seinen Trend beenden, weil er überkauft war. Selbst wenn er die Widerstandslinie kreuzt, ist es auf dieser Ebene ein guter Trade; zumindest sollte man ein Stück seiner Positionen wegnehmen.

KAPITEL 8 ■ BREAK-OUTS UND UMSCHWÜNGE

Abb. 8-4: *60-Minuten-Chart S&P: Das größere Bild*

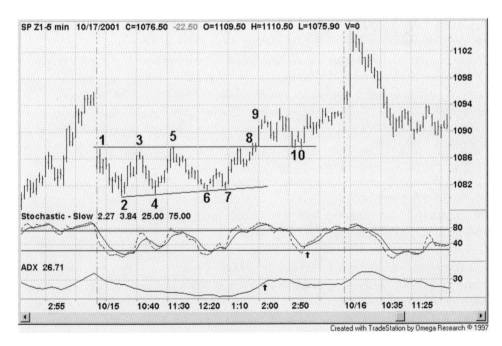

Abb. 8-5: *Fünf-Minuten-Chart S&P: Den Trade planen*

Sobald die Widerstandslinie gekreuzt wird, muss der Trader der Versuchung widerstehen, unüberlegt einzusteigen. Märkte haben die Gewohnheit, einen Bereich zu durchbrechen, nur um ihn erneut zu testen. Hier befindet sich der Stochastik nach einem anständigen Anstieg in überkauftem Territorium, und man wartet besser, bis sich der Markt zurückzieht, die Unterstützungslinie berührt oder – wie an Punkt 10 – überverkauft wird. Erst danach sollte man einsteigen. In diesem Bereich weiß man, dass man, wenn es nicht gleich funktioniert und der Markt unter die Kanalobergrenze fällt, mit einem kleinen Verlust wieder aussteigen kann. Wenn Sie an Punkt 8 gekauft hätten, wäre die ideale Stopp-Loss-Order größer, in der Nähe der Tagestiefstwerte, was dem Trade ein höheres Risiko-Rendite-Verhältnis gibt – etwas, was man eigentlich vermeiden will.

Eine kurze Erinnerung: Wenn man den ADX verwendet, solange er niedrig ist, sind die Chancen recht gut, dass der Markt nicht in Richtung des Haupttrends ausbricht, doch könnte er leichter eine Trendlinie durchbrechen. Wenn der ADX stabil ist, suchen Sie nach Break-Outs, die mit dem Haupttrend verlaufen, und rechnen Sie damit, dass die Trendlinien standhalten.

Break-Outs von Trendlinien

Eine weitere Art von Break-Out tritt auf, wenn der Markt eine Trendlinie oder einen Moving Average durchbricht, um – so die Hoffnung – einen neuen Trend zu beginnen. Zwar folgt ein Trader normalerweise gerne dem Trend, egal wie stark er ist, doch irgendwann wird er durchbrochen. Man sollte nicht immer, wenn sich der Markt der Trendlinie nähert, einen Break-Out vermuten, doch man sollte dennoch die nötigen Vorkehrungen dafür treffen. Je länger der Zeitrahmen, den man betrachtet, desto aussagekräftiger ist ein Break-Out. Dennoch sieht er in jedem Bereich gleich aus und verläuft auch ähnlich. Ebenso gilt, wenn sich ein Markt einer Trendlinie nähert, Folgendes: Je steiler sie verläuft, desto wahrscheinlicher ist es, dass sie durchbrochen wird.

Abbildung 8-6, ein Tageschart für Baumwolle, zeigt mehrere Male, wie der Markt Trendlinien durchbrach, um einen neuen Trend zu starten. Wenn man den Stochastik-Indikator in den Chart einrechnet, kann man feststellen, ob der Break-Out noch mehr Potenzial besitzt.

Wenn ich in einen Break-Out gerate, schaue ich mir gerne den Stochastik-Indikator an, weil ich mir sicher sein will, dass der Markt nach meinem Einstieg immer noch ausreichend Spielraum besitzt. Wenn sich der Stochastik-Indikator allmählich in die Richtung des Break-Outs bewegt, stehen die Chancen für einen erfolgreichen Trade besser, als wenn man kauft, solange der Markt überkauft ist. Der Durchbruch an Punkt B ist besonders gut, da der Markt seinen Abwärtstrend beendet hatte und

KAPITEL 8 ■ BREAK-OUTS UND UMSCHWÜNGE   191

Abb. 8-6: *Tageschart für Baumwolle: Break-Outs von Trendlinien*

sich innerhalb einer kleinen Schwankungsbreite seitwärts bewegte, bevor er sowohl die Trendlinie als auch die obere Linie des Schwankungsbereichs gleichzeitig durchbrach, während er an Volumen gewann und noch immer überverkauft war.

MITHILFE DES VOLUMENS BREAK-OUTS BESTÄTIGEN

Das Volumen ist ein weiteres gutes Tool, mit dem man gut erkennen kann, was an Trendlinien oder Höchst- und Tiefstwerten passieren kann. Wenn sich der Markt einer Trendlinie nähert und das Volumen kläglich ist, wird er höchstwahrscheinlich abflauen, da sich das Interesse, ihn durchzudrücken, in Grenzen hält. Wenn das Volumen jedoch wieder an Schwung gewinnt, sieht es wesentlich besser aus, dass er mit Momentum durchbrechen wird. Das Volumen steigt an, wenn der Markt seinen festen Bereich durchbricht, da ein kräftiger Durchbruch immer auch neue Trader auf den Markt bringt, außerdem ängstliche Trader, die ihre Positionen schützen, und darüber hinaus eine noch viel größere Anzahl von Tradern, die ihre Positionen tauschen. Wenn eine Kombination dieser Dinge eintritt, kann das Momentum den Markt direkt durch eine Begrenzung hindurchtreiben und verhindern, dass er zurückschaut. Wenn das Volumen schwach ist, bedeutet dies, dass nicht jeder einsteigt und es zu einem Kampf kommt, um zu sehen, wer gewinnt. An diesem Punkt kann es in beide Richtungen gehen, und dies erhöht die Wahrscheinlichkeit, dass es sich um einen falschen Break-Out handeln kann. Diese Ungewissheit sowie die fehlende Überzeugung führen dazu, dass aus einem Break-Out mit geringem Volumen eine Trading-Situation mit geringer Erfolgswahrscheinlichkeit wird.

Falls es keinen Anstieg des Volumens gibt, sollte man bei einem Break-Out nicht unmittelbar einsteigen. Stattdessen sollte man besser warten, um zu sehen, was passiert. Der Markt wird den durchbrochenen Bereich hoffentlich neu testen und Unterstützung finden. An diesem Punkt können Sie versuchen einzusteigen, wenn es den Anschein hat, als würde der Markt nicht mehr tiefer gehen, und unter der Unterstützungslinie eine Stopp-Loss-Order platzieren. Wenn das Volumen stabil ist, kann der erste Move stärker ausfallen, was wiederum die Aussicht verringert, dass er den durchbrochenen Bereich neu testet, das heißt, man muss sich beeilen.

Wenn Sie sich erneut Abbildung 8-6 anschauen, werden Sie erkennen, dass es jedes Mal, wenn der Markt einen Break-Out erlebte, zu einem Anstieg des Volumens kam, dem eine Flaute vorausging. Diese beiden Anzeichen können Ihnen dabei helfen herauszufinden, wann ein Break-Out eher funktionieren kann. Die vorherige Flaute beim Volumen deutet an, dass die Trader ihr Interesse am Trend verlieren. Wenn sich das Volumen allmählich erholt, wird es Zeit für einen Wechsel der Positionen und einen Einstieg auf der anderen Seite. Wenn Short-Positionen zu Long-Positionen werden, verdoppelt sich das Volumen und hilft dem Markt, eine Trendlinie zu durchbrechen. Viele Trader ignorieren das Volumen, doch durch erhöhte Aufmerksamkeit kann man die Zahl der Trades mit hoher Erfolgswahrscheinlichkeit durchaus steigern.

DURCHBRUCH EINES GEGENTRENDS

Einige der besten Break-Out-Trades finden statt, nachdem ein Markt, der bisher in eine Richtung tendierte, einen Kurseinbruch erlitten hat. Wenn die Trendlinie dieses Kurseinbruchs durchbrochen wird, ist dies ein hervorragendes Signal, da es Sie zurück in Richtung des Haupttrends führt. Schauen Sie sich Abbildung 8-7 an, einen Tageschart für Cisco während der Zeit, als der Nasdaq 1999 gerade seine Blütezeit erlebte. Die Aktie befand sich seit einem Jahr in einem ziemlichen Aufwärtstrend, als sie einige Kurseinbrüche erlebte; die Trendlinie A und später auch die Trendlinie B sind Beispiele für diese Kurseinbrüche.

Wenn Sie Gegentrends wie diese sehen, können Sie ihren Durchbruch aggressiv traden. Die Gründe, warum es sich hier um erfolgversprechende Trades handelt, sind folgende: (1) Man steigt nach einem Kurseinbruch ein, (2) man tradet in der Richtung des Haupttrends, und (3) die Trendlinie befindet sich ganz in der Nähe

KAPITEL 8 ■ BREAK-OUTS UND UMSCHWÜNGE 193

Abb. 8-7: *Tageschart für Cisco: Durchbruch eines Gegentrends*

und fungiert somit nicht nur als Unterstützungslinie, sondern eignet sich auch hervorragend, um eine Stopp-Loss-Order zu platzieren, ohne dabei zu viel zu riskieren. Die Rendite kann in diesen Fällen förmlich explodieren, wie es der Fall war, als der Markt die Trendlinie B durchbrach, und die Risiken sind minimal. Also nehmen Sie diese Trends, wenn Sie die Chance dazu haben!

HOHE BREAK-OUTS DURCHBRECHEN

Eine andere erfolgversprechende Art von Break-Out in der Richtung eines Haupttrends liegt vor, wenn man kauft, sobald der Markt in einem Aufwärtstrend seinen vorherigen Höchstwert durchbricht, oder wenn man verkauft, sobald er in einem Abwärtstrend seinen vorherigen Tiefstwert durchbricht. Wenn ein Markt nach oben tendiert, wird dieser Aufwärtstrend bestätigt, sobald die Höchstwerte allmählich steigen. Deshalb tradet man in der Richtung des Trends, wenn man einsteigt, sobald ein vorheriger Höchstwert durchbrochen wird. Wenn Sie sich Abbildung 8-7 angeschaut hätten, dann hätten Sie an hundert verschiedenen Stellen in den Markt einsteigen können, weil er die ganze Zeit über nach oben durchbrach. Eine Strategie, dass man immer kauft, wenn der Markt, sagen wir mal, einen Zehn-Tage-Höchstwert durchbricht und sich in einem Aufwärtstrend befindet, wird Ihnen helfen, auf der richtigen Seite des Marktes zu bleiben. Wenn es sich um einen starken Trend handelt, brauchen Sie nur einmal einzusteigen und Ihre Positionen danach halten;

wenn nicht, müssen Sie wissen, wann Sie einen Verlust hinnehmen und weiter am Ball bleiben, bis Sie einen guten Move erwischen. Wenn Sie diese Art von Break-Out traden, wäre ein möglicher Stopp, den Sie verwenden könnten, folgender: Sie steigen aus, falls der Markt einen Drei-Tage-Tiefstwert durchbricht oder etwas Ähnliches. Diese Art von Break-Out-Strategie mag bisweilen falsch sein, aber wenn sie funktioniert, kann man hervorragende Ergebnisse damit erzielen.

UMSCHWÜNGE

Jeder hofft darauf, dass er einen Marktumschwung am Anfang erwischt und ihn dann komplett mitnimmt. Egal ob man versucht, auf einem Intraday-Chart den Tiefstwert herauszupicken oder einen bedeutenden dreimonatigen Marktaufschwung zu erwischen: Es ist der Traum eines jeden Traders, am unteren Ende des Moves einzusteigen und dessen ganzen Verlauf mitzunehmen. Leider ist dies leichter gesagt als getan. Trend-Trader steigen normalerweise nach dem Kurswechsel ein, und Wellen-Trader steigen zu früh aus, wenn sie überhaupt einmal das Glück haben, einen Move am unteren Ende zu erwischen. Der Versuch, Umschwünge zu erwischen, ist schon von Natur aus nichts anderes als ein Traden gegen den Trend. Manchmal kommt es jedoch vor, dass genau dies zu einem erfolgreichen Trade führt. Ein engagierter, geduldiger Trader kann durchaus sehr erfolgreich sein, wenn es darum geht, Höchst- und Tiefstwerte mitzunehmen.

Der Versuch, Höchst- und Tiefstwerte zu ermitteln, kann frustrierend sein, und die Verluste häufen sich mitunter schnell an, da es recht schnell passieren kann, dass ein gegen den Trend handelnder Trader falsch liegt. Ein Trader, der gegen den Trend tradet, muss Stops respektieren und sich schnell mit Verlusten abfinden. Oft muss er es drei- bis viermal probieren, ehe er einen erfolgreichen Trade erwischt. Während dieser Zeit geben viele vor lauter Frust oder weil es ihnen an Kapital mangelt auf, und – wie es das Schicksal will – genau der nächste Trade hätte wunderbar funktioniert. Darum muss ein Trader, der mit Umschwüngen tradet, einen dickeren Geldbeutel und die nötige Ausdauer haben. Sie können nicht aufgeben, nur weil es ein paar Mal nicht geklappt hat. Im weiteren Verlauf dieses Buchs gehe ich noch genauer darauf ein, wie wichtig es ist, ein System zu haben und dieses neu zu testen, um zu ermitteln, wie oft hintereinander es in der Vergangenheit daneben lag und wie groß die Verluste waren, die es einfahren kann. Dies hilft Ihnen vielleicht bei Ihrer Entscheidung, ob dieser Trading-Stil Ihnen liegt.

WARUM MÄRKTE EINEN UMSCHWUNG ERLEIDEN

Wenn eine Trendlinie durchbrochen wird, ist dies die einfachste Form eines Marktumschwungs. Eine Trendlinie dient als Gleichgewicht zwischen den Bären und den Bullen. Wenn nun ein Markt diese durchbricht, gibt es eine gute Chance für einen Richtungswechsel, da die andere Gruppe die Kontrolle übernimmt. Neben dem typischen Durchbruch einer Trendlinie gibt es noch einige andere Marktsituationen, auf die man achten kann und die einem Trader einen Wink geben können, dass der Markt kurz vor einem Umschwung stehen könnte. Ein Markt könnte auch deshalb die Richtung ändern, weil er gerade eine seiner typischen Wellenbewegungen vollendet hat, da er den überkauften oder überverkauften Bereiche erreicht oder, falls er an eine feste Schwankungsbreite gebunden ist, seinen normalen Bereich überschritten hat. Abgesehen von diesen Marktsituationen gibt es im Folgenden einige Situationen und Patterns, die Sie in Zukunft erkennen sollten, damit Sie gewarnt sind, wenn sich ein Markt vor einem Umschwung befindet.

Tage des Umschwungs

Wenn der Markt seine Richtung ändert, tut er dies sehr oft mit einem festen Verhaltensmuster (Pattern) eines Umschwungtages. Ein Umschwungtag liegt vor, wenn der Markt in einem Abwärtstrend einen niedrigeren Tiefstwert erreicht als am vorhergehenden Tag und anschließend höher steigt als der Schlusskurs des vorherigen Tages. Diese Tage sind normalerweise Tage mit einem hohen Volumen, die den Markt zu einem – zumindest vorübergehenden – Richtungswechsel veranlassen können. Ein Schlüssel-Umschwungstag liegt vor, wenn der Markt nach einem niedrigeren Tiefstwert einen höheren Höchstwert als am Vortag erreicht. Es kann auch ein Zwei-Tage-Umschwung vorliegen, bei dem der Markt am ersten Tag nach unten fällt und seinen Tiefstwert abschließt, ohne eine positive Tendenz für den Tag aufzuweisen, und am nächsten Tag von diesem Punkt aus direkt nach oben steigt, wobei er den Schlusskurs der beiden vorhergehenden Tage durchbricht.

In Abbildung 8-8 habe ich ein paar Muster für einen Umschwungtag eingefügt. Wie Sie feststellen werden, funktionierte der Trade immer dann recht ordentlich, wenn das Signal mit einem überkauften oder überverkauften Wert im Stochastik kombiniert wurde. Nicht jeder Trade klappt wunderbar, doch diejenigen Trades, die funktionieren, wiegen die gescheiterten mehr als auf. Der Schlüssel bei dieser Trading-Strategie liegt darin, dass man in der Lage ist, einen gewinnbringenden Trade eine gewisse Zeit lang zu halten, da es durchaus möglich ist, dass man mit dem Einstieg den Beginn eines neuen Trends erwischt; andererseits muss man in der Lage sein, rechtzeitig auszusteigen, wenn man falsch liegt. Ein typischer Stopp beim Umgang mit Umschwungtagen ist es, wenn man den Tagestiefstwert (bei einem nach oben gerichteten Umschwung) zum Ausstieg verwendet.

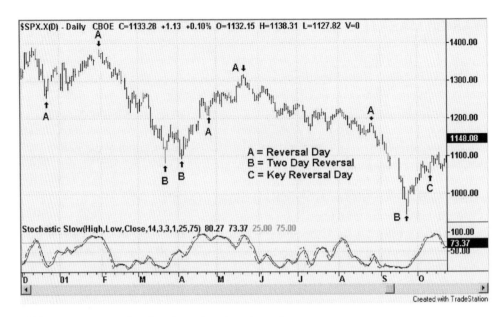

Abb. 8-8: *Tagesindex für den S&P 500: Umschwungtage*

> **MEIN ERSTES TRADING-SYSTEM**
>
> Mein erstes und von mir bevorzugt verwendetes Trading-System basierte auf Umschwungtagen. Ich behielt jeden Rohstoff im Auge, der im Vergleich zum Vortag einen höheren Höchstwert oder einen niedrigeren Tiefstwert aufwies. Sobald ich einen fand, platzierte ich einen Stopp, um einzusteigen, genau auf der anderen Seite des unveränderten Kurses, sobald er diesen Stopp durchquerte – im Markt war, ohne mir große Gedanken darüber zu machen. Wenn der Markt am Ende des Tages stark in meine Richtung tendierte, hielt ich an meinen Positionen fest, um zu sehen, ob es am nächsten Tag immer noch der Fall war. Manchmal dauern diese Day-Trades mehrere Tage, da der Markt seine Richtung beibehält. Die Signale mit der höchsten Erfolgswahrscheinlichkeit befinden sich in der Richtung des Haupttrends und treten während eines Kurseinbruchs auf, da sie den Trader in den Trend zurückbringen. Ich lasse diese Strategie auch heute noch in mein Trading einfließen.

Umschwungmuster

Umschwungmuster können oben oder unten die Form eines »V« oder einer Untertasse (abgerundet) annehmen. Darüber hinaus können sie in Form von doppelten oder dreifachen Spitzen oder Tiefen auftreten. Doppelte oder dreifache Spitzen sind charakteristische Umschwungmuster, die entstehen, wenn der Markt seinen bisherigen Höchstwert erreicht, ohne dabei einen neuen Höchstwert zu erreichen. Dies deutet darauf hin, dass der Trend an Stärke verliert. Doppelte Spitzen nehmen oft die Form eines »M« an und doppelte Tiefen die Form eines »W«. In Abbildung 8-9, einem Intraday-Chart für Intel, erkennen Sie sowohl eine doppelte Spitze als auch eine doppelte Tiefe sowie das M und das W, das sie bilden.

Wenn Sie einen Markt sehen, der sein bisheriges Niveau erreicht, ohne darüber hinauszukommen, dann spricht einiges für einen baldigen Richtungswechsel. Diese Verhaltensmuster tradet man, indem man die doppelte Spitze oder das doppelte Tief ermittelt und dann darauf achtet, ob sie den bisherigen Trend durchbrechen. Wenn der Markt seinen bisherigen Tiefstwert erreicht, ohne weiter nach unten durchzubrechen, kann man eine kleine Long-Position einnehmen, sobald der Markt keinen niedrigeren Tiefstwert mehr erreicht, wobei man berücksichtigen muss, dass es einen klar definierten Risikobereich gibt (das vorherige Tief), in dem man einen Stopp platzieren kann. Nach diesem Bereich, wenn der Markt wie beim doppelten Tief in Abbildung 8-9 allmählich wieder steigt, kann man wieder Positionen zukau-

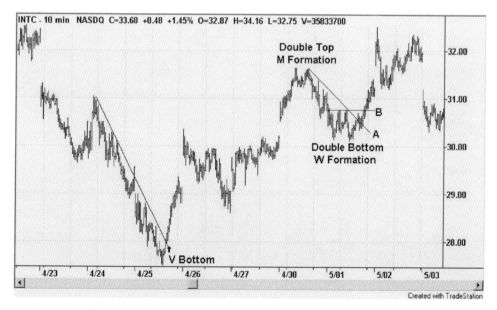

Abb. 8-9: Zehn-Minuten-Chart für Intel: Umschwungmuster

fen, sobald entweder die Trendlinie A oder die Widerstandslinie B durchbrochen wird. Beachten Sie, dass ein doppeltes Tief nicht automatisch einen Marktumschwung bedeutet; der Markt kann diesen Bereich auch jederzeit einfach durchqueren. Dennoch ist es von Vorteil, wenn man solche Muster erkennen kann, da man dann leichter gute Trades im Markt findet.

V-förmige Umschwünge sind ein anderes Muster, auf das man achten sollte. Sie lassen sich jedoch nur schwer vorhersehen, da sie schnell und unvermittelt auftreten können. Sie kommen normalerweise dann vor, wenn sich der Markt stark in eine Richtung entwickelt und man überhaupt nicht mit einem Umschwung rechnet. In Fällen wie dem in Abbildung 8-9 würde man am V-förmigen Tiefpunkt wahrscheinlich eher verkaufen wollen als zu kaufen, da der Trend klar nach unten zeigt.

Doch wenn man nach einem starken Move den Durchbruch einer Trendlinie erkennt, sollte man nicht länger über das Verkaufen nachdenken. Stattdessen ist es eine erfolgversprechende Strategie, wenn man nach einer Stelle sucht, an der man mit einem Stopp am Tiefstwert kaufen kann. Vielleicht will man auch andere Zeit-

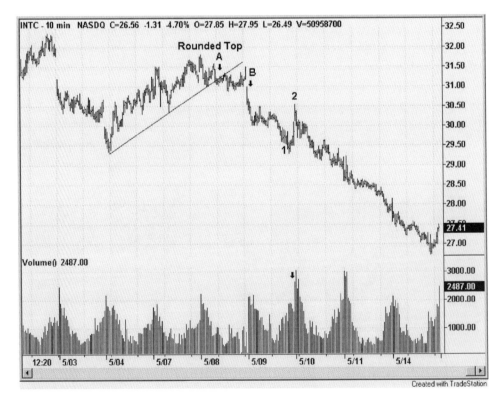

Abb. 8-10: *Zehn-Minuten-Chart für Intel: abgerundete Spitze*

rahmen überprüfen, um ein besseres Gefühl dafür zu erhalten, ob der Markt gekauft werden sollte.

Untertassen oder abgerundete Umschwünge sind etwas einfacher zu finden, da es länger dauert, bis sie entstehen. Dadurch erhält man eine bessere Warnung, wenn der Markt langsam aufhört, sich in seine bisherige Richtung zu entwickeln. In Abbildung 8-10 erkennen Sie, dass der Markt zwei Tage gebraucht hat, um im oberen Bereich seiner Schwankungsbreite abzuflauen. Nachdem er einen Höchstwert erreicht hatte, ließ er allmählich ein wenig nach, blieb jedoch ziemlich stabil, obwohl er nicht mehr nach oben durchbrechen/steigen konnte. Als er an Punkt A die Trendlinie durchbrach, hätte man dies als geeignete Stelle ansehen können, um zu verkaufen. Man hätte aber auch bis Punkt B warten können, wo sich der Markt eindeutig nach unten bewegte und somit ein Ende des Aufwärtstrends signalisierte.

Der »Ich halte es nicht mehr aus«-Umschwung

Ich kann schon nicht mehr mitzählen, wie oft ich zum denkbar ungünstigsten Zeitpunkt aus einer Position aussteigen musste, weil ich mich auf der falschen Seite eines Moves befand und es einfach nicht mehr aushielt. Schließlich habe ich dann meine Positionen mit Börsenaufträgen um jeden Preis aufgelöst und bisweilen meine Positionen sogar getauscht. Wenn dies passierte, beendete der Markt seine heftige Wellenbewegung meist und änderte seine Richtung genau in dem Moment, in dem ich einstieg. Das ist das Schlimmste, was ein Trader machen kann, und passiert sehr häufig. Was diese Umschwünge von den regulären Kursrückgängen so sehr unterscheidet, sind das verstärkte Volumen, der übertriebene Move sowie die Geschwindigkeit, mit der dies geschieht. Es ist wichtig, diese Moves zu erkennen, weil man dadurch sehr viel Geld sparen kann oder eine hervorragende Stelle findet, um in den Markt einzusteigen. Wenn diese großen Moves an Energie verlieren, können sie schnell und heftig umknicken. Die durch den Knick aufgestaute neue Energie kann so groß sein, dass der Markt seine Richtung ändert. Ein typisches Beispiel hierfür erkennt man in Abbildung 8-10. Wenn man vor Punkt 1 Short-Positionen gehabt hätte, dann hätte man unmittelbar danach zunächst eine ziemlich steil verlaufende Markterholung abwarten müssen, in deren Verlauf der Markt mit einem Spitzenwert schloss und am nächsten Tag mit überdurchschnittlichem Volumen wesentlich höher eröffnete. Viele Trader wären nun in Panik geraten oder hätten es nicht mehr aushalten können und wären an Punkt 2, nur um dann mit ansehen zu müssen, wie der Markt ziemlich schnell wieder zurückkam. Was man hier unbedingt beachten sollte, ist die Tatsache, dass das Volumen beim Eröffnungskurs stärker war als normal, es der Markt danach aber nicht mehr schaffte zu steigen, was für ein mögliches Ende des Spitzenwertes sprach. In Situationen wie dieser könnte man folgendermaßen traden: Man wartet diese großen Moves gegen den Trend ab und lässt sie dann allmählich schwächer werden, bis sie schließlich absterben. Nach einem dieser ausgedehnten Moves kann es sein, dass der Markt nur schwer zurückkommt, also sollte man versuchen, sie auszunutzen. In diesen Situationen kann es hilfreich sein, wenn man auf größere Zeitrahmen achtet, weil man dadurch besser feststellen kann, wie viel Spielraum ein Markt noch besitzt.

> **DAVONLAUFEN**
>
> Wenn ich es nicht mehr aushalten kann, versuche ich zu erkennen, ob der Stochastik einen extremen Wert aufweist. Wenn dies der Fall ist, laufe ich zehn Minuten davon; wenn sich der Markt bei meiner Rückkehr nicht verbessert, steige ich aus, egal was passiert. Ich versuche, meine Positionen nicht zu tauschen, da dies bedeuten würde, dass ich den Markt jage und dies einen wenig erfolgversprechenden Trade darstellt. Stattdessen gönne ich mir eine kleine Pause und warte auf den nächsten Move. Das Wichtige hierbei: Sobald einer dieser Moves auftritt und das Volumen stark ist, besteht eine gute Chance, dass der Trend zu Ende geht.

Kennziffern-Umschwünge

Wenn sich eine Aktie, ein Rohstoff oder ein Index einer schönen runden Zahl nähert oder diese genau erreicht, wie zum Beispiel 10.000 beim Dow, 2.000 beim Nasdaq oder 20 Dollar beim Erdöl, oder einen charakteristischen technischen Bereich wie ein vorheriges Hoch erreicht, dieses aber nicht durchbrechen kann, dann sollte man nach einem Umschwung Ausschau halten. Wenn sich der Markt diesen Zahlen nähert, steigen viele Trader ein und schieben ihn förmlich dorthin, doch sobald er dort ankommt, stirbt das Interesse ab, weil die Jagd vorüber ist. Hierbei handelt es sich um eine selbst auferlegte psychologische Grenze. Wenn ein Markt allmählich fällt und sich einer runden Zahl annähert, warten die Käufer ab, wie er sich verhält. Bei der Zahl, die allmählich erreicht wird, gibt es eine Fülle von Limit-Orders, die zu einem leichten Anstieg führt. Bisher unbeteiligte Trader können nun dazustoßen und einen weiteren Marktanstieg verursachen; danach beginnen die Trader mit Short-Positionen damit, ihre Positionen zu schützen, sodass der Abwärtstrend vorerst vorüber ist und es zu einem Umschwung kommt. Wenn Sie sehen, dass sich der Markt in Richtung einer Kennziffer bewegt, sollten Sie davon ausgehen, dass er an dieser Zahl abprallt. Bereiten Sie sich auf jeden Fall auf ein Break-Out vor.

DEN MOVE MESSEN

Wenn ein Markt aus einem Trading-Bereich ausbricht, sollte ein Trader versuchen, den potenziellen Move abzuschätzen, sodass er das Risiko messen kann, falls sich der Trade als Fehlschlag erweist. Ohne eine gute Mischung zwischen den beiden sollte man keinen Trade eingehen. Es macht keinen Sinn, einen Trade mit einem potenziellen Gewinn von 20 Cent, aber einem gleichzeitigen Verlustrisiko von einem Dollar einzugehen. Neben den in Kapitel 6 beschriebenen traditionellen Fibonacci-Retracement-Bereichen gibt es noch andere Möglichkeiten, einen potenziellen Move zu messen. Eine Möglichkeit, die ich schon einmal erwähnt habe, besteht darin, die Breite der seitlichen Congestion zu nehmen, um damit den Move nach einem Break-Out zu messen. Märkte bewegen sich gerne in einheitlichen Schwankungsbereichen, sodass man die Größe der vorherigen Welle oder des bisherigen Schwankungsbereichs als Leitfaden für die Zukunft verwenden kann. Wenn sich der Markt auf Ihrem Chart um etwa 5,00 Zentimeter seitwärts verdichtet hatte, dann sollten Sie, nachdem er aus seinem Schwankungsbereich ausgebrochen ist, nach einem 5,00-Zentimeter-Move Ausschau halten. Wenn die letzte Welle drei Punkte betrug, dann können Sie dies als Zielsetzung für den nächsten Move verwenden. Auch wenn ein Markt in einem Kanal verlaufen ist, kann man die Breite des Kanals verwenden, um damit die Länge des nächsten Moves abzuschätzen.

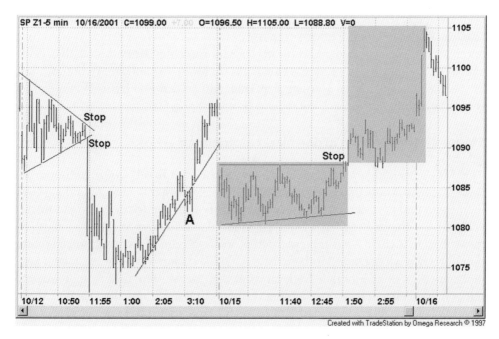

Abb. 8-11: *Fünf-Minuten-Chart für den S&P 500: den Move messen*

In Abbildung 8-11 (dem S&P-Fünf-Minuten-Chart von vorher) entsprach die Länge des Aufwärts-Moves, den der Markt nach seinem Break-Out aus dem seitlichen Schwankungsbereich vollzog, fast exakt der Breite seines seitlichen Schwankungsbereichs. Diese beiden Rechtecke sind quasi dieselben. Wenn der Markt tatsächlich durchbricht und die erwartete Strecke seines vorherigen Schwankungsbereiches zurücklegt, dann suchen Sie sich eine geeignete Stelle zum Ausstieg, anstatt gierig zu werden und auf mehr zu hoffen. Ansonsten kann es sein, dass Ihnen der Markt am Ende entgleitet, wie es hier der Fall war.

WANN MAN EINSTEIGEN SOLLTE

Eine Frage, die sich einem Trader sofort stellt, wenn er zum ersten Mal einen Break-Out erlebt, ist folgende: Soll ich sofort einsteigen oder bis zum Schlusskurs des Tages oder der Zeitspanne abwarten? Beide Strategien haben ihre Vor- und Nachteile. Wenn man auf eine Bestätigung am Ende einer bestimmten Zeitspanne wartet, hilft dies einerseits, viele falsche Signale zu vermeiden. Andererseits kann man so an einem großen Tag einen dicken Brocken eines Moves verpassen. Wenn man jedoch innerhalb eines Börsentages tradet, bieten sich bessere Chancen für einen Kursrückgang im Markt. Trader haben unterschiedliche Vorlieben, was den Zeitpunkt betrifft, an dem man ein Signal annimmt. Ich persönlich bevorzuge es, den ersten Break-Out als Alarm zu verwenden, um in den Markt einzusteigen. Danach verwende ich meine Indikatoren und größere Zeitrahmen zur Planung meines Trades. Wenn ich einen Einstieg verpasse, wie es auf einem guten, stabilen Move durchaus mal vorkommt, dann warte ich bis zum Ende des Tages, bis ich den Trade annehme, und hoffe darauf, dass er auch am nächsten Tag anhält. Wichtig ist, dass Sie nach einem verpassten Einstieg den Trade auf keinen Fall jagen. Wenn Sie ihn verpassen, warten Sie einfach auf den nächsten.

Stopps verwenden, um in den Markt zu kommen

Eine Möglichkeit, den Markt bei einem bevorstehenden Break-Out zu betreten, besteht in einem Kauf- und Verkaufsstopp. Wenn Sie beispielsweise Abbildung 8-11 betrachten und dort die seitliche Schwankungsbreite sehen (das erste graue Rechteck), die zu einem Break-Out führen könnte, dann können Sie genau außerhalb dieses Bereichs einen Kaufstopp platzieren, sodass Sie im Markt sind, sobald dieser durchbrochen wird. Diese Methode ist gut, da Sie dadurch schnell einsteigen können, ohne zu zögern oder den Trade zu verpassen. Sie werden nicht zu spät sein und nur von draußen zuschauen; außerdem verhindert dieser Stopp, dass Sie den Markt jagen. Sobald der Break-Out stattfindet, sind Sie drin, und Ihre Order gehört zu den Ersten, die dem Markt zu einem fulminanten Durchbruch verhelfen. Eine andere Stelle für einen Eintrittsstopp in Abbildung 8-11 wäre, wenn Sie sehen, dass sich am

Beginn des Charts das Dreieck bildet. Zwar ist es schwierig vorherzusagen, auf welcher Seite es ausbrechen wird, doch an irgendeinem Punkt muss ein Dreieck schließlich mal ausbrechen. Auf beiden Seiten des Dreiecks einen Stopp zu platzieren wäre sicherlich keine schlechte Idee, denn dadurch würden Sie, wenn Sie bei einem Break-Out auf einer Seite einsteigen, gleichzeitig auf der anderen Seite einen Schutz-Stopp haben. In dieser Abbildung kann man sehen, dass man bei einem Einstieg ohne Stopp den größten Teil dieses Moves vollständig verpasst hätte. Stopps stellen für Trader, die zu beschäftigt sind, um den Markt im Auge zu behalten, eine tolle Gelegenheit zum Einstieg in den Markt dar. Außerdem eignen sie sich hervorragend für diejenigen, die es nicht schaffen abzudrücken. Durch das Platzieren eines Stopps stellen Sie sicher, dass Sie sich auf dem Markt befinden, wenn er ausbricht, egal was passiert. Leider ist man dabei aber nicht vor falschen Break-Outs gefeilt.

Zusätzliche Filter vor dem Einstieg verwenden

Einige verwenden für ihre Systeme gerne Filter oder Puffer, um zu verhindern, dass sie sich in einem falschen Move verfangen. Filter sind nicht unbedingt ein Tool für das Traden von Break-Outs, doch sie können durchaus hilfreich sein. Einige Trader sehen es gerne, wenn sich ein Move von einem festen Prozentsatz außerhalb des Break-Out-Bereichs vollzieht, bevor sie einsteigen; andere wollen drei Schlusskurse außerhalb der Schwankungsbreite sehen. Oft schaut der Markt nur kurz mal über eine Trendlinie, um gleich danach wieder zurückzukommen. Mit diesem Wissen werden Sie einen Trade nur dann eingehen, wenn er die Trendlinie um mehr als drei Prozent, drei Punkte oder drei Schlusskurse durchbricht, und sie vermeiden die Zeiten, in denen der Markt seinen Trend nicht bestätigen kann. Zwar können Filter helfen, doch geht immer etwas verloren, da sie dazu führen können, dass man einen guten Teil eines Moves verpasst, wenn der erste Break-Out explosiv war. Abbildung 8-11 liefert ein Beispiel für einen erfolgreich verwendeten Filter. An Punkt A fiel der Markt unter die Trendlinie, die er am Nachmittag gebildet hatte, doch er kam schnell wieder zurück nach oben. Mit einem Drei-Punkte-Puffer hätte man zum Beispiel verhindern können, dass man diesen falschen Durchbruch zum Verkaufen nutzt. Filter können so angewendet werden, wie ein Trader es gerne hätte.

Wenn Sie eine Tradingstrategie erstellen und testen, dann probieren Sie verschiedene Ideen aus, bis Sie eine finden, die sich gut für Ihre Zwecke eignet. Was man im Umgang mit Filtern stets beachten sollte, ist Folgendes: Je wechselhafter der Markt verläuft, desto größer sollte die Pufferzone sein, denn in einem wechselhaften Markt kann ein Move größer ausfallen und dennoch falsch sein.

WIE WICHTIG ES IST, ZWISCHEN BREAK-OUTS MIT HOHER UND NIEDRIGER ERFOLGSWAHRSCHEINLICHKEIT ZU UNTERSCHEIDEN

Wenn man Break-Outs tradet, muss man geduldig und engagiert sein. Viele Break-Outs führen zu falschen Signalen, und obwohl die Erfolgsaussichten insgesamt eher gering sein mögen, können sie doch sehr lohnend sein, wenn sie erst einmal funktionieren. Deshalb kann es sein, dass sich ein Trader bei sechs Versuchen fünf Mal täuscht und er dennoch recht erfolgreich beim Traden von Break-Outs ist. Ein Trader, der bei der Auswahl seiner Trades genauer hinschaut und die nötige Geduld aufbringt, um auf den passenden Einstiegspunkt zu warten, kann seine Chancen enorm erhöhen. Wer mit Volumen, Oszillatoren und längeren Zeitrahmen tradet und auf einen Pullback wartet, erhöht dadurch die Chance, dass ein Break-Out funktioniert, erheblich. Wenn man zudem ermittelt, welche Break-Outs bessere Erfolgsaussichten haben und welche Trades weniger gut funktionieren, dann kann dies aus einem durchschnittlichen Trader einen guten und aus einem guten einen hervorragenden Trader machen. Wenn ein Break-Out unerwartet eintritt, dann funktioniert er meist am besten. Wenn die Unterstützungslinie bisher sehr stabil war und jeder damit rechnet, dass sie ansteigt, führt ein überraschender Durchbruch oft dazu, dass Positionen aufgelöst und ausgetauscht werden, was zusätzliches Öl ins Feuer gießt. Doch wenn der Break-Out scheinbar selbstverständlich war, dann kann es gut sein, dass der größte Teil des Moves schon vorbei ist, weil die Trader fest damit gerechnet haben. Somit ist dann niemand mehr da, der den Markt anschieben könnte.

TYPISCHE BREAK-OUT-SYSTEME

Ein typisches Break-Out-System, das von erfahrenen Tradern verwendet wird, ist folgendes: Man kauft beim Break-Out des höchsten Höchstwertes der letzten x Perioden (ich verwende zehn), oder man verkauft den niedrigsten Tiefstwert. Als Ausstieg kann man einen Pullback, der einen Tiefstwert von drei Perioden durchbricht, wählen; dies könnte mit einem Verlust einhergehen, wenn es sofort geschieht, oder mit einem Gewinn, wenn es passiert, nachdem man bereits in einen Move eingestiegen ist. Dieser Trade bringt einen Trader in das Momentum des Marktes und, sobald das Momentum nachlässt, wieder heraus.

Die Signale

- *Einstiegssignal*: Kaufen Sie bei Eröffnung des nächsten Balkens, wenn der aktuelle Balken höher schließt als der höchste Höchstwert der vorhergehenden zehn Balken.

- *Ausstiegssignal*: Steigen Sie aus, wenn der aktuelle Balken unter dem niedrigsten Tiefstwert der letzten drei Balken schließt.

Ein weiteres einfaches System ist es, zu kaufen, sobald eine schräg nach unten verlaufende Trendlinie plus eine kleine Pufferzone durchbrochen wird. Dazu verwendet man einen Filter, der das weiße Rauschen ausschaltet, das dazu führen kann, dass der Markt eine Grenze durchbricht, ohne dass dies viel bedeuten muss. Anstatt zu kaufen, sobald eine nach unten gerichtete Trendlinie durchbrochen wird, kaufen Sie, sobald sie um zehn Ticks – oder was auch immer Sie wollen – durchbrochen wird. Für den Ausstieg können Sie ebenfalls einen Filter verwenden, der Sie herausnimmt, wenn der Markt an zwei aufeinanderfolgenden Tagen unter die Trendlinie zurückfällt. Dadurch bleiben Sie drin, wenn der Markt die Trendlinie neu testet und nur für einen Balken darunter fällt. Ein Filter hilft einem Trader nicht nur beim Aussortieren falscher Trades, sondern minimiert darüber hinaus die Gesamtzahl seiner Trades, was langfristig gesehen von existentieller Bedeutung sein kann.

Die Signale

- *Einstiegssignal*: Kaufen Sie, wenn der Schlusskurs des aktuellen Balkens höher liegt als die Trendlinie plus zehn Ticks.

- *Ausstiegssignal*: Steigen Sie aus, wenn sowohl der aktuelle Balken als auch der vorherige Balken unter der Trendlinie schließen.

30-minütiges Break-Out-System

Eines der ältesten, noch gebräuchlichen Day-Trading-Systeme beruht auf der Annahme, dass bei einem aufwärts tendierenden Markt die Tiefstwerte bei der Eröffnung erreicht werden und die Höchstwerte erst gegen Ende des Tages. Das 30-minütige Break-Out-System wird erst 30 Minuten nach Markteröffnung aktiv. Nach den ersten 30 Minuten hat der Markt normalerweise einen Eröffnungsbereich festgelegt (den bisherigen Tageshöchst- und tiefstwert). Ein Trader muss diese anfängliche halbe Stunde abwarten, um den betreffenden Bereich zu ermitteln und danach Trades auf der Seite eingehen zu können, auf der der Markt diesen Bereich durchbricht. Folglich kann man mit einem 30-Minuten-Chart kaufen, wenn der Markt in Richtung des oberen Endes des Eröffnungsbalkens ausbricht. Danach platziert man unterhalb des unteren Endes einen Stopp. Dies sorgt dafür, dass sich der Trader auf der richtigen Seite des Marktes befindet, und verhindert, dass er versucht, Höchst- und Tiefstwerte zu finden. Dies funktioniert noch viel besser, wenn man in der Richtung des Haupttrends tradet. Bei einem nach oben gerichteten Markt würde man nur dann kaufen wollen, wenn der Markt den oberen Bereich durchbrechen würde, und man würde den Trade ignorieren, wenn er nach unten durchbräche. Sie können mit einem Stopp einsteigen oder warten, bis der erste 30-Minuten-Balken außerhalb des Eröffnungsbereichs schließt. Es gibt viele Varianten dieses Systems. Statt 30 Minuten könnten es auch 45 oder 60 Minuten sein, und manch einer wartet, bis die zweite halbe Stunde vorüber ist, bevor er tatsächlich einen Trade platziert. Dies bedeutet, dass man sogar bei einem Kaufsignal noch 35 Minuten abwartet, um zu sehen, ob es sich nach 60 Minuten immer noch um ein brauchbares Signal handelt. Wenn es dann immer noch über dem Höchstwert der ersten 30 Minuten liegt, dann handelt es sich um ein Kaufsignal. Sie können außerdem einen Puffer von einigen Ticks über dem Höchstwert verwenden, um zu bestätigen, dass es sich nicht um ein falsches Signal handelt.

Die Signale

- *Einstiegssignal*: Kaufen Sie beim Schlusskurs, wenn die Zeitspanne größer als der Eröffnungskurs plus 30 Minuten ist und der aktuelle Balken höher schließt als der höchste Tageshöchstwert.

- *Ausstiegssignal*: Steigen Sie aus, wenn der aktuelle Schlusskurs der niedrigste Tiefstwert des Tages ist.

EIN BESSERER TRADER WERDEN

Ein besserer Trader zu werden bedeutet, erkennen und handeln zu können, wenn der Markt einen festen Bereich, ein Muster oder einen Trend durchbricht. Dies gilt sowohl für einen Trade, in dem Sie sich schon vorher befunden haben und der allmählich seine Richtung ändert, als auch für einen neuen Trade, in den Sie einsteigen, sobald der Markt ein Break-Out hat. Ein guter Trader ist immer zum Handeln bereit, wenn sich der Markt einem Bereich nähert, von dem aus er durchbrechen könnte. Es kann zu einem Durchbruch kommen oder auch nicht, doch wenn man sich in Alarmbereitschaft befindet, sobald sich der Markt in der Nähe eines potenziellen Durchbruchs befindet, kann man schnell reagieren, sobald es so weit ist. Um ein besserer Trader zu werden, sollte man einige Tools in seine Arbeit mit einfließen lassen, um zu erfahren, wann die Chance für einen erfolgreichen Break-Out besteht. Dazu gehören Trendlinien, Break-Out-Muster, Oszillatoren, Umschwung-Muster und Volumen. Auch der Blick auf größere Zeitrahmen kann hilfreich sein, wenn man die Gültigkeit eines Durchbruches ermitteln möchte. Ein guter Trader sollte erkennen können, welche Muster zu einem Break-Out oder Umschwung führen und wie viel Potenzial ein anschließender Move noch hat. Es ist durchaus wichtig zu wissen, wie viel sich ein Markt noch bewegen kann, da ein cleverer Trader nur in einen Trade einsteigt, dessen potenzielle Rendite das Risiko übersteigt; zudem vermeidet man dadurch ein zu gieriges Vorgehen. Break-Out-Trades sollte man nicht als Trades betrachten, in die man schnell ein- und aussteigt. Einige der besten Moves ereignen sich nach einem Durchbruch. Daher wäre es gar nicht schlecht, ein oder zwei gute Break-Outs zu erwischen und diese im darauf folgenden Trend zu behalten.

Wie bei allen anderen Trading-Situationen sind auch hier die Trades, die in Richtung des Haupttrends verlaufen, am ehesten erfolgversprechend. Daher sollte man aggressiver vorgehen, wenn sich solche Trades ergeben. Last but not least: Meiner Meinung nach sollte man nie einen Trade jagen. Wenn man jagt, kann das Risiko außer Kontrolle geraten, also sollte man lieber auf einen Pullback/Kursrückgang warten. Dies kann zwar lange dauern, doch Geduld zahlt sich beim Traden aus.

Hauptschwierigkeiten bei Break-Outs:

1. Man ignoriert das Risiko-Rendite-Verhältnis.
2. Man weiß nicht wirklich, wo sich bedeutende Marktbereiche befinden.
3. Man tradet gegen den Haupttrend des Marktes.
4. Man steigt nicht aus, wenn man sich bei einem Break-Out auf der falschen Seite befindet.
5. Man erwartet Break-Outs, bevor sie tatsächlich eintreten.
6. Man hält nach einem missglückten Break-Out zu lang an seinen Positionen fest.
7. Man misst den potenziellen Move nicht.
8. Man ignoriert das Volumen.
9. Man steigt nach einem verpassten Move zu spät ein.
10. Man vergisst, dass die Stopps nach einem schlecht gewählten Eintrittspunkt etwas zu weit weg liegen können.
11. Man hat nicht ausreichend Geduld, um auf einen Pullback zu warten.
12. Man verfängt sich in einem Pullback.
13. Ein Trader jagt einen Trade, wobei er Gefahr läuft, dass sich die Position schnell gegen ihn entwickelt.
14. Es kommt schnell zum Overtrade, wenn man nicht auf passende Einstiegspunkte wartet.

Break-Out-Trading mit hoher Erfolgswahrscheinlichkeit:

1. Beim Break-Out-Trading benötigt man Geduld.
2. Warten Sie auf passende Einstiegspunkte und Pullbacks.
3. Traden Sie auf der Seite des Marktmomentums.
4. Halten Sie, wenn ein neuer Trend einsetzt, bis zum richtigen Move durch.
5. Break-Outs von gegenläufigen Trends in einem stabil verlaufenden Markt sind gute Signale.
6. Verwenden Sie für Ihren Einstieg Stopps.
7. Bereiten Sie sich auf eine entsprechende Reaktion vor, wenn sich der Markt einem potenziellen Break-Out nähert.
8. Die besten Break-Outs sind diejenigen, die sofort einen Move vollziehen und funktionieren.

9. Wenn es nicht funktioniert, steigen Sie aus.
10. Verwenden Sie die Größe der Welle, des Bereichs oder der Schiebezone zuvor, um den nächsten Move zu messen.
11. Achten Sie nach einer Konsolidierungsphase mit hohem Volumen auf Break-Outs.
12. Behalten Sie das Volumen im Auge.
13. Achten Sie auf die Seite des Marktes, auf der es verstärkte Kursbewegungen gibt.
14. Achten Sie auf ein Break-Out in der Richtung, in der das Volumen stärker scheint.
15. Verwenden Sie Filter, um falsche Break-Outs auszusortieren.
16. Wenn der Bereich mit einem Stopp zu weit entfernt ist, kann es sein, dass die Rendite das Risiko nicht wert ist.
17. Wenn ein Break-Out unerwartet eintritt, funktioniert es meist am besten.
18. Break-Outs in der Richtung des Haupttrends funktionieren am besten.
19. Je steiler eine Trendlinie verläuft, desto wahrscheinlicher ist es, dass sie durchbrochen wird.
20. Verwenden Sie weitere Indikatoren, um die Erfolgsaussichten eines Break-Outs besser beurteilen zu können.
21. Verwenden Sie größere Zeitrahmen, um sich ein besseres Bild vom Markt zu machen.
22. Fügen Sie nach und nach neue Positionen hinzu, bis der Markt eine Unterstützungslinie findet.
23. Nehmen Sie bei einem Break-Out gleich ein paar Gewinne mit, falls es einen Pullback gibt.
24. Behalten Sie die Umschwung-Muster im Blick, die einem Break-Out vorangehen könnten.

Hilfreiche Fragen, die Sie sich stellen sollten:

… Steige ich zu spät ein?
… Bin ich vor dem Break-Out des Marktes eingestiegen?
… Sollte ich auf einen Kurseinbruch warten?
… Habe ich Volumen oder einen anderen Indikator verwendet, um zu sehen, ob es sich um einen erfolgversprechenden Break-Out handelte?
… Trade ich aggressiver, wenn der Break-Out in der Richtung des Haupttrends stattfindet?
… Wie viel Spielraum hat er noch?

KAPITEL 9

Exits und Stopps

Viele Trader betreiben einen riesigen Aufwand, um Signale und Muster für den Einstieg zu finden, doch verbringen sie viel zu wenig Zeit damit, den geeigneten Zeitpunkt zum Ausstieg aus ihren Positionen zu ermitteln. Sie steigen ein und gehen davon aus, dass der Trade funktioniert, ohne dass sie allzu viel Zeit darauf verwenden, ihren Ausstieg zu planen, sei es bei Gewinnen oder bei Verlusten. Wenn sie erst einmal in einen Trade eingestiegen sind, haben sie keine Ahnung, was sie tun sollen, außer, in aller Ruhe ihre Gewinne zu zählen oder wie vor den Kopf geschlagen zu sein, wenn sie merken, dass sich der Markt gegen sie entwickelt.

Jeder kann in einen Trade einsteigen, aber ein wesentlicher Schlüssel zum Erfolg besteht darin, sich über den Zeitpunkt sowie die Art und Weise des Ausstiegs im Klaren zu sein. Ich würde sogar so weit gehen zu behaupten, dass die Mehrheit der Trades sich an einem gewissen Punkt lohnt, selbst die willkürlich ausgewählten Trades; wenn man über eine gute Ausstiegsstrategie verfügt, kann man lernen, wie man verstärkt Gewinne erzielt und weniger verliert. Angesichts der Bedeutung des richtigen Ausstiegspunktes wundert es mich, dass dieses Thema in der Literatur längst nicht so eingehend behandelt wird wie der Aufbau eines Trades. Ohne schützende Ausstiegsstrategien ist es unmöglich, ein erfolgreicher Trader zu sein. Ich werde mein Bestes tun, um Ihnen zu erklären, wie man regelmäßige Gewinne mitnimmt und wo man Stopps platzieren sollte, damit sich Verluste im Keim ersticken lassen, bevor sie richtigen Schaden anrichten können.

VERLUSTE MINIMIEREN UND GEWINNE MAXIMIEREN

Die wohl am häufigsten zitierte Goldene Regel des Tradens, die jeder Trader schon irgendwann einmal gehört haben dürfte, lautet: »Minimieren Sie Ihre Verluste, und maximieren Sie Ihre Gewinne.« Überraschenderweise handeln viele Trader genau umgekehrt. Sie erzielen mit einem Trade einen Gewinn und steigen sofort aus, und sobald sie mit einem anderen Trade einen Verlust machen, halten sie daran fest und beten, dass es einen Marktumschwung geben möge, während sie dabei zuschauen, wie alles nur noch schlimmer wird. Ein Trader muss erst lernen, wie er aus einem Verlustgeschäft aussteigt, einen Stopp an der richtigen Stelle platziert, an einer guten Position festhält, und wissen, wann er einen Gewinn mitnehmen muss; vorher wird er kaum Erfolg haben. Der Einstieg in eine Position ist nur ein Teil der Trading-Gleichung. Ein anderer, vermutlich viel bedeutenderer Teil des Tradens besteht darin zu wissen, wann man sowohl bei einem erfolgreichen als auch bei einem weniger erfolgreichen Trade aussteigt. Die meisten Händler, die Verluste einfahren, tun dies, weil die Zahl ihrer verlustreichen Trades im Vergleich zu den gewinnbringenden zu hoch ist. Ein Mangel an wirklich guten, gewinnbringenden Trades kann dem Trader ebenso schaden wie all seine schlechten Trades zusammen. Man geht davon aus, dass über die Hälfte aller Trades Verluste einfahren – das gehört zum Traden einfach dazu. Um dies zu kompensieren, müssen also die erfolgreichen Trades die weniger erfolgreichen überwiegen. Ich kann gar nicht mehr genau sagen, wie viele Trader ich schon gesehen habe, die wiederholt kleine Gewinne von nur ein paar Ticks mitgenommen haben und gleichzeitig einen Verlust in schwindelerregende Höhen ansteigen ließen. Mit dieser Strategie wird man es jedenfalls nicht weit bringen.

ZU FRÜH AUSSTEIGEN

Es gibt kein schlimmeres Gefühl, als einen tollen Trade zu verpassen, weil man im Zweifelsfall lieber auf Nummer sicher gegangen und frühzeitig ausgestiegen ist. Wenn man aus einem Trade mit einem Gewinn von 30 Cent aussteigt und danach sieht, wie er innerhalb von nur 20 Minuten um weitere 1,50 Dollar ansteigt, dann kann dies sehr schmerzhaft sein. Einige Trader machen sich so viele Gedanken über Gewinne und eine hohe Gewinnquote, dass sie viele kleine Gewinne mitnehmen, weil sie Angst haben zu verlieren. Es ist eine Unsitte, zu viele kleine Gewinne mitnehmen zu wollen, ohne dass sich gute Trades richtig entwickeln können, und dies steht vielen im Weg, wenn es darum geht, ein guter Trader zu werden. So können viele, möglicherweise kraftvolle Trades gar nicht richtig in Schwung kommen. Natürlich wird man öfter Gewinne verbuchen und ein besseres Gewinn-Verlust-Verhältnis haben, doch langfristig gesehen geht dies meist zu Lasten der Gesamtgewinne. Es gibt Trader, die durchaus gut damit fahren, wenn sie immer wieder kleine Gewinne mitnehmen, doch ihr Erfolgsrezept besteht darin, dass sie auch kleinere Verluste in Kauf nehmen.

KAPITEL 9 ■ EXITS UND STOPPS

> **ALLES IST RELATIV**
>
> Es gibt viele Trader, die davon leben, dass sie immer wieder kleine Moves erwischen, was eine tolle Möglichkeit des Tradens darstellt. Gleichzeitig macht es ihnen jedoch nichts aus, auch kleinere Verluste in Kauf zu nehmen. Wenn es sich bei Ihnen um einen Trader handelt, der nur wenige Ticks zu verlieren braucht, bevor er aussteigt, dann können Sie Geld verdienen, indem Sie nur für kleine Gewinne traden, anstatt zu versuchen, die großen Trades zu erwischen. Die Größe Ihrer Gewinne sollte in einem angemessenen Verhältnis zur Größe Ihrer Verluste stehen. Wenn Sie kleine Verluste verzeichnen, können auch Ihre Gewinne bescheiden ausfallen; wenn Ihre Verluste mittelmäßig sind, benötigen Sie sehr große Gewinne; wenn Sie sehr große Verluste machen, benötigen Sie ultragroße Gewinne, und wenn Sie ultragroße Verluste haben, sollten Sie sich den folgenden Satz gut einprägen: »Möchten Sie davon die ultragroße Version?«

GEWINNE MAXIMIEREN

Ich vermute mal, Ihnen als Trader ist es lieber, wenn ich zunächst über Gewinnmaximierung spreche als über Verluste. Niemand wird mir je vorwerfen können, dass ich zu früh aus einem gewinnbringenden Trade ausgestiegen bin; wenn etwas funktioniert, bleibe ich immer am Ball. Mein Problem war stets, dass ich zu lange an verlustreichen Trades festhielt, aber nicht, dass ich Gewinne nicht laufen ließ. Hier nun eine kleine Geschichte über einen erfolgreichen Trade, an dem ich festhielt. Um das Wesentliche dieser Unterhaltung mitzukriegen, müssen Sie ein paar Dutzend Adjektive einfügen, um das Ganze auszuschmücken. Ich wollte es selber machen, aber mein Verleger meinte jedoch, ich solle es lieber bleiben lassen.

Vor rund eineinhalb Jahren war ich im Besitz von Short-Positionen für SUNW, als die Aktie noch für etwa 100 Dollar getradet wurde. Sie eröffnete mit ihrem Tageshöchstwert, worauf ein Sell-Off folgte. Also verkaufte ich, so wie die meisten anderen im Raum auch. Nach etwa zwei Stunden schwärmte ich davon, was für ein toller Short es doch gewesen sei, und erzählte den anderen, dass ich fünf Punkte in diesem Trade erzielt hätte. Dies war ein Fehler, denn schon bald darauf riet mir jeder im Raum dazu, meine Positionen zu schützen, da ich ja schließlich einen schönen Gewinn erzielt hatte. Die Aktie erreichte ständig neue Tiefstwerte und erholte sich kaum, und ich sagte ihnen, dass ich meine Positionen schützen würde, sobald sie ihren Abwärtstrend beendet hätte und mir einen Grund dafür geben würde. Sie waren alle schon vier Punkte zuvor ausgestiegen, und nun beschäftigten sie sich die nächsten vier Stunden des Nachmittags damit, meine Positionen zu managen. Sobald ich bei sieben Dollar stand, meinten sie: »Toll, nimm deinen Gewinn mit.« Als ich acht Dollar hatte, sagten sie es erneut. Schließlich gingen sie mir auf die Nerven, und ich geigte ihnen meine Meinung. Ich fragte sie (jetzt sollten Sie verstärkt Adjektive einbauen): »Wann hätte ich denn nun aussteigen sollen, bei zwei, drei, fünf, sieben oder acht Dollar? Was macht all diese Zahlen zu einem Gewinn, den man unbedingt mitnehmen sollte? Ihr habt mir gesagt, ich solle bei fünf Dollar aussteigen. Wenn ich euch bei vier Dollar davon erzählt hätte, hättet ihr mir genau dasselbe gesagt. Woher wollt ihr denn wissen, was der passende Zeitpunkt zum Ausstieg ist? Wie ich sehe, seid ihr alle schon draußen, und keiner von euch traut sich zu verkaufen, weil ihr Angst habt, es während eines solch großen Abwärtstrends zu tun; also habt ihr nichts Besseres zu tun, als meine Position zu beobachten. Lasst mich doch einfach in Ruhe.« Ich hielt die Aktie bis kurz vor ihrem Schlusskurs und verdiente mehr als zehn Dollar pro Aktie, was bis dahin den besten Tag meiner Karriere als Aktien-Trader bedeutete.

Dieser Tag lehrte mich zwei Dinge. Erstens: Ein Trader sollte sich nie von anderen beeinflussen lassen. Zweitens: Steige niemals aus einem Trade aus, der funktioniert, egal wie viel er dir bisher eingebracht hat. Jene Aktie war den ganzen Tag nur nach unten gefallen, und es gab zu keiner Zeit einen Grund zum Ausstieg. Solche Moves kommen nicht oft vor, doch wenn es so weit ist, sollte man dies ausnutzen. Wenn sich ein Trade so entwickelt, wie man gedacht hat, dann sollte man ihn so lange wie möglich halten, ohne dabei Gewinne zurückzugeben. Man benötigt lediglich ein bis zwei gute Trades, um zehn weniger gute vergessen zu lassen. Wenn man sich also in einem guten Trend befindet, sollte man unbedingt dabei bleiben. Man sollte einen Trailing-Stopp (das heißt die Stopp-Order einer Aktie wird automatisch nachgezogen, sobald die Aktie nach Eingabe des Stopps ein neues Hoch oder Tief erreicht hat) oder ein Retracement-Level verwenden, auf das sich ein Gewinn zurückziehen kann. Wenn er dies nicht tut und man keinen anderen Grund zum Ausstieg sieht, sollte man dabeibleiben.

Viele der Trader, die ich kenne, tun sich schwer damit, an einem Trade festzuhalten, der gut funktioniert. Sie steigen zu früh aus, weil sie es so gewohnt sind, doch bisweilen wäre es besser, an einem Trade festzuhalten. Eine Möglichkeit, länger dabeizubleiben, ist, sich vorher einen Plan zurechtzulegen, durch den man so lange im Markt bleibt, bis ein bestimmtes Ziel oder eine Bedingung erfüllt ist. Etwas anderes ist es natürlich, wenn man vorher einen Stopp gesetzt hat. Durch ein festes Ziel oder eine Bedingung verhindert man, dass man der Versuchung einer schnellen Gewinnmitnahme erliegt. Wie ich später noch erklären werde, sollte man zum Schutz seiner Gewinne einen Trailing-Stopp haben, doch solange sich die Gründe für den Trade nicht geändert haben, sollte man seine Gewinne laufen lassen. Es wird Zeiten geben, in denen man das Gefühl hat, man müsse seinen Gewinn mitnehmen und aussteigen, wie etwa nach einem ausgeprägten Höhepunkt des Überkauft-Höchstwertes auf dem Climax-Indikator, wo der Markt stark wechselhaft verläuft. Hier nimmt man normalerweise seinen Gewinn mit und steigt aus, anstatt ihm die Gelegenheit zu geben, nochmal zurückzukommen. Nach einem ausgeprägten Move spricht einiges für einen gewissen Kursrückgang auf dem Markt, sodass es eine gute Entscheidung ist, ein paar Gewinne mitzunehmen. Man kann jederzeit wieder zurückkehren, sobald sich der Markt stabilisiert. Doch wenn sich der Markt konstant in die richtige Richtung entwickelt, gibt es eigentlich keinen Grund auszusteigen, es sei denn, man ist zu zappelig, um an einem profitablen Trade festzuhalten.

AUSSTIEGSSTRATEGIEN

Ausstieg in Etappen

Viele Trader sehen sich mit dem Problem konfrontiert, nicht zu wissen, wie sie sich bei einem Gewinn in einer Position verhalten sollen. Während einige aussteigen, bauen andere ihre Positionen weiter aus, und wieder andere nehmen einen Teil des Trades weg, aber nicht alles. Jemand stellte mir einst folgende Frage: »Sie haben einen Aktienbestand von 1.000, der schlagartig nach oben schnellt und sich dann allmählich konsolidiert. Was tun Sie? Fügen Sie neue Positionen hinzu, steigen Sie aus, oder nehmen Sie die Hälfte davon mit?« Alle drei Auswahlmöglichkeiten erscheinen sinnvoll, doch bergen sie gewisse Unterschiede, sodass diese Frage nicht leicht zu beantworten ist.

Viele Trader sagen sich instinktiv: »Hey, meine Aktie hat sich jetzt toll entwickelt. Jetzt lasse ich die Kasse klingeln, nehme meine Gewinne und gehe Golf spielen.« Andere denken vielleicht genau das Gegenteil und fügen neue Positionen hinzu, weil sie glauben: »Diese Aktie ist stabil und hat sich gerade erst wunderbar konsolidiert, also steht sie unmittelbar vor einem weiteren Hoch. Warum soll ich mich weiter umschauen, wenn ich doch schon eine gute Aktie habe? Ich lasse mein Kapital einfach arbeiten und füge noch ein paar weitere Positionen zu meinen Gewinnen hinzu.« Die richtige Wahl hängt vom Markt, von Ihren persönlichen Zielsetzungen und von der Höhe Ihres Risikos ab. Meiner Meinung nach ist es die beste Entscheidung, Gewinne von einem Teil seiner Positionen mitzunehmen und den Rest zu behalten, falls der Markt seinen Move/Kurs beibehält. Dadurch sollte man im schlechtesten Fall ein wenig Geld machen. Wenn sich der Markt allmählich wieder nach oben entwickelt, kann man seinen starken Move ausnutzen, indem man weitere Positionen zu denen hinzufügt, die man übrig gelassen hat. Wenn sich der Markt jedoch konsolidiert und Gefahr läuft, in einen Abwärtstrend zu geraten, minimiert man zumindest sein persönliches Risiko und verbucht einige Gewinne.

Als Teil einer guten Ausstiegsstrategie sollte man lernen, wie man in Etappen aus einem Trade aussteigt. Es ist nicht nötig, dass man aus allen Trades sofort aussteigt; stattdessen wäre es oft besser, in gleichmäßigen Etappen auszusteigen. Doch nur wenige machen sich im Voraus darüber Gedanken; sie steigen bei Trades einfach urplötzlich ein und aus, ohne groß nachzudenken. Eine meine Empfehlungen für Trader, die über ausreichend Kapital verfügen, lautet folgendermaßen: Traden Sie drei Kontrakte oder 300 Aktien gleichzeitig. Manchmal steige ich ganz gerne mit einem Drittel meiner Positionen aus und nehme bei der ersten Welle einen kleinen Gewinn mit; das zweite Drittel schütze ich da, wo ich meine Positionen geschützt hätte, wenn ich nur einen Kontrakt getradet hätte, und das dritte Drittel behalte ich, weil ich auf den großen Move hoffe. Auch was den Ausstieg bei verlustreichen Trades betrifft, sollte man konsequent vorgehen. Wenn ein Trade nicht augenblicklich funktioniert, will man aus einem Drittel seiner Positionen schnell wieder aussteigen; bei den beiden anderen Dritteln kann man seine normalen Stopps verwenden oder aussteigen, wenn man weiß, dass der Trade aussichtslos verläuft. Wer lernt, bei profitablen Trades in Etappen auszusteigen, kann mit einem kleinen Gewinn aussteigen und sich dennoch die Chance auf den großen Move bewahren.

Aussteigen, wenn es so weit ist

Jeder hat schon mal einen Trade erlebt, der sich zu Beginn toll entwickelte, danach jedoch nur Verluste einfuhr, oder einen, bei dem aus kleinen Verlusten richtig große Verluste wurden. Oft weiß man genau, dass man eigentlich aussteigen sollte, aber aus irgendeinem Grund verpasst man die richtige Gelegenheit und bleibt auf seiner Position sitzen. Wenn es allzu oft vorkommt, dass man den rechtzeitigen Ausstieg aus einem Trade verpasst, wird es ganz schön teuer. Sobald ein Trader einen Ausstieg verpasst hat, hat er zwei Möglichkeiten: Er wartet auf die nächste Gelegenheit zum Ausstieg, oder er steigt aus, egal, was es kostet. Wenn ein Trader auf die nächste Gelegenheit wartet oder darauf hofft, dass ihm ein Dritter aus der Patsche hilft, kann er durchaus in Schwierigkeiten geraten. Sobald man weiß, dass man falsch liegt, sollte man aus dem Trade aussteigen, ohne zurückzuschauen.

> **WENN MAN AUSSTEIGEN WILL, SOLLTE MAN AUCH AUSSTEIGEN**
>
> Eine schlechte Angewohnheit, in die viele Trader verfallen (und auch ich gehöre oft dazu), ist es, zu versuchen, bei jedem Trade den allerletzten Tick herauszuholen. Sie haben Short-Positionen und sehen, dass die Aktie

> gerade einen Tiefstwert von 24,10 erreicht hat. Als Sie Ihren Kaufauftrag erteilen, klettert sie um zehn Cent nach oben. Nun wollen Sie zu diesem Preis nicht aussteigen; Sie wollen den Tiefstwert, weil Sie einfach nicht genug kriegen können. Sie machen bei 24,11 ein Angebot, damit Sie in der Nähe der Tiefstwerte aussteigen können, doch der Markt entwickelt sich nicht mehr zurück. Sie »stecken fest«, da sich die Aktie um 20, 30, 50 Cent vom Tiefstwert entfernt. Bevor Sie es mitkriegen, ist Ihr Gewinn verschwunden, und Sie befinden sich am Break-even-Punkt. Sie hätten mit einem Gewinn von 60 Cent aussteigen können, wenn Sie gleich dann ausgestiegen wären, als Sie es eigentlich vorhatten, aber Sie wollten ja unbedingt mehr. Als Nächstes sehen Sie sich mit einem Verlust konfrontiert, während Sie die Hoffnung auf neue Tiefstwerte immer noch nicht aufgegeben haben.

Trader sind nicht perfekt, und daher werden Sie nie wissen, wo der Tiefpunkt liegt. Wenn es Zeit ist auszusteigen, sollten Sie dies tun; versuchen Sie bloß nicht, aus jedem Trade den letzten Cent herauszuquetschen. Steigen Sie zumindest teilweise aus Ihren Marktpositionen aus, und warten Sie meinetwegen so lange, bis der Markt auf Ihre restlichen Positionen zurückkehrt. Dies gilt für profitable Trades ebenso wie für weniger erfolgreiche, und natürlich trifft dasselbe zu, wenn es darum geht, in einen Trade einzusteigen. Verpassen Sie einen Move nicht, weil er Ihnen zu teuer ist. Wenn Sie etwas wollen, dann bezahlen Sie das Angebot, und wenn Sie dies nicht tun und es verpassen, dann beschweren Sie sich auch nicht.

Aussteigen, wenn sich die Gründe für Ihren Einstieg geändert haben

Sobald sich die Gründe für Ihren Einstieg verändert haben, sollten Sie aus dem Trade aussteigen. Wenn Sie zum Beispiel eine Aktie gekauft haben, weil sie sich im Vergleich zum Markt stabil präsentierte und sie nun keinen stabilen Eindruck mehr macht, steigen Sie aus dem Trade aus. Wenn Sie wegen einer Unterstützungslinie oder eines bestimmten Indikators in einen Trade einsteigen und dieser sich anders als gedacht entwickelt, dann warten Sie nicht, bis Sie bei einem Stopp aussteigen können. Sobald Sie wissen, dass Sie falsch liegen, steigen Sie aus! Wenn der Indikator anders verläuft als von Ihnen erhofft, hilft es Ihnen gar nichts, weiter auf einen Umschwung zu hoffen. Akzeptieren Sie einfach, dass Sie sich getäuscht haben, und steigen Sie aus dem Trade aus. Dabei ist es völlig egal, ob Sie sich oben oder unten befinden: Sobald der Grund dafür, dass Sie in den Trade eingestiegen sind, nicht mehr existiert, sollten Sie sich mit dem Gedanken anfreunden auszusteigen. Ein Beispiel wäre etwa, wenn Sie kaufen, weil sich der Markt in der Nähe einer Trendlinie befindet und Sie mit einem anhaltenden Trend rechnen. Wenn er die Linie durchbricht, haben Sie sich getäuscht, also sollten Sie schleunigst aussteigen.

VERLUSTE SIND WICHTIGER ALS GEWINNE

Genauso wie jeder Immobilienmakler weiß, dass die drei wichtigsten Dinge »Standort, Standort und Standort« sind, sollte ein Trader wissen, dass die drei Schlüssel zum Erfolg »minimierte Verluste, minimierte Verluste und minimierte Verluste« sind. Man sollte nicht nur wissen, wie viele Gewinne man mit einem Trade machen kann, es ist viel wichtiger zu wissen, wie wenig man bei den Verlusten verliert. Wenn Sie darüber nachdenken, zu welchen Bedingungen Sie aussteigen, dann wollen Sie zunächst einmal wissen, wo Sie mit einem Verlust davonkommen, der nicht allzu viel Schaden anrichtet. Erst wenn Sie über Ihr Risiko im schlechtestmöglichen Fall Bescheid wissen, sollten Sie anfangen, über mögliche Gewinne nachzudenken. Verlustreiche Positionen muss man so schnell wie möglich verlassen. Ein Trader macht nicht dadurch Geld, dass er eine schlechte Position aufrechterhält, nur weil er keinen Verlust erleiden möchte. Eine der Grundvoraussetzungen für einen Trader ist es zu lernen, wie man anständig verliert. Obwohl es wichtig ist, an einem gut funktionierenden Trade festzuhalten, können Sie es als Trader nur dann zu etwas bringen, wenn Sie wissen, wie man aus schlechten Positionen aussteigt. Wenn ein Trader über ausreichend Kapital verfügt, wird ihn ein einzelner Trade nicht gleich umbringen. Es ist wichtig, sich an einen Stopp zu halten, da ein kleiner Verlust keinerlei Bedeutung hat, während ein großer verheerende Folgen haben kann.

Eine Sache, die Sie unbedingt bedenken sollten, ist, dass es einen Unterschied zwischen einem Verlust und einem Verlustgeschäft gibt. Jeder Trader wird in seiner Karriere zahlreiche Verluste erleiden; sie gehören zum Traden einfach dazu. Ein Verlustgeschäft hingegen entsteht, wenn man zulässt, dass aus kleinen Verlusten große werden. Viele glauben, dass sie verlieren, wenn sie einen Verlust mitnehmen, doch dies ist schlichtweg falsch. Je schneller ihnen bewusst wird, dass Verluste ganz normal sind und in der Hälfte aller Fälle eingeplant werden, desto schneller werden sie es schaffen, augenblicklich aus schlechten Trades auszusteigen. Einen erfolgreichen Trader macht es aus, dass er weiß, wie man verliert. Die guten Trades werden schon kommen, egal wie schlecht Sie traden. Wenn Sie lernen, die schlechten Trades zu minimieren, dann sind Ihre Erfolgsaussichten gar nicht so übel. Das heißt, man sollte einen profitablen Trade behalten, solange er funktioniert. Es besteht auch ein feiner Unterschied, ob man einen schlechten Trade vorzeitig abbricht oder ob man Verluste vorschnell mitnimmt, ohne abzuwarten, ob der Trade überhaupt funktioniert. Man muss Trades die Chance geben, sich zu entwickeln, doch man muss auch schnell genug aussteigen, wenn man merkt, dass man sich getäuscht hat. Eine gute Ausstiegsstrategie ist eine Mischung zwischen Trades, die man bis zu ihrem Optimum in Ruhe lässt, und Trades, bei denen man von vornherein verhindert, dass sie Schaden verursachen.

DAS ZIEL DES STOPPS

Stopps sollten ein wichtiges Tool im Waffenarsenal eines Traders darstellen. Leider wissen viele Trader nicht, wie man Stopps verwendet oder wie man sie platziert. Sie platzieren sie daher nach Belieben, ohne darauf zu achten, was der Markt als passende Stelle ausgibt. Stattdessen setzen sie einen festen Betrag aufs Spiel und verwenden diesen für einen Stopp. Wenn man einen Stopp platziert, sollte man genau darauf achten, welche Stelle der Markt als geeignet ansieht, anstatt die Position von dem Betrag abhängig zu machen, den ein Trader verlieren kann. Ansonsten kann es passieren, dass man einen Stopp zu nahe platziert und Trades mit Verlusten enden, die eigentlich gut hätten funktionieren können, wenn man sie gelassen hätte. Doch noch schlimmer ist es, wenn ein Stopp zu weit entfernt liegt und ein Trader mehr als nötig verliert.

Zwar kann man Stopps auch für den Einstieg in Trades verwenden, doch in diesem Kapitel beschränken wir uns darauf, dass Stopp-Orders dazu da sind, an einem bestimmten Punkt die Verluste einzuschränken und zu überwachen und einem Trader mitzuteilen, dass er sich getäuscht hat. Das vordringlichste Ziel eines Stopps ist es, Verluste zu überwachen. Dies hält einen Trader längerfristig im Spiel und wahrt seine Erfolgschancen. Ohne Stopps kann ein Trader schlechte Trades zu wirklich schlechten werden lassen und den Faden völlig verlieren. Um ein erfolgreicher Trader zu sein, muss man wissen, wie man sein Kapital zusammenhält. Dies gelingt, wenn man richtig mit Geld umgehen kann, sein Risiko im Blick hat und weiß, wo man seine Stopps platzieren muss.

Wenn man den Punkt für seinen Stopp im Voraus bestimmt, kann man ein wenig lockerer an die Sache herangehen. Sie brauchen nicht ständig den Markt oder Ihre eigenen Entscheidungen zu hinterfragen. Sie wissen genau, wann Sie draußen sind, und Sie sollten dies auch wissen, bevor Sie in den Trade überhaupt einsteigen. Sobald Sie einen Stopp haben, ist dies eine Art Versicherung; Sie können nachts ruhig schlafen, weil Sie bereits wissen, wie hoch Ihre Verluste im Extremfall sind. Es ist wichtig, schon vor dem Trade seinen Ausstiegspunkt zu kennen, da man so sein Risiko besser einschätzen kann und erkennt, ob das Risiko-Rendite-Verhältnis den Trade lohnenswert macht. Wenn man im Voraus nicht einmal einen mentalen Stopp einbaut, kann es schwierig werden. Dies führt uns zu einem guten Punkt. Man kann Stopps sichtbar im Markt anbringen oder sie im Kopf bewahren. Den meisten Tradern fehlt die nötige Disziplin, um mentale Stopps einzuhalten, daher sollten sie ihre Stopps im Markt platzieren, bis sie diese Disziplin entwickelt haben.

> **DEN SINN FÜR DIE REALITÄT VERLIEREN**
>
> Ich erlebe immer wieder Trades, die am Anfang kleine Verluste einfahren, ohne dass ich aussteige, da ich mit einem Kursanstieg rechne. Dann fällt der Markt noch ein bisschen weiter, und ich baue meine Position weiter aus, denn nun weiß ich, dass es zu einem Kursanstieg kommen wird. Doch nichts passiert, außer dass der Markt sich weiter verschlechtert. Was als 2.000-Dollar-Verlust gedacht war, ist nun ein 5.000-Dollar-Verlust, und ich schaffe es nicht auszusteigen, da es mir ein Rätsel ist, dass ich so viel bei einem Trade verloren habe. Ich behalte meine Position und hoffe inständig auf einen Kursanstieg, den es nie gibt. Schließlich beende ich den Tag mit einem Verlust von 8.000 Dollar, vier Mal so viel, wie ich eingeplant hatte. Hätte ich einen Stopp im Markt gehabt, dann hätte ich den Sinn für die Realität bewahrt und nur 2.000 Dollar verloren, wie ursprünglich gedacht. Danach hätte ich zum nächsten Trade übergehen können. Stattdessen habe ich einen Tag erlebt, der mein Vertrauen nachhaltig zerstört und mein Trading-Verhalten die nächsten Tage stark beeinflusst hat.

STOPPS FUNKTIONIEREN NICHT IMMER

Zwar sind Stopps wichtig, und man sollte sie verwenden, doch sie stellen nicht immer das Sicherheitsnetz dar, für das man sie hält. Zum einen können sie dazu führen, dass man nachlässig wird und, sobald man eine Position erst einmal innehat, diese nicht mehr beachtet. Zum anderen kann es vorkommen, dass man bei einem schnell oder lückenhaft verlaufenden Markt seine Positionen nicht zum erhofften Preis auffüllen kann. Beispielsweise hat man nur einen Verlust von 1.500 Dollar eingeplant, tatsächlich verliert man aber 2.500 Dollar, falls der Markt schnell oder lückenhaft verläuft.

Sich seiner Sache zu sicher sein

Manchmal kann es sein, dass sich ein Trader in einer schlechten oder falschen Position befindet, er aber trotzdem keine großen Verluste erleidet. Es kann sein, dass er zehn Ticks weiter einen Stopp eingebaut hat, der nur um drei Ticks gegen ihn verläuft. Wahrscheinlich denkt er jetzt nicht mehr, dass es sich um einen hervorragenden Trade handelt. Da der Trade aber noch nicht gestoppt wurde, handelt es sich für ihn immer noch um einen guten Trade, an dem man besser festhalten sollte. Er hatte den Stopp an einer seiner Ansicht nach guten Ausstiegsstelle platziert, und solange der Markt diesen Bereich erreicht, glaubt er fest daran, sich auf der richtigen Seite des Marktes zu befinden. Doch damit liegt er falsch. Wenn Sie sich in einem Trade befinden, der sich nicht wie geplant entwickelt oder bei dem Sie kein gutes Gefühl mehr haben, dann steigen Sie aus und vergessen Sie alles, was Sie vorher für einen passenden Bereich hielten. Fühlen Sie sich nicht zu sicher, nur weil der Markt Ihren Trade noch nicht gestoppt hat. Darauf muss man nicht warten. Wenn sich ein Trade falsch anfühlt, dann steigen Sie aus, selbst wenn er nur leicht gegen Sie oder ein wenig zu Ihren Gunsten verläuft. Langfristig gesehen können Sie damit viel Geld sparen. Nehmen wir einmal an, Sie sind nach einem Break-Out eingestiegen, und der Markt entwickelt sich nicht wie geplant; stattdessen herrscht Flaute. Sie brauchen mit dem Ausstieg auf keinen Fall zu warten, bis der Markt Ihren Stopp erreicht. Wenn er nicht wie gewünscht verläuft, spricht vieles dafür, dass er irgendwann Ihren Stopp erreicht. Warum nehmen Sie also jetzt nicht lieber einen kleinen Verlust in Kauf und versuchen es später noch mal?

> **FAUL WERDEN**
>
> Ich verwende gerne Zeitstopps, bei denen ich aussteige, wenn ein Trade nach 45 Minuten nicht funktioniert. Leider passiert es mir manchmal, dass ich kleinere Verluste ignoriere, wenn mein Trade erst seit 20 oder 30 Minuten läuft. Laut meiner Berechnung befinde ich mich noch im Rahmen, und außerdem können sich die Trades noch entwickeln, also behalte ich meine Positionen. Nun muss ich allerdings erkennen, wie sie sich weiter verschlechtern, und 20 Minuten später steige ich dann doch aus. Ich sollte eigentlich noch mehr Wert darauf legen, ein solches Vorgehen künftig zu vermeiden, doch wenn man Stopps im Markt platziert hat, von denen man überzeugt ist, schleicht sich schnell eine gewisse Selbstzufriedenheit ein.

Slippage

Slippage stellt ein weiteres Problem dar, mit dem man bei Stopps konfrontiert wird. Es ist durchaus nichts Ungewöhnliches, einen Stopp zu einem Kurs zu haben und zu einem vollkommen anderen Kurs seine Positionen zu erfüllen. Dies ist besonders dann der Fall, wenn sich der Markt schnell gegen einen Trader entwickelt. Mitunter kann eine Pressemitteilung (zum Beispiel die falsche Stimmenauszählung bei einer Präsidentschaftswahl, eine Zinssenkung oder eine Gewinnwarnung) dazu führen, dass der Markt lückenhaft verläuft.

Auch der Durchbruch einer Widerstandslinie kann dazu führen. Stopps werden bei solchen Vorfällen durchbrochen und erst weiter weg als erwartet, da der Markt direkt durch sie hindurch verläuft. Manchmal kommt es vor, dass ein Markt um drei Punkte höher eröffnet, als er am Vortag geschlossen hat, und damit über einem möglichen Stopp liegt; in diesem Fall werden Stopps automatisch gewählt, da der Markt eröffnet, ohne dabei auf die Position eines möglichen Stopps zu achten. Dagegen kann man leider nichts machen, außer laut zu fluchen und auf den nächsten Trade überzuschwenken. Als ich bei der überraschenden Zinssenkung am 3. Januar 2001 auf meinen Short-Positionen sitzen blieb, hatte ich keine Chance mehr, mit einem kleinen Verlust aus meinen Trades auszusteigen. Zwar hatte ich keine sichtbaren Stopps im Markt platziert, dennoch wusste ich, dass ich aussteigen wollte, sobald der Markt den an Punkt B in Abbildung 9-1 erreichten Höchstwert durchbrach. Hierbei handelte es sich um einen Ein-Minuten-Chart von QLogic (QLGC). Ich hatte gerade an Punkt A verkauft, da ich dachte, der Markt habe einen neuen Höchstwert verpasst. Gleichzeitig hatte ich auch eine Reihe anderer Aktien verkauft. Als sich die Zinssenkung an Punkt C ereignete, konnte ich nichts mehr machen, um ohne empfindlichen Schaden auszusteigen. Ich platzierte eine Market-Order, um auszusteigen, und erfüllte meine Positionen schließlich im Bereich von Punkt D, zwölf Dollar entfernt von der Stelle, an der der Höchstwert an Punkt B durchbrochen wurde. Auch bei den anderen verlor ich gegenüber meinem geplanten Ausstiegspunkt zwischen fünf und sieben Dollar pro Aktie. Selbst wenn ich Stopps im Markt gehabt hätte, hätte ich wohl immer noch zwischen drei und fünf Dollar pro Aktie verloren, was auch noch ein recht großes Slippage bedeutet.

FALSCHER GEBRAUCH VON STOPPS

Stopps, die zu nahe liegen

Außer dass Stopps gar nicht verwendet werden, ist es ein weiterer häufig begangener Fehler von Tradern, dass sie diese an den falschen Stellen platzieren. Es ist für einen Trader oft sehr frustrierend, wenn er eine Position hält, sieht, wie der Markt gegen sie verläuft, bis der Trade am Stopp endet – und unmittelbar danach gibt es einen Umschwung, und der Trade verläuft genau in die gewünschte Richtung. Ein guter Stopp ist eine Kombination aus einer Stelle, die einen Trader vor übermäßigen Verlusten schützt, ohne dass er dabei allzu großen Schaden erleidet, und einer Stelle, die ihn in einer Position hält, wobei man ihr einen gewissen Spielraum einräumen sollte, damit sie sich entwickeln kann, wenn man richtig liegt. Bei manchen Tradern erweisen sich die gewählten Stopps letztlich als zu knapp bemessen, sodass ihre Trades nicht den nötigen Freiraum haben, um sich zu entwickeln. Dabei spielt die Angst, bei einem Trade zu viel Geld zu verlieren, eine genauso große Rolle wie die Tatsache, dass man den Spruch »Minimieren Sie Ihre Verluste« zu wörtlich nimmt oder es einem Trader ganz einfach an technischem Verständnis für das Setzen von Stopps mangelt.

KAPITEL 9 ■ EXITS UND STOPPS

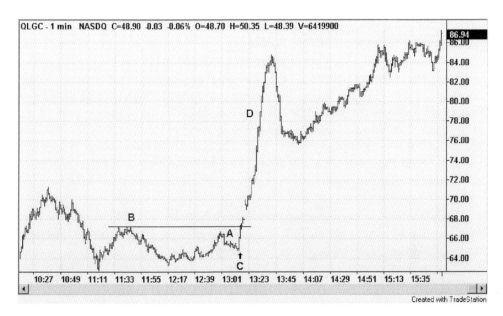

Abb. 9-1: *Ein-Minuten-Chart für QLGC: Das Platzieren von Stopps*

Schlechte Trader platzieren demzufolge ihre Stopps innerhalb der regulären Kursbewegungen des Marktes oder auf einer Trendlinie und sind dann frustriert, wenn ihr Stopp bei einem Move schon in der Nähe des Tiefstwertes vom Markt genommen wird. Ihre grundsätzliche Einschätzung des Marktes mag durchaus richtig gewesen sein, doch wenn sie in einem ungünstigen Bereich oder einem wechselhaft verlaufenden Markt eingestiegen sind, liefen sie Gefahr, durch den Stopp vom Markt genommen zu werden, ohne über den nötigen Spielraum zu verfügen, um vom nächsten Move zu profitieren. Nachdem sie vom Markt genommen wurden und dieser sich danach allmählich in die von ihnen prognostizierte Richtung entwickelte, steigen sie vielleicht gleich wieder neu ein, und zwar meistens an derselben Stelle wie zuvor.

Zu knapp bemessene Stopps stellen eine todsichere Methode dar, Geld zu verlieren. Sicher, die Verluste sind eher gering, doch die innerhalb der normalen Schwankungsbreite des Marktes platzierten Stopps werden oft erreicht. Wenn Sie Ihre Stopps zu nahe platzieren, nimmt die Zahl Ihrer erfolgreichen Trades automatisch ab. Außerdem enden viele vermeintlich erfolgversprechende Trades mit kleineren Verlusten, da sie sich nie voll entfalten durften.

Einer meiner Kunden tradete einst E-minis-S&P-500, wobei er keine Verluste von mehr als zwei oder drei Punkten pro Trade akzeptierte. Dies entspricht etwa

100 bis 150 Dollar, was, wenn man E-minis tradet, so gut wie nichts ist, da diese sich innerhalb eines Tages leicht um 20 Punkte oder 1.000 Dollar bewegen können. Ein Move von drei Punkten in zehn Minuten ist durchaus nichts Ungewöhnliches. Ein Stopp von zwei oder drei Punkten liegt also innerhalb der normalen Standardabweichung vom zehnminütigen Move des Marktes, und die Wahrscheinlichkeit, dass er erreicht wird, ist relativ groß. Wenn die Einstiegsbereiche nicht gerade perfekt gewählt wurden, ist es schwierig für einen Trade, sich bei so nahe liegenden Stopps den nötigen Spielraum zu verschaffen. Also führte er pro Tag etwa zehn Trades aus, wovon rund 80 Prozent gestoppt wurden. Für mich als Broker war dies toll, doch ihm brachte es eher wenig.

Das Bemerkenswerte daran war, dass er sich beinahe jedes Mal für die richtige Richtung des Marktes entschieden hatte. Hätte er seine Stopps besser platziert, wäre er äußerst erfolgreich gewesen. Seine ersten 5.000 Dollar hatte er nach rund sechs Wochen aufgebraucht, und er schoss regelmäßig Geld nach, um seine Erhaltungs-Margin zu erfüllen. Er lernte nie aus seinen Fehlern und wiederholte sie ständig. Seine Angst, bei einem einzelnen Trade enorme Verluste einzufahren, war einfach zu groß und führte schließlich dazu, dass er sein Konto plünderte und wie ein Verrückter in kleinere Trades einstieg. Wenn er sich schon in den Kopf gesetzt hatte, nicht mehr als 100 Dollar pro Trade zu verlieren, dann wäre er besser Day-Trader auf einem Markt wie etwa dem Getreidemarkt geworden, denn dort beträgt die tägliche Schwankungsbreite gerade mal 200 bis 300 Dollar. Für E-mini-S&Ps hatte er seine Stopps viel zu knapp bemessen, sodass seine Trades zu keiner Zeit über den nötigen Spielraum verfügten.

Stopps, die zu weit entfernt liegen

Es gibt nicht nur zu nahe liegende Stopps, sondern auch Stopps, die weiter entfernt platziert werden als nötig. Wenn jemand einen Stopp mit einem festen Dollar-Betrag verwendet, dann kann es sein, dass er diesen Stopp weit über einer sicheren Stelle platziert. Was dann passiert, ist Folgendes: Der Markt entwickelt sich an die Stelle, an der ein geeigneter Ort für einen Stopp gewesen wäre, und setzt seinen Kurs fort, bis er schließlich den Stopp erreicht. Es macht keinen Sinn, Stopps zu weit entfernt zu platzieren. Ein Trader könnte somit leicht 500 Dollar verlieren, wenn er eigentlich nur 300 Dollar hätte verlieren sollen. Wer seine Stopps ständig zu weit entfernt platziert, läuft Gefahr, sein Konto wesentlich schneller zu leeren als jemand, der seine Stopps wohlüberlegt platziert. Es kommt jedoch immer wieder vor, dass ein geeigneter Stopp zu weit vom Markt platziert werden muss, zum Beispiel nach einem ausgeprägten Move und wenn sich der Markt zu weit von einer Unterstützungslinie entfernt hat. Es kann sein, dass der einzige Ort, an dem ein Stopp technisch korrekt platziert werden kann, mehr kostet, als man verlieren will. In diesem Fall sollte man lieber die Finger vom Trade lassen, da sich das Risiko angesichts der Rendite nicht lohnt. In solchen Fällen ist es besser, auf eine weniger risikoreiche Gelegenheit zu warten, als zu viel zu riskieren.

Je wechselhafter der Markt, desto weiter der Stopp

Merken Sie sich Folgendes: Je wechselhafter der Markt ist, desto weiter muss ein Stopp entfernt sein, damit er effektiv ist. Wenn Sie mit großen Verlusten nicht umgehen können, dann sollten Märkte oder Aktien mit breiten Schwingungen nicht Teil Ihrer Strategie sein. Ich verwende normalerweise bei den meisten Aktien Stopps zwischen 50 Cent und einem Dollar. Wenn Sie jedoch eine wechselhaft verlaufende Aktie traden, wie es etwa Yahoo war, als die tägliche Schwankungsbreite 15 Dollar betrug, könnten Sie um 1,50 Dollar gefallen sein, sobald Ihre Order erfüllt wird. Bei diesen verrückten Aktien musste ich bereit sein, drei bis fünf Dollar zu riskieren. Anderenfalls wäre ich viel zu oft gestoppt worden und hätte nur eine Stunde später mit ansehen müssen, wie die Aktien erneut um acht Dollar stiegen. Dies gilt nicht nur für unterschiedliche Aktien und Märkte, sondern auch für identische zu unterschiedlichen Zeiten. Mitte 2002 handelte es sich bei Yahoo um eine Zwölf-Dollar-Aktie, deren tägliche Schwankungsbreite kaum einen Dollar betrug, sodass ein 50-Cent-Stopp eher angebracht war als ein Fünf-Dollar-Stopp. Sojabohnen unterliegen im Sommer größeren Schwankungen als im Winter, und zu bestimmten Zeiten muss man bereit sein, bei diesen Trades mehr zu riskieren. Wenn Sie sich nicht wohl dabei fühlen, ein hohes Risiko einzugehen, dann sind wechselhaft verlaufende Märkte nichts für Sie, und Sie sollten sich lieber an Märkte halten, mit denen Sie umgehen können.

Stopps platzieren

Wie ich demnächst beschreiben werde, sollten Stopps außerhalb technischer Grenzen und/oder der normalen Handelsspanne des Marktes platziert werden, außer man genießt es, gestoppt zu werden. Wenn man Stopps platziert, sollte man deren Position nicht von den Verlusten abhängig machen, die man sich leisten kann; stattdessen sollte man sie dort platzieren, wo laut Markt eine passende Stelle ist. Wenn man vermeiden will, dass man unnötig gestoppt wird, dann sollte man einen Stopp unter gar keinen Umständen dort platzieren, wo man den Markt gerne hätte; stattdessen sollten Sie einen Sicherheitsabstand von dem Ort bewahren, den Ihnen »Ihr Bauch« vorschlägt. Platzieren Sie ihn nie im Bereich einer ganzen Zahl, einer Trendlinie, eines Moving Average, eines täglichen oder wöchentlichen Höchst- oder Tiefstwertes oder einer bedeutenden Unterstützungs- und Widerstandslinie, die Sie entweder auf Ihrem eigenen oder auf einem größeren Zeitrahmen erkennen. Märkte werden förmlich zu ganzen Zahlen und Trendlinien hingezogen, da jeder sie dort erwartet. Daher ist es das Beste, wenn man seinen Stopp außerhalb dieser Bereiche platziert – und zwar nicht einfach außerhalb, sondern mit ausreichend Platz zum Atmen. Wenn Sie Ihre Stopps zu nahe platzieren, kann es leicht passieren, dass der Markt sie bei einem schnellen Ausbruch in diesem Bereich erreicht und auch noch weitere Stopps entfernt. Es ist nicht leicht, Stopps richtig zu platzieren. Der restliche Teil dieses Kapitels beschäftigt sich mit den verschiedenen Arten von Stopps, wie und wo man sie platzieren sollte und wo lieber nicht.

ARTEN VON STOPPS

Der Money-Management-Stopp

Bei dieser Art von Stopp steigt man in einen Trade ein und platziert einen Stopp, der es ermöglicht, nur eine bestimmte Summe Geld zu verlieren. Money-Management-Stopps sollten verwendet werden, um zu verhindern, dass sich ein Trader Schaden zufügt, doch in meinen Augen werden sie sehr häufig falsch verwendet, und man sollte sie eigentlich völlig anders verwenden. Die meisten Trader, die diese Stopps verwenden, steigen in einen Trade ein und platzieren dann einen Stopp, der verhindert, dass sie mehr als 500 Dollar oder irgendeine andere Summe, mit der sie sich wohl fühlen, verlieren. Das Ziel dieser Stopps ist es, einen Trader bei einem beliebigen Trade davor zu schützen, dass er mehr verliert, als er sich leisten kann. Das Problem ist, dass man sie platziert, ohne auf die aktuelle Marktentwicklung zu achten. Das Risiko gehört zum Markt genauso dazu wie das, was sich ein Trader leisten kann zu verlieren. Es gibt Zeiten, in denen ein 500-Dollar-Stopp im Markt viel zu viel ist, während er in anderen Zeiten im selben Markt einem Trade kaum Luft zum Atmen lässt. Wenn Sie in Abbildung 9-2, einem 60-Minuten-Chart für Sojabohnen, an Punkt A verkauft hätten in der Hoffnung, der Markt würde weiter fallen, und Sie sich nur einen 500-Dollar-Stopp leisten konnten, dann wären Sie an Stopp Xa gestoppt worden. Bei Xa handelt es sich, was den Markt betrifft, um einen willkürlich gewählten Stopp, und es ist nicht gerade die passende Stelle für einen Stopp. Wenn Sie auf einen Kursanstieg gewartet und statt an Punkt A an Punkt B verkauft hätten, dann hätten Sie bei Stopp Xb einen Stopp platzieren können. Hier handelt es sich zwar auch um einen 500-Dollar-Stopp, doch ist dieser bewusst über dem bisherigen Höchstwert von Punkt X gewählt. Bei Stopp Xb handelt es sich um einen technisch korrekt gesetzten Stopp, der Sie im Markt hält und Ihnen erlaubt, Kapital aus dem Trade zu schlagen, während Stopp Xa willkürlich mitten in die Welle hineingesetzt wurde.

Money-Management-Stopps können auch dann zum Problem werden, wenn man verschiedene Märkte tradet. Einige Märkte verlaufen wechselhafter als andere, und was in einem Markt der passende Betrag für einen Stopp sein kann, kann in einem anderen weniger gut passen. Ein 500-Dollar-Stopp bei Getreide ist beispielsweise ein sicherer Stopp, der innerhalb eines Tages höchstwahrscheinlich nicht erreicht wird; ein 500-Dollar-Stopp bei den S&Ps kann dagegen in rund fünf Minuten erreicht werden. Man muss die Märkte und Aktien ganz genau kennen, um feststellen zu können, wie viel Schaden im Einzelfall entstehen kann. Wenn man für einen Stopp einen beliebigen Geldbetrag wählt, den man riskieren möchte, dann handelt es sich um einen Stopp für faule Leute. Und Sie wissen ja: Der faule Weg ist nie der beste. Den richtigen Bereich für einen Stopp zu finden bedeutet harte Arbeit und basiert auf technischer Analyse, nicht darauf, wie viel ein Trader zu verlieren bereit ist. Man muss wissen, wie viel Risiko man eingehen kann, damit man weiß, ob man sich überhaupt auf einen Trade einlassen sollte und wie viele Kontrakte man traden kann, doch dieser Betrag sollte nicht der Stopp sein.

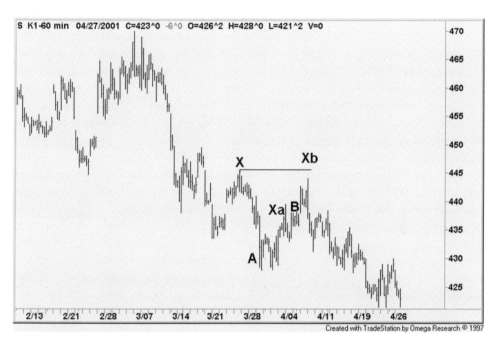

Abb. 9-2: *60-Minuten-Chart für Sojabohnen: Stopps sollten dem Marktverlauf angepasst werden*

Die Größe von Positionen mit Hilfe von Money-Management-Stopps ermitteln

Am besten verwendet man einen Money-Management-Stopp in Verbindung mit einem technisch platzierten Stopp und der Größe seiner Positionen. Damit meine ich, dass man zunächst wissen sollte, wie viel man riskieren möchte und welche Verluste man bei jedem einzelnen Trade hinnehmen würde. Man sollte nie in einen Trade einsteigen, ohne zu wissen, wie viel man riskiert und welche Verluste man sich pro Trade leisten kann. Wenn ein Trader ein Konto mit 100.000 Dollar besitzt, wird er vielleicht bereit sein, 2.000 Dollar bei einem speziellen Trade aufs Spiel zu setzen. Man muss nicht jeden einzelnen Cent zweimal umdrehen, aber doch ungefähr wissen, wie viel man riskiert, um das Risiko besser abschätzen zu können. Normalerweise handelt es sich um einen festen Prozentsatz vom Gesamtkapital, worauf ich im weiteren Verlauf noch genauer eingehen werde (siehe Money Management). Betrachten Sie die Charts, um festzustellen, welche Verluste ein Trade im schlechtesten Fall einfahren kann; dies sagt Ihnen der Markt und nicht Ihre Brieftasche. Nachdem Sie einen passenden Bereich für einen Stopp ausfindig gemacht haben, sollten Sie ermitteln, wie viel es Sie pro Kontrakt kosten würde, wenn Sie gestoppt würden. Sagen wir mal, das Risiko betrug 500 Dollar, wie bei Stopp Xb in Abbildung 9-2. Dann teilen Sie die 2.000 Dollar durch 500 Dollar, und Sie wissen, dass Sie bei diesem Trade bis zu vier Kontrakte traden können. Sie müssen natürlich nicht vier Kontrakte traden, aber wenn Sie ein gutes Gefühl dabei haben, warum denn nicht? Normalerweise würde ich ein Drittel oder die Hälfte der maximalen Anzahl von Kontrakten als Position einnehmen und später, falls der Trade funktioniert, weitere Positionen hinzufügen. Wenn Sie Ihren Trade einwandfrei geplant haben und Sie mit einem sehr geringen Risiko in den Markt eingestiegen sind, könnten Sie sogar darüber nachdenken, zu Beginn weitere Kontrakte einzugehen. Wenn der Markt Ihnen jedoch mitteilen sollte, dass das Risiko pro Kontrakt in diesem Trade bei 2.500 Dollar liegt, dann würden Sie es ganz einfach bleiben lassen, da Ihre Risikogrenze von 2.000 Dollar überschritten wäre. Null stellt ebenso eine mögliche Zahl von Kontrakten dar, und zwar dann, wenn das Risiko zu groß ist.

Percentage-Move-Stopps

Ein Percentage-Move-Stopp teilt dem Trader ebenso wie ein Money-Management-Stopp mit, wie viel er bei einem Trade riskieren kann. Man sollte ihn jedoch nur verwenden, wenn es technisch machbar ist. Mit Hilfe eines Percentage-Move-Stopps kann man den Markt selbst verwenden, um zu ermitteln, wie viel man pro Kontrakt oder Aktie höchstens riskieren möchte. Um zu ermitteln, wie viel man in einem Markt riskieren möchte, kann man einen festen Prozentsatz der »True Range«, eine Standardabweichung des Marktes oder einen festen Prozentsatz des »Exchange Margin Requirement« verwenden. Man muss über die charakteristischen Eigenschaften der gehandelten Märkte oder Aktien Bescheid wissen, um den jeweils möglichen Schaden ermitteln zu können. Meines Erachtens sollte man bei einem Trade höchstens einen Betrag von 30 Prozent der Tages-Handelsspanne riskieren. Verwenden Sie stets einen größeren Zeitrahmen, wenn Sie ermitteln, wie viel Prozent Sie riskieren wollen. Wenn Sie langfristig an Trades festhalten wollen, sollten Sie sich die durchschnittliche Handelsspanne für eine Woche oder einen Monat besorgen, um zu berechnen, welcher Verlust für Sie akzeptabel ist. Wenn Sie mit Rohstoffen traden, stellen 25 bis 33 Prozent der Margin Requirement eine geeignete Verlustgrenze für Day-Trader dar. Bei langfristigen Trades sollten Sie nicht mehr als die Erhaltungs-Marge riskieren.

Wenn ich als Day-Trader handle, bemühe ich mich, bei jedem Trade höchstens 25 bis 30 Prozent der Average True Range einer Aktie zu verlieren. Wenn eine Aktie eine Handelsspanne von täglich zwei Dollar hat und ich mich bereits mit mehr als 85 Cent im Minus befinde, dann habe ich irgendetwas falsch gemacht. Normalerweise bedeutet dies, dass ich meinen Trade schlecht geplant habe oder ganz einfach völlig danebenliege, sodass ich meinen Verlust einschränke, indem ich mich zwinge, nicht mehr als 30 Prozent der Average Range zu verlieren. Wenn ein passender Stopp weiter entfernt ist als dieser Betrag, lasse ich den Trade sausen. Nehmen wir an, der Betrag, den ich pro Markt riskieren möchte, liegt bei 300 Dollar pro Kontrakt bei Sojabohnen, 100 Dollar bei Getreide, 2.000 Dollar bei S&P 500, 1,00 Dollar bei IBM sowie 40 Cent bei Dell. Dann würde ich nur Trades eingehen, deren technisches Risiko pro Kontrakt unter den genannten Beträgen liegt. Ansonsten ist der Trade riskanter als normal, und man sollte die Finger davon lassen.

Zeitliche Stopps

Ein Stopp muss nicht immer vom Markt vorgegeben werden oder von dem Betrag abhängen, den man riskieren kann; es kann sich auch um zeitliche Stopps handeln, das heißt, man gibt dem Markt eine begrenzte Zeit vor, innerhalb derer ein Trade funktionieren muss. Falls dies nicht der Fall ist, steigt man aus. Wie ich schon erwähnt habe, verwende ich gerne zeitliche Stopps. Der Grund dafür ist, dass ich bisweilen dazu neige, zu lange an verlustreichen oder nur eingeschränkt funktionierenden Trades festzuhalten. Zeitliche Stopps hängen von den verwendeten Zeitrahmen ab. Beim schnellen Scalper (Trader, der auf schnelle Gewinne spekuliert) können dies zehn Minuten sein; für den etwas länger aktiven Day-Trader können es 45 Minuten sein; wenn man gerne den 60-Minuten-Zeitrahmen verwendet, kann man einen Stopp am Ende des Tages platzieren; und bei einem Positions-Trader sollte ein Fünf-Tage-Stopp ausreichen. Ich verwende diese Zeiten, um aus Trades auszusteigen, die nicht funktionieren. Wenn ein Trade gut verläuft und meine Zeit abgelaufen ist, halte ich an ihm fest. Diese festen Zeiten stellen für mich auch eine Art Selbstkontrolle dar, aber es ist jedem Trader selbst überlassen, was er verwendet. Sobald man ein zeitliches Stopp-Loss-Limit gesetzt hat und sich in einer Position befindet, die nicht gut verläuft, sollte man nach Ablauf dieser selbst auferlegten Frist aussteigen.

Vor kurzem habe ich damit begonnen, diese Stopps als eine Möglichkeit zum Ausstieg aus toten Positionen zu verwenden. Wenn ich als Day-Trader handle und eine Position besitze, die nach 45 Minuten nicht funktioniert, steige ich aus, weil ich mir sage, dass es wahrscheinlich besser wäre, mein Geld und meine Energie anderweitig zu verschwenden, da ja bisher auch nichts passiert ist. Dies gilt für Trades, die leicht negativ oder positiv verlaufen. Wenn es sich um einen guten Trade handeln würde, dann hätte er normalerweise sofort funktionieren sollen (wie es bei den besten Trades normalerweise der Fall ist). Wenn er mir nach etwa 30 Minuten immer noch kein Geld einbringt, sollte ich wissen, dass ich mich getäuscht habe. Ich lasse ihm noch ein paar Minuten Zeit, und nach spätestens 45 Minuten bereite ich mich allmählich auf den Ausstieg vor, falls ich bis dahin noch nicht gestoppt wurde. Ich mag den Gedanken, dass ich früher aus dem Trade ausgestiegen wäre, weil er nicht funktioniert hat, doch dies ist nicht immer der Fall. Der Hauptgrund warum man zeitliche Stopps verwenden sollte, ist, dass man sich oft in Trades befindet, die nicht wirklich viel verlieren – vielleicht zehn Cent pro Aktie, was nicht wirklich weh tut –, also ignoriert man dies. Mit der Zeit werden daraus aber 20, 40 oder gar 60 Cent, und bevor man es richtig merkt, hat man schon zwei Stunden lang an einem schlechten Trade festgehalten und bereits einen Dollar Verlust damit gemacht, und jetzt will man natürlich auch nicht aussteigen. Was zu Beginn schlecht ist, scheint mit der Zeit nur noch schlechter zu werden, sodass es besser ist, früher auszusteigen.

Ein Trader sollte dem Markt gegenüber eine gewisse Erwartungshaltung an den Tag legen und ihm einen festen Zeitrahmen vorgeben. Wenn sich der Markt nicht daran hält, sollte er darüber nachdenken, aus dem Trade auszusteigen – egal ob Sieg, Niederlage oder Unentschieden. Es ist in Ordnung, zu verlieren oder nur wenig zu gewinnen, wenn der Markt nicht so verläuft, wie man es sich erhofft hatte. Man braucht nicht zu warten, bis man gestoppt wird. Als Trader sollte man lieber Märkte traden, die reagieren anstatt in die verkehrte Richtung zu verlaufen oder sich kaum zu bewegen. Man fährt besser damit, auf eine neue Gelegenheit zu warten, anstatt den Babysitter für eine Sache zu spielen, das nicht funktioniert.

Technische Stopps

Hier nun die geeignete Position eines Stopps: Lassen Sie sich vom Markt sagen, wohin er kommen soll. Stopps, die auf dem basieren, was der Markt als eine gute Stelle vorgibt, um einem Trader mitzuteilen, dass er falsch liegt, sind die besten Stopps. Dem Markt ist es völlig egal, welche Verluste sich ein Trader leisten kann; er wird machen, was er will. Trader, die Stopps mit willkürlichen Geldbeträgen positionieren, weil es alles ist, was sie wollen, oder sie sich nicht mehr leisten können, setzen ihre Stopps nicht richtig und laufen Gefahr, gestoppt zu werden, weil sich die Stopps innerhalb der normalen Schwankungsbreite des Marktes befinden. Wenn man einen Stopp auf einer technischen Grenze oder innerhalb der normalen Handelsspanne des betrachteten Zeitrahmens positioniert, kann man sich genauso gut von seinem Geld verabschieden, da die Wahrscheinlichkeit, dass man gestoppt wird, zunimmt. Man sollte immer einen gewissen Spielraum lassen, wenn man einen

Stopp platziert. Man sollte ihn nicht einfach außerhalb der Trendlinie setzen; besser ist es, einen Puffer zu verwenden oder ihm eine Standardabweichung einzuräumen, worauf ich später noch genauer eingehen werde. Es gibt also viele Möglichkeiten, wie man Stopps mit Hilfe der technischen Analyse verwenden kann. Man kann sie außerhalb von Trendlinien, Moving Averages, Kanälen, Unterstützungs- und Widerstandslinien, dem niedrigsten Wert der x letzten Tage, unter einer Fibonacci-Zahlenreihe oder an vorherigen Markttiefst- und -höchstwerten platzieren. Dies sind Bereiche, die der Markt wahrscheinlich erreichen wird, und wenn sie durchbrochen werden, spricht vieles für einen Richtungswechsel auf dem Markt.

Der Vorteil, sich den Markt zur Ermittlung des Risikos zu eigen zu machen, liegt darin, dass das Risiko deutlicher wird und man es gering halten kann. Wenn sich herausstellt, dass das Risiko bei einem Trade zu groß ist, handelt es sich um einen Trade mit eher geringer Erfolgswahrscheinlichkeit, und man sollte ihn vermeiden. Machen Sie sich keine Gedanken darüber, Trades zu verpassen. Schlimmstenfalls verdient man eben kein Geld. Kein Geld zu verdienen ist allemal besser, als Geld zu verlieren. Außerdem werden sich noch zahlreiche andere Chancen zum Traden ergeben.

Wenn Sie sich einige der Charts, die ich in anderen Kapiteln verwendet habe, noch einmal zu Gemüte führen, dann können Sie die passenden und falschen Stellen für einen Stopp erkennen. In Abbildung 9-3 gibt es einige Trades, die man eingehen kann. Der erste (Punkt A) ist der Break-Out eines vorherigen Höchstwertes. Wenn ein Trader diesen Trade eingegangen wäre und es sich leisten könnte, nur einen Dollar pro Aktie zu verlieren, dann müsste er bei N einen Stopp platzieren (N steht für Nein). Dieser Stopp wird höchstwahrscheinlich erreicht, da er über dem Kanal und der Trendlinie irgendwo im Niemandsland liegt. Er wird nicht erreicht, es handelt sich aber nichtsdestotrotz um einen schlecht platzierten Stopp. Die besseren Stopps liegen in Ebene eins, unter der Kanallinie, die mit dem vorherigen Tiefstwert des Marktes zusammenfällt. Wenn der Markt diese Ebene durchbricht, liegt der nächste Stopp in Ebene zwei, einer Stelle, die sich für einen Stopp ohnehin besser eignet, da sie sich unter einer großen Trendlinie befindet. Schließlich möchte man bei einem möglichen Break-Out bei Ebene drei – einem kürzlich erreichten bedeutenden Tiefstwert – endgültig draußen sein. Alles in allem halte ich diesen Trade nicht gerade für toll, da sich die Stopps relativ weit voneinander entfernt befinden. Dennoch bietet sich bei Punkt B eine hervorragende Gelegenheit zum Traden, da man hier einsteigen und bis zur Kanallinie an Ebene vier riskieren könnte, die nur wenige Cents entfernt liegt. Die Ebenen fünf und sechs ähneln den Ebenen zwei und drei. Der Grund, warum ich Ihnen mehrere Bereiche für Stopps zeige, ist folgender: Wenn ein Trader verschiedene Kontrakte handeln würde, könnte er aus einem Teil zunächst am ersten Stopp aussteigen und danach aus dem Rest, sobald die anderen Stopps erreicht werden. Die Stopps an den Ebenen drei und sechs liegen ganz einfach zu weit entfernt bei etwa sieben Dollar pro Aktie und kämen somit gar nicht in Frage. Die Stopps an den Ebenen zwei und fünf sind schon eher angebracht, doch immer noch ein wenig zu weit entfernt für den Day-Trader, sodass sie nur von einem langfristigen Trader verwendet werden sollten. Der Stopp an Ebene eins ist immer noch ein wenig zu weit entfernt, sodass man diesen Trade im vorliegenden Zeitrahmen ignorieren könnte, doch da es sich beim Stopp in Ebene vier um einen technisch guten Stopp handelt, der sich nahe am Markt befindet, ist dies eine perfekte Stelle für einen Trade. Knapp bemessene Stopps sind okay, solange sie technisch korrekt sind. Ein Trader könnte auch noch über eine weitere Möglichkeit nachdenken: Da es sich beim Trade an Ebene A um ein Break-Out handelt, könnte man einsteigen und einen Move unter die Durchbruchslinie als Stopp verwenden. Solche Trades werden oft gestoppt, doch die Verluste sind gering, und die Gewinne können sehr groß ausfallen, sodass sich ein Versuch durchaus lohnen könnte.

AUSSTIEGE MIT VERSCHIEDENEN ZEITRAHMEN GENAU ABSTIMMEN

Beim Traden sollte man die größeren Zeitrahmen unbedingt im Auge behalten, um einen besseren Eindruck zu gewinnen, wo man geeignete Stopps platzieren kann. Man macht dies gerne, weil der Blick auf größere Zeitrahmen das Erkennen bedeutender technischer Begrenzungen erleichtert. Doch man kann zur Planung seiner

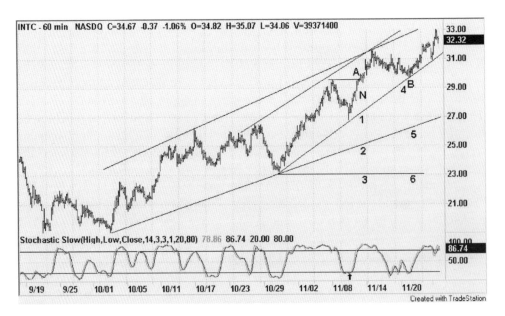

Abb. 9-3: *60-Minuten-Chart für Intel: Technische Stopps*

Trades auch die kleineren Zeitrahmen verwenden und mit Gewinnen oder kleineren Verlusten aussteigen. Abbildung 9-4 ist eine Zehn-Minuten-Version von Abbildung 9-3 mit denselben Stopps. Bevor man seinen ersten Trade eingeht, sollte man den größeren Zeitrahmen verwenden, um die Bereiche mit den Stopps zu finden.

Sobald man eine gute Position für seine Stopps gefunden hat, sollte man auf den kleineren Zeitrahmen achten und um diese Stopps herum traden. Nehmen wir einmal an, man hat den Trade beim Break-Out von Punkt A gewählt und an Ebene eins einen Stopp platziert, der auf einem 60-Minuten-Chart basierte. Wenn dies ein kurzfristiger Trade ist, dann muss man nicht bis hinunter zum Stopp an Ebene eins ein Risiko eingehen; stattdessen könnte man den Stopp unter dem Moving Average an Ebene sieben platzieren. Ebene eins wird dann zu einem Stopp, der im schlimmsten Fall erreicht wird. Sobald der Trade allmählich funktioniert, könnte man mit Hilfe von Abbildung 9-4 seinen Stopp hinauf auf die Ebenen acht und neun verschieben, dabei sollte man aber immer ein Stück unter dem Moving Average bleiben. Bei einem solchen Vorgehen wäre man an Ebene neun mit einem Gewinn gestoppt worden; an dieser Stelle kreuzten sich zudem die Moving Averages. Wenn man gut aufgepasst hat, dann hat man sicherlich bemerkt, dass sich der Markt an Punkt C den Kanallinien näherte (dies erkennt man in Abbildung 9-3 sehr deutlich) – und dass dies eine hervorragende Stelle gewesen wäre, um auszusteigen und auf einen Kursrückgang zu warten.

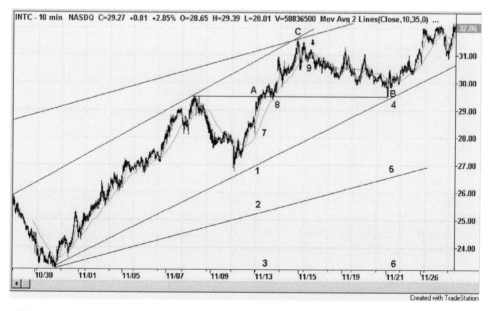

Abb. 9-4: *Zehn-Minuten-Chart für Intel: Feinabstimmung des Ausstiegspunktes*

Die nächste Gelegenheit ergibt sich für einen Trader mit der nötigen Geduld an Punkt B. Hier testet der Markt den Break-Out-Bereich von Punkt A neu. Aus Abbildung 9-3 wird deutlich, dass sich der Markt an Punkt B der Kanallinie nähert. Es sollte sich bei diesem Trade also um ein einfach lösbares Problem handeln. Die äußeren Umstände sind geradezu ideal: ein Kursrückgang in einem Aufwärtstrend, der eine Trendlinie testet. Sobald der Trade allmählich funktioniert, kann ein kurzfristiger Trader unter dem Moving Average einen Trailing-Stopp verwenden, bis er gestoppt wird.

Stopps, die auf Indikatoren basieren

Ein Stopp kann auf einem Indikator basieren anstatt auf dem Markt selbst. Zum Beispiel liegt ein Stopp vor, um aus einem Trade auszusteigen, wenn der RSI unter 50 fällt oder wenn der Stochastik sich nicht so verhält, wie er sollte.

In Abbildung 9-5 könnte es etwa sein, dass man versucht, an Punkt eins zu verkaufen, da der Stochastik zu kippen schien und der Markt im oberen Bereich seiner Schwankungsbreite verlief. Für einen Stopp kann man sich sagen: »Ich steige aus, sobald der Indikator seinen bisherigen Höhepunkt überschreitet.« Der Stochastik tat genau dies 45 Minuten später an Punkt zwei, und ein disziplinierter Trader würde jetzt aussteigen. Diese Art von Stopp ist ein wenig schwieriger zu handhaben, da man den Markt ständig im Auge behalten muss, doch es ist eine perfekte Möglichkeit, um einen Stopp zu platzieren. Wenn man es will, kann man praktisch jeden Indikator als Stopp verwenden.

Trailing-Stopps

Was passiert eigentlich, nachdem man einen Trade eingegangen ist und der Markt sich in die erhoffte Richtung bewegt, womit man auf dem Papier einen hübschen Gewinn verzeichnet? Der zunächst gesetzte Stopp könnte jetzt zu weit entfernt liegen, und man will es nicht riskieren, seine Gewinne oder das, was man ursprünglich zu verlieren bereit war, zurückzugeben.

Wenn man bereit gewesen wäre, bei dem Trade 500 Dollar zu verlieren, und nun einen Gewinn von 500 Dollar hat, dann würde man 1.000 Dollar verlieren, wenn der Trade an seinem ursprünglichen Stopp angelangt wäre. Selbst wenn der Trade noch nicht gestoppt wurde, handelt es sich bei diesem Gewinn auf dem Papier um eigenes Geld, deshalb sollte man so viel wie möglich davon behalten. Warum sollte man – egal von welchem Punkt aus – bereit sein, 1.000 Dollar zurückzugeben, wenn man normalerweise nicht mehr als 500 Dollar pro Trade riskiert? Es spielt keine Rolle, dass man sich bereits im Markt befindet; an Gewinnen festzuhalten ist genauso wichtig, wie Verluste einzuschränken.

KAPITEL 9 ■ EXITS UND STOPPS 233

Abb. 9-5: *Fünf-Minuten-Chart für S&P: Auf Indikatoren basierender Stopp*

Um seine Gewinne zu schützen, könnte man einen Trailing-Stopp verwenden, der dem Markt folgt. Viele Trader begehen den Fehler, dass sie einen Trade eingehen und einen Stopp platzieren und sich danach ihrer Sache völlig sicher sind, da sie ja schließlich einen Stopp verwenden. In der Folge werden sie selbstgefällig und faul, was den Umgang mit ihrer Position angeht. Ich wünschte, ich könnte einen Teil des Geldes zurückbekommen, das ich verschwendet habe, weil ich meine Stopps nicht dem Markt angepasst habe. Ich habe schon viele gute Trades gesehen, die zu sehr nachgegeben haben, bevor ich aus ihnen ausgestiegen bin, weil ich nie meinen ursprünglichen Stopp angepasst habe. Bei Stopps sollte es sich nicht um einmalige Entscheidungen handeln; man sollte sie stets dem Marktgeschehen anpassen. Die beste Möglichkeit, eine Position zu verwalten, ist, den Markt ständig im Blick zu haben, so, als ob man gerade erst in den Trade eingestiegen wäre. Während sich der Markt bewegt, liefert er ständig neue technische Begrenzungen, an die man seine Stopps verschieben kann. Dadurch kann man sein Risiko überschaubar halten. Wenn sich die Stopps allmählich zu weit entfernen und sich nicht wirklich eine geeignete Stelle für einen Stopp findet, sollte man am besten seine Positionen lockern.

Mit einem Trendfolgersystem ist es kein Problem, einen Stopp entsprechend zu verschieben. Wenn sich der Markt höher oder niedriger entwickelt oder einem soli-

Abb. 9-6: *60-Minuten-Chart für S&P: Trailing-Stopps*

den Trend oder Moving Average folgt, sollte man ihn mit seinem Stopp verfolgen. Abbildung 9-6 zeigt, wie man bei einem Einstieg an Punkt A den Stopp problemlos nach oben verschieben könnte, sobald sich der Markt nach oben entwickelt. Jedes Mal, wenn er höher stieg und danach einen höheren Tiefstwert verzeichnete, hätte man seinen Stopp auf den vorherigen Tiefstwert anheben können, bis der Trade schließlich an Punkt X mit einem schönen Gewinn gestoppt worden wäre. Wenn ein Trader die Trendlinie an Punkt B verwendet hätte, um den richtigen Zeitpunkt für seinen Einstieg zu finden, hätte er anschließend seine Stopps anheben können, während die Trendlinie stieg. Die untere Trendlinie stellt einen Puffer dar, den ich verwenden würde, um Stopps in sicherem Abstand zur wirklichen Trendlinie zu platzieren. Diese zweite Trendlinie verhindert, dass man durch falsche Break-Outs gestoppt wird.

Einen Gewinn mitnehmen

Hart wird es, wenn der Markt einen guten Move zurückgelegt und sich somit zu weit von einem guten Stopp entfernt hat. Wenn sich keine geeignete Stelle für einen Stopp finden lässt, ohne dass man zu viel einbüßt, sollte man allmählich darüber nachdenken, ob man nicht langsam, aber sicher aussteigt oder sofort aussteigt und einen Gewinn mitnimmt. Wenn an dieser Stelle ein neuer Trade nicht sinnvoll erscheint, weil es zu riskant wäre, dann ist es in Ordnung, wenn man aussteigt. Punkt Xb in Abbildung 9-6 ist hierfür ein gutes Beispiel. Hier ist der Markt überlastet, und der Stochastik fällt allmählich unter den überkauften Bereich. Warum also nicht mit einem guten Gewinn aussteigen und erst später wieder einsteigen? Man sollte zumindest einen Teil seiner Gewinne mitnehmen, sofern man welche hat; man sollte es unter keinen Umständen riskieren, die gesamte Summe zurückzugeben, sobald es tatsächlich einen Umschwung gibt. Der Nachteil dabei ist, dass man bisweilen zu früh aus einem Trade aussteigt und seinen Ausstiegspunkt wählt, während der Trade immer noch funktioniert. Wenn dies der Fall ist, sollte man keine Hemmungen haben, beim nächsten Pullback wieder einzusteigen, selbst wenn es sich dabei um eine noch schlechtere Stelle handelt. An diesem Punkt handelt es sich um einen völlig neuen Trade, und man sollte die Vergangenheit auf sich beruhen lassen. Was ist schon dabei, dass man ein paar Gewinne aufgegeben hat? Man hat alles richtig gemacht, wenn man sein Risiko zurückgefahren hat, sodass man sich nun in einer völlig neuen Position mit weniger Risiko befindet.

> ### DER »CANCEL IF CLOSE«-STOPP
>
> Manche können Stopps richtig gut verschieben; leider verschieben sie sie aber in die falsche Richtung. Eine todsichere Methode, die Sorgenfalten eines Traders zu vertiefen, ist, wenn man seine Stopps ständig weiter verschiebt, sobald sich der Markt ihnen nähert. Bei Brokern nennt man dies CIC-Order (Cancel if Close = zeitlich begrenzte Order). Ein Trader wird Hunderte von Gründen finden, warum der Markt plötzlich funktionieren sollte, sobald er sich seinem Stopp nähert. Er glaubt vielleicht, der Markt habe sich stabilisiert, der Markt sei lange genug gefallen oder der RSI sei überverkauft, und daher müsse es demnächst zu einem Kursanstieg kommen. Danach verschiebt er seinen Stopp oder nimmt ihn vom Markt, damit er sich beim Kursanstieg noch im Trade befindet. Hin und wieder mag das toll funktionieren, doch alles in allem sollte man einen gut gesetzten Stopp in Ruhe lassen. Als man ihn gesetzt hatte, war man Herr seiner Sinne, sodass er sich wahrscheinlich am richtigen Ort befindet. Man sollte also nicht daran herumspielen.

Mentale Stopps

Viele setzen nicht gerne Stopps, da sie glauben, Parketthändler, Market-Maker oder Spezialisten nehmen sie sowieso wieder vom Markt. Stattdessen behalten sie ihre Stopps lieber selber und setzen diese als Market-Orders, wenn man sich sonst eigentlich für einen Stopp entschieden hätte. Das Problem bei mentalen Stopps ist, dass es diese nur allzu häufig nicht auf den Markt schaffen; man ignoriert sie schließlich doch, weil ein Trader 74 Gründe finden wird, warum der Markt einen Umschwung erleben wird. Wenn dies nicht geschieht, wird aus einem kleinen Verlust ein großer, da ein Trader einfach dasitzt und den Markt beobachtet in der Hoffnung, der Markt würde an die Stelle seines ursprünglich gesetzten Stopps zurückkehren, sodass er mit einem überschaubaren Verlust aussteigen kann. Wenn man vorhat, mentale Stopps zu verwenden, anstatt sie tatsächlich zu platzieren, dann muss man die nötige Disziplin aufbringen und sich an sie halten. Ich gehöre zu der Sorte Mensch, die es hassen, Stopps relativ nahe zu setzen. Ich habe schon zu oft erlebt, wie meine nahe gelegenen Stopps erreicht wurden, sobald der Markt einen schnellen Move vollzog und danach gleich wieder zurückkam. Heute schreibe ich mir meist auf, an welcher Stelle ich den Trade verlassen sollte, und wenn dieser Punkt erreicht wird, warte ich noch ein paar Minuten ab, um zu sehen, ob es sich um einen echten Move handelt, und setze dann eine Market Order, um auszusteigen. Dieser Stopp stellt eine Art Vorwarnung dar. Man sollte sich dann allmählich auf den Ausstieg aus dem Markt vorbereiten. Ich bevorzuge diese Methode, dennoch sollte sich ein Anfänger lieber an echte Stopps halten, bis er die nötige Disziplin aufbringt. Ich platziere echte Stopps mit einem Puffer, wenn ich Mittagessen gehe oder den Markt nicht im Auge behalten kann, doch ansonsten ist mir die Freiheit eines mentalen Stopps lieber.

Katastrophen-Stopps

Wenn man keine echten Stopps im Markt setzt, weil man glaubt, sie könnten durch gelegentliches Rauschen des Marktes erreicht werden, dann kann man die von mir als »Katastrophen-Stopps« bezeichneten Stopps verwenden. Diese Stopps liegen recht weit entfernt und werden nur erreicht, wenn etwas Bedeutendes passiert, wie etwa eine unerwartete Zinssenkung. Diese weit entfernten Stopps werden unter normalen Umständen sehr selten erreicht, doch sie können recht beruhigend wirken und einen Trader, der keine Stopps setzen will, davor bewahren, komplett ausgelöscht zu werden, sobald etwas passiert.

WARUM STOPPS ERREICHT WERDEN

Alle Trader kennen das Gefühl, Opfer eines Stopps zu sein, obwohl man sich keinen Reim darauf machen kann. Man hat einen Stopp im Markt, er wird erreicht, und dann kommt der Markt zurück. Man hat das Gefühl, »sie« sind nur da draußen, um einen zu erwischen, aber wie scheinen »sie« immer zu wissen, wo man seinen Stopp hat? Der Hauptgrund, warum Stopps so oft erreicht werden, ist der, dass die große Masse dazu neigt, sie an den gleichen Stellen zu platzieren, und die Parketthändler und Profis wissen natürlich, wo dies ist. Neben dem unfairen Vorteil, dass sich Parketthändler gegenseitig über die Position ihrer Stopps informieren, wissen sie auch, dass Trader sehr vorhersehbar agieren. Sie tendieren dazu, ihre Stopps zu nahe an technischen Begrenzungen zu platzieren, die sich nur einen Steinwurf entfernt befinden; es gehört nicht viel dazu, den Markt in ihre Nähe zu bringen, und dann braucht man nur ein wenig nachzuhelfen, und schon erreicht man diese Stopps. Nach einem kurzen Ausbruch stirbt das Momentum ab, der Markt knickt wieder nach unten ein, und die Parketthändler beginnen damit, ihre Positionen aufzulösen, da sie bei den Höchstwerten in den Markt eingestiegen sind.

Man sollte Stopps niemals in der Nähe technischer Ebenen platzieren, wie etwa Trendlinien, Moving Averages, vorherige Höchst- und Tiefstwerte, Congestion Areas und runder Zahlen wie 10.000 beim Dow. Diese Bereiche sind zu offensichtlich und zu leicht zu erreichen. Wenn ein Markt einen dreifachen Spitzenwert erreicht hat, kann man fest davon ausgehen, dass sich direkt darüber massenhaft Stopps befinden und dass die Trader versuchen, diese auszulösen. Zumindest die Profis wissen ganz genau, dass dies die Bereiche sind, in denen man leicht Geld verdienen kann. Wenn sich der Markt genau unterhalb dieser Ebenen befindet, dann ist es für einige Experten nicht schwer, ihn um ein paar Punkte anzuheben, damit er diese Stopps erreicht. Da diese Moves nicht auf grundlegenden Überlegungen beruhen, neigt der Markt dazu, dorthin zurückzukehren, wo er sich befand, bevor leicht nachgeholfen wurde. Man sollte versuchen, Stopps nicht an offensichtlichen Bereichen zu platzieren; man sollte immer zweimal überlegen, wohin man sie setzt, und einen kleinen Puffer verwenden, um sich einen gewissen Spielraum zu bewahren.

DER STOPP UND SEIN GEGENSTÜCK

In einigen Systemen benötigt man Stopps nicht wirklich, um aus einer Position auszusteigen; stattdessen verwendet man die Stopps, um in der anderen Richtung in den Markt zu kommen. Diese Systeme sind entweder die ganze Zeit Short- oder Long-Systeme. Die Stopps dienen lediglich als Signale in der Gegenrichtung. Wenn jemand bei zwei Kontrakten Long-Positionen besitzt und der Trade nicht funktioniert hat, dann erhält er ein Verkaufssignal, um vier Kontrakte zu shorten. Ein Beispiel hierfür ist ein einfaches Moving Average-Crossover-System. Wenn der Durchschnitt für Shorts über dem Durchschnitt für Longs liegt, dann würde man Long-Positionen eingehen; wenn die Durchschnitte wechseln, geht man Short-Positionen ein. Ich habe diese Art von System sehr häufig wegen folgender Theorie verwendet: »Hey, wenn ich keine Long-Positionen will, dann sollte ich Short-Positionen einnehmen.« Mittlerweile habe ich aber gelernt, dass es sich manchmal nicht lohnt, den Markt in einer der beiden Richtungen zu traden, und man sich besser raushält, besonders dann, wenn eine der Alternativen darin besteht, gegen den Trend zu traden.

STOPPS UND VOLATILITÄT

Bisweilen befindet man sich in einem Trade, und der Markt fängt plötzlich an, sich wesentlich schneller als bisher zu bewegen, sodass die Intraday- Ausschläge wesentlich weiter auseinandergehen. Dies zeigt an, dass die Volatilität gestiegen ist und somit auch das Risiko, das mit diesen Positionen verbunden ist, größer geworden ist. Da die Volatilität zunimmt, müssen die Stopps weiter entfernt platziert werden, ansonsten werden sie wahrscheinlich erreicht. Sollte dies passieren, wäre es keine schlechte Idee, die komplette Position oder einen Teil davon aufzulösen. Selbst wenn man am Ende bei einem tollen Trade nur zuschaut, hat man dennoch die richtige Wahl getroffen. Das Risiko einzuschränken gehört zu den Zielen des Tradens, und dies kann man erreichen, wenn man wechselhafte Marktsituationen vermeidet. Um die veränderte Volatilität eines Marktes zu ermitteln, kann man eine Standardabweichung verwenden, aber man kann auch einen Chart betrachten und darauf heftigere Preisschwankungen oder verstärkte Average True Ranges erkennen. Wenn man die Standardabweichung des Marktes kennt, kann man Stopps besser außerhalb der normalen Handelsspanne des Marktes platzieren.

Die Standardabweichung eines Marktes errechnen

1. Zunächst benötigt man einen Berechnungszeitraum für die Zahl von Börsentagen, für die man die Standardabweichung ermitteln will; zehn, 14 und 20 bieten sich an. Für das folgende Beispiel verwende ich zehn Börsentage als meinen Berechnungszeitraum, wobei die zehn letzten Schlusskurse folgendermaßen lauten:

- 60, 58, 54, 55, 58, 61, 63, 59, 57, 59

2. Nun addiert man alle Schlusskurse:

- 60 + 58 + 54 + 55 + 58 + 61 + 63 + 59 + 57 + 59 = 584

3. Man errechnet den Durchschnitt:

- 584/10 = 58,4

4. Man zieht den Durchschnitt von jedem einzelnen Wert ab:

- 60 – 58,4 = 1,6, 58 – 58,4 = –0,4, 54 – 58,4 = –4,4 und so weiter

5. Man bildet das Quadrat aus den Ergebnissen, die man in Schritt 4 erhalten hat:

- 1,6 im Quadrat = 2,56, –0,4 im Quadrat = 0,16, und so weiter

6. Man addiert die Ergebnisse aus Schritt 5:

▌ Summe aller Quadrate = 64,4

7. Man errechnet die Abweichung, indem man die in Schritt 6 ermittelte Summe durch die Anzahl der einzelnen Werte dividiert:

▌ 64,4/10 = 6,44

8. Man errechnet die Standardabweichung, indem man die Quadratwurzel der Abweichung nimmt:

▌ Standardabweichung = Quadratwurzel von 6,44 = 2,537716

Die Standardabweichung misst, wie weit bei jeder Betrachtung der Wert vom Mittelwert abweicht. In diesem Fall liegt eine einfache Standardabweichung vom aktuellen Kurs bei 2,54, das heißt, man geht in 68,26 Prozent der Fälle davon aus, dass sich der Markt innerhalb dieses Betrages bewegt. Wenn man eine zweifache Standardabweichung nimmt (5,08), dann ergibt sich eine Chance von 95 Prozent, dass sich der Kurs innerhalb dieser Schwankungsbreite bewegt. Dies bedeutet auch, dass sich der Markt in 95 Prozent der Fälle nicht weiter als 5,08 vom vorherigen Schlusskurs entfernt und bei 68,26 Prozent höchstens 2,54 vom vorherigen Schlusskurs abweicht.

DER UMGANG MIT STANDARDABWEICHUNGEN

Standardabweichungen kann man verwenden, um sicherzustellen, dass man beim »Weißen Rauschen« des Marktes nicht gestoppt wird. Wenn man seine Stopps mindestens um eine einfache Standardabweichung vom aktuellen Kurs platziert, stellt man sicher, dass man durch Weißes Rauschen nicht gestoppt wird. Wenn man seine Stopps mindestens eine doppelte Standardabweichung entfernt platziert, dann kann man sicher sein, dass jeder erreichte Stopp ein echter Stopp ist. Geschieht dies in einem Überwachungszeitrahmen, so kann man Stopps sicher außerhalb des normalen Moves eines Marktes platzieren. Dieses Risiko mag manchem zu hoch erscheinen, doch idealerweise sollten Stopps hier platziert werden. Ich habe einen Indikator erstellt, den ich bei *TradeStation* verwende und auf dem ich erkenne, wo sich die einfache und zweifache Standardabweichung vom aktuellen Kurs befindet. Zwar ähnelt mein Indikator den Bollinger-Bändern, doch zeigt er die einfache und zweifache Standardabweichung vom Höchst- und Tiefstwert jedes Bars und nicht von einem Moving Average der letzten 20 Tage. Ich verwende einen zehntägigen Berechnungszeitraum, um die Standardabweichung zu errechnen. Wie das aussieht, erkennt man in Abbildung 9-7.

Bei Band eins handelt es sich um eine einfache Standardabweichung vom Tiefstwert eines Bars, Band zwei ist eine doppelte Standardabweichung, Band drei ist eine einfache Standardabweichung vom Höchstwert eines Bars, und Band vier ist eine zweifache Standardabweichung. Ich verwende dies folgendermaßen: Wenn ich zum Schlusskurs von Bar A gekauft hätte in dem Glauben, der Markt könne nach einem Umschwungstag wieder nach oben getrieben werden, dann ziehe ich eine horizontale Linie von dem Punkt, an dem sich die Linie der doppelten Standardabweichung befindet (Punkt Xa), und verwende dies als meinen Stopp. In diesem Fall durchbrach der Markt meinen Stopp ein paar Bars später, sodass ich aus meiner Position an dem Punkt aussteigen würde, an dem er zum ersten Mal unter meiner Linie schloss. Wenn sich der Markt in meine Richtung entwickelt, was er dann tun würde, wenn ich an Bar B gekauft hätte, dann ziehe ich erneut eine horizontale Linie und hebe sie immer dann an, wenn sich das Band der Standardabweichung nach oben bewegt, das heißt, ich verwende sie als Trailing-Stopp. Wenn der Indikator zwischenzeitlich aufhört zu steigen, dann verwende ich die höchste Spitze als meinen Stopp. Dadurch befindet sich mein Stopp immer eine doppelte Standardabweichung vom höchsten Tiefstwert entfernt. Ich bleibe so lange dabei, bis der Markt unter dem höchsten vom Indikator erreichten Punkt schließt. In diesem Fall wäre dies an Punkt Xb mit einem anständigen Gewinn. Standardabweichungs-Stopps, die dieser Trading-Strategie ähneln, können in computergestützte Trading-Systeme eingefügt werden. Ich liefere Ihnen weitere Beispiele dafür in Kapitel 12 (System-Trading).

TradeStations leicht verständlicher Code für Standardabweichungslinien

```
Inputs: Price (Close), Length (10), Stddev (1),
        StdDev2(2), Displace (0);

Variables: SD (0), LowerBand1 (0), LowerBand2 (0),
           UpperBand1 (0), UpperBand2 (0);

SD = StandardDev(Price, Length, 1);
UpperBand1 = High + StdDev1 * SD;
UpperBand2 = High + StdDev2 * SD;
LowerBand1 = Low + StdDev1 * -SD;
LowerBand2 = Low + StdDev2 * -SD;
If Displace > = 0 or CurrentBar >
    AbsValue (Displace) then beginn
Plot1 [Displace] (UpperBand1, »LowerBand1«);
Plot2 [Displace] (UpperBand2, »LowerBand2«);
Plot3 [Displace] (LowerBand1, »UpperBand1«);
Plot4 [Displace] (LowerBand2, »UpperBand2«);
End;
```

KAPITEL 9 ■ EXITS UND STOPPS

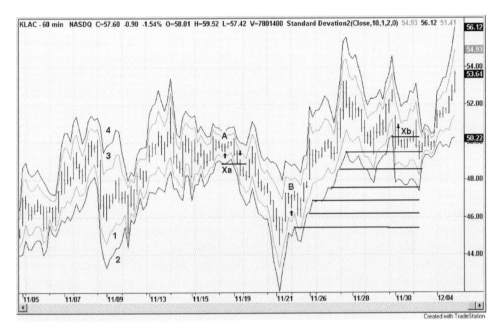

Abb. 9-7: *60-Minuten-Chart für KLAC: Standardabweichungen*

EIN BESSERER TRADER WERDEN

Ein besserer Trader zu werden heißt: Man weiß, wie man mit einem erfolgreichen oder weniger erfolgreichen Trade aus dem Markt aussteigt. Bevor man einen Trade eingeht, sollte man einen Ausstiegsplan parat haben; wenn dies nicht der Fall ist, denkt man seine Trades nicht genau durch. Man muss ein Ziel für erfolgreiche Trades haben sowie eine Beschränkung für weniger erfolgreiche Trades. Ein erfolgreicher Trader ist einer, der weiß, wie man verliert; es ist außerdem jemand, der weiß, wie wichtig es ist, erfolgreiche Trades möglichst groß wachsen zu lassen, ohne dabei gierig zu werden. Ein Trader, der seine Gewinne zu früh mitnimmt, wartet nicht, bis sich seine Trades voll entwickeln, und das wird ihn langfristig gesehen teuer zu stehen kommen. Ein Trader muss außerdem lernen, dass es okay ist, einen Verlust mitzunehmen, und dass man lieber einen kleinen Verlust mitnimmt als einen großen. Ein wesentlicher Teil des Tradens besteht darin, dass man über eine geeignete Stoppstrategie verfügt. Genauso wichtig wie der Einstieg in einen Trade ist es, über eine gute Stelle für seine Stopps zu verfügen. Man sollte beim Ausstieg aus einem Trade die gleichen Techniken verwenden wie beim Einstieg in einen Trade. Stopps sollten nie darauf basieren, welche Verluste sich ein Trader leisten kann; solche Stopps werden, was den Markt angeht, eher willkürlich platziert. Stattdessen sollte man Stopps in sicherem Abstand zu technischen Begrenzungen platzieren.

Ein guter Stopp basiert auf dem Markt und nicht auf dem, was sich eine Person als Verlust leisten kann. Zwar helfen Stopps dabei, wertvolles Kapital zu bewahren, doch als Money-Management-Tool sollte man sie in Verbindung mit technischer Analyse verwenden, um auszurechnen, ob man es sich (1) leisten kann, einen Trade gegen das damit verbundene Risiko einzugehen, und (2) wie viele Kontrakte man sicher abschließen kann, je nachdem, wie weit entfernt ein guter Stopp gesetzt wurde.

Wenn man weiß, wo man seine Stopps platzieren kann, vermeidet man übertriebenes Risiko oder verhindert, dass man gestoppt wird, nur weil sich der Stopp zu nahe am Markt befindet. Stopps, die zu nahe liegen, werden unnötigerweise erreicht, wenn sie sich im normalen Schwankungsbereich des Marktes befinden. Um sicherzustellen, dass man vom Weißen Rauschen des Marktes nicht gestoppt wird, setzt man seine Stopps am besten mindestens eine einfache Standardabweichung entfernt vom aktuellen Kurs, wobei eine doppelte Standardabweichung günstiger wäre. Eine weitere Möglichkeit ist die Verwendung eines Puffers, der außerhalb der technischen Begrenzung liegt, an der man seinen Stopp platzieren möchte. Eine Sache, die jemanden zum besseren Trader macht, ist die Verwendung zweier unterschiedlicher Stoppebenen. Die erste warnt einen Trader davor, dass er falsch liegt, wie etwa eine Trendlinie, ein Moving Average oder eine andere technische Ebene. An diesem Punkt plant man allmählich seinen Ausstieg, falls sich der Markt nicht erholt. Wenn es keine Verbesserung gibt und der zweite Bereich (außerhalb eines Puffers) erreicht wird, steigt man aus dem Markt aus. Dies führt dazu, dass man eine Position länger halten kann, und erhöht die Erfolgsaussichten eines Trades. Stopps können mental sein oder im Markt platziert werden. Wenn es sich um mentale Stopps handelt, muss man die nötige Disziplin aufbringen, um auszusteigen, sobald der Markt diese Ebene erreicht. Außerdem kann man Stopps verwenden, durch die man aus dem Markt aussteigen kann, sobald ein Trade nach einer bestimmten Zeit nicht funktioniert. Noch einmal: Man benötigt die nötige Disziplin, um dies durchzuziehen, doch es ist eine gute Möglichkeit, all das Zeug, das nicht funktioniert, auszumisten. Was ich vor allem betonen möchte, ist, dass man als Trader auf den Ausstieg genauso achten muss, wie man auf den Einstieg geachtet hat.

Bei Ausstiegen und Stopps häufig begangene Fehler:

1. Man verfügt über keine Ausstiegsstrategie.
2. Man verfügt über keinen Risk-Management-Plan.
3. Man hat keine Ahnung, wo man aus einem schlechten Trade aussteigen kann.
4. Man lässt zu, dass schlechte Trades richtig übel werden.
5. Man konzentriert sich auf den Ausstieg weniger stark als auf den Einstieg.
6. Man weiß nie, wann man aussteigen muss.
7. Man nimmt Gewinne zu schnell mit.

KAPITEL 9 ■ EXITS UND STOPPS

8. Man wird gierig.
9. Man verwendet willkürliche Stopps, die auf bestimmten Geldbeträgen basieren.
10. Man verwendet für jeden Markt und jede Marktsituation denselben Stopp mit einem festen Betrag.
11. Man achtet nicht auf Charts, wenn man einen Stopp platziert.
12. Man platziert Stopps, die zu nahe liegen.
13. Man platziert Stopps, die zu weit weg liegen.
14. Man verwendet keinen Puffer.
15. Man wird faul, nur weil man einen Stopp verwendet.
16. Man verschiebt seine Stopps nicht, wenn der Markt in die gewünschte Richtung verläuft.
17. Man gibt seine Stopps auf, wenn der Markt sich nähert.
18. Man hält sich nicht an mentale Stopps.
19. Man ignoriert Stopps.

Das Beste aus seiner Ausstiegsstrategie machen:

1. Gewinne laufen lassen
2. Verluste vorzeitig herausnehmen
3. Lernen, aus Trades allmählich auszusteigen
4. Einen Grund haben, um auszusteigen
5. Aussteigen, wenn sich die Gründe für den Einstieg verändert haben
6. Es ist okay, einen Verlust mitzunehmen
7. Wissen, wo man aussteigt, bevor man einen Trade eingeht
8. Sicherstellen, dass man nicht mit einem Schlag vom Markt verschwindet
9. Stopps sollten auf dem Markt basieren
10. Stopps außerhalb technischer Begrenzungen setzen
11. Einen Puffer verwenden
12. Sicherstellen, dass die Stopps weit genug entfernt liegen, um dem Trade einen gewissen Spielraum zu verschaffen
13. Trailing-Stopps verwenden, um Gewinne zu schützen
14. Im Voraus wissen, wie viel man bei einem Trade verlieren kann
15. Niemals mehr riskieren, als man bei einem Trade zu verlieren bereit ist
16. Mehrere Stopps verwenden, um in Etappen aus einem Trade auszusteigen
17. Einen größeren Zeitrahmen verwenden, um eine gute Stelle für seinen Stopp zu finden
18. Wenn man nicht über die nötige Disziplin verfügt, sollte man Stopps direkt im Markt setzen
19. Zeitliche Stopps verwenden, um das Zeug, das nicht funktioniert, auszumisten
20. Trading-Märkte, die man sich nicht leisten kann, vermeiden

21. Doppelte Standardabweichungen vom Markt werden wegen des Weißen Rauschens des Marktes nicht ausgewählt
22. Sich an seine Stopps halten

Hilfreiche Fragen, die man sich stellen sollte:

… Habe ich einen Stopp?
… Gibt es einen guten Grund, dass ich in diesem Bereich aussteigen will?
… Wie viel kann ich bei diesem Trade verlieren?
… Lohnt sich der Trade angesichts des Risiko-Rendite-Verhältnisses?
… Liegt der Stopp zu nahe, oder ist er zu weit entfernt?
… Trade ich im Vergleich zum Risiko die richtige Zahl von Aktien?
… Bringe ich die nötige Disziplin auf, um mich an einen Stopp zu halten?
… Habe ich meinen Stopp ignoriert?
… Ist dieser Stopp zu offensichtlich?

KAPITEL 10

Trades mit hoher Erfolgswahrscheinlichkeit durchführen

DIE KATZE SOPHIE

Vor ungefähr drei Jahren befand ich mich eines Tages auf dem Weg nach Hause, als eine niedliche kleine unterernährte Katze mir plötzlich auf Schritt und Tritt folgte. Wenn ich stehenblieb, blieb auch sie stehen, und wenn ich abbog, folgte sie mir ums Eck, nie mehr als drei Schritte hinter mir. Wie es das Schicksal wollte, wohnte ich nur zwei Häuserblocks von einem Tierarzt entfernt, also liefen wir dorthin, um zu sehen, ob sie irgendjemand verloren hatte. Dies war nicht der Fall, also bat ich den Tierarzt um eine Untersuchung und erklärte mich bereit, sie zu nehmen, bis ich den Besitzer ausfindig gemacht hätte. Ich wusste, dass es sich um eine Hauskatze handeln musste, denn sie war sehr friedlich und sträubte sich nicht, wenn man sie auf den Arm nahm. Wir verließen den Tierarzt; sie folgte mir heim, aß und machte ein Nickerchen; danach zogen wir los, um zu suchen, wo sie wohnte. Leider fanden wir ihren Besitzer nicht, aber ich gewöhnte mich allmählich daran, mit einer Katze im Schlepptau spazieren zu gehen. Ich probierte es mit einer Leine, doch dies wirkte wenig männlich, also ließ ich diese Idee wieder fallen. Da sie unsere Ausflüge sehr genoss, begann ich, jeden Abend mit ihr in den Park direkt gegenüber meiner Wohnung zu gehen. Eines Tages entdeckte sie im Park einen Haufen Tauben und schlich sich langsam an, wobei sie sich tief nach unten kauerte, beobachtete sie ein paar Minuten lang und kehrte dann zu mir zurück. Nur ein paar Tage später bemerkte sie einen kleinen Spatz, der auf einem Busch saß. Sie schlich sich näher und kauerte sich erneut tief nach unten in dem Versuch, sich im hohen Gras zu verstecken. Dieses Mal stand sie bewegungslos da und wartete, wobei sie den Spatz fast 15 Minuten lang intensiv beobachtete. Endlich flog der Spatz weg in Richtung Gras. Sophie flitzte ihm hinterher, sprang fast zwei Meter hoch, schnappte sich den Spatz mitten in der Luft und krallte ihn fest auf den Boden. Es gelang mir, den Spatz zu befreien, bevor sie ihm etwas antun konnte, und er flog leicht benommen, jedoch unversehrt davon.

Die Moral dieser Geschichte ist, dass man genauso traden sollte, wie Sophie den Spatz fing. Ihr war klar, dass die Tauben zu groß für sie waren und ein Angriff riskant sein dürfte; möglicherweise hätte sie eine erwischt, aber es waren einfach zu viele, sie waren zu groß, um eine leichte Beute darzustellen, und außerdem hätte sie sich dabei möglicherweise verletzen können. Zudem hatte sie zu Hause genug zu essen gehabt, sodass sich das Risiko nicht lohnte. Der Spatz stellte jedoch kein allzu großes Risiko dar, da er allein und ziemlich klein war. Sophie wusste, dass sie nur eine einzige Chance hatte, solange er da hoch oben im Busch saß und nicht wegflog. Deshalb wartete sie geduldig, bis sich der Spatz bewegte, was ihre Chancen, ihn zu fangen, deutlich verbesserte. Diese Geduld zahlte sich für sie aus, denn ihr Timing war perfekt. Wenn ein Trader dieselbe Geduld aufbringen und warten würde, bis der Markt sich weniger risikoreich präsentierte und man eine höhere Erfolgswahrscheinlichkeit hätte, dann würde auch er wesentlich besser fahren.

EIN TRADER MIT GUTEN ERFOLGSAUSSICHTEN WERDEN

Eines der Dinge, die einen Trader vom Rest abheben, ist die Fähigkeit, zwischen Trades mit hoher Erfolgswahrscheinlichkeit und weniger aussichtsreichen Trades unterscheiden zu können. Ein Trader verbessert seine Erfolgsaussichten enorm, wenn er dazu in der Lage ist. Wenn ich erzähle, dass ich beruflich als Trader aktiv bin, sind die meisten fest davon überzeugt, dass es keinen Unterschied zwischen einem Trader und einem Zocker gibt. Natürlich haben einige Trader genauso viel Glück wie Zocker, es gibt jedoch einen Unterschied: Traden bedeutet nicht Zocken. Ein professioneller Trader kann durchweg Geld machen, wenn er einem Trading-Plan mit festen Prinzipien beim Umgang mit Geld und einer soliden Trading-Strategie folgt. Teil dieses Trading-Plans ist es, sich konsequent auf Trades zu beschränken, deren Erfolgswahrscheinlichkeit relativ hoch ist, während das Risiko-Rendite-Verhältnis eher niedrig ist. Wenn jemand dazu nicht in der Lage ist, dann ist es durchaus richtig, wenn man denkt, Traden sei wie Zocken.

Ein Trade mit hoher Erfolgswahrscheinlichkeit liegt dann vor, wenn man ihn sorgfältig mit einer genau festgelegten Ausstiegsstrategie und vorher gesetzten Stopps eingeht. Außerdem ist die Chance, dass er funktioniert, historisch betrachtet recht groß, und das potenzielle Risiko ist im Vergleich zum möglichen Gewinn eher gering. Man sollte auch einen guten Grund für einen Trade haben, einen, für den man sich gegenüber anderen nicht schämen würde. Einige Trader gehen irrationale

Trades ein, ohne groß darüber nachzudenken; egal ob sie funktionieren oder nicht, diese Trades sind weniger aussichtsreich. Ein erfahrener Trader wird irgendwann wissen, ob ein Trade solide aufgebaut ist oder mit der heißen Nadel gestrickt wurde; das Ziel besteht darin, die willkürlich zusammengeschusterten Trades auszusondern.

Das Traden mit hoher Erfolgswahrscheinlichkeit setzt sich aus vielen Dingen zusammen, und besonders wichtig ist es sicherzustellen, dass sich das Risiko bei einem Trade überhaupt lohnt. Trades mit hoher Erfolgswahrscheinlichkeit können durchaus auch Trades mit Verlusten beinhalten, doch zumindest sollten sich die Kosten in Grenzen halten, wenn ein Trade schief geht, und wenn er funktioniert, sollte es durchaus möglich sein, einen schönen Gewinn mitzunehmen. Der andere wichtige Aspekt bei Trades mit hoher Erfolgswahrscheinlichkeit ist, dass man all sein Wissen und alle Tools verwendet, die man zur Verfügung hat, und darüber hinaus die nötige Geduld aufbringt, so lange zu warten, bis der Markt die geeignete Gelegenheit zum Traden liefert. Das Wichtige ist, kein unnötiges Risiko einzugehen. Meine Erfahrung lehrt mich, dass es besser ist, weniger zu traden und nur die Trades einzugehen, die solide aufgebaut sind, selbst wenn dies bedeutet, dass man einige gute Trades verpasst. Wenn man weniger tradet, kann man viele Trades ausmisten, bei denen sich das Risiko nicht lohnt oder die historisch gesehen nicht funktioniert haben.

EINEN PLAN HABEN

Der Rest des Buches beschäftigt sich hauptsächlich damit, dass man einen Trading-Plan und einen Spielplan braucht und wie man diese erstellt. Ein Trading-Plan besteht aus einer Mischung zwischen Money Management und der bewährten Strategie, die hinter den Trades steckt. Dieser Plan hilft dem Trader, clevere Trades einzugehen, statt sich auf solche Trades einzulassen, die nicht genau genug durchdacht sind. Ein Spielplan ist unterdessen die von einem Trader tagtäglich verwendete Strategie bei der Durchführung seines Trading-Plans. Ein Spielplan stellt sicher, dass hinter jedem Trade ein Grund steckt und man ihn nicht nur aus einer Laune heraus eingeht.

Leider kommt es sehr häufig vor, dass auf die Hilfe eines guten Trading-Plans und Spielplans kein Wert gelegt wird. Ein guter Trading-Plan sollte es einem Trader ermöglichen, nur Trades mit hoher Erfolgswahrscheinlichkeit einzugehen. Wenn man erst einmal einen Plan hat, ist das Schwierige daran, sich an ihn zu halten. Eine Möglichkeit, einem Plan zu folgen, ist der ausschließliche Rückgriff auf mechanische Systeme als Grundlage seiner Entscheidungsfindung. Egal ob Sie diese Systeme selbst erstellen oder käuflich erwerben, sie sollten – einschließlich des Ausstiegs – alle Aspekte von Trades mit hoher Erfolgswahrscheinlichkeit beinhalten und mehrfach getestet werden, um sicherzustellen, dass sie funktionieren. Ich werde in den Kapiteln 12 und 13 noch näher darauf eingehen, wie man Systeme erstellt, mit ihnen tradet und sie neu testet.

Einige der Zutaten bei Trades mit hoher Gewinnwahrscheinlichkeit:

- Verwendung verschiedener Zeitrahmen, um Trades zu bestätigen und zu planen
- Trading in Richtung des Haupttrends
- Warten auf Kursrückgänge
- Vorhandensein einer vorher festgelegten Ausstiegsstrategie
- Planung von Trades, bevor der Markt eröffnet
- Verwendung einer Kombination aus Trendfolgern und Schwingungsindikatoren
- Vorhandensein eines Grundes für jeden Trade
- Das vorhandene Risiko kennen
- Die Konzentration hochhalten
- Die nötige Disziplin aufbringen

TYPISCHES SZENARIO EINES TRADES MIT HOHER ERFOLGSWAHRSCHEINLICHKEIT

Im Folgenden nun ein perfektes Beispiel für eine Marktsituation bei einem Trade mit hoher Erfolgswahrscheinlichkeit. Die unterschiedlichen Indikatoren, die ich bei jedem Zeitrahmen gewählt habe, waren willkürlich, doch ich bin mir sicher, dass sie genauso funktioniert hätten, egal wo ich sie verwendet hätte. Schauen Sie sich zunächst Abbildung 10-1 an, einen Tageschart für Rohöl. Der grau markierte Zeitrahmen befindet sich an den Stellen, auf die sich die kleineren Zeitrahmen konzentrieren. Der Tageschart vermittelt ein klares Bild vom Haupttrend, der recht klar nach oben verläuft.

Der RSI-Wert über der 50er-Linie, aber unter dem überkauften Bereich, zeigt, dass der Markt stabil ist und weiteren Spielraum nach oben besitzt. Der Markt befindet sich seit Monaten in einem starken Aufwärtstrend und schickt sich scheinbar an, eine weitere Welle nach oben zu durchlaufen, nachdem er gerade eine monatelange Congestion Area von 32 auf 34 Dollar durchbrochen hat.

Schauen Sie nun auf einen 60-Minuten-Chart (Abbildung 10-2). Dies wird Ihnen bei der Suche nach einer geeigneten Einstiegsstelle behilflich sein. In diesem Chart können Sie die Congestion Area wesentlich besser erkennen als im Tageschart. Was Sie hier jedoch nicht erkennen, ist, dass sich der Markt in einem starken Aufwärtstrend befindet. Sagen wir mal, Sie waren ein geduldiger Trader und hatten

KAPITEL 10 ■ TRADES MIT HOHER ERFOLGSWAHRSCHEINLICHKEIT DURCHFÜHREN 249

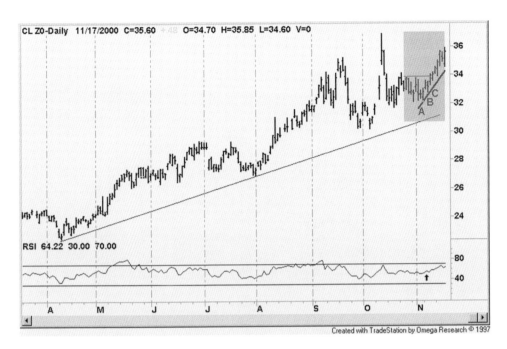

Abb. 10-1: *Tageschart für Rohöl: Einen Gesamteindruck gewinnen*

lange genug auf einen Pullback beim Rohöl gewartet, um mit Long-Positionen einzusteigen. Zwischen dem 1. und dem 3. November haben Sie einen kleinen Pullback bis in den unteren Bereich der Congestion Area, und damit einhergehend haben Sie eine Abweichung zwischen dem Stochastik und dem Markt an Punkt D1. Wie Sie weiter sehen können, testete der Markt an Punkt A einen vorherigen Tiefstwert, den er einige Tage zuvor erreicht hatte, und der Stochastik war überverkauft und kürzlich angestiegen; Sie wissen zudem, dass sich der Markt in einem gewaltigen Aufwärtstrend befindet. Jetzt halten Sie dies für keine schlechte Stelle, um zu kaufen, da das Risiko darin liegen würde, auszusteigen, wenn der Markt das vorherige, nur wenige Ticks entfernte Tief durchbrechen würde.

Der nächste Schritt besteht darin, dass man sich einen noch kleineren Zeitrahmen anschaut (Abbildung 10-3), um einen Trade zu planen. Kurz vor Punkt A können Sie sehen, dass der Markt an diesem Morgen weiter unten eine Lücke aufwies, etwa 30 Minuten weiter nach unten verlief, um sich dann allmählich wieder zu erholen (um in diesen Trade einsteigen zu können, empfehle ich Ihnen das 30-Minuten-Break-Out-System aus Kapitel 8). Während sich der Markt erholte, überquerten die MACD-Linien den Nullpunkt und begannen ihren Aufwärtstrend. Dies deutete auf eine Kaufgelegenheit hin. Sobald der Markt allmählich die Tageshöchstwerte durchbrach, wurde dies zu einem hervorragenden Trade, zunächst als Day-

Abb. 10-2: *60-Minuten-Chart für Rohöl: Einen Gesamteindruck gewinnen*

Trade und später als längerfristiger Trade. In diesem Zeitrahmen können Sie den vorherigen Tiefstwert leicht erkennen und wie wenig Sie riskieren müssten, bis Sie wüssten, dass Sie falsch liegen. Was einen möglichen Gewinn anbelangt, so kann man mit ziemlicher Sicherheit davon ausgehen, dass sich der Markt bis in den oberen Bereich der Congestion Area bei 33,80 erholen könnte. Das Verhältnis zwischen Risiko und Rendite beträgt in diesem Trade 30 Cent gegenüber 1,50 Dollar. Selbst wenn Sie völlig falsch liegen, hat dieser Trade ein hervorragendes potenzielles Gewinn-Risiko-Verhältnis, und man sollte ihn nicht verpassen. Als längerfristigen Trade können Sie die Congestion Area in Abbildung 10-2 verwenden, um abzuschätzen, wie sehr sich der Markt bewegen könnte. Dadurch erhielten Sie einen Zielwert von etwa 36, was zu einem sogar noch geringeren Risiko-Rendite-Potenzial führen würde.

Es gibt noch wesentlich mehr mögliche Stellen, an denen man Trades durchführen könnte. Zwei meiner Meinung nach sehr aussichtsreiche befinden sich bei Punkt B, wenn der Markt die Congestion Area durchbricht, sowie an Punkt C, nachdem sich der Markt vom Break-Out zurückzieht und die Trendlinie neu testet. Bei Punkt C handelt es sich um einen besseren Trade, da Sie auf einen Kursrückgang gewartet haben und dieser sich an einer Trendlinie befindet, sodass das Risiko wesentlich ge-

KAPITEL 10 ■ TRADES MIT HOHER ERFOLGSWAHRSCHEINLICHKEIT DURCHFÜHREN 251

Abb. 10-3: Zehn-Minuten-Chart für Rohöl: Den Trade planen

ringer ist. Hier zahlt sich ein wenig Geduld aus; obwohl der Trade an Punkt B letztlich einen Gewinn abwirft, erhält man einen besseren Kurs, wenn man wartet.

Was einen Ausstiegspunkt bei diesen Trades betrifft, da sich der Markt in einem solch starken Trend befand, wie man in den längerfristigen Charts erkennen kann, sollte man so lange wie möglich an seinem Trade festhalten und dabei einen Trailing-Stopp verwenden. Das erste klare Anzeichen für einen Ausstieg, das ich erkennen kann, befindet sich in Abbildung 10-2 an Punkt D2. Hier erreicht der Markt den oberen Bereich des Kanals, und der Stochastik zeigt eine Abweichung vom Markt auf und verlässt allmählich überkauftes Territorium. Dieser Punkt befindet sich zudem recht nahe an dem 36-Dollar-Wert, den man durch Ausmessen der Congestion Area erhalten hat, sodass es ohnehin allmählich Zeit gewesen wäre, sich über einen Ausstieg in diesem Bereich Gedanken zu machen.

EINEN GRUND FÜR JEDEN TRADE HABEN

Es gehört bei Trades mit hoher Erfolgswahrscheinlichkeit dazu, dass man einen bestimmten Grund für jeden Trade hat, in den man einsteigt, und nicht überstürzt in einen Trade einsteigt, den man willkürlich auf den Markt wirft. Darum kann man sich als Trader verbessern, wenn man seine Trades schon im Voraus plant. Manchmal kommt es vor, dass ein Trader einen Trade eingeht, ohne vorher ausreichend Zeit damit verbracht zu haben, sich mit den damit verbundenen Risiken sowie der möglicherweise zu erzielenden Rendite gründlich auseinanderzusetzen. Er verliert die Geduld, wartet nicht auf Pullbacks, jagt den Markt oder hat zu viel laufen, um vernünftig nachzudenken. Da es viele Gründe dafür gibt, dumme Trades einzugehen, und jeder Trade, in den man einsteigt, einen triftigen Grund haben sollte, sollten Sie sich einen Augenblick Zeit nehmen, bevor Sie »abdrücken«. Stellen Sie sich folgende Frage: »Warum gehe ich diesen Trade ein?« Wenn Sie diese Frage plausibel beantworten können, dann tun Sie es, doch wenn der Grund einen Trade nicht rechtfertigt, dann lassen Sie es bleiben.

Im Folgenden nun einige Antworten auf die Frage »Warum will ich jetzt kaufen?«

Gute Antworten

… Die Aktie ist stärker als der Markt, und der Sektor entwickelt sich günstig.
… Der Trend zeigt nach oben, und der Markt hat sich gerade erst bis zum Moving Average zurückgezogen.
… Es gab schlechte News über die Aktie, ohne dass sie sich nach unten entwickelt.
… Es gab ein Moving Average Crossover zweier gleitender Durchschnitte.
… Mein System hat mir ein Signal gegeben.
… Der Markt hat einen bedeutenden Bereich durchbrochen und verfügt immer noch über ausreichenden Spielraum.
… Gestern war ein Umschwungstag, der sich heute fortzusetzen scheint.
… Der Markt hat seinen durchschnittlichen Tagesschwankungsbereich verlassen und scheint sich nun in einem Umschwung zu befinden.
… Die Stochastik verlässt allmählich überverkauftes Territorium.
… Der Markt hat sich gerade auf den unteren Bereich seiner Schwankungsbreite zurückgezogen, und der MACD ist überverkauft.

Schlechte Antworten

… Ich will Geld machen.
… Ich habe eine gewaltige Summe Geld verloren, und ich brauche einen »Highflyer« (Aktie mit ungewöhnlich hohem Kursanstieg), um das alles wieder reinzuholen.
… Ich langweile mich.
… Der Markt ist offen.

… Ich habe die Aktie schon gekauft, und jetzt ist sie billiger.
… Mein Broker hat sie mir empfohlen.
… Eine Pressemitteilung wird demnächst veröffentlicht.
… Sie ist bereits so weit unten, dass sie einfach wieder steigen muss.
… Sie steigt ohne Unterbrechung.
… Ich will den Move nicht verpassen.
… Ich verfüge über Extra-Margen.
… Ich suche nach einer kurzfristigen Counter-Rally.
… Maria Bartiromo sagte, sie sei stabil.

ÜBERTREIBEN SIE ES NICHT

Manchmal weiß ein Trader genau, wie er sich eigentlich verhalten sollte, aber er verliert dennoch Geld, weil er sich nicht so auf den Markt konzentriert, wie er es sollte. Manche Trader achten auf zu viele Märkte und/oder halten zu viele Positionen, sodass sie sich maximal beanspruchen. Anstatt auf jeden Markt zu achten, sollte sich ein Trader Zeit nehmen, um sich auf die Märkte zu spezialisieren, in denen er am erfolgreichsten ist. Bedenken Sie, dass die Top-Trader meist nur auf einem Markt oder Sektor aktiv sind, in dem sie absolute Experten sind. Die einzelnen Trades leiden darunter, wenn man auf zu viele Märkte achtet, da man sich dann nicht mehr ausreichend auf die Trades mit hoher Gewinnwahrscheinlichkeit konzentrieren kann. Wenn man sich auf ein paar ausgewählte Märkte, Aktien oder Sektoren fokussiert, erleichtert dies das Ermitteln der passenden Einstiegs-und Ausstiegspunkte, und das Risiko kann besser abgeschätzt werden. Ich weiß, dass abgesehen von Tagen, an denen die Märkte Ausreißer nach oben oder unten haben und ich so viele Trades eingehen kann, wie ich will, um danach in Ruhe abzuwarten, meine besten Trades immer dann kommen, wenn ich nur zwei oder drei Positionen habe, da ich mich dann besser auf sie konzentrieren kann. Es ist schwierig zu behaupten, dass man mit 15 Positionen ausschließlich Trades mit hoher Gewinnwahrscheinlichkeit durchführen würde. Wenn man nicht gerade ein rein mechanisches System für ausgewählte Aktien oder Rohstoffe verwendet, kann man sich niemals ausreichend auf so viele Positionen konzentrieren, besonders dann nicht, wenn es so weit ist, auszusteigen.

DIE NÖTIGE GEDULD AUFBRINGEN, UM AUF BESSERE TRADING-MÖGLICHKEITEN ZU WARTEN

Ich wiederhole ständig, wie wichtig es ist, Geduld aufzubringen und auf den Markt zu warten. Diesen Punkt kann ich gar nicht oft genug betonen. Genauso wie ein cleverer Zocker beim Poker nur dann sein Blatt ausspielt, wenn er gute Chancen hat zu gewinnen, muss ein Trader auf die Marktsituationen warten, die seine Erfolgsaussichten erhöhen. Man muss nicht in jeden Trade einsteigen, den man sieht, oder bei denen, die man durchführt, überstürzt vorgehen. Als Trader genießt man den Luxus, nichts tun zu müssen; es ist vollkommen in Ordnung, den Markt zu beobachten – gleich einer Katze, die darauf wartet, dass ein Spatz landet –, bevor man ihn tradet. Man sollte erst auf eine geeignete Bestätigung warten, dass der Trade funktionieren könnte, bevor man sich auf ihn stürzt. Man muss nicht an flauen, ohne Schwankungsbreite und Volumen verlaufenden Tagen traden; an solchen Tagen ist man nur benachteiligt. Wenn ich an solchen Tagen einfach weggelaufen und nach Hause gegangen wäre, hätte mir dies über die Jahre hinweg wahrlich nicht geschadet. Nicht zu traden stellt immer eine brauchbare Alternative dar; schließlich gehören zu den besten Trading-Entscheidungen, die man trifft, auch solche, auf einen Trade klugerweise zu verzichten. Ich neigte immer schon leicht dazu, zu viele Trades einzugehen, und dies hat mir nicht gut getan. Wäre ich ein geduldigerer Trader gewesen und nur in die erfolgversprechenden Trades eingestiegen, dann hätte ich mit Sicherheit schon viel eher die Kurve kriegen können.

Mit der Zeit habe ich mitgekriegt, dass es überhaupt kein Problem ist, einen Move zu verpassen. Es gab Zeiten, da versuchte ich, jede Regung des Marktes mitzunehmen, doch ich lernte, mich zu beherrschen und auf eine bessere Einstiegsmöglichkeit zu warten. Es muss nicht nur ein triftiger Grund vorhanden sein, um in einen Trade einzusteigen, auch die Planung muss so genau wie möglich sein. Ein überstürzter Einstieg in einen Trade bedeutet normalerweise, dass man mit seiner Planung danebenliegt. Ein Trader fährt normalerweise besser, wenn er ein paar gute Trades verpasst, während er die schlechten und mittelmäßigen aussortiert und auf die Trades wartet, deren Erfolgswahrscheinlichkeit höher und deren Risiko-Rendite-Verhältnis niedriger ist. Einige Moves werden vorher angekündigt und sind leicht vorherzusehen. Es lohnt sich, auf diese Moves zu warten, anstatt ständig aus irgendeiner Laune heraus zu traden. Ein Trader, der Angst hat, einen Move zu verpassen, wird sich ständig im Markt befinden, und eine Vielzahl seiner Trades wird bestenfalls mittelmäßig ausfallen. Sobald ein Trader lernt, auf die Trades mit hoher Erfolgswahrscheinlichkeit zu warten, verbessern sich seine Chancen ganz erheblich.

> ### RATSCHLÄGE, DIE ICH FRÜHZEITIG ERHIELT
>
> Einer der ersten Ratschläge, die ich zu Beginn meiner Karriere als Parketthändler erhielt, lautete, man müsse nur einen guten Trade pro Tag machen, um davon leben zu können. Wenn man in aller Ruhe auf den perfekt abgestimmten Trade warten kann und dann sechs bis zehn Ticks erreicht, kann man hochzufrieden damit sein. Es werden sich jeden Tag ein bis zwei

Marktsituationen ergeben, die hervorragend ausschauen und sich auch so anfühlen. Haben Sie einfach Geduld und warten Sie darauf; man muss sich nicht den ganzen Tag lang auf dem Markt aufhalten.

RISIKO KONTRA RENDITE

Ein großer Teil des Tradens mit hoher Erfolgswahrscheinlichkeit besteht darin, dass man Trades abschließt, bei denen die Mischung zwischen Risiko und Rendite stimmt. Um dies zu erreichen, muss man feststellen, wie viel man bei diesem Trade verlieren kann, man muss das schlechteste Szenario, das eintreten könnte, kennen und von vornherein über eine Art Gewinnziel verfügen. Natürlich ist der Trade umso besser, je höher das Rendite-Risiko-Verhältnis ist, doch es ist von Trader zu Trader verschieden, welches Verhältnis man als akzeptabel betrachtet, und es hängt auch davon ab, wie lange man seine Positionen behält. Bei Day-Trades suche ich gerne Trades, die mindestens ein Verhältnis von zwei zu eins oder drei zu eins aufweisen – je höher, desto besser. Bei langfristigen Trades suche ich nach einem Fünf-zu-eins-Rendite-Risiko-Verhältnis. Wenn man Trades zeitlich genau plant, kann man die Gleichung auf der Seite des Risikos besser ins Gleichgewicht bringen.

Sobald man ein Mindestverhältnis hat, mit dem man sich als Trader wohl fühlt, sollte man einen Chart betrachten, um zu entscheiden, ob man in einen Trade einsteigt. Zunächst sollte man aufs Risiko achten; hier sollte man seinen Stopp platzieren. Als Nächstes geht es darum auszurechnen, wie viel man verdienen kann, wenn alles wie gewünscht funktioniert. Dies lässt sich nicht immer leicht ermitteln, aber man kann dazu Fibonacci-Reihen verwenden, vorherige Congestion Areas und Wellen ausmessen, auf den Spielraum achten, den ein Oszillator noch hat, bis er an einen Extremwert stößt, und größere Zeitrahmen verwenden, um Widerstandslinien zu erkennen. Angenommen, man schaut sich einen Trade mit einem 200-Dollar-Risiko an: Würde man darauf eingehen, wenn die potenzielle Rendite bei 100 Dollar läge? Ich hoffe nicht. Aber was, wenn es 400, 500 oder 1.000 Dollar betragen würde? Ja, dann sollte man darauf eingehen. Selbst wenn man danebenliegt, ist es das Risiko wert.

Einige Trades, wie das 30-Minuten-Break-Out-System, besitzen historisch betrachtet gute Erfolgschancen. Wenn dies der Fall ist, kann man sich selbst etwas mehr Spielraum verschaffen, wenn es um das Risiko geht, das man eingehen möchte. Schließlich funktionieren solche Trades öfter. Wenn man jedoch versucht, schnelle Umschwünge zu ergattern, oder andere riskante Trades eingeht, dann sollte die Summe, die man riskieren möchte, wesentlich geringer sein, da die Wahrscheinlichkeit, gestoppt zu werden, relativ groß ist.

> **WARUM PROFESSIONELLE POKERSPIELER GEWINNEN**
>
> Ein erfolgreicher Pokerspieler verdient regelmäßig Geld, weil er genau weiß, welche Chancen er hat, überhaupt ein Blatt zu bekommen. Er lässt sich nur auf Wetten ein, deren mögliche Rendite das damit verbundene Risiko übersteigt. Nehmen wir an, er benötigt eine Sechs, um einen Inside Straight zu erhalten, und die Chancen, dass er sie bekommt, stehen elf zu eins. Jemand hat zehn Dollar gesetzt, und nun ist er dran. Er wird die Wette nur eingehen, wenn sich mehr als 110 Dollar im Topf befinden. Es macht keinen Sinn, diese Karte zu jagen, wenn er nur 50 Dollar erzielen kann. Dies wäre ein Fünf-zu-eins-Verhältnis, das sich gegenüber der Elf-zu-eins-Chance, die Karte nicht zu ziehen, nicht lohnt. Doch wenn sich 400 Dollar im Topf befinden, wird er die Wette jederzeit eingehen, da die Gewinnchance nun vierzig zu eins beträgt – vorausgesetzt, er ist überzeugt, mit seinem Straight alle anderen Blätter zu schlagen. Selbst wenn er seine Sechs nicht bekommt, so hat er dennoch die klügste Wette abgeschlossen.

POSITIONSGRÖSSE

Wenn ein Trader weiß, wie er seine Positionsgröße richtig einsetzt, kann ihm dies ebenfalls sehr behilflich sein. Einige halten dies für einen der entscheidenden Aspekte beim Traden. Ein Trader, der weiß, wann er verstärkt traden sollte und wann er sich lieber zurückhält, kann von günstigen Marktsituationen profitieren, sobald sie sich ergeben. Wer immerzu die gleiche Zahl von Kontrakten eingeht, unterscheidet nicht zwischen verschiedenen Szenarien im Markt und ermittelt auch nicht das mit einem Trade einhergehende Risiko. Ich bin mir bewusst, dass ich mich mit einigen Trades nur vortaste, und daher gehe ich bei ihnen eher vorsichtig vor, zum Beispiel am Morgen. Während der ersten halben Stunde kann es sein, dass der Markt ziellos umherirrt, bevor er sich für eine bestimmte Richtung entscheidet. Es fällt mir immer schwer, innerhalb der ersten Stunde Geld zu machen. Wenn ich morgens traden will, dann verwende ich dabei weniger Volumen. Dasselbe trifft auf wechselhafte Märkte zu. Sie sind schwieriger zu traden, daher trade ich sie mit weniger Überzeugung. Wenn der Markt jedoch trendorientiert verläuft, sich gerade an die Trendlinie zurückgezogen hat und man in nicht allzu großer Entfernung einen Stopp erkennen kann, dann gehe ich von einem Trade mit hoher Gewinnwahrscheinlichkeit aus, den ich mit verstärkten Positionen trade. Ich scheue mich hier nicht vor einem erhöhten Risiko, da es sich angesichts des möglichen Gewinns durchaus lohnen kann. Die meisten Top-Trader traden prozentual gesehen eher mit wenig Volumen. Sie warten lieber auf die richtige Gelegenheit, um ihre Positionen zu erweitern und Geld zu machen. In diesem Geschäft reichen zwei bis drei gute Tage pro Monat, um Gewinne zu erzielen. Man muss wirklich nicht jeden Tag oder bei jedem Trade versuchen, den großen Reibach zu machen.

DAS MARKTVERHALTEN KENNEN LERNEN

Wenn man das Verhalten einer Aktie, eines Sektors oder eines Marktes kennen lernt, kann man seine Gewinnchancen in diesem Markt verbessern. Ich habe festgestellt, dass sich die meisten Märkte im Vergleich zu anderen Märkten einzigartig verhalten. Ein Grund könnte in der Psyche der Trader liegen, die in einem Markt aktiv sind. Hinter den verschiedenen Märkten befinden sich unterschiedliche Trader, sodass die einzelnen Märkte in ihrem Verhalten leichte Unterschiede aufweisen. Ein Markt neigt vielleicht eher zu einem trendorientierten Verlauf, während ein anderer dazu neigt, innerhalb einer festen Schwankungsbreite zu verlaufen. Wenn jemand am Pokertisch sitzt, will er darauf achten, wie die anderen Spieler spielen und wie ihr »Tell« (ungeschickte Aktion, die Karten eines Spielers verrät) ist. Wenn man das Verhalten von Märkten besser kennen lernt, wird man feststellen, dass sie ähnliche Verhaltensmuster wiederholen und dass sie sowohl im kleinen wie auch im großen Zeitrahmen bestimmte Dinge tun, von denen ein aufmerksamer Trader profitieren kann. Ich tradete zum Beispiel einmal eine Aktie namens IDTI. Jeden Tag schien sie ein paar Dollar niedriger zu eröffnen, doch kurz darauf stieg sie dann um etwa sechs Dollar an. Dies funktionierte nur, wenn sich die Aktie in einem Aufwärtstrend befand und nicht zu viele Trader jenseits des Trends aktiv waren. Ich gewöhnte mich an dieses Verhalten und schlug Kapital daraus. Bei anderen Aktien funktionierte dies nicht, und es dauerte auch nur ein paar Monate, bevor es zusammenbrach, doch für eine bestimmte Zeit konnte man es recht gut vorsehen. Wenn man sich auf ein paar Märkte konzentriert und sich im Kopf Notizen macht, kann man allmählich feste Verhaltensmuster im Markt erkennen, aus denen man Kapital schlagen sollte.

> **MEIN MORGENDLICHER BOHRER-TRADE**
>
> Ich habe einen Trend bei Ölbohrern festgestellt. In den letzten drei Monaten scheinen sie sich immer gegen 10 Uhr für etwa 45 bis 90 Minuten zu erholen. Der Markt zeigt sein Blatt, indem er zunächst fällt und dann auf einem Ein-Minuten-Chart abflaut. Sobald dies passiert, muss man schnell handeln, da man glauben könnte, jeder schaut auf dasselbe und versucht mit Nachdruck, Kaufpositionen zu erwerben. In letzter Zeit wurde dies zu meinem »Trade des Tages«, und solange es funktioniert, werde ich daran

> festhalten. Da dieser Trade so oft funktioniert und sich zu einem Trade mit hoher Erfolgswahrscheinlichkeit entwickelt hat, ist meine Positionsgröße recht anständig. Bei diesem Trade verwende ich einen Stopp des Tagestiefstwertes oder einen zeitlichen Stopp von 45 Minuten, wenn er nicht funktioniert.

TRADEN MIT GERINGER ERFOLGSWAHRSCHEINLICHKEIT

Eine Möglichkeit, die eigene Gewinnchancen zu erhöhen, ist, zu wissen, wie man Szenarios mit geringer Wahrscheinlichkeit erkennt, und diesen dann ebenso aus dem Weg zu gehen, wie ich es mit einem Hotel in Paris getan habe, nachdem ich mich nach Abschluss meines Studiums auf einer Rucksacktour quer durch Europa befand. Auf der Eingangstür des Hotels befand sich ein Schild mit der Aufschrift: »Dieses Hotel hat Läuse.« Zwar waren die Zimmer wirklich billig, doch das Risiko war es nicht wert, dort zu übernachten. Jeder, der dort übernachtete, ging ein unnötiges Risiko ein. Wer die nötige Geduld aufbrachte, noch ein Stück weiterzulaufen, wäre dafür mit einem Hotel ganz in der Nähe belohnt worden, in dem es nur Kakerlaken gab; es kostete natürlich ein bisschen mehr, doch dafür lag das Risiko-Rendite-Verhältnis niedriger.

Ein Beispiel für Traden mit geringer Erfolgswahrscheinlichkeit ist der Versuch, Höchst- und Tiefstwerte in stark trendorientierten Märkten mitzunehmen. Tiefstwerte mitnehmen wird auch als der Versuch, ein fallendes Messer aufzufangen, bezeichnet. Wenn ein Markt direkt nach unten fällt und man ständig versucht, einen Tiefstwert mitzunehmen, dann kann man großen Schaden erleiden. Der 4. Februar 2002 war einer jener Tage, an denen ich mein Gehirn zu Hause ließ und schlecht tradete. Ich schloss den Tag zwar mit einem positiven Ergebnis ab, doch es hätte auch ein hervorragender Tag werden können; stattdessen deckte ich kaum meine Kosten. Der Markt öffnete nach einem kleinen Abwärtstrend schwach, nachdem er einige Wochen zuvor noch einen Spitzenwert erreicht hatte. Abbildung 10-4 zeigt den täglichen S&P-500-Index, der deutlich nachlässt. Abbildung 10-5 zeigt einen Tageschart für QLGC, eine typische, von mir getradete Aktie. Auch hier kann man erkennen, dass sie allmählich wieder nachließ, nachdem sie gerade noch eine Doppelspitze gebildet hatte.

Was tat ich also? Ich kaufte sie und einige ihrer Freunde bei jeder sich bietenden Gelegenheit, da ich dachte, ein Kursanstieg sei fällig. Abbildung 10-6 zeigt den Fünf-Minuten-Chart, und die nach oben deutenden Pfeile illustrieren, wo ich versucht habe zu kaufen. Abgesehen vom vierten Mal, als ich durchschnittlich 20 Cent pro Aktie verdiente, verlor ich im Durchschnitt jedes Mal, wenn ich versuchte zu kaufen, 50 Cent pro Aktie. Auf solche Kursaufschwünge zu setzen, wenn langfristig gesehen alles nach unten zeigt, ist rausgeschmissenes Geld. Das einzig Verlässliche ist, dass die Vermittlungskosten steigen, die ich auf meinem »P&L-Statement« verzeichne. Es gelang mir an diesem Tag, Geld zu machen, da ich im Tagesverlauf viele Aktien verkaufte und mein Aktienanteil bei den Short-Positionen den der Long-Positionen überwog.

Dieser Tag wird mich hoffentlich lehren, keine Trades mit geringer Erfolgswahrscheinlichkeit mehr einzugehen. Ich kaufte vier Mal in der Nähe der Tiefstwerte des Marktes in dem Versuch, ein Tal zu erwischen; selbst wenn ich wirklich an einen Marktaufschwung geglaubt hätte, wäre es das Gescheiteste gewesen, gar nichts zu unternehmen.

Andere Situationen, die man unbedingt vermeiden sollte, beinhalten Käufe, nachdem der Markt einen kräftigen Move hinter sich hat und sich in überkauftem Territorium befindet, und Käufe, wenn sich der Markt im oberen Bereich eines Kanals oder einer Widerstandslinie befindet. Ein weiterer schlechter Trade liegt vor, wenn man kauft, nachdem er eine nach oben geneigte Trendlinie nach unten durchbrochen hat, denn dies könnte darauf hindeuten, dass der Trend zu Ende ist. Eine weitere Technik, mit der man problemlos Geld verlieren kann, ist das Fehlen von Ausstiegsstrategien sowie die Missachtung von Stopps. Zwischen Trades mit hoher Erfolgswahrscheinlichkeit und solchen mit niedriger Erfolgswahrscheinlichkeit zu

Abb. 10-4: Tageschart für S&P: Blick auf einen schwachen Markt

unterscheiden ist etwas, was ein Trader mit der Zeit lernen wird. Den Top-Tradern geht es irgendwann in Fleisch und Blut über, zwischen lohnenden und weniger lohnenden Trades zu differenzieren.

Abb. 10-5: *Tageschart für QLGC: Blick auf eine schwache Aktie*

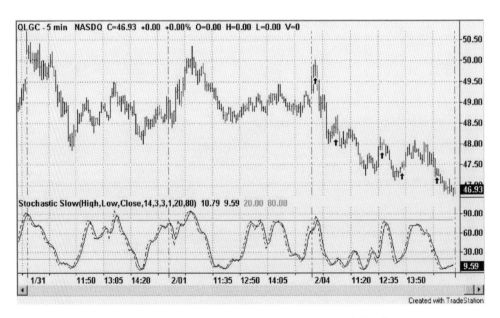

Abb. 10-6: *Fünf-Minuten-Chart für QLGC: Fangen eines fallenden Messers*

EIN BESSERER TRADER WERDEN

Ein besserer Trader zu werden bedeutet, genauso zwischen Situationen mit hoher Erfolgswahrscheinlichkeit und solchen mit weniger hoher Erfolgswahrscheinlichkeit unterscheiden zu können, wie es meine Katze tun konnte. Sobald man dazu in der Lage ist, kann man anfangen, wie ein Profi zu traden. Meiner Meinung nach ist es dabei am besten, wenn man immer darüber Bescheid weiß, wie sich der Markt in den verschiedenen Zeitrahmen verhält. So kann man verhindern, dass man bei einem wichtigen Move auf der falschen Seite festsitzt. Durch eine Kombination von Zeitrahmen und unterschiedlichen technischen Analysemethoden ist es möglich, Trades mit größerem Gewinnpotenzial unabhängig vom Zeitrahmen, den man bevorzugt, zu isolieren.

Wenn man einen Grund für jeden Trade hat und seine Trades gründlich plant, kann man leichter feststellen, welche Trades das damit verbundene Risiko nicht rechtfertigen. Nur wenn man sich die nötige Zeit nimmt, um seine Trades zu planen, kann man wissen, wie viel auf dem Spiel steht oder was man gewinnen kann. Ohne diese beiden Faktoren ist eine Unterscheidung zwischen guten und schlechten Trades eher schwierig. Nicht alle Trades funktionieren, doch wer es schafft, möglichst viele Trades mit schlechtem Risiko-Rendite-Verhältnis aus seinem Repertoire zu streichen, wird gewaltige Verbesserungen in seinem Gesamtergebnis bemerken. Weniger zu traden und nur die Trades mit dem besten Prozentsatz einzugehen macht einen dermaßen wichtigen Teil eines erfolgreichen Traders aus, dass man es immerzu wiederholen sollte. Man sollte sich vor jedem Trade fragen: »Warum mache ich diesen Trade?« Wenn man darauf keine befriedigende Antwort findet, sollte man den Trade auslassen. Zwei der wesentlichen Grundvoraussetzungen für die Entwicklung der richtigen Mentalität sind zum einen die nötige Disziplin, auf die geeigneten Trades zu warten, und zum anderen die Fähigkeit, entsprechend mit seinem Geld umzugehen, wenn es so weit ist und sich bessere Gelegenheiten ergeben, um Trades abzuschließen.

14 leicht nachvollziehbare Schritte auf dem Weg zu einem Trader mit geringen Erfolgsaussichten:

1. Man plant seine Trades zeitlich nicht genau.
2. Man tradet wechselhafte Märkte.
3. Man tradet bei Markteröffnung.
4. Man tradet gegen den Trend.
5. Man achtet nicht auf Charts.
6. Man tradet Pressemitteilungen unabhängig vom Marktverlauf.
7. Man riskiert immer den gleichen Betrag.
8. Man versucht immer, das fallende Messer aufzufangen.

9. Man geht zu viele Trades ein.
10. Man unterscheidet nicht zwischen Trades mit hoher Erfolgswahrscheinlichkeit und solchen mit niedriger Erfolgswahrscheinlichkeit.
11. Man steigt willkürlich in Trades ein.
12. Man kümmert sich nicht um Ausstiegsstrategien.
13. Man legt keinen Wert auf Money Management, wenn man über einen Trade nachdenkt.
14. Man jagt Märkte in überkauftes Territorium.

Ein Trader mit guten Erfolgsaussichten:

1. verwnedte mehrere Zeitrahmen.
2. tradet mit dem Trend.
3. wartet auf Pullbacks.
4. denkt wie die Katze Sophie.
5. ist geduldig und wartet auf die besten Gelegenheiten.
6. Kann seine Chancen abschätzen.
7. Versteht, dass er durchaus auch Trades verpassen darf.
8. Verwendet mechanische Systeme.
9. trdate nur dann, wenn das Risiko-Rendite-Verhältnis einen Trade wert ist.
10. lernt, das Risiko pro Trade anzupassen.
11. geht mehr Trades ein, wenn die Chancen günstig stehen.
12. zockt nicht.
13. tradet nur dann, wenn alles zu passen scheint.
14. hat einen Grund für jeden Trade.
15. hat einen Plan.
16. plant seine Trades, bevor der Markt eröffnet.
17. bringt die Disziplin auf, sich an seinen Plan zu halten.
18. hält die Konzentration hoch.
19. lernt, wie sich ein Markt benimmt.
20. geht seine Trades im Kopf durch.

Hilfreiche Fragen, die man sich stellen sollte:

… Hatte ich einen triftigen Grund für diesen Trade?
… Habe ich ihn gründlich durchdacht?
… Weiß ich, wie viel auf dem Spiel steht?
… Trade ich die richtige Zahl von Aktien?
… Habe ich auf die einmalige Gelegenheit gewartet?
… Trade ich mit dem Haupttrend?

TEIL 4

Mit einem Plan traden

KAPITEL 11

Der Trading-Plan und die richtige Strategie

Wenn Sie morgens aufwachen, sich schnell einen Kaffee machen und warten, dass der Markt eröffnet, um sich darüber klar zu werden, wie Sie vorgehen wollen, dann werden Sie nicht allzu weit kommen. Ein guter Trader wird seine Hausaufgaben bereits erledigt haben und darauf vorbereitet sein, was der Markt zu bieten hat, noch bevor dieser eröffnet. Er wird nicht einfach wahllos irgendwelche Trades eingehen; stattdessen sind sie Teil einer Trading-Strategie und werden auch das eine oder andere Risiko aushalten. Er wird bereit sein, weil er bereits einen Trading-Plan erstellt hat, der diese Dinge enthält. Außerdem hat er sich bereits eine Strategie für den Tag zurechtgelegt, sodass er in der Lage sein wird, auf alles zu reagieren, was ihm der Markt vorsetzt.

WAS IST EIN TRADING-PLAN?

Ein Trading-Plan ist eine Richtschnur, die ein Trader verwendet, um sich darauf zu konzentrieren, permanent gute Trading-Entscheidungen zu fällen. Er setzt sich aus zwei Teilen zusammen: Zuerst ist er ein Trading-System oder eine Trading-Methodik, die Kauf- und Verkaufsignale produziert; daneben enthält er Money-Management-Parameter. Zu diesen Kategorien zählen der Einstieg in einen Trade, der Ausstieg aus einem Trade, das Setzen von Stopps, die Festlegung von Positionen und allgemeine Risikoebenen. Er enthält zudem die Märkte, die getradet werden, und berücksichtigt die emotionale Verfassung und den Trading-Stil des Traders. Außerdem sollte er einen oft vergessenen Teil des Tradings enthalten: wie ein Trader seine Marktauftritte im Auge behält. Man kann sich nur verbessern, wenn man aus seinen Fehlern lernt, das heißt, man sollte sich stets hinterfragen. Einzeln betrachtet sind dies alles wichtige Aspekte des Tradens, doch wer es schafft, sie miteinander zu kombinieren, ist drauf und dran, sich zu einem Siegertyp zu entwickeln.

Ein Trading-Plan bedarf stets einer Spezialanfertigung, da jeder Trader einen unterschiedlichen Trading-Stil pflegt und anders mit Risiko umgeht. Wenn ein Trading-Plan nicht zum Trading-Stil und Denken eines Traders passt, wird es schwierig sein, ihm zu folgen. Ein guter Plan ermöglicht es dem Trader, sich auf seine Stärken zu konzentrieren und gleichzeitig ungünstige Marktsituationen zu umgehen. Ein Trading-Plan wird sich nicht jeden Tag groß ändern, da er sich aus dem System und dem Money-Management-Plan eines Traders zusammensetzt. Was sich jedoch ändert, ist die Strategie eines Traders, die er tagtäglich erstellen sollte, damit er darauf vorbereitet ist, wenn er vom Markt profitieren kann. Dazu zählen etwa Moving-Stopps (gleitende Stopps), die passende Reaktion auf die Veröffentlichung einer Arbeitslosenzahl und das geduldige Warten darauf, dass ein Markt eine Trendlinie erreicht, damit man einsteigen kann.

Ein Trading-Plan ist nichts anderes als der Business-Plan eines Traders. So wie fast jeder erfolgreiche Geschäftsmann einen Business-Plan hat, sollte ein Trader einen Trading-Plan haben. Um sich am besten vorstellen zu können, was in einen Trading-Plan gehört, sollte ein Trader ihn so betrachten, als ob er versuchen würde, jemand anderen davon zu überzeugen, ihm sein Geld zur Verfügung zu stellen. Wenn ein Commodity Trading Advisor (CTA) in einem Dokument Auskunft über sein Geschäftsvorhaben gibt – ein Disclosure Document erstellt –, dann erstellt er im Prinzip nichts anderes als einen gut ausgearbeiteten Trading-Plan, da alles, was sich in einem Trading-Plan befinden sollte, auch im Disclosure Document enthalten ist.

EINEN TRADING-PLAN ERSTELLEN

Einen Trading-Plan zu erstellen kann zeitaufwendig und schwierig sein. Da sich einige Trader lieber sofort beweisen wollen, traden sie lieber drauflos, anstatt einen Trading-Plan zu erstellen, das heißt, sie ignorieren ihn. Dies ist ein Fehler, denn ohne Trading-Plan fehlt ihnen die nötige Führung. Ein schriftlich ausgearbeiteter Plan hilft nicht nur bei der Erstellung und Einhaltung konkreter Regeln, sondern auch bei der Vermeidung emotionaler Entscheidungen, die auftreten, wenn der Markt überhitzt ist oder man Verluste einfährt.

Ein Trading-Plan muss nicht zwingend auf Papier geschrieben werden, dennoch ist es hilfreich, einen solchen schriftlich zu erstellen und hin und wieder darauf zu schauen. Wenn Sie noch keinen schriftlichen Trading-Plan erstellt haben, würde ich Ihnen dringend raten, dies zu tun. Selbst ein einfacher Plan ist besser als gar keiner. Zumindest sollte man sich jedoch darüber bewusst sein, wie viel man pro Trade riskieren kann und welche Marktszenarios man traden will. Ein Trading-Plan kann recht einfach gehalten werden, wie das folgende Beispiel zeigt:

Kaufe einen Kontrakt, sobald der Markt eine Lücke aufweist und niedriger eröffnet und sich nach 30 Minuten in der oberen Hälfte seiner Schwankungsbreite befindet; steige aus, falls der Markt den Tagestiefstwert durchbricht, ansonsten beim Schlusskurs.

Recht einfach, aber doch ein Trading-Plan: Er enthält eine Trading-Strategie, einen Money-Management-Parameter und eine Positionsgröße. Ein Trader kann sich täglich daran halten und braucht nicht krampfhaft zu überlegen, was er tun soll. Wenn Sie jedoch einen ausgeklügelten, professionell wirkenden Trading-Plan erstellen wollen, sollten Sie wieder daran denken, wie Sie jemanden davon überzeugen wollen, dass er Ihnen sein Geld zur Verfügung stellt. Wer Ihnen Geld zum Traden gibt, will über folgende Dinge genaue Auskunft bekommen:

- Wie man tradet;
- Welche Art von System man verwendet;
- Welche Märkte man tradet;
- Wie viel man riskiert;
- Wie viel man verlieren kann;
- Welche realistischen Gewinne man erwarten kann;
- Wie hoch die Trading-Kosten sind;
- Die Möglichkeit unerwarteter Variablen;
- Wie man sich davor schützt, all sein Geld zu verlieren;
- Wie viel man auf einen Schlag riskiert;
- Wie viele Märkte man tradet;
- Wie lange man an seinen Positionen festhält.

Denken Sie nur einmal daran, wie sehr sich Ihr Trading verbessern würde, wenn Sie all dies im Voraus wüssten. Wenn man einem Plan folgt, trifft man seine Trading-Entscheidungen außerhalb der Börsenzeiten, sodass man während der Börsenzeiten genug Zeit hat, seine Ein- und Ausstiegspunkte zu planen und das Risiko anzupassen. Wenn man sich die Zeit nimmt und einen guten Trading-Plan erstellt, vereinfacht dies das Trading.

WARUM EINEN PLAN HABEN?

Die zwei Hauptgründe, warum man einen Trading-Plan und eine feste Strategie haben sollte, sind die folgenden: Zunächst stellt man sicher, dass man ständig Trades mit hoher Gewinnwahrscheinlichkeit durchführt; zudem ist man sich stets des zugrunde liegenden Risikos bewusst, bevor man in einen Trade einsteigt. Der Trading-Plan beinhaltet Trading-Strategien, die man vorher getestet haben sollte, um sicherzustellen, dass es sich um Trades mit hoher Gewinnwahrscheinlichkeit und einer positiven Erwartungshaltung handelt. Ohne einen Plan kann es durchaus sein, dass man an einem Tag Long-Positionen und am nächsten Tag Short-Positionen, obwohl der Markt genau dasselbe macht. Mit einem Plan, der Trading-Ideen entwickelt, hat man einen echten Grund, um in einem Trade dabei zu sein, und verringert die Gefahr von emotionalen und spontanen Entschlüssen. Emotional getroffene Entscheidungen tun einem Trader selten gut. Wenn man seine Trading-Entscheidungen außerhalb der Börsenzeiten trifft und nicht während des Auf und Ab eines Handelstages, erhöht man seine Erfolgsaussichten. Ohne die Hilfe eines Trading-Planes wird man leicht nachlässig, jagt den Markt und verliert jeglichen Überblick, wann man besser aussteigen sollte. Ein Plan verhindert auch, dass man zu viel tradet. Wer sich nicht an einen Plan hält, kann dem Overtrade leicht in die Falle gehen oder schlechte Trading-Entscheidungen treffen, weil er sich in Hoffungen verliert, Verluste wieder wettmachen zu können. Durch einen Trading-Plan hält man den ganzen Tag hindurch die Konzentration hoch, da man nie nach neuen Ideen suchen muss. Schließlich weiß man mit einem Plan auch, wie viel man riskieren kann und wann man einen Verlust mitnehmen sollte. Man kennt seinen maximalen Verlust im Voraus, sodass ein Eintreten des schlechtmöglichsten Falles keinen Einfluss auf das Trading haben sollte.

BESTANDTEILE EINES TRADING-PLANS

Trading-Methodik oder -System

Das Erste, was man vielleicht einfügen möchte, ist ein Trading-System, mit dem man traden kann. Ein auf seine wesentlichen Bestandteile reduziertes Trading-System besteht aus festen Regeln und Bedingungen, die einem Trader beim Einstieg in und beim Ausstieg aus dem Markt helfen. Die nächsten beiden Kapitel beschäftigen sich eingehend mit der Frage, wie man ein System erstellt und neu testet. Ein Trader muss nicht nur ein System haben; er kann auch unterschiedliche Systeme für unterschiedliche Märkte oder Marktsituationen haben. Systeme müssen nicht zwingend mechanisch sein, sie sollten jedoch die Vorarbeit leisten, wenn es darum geht, wann man kaufen und wann verkaufen sollte. Wählen Sie den Trading-Stil und die Indikatoren, die am besten für Ihre Zwecke geeignet sind, und probieren Sie einige Ideen aus, bis Sie etwas Passendes finden.

Testen Sie Ihre Systeme gegenüber historischen Werten. Wenn Sie in der Vergangenheit nicht funktioniert haben, spricht einiges dafür, dass sie auch morgen nicht funktionieren werden. Oder Sie lernen es auf die schwierige Art und Weise: indem Sie Geld im Markt verlieren. Mit einem System kann man nicht nur in einen Trade einsteigen, sondern – und dies ist noch viel wichtiger – es setzt auch feste Regeln für den Ausstieg aus dem Markt. Ignorieren Sie den Ausstieg nicht; er macht den wirklichen Unterschied zwischen einem erfolgreichen und einem verlustreichen Trade aus. In einem guten System gibt es Optionen für den Ausstieg aus erfolgreichen und verlustreichen Trades ebenso wie für Trades, bei denen man gerade seine Kosten deckt. Bevor man in den Trade einsteigt, sollte man auf jeden Fall wissen, wo oder warum man aussteigt. Das Schöne an vorher festgelegten Ausstiegsregeln ist, dass ein Trader leicht entspannen kann, wenn er sich erst einmal in einem Trade befindet; er muss nicht mehr alles bis ins kleinste Detail durchorganisieren und sich von jedem Tick des Marktes beunruhigen lassen. Ein System-Trader weiß genau, wie und was er jeden Tag tradet, und er sollte daher vor Überraschungen gefeit sein; wenn eine bestimmte Marktsituation eintritt, weiß man genau, dass man sich im Markt befindet. Wenn diese Marktsituationen oder Kriterien nicht vorkommen, sollte man lieber gar nichts unternehmen.

Nochmal: Es muss sich hier um kein formales, computergestütztes, mechanisches System handeln; es kann irgendeine Trading-Idee sein, die man verwendet, doch es sollte stets dieselbe sein. Dies kann ganz einfach sein und wie folgt aussehen:

Kaufe, sobald der Markt eine Lücke aufweist und niedriger eröffnet und sich nach 30 Minuten in der oberen Hälfte seiner Schwankungsbreite befindet; steige an einem Stopp aus, falls der Markt den Tagestiefstwert durchbricht; steige mit einem Gewinn aus, wenn der Markt 80 Prozent seiner Average True Range zurückgelegt hat, oder steige beim Schlusskurs aus.

Man kann ein ganzes Dutzend solcher Systeme verwenden. Das Wichtigste dabei ist, dass sie im Trading-Plan und in der Arbeit vorkommen.

Money Management

Obwohl es wichtig ist, irgendeine Form von Trading-System zu haben, sollte ein Money-Management-Plan die Grundlage aller Trading-Pläne bilden (siehe auch Kapitel 16 und 17). Ohne einen solchen läuft man – egal wie gut man als Markttechniker ist – Gefahr, ein erfolgloser Trader zu werden. Ein Trader muss wissen, wie er sein Kapital verwendet, wie viel er riskieren kann, wie viele Kontrakte oder Aktien er traden soll, wann er seine Positionsgröße anhebt und welche Aktien und Märkte er sich als Trader überhaupt leisten kann. In einem Money-Management-Plan steht außerdem, wie viele Märkte man auf einmal traden kann und wie viel man in jedem einzelnen riskieren sollte.

Wenn Sie einen Money-Management-Plan erstellen, sollten Sie sich Zeit nehmen und Wert auf Details legen. Gehen Sie genau darauf ein, wie viel Prozent Ihres Kapitals Sie fürs Trading bestimmt haben und wie viele Kontrakte Sie in jedem Markt oder in jeder Marktgruppe traden wollen. Es ist ein wesentlicher Bestandteil des Money Managements, wenn man mit der geeigneten Positionsgröße umgehen kann, und dies beeinflusst auch den Erfolg eines Traders. Wenn man mehr tradet, als man sich als Verlust leisten kann, kann man leicht in Schwierigkeiten geraten, das heißt, man muss dies unbedingt im Auge behalten.

Um einen Money-Management-Plan sollte man sich kümmern, bevor man anfängt zu traden. Wenn man sich nicht von vornherein der Risiken bewusst ist, kann man leicht Ärger kriegen. Viele Trader erleiden Verluste, weil sie nicht genug Geld haben, um so zu traden, wie sie es wollen, und letztlich gehen sie viel zu viele Trades ein, ohne es zu merken. Durch Erstellen eines Money-Management-Plans erfährt man, wie viel Risiko man sich zu einer bestimmten Zeit leisten kann und wie viel man verlieren kann. Durch vorheriges Abschätzen des Risikos sollte man auch verhindern können, dass man all sein Geld verliert.

Welche Märkte getradet werden

Einige Trader verfügen durchaus über eine gute Trading-Strategie, doch sie wissen nicht, welche Märkte oder Aktien sie traden sollen. Märkte bewegen sich unterschiedlich voneinander: Einige verlaufen öfter trendorientiert, während andere wechselhaft sind. Einige sind unbeständig und verlaufen in breiteren Schwankungsbereichen, wodurch sie sich zwar besser für Day-Trader eignen, gleichzeitig aber gefährlich sind. Einige Märkte sind zu illiquide und sollten vermieden werden. Ein Teil des Trading-Plans besteht darin, sich einige Hauptaktien oder -rohstoffe herauszusuchen, die man gerne traden möchte. Für einige bedeutet es einfach, Erdöl zu traden; für andere bedeutet es vielleicht, nur Halbleiter-Aktien zu traden, während es für wieder andere heißt, jede Aktie zu traden, die eine Average True Range von über zwei Dollar hat und von der täglich mehr als eine Million Anteile getradet werden. Was immer ein Trader plant, er sollte im Voraus darüber Bescheid wissen, sodass er sich während der Börsenzeit auf diese Märkte konzentrieren kann und sich nicht mit der Suche nach neuen Märkten herumärgern muss. Ein Trader sollte außerdem sicherstellen, dass sein System auf diesen Märkten erfolgreich getestet wurde. Ich trade ein paar Sektoren und betrachte danach fünf bis zehn Aktien innerhalb dieser Sektoren. Ich trade jeden Tag hauptsächlich dieselben Aktien. Die einzige Ausnahme ist, wenn ich eine Aktie betrachte, über die in der Presse berichtet wird, um zu sehen, ob sich ein Trade lohnt. Was die Futures betrifft, achte ich derzeit nur auf Bonds, Erdöl und die Aktienindizes.

Haltezeiten

Als Teil Ihres Trading-Plans werden Sie feststellen, was Ihr wichtigster Zeitrahmen sein wird und wie Ihre Haltezeiten aussehen. Der wichtigste Zeitrahmen wird derjenige sein, von dem aus Sie sich am wohlsten fühlen. Die Haltezeiten hängen normalerweise vom Zeitrahmen ab, in dem man seine Trades abschließt. Wenn Sie Warren Buffett sind, wollen Sie eine gute Position vielleicht 20 Jahre lang behalten; wenn Sie ein Scalper (Trader, der auf kleine Gewinne spekuliert) sind, mögen Sie an guten, gewinnträchtigen Trades sechs bis zehn Ticks festhalten. Alles im Bereich dazwischen kann zum Stil eines Traders passen. Wenn Sie gut mit 60-Minuten-Charts klarkommen, beträgt Ihre Haltezeit wahrscheinlich zwischen drei und fünf Tage, und Verluste begrenzen Sie eher auf einen Tag. Wenn Sie einen Fünf-Minuten-Zeitrahmen verwenden, können Ihre Haltezeiten zwischen 45 und 90 Minuten liegen, während Sie aus verlustreichen Trades nach 30 Minuten aussteigen. Diese Zeiten sind nicht in Stein gemeißelt; sie dienen lediglich als Richtschnur dafür, was am besten zu Ihrem Trading-Stil passt. Aus Trades sollte man aussteigen, sobald sie es verdient haben, aber zumindest haben Sie nun einen Bezugspunkt. Ich weiß, dass meine typischen Trades an guten Tagen zwischen 90 Minuten und zwei Stunden dauern, und meine längerfristigen Trades halte ich ungefähr drei bis fünf Tage. Natürlich halte ich Trades auch mal länger oder kürzer, doch dies stellt einen ungefähren Mittelwert dar.

Die Risikofaktoren

Bei allen Dingen des Lebens sollte man immer auf den schlechtmöglichsten Verlauf vorbereitet sein. Als Teil eines Trading-Plans sollte man sich überlegen, was alles schief gehen könnte, während man tradet, egal ob man es kontrollieren kann oder nicht. Nur wenn man die jeweiligen Risikofaktoren kennt, kann man sich auch darauf vorbereiten, etwas dagegen zu unternehmen. Wenn Sie sich darüber keine Gedanken gemacht haben, wissen Sie auch nicht, was Sie tun sollen, wenn es so weit ist. Sie können alles wunderbar geplant haben, und plötzlich verändert ein Terroranschlag die Dynamik des Marktes. Dagegen können Sie nur wenig tun; machen Sie sich einfach bewusst, dass beim Traden alles passieren kann.

Einige unvorhergesehene Ereignisse:

- Sie können Ihr Geld beim Traden verlieren; denken Sie nicht einmal ans Traden, wenn Sie nicht darauf vorbereitet sind, dass Sie vielleicht verlieren.

- Sie haben ein System, das in trendorientierten Märkten hervorragend funktioniert, doch dann können Sie keinen trendorientierten Markt ausfindig machen.

- Die Notenbank senkt völlig unerwartet die Zinssätze.

- Der Markt verläuft unter Ihrem Stopp lückenhaft.

- Die Märkte durchleben eine extrem unbeständige Phase, und die Risiken verdreifachen sich.

- Der Markt setzt Sperrfristen, und man kann drei Tage lang nicht aussteigen, wodurch man pro Kontrakt weitere unerwartete Kosten von 3.000 Dollar hat.

- Die Vermittlungsgebühren steigen in astronomische Höhen.

- Ihr Computersystem bricht – gleich nachdem Sie 20 Long-Positionen erworben haben – zusammen, und danach bricht der Markt zusammen.

- Eine Ratte beißt ein Kabel an der Börse durch, und das Traden wird eingestellt.

- Eine Aktie flaut zwei Tage lang ab, wenn Sie eine Position darauf halten.

- Das siebtgrößte amerikanische Unternehmen geht pleite.

- Sie sind auf Grund persönlicher Probleme emotional mitgenommen und verlieren den Blick fürs Traden.

- Übrigens ist mir über die Jahre hinweg all dies schon einmal passiert.

Kosten

Wenn Sie einen Trading-Plan erstellen, müssen Sie auch die Kosten des Tradens berücksichtigen. In Kapitel 13 über Testsysteme gehe ich näher darauf ein, welche Auswirkungen Trading-Kosten auf das Ergebnis eines Traders haben können. Für den Moment sollen Sie einfach wissen, dass man Kosten nicht ignorieren sollte. Es sollte zu Ihrem Plan gehören, dass Sie alles dafür tun, um Ihre Kosten so weit wie möglich zu senken. Wenn man das Wort »Kosten« hört, denkt man zumeist an Vermittlungsgebühren, aber vergessen Sie nicht Slippage und all die kleinen Trading-Gebühren, die sich summieren können. Man sollte auch bedenken, wie viel Geld man für andere im Zusammenhang mit dem Traden anfallende Kosten ausgibt, wie etwa Live-Kurse und Software. Wie planen Sie, diese Dinge zu bezahlen? Aus Ihrem Trading-Konto? Oder legen Sie dafür extra Geld beiseite?

Die Trades und ihr Abschneiden im Auge behalten

In Ihrem Plan sollten Sie sich auch damit auseinandersetzen, wie und wann Sie Ihre Trades und deren Abschneiden überprüfen. Hierbei muss es sich nicht um ein schriftliches Journal handeln (obwohl es ratsam wäre), doch sollten Sie eine Methode entwickeln, auf deren Grundlage Sie Ihre Positionen überwachen und auch Ihre Trades hinterfragen, um sich darüber klar zu werden, was richtig und was falsch war. Beginnen Sie mit offenen Positionen, wobei Sie Ihr Hauptaugenmerk darauf legen sollten, ob sich ein Trade noch immer innerhalb der ursprünglich bestimmten Parameter bewegt. Wenn dies nicht der Fall ist oder sich die Gründe für einen Trade mittlerweile geändert haben, sollten Sie die Position genauer beobachten oder aussteigen. Wie oft Sie Ihre Trades überprüfen, hängt von dem Zeitrahmen ab, in dem Sie traden. Ein langfristiger Trader muss vielleicht nur einmal am Tag nachschauen, während ein Scalper dies ständig tun muss.

Einige Dinge, die man ständig überprüfen sollte:

- Hat der Trade den angestrebten Bereich erreicht?

- Befindet er sich in der Nähe des angestrebten Bereiches, sodass man ihn genauer beobachten sollte?

- Sollte man Positionen hinzufügen oder welche wegnehmen?

- Funktioniert der Trade nicht wie geplant?

- Sollte man sein Geld lieber anderweitig verwenden?

- Sollte man einen Trade jetzt schließen oder noch länger daran festhalten?

- Nähert er sich einem Stopp?

- Hat man Stopps ignoriert?

- Hat sich die Schwankungsbreite geändert?

Nachdem Sie die offenen Trades überprüft haben, beschäftigen Sie sich mit den verlustreichen Trades. Ich schaue mir gerne noch mal verlustreiche Trades an, bei denen ich rechtzeitig mit einem kleinen Verlust ausgestiegen bin. Für mich sind dies die wichtigsten Trades überhaupt, und dieses Verhalten möchte ich künftig verstärkt an den Tag legen. Wenn ich irgendwo mit einem kleinen Verlust aussteige, bevor sich der Trade wesentlich schlechter entwickelt, empfinde ich mehr Stolz, als wenn ich einen erfolgreichen Trade habe. Ich empfinde solch einen Trade als einen guten Trade, da ich das Richtige getan habe. Ich merke mir, was mich dazu veranlasst hat, schnell auszusteigen, und wenn mir diese Abstimmung erneut begegnet, hoffe ich, dass ich mich wieder richtig verhalte. Wenn ich daran denke, dass ich einen Hang hatte, Verluste zu groß werden zu lassen, freue ich mich jetzt über meine Fortschritte in diesem Bereich. Wenn ich zulasse, dass ein Trade sich wirklich schlecht entwickelt, dann bemühe ich mich, die Gründe dafür herauszufinden, um es in Zukunft besser zu machen.

Die nächsten Trades, die ich überprüfe, sind diejenigen, von denen ich mich getrennt oder bei denen ich mich ganz einfach dumm angestellt habe, unabhängig davon, ob ich Geld erzielt habe. Ich bemühe mich, denselben Fehler in der Zukunft nicht mehr zu wiederholen (leichter geschrieben als getan).

Zuletzt überprüfe ich noch meine erfolgreichen Trades, und wieder versuche ich, aus ihnen zu lernen. Dazu brauche ich nicht allzu lange – nur ein paar Minuten nach dem Schlusskurs –, und die Mühe, die es kostet, lohnt sich wahrlich. Wer seine Trades niemals überprüft, wird nie erfahren, was er richtig und was er falsch macht. Überprüfen Sie nicht einfach Ihre Trades, sondern checken Sie auch, inwieweit Ihr Plan noch Gültigkeit hat. Vielleicht verlieren Sie nur deshalb Geld, weil Ihr Plan fehlerhaft ist.

DIE PASSENDE STRATEGIE

Nachdem ein Trader seinen Trading-Plan erstellt hat, sollte er sich eine passende Strategie ausdenken, die er tagtäglich verwendet. Zu einer passenden Strategie gehören die alltäglichen Entscheidungen eines Traders, außerdem benötigt er sie, um seinen Trading-Plan in die Tat umzusetzen. Der Unterschied zwischen der passenden Strategie und einem Trading-Plan ist folgender: Ein Trading-Plan liegt zum Beispiel vor, wenn man zwei Kontrakte kauft, sobald sich der Markt innerhalb eines halben Punktes von einer Trendlinie befindet, und einen halben Punkt auf der anderen Seite riskiert, wenn er diese durchbricht. Die passende Strategie liegt vor, wenn man herausfinden möchte, welche Märkte die vorliegenden Kriterien jeden Tag erfüllen und wie man dann seinen Einstieg in die Trades plant.

Trading-Entscheidungen werden am besten außerhalb der Börsenzeiten getroffen. Dadurch hat der Trader etwas in der Hand, wenn der Markt eröffnet. Ich gehe jeden Abend heim und überprüfe den Markt noch mal. Ich erstelle eine Liste mit den Aktien, die ich kaufen will, und mit denen, ich verkaufen möchte. Ich suche mir Bereiche wie zum Beispiel Unterstützungslinien und Break-Out-Zonen, an denen ich gerne einsteigen möchte, und ich bin mir auch darüber im Klaren, wo ich aussteigen möchte. Am nächsten Tag habe ich dann bereits eine Liste, die mir sagt, was ich traden möchte und in welchen Bereichen; dies ist meine Strategie für den Tag. Mein Trading-Plan sagt mir auch weiterhin, wie viel ich riskieren kann und welche technischen Indikatoren ich zur Bestätigung dieser Trades verwenden kann. Doch für den alltäglichen Handel verwende ich die passende Strategie. Gegen Mittag gehe ich meine Strategie noch einmal durch und nehme eventuell Veränderungen vor, falls sich der Markt verändert hat. Ich versuche für den Nachmittag neue Gelegenheiten zum Traden zu finden und bewerte meine Risikozonen und Stopps bei offenen Positionen neu.

In letzter Zeit besteht meine Strategie teilweise darin, um 10 Uhr Ölbohrer-Aktien zu kaufen und gegen Mittag Technologiewerte. An beiden halte ich dann ungefähr 90 Minuten fest. Wenn es nach 30 Minuten nicht funktioniert, steige ich aus. Dieses Muster wiederholt sich in letzter Zeit relativ regelmäßig, und solange es funktioniert, behalte ich es als Teil meiner Strategie bei.

Eine passende Strategie hilft einem Trader dabei, die Konzentration zu bewahren. Ohne sie könnte man sich dazu veranlasst sehen, aus einer Laune heraus zu traden, aus Langeweile, auf Grund einer Pressemitteilung, um Verluste wettzumachen oder weil ein anderer Trader einen Trade mochte. Diese Art von Trades ergibt sich, wenn man keine Strategie hat oder sich nicht an sie hält. Mit der passenden Strategie ist man auf unterschiedliche Szenarios vorbereitet und weiß, wie man unabhängig vom Marktverhalten reagieren kann. Wenn etwas passiert, ist man darauf vorbereitet. Man geht also nur vorausgeplante Trades ein, anstatt nur zum Spaß zu traden. Natürlich kommt es bisweilen vor, dass ich im Nachhinein den Markt betrachte und mir wünschte, den letzten Move nicht verpasst zu haben. Doch wenn der Trade nicht zu meinem Plan gehört, versuche ich mich zusammenzureißen und lieber auf die in meinen Augen günstigeren Trading-Gelegenheiten zu warten. Was nun, wenn man ein paar Trades verpasst? Es gibt noch viele andere Gelegenheiten zum Traden, sodass es kein Problem ist, den einen oder anderen Trade zu verpassen.

DISZIPLIN

Obwohl sie nicht zum Trading-Plan gehört, hält die nötige Disziplin alles erst richtig zusammen; ein Trader benötigt Disziplin, um sich an seinen Plan zu halten. Sobald man von seinem Plan abweicht, läuft man Gefahr, zu verlieren und emotionale Trading-Entscheidungen zu treffen. Man beginnt Märkte zu traden, auf denen man nichts zu suchen hat, man tradet zu viel und riskiert zu viel, man hält zu lange an seinen Positionen fest und führt alles in allem Trades mit geringer Gewinnwahrscheinlichkeit durch.

Man verliert leicht die nötige Disziplin, wenn man eine Glücksphase oder eine Durststrecke durchläuft. Man sollte nie zulassen, dass Verluste den Trading-Plan verändern. Auch nach ein paar Verlusten sollte man an seinem Plan festhalten. Verändern Sie nicht Ihren Trading-Stil, indem Sie aggressiver oder hartnäckiger agieren. Ein Verlustgeschäft stellt einen Kostenpunkt dar, der zum Geschäftemachen dazugehört; achten Sie nicht groß darauf, und konzentrieren Sie sich lieber auf die nächste Gelegenheit. Das Schlimmste, was man tun kann, ist, seine Trading-Aktivitäten zu erhöhen, um Verluste wettzumachen. Wenn Sie ständig nur verlieren, hören Sie mit dem Traden auf, bis Sie Ihren Trading-Plan genau unter die Lupe genommen haben, da er der Grund für Ihre Verluste sein könnte. Verlieren Sie auf keinen Fall die nötige Disziplin, und lassen Sie Ihren Trading-Plan nicht aus den Augen, wenn Sie eine erfolgreiche Phase durchlaufen. Viele Trader werden nach einer guten Phase leicht übermütig und gehen in dem Gefühl, unschlagbar zu sein, leichtsinnige Trades mit übermäßiger Größe ein. Wenn Sie bisher gut getradet haben, dann kann dafür leicht Ihr Plan verantwortlich sein; lassen Sie ihn nie aus den Augen.

EIN BESSERER TRADER WERDEN

Ein besserer Trader werden heißt, einen Trading-Plan zu erstellen und über die passende Strategie beim Traden zu verfügen. Man sollte nie ohne einen allgemeinen Plan traden, der sowohl das Risiko als auch die Strategie umfasst. Neben dem Trading-Plan empfehle ich Ihnen die passende Strategie für jeden Tag, die Ihnen dabei hilft, sich auf Trades mit hoher Gewinnwahrscheinlichkeit zu konzentrieren. Gehen Sie nie ohne sie aus dem Haus – oder Ihr Trading wird ein wenig willkürlich. Ein Trader sollte sich täglich darüber im Klaren sein, was er tun will, bevor der Markt eröffnet. Egal ob der Markt steigt oder fällt, ein Trader sollte wissen, was er tun will. Wenn Sie einen Plan inklusive eines getesteten Trading-Systems haben, können Sie immer wieder dieselben Trades durchführen, ohne sich dabei groß den Kopf zerbrechen zu müssen. Wenn Ihre Strategie bei der Überprüfung funktioniert hat, dann sieht es gut aus, dass sie auch in Zukunft funktionieren wird. Wenn Sie künftig dieselbe Strategie verfolgen, können Sie regelmäßig Geld verdienen.

Ein besserer Trader zu werden heißt auch, über einen soliden Money-Management-Plan sowie Risikoparameter zu verfügen, die Ihnen mitteilen, wie viel Sie riskieren können. Wer nicht weiß, wie viel Risiko er sich leisten kann, läuft Gefahr, mit nur wenigen schlechten Trades pleitezugehen. Man muss wissen, wie viel man riskieren kann, wie viele Kontrakte oder Aktien man traden kann, wann man die Größe seiner Positionen anhebt und wie viele Trades man sich leisten kann. Diese Dinge sollten nicht während der Börsenzeit erledigt werden. Man sollte sich schon weit vorher darum kümmern, am besten vor dem nächsten Trade, falls man nicht schon einen Plan erstellt hat. Man sollte nicht nur darüber nachdenken, sondern sich hinsetzen und es zu Papier bringen. Es ist sehr hilfreich, wenn man die nötige Disziplin hat, einen Trading-Plan zu erstellen und sich auch daran zu halten. Ein perfekter Trading-Plan liegt dann vor, wenn man ihn einer anderen Person gibt und diese sofort versteht, wie man traden will.

Außerdem möchte ich nicht unerwähnt lassen, dass es, um ein besserer Trader zu werden, unerlässlich ist, die eigenen Trading-Ergebnisse regelmäßig zu überprüfen. Sie sollten es sich als Teil Ihres Trading-Plans zur Gewohnheit machen, Ihre Trades und Ihren Trading-Plan regelmäßig zu überprüfen. Überprüfen und überwachen Sie dabei zunächst Ihre offenen Trades und danach Ihre abgeschlossenen Trades. Aus der Vergangenheit zu lernen stellt die beste Möglichkeit dar, sich zu verbessern, deshalb sollten Sie dies unbedingt tun. Sie sollten den Plan an sich nicht ignorieren: Schauen Sie ihn immer wieder mal nach möglichen Schwachpunkten durch, vielleicht finden Sie auch Stellen, die verbesserungswürdig sind. Ein Trading-Plan ist ein wertvoller Vermögenswert eines Traders, deshalb sollte man unbedingt einen haben.

Probleme, die auftreten, wenn man keinen Trading-Plan hat:

1. Man tradet »aus dem Stegreif«.
2. Man schweift von guten Trading-Strategien ab.
3. Man weiß nie, wie viel man riskieren kann.
4. Man weiß nicht, welche Märkte man traden kann.
5. Man weiß nicht, wie viele Kontrakte man traden kann.
6. Man tradet zu viel.
7. Man erleidet einen Totalverlust.
8. Man ist nicht auf das vorbereitet, was der Markt zu bieten hat.
9. Man weiß nicht, wo man aus einem Trade aussteigt.
10. Man verfügt über keinerlei Maßstab zur Beurteilung des eigenen Abschneidens.

Einen Trading-Plan und einen Spielplan können Sie zu Ihrem Vorteil nutzen:

1. Ein Trading-Plan sollte wie ein Business-Plan behandelt werden.
2. Zusammen verbinden sie alle Aspekte des Tradens.
3. Sie sollten zum persönlichen Trading-Stil eines Traders passen.
4. Sie stellen sicher, dass man sich auf bewährte Trading-Strategien konzentriert.
5. Durch sie ist man vorbereitet.
6. Durch sie erhält man einen Grund für jeden Trade.
7. Durch sie kann man sich besser an einen Money-Management-Plan halten.
8. Durch sie kann man sich ein wenig entspannen.
9. Man weiß, wie viel man höchstens verlieren kann.
10. Durch einen Spielplan kann man gut durchdachte Trades ausführen.
11. Man hat vorherbestimmte Ausstiegspunkte.
12. Man lernt, sein Trading zu überprüfen.
13. Durch sie lassen sich emotionale Entscheidungen vermeiden.
14. Durch sie erfährt man, welche Märkte man traden kann.
15. Man sollte die nötige Disziplin aufbringen, um ihnen zu folgen.

Hilfreiche Fragen, die man sich stellen sollte:

… Habe ich einen Trading-Plan?
… Habe ich einen Spielplan (die passende Strategie)?
… Habe ich eine Trading-Strategie?
… Habe ich einen Money-Management-Plan?
… Schweife ich zu leicht von meinen Plänen ab?
… Verfüge ich über die nötige Disziplin?
… Behalte ich meine Trades im Auge?
… Wann habe ich zuletzt meinen Trading-Plan beurteilt?

KAPITEL 12

System-Trading

Als Teil eines Trading-Plans sollte ein Trader eine Trading-Methodik entwickeln, die sich in wenigen einfachen Regeln für Käufe und Verkäufe zusammenfassen lässt. Dies ist der Beginn des Tradens mit einem System. Es ist für einen Trader äußerst wichtig, über eine Art System zu verfügen; ohne ein solches, wie einfach es auch sein mag, kann Trading willkürlich, planlos und gefährlich sein. Ein System muss nicht bis ins Detail ausgearbeitet, in Stein gemeißelt oder rein computergestützt sein; es kann sowohl einen gewissen Ermessensspielraum einräumen als auch rein mechanisch verlaufen; zumindest muss es einem Trader als Richtschnur dienen. Man kann Systeme selbst erstellen oder sie kaufen, aber egal, wofür man sich entscheidet, sie sollten dem jeweiligen Trading-Stil angepasst sein. Es gibt kein System, das allen Bedürfnissen eines Traders gerecht werden kann. Was für den einen Trader gut ist, kann für den anderen schlecht sein, da jeder einen anderen Ansatz wählt, mit dem er gut zurechtkommt. Insgesamt gesehen liegt der Sinn eines Systems darin, einem Trader wiederholt dabei behilflich zu sein, Trades abzuschließen, deren hohe Erfolgswahrscheinlichkeit erwiesen ist.

WAS IST EIN SYSTEM?

Einfach ausgedrückt ist ein System ein Regelwerk, das ein Trader verwendet, um Kauf- und Verkaufsentscheidungen zu treffen. Dies kann ganz einfach sein: Man kauft zum Beispiel, sobald ein Moving Average den anderen schneidet und verkauft, wenn sie sich andersherum schneiden. Es kann aber auch etwas komplizierter sein und zehn Bedingungen enthalten, die erfüllt sein müssen, bevor man in einen Trade einsteigt. Ein gutes System beinhaltet nicht nur Einstiegssignale, sondern sorgt auch für Exits und Stopps.

Zu wissen, wann man einsteigen muss, macht ein System nur zur Hälfte aus. Zwar glaubt der eine oder andere, dass ein System in eine Trading-Software wie etwa »*TradeStation*« einprogrammiert sein muss, die daraufhin Kauf- und Verkaufssignale ausspuckt, doch dies ist nicht unbedingt der Fall. Ein System kann aus beliebigen Regeln, Verhaltensmustern oder Bedingungen bestehen, die ein Trader wiederholt verwendet, wenn er sieht, dass sich der Markt in die eine oder andere Richtung entwickelt. Ich habe schon Systeme verwendet, bei denen sämtliche Signale durch den Blick auf ausgedruckte Tagescharts erzeugt wurden. Ich schrieb dann auf, wo sich mein Einstiegs- und mein Ausstiegspunkt befinden sollten, und wartete dann darauf, dass sich der Markt diesen Bereichen annäherte. Systeme können visuell auf einem Chart erscheinen, wie beim Kauf einer Aktie, die ihren Abwärtstrend stoppt, während der restliche Markt weiter fällt. Dies lässt sich nur schwer programmieren, aber es stellt in einem System ein Einstiegssignal dar, da es eine klare Bedingung ist, die sich leicht nachvollziehen lässt. Systeme können auch auf fundamentaler Analyse beruhen, wie etwa beim Kauf von Erdöl, wenn die Vorräte gegenüber der Vorwoche gefallen sind, und beim Verkauf, wenn sie gestiegen sind.

Oftmals verwende ich zum Traden kein formales System: Ich weiß, nach welchen Verhaltensmustern ich suchen muss, und sobald ich diese erkenne, steige ich in den Trade ein. Da ich ständig verschiedene Zeitrahmen betrachte, fällt es mir recht schwer, ein System zu programmieren, das alle Zeitrahmen berücksichtigt. Stattdessen verwende ich eine Reihe von Systemen und muss visuell nach einer Bestätigung suchen. Ich lasse mir einen gewissen Ermessensspielraum, vor allem wenn es darum geht, aus einem Trade auszusteigen. Wenn ich in einem der unterschiedlichen Zeitrahmen etwas sehe, das mir gefällt oder nicht gefällt, steige ich aus. Dies gilt immer noch als Traden mit einem System, da ich immer dieselbe Richtschnur verwende, um meine Trading-Entscheidungen zu treffen.

Trader, die nur mechanische Signale verwenden, egal ob sie von einem Computer erzeugt werden oder nicht, nennt man systematische Trader; sie erhalten ein Signal und nehmen es an, ohne groß darüber nachzudenken, da sie nie von ihrem System abweichen. Andere Trader, die von Systemen erzeugte Signale verwenden, gehen selektiver vor, indem sie einige Trades eingehen, und andere nicht, je nachdem, wie die Marktbedingungen sind, oder weil sie auf eine Bestätigung eines anderen Indikators warten, damit sie ihre Trades zeitlich besser planen können. Diese Trader nennt man Discretionary-Trader. Beide Stile haben ihre Vor- und Nachteile, wie ich im späteren Verlauf dieses Kapitels noch erklären werde.

WARUM TRADER SYSTEME VERWENDEN SOLLTEN

Ich wage zu behaupten, dass die meisten professionellen Trader Systeme für den Großteil ihres Entscheidungsfindungsprozesses verwenden. Egal ob Sie dabei einem computergestützten System folgen oder nur einem Regelwerk oder einer Reihe von

Bedingungen, das Vorhandensein eines Systems hält sie in der richtigen Spur. Einige verwenden einen komplett systematischen Ansatz und steigen in jeden Trade ein, den der Computer ausspuckt, während andere sich einen gewissen Ermessensspielraum lassen, wobei ihnen Systeme als Richtschnur ihrer letztlich nach eigenem Ermessen getroffenen Entscheidung dienen, vor allem dann, wenn es um die Zahl der getradeten Kontrakte geht. Das Entscheidende ist, dass sie alle einem festen Regelwerk folgen, von dem sie sich Trades mit hoher Gewinnwahrscheinlichkeit versprechen. Selbst Top-Trader, die ihre Regeln nie aufschreiben, schauen immer mal wieder nach bestimmten Einstellungen im Markt, bevor sie in einen Trade einsteigen oder aus einem anderen aussteigen.

Was diese Profis wissen, ist Folgendes: Ein System ist dazu da ist, ihnen zu helfen, Trades mit hoher Erfolgswahrscheinlichkeit zu finden. Sie wissen, dass sie mit einem Regelwerk, das sich als durchaus aussichtsreich bewährt hat, ihre Chancen erhöhen, Geld zu verdienen. Es wird sicherlich oft passieren, dass das System völlig daneben liegt (das ist okay; wenn Sie in 50 Prozent der Fälle richtig liegen, machen Sie einen tollen Job), doch wenn man langfristig betrachtet immer wieder dieselben hochprozentigen Trades eingeht, sollte die Zahl der erfolgreichen die der weniger erfolgreichen klar in den Schatten stellen. Wenn man ohne System tradet, sind dem Glück Tür und Tor geöffnet; durch ein bewährtes System hingegen minimiert man den Einfluss, den das Glück auf den »P&L« eines Traders haben kann. Je mehr man den Faktor Glück reduzieren kann, desto erfolgreicher wird man als Trader sein.

Manche Trader geraten in Schwierigkeiten, da sie völlig ohne System oder Plan traden. Ihre Trades haben weder Sinn noch Verstand. Jeder ihrer Trades kann sich vom gedanklichen Ansatz her komplett von den vorherigen unterscheiden: An einem Tag kaufen sie einen Break-Out, doch am nächsten Tag, beim gleichen Szenario, kann es sein, dass sie verkaufen, wenn der Markt Höchstwerte durchbricht, da sie nicht an einen anhaltenden Trend glauben. Um effektiv zu traden, sollte man einen logischen Plan haben, an den man sich tagein, tagaus hält. Durch ein System erhält man präzise Regeln, denen man folgen sollte, und man weiß zu jeder Zeit, auf welcher Seite des Marktes man – falls überhaupt – sein sollte. Man begeht wesentlich weniger Leichtsinnsfehler, wenn man sich an ein System hält.

Die Raterei hat bald ein Ende, wenn man einem System folgt; die einzige Frage ist, wie genau man sich an die vom System vorgegebenen Regeln hält. Wenn Sie kein System haben, werden Sie nie wirklich wissen, was Sie tun. Ich schaue mir oft den Markt an und denke mir: »Wir befinden uns in einem Bullenmarkt, und ich sollte eigentlich kaufen. Nein, warte mal, er lässt leicht nach, und es wäre wahrscheinlich besser, zu verkaufen. Oh, aber ich weiß nicht, er ist schon zu sehr gefallen, also sollte ich besser kaufen.« Diese Art von Trading kann sehr gewagt sein. Mit einem System müssen Sie solche Entscheidungen nicht treffen – das System teilt Ihnen mit, was Sie zu tun haben.

Eine weitere wichtige Funktion, die ein System erfüllt, besteht darin, dass man weiß, wann man aus einem Trade aussteigen muss. Einige Trader sind sehr geschickt, wenn es darum geht, in einen Trade einzusteigen, doch sobald dies geschehen ist, haben sie keine Ahnung, wann sie wieder aussteigen sollen. Sie schauen dabei zu, wie die Verluste immer größer werden, nehmen Gewinne voreilig mit und geben einen übermäßig großen Teil ihrer Gewinne zurück und, viel schlimmer, lassen Gewinne zu Verlusten verkommen. Sie denken nie über den Ausstieg nach, wenn sie in einen Trade einsteigen, und wissen daher nicht, wann es Zeit ist, auszusteigen. Ein gutes System kümmert sich für einen Trader darum; wenn er seinem System folgen kann, weiß er, wann er aussteigen muss.

EIN SYSTEM KAUFEN ODER ERSTELLEN

Ein System zu erstellen ist leicht und lässt sich in wenigen Minuten machen; wenn man dagegen ein gutes und erfolgreiches System bauen will, kann es Wochen oder Monate in Anspruch nehmen, bis man den ganzen Prozess entwickelt, anpasst, neu erstellt, testet und so lange wiederholt, bis alles passt. Wenn Sie Trading-Software verwenden, ist es schon schwierig genug zu lernen, wie man ein System programmiert; wenn Sie dazu noch all die Zeit und harte Arbeit dazurechnen, die man braucht, um ein System zu entwickeln, wird schnell klar, warum es der eine oder andere aufgibt, ein System zu erstellen. Er fängt vielleicht damit an, doch gibt dann schnell auf und tradet entweder mit einem blödsinnigen System oder kehrt wieder dazu zurück, ganz ohne System zu traden. Wenn Sie aber vorankommen wollen, sollten Sie über ein solides Trading-System oder eine Strategie verfügen, an die Sie sich halten.

Systeme kaufen

Wenn es Ihnen zu arbeitsintensiv ist, ein System zu erstellen, oder Sie nicht wissen, wie Sie anfangen sollen, dann ist es die einfachste Möglichkeit, an ein System zu kommen, wenn Sie das eines anderen verwenden. Sie können ein System kaufen, das auf der Rückseite einer Trading-Zeitschrift oder auf einer Website angeboten wird, aber ich wäre eher skeptisch, was in der Werbung angebotene Systeme betrifft: Ich würde ein tolles System nie verkaufen, sondern mich ruhig verhalten, damit traden und den Lohn ernten. Wenn ich etwas Gutes habe, will ich doch nicht, dass andere mit mir bei der Erteilung von Börsenaufträgen konkurrieren! Wenn man ein System kauft, ist es unwahrscheinlich, dass der Verkäufer es selber verwendet; normalerweise handelt es sich um ein älteres System, das er nicht mehr benötigt.

Ein anderes Problem, das ich beim Kauf von Systemen habe, die in der Werbung angeboten werden, ist folgendes: Oft sind die hypothetischen Ergebnisse, die sie anpreisen, irreführend. Es wird etwa behauptet, das System habe in nur drei Jahren aus 10.000 Dollar 132.000 Dollar gemacht. Dann liest man im Kleingedruckten, dass Slippage und Vermittlungsgebühren nicht enthalten sind und dass alle Gewinne reinvestiert wurden. In Wirklichkeit wird jedoch niemand seine Gewinne von jedem Trade vermischen; dies ist schlechtes Money Management, und ein oder zwei Verluste machen alle Gewinne zunichte. Wer Vermittlungsgebühren und Slippage ignoriert, erhält Ergebnisse, die sich von den realen Ergebnissen erheblich unterscheiden. Wenn man alles ausreichend in Erwägung zieht, ergibt sich statt 132.000 Dollar vielleicht gerade noch ein Gewinn von 7.000 Dollar in drei Jahren.

Man sollte auch berücksichtigen, dass nur optimierte Ergebnisse weitergegeben werden, die hinsichtlich der für das System am besten geeigneten Werte getestet wurden. Würde man das System hinsichtlich anderer Werte testen, so würde man wahrscheinlich negative Ergebnisse erhalten. Ein letztes Problem beim Kauf eines Systems ergibt sich, wenn es nicht zum Trader passt, weil es sich von seinen Trading-Vorstellungen unterscheidet. Jeder hat seinen ureigenen Trading-Stil, und um klarzukommen, sollte ein Trader nach den Regeln vorgehen, die am besten zu ihm passen.

Lassen Sie sich davon nicht entmutigen. Ich kenne Leute, die Systeme gekauft haben, denen sie folgen konnten und mit denen sie in der Lage waren, Geld zu verdienen. Es gibt ein paar gute da draußen, die sich als beständig erwiesen haben, und wenn ein Trader die nötige Disziplin aufbringt, einem bewährten System zu folgen, dann sollte er damit auch Geld verdienen können. Eine Art von System, die man kaufen könnte, ist das sogenannte Black-Box-System; es erzeugt Signale, ohne dass der Trader weiß, wie das System aufgebaut ist oder was die Signale hervorbringt. Ich persönlich komme damit nicht klar; ich möchte zunächst alles, was ich verwende, analysieren, um sicherzustellen, dass es sich mit meiner Trading-Methodik vereinbaren lässt. Für den einen oder anderen mag es dagegen durchaus funktionieren.

Sein eigenes System erstellen

Wenn ein Trader damit beginnen möchte, mechanische Systeme zu verwenden, aber nicht weiß, wo er anfangen soll, dann könnte es eine gute Option sein, eines zu kaufen. So kann man auch gut damit beginnen, ein System zu erstellen: Nehmen Sie sich das von jemand anderem und gehen Sie es durch, wobei Sie es Schritt für

Schritt analysieren, um zu sehen, was es in Gang hält. Versuchen Sie, mögliche Verbesserungen anzubringen, oder passen Sie es genauer an Ihren Stil an, oder klauen Sie einfach ein paar Ideen davon. In diesem Kapitel befinden sich einige einfache Easy-Language-Codes aus Systemen, die ich in *TradeStation* erstellt habe, sowie ein vollständiges, funktionierendes System. Sie können ein paar dieser Ideen als Grundlage verwenden, wenn Sie damit beginnen, Ihr eigenes System zu erstellen. Sie können auch im Internet und in Trading-Zeitschriften kostenlose Systeme finden. Ein selbst erstelltes System lässt sich leichter verwenden als das System eines anderen. Selbst wenn Sie zu Beginn noch das System eines anderen verwenden, spielen Sie so lange damit herum, bis es schließlich Ihr eigenes ist.

Dieses und das nächste Kapitel beschäftigen sich hauptsächlich damit, wie man computergestützte Trading-Systeme erstellt und wonach man mit ihnen sucht, doch eignet sich dieses Material ebenso für manuelle Systeme. Wenn Sie nicht über die nötige Software zum Erstellen und Testen von Systemen verfügen, dann müssen Sie es handschriftlich tun. Das sollte aber auch funktionieren. Keines meiner ersten Systeme verwendete einen Computer; alles wurde von Hand gemacht, und es funktionierte genauso gut. Mit einem Computer kann man mehr und schneller arbeiten. Ich habe ganze Monate damit verbracht, Systeme von Hand zu testen, um sicherzustellen, dass sie funktionierten, dabei hatte man mir bereits vorher gesagt, dass dies der Fall sei; aber Sie sollten nie irgendetwas für selbstverständlich halten. Seit ich damit begonnen habe, *TradeStation* zu verwenden, um Systeme zu erstellen und zu testen, kann ich bestimmte Dinge – vor allem das Testen von Systemen – in einem Bruchteil der Zeit erledigen. Was früher Wochen gedauert hat, dauert nun einige Minuten, wodurch man massenhaft Zeit gewinnt. Als ich mal nicht wusste, was ich mit meiner ganzen Freizeit anfangen sollte, kam mir die Idee für dieses Buch.

MEINE ERSTEN SYSTEME

Ich hatte das große Glück, schon zu Beginn meiner Karriere als Trader Systeme zu verwenden. Zwar handelte es sich dabei um recht einfache Systeme, doch ich testete sie von Hand, und sie funktionierten. Mein erstes System bestand aus einem Punkte-Zahlen-Chart, den ich an der Börse bei mir hatte. Auf dem Parkett kommt man nicht in den Luxus eines Computers, sodass ein Parketthändler sich anhand eines Punkte-Zahlen-Charts per Hand einen Überblick über den Markt verschafft. Hierbei füllt man den Chart aus, während sich der Markt um einen festen Betrag bewegt. Als Börsenangestellter hatte ich gelernt, wie man einen erstellt, und später zeigte mir ein erfahrener Trader, nach welchen Verhaltensmustern man suchen müsse und wie man mit dem Chart traden könne. Grundsätzlich

> handelte es sich um ein einfaches Break-Out-System, zu dem Trades in Richtung des Trends gehörten. Den Ausstiegspunkt erhielt ich durch Abmessen der vorherigen Congestion Area oder durch ein Signal in die Gegenrichtung.

Später, als ich allmählich mehrere Märkte betrachtete, hatte ich die ganze Zeit meine Rohstoffperspektive (tägliche Papiercharts) bei mir und verbrachte den ganzen Tag damit, die Märkte, in denen ich tradete, auf den neuesten Stand zu bringen. Ich behielt rund zehn Märkte im Auge und verwendete ein Reversal-Day-System, das ich auch heute noch in mein Trading einfließen lasse. Dabei handelte es sich um ein ganz einfaches System: Wenn der heutige Tiefstwert unter dem gestrigen liegt, dann kaufe bei einem Stopp, wenn der Markt an einem kleinen Filter positiv verläuft, der von Markt zu Markt verschieden ist.((Bitte diesen Satz prüfen)) Als Ausstiegspunkt verwendete ich entweder den Tagestiefstwert als Stopp oder ein Signal in die Gegenrichtung.

WAS MAN VON EINEM SYSTEM ERWARTEN SOLLTE

Wenn man ein System erstellt oder auswählt, sollte man nach bestimmten Dingen Ausschau halten. Man sollte sicherstellen, dass es zu seinem persönlichen Trading-Stil passt; außerdem sollte es eher einfach als kompliziert sein und leicht verständlich funktionieren. Je komplizierter ein System ist, desto wahrscheinlicher ist es, dass es anhand spezieller Werte erstellt wurde. Des Weiteren sollte man Wert darauf legen, dass das System in verschiedenen Zeitrahmen und Märkten funktioniert und nicht nur auf einen Markt und Zeitrahmen spezialisiert ist. Eine gute Trading-Strategie sollte funktionieren, egal was passiert; wenn sie nicht auf der ganzen Linie funktioniert, stimmt etwas nicht. Auf die genauen Ergebnisse werde ich im nächsten Kapitel noch genauer eingehen. Worauf es Ihnen ankommen sollte: Sie brauchen ein stimmiges System mit positiver Erwartungshaltung, dessen Verluste sich im Vergleich zu den Gewinnen im Rahmen halten.

Einfachheit

Man sollte Systeme so einfach wie möglich halten. Wenn man es übertreibt, verbessert man ein System nicht, man nimmt einem guten System eher seine Stärken. Einige Trader begehen gerne den Fehler, dass sie versuchen, ihr System zu kompliziert zu gestalten, indem sie zu viele Indikatoren und Variablen einbauen; die einfachsten Systeme sind oft auch die besten. Als Faustregel kann Folgendes gelten: Ein System sollte auf die Rückseite eines Briefumschlags passen und leicht zu erklären sein, sodass eine andere Person die Funktionsweise der einzelnen Indikatoren und Regeln gut verstehen kann. Ansonsten ist es zu kompliziert. Denken Sie immer an das alte Sprichwort: »In der Kürze liegt die Würze«, und Sie fahren gut damit.

Es gibt Hunderte Kombinationsmöglichkeiten von Indikatoren und Ideen, die ein Trader betrachten und verwenden kann, doch in den meisten Fällen verlässt sich ein Trader auf seine Lieblingskombinationen, die recht leicht zu überschauen sind. Ich übertreibe es niemals mit Indikatoren und Ideen. Ich suche mir Indikatoren, die in den meisten Märkten und Marktsituationen funktionieren, und bemühe mich, meiner Fantasie nicht allzu freien Lauf zu lassen. Money Management ist für den Erfolg eines Traders viel wichtiger als alle Indikatoren auf der ganzen Welt; suchen Sie sich ein paar, die Ihnen am besten gefallen, aber nicht mehr. Wenn sich in Ihrem System 42 Variablen befinden, wird das Ganze allmählich lächerlich. Je mehr Indikatoren und Parameter Sie haben, desto wahrscheinlicher ist es, dass etwas schief geht, und sobald dies passiert, können Sie den Grund dafür nicht mehr ausfindig machen. Wenn man immer mehr Regeln in ein System presst, passt es sich den Kurven der jeweiligen Werte genau an und lässt sich kaum noch analysieren, sobald man versucht, es zu verbessern, da man zu viele Parameter beachten muss. Bisweilen passiert es, dass man sich gar nicht mehr bremsen kann und ständig Filter erstellt, damit das System weitere Trades aufspürt oder andere vermeidet. Dies sollte man unbedingt verhindern. Filter sollten überschaubar bleiben, denn je mehr man davon hat, desto unwahrscheinlicher ist es, dass das System in Zukunft genauso gut funktioniert. Wenn Sie ein einfaches System haben, das in der Vergangenheit funktioniert hat, dann wird es wohl auch in Zukunft funktionieren, und in einzelnen Märkten sogar besser als ein kompliziertes, den Kurven angepasstes System.

Es sollte zu Ihrem Trading-Stil passen

Eines der wichtigsten Dinge bei einem System besteht darin, dass es zum Stil eines Traders passen muss und zu dem, was er über den Markt denkt. Es kann vorkommen, dass eine Person ein hervorragendes System hat, das bei ihm einwandfrei funktioniert, doch sobald es ein anderer Trader verwendet, verliert er Geld damit. Dies ist der Fall, weil der andere Trader nicht unbedingt an die abgegebenen Signale glaubt, wenn sie sich von seinem Trading-Stil unterscheiden. Einige Leute kaufen zum Beispiel, sobald ein Markt eine Schwankungsbreite durchbricht, doch ein Trader, der gerne auf den Stochastik schaut, ahnt dies vielleicht voraus und kauft nicht, da der Markt einen überkauften Eindruck vermittelt. Einige halten Trades vielleicht nur ein paar Minuten, während andere mehrere Stunden daran festhalten; dies ist eine persönliche Entscheidung, und es ist schwierig für jemanden, der fest an seine Haltezeit glaubt, diese zu verändern. Ich weiß, dass ich definitiv kein schneller Scalper bin, egal wie oft ich es in der Vergangenheit probiert habe; wenn ich einen Trade habe, der funktioniert, halte ich gerne daran fest. Ich berücksichtige dies in meinen Systemen und erstelle solche Systeme, die länger an gewinnträchtigen Trades festhalten.

Ein Trader, der mit Verlusten nicht umgehen kann, kommt mit dem Stochastik in seinem System vielleicht besser zurecht, während ein Trader, der eher langfristig an seinen Trades festhalten will, besser ein System mit einem Moving Average verwenden sollte. Einige Trader können einfach nicht verkaufen; sie fühlen sich nur wohl, wenn sie kaufen. Wenn dies der Fall ist, können sie ein System erstellen, das nur Long-Positionen beinhaltet und alle Verkaufssignale ignoriert.

Regel Nummer eins bei jedem System ist, sicherzustellen, dass man damit zurechtkommt und an die Signale glaubt, die es abgibt. Dazu muss man wissen, welcher Typ von Trader man ist und was in einem vorgeht; man muss seine Persönlichkeitsstruktur analysieren und sich darüber klar werden, wie man überhaupt traden will. Macht man das Ganze nur zum Spaß oder weil man damit Geld verdienen möchte? Käme man damit klar, nur einmal pro Woche zu traden, wenn man wüsste, dass man damit Geld machen würde, oder ist man eher so veranlagt, dass man 50 Mal am Tag traden möchte? Tradet man gerne Reversals (Marktumschwünge), Trends oder Break-Outs, oder hat man ganz andere Vorlieben? Ist man festangestellt, sodass man den Markt nicht den ganzen Tag über im Auge behalten kann? Wenn ja, dann benötigt man wahrscheinlich ein System, mit dem man seine Börsenaufträge schon vor dem Eröffnungskurs oder in der Nacht platzieren kann, anstatt eines Systems, das die Trades mitten am Tag durchführt, so wie es ein Ganztages-Trader normalerweise verwendet. Egal welcher Typ von Trader man ist, man arbeitet besser, wenn man mit einem System klarkommt, das die persönliche Einstellung voll zur Entfaltung kommen lässt.

WISSEN, WELCHER TYP VON TRADER MAN IST

Wenn man feststellen will, welcher Typ von Trader man ist und welche Arten von Systemen man benötigt, sollte man sich folgende Fragen stellen:

… Wie oft muss man traden?
… Welchen Zeitrahmen verwendet man am liebsten?
… Kommt man besser zurecht, wenn man mit dem Trend tradet?
… Tradet man gerne Break-Outs?
… Ist man ein gegensätzlicher Trader, der immer nach Reversals sucht?
… Welche Indikatoren oder Verhaltensmuster bevorzugt man?
… Ist man ein aggressiver oder ein risikoscheuer Trader?
… Kann man langweilige Märkte und Aktien traden, oder braucht man schnelle Moves?
… Kann man über Nacht an seinen Positionen festhalten?
… Muss man spätestens beim Schlusskurs aussteigen, damit man in der Nacht schlafen kann?

… Ist man zu nervös oder ganz locker?
… Macht man sich bei jedem Tick Gedanken?
… Lässt man einem Trade lange genug Spielraum?
… Will man viele kleine Gewinne, oder sucht man nach großen Moves?
… Mit welchen Positionsgrößen kann man umgehen?
… Will man davon leben, oder macht man es nur zum Spaß, um ein paar Euros nebenher zu verdienen?
… Wie viele Verluste sind bei einem Trade akzeptabel?
… Weiß man überhaupt, wie man verliert?
… Wie oft muss man Recht haben?
… Wie viel Prozent seines Vermögens kann man als Verlust verkraften?
… Welche Verluste kann man sich bei einem Trade leisten?

Wenn man in der Lage ist, diese Fragen ehrlich zu beantworten, kann man allmählich damit beginnen, geeignete Trading-Ideen und -Systeme zu entwerfen, an die man sich höchstwahrscheinlich auch halten kann.

DIE VERSCHIEDENEN ARTEN VON TRADING-STILEN UND TRADING-SYSTEMEN

Beim Traden gibt es viele verschiedene Ansätze, die funktionieren. Das Wichtige dabei ist, dass ein Trader denjenigen Ansatz findet, mit dem er am besten klarkommt. Im Folgenden finden Sie einige Beispiele für verschiedene Arten von Systemen, die man verwenden könnte und die einen Trader bei seinen ersten Schritten begleiten, wenn er ein oder zwei Systeme erstellt. Für diejenigen unter Ihnen, die *TradeStation* verwenden, habe ich den Easy-Language-Code beigefügt.

Break-Out-Systeme

Bei den ältesten, einfachsten und effektivsten Systemen handelt es sich um Break-Out-Systeme. Der Grund, warum diese Systeme so gut funktionieren, ist, dass ein Trader sowohl zu Beginn als auch während des weiteren Verlaufs eines Haupttrends in einen Trade einsteigen kann. Jeder Trend oder größere Move beginnt mit dem Break-Out des vorherigen Höchst- oder Tiefstwertes, und wenn Sie dabei einsteigen wollen, ist ein Break-Out-System genau das Richtige für Sie. Ein Trader, der diese Systeme verwendet, muss in Kauf nehmen, dass er hin und wieder danebenliegen könnte, da diese Systeme viele falsche Signale abgeben können. Dadurch kann es dann passieren, dass man viele Höchstwerte kauft und viele Tiefstwerte verkauft.

Der Schlüssel zum Erfolg liegt bei diesen Systemen darin, dass ein oder zwei Break-Outs relativ stark ausgeprägt sind und so die falschen Signale mehr als wettmachen. Break-Out-Systeme eignen sich hervorragend für einen geduldigen Trader, der auf einen Kursrückgang warten kann und danach so lange wie möglich an gewinnbringenden Trades festhält. Wenn Sie zu früh aussteigen, könnten Sie am Ende einige tolle Trades verpassen und langfristig gesehen Verluste erleiden. Viele steigen bei einem Break-Out in den Markt ein und verwenden dabei gerne Stopp-Loss-Orders. Ich denke nicht, dass es sich dabei immer um eine gute Idee handelt, da es manchmal am besten ist, auf den Pullback zu warten, wenn der Markt ohnehin schon überkauft ist. Ich persönlich gehe folgendermaßen vor: Ich habe ein System, das mich warnt, sobald der Markt die Kriterien für einen Break-Out erfüllt hat. Danach verwende ich ein anderes System mit kleinerem Zeitrahmen, das auf einen Pullback wartet, sodass ich eine höhere Wahrscheinlichkeit für einen erfolgreichen Trade erhalten kann.

Die am einfachsten zu programmierende Art eines Break-Out-Systems ist diejenige, die Signale abgibt, wenn der Kurs über den höchsten Spitzenwert oder den niedrigsten Tiefstwert der letzten x Perioden hinausgeht. Auf Exits und Stopps werde ich im weiteren Verlauf des Kapitels noch näher eingehen; hier beschränke ich mich zunächst auf die Einstiegssignale.

Die Benutzer von *TradeStation* schreiben das Einstiegssignal für einen Kauf wie folgt:

```
Input : Length (10) ;
If close  > Highest (High, Length) [1] Then Buy On Close;
```

Hier wird gekauft, wenn der Schlusskurs höher liegt als der höchste Spitzenwert der letzten zehn (Länge) Bars, beginnend mit dem vorletzten ([1]).

Eingabe: Länge (10); dadurch kann man ganz leicht den Beobachtungszeitraum des höchsten Spitzenwertes ändern, wenn man die Chartsoftware verwendet, und man muss nicht lange zurückgehen und den Code ändern. Das System stellt alle Eingaben nach oben. Die [1] stellt sicher, dass man beim vorletzten Bar mit dem Zählen beginnt und nicht den aktuellen Bar ins Signal mit einbezieht. Da man den aktuellen Spitzenwert erst kennt, wenn der Bar geschlossen wird, sollte man ihn auch nicht ins Signal mit einbeziehen.

Wenn Sie das Kaufsignal schon vor dem Schlusskurs des Bars erhalten wollen, könnte Ihr Signal wie folgt aussehen:

```
If High > Highest (High, Length) [1] Then Buy;
```

Eine Möglichkeit, falsche Signale zu umgehen und zu vermeiden, dass man einen »Whipsaw« erleidet (Zickzack-Seitwärtsbewegungen beim Traden), besteht darin, einen Filter in das System einzubauen. Dieser gibt einem einen Puffer, bevor man ein Signal erhält. Dazu haben Sie mehrere Möglichkeiten. Eine davon ist, wie im folgenden Beispiel ein paar Punkte zum Break-Out hinzuzufügen. Hier kauft man, wenn der Schlusskurs höher liegt als der höchste Spitzenwert der letzten zehn Bars plus fünf Punkte. Dies verhindert, dass Sie einsteigen, wenn der Break-Out nur kurz über den vorherigen Höchstwert gespitzt hat:

```
If close > Highest (High, 10) [1] + 5 points Then Buy On
    Close;
```

Sie können außerdem einen Puffer einbauen, der auf der Kursschwankung des Marktes basiert. Die Kursschwankung ändert sich mit dem Markt, sodass, wenn der Markt unbeständiger verläuft, ein Break-Out deutlicher sein muss, damit man ihn mitnimmt. Dies geschieht, indem man zum System einen Maßstab hinzufügt, der die Standardabweichung misst. Dadurch wird sichergestellt, dass der Markt sich außerhalb des Break-Outs ausreichend bewegt hat und dass dies kein Zufall war. Wenn Sie darüber nachdenken, die Kursschwankung des Marktes als Puffer zu verwenden, dann können Sie einen Move einfügen, der der Standardabweichung vom höchsten Spitzenwert entspricht. Entweder schreiben Sie dies direkt in die Codezeile, oder Sie machen eine eigene Variable daraus, so wie ich es im folgenden Fall getan habe:

```
Buffer = StdDev (Close, 10) [1]
If close > Highest (High, 10) [1] + Buffer Then Buy On
    Close;
```

Ein weiterer Puffer in einem Break-Out-System liegt vor, wenn man kauft, sobald der Markt zwei Tage hintereinander über einem 35-stufigen Moving Average schließt. Dadurch stellt man sicher, dass es sich beim Durchbruch des Moving Average nicht um eine Eintagsfliege handelt. Zu dieser Art von Puffer können Sie noch beliebig viele Stufen hinzufügen:

```
If Close > Average (Close, 35) and Close [1] > Average
    (Close, 35) [1] Then Buy;
```

Vielleicht wollen Sie auch eine Bedingung einfügen, nach der man einen Trade nur dann mitnimmt, wenn das Volumen stärker wird. Wenn ein System mehr als eine Voraussetzung beinhaltet, um in einen Trade einzusteigen, dann sollte man Bedingungen aufstellen und diese zusammenfügen, um ein Signal zu erhalten. In diesem Fall könnte dies in etwa so aussehen:

```
Inputs: Length (10), LengthV (5);
Condition1 = High > Highest (High, Length) [1];
Condition2 = Volume > (Average(Volume, LengthV)*1,25);
If Condition1 and Condition2 Then Buy On Close;
```

Die erste Bedingung ist der Durchbruch des höchsten Spitzenwertes der letzten zehn Bars, wie in meinem ersten Beispiel. Die zweite Bedingung macht einen Filter dahingehend erforderlich, dass das Volumen des aktuellen Bars um 25 Prozent höher liegt als das Durchschnittsvolumen der letzten fünf Tage. Dadurch erhalten Sie nur für solche Trades Signale, die aus einer Schwankungsbreite ausbrechen, die besser als das Durchschnittsvolumen ist. Dies sieht man sicher gerne, da es einen kurz bevorstehenden Break-Out ankündigen könnte.

Einige Break-Out-Systeme machen Verhaltensmuster erforderlich, die sich nur schwierig programmieren lassen, wie etwa Kanäle, Trendlinien und doppelte Tiefstwerte. Bei diesen Systemen muss man visuell auf einen Chart achten, um Signale zu erhalten, doch wenn Sie bei einem Trade ein Regelwerk entwickeln, handelt es sich noch immer um ein System, selbst wenn Sie es nicht programmieren können.

Trendfolgesysteme

Wer mit einem festen Trend traden will, benötigt Moving Averages und Trendlinien als Hauptbestandteil seines Systems. Da sich Trendlinien nur schwer programmieren lassen, sollte man beim Programmieren von Trendfolgesystemen eher auf Moving Averages setzen. Wer Verhaltensmuster wie Kanäle und Trendlinien als Richtschnur beim Traden verwendet, muss höchstwahrscheinlich visuelle Systeme erstellen oder seine Trendlinien in einen Chart einzeichnen, damit die Software Signale berechnen kann.

Wie bei den Break-Out-Systemen fährt man auch mit dieser Art von Systemen dann am besten, wenn man so lange wie möglich an seinen Positionen festhalten kann. In einem volatilen Markt sollte man oft damit rechnen, falsch zu liegen. Eine Möglichkeit, wie man vermeiden kann, dass man einen Whipsaw erleidet, besteht in der Verwendung längerer Averages; der Nachteil dabei ist, dass, wenn sich ein Trend zu entwickeln beginnt, man ein Signal erst später erhält, als es bei einem kürzeren Average der Fall wäre. Diese Einbußen muss ein Trader ermitteln. Es gibt eine gewisse zeitliche Verzögerung zwischen dem Zeitpunkt, an dem ein Moving Average-System den Beginn eines Trends anzeigt, und dem tatsächlichen Beginn eines Trends. Bei Moving Averages handelt es sich um zeitlich verzögerte Indikatoren, das heißt, ein System, das sie verwendet, lässt einen Trader erst dann in den Markt einsteigen, wenn es einen Move festgestellt hat. Doch bei starken Trends können diese Systeme einen Großteil des Moves mitnehmen.

Das grundlegendste Moving Average-System wäre ein »Two-Average-Crossover«-System, bei dem man kauft, wenn der kürzere Average den längeren überkreuzt.

```
Input : Length1 (10), Length2 (35);
If Average (Close, Length1) Crosses Over Average (Cloth,
    Length2) Then Buy On Close
```

Dies ergibt ein Kaufsignal, wenn ein zehnstufiger Average einen 35-stufigen Average überkreuzt. Zwar wird das Signal beim Schlusskurs eines Bars abgegeben, doch der Börsenauftrag wird erst zu Beginn des nächsten Bars platziert. Dies ist deshalb der Fall, weil man bis zum tatsächlichen Schlusskurs nie ganz sicher sein kann, ob ein Signal abgegeben wird. Manchmal sieht es ganz danach aus, doch in den allerletzten Minuten bewegt sich der Markt bedrohlich in die Gegenrichtung. Dies könnte man umschreiben und jetzt beim Eröffnungskurs kaufen, wobei man die Informationen des vorletzten Bars verwendet. Dies würde dann folgendermaßen aussehen:

```
Input: Length1 (10), Length2 (35);
If Average (Close, Length1) [1] Crosses Over Average (Close,
    Length2) [1] Then Buy On Open;
```

Eine Bedingung in einem System könnte lauten, dass man Trades nur in Richtung des 50-stufigen und des 200-stufigen Moving Averages eingeht; dadurch befindet man sich immer auf der Seite des Haupttrends. Man kann die Richtung des Averages durch eine Bedingung ermitteln, auf Grund derer man erkennen kann, ob der Moving Average jetzt höher als vor zehn Tagen oder einem beliebigen anderen Beobachtungszeitraum liegt. Wenn er höher liegt, dann steigt er:

```
Input : Bars Back (10)
Condition1 = Average (Close, 50) > Average (Close, 50) [Bars
    Back];
```

Eine weitere Bedingung könnte lauten, dass man den aktuellen Bar möglichst nahe am Moving Average vor dem Kauf haben will; ansonsten kann es sein, dass man einen überzogenen Markt kauft, der sich letztlich wieder in Richtung Average zurückziehen könnte. Ich würde einfach eine Bedingung hinzufügen, die besagt, dass sich der Kurs innerhalb einer Average True Range (ATR) eines Moving Averages befinden muss. Man könnte auch mehr oder weniger als eine ATR verwenden, oder man verwendet Standardabweichungen oder Punkte. Die folgende Bedingung stellt sicher, dass der aktuelle Schlusskurs weniger als eine ATR vom 35-stufigen Moving Average entfernt ist:

```
Input : Length2 (35), ATR len (10);
Condition2 = (Close - (Average(Close, Length2)) < AvgTrueRange
   (ATR len (10));
```

Man kann mit Moving Averages noch etliche andere Dinge anstellen. Dies sind nur einige Beispiele; der Rest hängt von der Fantasie des Traders ab.

Systeme auf der Grundlage von Oszillatoren

Egal wie oft man den Leuten erzählt, dass sie mit dem Trend traden sollen, es gibt immer welche, die auch weiterhin nach Tiefstwerten und Spitzenwerten suchen. Für diese Trader, die immerzu nach Reversals (Marktumschwüngen), Tiefstwerten und Spitzenwerten suchen, eignen sich auf Oszillatoren beruhende Systeme besonders gut. Wenn ein Markt in einem Schwankungsbereich zwischen Unterstützungs- und Widerstandslinie feststeckt, eignet sich ein oszillierendes System, das in überverkauften Bereichen kauft und in überkauften Bereichen verkauft, besser als alles andere – besonders auf kurze Sicht. Systeme, die auf Oszillatoren basieren, können auch die Bedürfnisse einer Person befriedigen, die sich immerzu im Markt befinden muss. Es gibt viele Möglichkeiten, Signale zu erstellen, die auf Oszillatoren basieren. Wer jedoch versucht, ein computergestütztes Signal zum optimalen Einsatz eines Oszillators zu entwickeln – Abweichung zwischen dem Markt und dem Oszillator –, wird sich dabei schwer tun. Abweichung ist etwas, das man visuell auf einem Chart sehen muss, doch es gibt viele Möglichkeiten, wie ein Trader Oszillatoren in computergestützten Systemen verwenden kann. Hier nun ein paar Signale und Bedingungen, die man in Systemen, die auf Oszillatoren beruhen, verwenden könnte.

Das typischste Signal, das die Stochastiklinien verwendet, ist, zu kaufen, wenn die langsame K-Linie die langsame D-Linie überkreuzt. Dies sieht dann folgendermaßen aus:

```
Input : Length (14);
If SlowKK (Length) Crosses Above SlowD (Length) Then Buy on
    Close;
```

Man könnte auch die Bedingung anfügen, dass der Stochastik den überverkauften Bereich kreuzen muss (Kauf-Zone), während die langsame K-Linie sich über der langsamen D-Linie befindet. Da die langsame D-Linie unter der langsamen K-Linie liegt, muss man lediglich sicherstellen, dass der Indikator der langsamen D-Linie eine bestimmte Ebene überquert hat, um ein Signal zu erhalten:

```
Inputs : Length (14), BuyZone (30);
If SlowK (Length) > SlowD (Length) and SlowD (Length)
    Crosses Above BuyZone Then Buy On Close;
```

Mit dem RSI könnte man eine ähnliche Crossover-Regel verwenden:

```
Input : RSILen (10), BuyZone (30),
If RSI (Close , RSILen) Kauf-Zone Überkreuzt Dann Kaufe Bei
   Schlusskurs;
```

Man könnte auch den Bereich ändern, in dem ein Signal für eine bestimmte Zahl abgegeben würde. Wenn man nur dann kaufen will, wenn der Indikator über 50 steigt, muss man lediglich die Parameter der Kauf-Zone von 30 auf 50 ändern.

Falls man Käufe vermeiden will, wenn der Markt einen Move schon ausgeführt hat und sich in überkauftem Territorium befindet, kann man seinem Stochastiksystem eine Bedingung hinzufügen, die Trades nur dann eingeht, wenn sich der Indikator unterhalb des überkauften Bereichs befindet. Dies verhindert, dass man womöglich überkaufte Märkte kauft. Diese Bedingung könnte man in jeder Art von System verwenden, um so zu verhindern, dass man eventuell einen Markt jagt:

```
Input : SellZone (70);
Condition1 = SlowD (Length) < SellZone;
```

Das letzte Beispiel, das ich anführen möchte, bezieht sich auf stabile Märkte. Hier kauft man, wenn sich die Oszillatoren in überkauften Gebieten befinden, da sich der Markt durchaus eine gewisse Zeit dort oben halten kann. Dies stellt das Gegenteil zum Verkaufen bei einem überkauften Markt dar, doch bei unterschiedlichen Marktsituationen funktioniert eine Strategie besser als eine andere. Man könnte auch eine seiner Einstiegsregeln mit einer Regel kombinieren, die den Average Directional Index (ADX) berücksichtigt. Im folgenden Beispiel kauft man bei einem starken ADX, was für einen starken Trend spricht, und einer Bestätigung durch einen starken Wert im Stochastik:

```
If ADX (10) > 30 and SlowD (14) > 85 Then Buy On Close;
```

Zu Exits/Ausstiegspunkten komme ich bald, doch beim oben angeführten Beispiel könnte man eine Regel gebrauchen, mit der man aus dem Trade aussteigt, falls der Stochastik unter 70 fällt, was für ein allmähliches Absterben des starken Trends sprechen könnte. Noch einmal: Hier handelt es sich lediglich um einige Ideen bezüglich Oszillatoren. Schauen Sie sich erneut Kapitel 7 an, um weitere Ideen zu erhalten. Danach können sie diejenigen, die Ihnen am besten gefallen, zum Erstellen eines Systems verwenden.

SICH AN MARKTSITUATIONEN ANPASSEN

Ein Trader muss flexibel sein, um sich an unterschiedliche Marktsituationen anpassen zu können. Es kann durchaus sein, dass ein Regelwerk in einem wechselhaften Markt besser funktioniert als in einem stark trendorientierten Markt. Wenn ich erkenne, dass der Markt wechselhaft verläuft, bleibe ich draußen oder verwende ein System, das auf dem Stochastik beruht und nicht auf Moving Averages. Vor allem bemühe ich mich, alles zu vermeiden, was mit Break-Outs zu tun hat. Ich kaufe keine Spitzenwerte, sondern schaue lieber, wann der Markt an den Extremen Wendepunkte aufweist. Im Gegensatz dazu verwende ich bei einem stabilen Markt Trendfolger und verlasse mich darauf, dass mir die Oszillatoren den Trend bestätigen oder mir anzeigen, dass ich auf einen Pullback warten muss. In einem stabilen Markt vermeide ich es, Höchstwerte herauszupicken, doch es kommt durchaus vor, dass ich Oszillatoren verwende, um zu kaufen, wenn diese einen überverkauften Markt anzeigen.

Mit dem ADX kann man die Wahl des geeigneten Systems durchaus erleichtern, da er dem Trader dabei hilft festzustellen, ob ein Markt trendorientiert verläuft oder nicht. Ein Trader kann ein bestimmtes Regelwerk verwenden, sobald der ADX unter 20 liegt, und ein anderes, sobald er über 30 liegt. Dies kann dann folgendermaßen aussehen:

```
If ADX (Length) > 30 Then
Trending Market System
Else;
If ADX (Length) < 20 Then
Choppy Market System
Else;
Middle Ground System
```

Stopps und Exits

Ein System ist erst dann vollständig, wenn es Stopp- und Exit-Parameter enthält. Es ist wichtig, dass man für den Exit genauso viel Arbeit investiert wie für den Einstiegspunkt. Ein System, das nur aus Einstiegssignalen besteht, ist genauso, wie wenn man zum ersten Mal Ski fährt: Man kommt ganz gut in Schwung, aber um anzuhalten, fährt man vielleicht gegen einen Baum – was nicht sehr spaßig ist, glauben Sie mir.

Das Geld wird an den Exits verdient und nicht an den Einstiegspunkten. Deshalb sollte man die gleiche Zeit, die man auf die Suche nach dem passenden Einstieg in einen Trade verwendet, auch für die Suche nach dem passenden Exit einsetzen. Zwar befinden sich in meinem System Regeln für den Ausstieg aus dem Markt, doch sehr oft setze ich meine Ausstiegsparameter letztlich visuell, wozu ich verschiedene Zeitrahmen verwende. Manchmal steige ich aus Positionen aus, bevor ich ein Ausstiegssignal erhalte, weil die Position sich nicht mehr wie erwartet entwickelt hat. Man muss auf keinen Fall warten, bis man gestoppt wird, und auch keine Gewinne zurückgeben. Wenn ein Trade nicht mehr funktioniert, steige ich aus. Wenn er sich später wieder auf dem richtigen Weg befindet, steige ich wieder ein, doch fürs Erste braucht man keinen Pullback zu riskieren.

Um sicherzustellen, dass man an Stopps und Exits denkt, sollte man am besten ein »Stopp and Reverse«-System verwenden, das heißt, das System befindet sich dauerhaft im Markt. Bei diesen Systemen besitzt man entweder Long- oder Short-Positionen, und man verwendet ein Signal in der Gegenrichtung als Stopp.

Das Problem dabei ist: Bei kurzfristigen Systemen kommt es oft vor, dass man gegen den Haupttrend des Marktes tradet. Zwar habe ich früher regelmäßig mit Stopp-and-Reverse-Systemen getradet, doch heute sitze ich es lieber aus, wenn ich ein Signal erhalte, das gegen den Haupttrend verläuft.

Stopps

Ich habe einen Standard-Stopp, den ich in all meinen Systemen verwende. Dies ist mein vorgespeicherter Stopp, den ich verwende, wenn ich nicht im Voraus aus dem Markt ausgestiegen bin. Der von mir verwendete Stopp lässt mich aus dem Markt aussteigen, falls er sich um eine doppelte Standardabweichung von der Stelle entfernt hat, an der ich eingestiegen bin:

```
Exitlong From Entry ( »Buy1«) at$ Close -
    2* Stdev (Close, 10) [1] Stopp;
```

»at$ Schlusskurs« bezieht sich auf den Schlusskurs des ursprünglichen Einstiegs. Um diese Art von Stopp zu verwenden, muss man das Einstiegssignal genau bezeichnet haben. Im folgenden Beispiel wird das Einstiegssignal »Buy1« genannt:

```
If SlowK (Length) Crosses Above SlowD (Length) Then Buy
    (»Buy1«) On Close;
```

Andere Stopps könnten dann platziert werden, um auszusteigen, sobald der Markt um einen bestimmten Puffer unter einen Moving Average gefallen ist:

```
If Close < (Average(Close, Length1) - Buffer) Then Exitlong
    (»Stopp 1«);
```

oder falls der Markt gerade den fünftägigen Tiefstwert nach unten durchbrochen hat:

```
If Close < Lowest (Low, 5) [1] Then Exitlong (»Stop2«);
```

Exits

Neben einem Signal in die Gegenrichtung ist es auch sehr beliebt, nach einer Anzahl x von Bars an einem Exit auszusteigen:

```
If Bars SinceEntry = 10 Then Exit long;
```

oder wenn sich der Stochastik in überkauftem Territorium befindet:

```
If SlowD (Length) > 85 Then Exitlong At Close;
```

oder wenn sich der Markt zu weit von seiner Trendlinie oder seinem Moving Average entfernt hat:

```
Input : SD (5), Length (35), Period (10);
If (High - Average (Close, Length)) > StdDev(Close,
    Period)*SD Then Exitlong At Close;
```

Mit diesem Exit kann man aussteigen, wenn sich der Kurs um mehr als fünf Standardabweichungen vom Moving Average entfernt. Man sollte dies tun, weil ein Markt, der sich zu weit von seiner Unterstützungslinie entfernt, letztlich dazu neigt zurückzuschnappen. Hierbei handelt es sich lediglich um einige Beispiele. Sie müssen einfach verschiedene Ideen ausprobieren, um zu sehen, was am besten für Sie geeignet ist. Es kann auch sein, dass Sie über mehrere Regeln für Exits und Stopps verfügen; wenn eine Ihrer Bedingungen erfüllt wird, können Sie aussteigen.

MEHRFACHSYSTEME

Sie müssen sich nicht auf ein System beschränken. Einige traden viele Systeme für dieselben Aktien oder Rohstoffe zur gleichen Zeit. Bisweilen kommt es vor, dass sie fünf Systeme traden und jedes Signal mitnehmen, das sie bekommen. Dadurch kann es sein, dass ihnen alle Systeme einen Einstieg auf derselben Seite des Marktes anzeigen, sodass sie fünf Kontrakte laufen haben. Wenn sie unterschiedliche Signale erhalten, haben sie unter Umständen gar keine Positionen laufen, da die Signale sich gegenseitig ausschließen. Es ist eine gute Idee, mehrere Systeme zu haben, da einige am besten in wechselhaften Märkten funktionieren, während andere am besten in trendorientierten Märkten verlaufen. Wenn man eines für jede Marktsituation hat, kann man sich immer auf dem Markt befinden, egal was passiert. Wenn mehrere Systeme plötzlich zusammenarbeiten, steigen die Chancen auf einen erfolgreichen Trade meistens. Wenn dies passiert und Sie alle Signale mitnehmen, dann traden Sie mit einer erhöhten Anzahl von Aktien, sodass Sie richtig schön Kapital daraus schlagen können.

SYSTEM KONTRA ERMESSEN

Es wird gerne darüber diskutiert, ob ein System-Trader rein systematisch vorgehen oder bezüglich seiner Trades einen gewissen Ermessensspielraum haben sollte. Rein systematische Trader verlassen sich auf getestete Systeme und Regeln, wenn sie ihre Trades entwickeln. Sie haben gerne klare Signale und stellen bei ihrem System keinerlei Vermutungen an. Sie ignorieren jegliche Emotionen und Gedankenspiele hinsichtlich des Marktes und verfügen über die nötige Disziplin, einen Trade dann einzugehen, wenn sie das System dazu alarmiert. Trader mit einem gewissen Ermessensspielraum gehen einige Trades ein, andere dagegen nicht; es kann sein, dass sie die Signale als Alarm verwenden und für die zeitliche Planung ihrer Trades dann einen gewissen Ermessensspielraum anwenden, insbesondere wenn der Markt zuletzt schnell angestiegen ist. Der eine oder andere mag einen gewissen Ermessensspielraum anwenden, wenn er Verhaltensmuster tradet, die sich nicht programmieren lassen, und einige verwenden vielleicht gar kein konkretes System. Dennoch haben gute Trader, die zu 100 Prozent nach eigenem Ermessen traden, solide Kauf- und Verkaufsregeln, an die sie sich jedes Mal halten.

Ein Problem für System-Trader, die nicht jeden Trade eingehen, ist, dass ausgerechnet der Trade, den sie ausgelassen haben, die letzten fünf Verluste wettgemacht hätte. Wer dies tut, gibt letztlich guten Systemen die Schuld an seinen Verlusten, selbst wenn das System am Ende gute Resultate geliefert hat. Der Trader war für den Verlust verantwortlich, nicht das System. Schließlich hat er sich dafür entschieden, nicht jedes Signal mitzunehmen. Zwar ist es okay, beim Traden einen gewissen Ermessensspielraum anzuwenden, doch ein systematischer Trader sollte sich nicht über sein System hinwegsetzen, wann immer ihm danach ist. Wenn man ein gutes, mehrfach getestetes System verwendet und als System-Trader aktiv sein will, muss man jedes Signal annehmen, egal was man von dem einzelnen Trade hält; schließlich weiß man nie genau, welcher Trade letztlich der Knüller ist. Es ist jedoch, wie schon erwähnt, unmöglich, einige bewährte Verhaltensmuster und Methoden in ein

System zu programmieren. Ein guter Trader erkennt Verhaltensmuster im Markt, die ein System nicht erfassen kann. Es ist schwierig, solche Dinge einzuprogrammieren, wie etwa in welcher Welle eines Elliott-Wellen-Musters sich der Markt befindet oder ob sich der Markt schon um 38,2 Prozent zurückgezogen hat. Bei Kopf und Schulter, Tasse und Griff, Untertassen und Flaggen handelt es sich um Muster, die sich in »*TradeStation*« praktisch nicht programmieren lassen.

Einige dieser Muster eignen sich für hervorragende, risikoarme Trades, und ich achte immer ganz besonders auf diese Art von Trades. Manchmal kommt es vor, dass man über einen bevorstehenden Pressebericht Bescheid weiß, bei dem man lieber außen vor bleibt, anstatt ein unnötiges Risiko einzugehen. Auch Buckel lassen sich unmöglich programmieren. Oft befinde ich mich in einem Trade, bei dem ich mich unwohl fühle, und dann steige ich lieber aus, noch bevor mein Stopp oder Zielbereich erreicht wurde. Ein Fall, in dem man sich über ein Signal hinwegsetzen könnte, liegt vor, wenn der Markt auf Grund einer Pressemitteilung unverhältnismäßig stark ansteigt und dabei eine große Lücke hinterlässt. Ein System liefert eventuell ein Signal, aber will man das bei einer solch großen Lücke wirklich annehmen? Der Unterschied zwischen der Stelle, an dem das Signal abgegeben wurde, und dem aktuellen Kurs könnte durchaus mehrere hundert Dollar pro Kontrakt oder Aktie betragen. Wenn das passiert, macht man am besten erst mal gar nichts und wartet ab, ob der Markt eine bessere Möglichkeit zum Einstieg bietet. Man will noch immer in die Richtung des Signals traden, aber man sollte nichts überstürzen.

Alles in allem ist es schwer zu sagen, ob man einen komplett systematischen Ansatz verwenden sollte oder nicht. Man kann mit beidem Geld verdienen, aber auch mit beidem verlieren. Das Einzige, was ich weiß, ist: Wenn man etwas Funktionierendes hat, sollte man damit nicht spekulieren.

HÄUFIGE FEHLER

Es ist nicht leicht, das richtige System zu finden oder zu erstellen, und es passieren immer wieder Fehler. Abgesehen davon, dass man ein System verwendet, das nicht zum persönlichen Trading-Stil passt, gibt es eine Reihe anderer Fehler, die ein Trader begeht, wenn er mit einem System tradet. Ich werde darauf im folgenden Kapitel zwar noch näher eingehen (»Systeme testen«), doch einige dieser Fehler seien hier kurz erwähnt: Man verfügt nicht über ausreichend Geld für das Traden eines Systems, man gibt bei einem System zu früh auf, man tradet ein System ohne entsprechende Erfolgsaussicht, man tradet ein System, das nur auf spezielle Kurven angepasst ist, und man tradet ein System, das nicht ausreichend oder mit zu wenig Daten getestet wurde. Wenn ein System nicht ausreichend getestet wurde, um eine entsprechende Erfolgsaussicht zu haben, sollte man es nicht verwenden; dies kann viele unnötige Verluste verursachen. Es ist schon erstaunlich, wie oft jemand ein System verwendet, ohne es vorher zu testen. Selbst wenn ein neues System ausreichend getestet wurde, sollte man erst dann richtig viel Kapital hineinstecken, wenn man es eine Zeit lang mit echtem Geld getestet hat. Man sollte klein beginnen oder in einem Markt mit geringer Schwankungsbreite, bis man sich sicher ist, dass das System in Echtzeit funktioniert. Erst dann sollte man die normale Summe riskieren.

Keine Ziele für das System haben

Einige Trader arbeiten ständig an einem System, ohne jemals richtig glücklich damit zu werden; sie ändern es ständig oder fügen immer mal wieder etwas hinzu in dem Versuch, es zu perfektionieren. Sie verbringen zu viel Zeit damit, ihr System zu erstellen, und kommen gar nicht dazu, damit zu traden. Wenn man ein Ziel für das System hat, kann man solche Dinge vermeiden. Man sollte wissen, was man will, bevor man loslegt. Wenn man klar definierte Ziele formuliert, fällt es leichter, ein System zu finden oder es zu erstellen. Wenn man ein System mit einem 55-prozentigen Gewinn-Verlust-Verhältnis sucht, bei dem die erfolgreichen Trades doppelt so einträglich sind wie die weniger erfolgreichen Trades und das einen Verlust von höchstens 3.000 Dollar und einen Gewinn von monatlich fünf Prozent aufweist, dann sollte man sich glücklich schätzen, wenn man all dies annähernd erreicht. Man sollte nicht ständig versuchen, dies weiter auszubauen, ansonsten wird man es nie traden können.

EIN BEISPIELHAFTES SYSTEM

Hier nun ein einfaches »*TradeStation*«-System, das funktioniert. Es basiert auf den oben erwähnten Signalen. Alles, was in Klammern {} steht, wird vom System nicht gelesen; es soll einfach das Verständnis erleichtern. Dieses beispielhafte System soll Ihnen einen Eindruck davon vermitteln, was zum Erstellen eines Systems dazugehört und wie dies dann aussehen sollte.

Dieses System kauft, wenn der Markt den höchsten Bar der letzten zehn Perioden durchbricht, wobei ein Filter einer 0,5fachen Standardabweichung der letzten zehn Bars enthalten ist. Beim Verkaufssignal handelt es sich um das genaue Gegenteil. Der Einstieg ist relativ simpel, den Exit/Ausstieg habe ich jedoch ein wenig interessanter gestaltet, indem ich den ADX verwendet habe, um verschiedene Ausstiegsbedingungen zu erhalten. Wenn es stark ist und der Markt trendorientiert verläuft, steigt das System erst aus, wenn sich zwei Moving Averages schneiden; falls der ADX schwach ist, nimmt das System Gewinne nach zehn Bars mit; und wenn es sich irgendwo dazwischen bewegt, wird das System aussteigen, wenn der Stochastik überkauftes Territorium erreicht. Das System steigt letztlich an einem Stopp aus, wenn der Kurs mehr als eine doppelte Standardabweichung vom Einstiegskurs entfernt ist.

```
Input : Length(10), BSE(10), LengthADX(10), SD(.5)
   Length1(10), Length2(35);
{*******Entry Signals*******}

If CLose > Highest(High, Length) [1] + StdDev(Close, 10)
   [1]*SD Then Buy (»Buy1«) On Close;
If Close < Lowest(Low,Length) [1] - StdDev(Close,10) [1]*SD
   Then Sell (»Sell1«) On Close;
{********** STOPPS**********}

ExitLong(»Stopp 1«) From Entry(»Buy1«) at$ Close -
   2*StdDev(Close, 10) Stopp;
ExitShort(»Stop2«) From Entry(»Sell1«) at $ Close +
   2*StdDev(Close, 10) Stopp;

{********** Exits **********}
If ADX (LengthADX) > 30 Then
If Average(Close, Length1) Crosses Below
   Average(Close, Length2) Then ExitLong (»ExitL1«);
If Average (Close, Length1) Crosses Above
   Average (Close, Length2) Then ExitShort (»ExitS1«);
      Else
         If ADX (LengthADX) < 20 Then
            If BarsSinceEntry - BSE Then ExitLong
               (»ExitL2«);
            If BarsSinceEntry - BSE Then ExitShort
               (»Exit L2«);
            Else
               If SlowD (14) > 85 Then
                  ExitLong (»Exit L3«);
               If SlowD (14) < 15 Then
                  ExitShort (»Exit L3«);
```

EIN BESSERER TRADER WERDEN

Ein besserer Trader zu werden bedeutet: Man verwendet ein System beim Traden. Egal ob es computergestützt ist oder visuell auf einem Chart geschieht, ob es simpel oder ausgeklügelt ist, ein Trader sollte über ein solides Regelwerk verfügen, das sich bereits als funktionstüchtig erwiesen hat. Solange es ihm nicht gelingt, seine cleversten Trades zu wiederholen, wird er wahrscheinlich nicht nur verlieren, sondern auch den wahren Grund dafür nicht kennen. Wenn man bei einem System kein Geld verdient, dann liegt das entweder daran, dass das System nichts taugt, oder daran, dass der Trader nicht damit umgehen kann. Wenn er dem System nicht folgen kann, dann sollte er sich eines besorgen, das besser zu ihm passt. Wenn das System nicht gut ist, dann sollte er in der Lage sein, dies zu erkennen, und es entweder aufgeben oder in Ordnung bringen. Wenn ein Trader sein System testet, bevor er es verwendet, dann verringert sich die Chance, dass er mit einem schlechten System tradet. Das Problem, ohne System zu traden, besteht darin, dass man dann vielleicht gar nicht weiß, warum man verliert, da die Trades oft einfach willkürlich eingegangen werden.

Selbst dann, wenn man mit einem soliden, computergestützten System tradet, kann man bei manchen Trading-Ideen noch immer einen gewissen Ermessensspielraum verwenden, da man es sowieso nicht schafft, jede gute Strategie zu programmieren. Bisweilen kann es vorkommen, dass man sich nicht wohl fühlt und noch vor einem Signal aussteigen will; solange man nicht wiederholt Gewinne vorzeitig abbricht, ist das völlig okay. Allgemein gesagt, sollte man bei einem gut funktionierenden System versuchen, alle abgegebenen Signale mitzunehmen, da man ja nicht weiß, welche Signale die guten sind.

Bei Systemen ist unbedingt eines zu beachten: Kein System ist einfach nur ein Signal, um in den Markt zu kommen; jedes System sollte auch Exits und Stopps liefern. Selbst dann, wenn man statt programmierter Stopps ständig nur visuelle Stopps verwendet, werden diese zu einem Teil des Systems. In beiden Fällen ist es wichtig, sie in das persönliche Trading einzubeziehen. Wenn man seine Exits bereits vorher festlegt, muss man nicht mehr so angestrengt nachdenken oder sich darüber Gedanken machen, ob man zu früh oder zu spät aussteigt; man überlässt es einfach dem System.

Es ist kein Zuckerschlecken, wenn man ein System erstellt und testet. Wer jedoch vorankommen will, wird sich die nötige Zeit dazu nehmen, da es unheimlich wichtig ist, um konstant Trades mit hoher Gewinnwahrscheinlichkeit abschließen zu können. Das Erstellen eines Systems kann recht zeitaufwendig sein, doch ein erfolgreicher Trader wird die nötige Arbeit investieren, um am Ende vorne dabei zu sein.

Warum man mit Systemen Geld verliert:

1. Man gibt ein System zu früh auf.
2. Man achtet nicht auf Vermittlungsgebühren und Slippage.
3. Man bringt nicht die nötige Disziplin auf, um den Regeln zu folgen.
4. Man versucht, die Signale zu erraten.
5. Man verlässt sich auf irreführende, hypothetische Ergebnisse.
6. Man verwendet ein System, das nicht zum persönlichen Trading-Stil passt.
7. Man verwendet ein Trading-System, das man sich nicht leisten kann.
8. Man verwendet ein System, das nicht ausreichend getestet wurde.
9. Man fügt zu viele Variablen und Bedingungen hinzu.
10. Die Systeme sind nur auf spezielle Kurven ausgelegt.
11. Man verzettelt sich.
12. Man tradet mit einem verlustreichen System.

System-Trading mit hoher Erfolgswahrscheinlichkeit:

1. Verwenden Sie nur Systeme mit entsprechender Gewinnerwartung.
2. Lernen Sie, ein System angemessen zu testen.
3. Verwenden Sie Systeme, die sich an verschiedene Märkte anpassen.
4. Halten Sie sich beim Traden an solide Regeln.
5. Stecken Sie genauso viel Arbeit in den Exit wie in den Einstiegspunkt.
6. Platzieren Sie auch Stopps in Ihrem System.
7. Verwenden Sie ein System, das Ihnen eine regelmäßige Rendite verspricht.
8. Verzetteln Sie sich nicht.
9. Verwenden Sie ein System in einem größeren Zeitrahmen, damit Sie auf Trades aufmerksam werden und Ihre Stopps überwachen können.
10. Verwenden Sie ein System in einem kleineren Zeitrahmen, damit Sie Ein- und Ausstieg zeitlich planen können.
11. Verwenden Sie Systeme mit relativ geringen Verlusten.
12. Vergewissern Sie sich, wie viel Sie im schlimmsten Fall verlieren können.
13. Achten Sie auf Signale in unterschiedlichen Systemen, um einen Trade zu bestätigen.
14. Wenden Sie einen bestimmten Ermessensspielraum an, wenn es notwendig ist.
15. Wenn Sie ein echter systematischer Trader sein wollen, dann gehen Sie jeden Trade ein.

Hilfreiche Fragen, die Sie sich stellen sollten:

… Habe ich wirklich ein System?
… Wie sieht mein System aus?
… Ist es zu ausgeklügelt?
… Enthält es Stopps und Exits?
… Wurde es ausreichend getestet?
… Glaube ich daran?
… Versuche ich, es zu oft zu erraten?

KAPITEL 13

Exkurs: Systeme testen

Sie haben ein System erstellt, das Sie für geeignet erachten, und nun sind Sie bereit loszulegen. Nicht so schnell! Ein System zu haben bedeutet noch gar nichts, solange Sie nicht »wissen«, dass es funktioniert. Es gibt verschiedene Möglichkeiten, zu ermitteln, ob eine Trading-Strategie funktioniert. Die erste macht nicht allzu viel Spaß, wenn es nicht funktioniert: echtes Geld für den Test verwenden. Die zweite Möglichkeit besteht darin, zunächst ein paar Monate mit dem System auf dem Papier zu traden, bevor man Geld damit riskiert. Die effektivste Möglichkeit jedoch ist, es auf der Grundlage historischer Daten zu testen. Das heißt, man nimmt sein System und überprüft, wie es funktioniert hätte, wenn man es auf Märkten der Vergangenheit verwendet hätte. Vor nicht allzu langer Zeit bedeutete dies, dass man vor einem Chart saß und alles handschriftlich erledigen musste. Heute jedoch, angesichts des großen Angebots an hoch entwickelten und leistungsstarken Softwareprogrammen für das Erstellen und Testen von Systemen, gibt es keine Entschuldigung mehr, wenn man kein ausreichend getestetes System zur Verfügung hat.

WARUM TESTEN?

Durch das Testen eines Systems sollte man einen Eindruck davon gewinnen, ob es auch in Zukunft funktionieren kann. Gehen Sie nicht irrtümlich davon aus, dass Sie ein gutes System haben, während Sie gleichzeitig keinen Gedanken daran verschwenden, es zu testen. Wenn es mit den Testdaten nicht funktioniert hat, sollten Sie nicht davon ausgehen, dass es in Echtzeit funktioniert, wenn Sie Geld riskieren. Durch das Testen geben Sie sich selbst eine faire Chance, sich an das System zu gewöhnen, bevor Sie Ihr Geld aufs Spiel setzen. Wenn Sie herausfinden, dass das System grenzwertig ist oder gar nicht funktioniert, dann werfen Sie es raus, bevor es Sie mehr als nur Ihre Zeit kostet.

Seien Sie vorsichtig, denn das Testen eines Systems teilt Ihnen noch nicht mit, wie es in der Zukunft funktioniert. Selbst ein System, das beim Test wunderbar funktioniert, kann in Echtzeit kläglich scheitern. Durch einen gründlichen Test können Sie jedoch feststellen, ob das System eine Durststrecke von zehn Trades durchlaufen oder einen Drawdown (maximaler Wertverlust bis zur Wiedererreichung des Ursprungswertes) erleiden könnte, der zwei Monate dauert und Sie 10.000 Dollar kostet. Wenn dies in der Vergangenheit passiert sein sollte, gibt es keinen Grund zu der Annahme, dass es in der Zukunft wesentlich anders sein könnte. Wenn Sie wissen, was schlimmstenfalls passieren könnte, vermeiden Sie es eher, ein insgesamt teures System zu verwenden oder aus einem guten auszusteigen, weil Sie nach ein paar schlechten Trades keine Lust mehr darauf haben. Durststrecken sind für ein System etwas ganz Normales, deshalb ist es wichtig zu wissen, wie groß sie ausfallen können.

FEHLER BEIM TESTEN VON SYSTEMEN

Bevor ich mit dem Thema »Testen von Systemen« fortfahre, möchte ich mich kurz mit häufig begangenen Fehlern und mit Dingen beschäftigen, die beim Testen von Systemen unbedingt vermieden werden sollten. Manchmal ist es einfacher, das zu lernen, was man tun sollte, wenn man lernt, was man nicht tun sollte. Wenn man die falschen Dinge nicht tut, hat man gar keine andere Wahl mehr, als die richtigen Dinge zu tun. Meine Katze Sophie etwa weiß eigentlich gar nicht, dass sie nur an ihrem Kratzbaum kratzen soll, sondern sie hat gelernt, dass sie nicht an der Couch, den Vorhängen, dem Teppich, den Möbeln oder meinem Bein kratzen soll. Ihre Auswahlmöglichkeiten beschränken sich lediglich auf die geeigneten. Jetzt muss ich ihr nur noch irgendwie beibringen, dass 5 Uhr nicht die geeignete Zeit ist, um mir als Guten-Morgen-Gruß übers Gesicht zu lecken, und alles ist in Ordnung. Nachdem ich erklärt habe, was man auf keinen Fall tun sollte, beschäftige ich mich natürlich auch noch mit den geeigneten Dingen. Aber fürs Erste versuchen wir mal, die schlechten Angewohnheiten auszumerzen.

Keine Ahnung, wie man Testergebnisse einordnen soll

Der grundlegendste Fehler, den ein Trader nach dem Test eines Systems begehen kann, besteht darin, dass er nicht weiß, wie er die Ergebnisse einordnen soll. Erst wenn man dazu in der Lage ist, ist es möglich zu sagen, wie ein System aufgestellt ist. Einige Trader achten beim Testen auf die höchste Nettorendite oder auf eine hohe Gewinnwahrscheinlichkeit, doch dies ist alles nicht viel wert, wenn das System gleichzeitig riesige Drawdowns hat. Wenn man Systeme auswertet, muss man auch noch einige andere Faktoren berücksichtigen, zum Beispiel die Anzahl von Trades, den Gewinn pro Trade, nachfolgende Verluste, den größten Verlust, den größten Gewinn, den durchschnittlichen Trade sowie die Verteilung der Rendite. Eine Kombination all dieser Faktoren teilt einem Trader letztlich mit, ob ein System gut ist und wie es im Vergleich zu anderen Systemen abschneidet.

Kurvenanpassung und übertriebene Optimierung

Man sollte bei der Auswertung von Systemen besonders darauf achten, ob die Ergebnisse echt oder an Kurven angepasst waren. Kurvenanpassung bedeutet kurz gesagt die Anpassung eines Systems an die Daten. Dies ist sowohl beim Erstellen als auch beim Testen eines Systems ein Problem. Wenn man einen stark trendorientierten Chart hat und ein System erstellt, um zu kaufen und seine Positionen zu behalten, dann hat man die Kurven des Systems an die Daten angepasst. Manchmal konzentrieren sich Trader auf den Bereich eines Charts, der ihre Meinung bestätigt, und springen über die Stellen, an denen die Trades vielleicht nicht so gut funktioniert haben, einfach hinweg. Sie erstellen dann ein System, das gut funktioniert, aber nur bei diesem Teil der Daten; wenn sie es nicht mit anderen Daten testen, sollte das System besser nicht benutzt werden. Übertriebene Optimierung stellt ein weiteres Problem für jemanden dar, der ein System erstellt. Wer ständig an den Parametern eines Systems herumdoktert, bis es reibungslos funktioniert, macht sich dessen schuldig. Er probiert jede mögliche Kombination von Moving Averages aus, bis er diejenigen findet, die am besten funktionieren. Dies führt nicht zu einem guten System, sondern zu einem System, das anhand der Daten funktioniert, mit denen man es getestet hat. Wenn man ein System testet, muss man dies berücksichtigen. Über eines muss man sich im Klaren sein: Je mehr man mit den Parametern eines Systems herumgespielt hat, um bessere Ergebnisse zu erhalten, desto unwahrscheinlicher ist es, dass es in der Zukunft funktioniert.

Das System nicht hinterfragen

Ein weiterer Fehler eines Traders ist, dass er die Ergebnisse nicht hinterfragt. Er sieht anständige Ergebnisse und ist damit hochzufrieden. Stattdessen sollte er nach Möglichkeiten suchen, das System zu durchbrechen, die Fehler, Abnormalitäten oder angepassten Kurven zu finden, die es oft besser erscheinen lassen, als es wirklich ist. Es kann zum Beispiel sein, dass sich das System wegen ein oder zwei größerer Trades als äußerst profitabel erwiesen hat. Wird das System in Zukunft auch ohne diese Marktsituation gut abschneiden? Hat man die Slippage realistisch eingeschätzt? Gab es ausreichend Trades, um es anständig zu testen? Wenn man die Ergebnisse und Schwächen eines Systems nicht hinterfragt, kann man bei seiner späteren Verwendung durchaus unangenehme Überraschungen erleben. Dasselbe gilt für ein System, das scheinbar nicht funktioniert. Stellen Sie Nachforschungen an, um zu erkennen, warum es nicht funktioniert, und versuchen Sie herauszufinden, wie Sie es verbessern können. Man kann viel über Trading lernen, wenn man entdeckt, was nicht funktioniert. Vielleicht kann man eine Theorie, die nicht geeignet ist, aufgeben. Dies ist jedoch nur dann möglich, wenn man sie vorher genauestens hinterfragt hat.

Keine ausreichenden Tests an Daten oder Marktsituationen

Ein weiterer, häufig begangener Fehler beim Testen eines Systems ist, dass man nicht über genügend Daten verfügt. Um einen Test statistisch gesehen auf sichere Beine zu stellen, sollte man mindestens 30 Trades haben, wobei mehr als 30 Trades auch nicht schlecht wären. Wenn man nicht über ausreichende Daten verfügt, weiß man nicht, ob die Ergebnisse stichhaltig sind oder sich nur zufällig ergeben. Wenn man ein System erstellt und beim Test nur sechs Signale erhält, von denen fünf funktionieren, kann man sich kein Urteil darüber erlauben. Dabei kann es sich lediglich um eine Glücksträhne gehandelt haben, der schon bald eine wesentlich größere Durststrecke folgen könnte. Bei 30 Musterbeispielen kann man schon eher von einem stichhaltigen System sprechen und davon ausgehen, dass bei den Ergebnissen nicht nur Glück im Spiel war. Außerdem benötigt man ausreichende Daten, um alle möglichen Marktsituationen abzudecken, nicht nur diejenigen, die man selbst bevorzugt. Man sollte wissen, ob sein System in Aufwärtstrends, Abwärtstrends, wechselhaften Märkten, unbeständigen Märkten, lauen Märkten usw. funktioniert. Man sollte sein System auf vielen Märkten testen. Wenn es gut ist, sollte es querbeet in jedem Markt funktionieren.

Wenn man anhand von Intraday-Daten testet, sollte man sich nicht nur auf ein paar Monate beschränken, sondern versuchen, die Datenwerte mehrerer Jahre zu ermitteln. Die Daten eines Jahres sind ein Anfang, aber noch lange nicht genug, um ein System darauf zu gründen. Viele Systeme funktionieren ein Jahr lang hervorragend, doch über einen Zeitraum von drei Jahren betrachtet ist ihre Bilanz geradezu fürchterlich. Wenn man anhand von Futures testet, kann es teuer und zeitaufwendig sein, an Intraday-Daten zu kommen, da jeder Kontrakt einzeln getestet werden muss. Trading ist jedoch weder billig noch einfach; die besten Ergebnisse erzielt man, wenn man Zeit und Geld investiert.

Fehlende »Out Sample«-Methode

Wenn man nicht genug Daten zum Testen hat, ergibt sich folgendes Problem: Man hat kaum Daten zur Verfügung, die man für eine »Out Sample«-Methode (Test der Handelsstrategie unter realistischen Bedingungen) verwenden könnte. Sobald man ein System testet, sollte man dies mit einem Teil der Daten machen, die noch nicht zum Erstellen oder Optimieren des Systems verwendet wurden. Wenn man glaubt, ein gutes System zu haben, das bereit ist für den finalen Test, dann sollte man diesen anhand von frischen Daten durchführen, die man zuvor noch nicht gesehen hat. Einige Systeme werden optimiert, um sie den Daten anzupassen, und sie machen einen hervorragenden Eindruck, doch werden sie niemals anhand von frischen Daten getestet, um zu sehen, wie sie sich verhalten würden. Zwar liefert ein Test mit Daten, die zum Optimieren des Systems verwendet wurden, gute Ergebnisse, doch der Trick dabei ist, die gleichen Ergebnisse auch mit neuen Daten zu erhalten. An dieser Stelle kommt die Out-Sample-Methode ins Spiel. Mit einem Test anhand von frischen Daten kommt man dem Traden in Echtzeit am nächsten, ohne dass man dabei Geld riskieren muss.

Vermittlungsgebühren und Slippage ignorieren

Viele Trader ignorieren beim Test ihrer Systeme Vermittlungsgebühren und Slippage. Schließlich sind sie der Meinung, über hervorragende Systeme zu verfügen, obwohl es in Wirklichkeit ganz anders aussieht, weil sie vergessen haben, Trading-Kosten dazuzurechnen, oder diese einfach unterschätzt haben. Man sollte die Kosten für das Trading realistisch einschätzen, damit man später beim echten Traden keine bösen Überraschungen erlebt. Bei jedem Trade muss man für Vermittlungsgebühren und Slippage bezahlen, das heißt, man muss diese Kosten beim Testen eines Systems berücksichtigen. Viele Trader rechnen zu wenig für Slippage ein. Sie denken, dass sie ihr Konto auffüllen, egal wo sie das Signal erhalten haben. Ich kann Ihnen gar nicht sagen, wie oft ich schon eine Market-Order für eine Aktie platziert und 30 Cent oder gar einen Dollar weniger erhalten habe, als ich mir eigentlich erhofft hatte. Erinnern Sie sich noch an mein Fiasko mit der unerwarteten Zinssenkung? Damals hatte ich bei mehreren Aktien eine Slippage von annähernd fünf Dollar pro Wertpapier. Trades, die auf dem Papier einen hervorragenden Eindruck hinterlassen, entpuppen sich in Wirklichkeit oft als nur wenig einträglich oder verlustreich, und bei scheinbar profitablen Systemen kann es sich leicht um verlustreiche Systeme handeln, wenn man die anfallenden Vermittlungsgebühren und die Slippage berücksichtigt. Man sollte sie nicht außer Acht lassen, wenn man genaue Ergebnisse erhalten will.

SYSTEME TESTEN – EINSTIEG

Kurven anpassen

Zunächst ein paar Worte zum Anpassen von Kurven und danach zur Optimierung. Ich habe das Anpassen von Kurven bereits so erklärt, dass man ein System an seine Daten anpasst. Wenn man die Kurven eines Systems anpasst, vermittelt es für eine gewisse Zeit und für spezielle Daten einen hervorragenden Eindruck. Wenn man sich einen Chart genauer betrachtet und sieht, dass er volatil verläuft, kann man ein System erstellen, das für diese Periode gut funktioniert. Ebenso könnte man einen Filter erstellen, der es ermöglicht, dass man bis kurz vor dem Zusammenbruch des Marktes verkaufen kann. Die Ergebnisse wären hervorragend, doch dieser Eindruck täuscht. Wird man den nächstgrößeren Zusammenbruch wirklich mit demselben Signal mitnehmen? Man könnte durchaus weiter am System herumdoktern, bis es perfekt zu den Daten passt. Das Problem dabei ist jedoch, dass das System speziell für diese Daten erstellt wurde und sich bei anderen Daten wohl nicht ganz so gut verwenden lässt. Man könnte natürlich ein gewinnbringendes System entwickeln, mit dem man bei jedem Chart, den man betrachtet, eine 2.000-prozentige Rendite anhand seiner Probedaten erhält, wenn man sich genug anstrengt. Dies ist jedoch nutzlos, wenn sich der Markt in der Zukunft anders verhält. Als Trader ist man daran interessiert zu erfahren, wie es mit neuen Daten funktioniert, nicht, wie es in der Vergangenheit ausgesehen hat. Deshalb ist es wichtig, dass man ein System, mit dem man zufrieden ist, sofort anhand neuer Daten, also mit der Out-Sample-Methode, testet. Darauf werde ich in Kürze näher eingehen. Der einzig wahre Test für ein System findet dann statt, wenn es anhand von Daten funktioniert, für die es weder entworfen noch optimiert wurde. Systeme, deren Kurven angepasst wurden, schauen toll aus, wenn man sie anhand der Daten testet, mit denen man sie entwickelt hat. Demgegenüber kann es sein, dass sie in Echtzeit enttäuschende Ergebnisse liefern. Allgemein kann man Folgendes feststellen: Je komplizierter und detaillierter ein System ist und je besser seine Ergebnisse sind, desto eher kann man davon ausgehen, das seine Kurven angepasst wurden.

Optimierung

Optimierung findet dann statt, wenn der Entwickler eines Systems innerhalb einer bestimmten Zeitspanne nach den besten Parametern und Indikatoren für ein System sucht. Wenn er Moving Averages verwendet, wird er dabei verschieden lange Averages ausprobieren, bis er diejenigen erhält, die die besten Ergebnisse liefern. Wenn er mit seinen Moving Averages zufrieden ist, sucht er als Nächstes nach den besten Parametern für einen Filter im Bereich seines Break-Outs, um sein System noch leistungsstärker zu machen. Man kann im Prinzip ewig mit Parametern und Indikatoren herumspielen, um etwas vermeintlich Besseres zu finden. Bei *TradeStation* ist dies ganz einfach, da die Software alle Optimierungen automatisch vornimmt. Innerhalb weniger Sekunden spuckt es die besten Parameter für alle beliebigen Indikatoren aus. Dies scheint ein wunderbares Merkmal zu sein, es kann einen Trader aber auch in die Irre führen, da es den Eindruck vermittelt, das System sei besser, als es in Wahrheit der Fall ist.

Bei der Optimierung setzt man sich das Ziel, die Rentabilität des Systems zu vergrößern, aber man darf es nicht übertreiben. Solange das Grundkonzept eines Systems solide ist, ist es gleichgültig, welche Werte man für die Parameter verwendet. Man hofft bei der Optimierung natürlich darauf, Parameter zu finden, die am besten zu funktionieren scheinen. Vielleicht sucht man nach den besten Break-Outs für die höchsten Spitzenwerte. Bei der Optimierung kann es sein, dass man bei Verwendung eines größeren Beobachtungszeitraumes feststellt, dass das System profitabler wird, wobei sich die Verbesserung in Grenzen hält, sobald man 20 Bars übersteigt. Danach weiß man, dass man am besten einen Beobachtungszeitraum von 20 statt nur fünf Bars verwendet. Es bringt nichts, zu versuchen, den idealen Beobachtungszeitraum herauszupicken, da sich dieser bei unterschiedlichen Daten ständig verändern wird.

Wenn ich meine Systeme optimiere, achte ich auf jene Parameter, die am besten funktionieren und ähnliche Ergebnisse liefern. Davon nehme ich dann den Durchschnittswert. Wenn ich feststelle, dass die zwölf-, 14- und 17-stufigen Moving Averages im Vergleich zu allen anderen am besten funktionieren, halte ich höchstwahrscheinlich am 14- oder 15-stufigen Average fest. Wenn ich merke, dass die zwölf-, 14- und 17-stufigen Averages gut funktionierten, die 15- und 16-stufigen Averages hingegen keine guten Ergebnisse lieferten, dann stimmt etwas mit meinem System nicht. Ein System sollte unabhängig davon funktionieren, ob es sich um einen fünf-, sieben-, zehn- oder 15-stufigen Moving Average handelt. Es ist mir egal, dass der 14-stufige Average bei diesem Datensatz am besten funktionierte. Ich muss wissen, dass das Gesamtkonzept funktionierte, und nicht, dass eine Periode ein wenig besser war als der ganze Rest. Wenn nur ein bis zwei Parameter gut funktionierten, ist das System nicht allzu gut, und seine Kurven wurden wahrscheinlich speziell auf die Daten angepasst.

Ich halte die Optimierung für geeignet, wenn man sehen will, ob das System über verschiedene Parameter hinweg funktioniert oder ob es nur Glück war, dass es bei einem speziellen Satz von Parametern funktionierte. Hat etwas in der Vergangenheit nur auf Grund der Willkür des Marktes funktioniert und wird sich wohl nicht wiederholen? Wurde bei einem Break-Out-System ein Puffer verwendet, um einen durch Weißes Rauschen verursachten Trade zu umgehen? Sollte man anhand dieses Trades die Wirklichkeit reflektieren? Der eine oder andere achtet auf einen Chart und wählt danach den Filter aus, der am besten zu diesem Chart passt. Man sollte für diesen Filter verschiedene Parameter verwenden, um festzustellen, ob es sich nur um reines Glück handelte. Man sollte ihn in verschiedenen Datenbereichen testen, um zu sehen, ob er genauso reagiert; man kann ihn sogar in verschiedenen Zeitrahmen derselben Daten testen, um einen anderen Blickwinkel zu erhalten. Wenn man zufrieden ist, sollte man das System dann mit der eigenen Out-Sample-Methode testen. Die Ergebnisse sollten in etwa gleich sein.

Die Out-Sample-Methode

Der wohl wichtigste Teil beim Testen von Systemen ist die Out-Sample-Methode, mit der man seine Ergebnisse testen kann. Bevor man mit einem System direkt an die Börse geht, sollte man dafür sorgen, dass man es anhand neuer Daten testet, die bei der Erstellung und Optimierung des Systems noch nicht verwendet wurden. Ein häufiger Fehler von Anfängern ist, dass sie ihr System erstellen, testen und optimieren, indem sie dabei alle Daten verwenden, die ihnen zur Verfügung stehen. Wenn sie die Daten der letzten drei Jahre haben, verwenden sie diese komplett, um die besten Parameter zu ermitteln, ohne dass sie den Sinn einer Out-Sample-Methode wirklich verstehen. Für alle, die es nicht wissen, wiederhole ich es hier noch mal: Wenn man die Daten von drei Jahren hat, sollte man nur zwei davon verwenden, wenn man mit dem System arbeitet. Man sollte sich das letzte Jahr der Daten nicht anschauen, nicht einmal einen Chart; dies ist dann das Out Sample, und es sollte die persönliche Einschätzung nicht im Geringsten beeinflussen. Erst wenn man mit dem System zufrieden ist, es optimiert und getestet hat und später noch weitere Optimierungen und Tests folgen ließ, bis man mit den Ergebnissen noch zufriedener war, sollte man zu den Daten übergehen, die man bislang ignoriert hatte. Aber wirklich erst dann und nicht vorher.

Nun sollte man diese Daten (das Out Sample) – im Idealfall rund ein Drittel aller verfügbaren Daten – nehmen und das System damit testen. Zumindest sollte man sicherstellen, dass das Out Sample groß genug ist und die 30 Trades enthält, die man braucht, damit es statistisch gesehen stichhaltig ist. Wenn das System gut ist, sollte es mit dem Out Sample funktionieren; sollte dies nicht der Fall sein, muss man sich wieder an sein Reißbrett stellen, um die nötigen Anpassungen vorzunehmen, oder das System ganz rausschmeißen. Man sollte das Out Sample verwenden, um festzustellen, was schief gelaufen ist, aber niemals versuchen, es zu optimieren. Ansonsten führt man es ad absurdum. Gerne schaue ich mir auch den Chart des Out Sample an, um mich zu vergewissern, dass das System wie gewünscht verlief. Man sollte jedoch aufpassen, dass man das Out Sample nicht berücksichtigt, wenn man sich entschließt, noch ein bisschen am System herumzudoktern.

Mit einem Out Sample erlaubt man dem System, in den Genuss neuer Daten zu kommen, und man reduziert gleichzeitig die Wahrscheinlichkeit, dass die Ergebnisse nur durch übertriebene Optimierung zustande kamen. Da die optimierten Parameter die neuen Daten nie zu sehen bekamen, liegt der Grund dafür, dass die Daten in dem System funktionieren, nicht in einer Anpassung seiner Kurven an die Daten, sondern vielmehr darin, dass es sich um ein richtig gutes System handelt.

Wie man Daten verwendet

Vergewissern Sie sich zunächst, dass Sie ausreichend Daten zur Hand haben. Ein System sechs Monate lang zu testen bedeutet gar nichts, da in einer solch kurzen Zeit alles Mögliche passieren kann, um die Ergebnisse zu verzerren. Außerdem sollten Sie bedenken, dass 30 die Mindestzahl Ihrer Trades ist. Jede Zahl darunter liefert Ihnen keine fundierten statistischen Werte. Je weniger Trades Sie haben, desto weniger zuverlässig sind die Ergebnisse. Wenn Sie nicht genügend Trades haben, können bereits ein bis zwei extreme Moves die Zahlen aus dem Gleichgewicht bringen. Dies hat zur Folge, dass aus einem scheinbar tollen System ein mittelmäßiges System wird, da weitere Trades in Betracht gezogen werden. Überprüfen Sie außerdem, wie sich ein System bei verschiedenen Marktsituationen verhalten hätte, um sich zu vergewissern, dass Sie über alle benötigten Daten verfügen.

Am besten verwenden Sie Daten, indem Sie ein System zunächst anhand des ersten Drittels Ihrer Daten erstellen. Sobald Sie mit dem Grundgerüst Ihres Systems zufrieden sind, sollten Sie anhand des zweiten Drittels Ihrer Daten die Feinabstimmungen vornehmen, es ein wenig optimieren und schließlich die Einstellungen zum letzten Mal anpassen. Wenn das geschehen ist, sollten Sie es anhand des letzten Drittels testen. Eine weitere Möglichkeit könnte darin bestehen, das System anhand der beiden mittleren Drittel der Daten zu erstellen und zu optimieren. Danach können Sie die ersten und letzten Sechstel als Out Sample verwenden. Für welche Methode Sie sich auch immer entscheiden, letztlich hofft man darauf, dass die Ergebnisse des Out Sample prozentual gesehen ähnlich ausfallen wie die der Planungsphase. Damit stellen Sie sicher, dass das System gleichmäßig funktioniert.

Die verschiedenen Datensätze sollten auf keinen Fall aus ein und derselben Marktsituation stammen. Als Teil des Out Sample können Sie auch in verschiedenen Märkten, Aktien und Zeitrahmen testen. Wenn ich ein System habe, das ich anhand von IBM-Daten erstellt habe, dann teste ich es an Cisco, Merrill Lynch, Intel, Wal-Mart, dem Dow und dem S&P-500-Index. Wenn es gut funktioniert, dann sollte es bei jeder Aktie funktionieren, nicht nur bei einer. Sie sollten sicherstellen, dass Sie die Märkte und Marktsituationen gut durchmischen und dasselbe System nicht bei zehn Aktien testen, die dasselbe Chartmuster aufweisen. Sie sollten Aktien finden, die steigen, fallen, sich seitwärts entwickeln und alles dazwischen. Dadurch erhalten Sie ein realistischeres Bild davon, was tatsächlich passieren kann.

EIN SYSTEM AUSWERTEN

Nun kommen wir zum Eingemachten: Wie liest man die Ergebnisse und stellt fest, ob man ein gutes System mit positiver Erwartung hat? Man benötigt eine positive Erwartung, um herauszufinden, ob ein Trader über einen Vorteil verfügt; wenn dies nicht der Fall ist, sollte man nicht traden. Bei den Charts in Abbildung 13-1 und Abbildung 13-2 handelt es sich um typische Ausdrucke von *TradeStation*, die zwei unterschiedliche, in *TradeStation* vorprogrammierte Systeme auswerten. Zwar sind beide profitabel, doch das zweite, MACD, ist wesentlich besser, nicht nur, weil es mehr Geld erzielt hat, sondern auch, weil es – wie ich später noch erklären werde – viele andere, erstrebenswertere Kriterien erfüllte. Ich habe bei diesen Ergebnissen

Slippage und Vermittlungsgebühren absichtlich weggelassen. Später werde ich Ihnen zeigen, welche Auswirkungen sie haben können.

```
System Report: Performance Summary
Stochastic Crossover  SP_01U.ASC-30 min  06/01/2001 - 08/31/2001

                    Performance Summary: All Trades

Total net profit       $  7025.00    Open position P/L        $    625.00
Gross profit           $111600.00    Gross loss               $-104575.00

Total # of trades         182        Percent profitable           41%
Number winning trades      74        Number losing trades        108

Largest winning trade  $  7000.00    Largest losing trade     $  -3500.00
Average winning trade  $  1508.11    Average losing trade     $   -968.29
Ratio avg win/avg loss      1.56     Avg trade(win & loss)    $     38.60

Max consec. winners         6        Max consec. losers            8
Avg # bars in winners       8        Avg # bars in losers          3

Max intraday drawdown  $-18525.00
Profit factor               1.07     Max # contracts held          1
Account size required  $ 18525.00    Return on account            38%

                               Created with TradeStation by Omega Research © 1997
```

Abb. 13-1: *Testergebnisse für Stochastik Crossover (System 1)*

```
System Report: Performance Summary
MACD  SP_01U.ASC-30 min  06/01/2001 - 08/31/2001

                    Performance Summary: All Trades

Total net profit       $ 32750.00    Open position P/L        $   1750.00
Gross profit           $ 84075.00    Gross loss               $ -51325.00

Total # of trades          58        Percent profitable           43%
Number winning trades      25        Number losing trades         33

Largest winning trade  $  9575.00    Largest losing trade     $  -3375.00
Average winning trade  $  3363.00    Average losing trade     $  -1555.30
Ratio avg win/avg loss      2.16     Avg trade(win & loss)    $    564.66

Max consec. winners         3        Max consec. losers            6
Avg # bars in winners      23        Avg # bars in losers          8

Max intraday drawdown  $-18275.00
Profit factor               1.64     Max # contracts held          1
Account size required  $ 18275.00    Return on account           179%

                               Created with TradeStation by Omega Research © 1997
```

Abb. 13-2: *Testergebnisse für MACD-System (System 2)*

Der Gesamtnettogewinn ist der Abschlusssaldo eines Systems: Bringt es Geld?

Die beiden oben angeführten Beispiele sind profitabel. Sie weisen Nettogewinne von 7.025 Dollar respektive 32.750 Dollar auf. Wären die Ergebnisse negativ gewesen, hätte man sich erneut ans Reißbrett begeben müssen, da man mit diesem System nicht davon ausgehen könnte, Geld zu verdienen. Jeder, der ein System auswertet, wird auf den Gesamtnettogewinn achten. Doch für sich allein genommen ist er als Indikator nur halb so viel wert. Natürlich will man ein System, das anstatt eines Verlustes einen Nettogewinn aufweist, doch man muss außerdem wissen, wie viele Trades es durchgeführt hat, wie groß die Schwingungen waren, wie ausgeprägt der Drawdown verlief, welchen Wert der Durchschnitts-Trade erreichte und so weiter. Ein Trader fühlt sich eher zu einem System hingezogen, das eine Rendite von 50.000 Dollar aufweist statt nur eine Rendite von 10.000 Dollar. Dennoch kann es sich beim zweiten System um das Bessere handeln. Vielleicht führte das erste System 1.000 Trades im Jahr durch und wies dabei einen Drawdown von 35.000 Dollar auf; vielleicht gab es Monate mit riesigen Verlusten und andere Monate mit riesigen Gewinnen. In der Zwischenzeit führte das zweite System lediglich 50 Trades mit einem Drawdown von nur 3.000 Dollar durch und wies jeden Monat einen kleinen Gewinn auf. In diesem Fall ist das zweite System ein besseres, sichereres System, selbst wenn es eine geringere Rendite aufwies. Man muss sich entscheiden, was wichtiger ist: riesige potenzielle Gewinne oder eine sichere, feste Rendite. Ein kluger Trader entscheidet sich immer für Letzteres.

Man kann leicht einen falschen Eindruck gewinnen, wenn man nur den Gesamtnettogewinn als Kriterium bei der Auswahl eines Systems heranzieht. In Abbildung 13-1 scheint das Stochastik-System auf den ersten Blick in Ordnung zu sein, da es in dieser dreimonatigen Phase mehr als 7.000 Dollar erreicht. Wenn man aber genauer hinsieht, erkennt man, dass es nicht wirklich ein gutes System ist.

Gesamtzahl von Trades

Wenn man zwischen zwei Systemen mit ähnlichen Ergebnissen auswählt, sollte man sich an das System halten, das innerhalb desselben Zeitraumes eine geringere Zahl von Trades aufweist. Dies reduziert den oftmals erheblichen Schaden, den Slippage und Vermittlungsgebühren anrichten können. Der eine oder andere mag ein System mit weniger Trades langweilig finden, doch wenn man die gleichen Ergebnisse erhält, sollte man sich immer dafür entscheiden. System 1 weist nicht nur einen geringeren Nettogewinn auf, auch die Zahl seiner Trades ist dreimal so hoch wie die von System 2. Das heißt, man arbeitet härter und erhält schlechtere Ergebnisse. Zwar ist eine geringere Anzahl von Trades wünschenswert, doch beim Test eines Systems sollten auf jeden Fall mindestens 30 Trades enthalten sein. Andernfalls ist es nicht auszuschließen, dass die Ergebnisse auf Zufall beruhen. Wenn man keine 30 Trades zur Verfügung hat, benötigt man weitere Daten, um das System anständig zu testen.

Prozentsatz der profitablen Trades

Diese Zahl hat eigentlich keine große Bedeutung, dennoch legen die meisten sehr viel Wert darauf. Die Top-Trader erzielen nur in 50 Prozent aller Fälle Geld, doch im normalen Leben werden 50 Prozent als Misserfolg angesehen. Bei jeder Prüfung in der Schule brauchte man ja schon 65 Prozent, um überhaupt zu bestehen. Wenn man ein System mit einem Gewinn-Verlust-Verhältnis von 40 Prozent sieht, denkt man instinktiv, dass es nichts taugt, da man so erzogen wurde. Man sollte es aber eher wie ein guter Hitter beim Baseball betrachten; ein 0,400-Durchschnitt ist nicht so übel; ich persönlich lege nicht allzu großen Wert auf die prozentuale Rentabilität. Andere Trader hingegen fühlen sich nicht allzu wohl, wenn ihr System ein Gewinn-Verlust-Verhältnis von lediglich 40 Prozent aufweist. Es ist völlig egal, ob ein System in 30, 40 oder 60 Prozent aller Fälle richtig liegt. Das Wichtige ist, wie groß der durchschnittliche Verlust im Vergleich zum durchschnittlichen Gewinn ist. Wer über gute Fähigkeiten im Umgang mit Risiko verfügt, kann auch mit einem System, das ein Gewinn-Verlust-Verhältnis von 30 Prozent aufweist, recht gut umgehen. Die oben angeführten Systeme weisen beide eine prozentuale Rentabilität im unteren 40er-Bereich auf, und damit probiere ich es eigentlich am liebsten.

Größter Gewinn kontra größter Verlust

Darauf achte ich, um zu erkennen, wie stichhaltig ein System ist: Zunächst schaue ich mir an, ob der Gesamtgewinn des Systems auf nur ein bis zwei Trades beruhte. In System 1 betrug der Gesamtgewinn 7.025 Dollar, und der größte Gewinn lag bei 7.000 Dollar. Wenn man diesen einen Trade abzieht, liegt die Rentabilität des Systems bei 25 Dollar für 182 Trades, was nicht allzu gut ist. Wenn ein System nicht gut abschneidet, nachdem man einen oder zwei der größten Trades wegnimmt, dann ist es nicht sehr zuverlässig. Außerdem sollte man darauf achten, dass die größten Verluste nicht größer sind als die Gewinne. Der Schlüssel zum Erfolg eines Traders liegt darin, dass er seine Verluste kleiner hält als seine Gewinne; wenn das Gegenteil der Fall ist, kann dies verheerende Folgen haben. Wenn die größten Verluste zu groß sind, sollte man seine Exits und Stopps nochmals überprüfen. Bevor ich mich auf ein System einlasse, achte ich darauf, dass das Verhältnis zwischen dem größten Gewinn und dem größten Verlust mindestens bei 2:1 oder 3:1 liegt, gebe mich jedoch auch mit einem Verhältnis von 1,5:1 zufrieden. Das gleiche Verhältnis gilt für die durchschnittlichen Gewinne, verglichen mit den durchschnittlichen Verlusten; ich verwende ein System nur dann, wenn der durchschnittliche Gewinn bei einem Trade höher liegt als der durchschnittliche Verlust. Außerdem versuche ich, meine verlustreichen Trades eher wieder loszuwerden als die einträglichen Trades. Das heißt, dass ich mir die durchschnittliche Zahl von Bars bei Gewinnen anschaue und diese mit der Zahl bei Verlusten vergleiche. Dadurch stelle ich sicher, dass das System zu meiner Trading-Methodik passt.

Aufeinanderfolgende Verluste

Wie viele Verluste in Folge gab es? Viele Trader kommen mit zehn schlechten Trades in Folge nicht mehr klar und geben ein System auf, ohne dass es sich richtig entwickeln kann. Wenn man weiß, wie viele Verluste hintereinander dieses System bisher hatte, kann man sich gegen ein Traden mit diesem System entscheiden, weil es vielleicht mehr ist, als man verträgt. Oder wenn man es tradet und eine Durststrecke durchläuft, kann es sein, dass man trotzdem daran festhält, weil man weiß, dass es nichts Ungewöhnliches ist, dass es eine Durststrecke von sechs Trades durchläuft. Wenn man nicht weiß, was die längste ununterbrochene Durststrecke war, gibt man ein System nach vier Verlusten hintereinander eventuell auf, obwohl es für dieses System durchaus nichts Ungewöhnliches sein mag.

> **MACHEN SIE SICH AUF DAS SCHLIMMSTE GEFASST**
>
> Einst habe ich mehrere Monate damit verbracht, ein System zu erstellen, mit dem ich die S&Ps daytraden wollte. Ich testete und bearbeitete es so lange, bis ich glaubte, es sei das perfekte System. Sein einziger Nachteil war, dass es sehr viele Trades nacheinander gab, die mit Verlusten endeten. Ich glaubte jedoch nicht, dass ich mir darüber am Anfang allzu große Sorgen machen müsste. Es gab wesentlich mehr Trades mit Gewinnen als mit Verlusten, sodass es sich um ein sehr profitables System handelte. Ich war zuversichtlich, dass es von Anfang an Geld machen würde, sodass mir spätere Verluste nicht so viel ausmachen würden. Wie Sie wahrscheinlich schon vermutet haben, begann meine Durststrecke genau in diesem Moment: Ich glaube, die ersten acht Trades endeten alle mit Verlusten und kosteten mich und meinen Partner rund 12.000 Dollar, womit wir nicht gerechnet hatten. Wir waren gezwungen, das System aufzugeben und erst mal kürzer zu treten, und wie es das Schicksal wollte, brachte ausgerechnet der nächste Trade einen riesigen Gewinn. Mit den folgenden Trades machte das System all seine Verluste wieder wett. Und die Moral: Man sollte den Drawdown des Systems kennen und sich vergewissern, ob man sich das leisten kann.

Durchschnitts-Trade

Diese Kennziffer gehört zu den wichtigeren, da sie zwei Systeme miteinander vergleichen kann oder ein System mit sich selbst, wenn man Veränderungen vornimmt. Der Durchschnitts-Trade misst, wie das System pro Trade abschneidet. Diese Zahl drückt aus, wie viel man durchschnittlich gewinnt oder verliert, wenn man mit diesem System tradet. System 1 hat einen Durchschnitts-Trade von 38,60 Dollar (und dies vor Vermittlungsgebühren), während System 2 einen Durchschnittstrade von 564,66 Dollar hat. Man muss kein Genie sein, um zu merken, dass ein Trade durchschnittlich betrachtet beim zweiten System profitabler verläuft. Wenn der Durchschnitts-Trade negativ ist, sollte man mit dem System nicht traden; das ist eigentlich offensichtlich. Schon schwieriger ist es, herauszufinden, wann der Durchschnitts-Trade zwar positiv verläuft, aber zu klein ist, damit sich ein System lohnt. Jeder Trader muss einen Durchschnitts-Trade finden, mit dem er zufrieden ist, und er sollte später keine Systeme mit einem niedrigeren Betrag traden.

Drawdown

Der Drawdown ist vermutlich der wichtigste Faktor in einem System. Der Drawdown misst, wie viel Geld man benötigt, damit man mit diesem System anfangen kann, in einem bestimmten Markt zu traden. Außerdem liefert er eine Grundlage dafür, das Risiko zu messen. Er misst, wie viel es im schlechtesten Fall gekostet hätte, dieses System zu verwenden. Diese Zahl vermittelt dem Trader eine ungefähre Vorstellung davon, wie viel Startkapital er für eine Aktie oder einen Markt benötigt. Manchmal glaubt man, etwas Gutes zu haben, doch wenn man es dann anhand ausführlicher Daten testet, stellt man fest, dass es in seiner schlechtesten Phase 25.000 Dollar verloren hätte. Man sollte nicht glauben, dies könne nicht erneut passieren; die schlimmste Durststrecke lauert an jeder Straßenecke. Wenn man es sich nicht leisten kann, eine Durststrecke durchzustehen, die doppelt so lang ist wie der größte Drawdown, dann sollte man nicht mit diesem System traden.

Risikoscheue Trader achten normalerweise stärker auf den Drawdown als auf irgendeine andere Statistik. Wenn sie den Drawdown nicht vertragen, geben sie das System auf oder nehmen Veränderungen vor, um ihre Verluste einzuschränken. Money Management spielt beim Traden eine gewaltige Rolle und sollte in jedem Bereich des Tradens in Erwägung gezogen werden. Wenn zwei Systeme ähnliche Ergebnisse aufweisen und eines einen kleineren Drawdown aufweist als das andere, dann ist es wohl weniger riskant. Wenn ein System zu riskant ist, sollte man es vermeiden.

Gewinnfaktor

Der Gewinnfaktor ist die Summe der Gewinne, dividiert durch die Summe der Verluste. Er misst die Summe, die man für jeden verlorenen Dollar verdienen wird. Wenn der Gewinnfaktor eins beträgt, dann gleichen sich Gewinne und Verluste aus. Um sicherzugehen, sollte der Gewinnfaktor mindestens 1,5 betragen. Wenn man einen Gewinnfaktor über zwei hat, verfügt man über ein sehr gutes System. In System 1 beträgt der Gewinnfaktor etwas mehr als eins, das heißt, man sollte dieses System lieber vermeiden. Der Profitfaktor von 1,64 in System 2 ist recht anständig, sodass man damit ganz gut fahren würde.

Verteilung der Rendite

Schließlich muss man noch ermitteln, wie unbeständig ein System verläuft. Wie hat das System Geld verdient? Hat es regelmäßig eine ordentliche Rendite abgeworfen, oder fanden zwischenzeitlich wilde Schwingungen bei den Wertpapieren des Systems statt? Wenn man ausreichend Daten zur Verfügung hat, sollte man auf ein konstantes monatliches Abschneiden achten; wenn man ein Intraday-System testet, sollte man schauen, wie es auf einer täglicher Basis abschneidet. Ein System mit einer Tag für Tag konstanten positiven Rendite, aber nur geringen Unterschieden vom Mittelwert ist besser als eines mit größerer Rendite, aber wilden Schwingungen. Wenn die Standardabweichung zu groß ausfällt, handelt es sich vermutlich um kein allzu geeignetes System, da die Drawdowns sehr groß sein könnten. Wenn zu viele Trades, Tage oder Monate mehr als eine doppelte Standardabweichung vom Mittelwert der Verlustseite abfallen, wäre ich mit der Verwendung dieses Systems lieber vorsichtig. Man sollte sich lieber an Systeme halten, deren Wertpapiere kleinere Schwingungen aufweisen, da diese zuverlässiger sind. *TradeStation* liefert Ihnen Monat für Monat oder Trade für Trade einen Breakdown. Damit können Sie ermitteln, ob das System konstant abgeschnitten hat. Um diese Ergebnisse zu erhalten, können Sie aber auch Excel oder ein anderes Statistikprogramm verwenden. Es handelt sich um keine leichte Aufgabe, aber ein ernsthafter Trader wird sie gerne erfüllen, um sich zu vergewissern, dass sein System keine wilden Schwingungen aufweist.

VERMITTLUNGSGEBÜHREN UND SLIPPAGE

Niemand redet gerne über Vermittlungsgebühren und Slippage, doch diese beiden Punkte können tatsächlich den Unterschied zwischen einem erfolgreichen oder weniger erfolgreichen System und zwischen einem erfolgreichen und einem weniger erfolgreichen Trader ausmachen. Was man unbedingt berücksichtigen sollte, wenn man seinen persönlichen Trading-Stil entwickelt, ist Folgendes: Jeder abgeschlossene Trade – Gewinn, Verlust oder Break-even – kostet den Trader Geld. Diese Kosten kann er nicht beeinflussen, und sie müssen im Entwurf des Systems berücksichtigt werden, ansonsten ist sein System unrealistisch. Zunächst muss man das Lieblingskind eines jeden Traders einrechnen: Vermittlungsgebühren. Den zweiten Kostenpunkt, Slippage, vergessen einige gerne (oder würden ihn gerne vergessen), wenn sie über ihre Trading-Entscheidungen nachdenken. Slippage liegt dann vor, wenn ein Trader bei einem Kauf mehr bezahlt, als er wollte, oder bei einem Verkauf weniger bekommt als gedacht. Sie kann dadurch verursacht werden, dass sich der Markt entfernt oder sich auf Grund des Spreads zwischen Angebots- und Nachfragepreis ergibt. Im Idealfall kauft ein Trader zum Geldkurs (Bid-Price) und verkauft zum Briefkurs (Offer-Price). Leider neigt er genau zum gegenteiligen Verhalten und begibt sich so schon vom Start weg in eine ungünstige Position. Bei einzelnen Trades sind Vermittlungsgebühren und Slippage relativ belanglos, doch wenn man sie mit der Zeit summiert, können sie in astronomische Höhen steigen und sich gewaltig auf das P&L-Statement für Umsätze und Kosten eines Traders auswirken. Sie können dafür sorgen, dass aus vermeintlich profitablen Trades schnell verlustreiche Trades werden.

Wenn ein Trader ein System entwickelt, muss er sicherstellen, dass es seine Trading-Kosten deckt; ansonsten wird es zu einem wenig erfolgreichen System. Wenn ich noch mal auf meine beiden ursprünglichen Systeme zurückkomme und pro Transaktion eine durchaus realistische Vermittlungsgebühr von 15 Dollar sowie 100 Dollar Slippage pro Trade dazurechne (noch mal: Das ist für die S&Ps nun wirklich nicht viel), dann können Sie die dramatischen Veränderungen in den beiden Systemen erkennen (Abbildungen 13-3 und 13-4). System 1 verzeichnet letztlich einen Verlust von annähernd 14.000 Dollar statt eines Gewinns von 7.025 Dollar, während System 2 von über 32.000 Dollar auf 26.515 Dollar fällt. System 2 ist immer noch ein gutes System, und die Mehrheit seiner durchaus erstrebenswerten Parameter blieben unverändert, während System 1 unbedingt vermieden werden sollte. Durch die sehr große Zahl an Trades fällt es ihm schwer, profitabel zu verlaufen.

EIN BESSERER TRADER WERDEN

Um ein besserer Trader zu werden, müssen Sie Ihre Trading-Ideen und -Systeme ordentlich testen, bevor Sie damit traden. Wenn Sie dies nicht tun, werden Sie erst dann erfahren, ob Sie mit einem soliden System traden, wenn Sie echtes Geld riskieren.

Wenn Ihr System nicht profitabel ist, wollen Sie das sicherlich nicht dadurch feststellen, dass Sie Geld verlieren. Es wäre besser, wenn Sie es daran merken, dass Sie zum Testen Ihres Systems die nötige Zeit opfern. Um ein System gründlich zu

KAPITEL 13 ■ EXKURS: SYSTEME TESTEN

testen, benötigen Sie ausreichend Daten, um auf 30 Beispiel-Trades zu kommen und um all die unterschiedlichen Marktsituationen abzudecken. Sie wollen Ihr System sicherlich nicht nur anhand eines trendorientierten Marktes testen, ohne zu

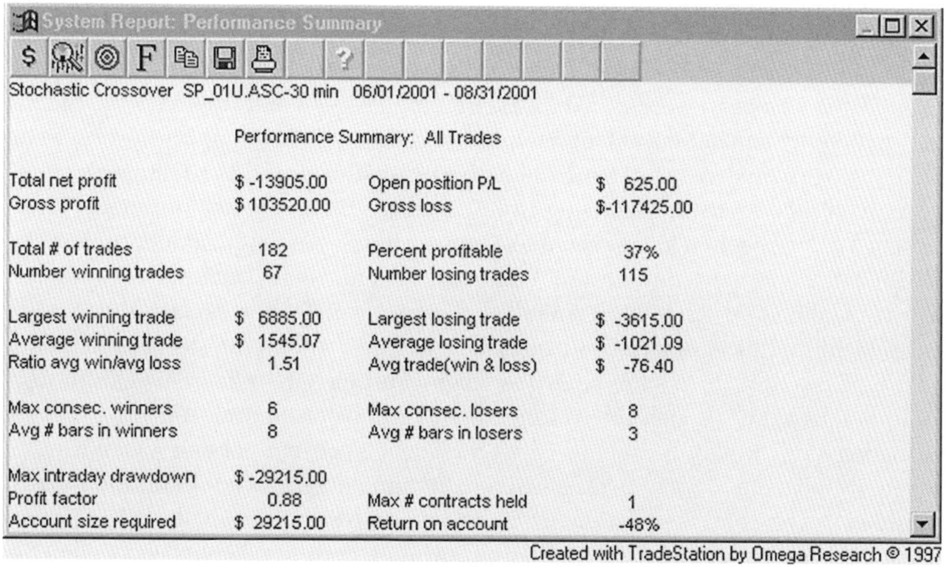

```
System Report: Performance Summary
Stochastic Crossover  SP_01U.ASC-30 min   06/01/2001 - 08/31/2001

                     Performance Summary: All Trades

Total net profit          $ -13905.00    Open position P/L        $    625.00
Gross profit              $ 103520.00    Gross loss               $-117425.00

Total # of trades              182       Percent profitable            37%
Number winning trades           67       Number losing trades          115

Largest winning trade     $   6885.00    Largest losing trade     $  -3615.00
Average winning trade     $   1545.07    Average losing trade     $  -1021.09
Ratio avg win/avg loss         1.51      Avg trade(win & loss)    $    -76.40

Max consec. winners              6       Max consec. losers              8
Avg # bars in winners            8       Avg # bars in losers            3

Max intraday drawdown     $ -29215.00
Profit factor                  0.88      Max # contracts held            1
Account size required     $  29215.00    Return on account            -48%
                                         Created with TradeStation by Omega Research © 1997
```

Abb. 13-3: *Ergebnisse von System 1 inklusive Trading-Kosten*

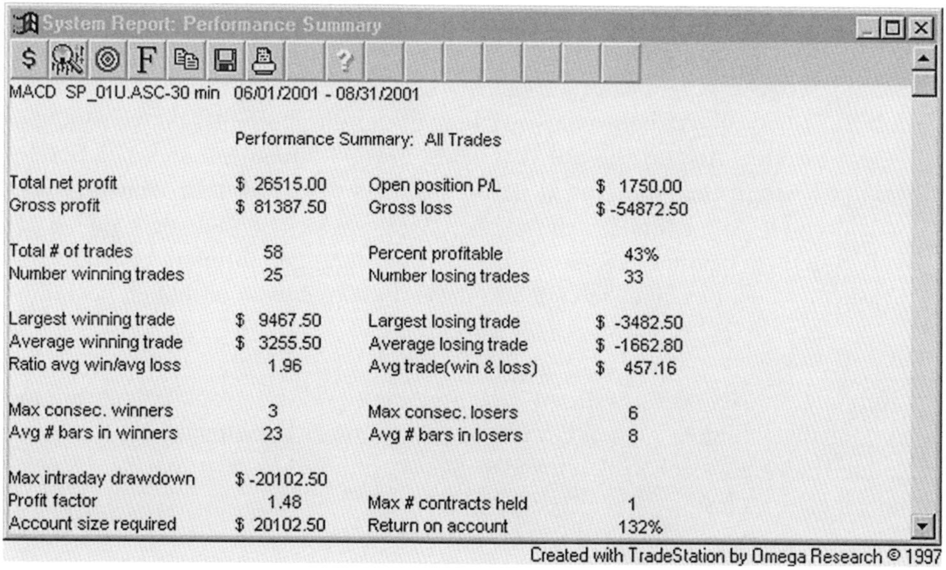

```
System Report: Performance Summary
MACD  SP_01U.ASC-30 min   06/01/2001 - 08/31/2001

                     Performance Summary: All Trades

Total net profit          $  26515.00    Open position P/L        $   1750.00
Gross profit              $  81387.50    Gross loss               $ -54872.50

Total # of trades               58       Percent profitable            43%
Number winning trades           25       Number losing trades           33

Largest winning trade     $   9467.50    Largest losing trade     $  -3482.50
Average winning trade     $   3255.50    Average losing trade     $  -1662.80
Ratio avg win/avg loss         1.96      Avg trade(win & loss)    $    457.16

Max consec. winners              3       Max consec. losers              6
Avg # bars in winners           23       Avg # bars in losers            8

Max intraday drawdown     $ -20102.50
Profit factor                  1.48      Max # contracts held            1
Account size required     $  20102.50    Return on account            132%
                                         Created with TradeStation by Omega Research © 1997
```

Abb. 13-4: *Ergebnisse von System 2 inklusive Trading-Kosten*

wissen, wie es in einem wechselhaften Markt reagiert. Wenn Sie keine verschiedenen Marktsituationen durchgehen, ist Ihr Test nicht gründlich genug, und letztlich haben Sie ein System, dessen Kurven speziell auf einen trendorientierten Markt angepasst wurden.

Sie sollten unterschiedliche Daten verwenden, wenn Sie Ihr System erstellen und Ihre Parameter optimieren. Dadurch sinkt die Chance, dass Ihre Kurven speziellen Daten angepasst werden. Wenn Sie für einen Abschlusstest bereit sind, tun Sie dies unbedingt anhand eines Out Sample mit völlig neuen Daten. Ideal wäre, wenn Sie dabei verschiedene Marktsituationen berücksichtigen und Ihr Test lange genug wäre, damit die Statistik stichhaltig ist (30 Trades). Einen der schlimmsten Fehler, die ein Trader begehen kann, macht er, wenn er das System anhand identischer Daten erstellt, optimiert und testet. Wenn es anhand eines Datensatzes optimiert wurde, funktioniert es selbstverständlich hervorragend, aber es sagt Ihnen noch lange nicht, wie es in der Zukunft funktioniert. Eines sollten Sie stets berücksichtigen: Egal, wie toll ein System beim Test abgeschnitten hat, es kann niemals die Zukunft voraussagen, da sich die Märkte verändern. Wenn Sie mit den Ergebnissen zufrieden sind, wollen Sie einen Chart vielleicht noch einmal anschauen, um zu sehen, wo man die Trades abgeschlossen hätte, um ein gutes Gefühl für die Funktionsweise des Systems zu bekommen. Sie wollen auch sichergehen, dass Ihre Ergebnisse nicht nur auf ein oder zwei starken Gewinnen beruhen. Schließlich wollen Sie mit einem System traden, das man besser vorhersehen kann und das gleichmäßig verläuft. Diese Art von Systemen funktioniert letztlich am besten; Systeme mit wilden Schwingungen können unvorhersehbar und gefährlich sein.

Als Letztes müssen Sie die Testergebnisse verstehen und wissen, wie man verschiedene Systeme miteinander vergleicht. Der Gesamtgewinn und das Gewinn-Verlust-Verhältnis sind dabei weniger wichtig als der durchschnittliche Gewinn und der Gewinnfaktor. Achten Sie auf den Drawdown: Können Sie sich das System überhaupt leisten? Gehen Sie nicht davon aus, dass der Drawdown ohnehin nicht sofort stattfindet – Sie könnten sich täuschen. Vergewissern Sie sich, dass Sie bei der Berechnung Ihrer Gesamtgewinne auch die Vermittlungsgebühren und die Slippage berücksichtigt haben, schließlich können diese die Ergebnisse erheblich beeinflussen.

Nehmen Sie sich Zeit für Ihren Test. Ignorieren oder vernachlässigen Sie ihn nicht, schließlich bildet er einen Grundbaustein, wenn es darum geht, Sie zu einem besseren Trader zu machen. Und traden Sie nie ein System, das Sie nicht vorher gründlich getestet haben!

Häufig auftretende Fehler beim Testen von Systemen:

1. Man testet sein System nicht.
2. Man weiß nicht, ob das System Geld macht.
3. Man tradet, ohne vorher sein System oder seine Trading-Methodik getestet zu haben.
4. Man weiß nicht, wie man Testergebnisse bewerten soll.
5. Man stellt das System und seine Ergebnisse nicht in Frage.
6. Man dreht wegen des Gewinn-Verlust-Verhältnisses völlig durch.
7. Man legt zu großen Wert auf den Gesamtgewinn.
8. Man ignoriert den Drawdown.
9. Man passt die Kurven eines Systems an spezielle Daten an.
10. Man übertreibt die Optimierung, bis das System perfekt ist (für die optimierten Daten).
11. Man testet nicht ausreichend Daten oder Marktsituationen.
12. Man verfügt über kein geeignetes Out Sample.
13. Man testet nicht genügend Märkte.
14. Man ignoriert Vermittlungsgebühren und Slippage.

So können Sie das Beste aus den Tests herausholen:

1. Verwenden Sie für die Tests geeignete Software.
2. Traden Sie nie mehr mit einer gescheiterten Strategie.
3. Wenn Sie mit den Ergebnissen nicht zufrieden sind, dann traden Sie das System auch nicht.
4. Vergewissern Sie sich, dass Sie über ausreichend Daten verfügen.
5. Ihr Test sollte mindestens 30 Trades umfassen.
6. Führen Sie den Abschlusstest mit einem Out Sample anhand frischer Daten durch.
7. Sparen Sie sich zumindest ein Drittel Ihrer Daten für das Out Sample auf.
8. Testen Sie unterschiedliche Marktsituationen.
9. Testen Sie dasselbe System in unterschiedlichen Zeitrahmen.
10. Testen Sie dasselbe System in unterschiedlichen Märkten.
11. Übertreiben Sie die Optimierung nicht, und passen Sie Ihr System nicht an spezielle Daten an.
12. Sie sollten wissen, wie man Testergebnisse bewertet.
13. Lernen Sie, verschiedene Systeme zu vergleichen.
14. Unterschätzen Sie Vermittlungsgebühren und Slippage nicht.
15. Stellen Sie sicher, dass Sie sich den größten Drawdown zwei Mal leisten können.
16. Vermeiden Sie unbeständige Systeme.
17. Vergewissern Sie sich, dass nicht alle Gewinne nur von ein oder zwei Trades stammen.

Hilfreiche Fragen, die Sie sich stellen sollten:

… Habe ich mein System oder meine Ideen gründlich getestet?
… Habe ich die Optimierung meines Systems übertrieben?
… Habe ich das System an spezielle Daten angepasst?
… Habe ich anhand eines Out Sample getestet?
… Verfügt das System über eine positive Erwartung?
… Wie viel bringt der durchschnittliche Trade?
… Habe ich Vermittlungsgebühren und Slippage realistisch eingeschätzt?

KAPITEL 14

Wie man einen Money-Management-Plan richtig einsetzt

DER ZOCKER

Ich vergleiche einen guten Trader gerne mit einem professionellen Zocker, da beide viele Gemeinsamkeiten aufweisen und konstant Gewinne erzielen. Professionelle Zocker kennen nicht nur ihre Gewinnchancen in- und auswendig, sie halten sich außerdem an feste Regeln, wie sie mit ihrem Geld umgehen. Dabei gehen sie kein unnötiges Risiko ein. Sie wissen, wann ihre Chancen günstig sind, und setzen mehr, sobald ihre Gewinnchance steigt. Wenn ihre Chancen gering sind, riskieren sie wesentlich weniger oder überhaupt nichts. Sie wissen, wie sie ihre Gewinne absichern, und sie wissen auch, wann sie aussteigen müssen, wenn sich die Glücksgöttin Fortuna einem anderen zuwendet. Diese Disziplin ermöglicht es ihnen, am nächsten Tag einen neuen Anlauf zu nehmen.

Unter den Top-Tradern befinden sich auch einige professionelle Karten- und Backgammon-Spieler, die von ihren beim Glücksspiel erworbenen Fähigkeiten nun auch beim Traden Gebrauch machen. Als Richard Dennis Schüler für seine »Turtles« suchte, standen professionelle Zocker, Backgammon- und Bridge-Spieler auf seiner Kandidatenliste ganz weit oben. Erfolgreiche Zocker und gute Trader haben eines gemein: Sie können das Risiko richtig einschätzen und entsprechende Einsätze tätigen.

Mit einem Zocker meine ich niemanden, der gerne Glücksspiele betreibt, sondern eine Person, die davon ihren Lebensunterhalt bestreitet. Die meisten Zocker verlieren; das ist eine Tatsache. Professionelle Zocker hingegen sind disziplinierter als der durchschnittliche Zocker und kennen die möglichen Resultate ihrer Spiele ganz genau. Sie setzen ihre Wetteinsätze ganz bewusst und nicht einfach zum Spaß, schließlich wollen sie davon leben. Sie scheuen alle das Risiko und gehen keine Wetten ein, die über keine positive Erwartung verfügen. Ein professioneller Kartenspieler setzt nicht auf große Gewinne, sondern ist zufrieden, wenn er konstante Resultate erzielt. Er spekuliert nur dann auf einen großen Gewinn, wenn seine Chancen günstig stehen. Zocker können durchaus verlieren, viel oder wenig, solange ihre Chancen intakt sind. Sie wissen, dass Verlieren dazugehört, wenn man Erfolg haben will, und solange sie das Richtige tun, macht es ihnen nichts aus zu verlieren; sie versuchen nicht, alles beim nächsten Blatt wieder reinzuholen. Sie wissen: Wenn sie sich an ihre Regeln halten, machen sie es in Zukunft durch konstante Gewinne wieder wett. Wenn ein Blackjack-Spieler bei einer Elf seinen Einsatz mit einer weiteren Karte verdoppelt (Double Down) oder ein Paar Asse auf zwei Hände verteilt (Split) und dann verliert, weiß er, dass er auf die richtige Wette gesetzt hat, und lässt sich nicht entmutigen. Langfristig gesehen zahlen sich diese Wetten aus, da sie eine positive Erwartung haben.

Erfolgreiche Zocker wissen auch, dass sie nicht bei jeder Hand mitmischen müssen. Ein guter Pokerspieler verfügt über die nötige Disziplin, um auch mal zu passen, bis die richtige Hand dabei ist. Er langweilt sich zwar fast zu Tode, aber er ist derjenige, der die meisten Chips vor sich liegen hat. Schlechte Spieler setzen niemals eine Runde aus, ganz so wie ein schlechter Trader, der sich immerzu im Markt befindet, selbst wenn es sich nur um geringfügige Trades handelt. Meistens sind es die Amateure, die versuchen zu bluffen. Profis tun dies längst nicht so häufig; sie setzen lieber auf die sicheren Hände und sitzen den Rest aus. Ein professioneller Zocker verfügt sowohl über eine genaue Strategie als auch über einen strikten Money-Management-Plan. Er weiß in allen Situationen ganz genau, was er tut, und muss nicht erst darüber nachdenken. Mit steigenden Gewinnchancen steigen auch seine Wetteinsätze. Er muss seine Wetteinsätze nicht unbedingt erhöhen, da er sich in einer erfolgreichen Phase befinden kann oder sein Geld verdoppelt hat. Es kommt nur sehr selten vor, dass ein Profi seine Einsätze aus dem Bauch heraus erhöht oder weil er glaubt, er sei unschlagbar. Er hält seine Wetteinsätze entsprechend den Gewinnaussichten auf einem gleich bleibenden Niveau. Der durchschnittliche Trader kann viel von einem professionellen Zocker lernen.

Eigenschaften eines professionellen Kartenspielers, von denen auch ein Trader profitieren kann:

… Er jagt einer Hand nicht hinterher.
… Er erhöht seine Wetteinsätze auf hochprozentige Hände.
… Er kennt das Risiko-Rendite-Verhältnis von jeder Hand.
… Er weiß, wann man es aussitzt.
… Er wettet, wenn die Gewinnchancen günstig sind.

… Er hat keine Angst vorm Verlieren.
… Er weiß, wie man verliert.
… Er verfügt über die nötige Disziplin.
… Er verfügt über eine Strategie.
… Er weiß, wie er mit seinem Geld umgeht.

Aber am allerwichtigsten ist, dass er weiß, wann er halten muss, wann er passen muss, wann er allmählich aussteigen muss, wann er sofort aussteigen muss … Das war der erste 45er, den ich je gekauft habe; ich denke, das sagt einiges über mich aus.

> **ZOCKEN IN DER CAFETERIA**
>
> Ich denke, ich habe manche Trader auf dem Parkett und in der Cafeteria mehr Karten oder Backgammon spielen sehen, als dass ich gesehen habe, wie sie wirklich traden. Ich kann mir nicht einen Arbeitstag an der Börse denken, an dem ich nicht stundenlang »Liar´s Poker« gespielt habe. Vielen Tradern liegt das Zocken förmlich im Blut; es liegt wohl in der Natur des Geschäfts, dass so viele Zocker angezogen werden. Wer zu den besten Zockern gehört, wird irgendwann auch zu einem passablen Trader. Wer nur zum Spaß zockt, wird später eher selten ein guter Trader; diese Leute neigen dazu, zu viele Trades und ein übertriebenes Risiko einzugehen. Wer die Kunst eines Spiels wie Bridge oder Backgammon beherrscht, wird später auch als Trader sehr erfolgreich sein. Viele dieser Bridge-Partien in der Cafeteria werden nicht von Amateuren ausgespielt. Einige dieser Typen könnten durchaus bei Turnieren teilnehmen, und sie können von ihren Fähigkeiten nun auch beim Traden Gebrauch machen, was sie letztlich zu Top-Tradern macht.

WIE WICHTIG EIN MONEY-MANAGEMENT-PLAN IST

Wenn es darum geht, den Hauptunterschied zwischen einem erfolgreichen und einem weniger erfolgreichen Trader zu ermitteln, dann geht es immer wieder auf eines hinaus: auf den richtigen Umgang mit Geld. Mir ist völlig egal, welcher Typ Trader Sie sind, ob Sie ein Trendfolge- oder Umschwungsystem verwenden, ein Scalper oder Langzeit-Trader sind, rein mechanische Systeme verwenden oder solche, die einen gewissen Ermessensspielraum lassen: Wer einem Money-Management-Plan folgt, wird am Ende wesentlich bessere Chancen haben, als Sieger aus dem Spiel hervorzugehen. Viel zu viele Trader haben gar keinen Money-Management-Plan, und selbst wenn sie einen haben, wissen sie nicht wirklich, was sie damit anfangen sollen. Wenn Sie nicht wissen, wie Sie mit Ihrem Kapital umgehen sollen, dann haben Sie als Trader keine allzu guten Chancen, Geld zu verdienen, selbst wenn Sie außergewöhnlich viel Glück haben.

Der richtige Umgang mit Geld ist ein weiteres Thema, dem in den meisten Trading-Büchern nicht genügend Beachtung geschenkt wird. Man kann ein Buch nach dem anderen finden, das sich mit technischer Analyse, Optionen oder gar Trading-Psychologie beschäftigt, doch kaum eines, das sich dem richtigen Umgang mit Geld beim Traden widmet. Dennoch ist dies einer der Hauptgründe dafür, dass Trader am Ende scheitern. Man kann über das tollste System der Welt verfügen und letztlich dennoch verlieren, wenn man nicht richtig mit seinem Geld umzugehen weiß. Ich hatte früher mehrere gute Systeme, versäumte es jedoch, mich intensiv genug auf den richtigen Umgang mit Geld und Risiko zu konzentrieren. Eine gewisse Zeit konnte ich noch Geld verdienen, doch danach gab ich alles wieder her, weil ich anfing, zu viel zu riskieren. Sobald eine kleine Durststrecke einsetzte, waren meine Gewinne und darüber hinaus noch weiteres Geld schnell verschwunden, da ich heftiger tradete, als es gut für mich war.

Demgegenüber kann man beim richtigen Umgang mit Geld auch mit einem mittelmäßigen System ganz weit vorne landen. Beinahe jede halbwegs anständige Trading-Strategie kann funktionieren, solange ein Trader richtig mit Geld umgehen kann. Selbst die einfachsten Systeme können großartige Ergebnisse hervorbringen, wenn man sie mit den geeigneten Risikotechniken verwendet. Ohne diese Techniken ist es äußerst schwierig, es als Trader zu schaffen. Im restlichen Teil dieses Kapitels beschäftige ich mich mit der Bedeutung eines Money-Management-Plans; im darauffolgenden Kapitel erörtere ich dann die nötigen Bestandteile.

Ich würde die Bedeutung eines Money-Management-Plans mit den Bremsen bei einem Auto vergleichen. Jeder 18-Jährige mit einem schnellen Auto spricht darüber, was er unter der Haube hat. Er mag das schnellste Auto auf der Straße haben, aber nur mit guten Bremsen kann er es auch fahren, ohne irgendwann Schrott zu bauen. Meine Mutter dagegen in ihrem großen alten Pontiac, die etwa 70 km/h fährt und sich mehr über ihre Bremsen als über alles andere Gedanken macht, fährt regelmäßig durch die Gegend, ohne dabei den kleinsten Blechschaden zu verursachen. Bei einem Money-Management-Plan verhält es sich ähnlich: Zwar kann ein gutes Trading-System durchaus beeindruckend sein, doch ohne den richtigen Umgang mit Geld kann man nichts erreichen und wird irgendwann scheitern.

UMGANG MIT GELD: WAS ALLE ERFOLGREICHEN TRADER GEMEINSAM HABEN

Der Einstieg in einen Trade ist nur ein kleines Teil des Puzzles, und der richtige Zeitpunkt zum Ausstieg ist ein weiteres Teil. Doch der richtige Umgang mit dem Risiko ist für den Erfolg eines Traders wesentlich wichtiger als die Ermittlung eines Trades und dessen Exits. Bei der Trader-Ausbildung hat man jedoch oft das Gefühl, dass der richtige Umgang mit Geld und das Setzen von Risikoparametern nur eine untergeordnete Rolle spielen. Man verbringt zu viel Zeit mit dem Blick auf Charts und dem Erstellen von Systemen und ignoriert den richtigen Umgang mit Geld so lange, bis es irgendwann zu spät ist. Einige Trader verschwenden nicht einmal während der Planungsphase eines Systems einen Gedanken darauf; sie konzentrieren sich nur auf Indikatoren und machen sich bei der Zusammenstellung eines Systems überhaupt keine Gedanken über das Ausmaß ihrer Trades, obwohl genau dies über Gedeih und Verderb eines Traders entscheidet. Es ist wesentlich schwerer zu lernen, wie man richtig mit seinem Kapital umgeht, als das Lesen von Charts, den Einstieg in Trades und das Setzen von Stopps zu erlernen. Nach elf Jahren gehört dies noch immer zu meinen größten Schwächen.

Ich glaube, der richtige Umgang mit Geld ist sogar noch wichtiger als die Auswahl der Trades. Wenn man *Market Wizards* liest oder einem Top-Trader zuhört, wird man feststellen, dass jeder Trader durchaus unterschiedlich an den Markt herangeht. Der eine schaut nach Trends, der andere nach Umschwüngen, einer ist ein Scalper, ein anderer hält jahrelang an seinen Positionen fest, einer tradet Optionen und ein anderer einfach Spreads, doch was sie alle gemeinsam haben, ist: Sie folgen einem strikten Money-Management-Plan und sind sich einig, dass er der Schlüssel ihres Erfolges ist.

DAS ZIEL EINES MONEY-MANAGEMENT-PLANS

Das Ziel eines Money-Management-Plans ist einfach: Es soll einem Trader ermöglichen, auch einen schlechten Trade, einen schlechten Tag oder eine Serie von Verlusten zu überstehen. Wenn man lernt, das Risiko zu kontrollieren, kann man wertvolles Kapital schützen und dadurch als Trader überleben, selbst wenn man einmal eine ganz gewöhnliche Durststrecke durchläuft. Ein Trader, der vernünftig mit Geld umzugehen weiß, kann durchaus 15 Trades mit Verlusten haben und danach mit zwei guten Trades alles wieder wettmachen. Ohne einen Money-Management-Plan kann es vorkommen, dass ein Trader 15 Trades hintereinander mit Gewinnen abschließt und danach alles in zwei schlechten Trades wieder verliert, da er keine Ahnung hat, wie viel er riskieren kann. Ohne einen vernünftigen Money-Management-Plan kann ein Trader durchaus scheitern, da er nicht weiß, wie viele Verluste er sich leisten kann, und schon ein paar Verluste ausreichen können, um ihn an einen Punkt zu bringen, an dem er keine Chance mehr hat.

Vor etwa 15 Jahren habe ich Charles Dickens *David Copperfield* gelesen. Dabei ist mir eine Szene bis heute nicht aus dem Kopf gegangen: als Mr. Micawber dem jungen David einen Ratschlag bezüglich des Umgangs mit Geld gibt:

»*Meinen anderen Rat kennst du, Copperfield*«, sagte Mr. Micawber. »*Jährliches Einkommen 20 Pfund, jährliche Ausgaben 19 Pfund, 19 Pence und sechs Shilling, Resultat Glück. Jährliches Einkommen 20 Pfund, jährliche Ausgaben 20 Pfund, irgendwas und sechs Shilling, Resultat Elend. Die Blüte ist vom Brand befallen, das Blatt ist verwelkt, der Gott des Tages fährt hinab auf die düstere Szene, und – und in Kürze wirst du für immer am Ende sein. So wie ich!*«

Im Grunde sagt er Folgendes: »Verdiene mehr, als du ausgibst (verlierst), und es geht dir gut; doch wenn du mehr ausgibst (verlierst), als du verdienst, bist du ruiniert.« Wenn Sie diese Denkweise auf Ihr Trading-Verhalten übertragen, werden Sie auch Erfolg haben. Übrigens: Wenn Sie *David Copperfield* noch nie gelesen haben – es lohnt sich wirklich, sich die Zeit dafür zu nehmen.

WERTVOLLES KAPITAL BEWAHREN

Entscheidend für den Erfolg ist, dass man lernt, die Verluste kleiner zu halten als die Gewinne. Vielen Tradern fällt es schwer, mit einem Verlust richtig umzugehen, doch letztlich lernen sie, dass es besser ist, 300 Dollar in einem Trade zu verlieren als 1.000 Dollar. Eine der elementaren Regeln, die ein Trader lernt, besagt, dass es nicht darauf ankommt, wie viel man verdient, sondern wie wenig man verliert. Wenn Sie sich an Kapitel 1 erinnern, wo es um die Bewahrung wertvollen Kapitals ging, dann werden Sie sich länger halten als die meisten. Ich schrieb mir früher jeden Tag auf meine Notizzettel »PPC« (Preserve Precious Capital« – Bewahre wertvolles Kapital), damit ich daran dachte; nun habe ich es ins Plastikgehäuse meines Computermonitors eingeritzt. Ich brauche diese stetige Erinnerung; sie hält mich in Schach, wenn ich den Sinn für die Realität verliere und allmählich mehr verliere, als ich eigentlich sollte.

Eines weiß ich ganz genau: Unabhängig von seinen Trading-Entscheidungen scheitert ein Trader daran, dass er schlecht mit Geld umgehen kann und dass er sein wertvolles Kapital nicht bewahrt hat. Sicher spielte schlechtes Trading auch eine große Rolle, doch letztlich scheiterten diese Trader daran, dass sie nicht wussten, wie sie mit Geld umgehen sollten, und dass sie ein zu hohes Risiko eingingen. Sie können nicht mehr traden, wenn Ihr Geld weg ist, deshalb riskieren Sie auf keinen Fall alles.

WAS ZU EINEM MONEY-MANAGEMENT-PLAN GEHÖRT

Money Management setzt sich aus vielen Komponenten zusammen. Dazu gehört, dass man weiß, wie viel man insgesamt riskieren kann, wie viel man pro Trade riskieren kann, wann man mehr riskieren kann, wie viel Kapital man zu jeder Zeit aufs Spiel setzen sollte, welches Exposure (Beschreibung eines Risikos) man insgesamt haben sollte, wo man eine Trennlinie ziehen sollte, wie man seine Positionsgröße auswählt und wie man ein richtiges Pyramidensystem aufbaut. Money Management ist Teil einer guten Ausstiegsstrategie, da Stopps und Positionsgröße aus einer Mischung ermittelt werden zwischen dem, was man laut Markt verlieren kann, und seinen persönlichen Risikoebenen, die vom jeweiligen Eigenkapital abhängen. Die Entscheidung, wie viele Kontrakte man tradet, stellt einen wesentlichen Teil des Tradens dar. Nicht alle Trades sind gleich, das heißt, manche sollte man mit geringerer Größe abschließen, während andere durchaus aggressiver sein können. Ihr Kapital hilft Ihnen dabei zu ermitteln, wie viel Sie riskieren sollten. Ein Trader mit einem 50.000-Dollar-Konto kann sich einen Verlust von 1.000 Dollar bei einem Trade leisten, doch ein Trader, dem am Anfang nur 3.000 Dollar zur Verfügung stehen, sollte – egal wie gut der Trade aussieht – nicht dasselbe Risiko eingehen.

RISIKOEBENEN

Neben einem konkreten Money-Management-Plan haben alle guten Trader niedrige Risikoebenen. Die beständigsten Trader sind nicht diejenigen, die am meisten gewinnen, sondern diejenigen, die am wenigsten verlieren. Wer eine niedrige Toleranzgrenze für Risiko hat, ist oft ein Top-Trader, da er sich nie in ein tiefes Loch eingräbt. Vielleicht gewinnt er nicht ganz so viel wie andere, aber immerhin tradet er beständiger.

Die Trader bei professionellen Trading-Firmen, die über größere Freiheit und größere Kaufkraft verfügen, sind nicht diejenigen, die am meisten Geld machen, sondern diejenigen, die am wenigsten verlieren, wenn sie wirklich einmal verlieren. Die Unternehmensführung fühlt sich wohler, wenn sie jemandem, der kleine Verluste in Kauf nimmt und konservative Trades durchführt, eine größere Freiheit beim Traden einräumt, als wenn es sich um ein Greenhorn handelt, das ständig umschwenkt und selbst dann, wenn es erfolgreich ist, unbeständige Kapitalumschwünge verzeichnet. Diese Greenhorns können gefährlich sein, und einige richten einen gewaltigen Schaden an, wenn sie falsch liegen.

Ich weiß nicht, ob Risikotoleranz etwas ist, was man an sich ändern kann. Ich versuche schon seit Jahren, meine Risikobereitschaft zurückzufahren, doch es ist mir immer schwer gefallen. Zwar konnte ich mich bessern, doch bisweilen gehe ich immer noch mehr Risiko ein als manch anderer. Wenn Sie ein Problem damit haben, dass Sie zu viel Risiko eingehen, müssen Sie sich dies zugestehen und versuchen, etwas dagegen zu unternehmen. Wenn Sie einen Money-Management-Plan erstellen, dann legen Sie feste Risikoebenen fest und vergewissern Sie sich, dass Sie sich auch daran halten können. Es tut Ihnen nicht gut, Risikoparameter zu haben, die Sie nicht einhalten können. Seien Sie also realistisch, wenn es um Ihre Ziele geht.

WISSEN, WIE VIEL MAN RISKIERT

Bevor ein Trader seinen ersten Trade eingeht, sollte er sich daranmachen, einen geeigneten Risikoplan ins Spiel zu bringen. Das bedeutet: Man weiß zu jeder Zeit, wie viel man zu verlieren bereit ist. Man sollte einen Höchstbetrag haben, den man bei einem Trade riskieren möchte, unabhängig vom Markt. Man muss ermitteln, welchen Teil seines Kapitals man riskieren möchte. Außerdem sollte man wissen, wie viel man insgesamt bei seinen Positionen riskieren möchte und wo man eine Trennlinie zieht. Man sollte wissen, dass man bei einem Verlust einer bestimmten Summe X innerhalb eines Tages, einer Woche oder eines beliebigen anderen Zeitraums aus all seinen Positionen aussteigt – oder zumindest aus denen, die nicht funktionieren. Wenn man seine Trennlinie erreicht, ist es manchmal das Beste, wenn man sich ein paar Stunden oder Tage Zeit nimmt, um sich neu einzuordnen. Jeder sollte ein Limit, eine Verlustgrenze für den Tag einbauen und, wenn diese erreicht wird, entweder Feierabend machen oder aus seinen Positionen aussteigen und eine Runde spazieren gehen. Vor einigen Monaten durchlief ich solch eine Durststrecke, in der ich drei Wochen lang fast täglich Geld verlor, bis ich mir schließlich eine Woche Auszeit nahm und in Urlaub fuhr. Als ich zurückkam, hatte ich den Kopf wieder frei und konnte neu loslegen.

Man sollte auch wissen, wann man das Risiko anpasst. Das Risiko ändert sich – ebenso wie der Markt – andauernd. Man sollte sich darüber im Klaren sein und sein Trading entsprechend modifizieren. Einige Trades bieten ein besseres Gesamtpaket als andere, sodass es durchaus sein kann, dass man bei ihnen mehrere Kontrakte riskieren möchte. Manchmal befindet man sich vielleicht in einer Position, und der Markt verläuft allmählich unbeständiger, oder in sechs Minuten wird ein wichtiger Bericht veröffentlicht. Das Risiko nimmt allmählich zu, und es wäre klug, sich darüber Gedanken zu machen, ob man aussteigt oder etwas kürzer tritt, um den Gesamtrisikoumfang einzuschränken. Das Risiko ist nicht mehr dasselbe, und wenn man nicht etwas kürzer tritt, kann man wesentlich größere Verluste erleiden als ursprünglich beabsichtigt.

LASSEN SIE SICH NICHT VOM LETZTEN TRADE BEEINFLUSSEN

Es kommt vor, dass ein Trader in einen Trott gerät und einen schlechten Vormittag, einen schlechten Tag oder eine schlechte Woche hat. Manchmal können die Dinge außer Kontrolle geraten, und ein Trader macht keinen Mucks oder kümmert sich nicht mehr darum und fängt an, all seine Money-Management-Regeln zu ignorieren. Ein typisches Szenario ist, dass er anfängt, die maximale Anzahl von Kontrakten zu traden, die er sich laut den Risikoparametern in seinem Money-Management-Plan leisten kann. Wenn er normalerweise zwei Kontrakte tradet und diese sich schnell gegen ihn entwickeln, kann es durchaus sein, dass er seine Stopps und seinen Money-Management-Plan außer Acht lässt, weil er keine Lust hat, einen Verlust mitzunehmen. Bald hat er dann einen wesentlich größeren Verlust als gedacht am Hals, und er will ihn wieder wettmachen. Was mancher schlechte Trader nun als Nächstes tut (und ich habe böse Prügel dafür eingesteckt), ist Folgendes: Er tradet beim nächsten Trade vier Kontrakte, damit er seinen Verlust leichter wettmachen kann und mit einem Gewinn nach Hause geht. Weitaus schlimmer: Wenn er immer noch an seiner Position festhält, baut er sie vielleicht noch weiter aus, weil er sich denkt: »Wenn sie mir bei 1.351,00 Dollar gefallen hat, dann gefällt sie mir bei 1.334,50 Dollar erst recht. Außerdem: Wie weit könnte sie heute möglicherweise noch nach unten gehen?«

Wenn Sie nie mehr als zwei Kontrakte traden, dann traden Sie auch nicht mehr als zwei Kontrakte, nur weil Sie bei einem vorherigen Trade große Verluste erlitten haben. Traden Sie niemals mehr als die in Ihrem Money-Management-Plan vorgesehene Höchstzahl von Kontrakten. Wenn Sie sich aus irgendeinem Grund dabei erwischen, hören Sie auf damit und denken Sie darüber nach, was Sie gerade tun. Lassen Sie Ihren Money-Management-Plan nicht außer Acht, und fangen Sie nicht an, aggressiver zu traden, nur weil Sie Verluste wieder reinholen möchten; so erleiden Sie hundertprozentig weitere schlimme Verluste.

Genauso wichtig ist es, sich während einer Glückssträhne an seinen Money-Management-Plan zu halten. Die schlimmsten Verluste ereignen sich oft nach einer ausgedehnten Serie von Gewinnen, da man dann oft zu übermütig wird und seine Risikoparameter ignoriert. Wenn Sie einen guten Money-Management-Plan haben, dann halten Sie sich sowohl in guten als auch in schlechten Zeiten daran. Ihre letzten Trades sollten niemals einen Einfluss darauf haben, wie viel Sie beim nächsten Trade riskieren.

GENUG GELD ZUM TRADEN HABEN

Hier nun ein weiterer Aspekt des Money Managements. Er betrifft jedoch eher Ihren persönlichen Umgang mit Geld als das Traden an sich: Stellen Sie sicher, dass

Sie sich das Traden überhaupt leisten können. Bevor Sie mit dem Traden beginnen, vergewissern Sie sich, dass Sie genug Kapital zur Verfügung haben, damit Sie traden und Ihren Lebensunterhalt bestreiten können, ohne dass Sie ihr Trading-Konto angreifen müssen. Wollen Sie mit Ihrem Trading-Konto Ihren Lebensunterhalt bestreiten und gleichzeitig Ihren Kontostand erhöhen? Wenn Sie damit erst einmal anfangen, wird es sehr schwer, ein Konto wachsen zu lassen. Ein Trader sollte nicht gezwungen sein, seine Rechnungen mit dem Geld von seinem Trading-Konto zu bezahlen; so wird er nie richtig vorankommen. Sie können sich nicht vorstellen, welche Last von mir abfiel, als ich mir endlich keine Gedanken mehr darüber machen musste, Geld von meinem Trading-Konto zu nehmen, um meine Rechungen zu bezahlen. Als ich meine finanziellen Belastungen endlich los war, konnte ich mich entspannen und die Sache lockerer angehen. Dies wirkte sich auch direkt auf mein Trading-Verhalten aus, da es mir nun leichter fiel, Geld zu verdienen. Es ist schon so schwer genug, Geld zu verdienen; wenn man dann auch noch Gewinne vom Konto nimmt, ist dies nicht gerade hilfreich. Selbst wenn man Geld nur fürs Traden auf die Seite legt, ist es genug, um es richtig zu machen, oder verschwendet man nicht nur ein paar tausend Dollar, weil man nicht genug hat, um es richtig anzugehen? Ein Trader muss sicherstellen, dass er eine Durststrecke durchstehen kann – sogar eine richtig üble Durststrecke –, ohne dass dabei sein Kapital zu sehr angegriffen wird und er irgendwann nicht mehr traden kann. Deshalb sollten Sie Ihre Trading-Systeme unbedingt testen: Dann erhalten Sie eine ungefähre Vorstellung davon, welcher Drawdown Ihnen bevorstehen könnte. Glauben Sie mir, diese Drawdowns und Durststrecken wird es geben, also bereiten Sie sich darauf vor.

KLEINE KONTEN

Ich habe Folgendes festgestellt: Kleine Trader riskieren weitaus mehr als große Trader. Genauso verhält es sich mit kleinen Zockern. Sie haben nur wenig zu verlieren, und wenn sie wirklich alles verlieren, macht es das Kraut auch nicht fett. Ein Trader mit einem kleinen Konto muss wesentlich sorgfältiger abwägen, wie viel er riskiert, da er sich nicht den Luxus erlauben kann, Fehler zu begehen.

Wer ein kleines Konto hat, ignoriert oft seine Positionsgröße und glaubt, Money Management würde ihn nicht betreffen, da er ohnehin nichts daran ändern könne. Er riskiert 50 Prozent seines Kapitals für Trades, da ihm nichts anderes übrig bleibt. Er setzt alles auf eine Karte und kann sehr schnell sehr viel verlieren, wenn diese Karte nicht sticht. Er weiß, wenn er 100.000 Dollar zur Verfügung hätte, dann würde er sein Risiko verteilen oder pro Trade höchstens zwei Prozent riskieren. Schließlich hat er genau dies in all den Büchern gelesen. Doch er riskiert mit seinem 5.000-Dollar-Konto genauso viele Dollars auf einen Trade, wie er es bei einem 100.000-Dollar-Konto machen würde. Es lässt sich leicht erkennen, welches Szenario hier eher funktioniert. Zwei oder drei Verluste reichen völlig, um den kleineren Trader zu eliminieren, während diese Verluste für den größeren Trader nur ein paar bedeutungslose Tropfen auf den heißen Stein sind. Wenn Sie ein kleines Konto haben und traden müssen, dann nehmen Sie Money Management nicht auf die leichte Schulter; vergewissern Sie sich, dass Sie es sich leisten können, so zu traden, wie Sie wollen, und halten Sie Ihr Risiko im Vergleich zur Größe Ihres Kontos gering.

VERGEWISSERN SIE SICH, DASS IHRE STRATEGIE ÜBER EINE POSITIVE ERWARTUNG VERFÜGT

Ich habe Folgendes immer wieder gelesen: Wenn man nicht mit einem System tradet, das eine positive Gewinnerwartung hat, dann hilft auch keine Money-Management-Technik oder Strategie, die die Größe der Position betrifft, um Gewinne zu erzielen. Kasinos und Lotterien haben eine positive Gewinnerwartung, doch egal, welche Strategie ein Zocker verwendet, langfristig gesehen gewinnt immer das Kasino. Sicher, der eine oder andere wird sie auch mal schlagen, doch Kasinos kümmern sich nicht um Einzelne; sie interessiert nur das große Ganze. Kasinos, die wiederholt Wetteinsätze annehmen, gewinnen allein schon deshalb, weil sie eine positive Erwartung haben und die Chancen gut für sie stehen.

Dies gilt auch für Trader. Wenn man ein System mit einer positiven Erwartung hat, kann man langfristig gesehen Geld machen. Wenn es eine negative Erwartung hat, sollte man die Hände vom Traden lassen, da es sich um kein lohnendes Geschäft handelt. Wenn man etwas testet, kann man sehen, ob es eine positive Erwartung hat. Wenn es in der Vergangenheit nicht funktioniert hat, sollte man nicht davon ausgehen, dass es in der Zukunft funktioniert. Eine positive Erwartung bedeutet noch nicht, dass man Trades findet, die in mehr als 50 Prozent der Fälle funktionieren; es bedeutet, dass man Trades findet, die, wenn sie funktionieren, besser als die verlustreichen Trades abschneiden. Lassen Sie sich von einem niedrigen Gewinn-Verlust-Verhältnis nicht beunruhigen. Sie können in 30 Prozent aller Fälle richtig liegen und immer noch Geld verdienen. Das Ziel ist Folgendes: Das Produkt aus den Trades, die Gewinne einbringen, und dem Durchschnittsgewinn sollte größer sein als das Produkt aus den Trades, die Verluste einfahren, und dem Durchschnittsverlust. Wenn Sie zum Beispiel ein System mit einem 30-prozentigen Gewinn-Verlust-Verhältnis haben, aber durchschnittlich pro Trade mit Gewinn 800 Dollar machen und durchschnittlich pro Trade mit Verlust 300 Dollar verlieren, dann würde Ihre Erwartung in diesem Fall folgendermaßen aussehen: (0.30 x \$ 800) – (0,70 x \$ 300) = \$ 240 – \$ 210 = \$ 30 durchschnittlicher Gewinn pro Trade. Dies reicht kaum aus, um die Vermittlungsgebühren davon zu bestreiten, aber es stellt die Grundlage für ein profitables Trading-System dar. Man benötigt einen leicht höheren Durchschnittsgewinn pro Trade, damit es sich lohnt. Dies erreicht man entweder durch höhere Gewinne, geringere Verluste oder eine bessere Erfolgsquote. Steigen Sie erst als Trader ein, wenn Sie eine Strategie gefunden haben, deren positive Erwartung ausreicht, um Vermittlungsgebühren und Slippage davon zu bestreiten; solange dies nicht der Fall ist, arbeiten Sie an einer besseren Strategie.

EIN BESSERER TRADER WERDEN

Ein besserer Trader zu werden heißt, die Bedeutung und richtige Verwendung eines Money-Management-Plans zu kennen, damit man sein wertvolles Kapital bewahren kann. Money Management ist wohl das Wichtigste, wenn man bestimmen will, wer ein erfolgreicher Trader ist. Das Auffinden von und der Einstieg in Trades stellen nur einen Teil von Trading dar; solange ein Trader nicht weiß, wie er mit seinem Kapital umgehen soll, wird er kaum erfolgreich sein. Dies bedeutet nicht nur, dass man weiß, wie man nach einem Trade mögliche Verluste überwacht; vor dem Einstieg in das Trading benötigt man viel Zeit, um sich einzuarbeiten. Man sollte im Voraus wissen, welches Risiko man sich allgemein oder pro Trade leisten kann. Man sollte wissen, wie viele Kontrakte man auf einmal haben kann. Man sollte wissen, wie viel man an einem Tag verlieren kann, bis man sich geschlagen gibt oder sich eine kurze Auszeit gönnt. Man sollte unbedingt über einen Money-Management-Plan verfügen, weil man dadurch verhindert, dass man an einem Tag vollständig eliminiert wird und am nächsten nicht mehr traden kann. Wenn man erfolgreich sein will, sollte man sicherstellen, dass das System eine positive Erwartung hat. Wenn dies nicht der Fall ist, kann man unabhängig von der Qualität seines Money-Management-Plans langfristig gesehen unmöglich Geld verdienen. Es reicht jedoch nicht, einen Money-Management-Plan zu haben, man muss ihn auch einhalten können. Man kann nur erfolgreich sein, wenn man die nötige Disziplin aufbringt, sich an seine Regeln und Parameter auch zu halten.

Die besseren Trader sind diejenigen, die wissen, wie man das Risiko am besten kontrolliert. Es gibt mit Sicherheit andere, die von Zeit zu Zeit mehr Geld verdienen, aber wer sein Risiko am besten im Griff hat, wird langfristig gesehen konstanter sein. Wenn Sie Ihr Risiko stets im Blick haben und Ihr Trading dem Risiko entsprechend anpassen, bestehen gute Chancen, dass Sie nicht allzu viel verlieren. Denken Sie daran: Für einen erfolgreichen Trader ist nicht entscheidend, wie viel er gewinnt, sondern wie wenig er im Falle eines Verlustes verliert. Sie werden wahrscheinlich öfter, als Ihnen lieb ist, Verluste einfahren, deshalb ist es der Schlüssel zum Erfolg, diese Verluste unter Kontrolle zu halten.

Die Gefahren eines fehlenden oder falsch gebrauchten Money-Management-Plans:

1. Man verliert all sein Geld.
2. Man weiß nicht, wie viel man riskieren kann.
3. Es fehlt eine Anleitung.
4. Man weiß nicht, wann man aussteigen soll.
5. Man tradet ein System mit negativem Erwartungswert.
6. Man rikiert mehr, als man sich leisten kann.
7. Man passt sein Risiko nicht an, wenn es nötig wäre.
8. Man verfügt nicht über die nötige Disziplin, sich an einen Plan zu halten.
9. Man ignoriert bei großen Gewinnen oder Verlusten die Lage der Risikoparameter.
10. Man glaubt nicht, dass man große Drawdowns erleiden könnte.

Die Bedeutung eines Money-Management-Plans:

1. Er gilt unter Tradern als allgemeiner Leitfaden.
2. Er hilft, wertvolles Kapital zu bewahren.
3. Er zeigt einem Trader, wie viel er riskieren kann.
4. Er hilft einem Trader, sich aufs Ärgste vorzubereiten.
5. Er hilft einem Trader, seine Verluste im Rahmen zu halten.
6. Er zeigt einem Trader, wie viele Kontrakte er traden kann.
7. Er sorgt dafür, dass ein Trader über ausreichend Kapital verfügt.
8. Er verhindert, dass man eliminiert wird.
9. Er hilft bei der Ermittlung realistischer Ziele.
10. Er liefert einem Trader konkrete Trennlinien.
11. Er verhindert, dass man zockt.
12. Er hilft einem Trader, seine maximalen Verluste im Voraus zu bestimmen.

Hilfreiche Fragen, die Sie sich stellen sollten:

… Hilfreiche Fragen, die man sich stellen sollte:
… Verfüge ich über einen soliden Money-Management-Plan?
… Weiß ich, wie viel ich riskieren kann?
… Verfüge ich über ausreichend Kapital zum Traden?
… Hat mein System einen positiven Erwartungswert?
… Halte ich mich an meinen Plan?
… Gehe ich ein zu hohes Risiko ein?

KAPITEL 15

Risikoparameter bestimmen und einen Money-Management-Plan erstellen

Es ist leicht, jemandem zu sagen, er solle einen Money-Management-Plan erstellen; schwierig wird es, wenn man ihn dazu bringen will, auch tatsächlich einen zu erstellen. Doch wenn Sie sich die Zeit für diese wichtige Sache nehmen, werden Sie viel eher zu einem besseren Trader. Ein Money-Management-Plan muss nicht bis ins kleinste Detail ausgearbeitet sein, man sollte vielmehr über eine Art Richtschnur verfügen, um seine Finanzen im Blick zu behalten. Wenn Sie einen Money-Management-Plan erstellen, dann ermitteln Sie Ihre Risikoparameter und wissen, wie viele Verluste Sie sich leisten können, wie viel Sie riskieren können, wie viele Kontrakte Sie traden können und wann Sie Ihr Trading-Volumen vergrößern sollten. Dieses Kapitel sollte Ihnen vermitteln, was in einen Money-Management-Plan gehört und wie man ihn erstellt. Manche Dinge, die Sie bereits aus dem vorangegangenen Kapitel kennen, können sich wiederholen, doch auf diese Weise können Sie das Wesentliche besser im Kopf behalten.

VERGEWISSERN SIE SICH, DASS SIE ÜBER AUSREICHEND KAPITAL VERFÜGEN

Zunächst sollten Sie sich vergewissern, dass Ihnen ausreichend Kapital zum Traden zur Verfügung steht. Wenn man ohne ausreichende Mittel tradet, verringert man seine Erfolgschancen, da man ohne Geld unmöglich gute Risikoparameter festlegen kann. Es wird völlig normal, dass man viel zu große Positionen einnimmt, wenn man über zu wenig Kapital verfügt. Einige kleine Trader glauben, sie würden über ausreichendes Kapital verfügen, solange es genügt, um in einen Trade einzusteigen. Oft reizen sie ihr Kapital bis zum Letzten aus, nur weil ihnen nichts anderes übrig bleibt. Die Tatsache, dass man über genug Kapital verfügt, um einen Trade eingehen zu können, bedeutet noch lange nicht, dass man ausreichend kapitalisiert ist, um es auch zu tun. Wer zu wenig Kapital hat, riskiert letztlich weit mehr, als er eigentlich sollte, und wenige Fehler reichen vollkommen aus, um ihn in Schwierigkeiten zu bringen.

TRADEN SIE, WAS SIE SICH LEISTEN KÖNNEN

Dies bringt uns zum nächsten Punkt: das traden, was man sich leisten kann. Ein 5.000-Dollar-Konto kann ausreichen, um Getreide zu traden, aber zu wenig sein, um Sojabohnen oder Kaffee zu traden. Einige Märkte verlaufen zu wechselhaft, und man sollte sie wegen der damit verbundenen Risiken möglichst meiden. Im Rahmen seiner Möglichkeiten zu traden heißt nicht nur, sich Märkte herauszusuchen, die man sich finanziell leisten kann; es heißt auch, die Anzahl der Kontrakte oder Aktien, die man tradet, einzuschränken. Die Karriere eines Traders kann ganz schnell zu Ende sein, wenn er statt 200 Stück einer Aktie 500 Stück im Tageshandel einkauft. Langfristig gesehen verdient man lieber weniger und hält seine Verluste im Rahmen, als dass man versucht, zu viel zu verdienen, und Verluste hat, die zu groß ausfallen.

> **BETRACHTEN SIE ES NICHT ALS GELD, DESSEN VERLUST SIE SICH LEISTEN KÖNNEN**
>
> Jeder weiß, dass man mit Geld traden sollte, dessen Verlust man sich leisten kann, doch betrachten Sie es möglichst nicht so. Wenn Sie die Einstellung haben, dass alles, was sich auf Ihrem Konto befindet, Risikokapital ist und damit Geld, dessen Verlust Sie verschmerzen können, dann fühlen Sie sich weniger dazu gezwungen, das Geld, das Sie besitzen, auch zu bewahren. Ich verhalte mich folgendermaßen, wenn ich ins Kasino gehe: Ich gehe rein und und denke: »Nimm mal 1.000 Dollar mit und hab Spaß!« Wenn ich sie verliere, dann verliere ich sie eben. Und wissen Sie was? Ich verliere sie meistens. Doch wenigstens der Geldautomat zahlt immer. Wenn Sie traden, sollten Sie jeden Cent auf Ihrem Konto zu schätzen wissen und nicht leichtfertig aufs Spiel setzen. Wenn Sie Ihr Kapital wie eine Art Bonus behandeln, verliert es an Bedeutung für Sie.

DENKEN SIE DEFENSIV

Trainer behaupten immer, die Defensive gewinne die Spiele. Natürlich ist die Offensive auch wichtig, aber solange die andere Mannschaft kein Tor erzielt, kann man das Spiel nicht verlieren. Beim Traden sollte man immer versuchen, zunächst defensiv zu denken und erst danach offensiv. Bevor Sie in einen Trade einsteigen, beurteilen Sie zunächst das Risiko. Sobald dies geschehen ist, können Sie allmählich darüber nachdenken, ob sich der Trade überhaupt lohnt und, falls dies der Fall ist, wie viele Kontrakte und Wertpapiere Sie einsetzen können. Sie sollten immer erst daran denken, wie wenig Sie verlieren können, bevor Sie darüber nachdenken, wie viel Sie gewinnen können. Wenn Sie sich zunächst auf das Risiko konzentrieren, dann genießt Money Management Vorrang gegenüber Trading-Entscheidungen und -Einschätzungen. Gehen Sie kein unnötiges Risiko ein, wenn es nicht unbedingt sein muss oder wenn Sie die Lage nicht mehr unter Kontrolle haben. Wenn ein Pressebericht oder eine Kennziffer veröffentlicht wird, können Sie nicht mehr überblicken, wie groß Ihr möglicher Verlust ausfällt, falls der Markt danach einen Kurssprung durchführt, der ungünstig für Sie verläuft. In solchen oder ähnlichen Situationen lohnt sich das zusätzliche Risiko, falsch zu liegen, nicht. Wenn Sie sich über das Risiko nicht im Klaren sind, lassen Sie die Finger vom Trade, ansonsten kann es ungemütlich werden.

RISIKO- UND MONEY-MANAGEMENT-PARAMETER BESTIMMEN

Wie viel man riskieren sollte

Wenn man seine Money-Management-Parameter ermittelt, sollte man zunächst feststellen, wie viel man überhaupt riskieren will. Die meisten Neulinge wissen nicht, wie viel sie riskieren sollen, und das erweist sich letztlich als eines ihrer Hauptprobleme. Sie wissen nicht, wie viele Kontrakte sie traden sollen, welchen Teil ihres Kapitals sie zu einer bestimmten Zeit riskieren sollen, wie viele verschiedene Positionen sie innehaben sollen, welche Märkte einander entsprechen, wie sich das Risiko bei mehreren Positionen verändert, wo sie ihre Stopps platzieren und wann sie sie verschieben sollen. Die Folge ist, dass viel zu viele Trader letztlich ein übertriebenes Risiko eingehen. Wenn man lediglich mit 5.000 Dollar tradet, hat man keine Lust, bei irgendeinem Trade 3.000 Dollar zu riskieren. Es gibt einen angemessenen Betrag, mit dem man traden kann, ohne ein übertriebenes Risiko einzugehen. Diesen kann man durch das Setzen von Risikoparametern ermitteln. Ein Trader muss aufpassen, wie viel er riskiert, und genau wissen, welches Ausmaß seine Verluste annehmen dürfen, damit sie in sein persönliches Risikoprofil passen.

Risikokapital kontra Gesamtkapital

Egal wie hoch Ihr verfügbares Gesamtkapital ist, es sollte nicht gleichbedeutend sein mit dem Betrag, den Sie zum Traden verwenden. Stattdessen sollten Sie lieber Ihr verfügbares Trading-Kapital hernehmen und es in zwei Hälften aufteilen oder in ein anderes Verhältnis, mit dem Sie sich wohl fühlen. Wenn es die Hälfte ist, dann ist dies der Betrag, mit dem Sie traden; nennen wir es Risikokapital. Bewahren Sie die andere Hälfte auf einem festverzinslichen Konto auf und verwenden Sie sie nur als Sicherheitsnetz. Dieses Geld verwenden Sie nicht zum Traden, vielmehr dient es als zusätzliche Sicherheit dafür, dass Sie über ausreichend Kapital verfügen. Wenn Sie zu keiner Zeit mehr als 50 Prozent Ihres gesamten Trading-Kapitals riskieren, kann es Ihnen nie passieren, dass Sie vollständig eliminiert werden. Selbst wenn Sie eine Durststrecke durchlaufen und Ihr Risikokapital verlieren, haben Sie immer noch die andere Hälfte zum Traden. Dieses Vorgehen verzeiht Ihnen auch Fehler, sodass Sie auch in Zukunft noch traden können. Es zwingt Sie automatisch, Ihren Gesamtrisikoumfang zurückzufahren, da Sie nur ein begrenztes Kapital haben, das Sie riskieren können.

Money Management mit festem Teilbetrag

Wenn man entscheidet, wie viel man bei einem Trade riskiert, ist es normalerweise üblich, pro Trade höchstens einen festen Prozentsatz seines Kapitals zu riskieren. Dies bezeichnet man als Money Management mit festem Teilbetrag. Normalerweise ist es gängige Praxis, pro Trade fünf Prozent seines gesamten Risikokapitals oder weniger zu riskieren. Zwar stellen fünf Prozent Risiko pro Trade einen vertretbaren Betrag dar, doch professionelle Trader gehen bis unter zwei Prozent pro Trade herunter. Leider ist der durchschnittliche Trader dazu nicht in der Lage, selbst wenn er über ein Konto mit 50.000 Dollar verfügt. Ein Risiko von fünf Prozent (2.500 Dollar) lässt in einigen Märkten selbst dann nicht allzu viel Spielraum, wenn man nur einen Kontrakt tradet. Wenn man dies auf zwei Prozent reduziert, kann man kaum noch umfangreichere Trades durchführen. Vergessen Sie all diejenigen, die versuchen, mit lediglich 3.000 Dollar auf dem Konto zu traden; sie riskieren letztlich bei fast jedem Trade mehr als 20 Prozent ihres Kapitals – eine Durststrecke, und das war's dann.

Es gibt einen Grund, warum man niemals mehr als fünf Prozent riskieren sollte: Man kann auch 20 Mal hintereinander falsch liegen, ohne gleich eliminiert zu werden; das heißt die Wahrscheinlichkeit, das dies passiert, sinkt erheblich. Selbst nach einer gewissen Durststrecke hat man noch eine reelle Chance, vorausgesetzt, man ist in dieser Phase konservativ vorgegangen. Wenn man sein Risiko nicht angemessen verteilt, kann man schon nach einer kleinen Durststrecke einen Totalverlust erleiden. Es ist durchaus nichts Ungewöhnliches, fünf Mal hintereinander Verluste einzufahren, und wenn man zu viel riskiert, kann dies gleichbedeutend mit dem Ende der Trading-Karriere sein. Doch wenn man über ausreichend Kapital verfügt, ist es völlig unbedeutend.

Durch Money Management mit festem Teilbetrag weiß man jederzeit, wie viel man riskieren kann. Mit wachsendem Konto wird ein Trader allmählich mehr riskieren, wobei er im Vergleich zu vorher den Prozentsatz beibehält. Angenommen, er riskiert bei einem 10.000-Dollar-Konto fünf Prozent oder 500 Dollar pro Trade, dann kann er bei 15.000 Dollar 750 Dollar riskieren. Dazu kann er entweder Trades mit größeren Stopps verwenden, oder er tradet mehr Kontrakte pro Trade.

Manche Trader fühlen sich dazu verleitet, während einer Durststrecke weitere Positionen hinzuzufügen. Dies geschieht aus zweierlei Gründen. Zum einen müssen sie Verluste wettmachen und glauben, dies am besten dadurch zu erreichen, dass sie ihre Positionsgröße verdoppeln. Zum anderen sind sie der Meinung, ein Gewinn sei überfällig, da sie ja schließlich eine Durststrecke durchlaufen haben und das Blatt sich irgendwann wenden müsse. Das ist nicht der richtige Zeitpunkt, sein Risiko zu erhöhen, denn in beiden Fällen hat der Trader keine allzu großen Chancen. Wenn jemand versucht, sich aus einem Loch herauszuschaufeln, und danach weniger Geld als zuvor hat, hat er sich letztlich nur noch tiefer eingegraben. Druck auszuüben ist nicht der richtige Weg, um Verluste wettzumachen; bei solchen Trades befindet man sich meist in einem emotional schlechten Zustand und hält sich niemals an die vorgegebenen Grenzen eines Money-Management-Plans. Wer dies tut, tradet letztlich ohne Absicherung und riskiert zu viel.

Wenn man Geld verliert, muss man seine Risikoebenen entsprechend anpassen. Man kann mit 10.000 Dollar nicht genauso viel riskieren wie mit 25.000 Dollar. Ich bin auch während einer Glückssträhne vorsichtig, was ein erhöhtes Risiko angeht, da es sich nicht vermeiden lässt, dass, sobald eine Durststrecke kommt, diese größer ausfällt als die während der Glückssträhne eingefahrenen Gewinne. Im Wesentlichen genügen ein bis zwei schlechte Trades, die mit größeren Positionen ausgeführt werden, um ganze Wochen oder Monate voller guter Trades, die mit kleineren Positionen durchgeführt wurden, zunichte zu machen.

Positionsgröße

Wie viele Kontrakte man traden sollte

Die Größe einer Position macht einen wesentlichen Teil des Tradings aus, und sie kann einem Trader großen Schaden zufügen. Wenn ein Trader nicht weiß, wie viel er traden soll, kann dies letztlich sehr schlecht für ihn sein. Jemand kann in 60 Prozent aller Fälle richtig liegen und letztlich dennoch großen Schaden erleiden, wenn er bei seinen Verlusten mehr riskiert hat. Wenn man weiß, wie viel man pro Trade riskieren kann, stellt dies nur den ersten Schritt dar; danach muss man entscheiden, wie viele Wertpapiere oder Kontrakte man zu jeder Zeit haben sollte. Dies sollte in zwei Schritten geschehen. Zunächst sollte man sich eine Obergrenze setzen, wie viele Kontrakte man pro Markt höchstens tradet; dies ist der einfache Schritt. Schwieriger wird es, wenn man ermittelt, wie viel man, abhängig vom Marktrisiko oder von der Erfolgswahrscheinlichkeit eines Trades, auf dem Konto haben sollte.

Viele Trader scheitern letztlich, weil sie zu große Trades tätigen und deshalb ein zu hohes Risiko eingehen. Dies gilt vor allem für Trader mit kleineren Konten. Wenn sie einen Kontrakt traden, haben sie normalerweise zu wenig Kapital zur Verfügung, doch wenn sie ein bisschen Geld verdienen und damit beginnen, zwei Kontrakte zu traden, überschulden sie sich wirklich.

Der Entscheidung, wie viel man traden soll, wird bei weitem nicht genug Aufmerksamkeit gewidmet. Die Trader sind zu sehr damit beschäftigt, zunächst in ihre Positionen einzusteigen und danach ihre Stopps zu setzen, und nur wenige machen sich Gedanken darüber, wie viel sie eigentlich traden sollen. Entweder traden sie andauernd zu viel und reizen dabei ihr Kapital völlig aus, oder sie traden zu wenig, wenn die Marktsituation nach mehr verlangt. Die meisten verfügen nicht wirklich über Regelungen bezüglich ihrer Positionsgröße; sie verwenden einfach immer dieselbe Größe oder entscheiden sich im Vorbeigehen, besonders nach einer Glückssträhne oder einer Durststrecke, wenn man seinen Money-Management-Plan eigentlich überhaupt nicht verändern sollte.

Worüber sich Trader wirklich Gedanken machen sollten, ist, dass jeder abgeschlossene Trade sich vom vorherigen Trade unterscheiden sollte. Egal ob man große Verluste oder große Gewinne gemacht hat, man sollte seine Risikoparameter für den nächsten Trade nicht ändern, es sei denn, der Money-Management-Plan sieht dies vor. Vielleicht will man sich auch für den Fall einer Durststrecke absichern, indem man eine Regelung einfügt, dass man seine Trading-Aktivitäten dann zurückfährt. Durststrecken sind etwas ganz Normales. Man sollte sich dadurch nicht entmutigen lassen, sondern sich in deren Verlauf einfach ein wenig einschränken.

Maximal zulässige Zahl von Kontrakten

Sobald Sie wissen, wie viel von Ihrem Kapital Sie pro Trade riskieren können, sind Sie in der Lage, in etwa abzuwägen, wie viele Kontrakte Sie pro Markt riskieren können. Jeder Markt ist anders, das heißt, es gibt keine allgemein gültige Formel. Sie können nicht davon ausgehen, bei Getreide genauso viele Kontrakte zu traden wie bei den S&Ps, da das Risiko bei den S&Ps bis zu 20 Mal so hoch sein kann. Jede Aktie und jeder Rohstoff haben ihre ureigensten Risikomerkmale, sodass man sie entsprechend traden muss. Man sollte die Märkte anhand ihres Risikos oder ihrer Average True Range (ATR) beurteilen. Wenn ein Markt eine tägliche Schwankungsbreite von 2.000 Dollar aufweist, während ein anderer Markt eine tägliche Schwankungsbreite von 500 Dollar hat, kann man vom zweiten Markt viermal so viele Kontrakte traden und dabei immer noch die gleiche Summe riskieren. Die Märkte verändern sich mit der Zeit, sodass man sie ständig neu bewerten muss.

Wenn Sie 25.000 Dollar Risikokapital haben und sich entschließen, fünf Prozent davon pro Trade zu riskieren, dann wissen Sie, dass Sie höchstens 1.250 Dollar riskieren sollten. Einige Rohstoff-Trader teilen dies durch die Mindestnormen (das heißt die mindestens zu entrichtenden Sicherheiten zur Eröffnung von Futures-Positionen), um so herauszufinden, wie viel sie höchstens traden können. Ich bevorzuge die Average True Range des Marktes. Wenn ich im Tageshandel aktiv bin, nehme ich diese 1.250 Dollar und teile sie durch den Dollar-Wert der durchschnittlichen Schwankungsbreite (ATR) des Marktes. Man könnte auch die halbe Schwankungsbreite (ATR) nehmen, doch ich gehe lieber etwas konservativer vor. Wenn ich längerfristig trade, verwende ich ein Vielfaches des ATR oder achte auf den ATR auf einem Wochenchart, um festzustellen, wie viel auf dem Spiel steht. Wenn ich im Tageshandel eine Aktie mit einer durchschnittlichen Schwankungsbreite von vier Dollar habe, kann ich problemlos 300 Wertpapiere davon traden; wenn die Schwankungsbreite zwei Dollar beträgt, kann ich bis zu 600 Wertpapiere davon traden.

Ein Unterschied zwischen Aktien und Rohstoffen besteht darin, dass man bei Rohstoffen nur einen kleinen Teil des Kontraktwertes erhöhen muss. Um bei Rohstoffen 1.250 Dollar zu riskieren, muss man vielleicht nur 1.000 Dollar seines Kapitals aufbrauchen; bei Aktien muss man, um denselben Betrag zu riskieren, vielleicht 10.000 Dollar des Aktienwertes kaufen. Folglich kann man mit demselben Konto bei Rohstoffen wesentlich mehr traden und riskieren. Der Unterschied besteht darin, dass man bei Aktien für jede Position wesentlich mehr Kapital benutzt und dennoch in der Lage ist, fünf Prozent auf jeden Trade zu riskieren. Wenn Sie zum Beispiel 100 IBM-Wertpapiere zu 100 Dollar das Stück kaufen und zehn Dollar riskieren, brauchen Sie 10.000 Dollar auf, riskieren aber nur 1.000 Dollar.

Bei Rohstoffen müssen Sie lediglich 1.000 Dollar als Sicherheitsleistung aufbringen, um 1.000 Dollar zu riskieren, das heißt, Sie können mehr Kontrakte und Positionen eingehen als bei Aktien. Aus diesen Gründen neigen viele Trader dazu, bei Rohstoffen wesentlich mehr zu verlieren. Wenn sie falsch liegen, verlieren sie letztlich das meiste dessen, was sie auf einen Trade gesetzt haben.

Die maximale Zahl von Kontrakten festlegen

Ich lege mir gerne eine Tabelle an, die mir zeigt, welche maximal zulässige Zahl von Kontrakten ich pro Markt annehmen kann; auf diese Weise kann ich mich ständig selbst überwachen und falle nicht darauf herein, dass ich quasi über meinen Kopf hinweg einsteige oder meinen Money-Management-Plan ignoriere. In der Tabelle in Abbildung 15-1 gehe ich davon aus, dass ich 25.000 Dollar habe, die ich zu riskieren bereit bin und mit denen ich traden will. Zusätzlich gehe ich davon aus, dass ich bei jedem Trade fünf Prozent (1.250 Dollar) riskieren möchte. Ich verwende den täglichen ATR der letzten 14 Bars, um festzustellen, was ich pro Kontrakt höchstens riskieren will. Wenn ich tatsächliche trade, riskiere ich wesentlich weniger als das, doch es dient mir als Leitfaden. Die Tabelle zeigt die maximal zulässige Zahl von Kontrakten pro Markt; normalerweise sollte man eher weniger traden, es sei denn, der Markt verlangt nach mehr. Es ist der falsche Weg, die Zahl seiner Trades dadurch zu ermitteln, dass man jedes Mal 600 Wertpapiere tradet, nur weil man sich diesen Verlust leisten kann; ein guter Trader reizt seine Positionen nicht immer aus. Wenn das Risiko höher ist als normal, halte ich mich von der maximal zulässigen Zahl von Kontrakten, die ich vorher festgelegt habe, möglichst ein gutes Stück entfernt. Wenn jedoch ein Trade auf Grund passender Stopps, die man näher platzieren kann, ein geringeres Risiko aufweist und zudem gut abgestimmt ist, dann bin ich – technisch ausgedrückt – einem erhöhten Risiko nicht abgeneigt und trade auch einmal mehr Kontrakte als ursprünglich vorgesehen.

Die Positionsgröße auf der Grundlage der Gewinnwahrscheinlichkeit eines Trades bestimmen

Die Größe einer Position sollte im Grunde genommen darauf basieren, für wie gut man einen Trade erachtet und wie hoch das damit verbundene Risiko ist. Ein Trade mit hoher Gewinnwahrscheinlichkeit sollte Ihre maximale Positionsgröße erhalten, ein Trade mit mittlerer Gewinnwahrscheinlichkeit sollte eine mittlere Größe erhalten und so weiter.

Manchmal sehen Sie einen Trade, der Erfolg verspricht, dessen angemessener Stopp aber zu weit entfernt liegt, sodass Sie weniger traden sollten. Sie können den Trade immer noch annehmen, sollten aber bei weitem nicht so viel riskieren, wie Sie es normalerweise tun würden, schließlich müssen Sie sich für den Fall eines Misserfolgs absichern. Manchmal ist ein Trade hervorragend abgestimmt, und der geeignete Stopp liegt so nahe, dass Sie mehr traden können als Ihre maximal zulässige Zahl von Kontrakten. Wenn die Situation genau passt, haben Sie keine Angst, zuzugreifen, doch alles in allem sollten Sie Ihre maximalen Richtlinien nicht überschreiten.

Gesamtkapital		$ 50.000
Gesamtes Risikokapital		$ 25.000
Risiko pro Trade = 5% des Risikokapitals		$ 1.250

Rohstoff oder Aktie	14-tägiger ATR	Max. zul. Zahl v. Kontrakten
S&P 500	$ 4.800,00	0
Mini S&P	$ 1.000,00	1
Nasdaq 100	$ 3.500,00	0
Mini Nasdaq	$ 700,00	1
U.S. T-Bond Future	$ 1.100,00	1
Schweizer Franken	$ 500,00	2
Rohöl	$ 750,00	1
Heizöl	$ 800,001	1
Weizen	$ 250,00	5
Getreide	$ 175,00	7
Sojabohnen	$ 350,00	4
Mageres Schweinefleisch	$ 350,00	4
Lebendvieh	$ 250,00	5
Kaffee	$ 550,00	2
Kakao	$ 200,00	6
Zucker	$ 250,00	5
Gold	$ 300,00	4
AMAT	$ 2,50	500
KLAC	$ 3,00	400
MSFT	$ 2,00	600
GS	$ 2,80	400
LEH	$ 2,50	500
SLB	$ 1,90	600
DELL	$ 1,50	800
IBM	$ 3,50	300

Abb. 15-1: *Maximal zulässige Zahl von Kontrakten pro Markt*

Worauf man achten sollte, wenn man entscheidet, wie viel man riskiert:

… Traden Sie mit dem Trend?
… Wie nahe liegt der Markt an seiner Trendlinie oder am Moving Average?
… Hat sich der Markt bereits zu weit bewegt?
… Wie weit entfernt ist der Stopp platziert?
… Wie viel können Sie verlieren?
… Wie viel können Sie gewinnen?
… Wie schneiden Sie bei dieser Art von Trade normalerweise ab?
… Wie zuversichtlich fühlen Sie sich?

Wenn Sie das Risiko eigentlich für zu groß halten, aber den Trade unbedingt abschließen möchten, dann tun Sie es mit weniger Wertpapieren. Wenn Sie in Richtung des Trends traden, dann verwenden Sie ein größeres Volumen; traden Sie weniger, wenn die Trades gegen den Haupttrend verlaufen. Ich neige dazu, am Morgen schlechter zu traden, wenn der Markt unentschlossen ist. Deshalb trade ich ein Drittel meiner normalen Wertpapiergröße, bis ich sehe, dass sich eine gute Gelegenheit ergibt oder sich ein Trend entwickelt; danach werde ich, was meine Position angeht, allmählich ein wenig aggressiver. Wenn ich am Mittag trade, dann tue ich dies ebenfalls mit weniger Volumen, da mir bewusst ist, dass es sich, historisch betrachtet, nicht gerade um die beste Zeit zum Traden handelt. Wenn ich jedoch etwas bemerke, das mir wirklich gefällt, oder ich einen Trade annehme, der in der Vergangenheit bereits gut funktioniert hat, dann gehe ich durchaus etwas aggressiver vor.

Es ist nicht immer leicht, die Positionsgröße zu bestimmen, doch Sie sollten daran denken, dass Sie zunächst die Risikogrenzen festlegen, im Voraus wissen, wie viel Sie bereit sind, pro Trade zu verlieren, danach errechnen, wo sich Ihre Stopps befinden sollten, und schließlich herausfinden, wie viele Kontrakte Sie traden können. Wenn das Risiko bei einem Trade zu hoch ist, müssen Sie ihn nicht annehmen. Null als Zahl der Kontrakte, die man traden will, ist auch okay. Es lohnt sich, Trades mit hohem Risikofaktor auszulassen und lieber auf die nächste brauchbare Gelegenheit zu warten.

Vielfachpositionen

Nachdem Sie sich darüber im Klaren sind, wie viel Sie bei jedem einzelnen Trade riskieren möchten, besteht Ihre nächste Aufgabe darin, herauszufinden, wie viele Positionen und wie viel Gesamtrisiko Sie auf einmal eingehen können.

Manche traden nur einen Markt oder eine Aktie gleichzeitig, aber da die meisten Trader viele Märkte im Blick haben, müssen sie wissen, wie viel sie auf einmal riskieren können. Dies ist von Person zu Person unterschiedlich; ich persönlich riskiere zu jeder Zeit höchstens die Hälfte meines Risikokapitals. Wenn ich dies auf unter 30 Prozent drücken kann: umso besser. Wenn ich mit 25.000 Dollar Risikokapital traden würde, dann würde ich zu jeder Zeit nur ein Risiko von etwa 8.000 bis 12.500 Dollar bei Märkten, die nicht miteinander in Verbindung stehen, eingehen wollen.

Eines sollte man unbedingt bedenken: Wenn man Positionen auf zwei ähnlichen Märkten hält, ist dies fast das Gleiche wie eine größere Position. Wenn Sie fünf Prozent Ihres Kapitals auf Rohöl setzen und fünf Prozent auf Heizöl, dann setzen Sie im Prinzip zehn Prozent auf denselben Trade. Wenn Sie sich an die Fünf-Prozent-Regel halten wollen, müssen Sie bei beiden Trades etwas zurückschrauben. Wenn Sie verschiedene Aktien oder Rohstoffe innerhalb desselben Sektors oder derselben Gruppe traden, können Sie sich risikomäßig etwas Freiraum verschaffen. Statt fünf Prozent maximalem Risiko könnten Sie vielleicht irgendwann 7,5 Prozent Ihres Kapitals in diesem Sektor riskieren. Wenn Sie normalerweise zwei Prozent riskieren, dürfen Sie in zusammenhängenden Märkten auch gerne drei Prozent riskieren.

MEHR PECH KANN MAN NICHT MEHR HABEN

Einmal hatte ich Positionen in ungefähr 15 verschiedenen Rohstoffen auf einmal. Ich fühlte mich sicher, da ich meine Positionen breit gefächert hatte. Aber spätestens am Ende des Tages hatte jede einzelne Position Verluste gemacht. Ich tradete weit über meinen Möglichkeiten, und dieser eine Tag kostete mich rund 6.000 Dollar. Das hört sich jetzt gar nicht so schlimm für mich an, doch damals hatte ich nur 5.000 Dollar auf meinem Konto. Ich hatte niemals damit gerechnet, an nur einem Tag so große Verluste zu erleiden – doch genau das passiert, wenn man ohne Absicherung tradet und keinem Money-Management-Plan folgt.

Wenn man Vielfachpositionen tradet, kommt es darauf an, Aktien oder Rohstoffe auszusuchen, die wenig miteinander zu tun haben und keine gemeinsamen Moves durchführen. Getreide, Rohöl, Zucker, Kupfer und Schweizer Franken sind zum Beispiel ein guter Mix aus Rohstoffen, die sich alle unabhängig voneinander entwickeln. Bei Aktien sind Sie breit gefächert, wenn Sie ein paar Halbleiterhersteller, ein paar Banken, an paar Pharmaunternehmen und einige Ölbohrfirmen traden. Wenn Sie Long-Positionen auf zehn Halbleiterfirmen haben, traden Sie in erster Linie eine große Position. Wenn Sie wollen, können Sie das tun, aber Sie sollten sich der Risiken bewusst sein und bei jedem einzelnen entsprechend weniger traden. Wenn mir persönlich ein Sektor gefällt, dann trade ich lieber einige ausgewählte Aktien davon als nur eine oder zwei. Dadurch laufe ich weniger stark Gefahr, dass irgendetwas mit einer bestimmten Aktie passiert, wie etwa der Rücktritt des Finanzchefs. Wenn ich normalerweise etwa 5.000 Wertpapiere in einem Sektor trade, dann teile ich diese auf zehn Aktien auf und trade 500 Stück anstatt 2.500 Stück bei zwei Aktien.

Außerdem empfehle ich Ihnen, gleichzeitig Long- und Short-Positionen einzugehen, damit Sie Ihr Risiko minimieren können. Wenn es aussieht, als würde der Markt steigen, dann versuchen Sie immer ein paar Aktien zu finden, denen es nicht so gut geht, und verkaufen Sie diese. Auf diese Weise kann ich meine Verluste besser eindämmen, da bei einem tatsächlichen Marktumschwung die schwachen Aktien noch schwächer werden könnten. Sie könnten in Ihren Money-Management-Plan noch eine Bedingung einbauen, die besagt, dass Ihre Nettoposition im Markt 5.000 Stück nicht übersteigt; wenn Sie bei 8.000 Stück einer Aktie Long-Positionen eingehen, sollten Sie mindestens 3.000 verkaufen, um innerhalb Ihres Risikobereichs zu bleiben.

Die Trading-Größe erhöhen

Aus Ihrem Money-Management-Plan sollte auch hervorgehen, wann Sie Ihre Risikobereiche und Positionsgrößen erhöhen. Es gehört mehr dazu, als einfach nur zu sagen: »Wenn ich 5.000 Dollar habe, trade ich einen Kontrakt, und wenn ich 10.000 Dollar habe, trade ich zwei Kontrakte.« Das erste Ziel sollte sein, das Gesamtrisiko pro Trade auf unter zwei Prozent zu drücken. Bis man dies erreicht hat, sollte man an seiner Kontraktgröße pro Trade festhalten. Danach sollte man die maximal zulässige Stückzahl regelmäßig anpassen. Vielleicht sollte man sich einen Plan erstellen, mit dem man dies überprüft, sobald sich das Kapital um einen festen Betrag verändert. Man kann es aber auch jede Woche oder jeden Monat überprüfen. Man kann seine Größe nicht einfach ohne weiteres nach oben anpassen; man muss sich dabei an die vorgegebenen Begrenzungen eines guten Risikoparameterplans halten.

Viele Trader begehen den Fehler, ihre Positionsgröße indirekt proportional zum Wachstum ihres Kontos zu erhöhen. Wenn sie erst einmal Geld verdienen, fügen sie so lange neue Kontrakte hinzu, bis das Verhältnis außer Kontrolle gerät. Oft versuchen sie, ihre Position pyramidenförmig aufzubauen, ohne genau zu wissen, wie es funktioniert. Dann dauert es nicht allzu lange, bis sie viel zu viel auf eine Position riskieren. Erst traden sie einen Kontrakt mit 10.000 Dollar, bevor ihnen der Erfolg den Kopf verdreht und sie fünf Kontrakte mit 15.000 Dollar traden, obwohl sie eigentlich weiterhin nur einen Kontrakt traden sollten.

Wenn Sie der Meinung sind, die Zeit sei reif, um Ihre Trading-Aktivitäten zu verstärken, dann tun Sie dies langsam. Versuchen Sie nicht, alles auf einmal zu erledigen; halten Sie stattdessen an Ihren bisherigen Trades fest, bis sich eine passende Gelegenheit ergibt. Dann können Sie immer noch versuchen, Ihre Positionen auszubauen. Passen Sie gut auf, wenn Sie Ihre Trading-Größe erhöhen, denn mit erhöhtem Volumen ist die Gefahr größerer Verluste viel größer. Ich empfehle Ihnen nicht, Ihre Größe zu verdoppeln, doch dies fällt kleinen Tradern, die nur einen Kontrakt oder 100 Papiere traden, oft schwer. Für sie stellt es den nächsten logischen Schritt dar, auf zwei Kontrakte zu erhöhen, doch dann laufen sie Gefahr, alles doppelt so schnell zu verlieren. Es ist sicherer, die Größe zu erhöhen, wenn man sich von drei Kontrakten auf vier steigert oder von zehn auf zwölf, da ein Verlust in diesem Fall nicht doppelt schmerzt. Kleine Trader sind jedoch immer benachteiligt, das heißt, sie müssen konservativer vorgehen.

Schließlich sollten Sie Ihre Größe auf keinen Fall erhöhen, nur weil Sie gerade Gewinne oder Verluste verzeichnet haben; dies ist nicht der richtige Zeitpunkt dazu. Dies ist kein cleveres Money Management; Sie folgen dabei Ihren Emotionen, und dies sollten Sie tunlichst vermeiden. Der einzige Zeitpunkt, an dem Sie meiner Meinung nach problemlos weitere Positionen hinzufügen können, ist, wenn der Markt eine tolle Gelegenheit bietet und das Risiko gering ist, doch selbst dann sollten Sie eher konservativ vorgehen.

Wie man Positionen pyramidenförmig aufbaut

Viele Trader wissen nicht, wie sie ihre Positionen pyramidenförmig aufbauen sollen, und machen es letztlich falsch, nämlich umgekehrt. Ein pyramidenförmiger Aufbau liegt vor, wenn man eine vorhandene Position ausbaut, um von einem ausgeprägten Move im Markt zu profitieren. Dabei ist es der falsche Weg, mit einem Kontrakt zu beginnen und bei günstigem Verlauf einen zweiten Kontrakt hinzuzufügen, danach zwei weitere Kontrakte, dann drei und so weiter. Das Problem dabei ist, dass der Trade kopflastig wird, da die meisten Kontrakte zu höheren Preisen abgeschlossen werden. Wenn der Markt einen schnellen Umschwung vollzieht, kann es teuer werden. Wenn eine Position kopflastig ist, muss der Markt lediglich um einen kleinen Teil seines vorherigen Moves zurückweichen, um alle Gewinne auszumerzen, die man im ursprünglichen Move erzielt hat.

Ein richtiger pyramidenförmiger Aufbau liegt vor, wenn man die meisten Kontrakte zu Beginn abschließt und immer weniger hinzufügt, wenn der Trade allmählich funktioniert. Wenn Sie etwa mit zehn Kontrakten begonnen hätten, würden Sie erst sieben, später vier, dann zwei und schließlich einen Kontrakt hinzufügen. Dadurch riskieren Sie bei einem Marktumschwung nicht nur weitaus weniger, sondern können auch den Großteil Ihrer früheren Gewinne behalten. Wenn Sie so vorgehen, bauen Sie eine geometrische Pyramide mit einem soliden Sockel, die einer ägyptischen Pyramide sehr nahe kommt. Stellen Sie sich vor, die Ägypter hätten sie andersherum konstruiert, und die Spitze stünde im Sand. Zum einen wäre es schwierig gewesen, nach oben zu kommen, zum anderen glaube ich nicht, dass die Pyramiden 4.600 Jahre überdauert hätten, ohne zusammenzustürzen. Das Gleiche gilt fürs Trading. Wenn Sie Ihre Kontrakte verkehrt herum anordnen, dauert es nicht lange, bis alles in sich zusammenfällt. Vergewissern Sie sich also, dass sich Ihr Sockel im unteren Bereich befindet.

> **SCHÖN, SOLANGE ES ANDAUERTE**
>
> Einst tradete ein Freund von mir Weizen-Futures und begann mit 2.000 Dollar auf seinem Konto. Kurz nachdem ein größerer Aufschwung auf dem Weizenmarkt eingesetzt hatte, kaufte er zwei Kontrakte; ein paar Tage später erzielte er damit einen hübschen Gewinn, sodass er die Sicherheitsleistung für zwei weitere Kontrakte aufbringen konnte. Der weitere Anstieg des Marktes erlaubte es ihm, bald darauf noch zwei Kontrakte zu kaufen, und dies ging wochenlang so weiter. Alle paar Tage baute er seine Position aus, da er zusätzliche Gewinne erzielte, die es ihm ermöglichten, die Sicherheitsleistungen für weitere Positionen zu erbringen. Mit fortschreitender Zeit baute er seine Position immer schneller aus, da er dank seiner Kontrakte nur noch kleinere Moves benötigte, um die Marginbeträge zur Eröffnung neuer Kontrakte aufzubringen. Nach zwei Monaten waren die 2.000 Dollar auf die Weizen-Position bereits mehr als 50.000 Dollar wert, und er hatte über 30 Kontrakte am Laufen. Schließlich erlebte der Markt einen relativ heftigen Umschwung. Mein Bekannter verlor allmählich Geld, und zwar wesentlich schneller, als er es zuvor verdient hatte. Auf seinem Weg nach oben setzte er den kleinsten Betrag an Wertpapieren auf die ganze Transaktion und den größten Betrag nur auf den letzten Teil des Moves. Auf dem Weg nach unten hingegen hatte er die meisten Kontrakte zu Beginn des Rückgangs, sodass sich seine Verluste im Vergleich zu den Gewinnen vervielfachten. Es dauerte nur eine Woche, bis all seine Gewinne eliminiert waren. Dies alles konnte nur deshalb passieren, weil er zu aggressiv geworden war, weil er nicht wusste, wie er seine Kontrakte pyramidenförmig anordnen sollte, und weil er nicht wirklich einen Plan hatte, wann er seine Trading-Größe anheben sollte.

WAS ALLES IN EINEN MONEY-MANAGEMENT-PLAN GEHÖRT

Wenn Sie einen Money-Management-Plan erstellen, sollten Sie auch einige der folgenden Vorkehrungen treffen.

Wissen, wie viel man verlieren kann

Ein Trader sollte nicht nur wissen, wie viel er bei einem Trade riskieren kann, sondern er sollte auch über eine Verlustobergrenze für jeden Tag verfügen und vielleicht sogar festlegen, wie viel er maximal pro Woche oder Monat verlieren kann. Er sollte auch einen Bereich festlegen, bei dessen Erreichen er mit dem Traden aufhört und seinen Trading-Plan samt persönlicher Trading-Strategie und Risikoplan neu bewertet.

Die tägliche Trennlinie entspricht einem Betrag, bei dessen Erreichen ein Trader seine Aktivitäten für den laufenden Tag einstellt. Es gibt mit Sicherheit auch Tage, an denen man sich zunächst in einem klaren Abwärtstrend befindet und dann die Wende schafft, doch insgesamt muss man sagen, dass schlechte Tage eher noch schlechter verlaufen. Diese tägliche Verlustgrenze sollte angemessen sein. Sie sollte nicht zu groß sein, sodass man sie entweder unmöglich erreichen kann oder eliminiert wird, sobald man sie erreicht. Sie sollte jedoch auch nicht zu leicht erreichbar sein. Setzen Sie die Trennlinie nicht zu nahe; räumen Sie sich durchaus einen gewissen Spielraum ein, um einen schlechten Tag zum Guten zu wenden. Aber markieren Sie auch eine Stelle, an der Sie aus Erfahrung wissen, dass man letztlich Druck ausübt und einen noch schlechteren Tag erlebt, wenn man sie erreicht. Ich würde sagen, alles zwischen zwei und fünf Prozent Ihres Risikokapitals entspricht einem wirklich großen Verlust innerhalb eines Tages. Wenn Sie in diesem Bereich Ihre Trennlinie setzen, bewahren Sie sich selbst vor einem ruinösen Tag. Ich habe schon so manchen Trader erlebt, der an nur einem Tag alles verloren hat; wenn er sich selbst eine Kette angelegt hätte, wäre dies nicht passiert. Sie müssen an solchen Tagen nicht komplett aufhören zu traden, sondern können stattdessen eine Vorkehrung treffen, dass Sie aus allen Positionen, die Verluste verzeichnen, aussteigen oder dass Sie Wertpapiere zurückfahren, sobald Sie einen bestimmten Betrag X erreichen.

Anhand desselben Denkprozesses sollten Sie auch einen Punkt ermitteln, an dem Sie Ihre Trading-Aktivitäten für eine Woche oder einen Monat zurückfahren oder an dem Sie sich die Zeit für eine Neubewertung nehmen. Diese Beträge sind von Trader zu Trader unterschiedlich, man sollte sie aber im Voraus bestimmen. Bei einer kompletten Trennlinie würde ich Folgendes empfehlen: Sobald Sie mehr als 30 bis 50 Prozent Ihres Risikokapitals verloren haben, machen Sie etwas falsch, und Sie sollten Ihre Aktivitäten genauer betrachten. Gönnen Sie sich eine Trading-Pause und versuchen Sie, Ihr Fehlverhalten zu analysieren. Wenn Sie so viel verloren haben, dann kann dies eigentlich kein Zufall mehr sein, und Sie sollten aufhören.

Kaufen Sie nicht niedriger nach

Treffen Sie in Ihrem Money-Management-Plan folgende Vorkehrung: »Niemals niedriger nachkaufen«. Denn so würde man eine verlustreiche Position weiter ausbauen, und das sollte man auf keinen Fall tun. Dies ist einer der Kardinalfehler beim Traden. Wenn Sie verlieren, gibt es einen guten Grund dafür: Der Trade taugt nichts. Würde er etwas taugen, dann würden Sie Geld damit verdienen, anstatt es zu verlieren. Wer eine schlechte Position weiter ausbaut, wählt die sicherste Methode, um zu scheitern. Meine schlimmsten Tage erlebte ich, als mir nicht unmittelbar klar wurde, dass ich falsch lag, und stattdessen weiter auf einen Marktumschwung hoffte, aus dem nie etwas wurde. Anstatt meinen Verlust mitzunehmen, kaufte ich ständig nach, während der Markt immer schlechter verlief. Wenn dies passiert, können die Verluste außer Kontrolle geraten.

> **EINE BELOHNUNG FÜR SCHLECHTES VERHALTEN KASSIEREN**
>
> Manchmal kommt man durch niedrigere Nachkäufe aus den roten Zahlen und wird dafür noch belohnt. Dennoch handelt es sich um keine gute Trading-Praxis. Eine Belohnung für schlechtes Verhalten schadet nur, da ein Trader, der einmal dafür belohnt wird, schnell glaubt, er könne dieses Verhalten in Zukunft erneut an den Tag legen. Auf dem Papier mag es wie ein guter Trade erscheinen, und natürlich gewinnt man lieber, als dass man verliert, doch in Wirklichkeit handelt es sich um einen schlechten Trade. Wo ein Trader aussteigen sollte, baut er seine Positionen noch aus, und langfristig gesehen wird ihm dies schaden, da er Trades wie diesen eingeht und somit nur von einer geringen Erfolgswahrscheinlichkeit ausgehen kann.

Überwachen Sie Ihre Risikobereiche

Treffen Sie Vorkehrungen, um Ihre Risikobereiche zu überwachen und zu überprüfen. Das heißt, Sie müssen nicht nur Ihren Money-Management-Plan und Ihre Risikoparameter regelmäßig überarbeiten und aktualisieren, sondern Sie müssen auch Ihre laufenden Positionen überwachen. Wenn man seine Risikobereiche unversehrt halten will, muss man mehr tun als nur seine Hausaufgaben zu erledigen, bevor man einen Trade eingeht. Sobald ein Trade läuft, muss man damit Schritt halten, um zu sehen, ob sich die Gründe, aus denen man in den Trade eingestiegen ist, mittlerweile geändert haben oder ob es an der Zeit wäre auszusteigen. Außerdem will man überprüfen, ob sich die Unbeständigkeit des Marktes vergrößert hat und so weiter. Man sollte wissen, wie oft man sein Risiko bei offenen Positionen anpassen muss und wie oft man seinen Plan für den Gesamtrisikoumfang überprüfen muss. Diese Dinge erledigen sich nicht von alleine; ein Trader muss diesbezüglich immer auf dem Laufenden sein.

Zunächst aus verlustreichen Trades aussteigen

Eine Regel, die in Ihrem Money-Management-Plan unbedingt enthalten sein sollte, besagt, dass man zunächst aus den verlustreichen Positionen aussteigt und an den besten Trades festhält. Zu viele Trader tun genau das Gegenteil: Wenn sie mehrere Trades auf einmal laufen haben, dann neigen sie dazu, zunächst diejenigen mit den größten Gewinnen mitzunehmen. Sie haben keine Lust, ihre Gewinne wieder zurückzugeben, und glauben fest daran, dass ein Umschwung bei den verlustreichen Trades überfällig ist, sodass sie an ihnen festhalten. Hierbei handelt es sich um schlechtes Trading. Behalten Sie Ihre guten Positionen; sie funktionieren, und sie haben außerdem das Momentum. Die weniger erfolgreichen Positionen funktionieren nicht, weil sie sehr schlecht sind, warum sollte man also an ihnen festhalten? Dies gilt nicht nur für verlustreiche Positionen, sondern auch für Nachzügler. Wenn Sie bei einem Trade fünf Ticks im Plus sind und bei einem anderen 40 Ticks, dann handelt es sich bei Letzterem um den besseren Trade; wenn Sie Positionen loswerden wollen, dann steigen Sie zunächst aus dem Trade aus, der kaum funktioniert.

Gehen Sie nur Trades mit einem akzeptablen Chance-Risiko-Verhältnis ein

Wenn Sie einen Trade abgeschlossen haben, sollten Sie in etwa wissen, welche Marktentwicklung Sie sich erhoffen. Sie sollten wissen, wo Sie aussteigen, wenn Sie falsch liegen, und Sie sollten eine ungefähre Zielvorstellung haben oder wissen, welchen Gewinn Sie sich auf dem Markt erhoffen. Nur wenn Sie ein gutes Verhältnis zwischen potenziellem Gewinn und Verlust erhalten können, sollten Sie über einen Trade ernsthaft nachdenken. Verluste lassen sich immer leichter bestimmen, da sich leicht behaupten lässt: »Ich riskiere höchstens 500 Dollar auf einen Verlust, oder ich steige bei einem Durchbruch der Trendlinie aus.«

Wenn Sie über die nötige Disziplin verfügen, lässt sich die Verlustseite Ihrer Gleichung leicht ausführen. Schwierig wird es hingegen, wenn man behauptet: »Ich mache 750 Dollar mit diesem Trade.« Das ist leicht gesagt; es in die Tat umzusetzen ist jedoch genauso schwierig, wie wenn man eine ölige Wassermelone fangen will, während man schwimmt.

Es lässt sich nicht ohne weiteres garantieren, dass das tatsächliche Resultat auch dem Wunschresultat entspricht. Manchmal spekuliert man mit einem Gewinn von 750 Dollar, doch am Ende kommen vielleicht nur 400 Dollar heraus. Man muss die Größe seiner möglichen Gewinne realistisch einschätzen. Wenn Sie sich einen Riesengewinn zum Ziel setzen, sind Sie oft nur enttäuscht und halten länger an Positionen fest, als Sie eigentlich sollten, weil Sie darauf warten, dass sich Ihre Ziele erfüllen. Wenn Sie dies tun, kommt es oft vor, dass aus einem Gewinn letztlich ein Verlust wird. Zwar müssen Sie Ihre Gewinnziele realistisch beurteilen, doch dabei müssen Sie immer noch sicherstellen, dass Sie über ein vernünftiges Gewinn-Verlust-Verhältnis verfügen. Dies könnte zwei zu eins oder drei zu eins lauten oder welches Verhältnis Ihnen sonst noch gefällt. Wenn es jedoch weniger als eins zu eins lautet, dann sollten Sie nicht davon ausgehen, dass Sie mit Traden Geld verdienen. Wenn Sie einen Trade mit einem Risiko von 500 Dollar eingehen, Sie aber nur auf einen Gewinn von 100 Dollar bei diesem Trade spekulieren, dann sollten Sie sich fragen: »Was mache ich da eigentlich?«

Selbst wenn Sie mit dem Trade tatsächlich Geld verdient haben, handelte es sich um ein Money-Management-Szenario mit geringer Gewinnwahrscheinlichkeit und um einen Trade, der sich nicht lohnt. Halten Sie sich an Trades mit einem hohen Gewinn-Verlust-Verhältnis, und Sie fahren wesentlich besser.

Wie man sein Geld sonst noch verwenden kann

Ich schaffe gerne ein wenig Geld zur Seite für rein spekulative Trades oder Options-Trades. Wenn Sie dies vorhaben, dann treffen Sie hierfür eine Vorkehrung in Ihrem Money-Management-Plan. Dies ist ganz einfach. Halten Sie einfach fest, dass Sie einen bestimmten Prozentsatz X Ihres Risikokapitals für andere Trades verwenden wollen. Sie können dieses zusätzliche Risikokapital auch dafür verwenden, dass Sie bei ein bis zwei Trades aggressiver vorgehen. Doch sobald Sie es verlieren, greifen Sie den restlichen Teil Ihres Kapitals auf keinen Fall an, um weiteres Geld für diesen Zweck zu verwenden. Zur Verwendung anderer Geldmittel zählen auch die Bestreitung der Trading-Kosten, wie etwa Börsennotierungen, Pepto-Bismol-Tabletten oder was Sie sonst noch brauchen.

Diszipliniert bleiben

Wenn man seine Risikoparameter bestimmt, ist es am wichtigsten, dass man die nötige Disziplin aufbringt, diese auch zu befolgen. Es nützt gar nichts, einen tollen Money-Management-Plan zu erstellen, wenn man ihn danach nicht verwendet – besonders dann, wenn man große Gewinne oder Verluste verzeichnet. Der eine oder andere wird recht gierig und blauäugig, wenn es gut läuft, und ignoriert seinen Money-Management-Plan. Er hofft darauf, aus seinem Erfolg Kapital zu schlagen, und fängt an, zu viele Kontrakte und Positionen zu traden. Dabei vergisst er völlig, dass sein größter Verlust gleich ums Eck lauert. Zwar kann man leicht die nötige Disziplin verlieren, wenn man Geld verdient, doch wenn man verliert, fällt es noch weitaus leichter und ist zudem kostspieliger. Bei Verlusten nehmen viele Trader eine »Ist mir doch völlig egal«-Haltung ein und werfen jeglichen soliden Plan über Bord, den sie einmal hatten. Sie verlieren die Hoffnung, kommen mit einem solch großen Verlust nicht klar oder sind der Meinung, die einzige Möglichkeit, ihr Geld zurückzuholen, bestehe darin, dass Sie noch aggressiver traden. Sie verlieren in jedem Fall vollkommen die Disziplin. Wenn Sie Risikoparameter bestimmt haben, dann halten Sie sich auch mit aller Macht daran, da sie Ihnen helfen, in der richtigen Spur zu bleiben.

Einen Money-Management-Plan erstellen

Hier nun eine Richtschnur, nach der Sie bei der Erstellung eines Money-Management-Plans vorgehen können. Dies soll Ihnen lediglich aus den Startlöchern helfen. Der Plan kann noch wesentlich genauer ausgearbeitet werden und einige Ihrer Trading-Regeln beinhalten, wie etwa die Regel, dass man nicht niedriger nachkaufen sollte. Vielleicht treffen Sie auch einige Vorkehrungen dafür, wie man in Etappen in einen Markt einsteigt und wieder aus ihm aussteigt. Dies könnte folgendermaßen aussehen: Wenn Sie glauben, ein Trade erfordere die maximal zulässige Zahl von Wertpapieren, dann steigen Sie mit 50 Prozent dieser Summe ein, und wenn es nach 30 Minuten funktioniert, können Sie die restliche Hälfte hinzufügen. Verschiedene Trader haben verschiedene Regeln und Vorstellungen, die sie vielleicht einfügen wollen, sodass es so etwas wie einen allgemein gültigen Money-Management-Plan nicht gibt.

WELCHE VORSTELLUNGEN EIN MONEY-MANAGEMENT-PLAN ENTHALTEN KANN

1. Stellen Sie fest, wie viel Kapital auf dem Spiel steht.

Ich habe 30.000 Dollar zum Traden und möchte davon nur 15.000 als Risikokapital verwenden; die anderen 15.000 Dollar bewahre ich auf einem Geldmarktkonto für den Fall auf, dass ich die ersten 15.000 Dollar aufgebraucht habe.

2. Stellen Sie fest, wie viel Sie bei jedem sich bietenden Trade riskieren wollen.

Ich riskiere fünf Prozent meiner 15.000 Dollar bei jedem Trade. Das bedeutet, dass ich bei jedem Trade höchstens 750 Dollar riskiere, solange sich auf meinem Konto etwa 15.000 Dollar befinden.

3. Stellen Sie fest, wie viel Sie bei allen offenen Positionen riskieren wollen.

Ich werde zu jeder Zeit höchstens sieben Positionen am Laufen haben und/oder riskiere höchstens 20 Prozent meines Risikokapitals bei offenen Positionen. Wenn ich Positionen in Märkten halte, die miteinander verbunden sind, dann werde ich in diesen Märkten insgesamt nicht mehr als 7,5 Prozent riskieren.

4. Ermitteln Sie die maximale Zahl von Wertpapieren pro Markt.

Ich erstelle mir eine Tabelle mit der maximalen Zahl von Kontrakten oder Wertpapieren, die ich in jedem Markt trade. Diese Tabelle ergibt sich, indem ich die Summe, die ich pro Trade riskieren kann, durch die durchschnittliche Schwankungsbreite des Marktes teile. Ich muss nicht allzu viel traden, doch wenn der Trade so aussieht, als hätte er eine hohe Gewinnwahrscheinlichkeit, könnte ich mir überlegen, bis zu dieser Summe zu traden. Bei extrem guten Trades mit geringem Risiko könnte ich das 1,5fache dieser Summe traden.

5. Ermitteln Sie Ihre Position auf der Grundlage Ihres Risikos.

Nachdem ich ermittelt habe, wie viel ich pro Trade riskieren kann, bestimme ich mit Hilfe technischer Analyse die Lage meiner Stopps. Wenn ich mein akzeptables Risiko durch die Stopp-Loss-Order teile, kann ich besser feststellen, wie viele Wertpapiere ich traden kann. Wenn die Stopp-Loss-Order unter meinem akzeptablen Risiko liegt, steige ich in einen Trade ein. Wenn nicht, dann gebe ich ihn weiter.

6. Ermitteln Sie das akzeptable Chance-Risiko-Verhältnis.

Ich steige nur in Trades ein, deren Chance-Risiko-Verhältnis drei zu eins oder höher lautet. Egal wie toll ein Trade abgestimmt sein mag: Falls ich, wenn ich falsch liege, mehr verlieren als gewinnen kann, lasse ich die Finger davon.

7. Bestimmen Sie die Trennlinie für einen Tag.

Wenn ich zu einem bestimmten Zeitpunkt mehr als 1.500 Dollar (zehn Prozent meines Kapitals) verloren habe, höre ich für diesen Tag auf zu traden. Bei 1.000 Dollar fange ich an, aus meinen schlechtesten Positionen auszusteigen, und gönne mir eine kurze Pause, bevor ich neue Trades hinzufüge.

8. Bestimmen Sie, wann Sie Ihre Risikoparameter anpassen müssen.

Ich halte so lange an denselben Risikoparametern fest, bis ich das Gefühl habe, dass ich mein Risiko pro Trade problemlos auf zwei Prozent reduzieren kann. Später erhöhe ich das Risiko pro Trade immer dann, wenn sich mein Kontostand um 20 Prozent erhöht. Falls ich mehr als 20 Prozent meines Kapitals verliere, reduziere ich mein Risiko dementsprechend.

9. Ermitteln Sie erst Ihre Trennlinie, bevor Sie sich mit Ihrem Trading-Plan auseinandersetzen.

Wenn ich seit dem Einstieg 35 Prozent meines Kapitals verloren habe, höre ich so lange auf zu traden, bis ich mein System, meine Risikoparameter und meinen Trading-Plan überprüft habe, um herauszufinden, warum ich verloren habe.

EIN BESSERER TRADER WERDEN

Ein besserer Trader zu werden bedeutet, dass man einen Money-Management-Plan erstellt und seine Risikoparameter ermittelt. Nehmen Sie dies nicht auf die leichte Schulter. Wenn Sie einen vernünftigen Risikoplan besitzen, erhöhen Sie Ihre Chancen, als Trader Geld zu verdienen. Zunächst sollten Sie sicherstellen, dass Sie sich leisten können, was Sie traden wollen, und dass Sie auch mit einer Durststrecke klarkommen. Die einzige Möglichkeit, dies richtig zu machen, besteht darin, die mit Trading verbundenen Risiken zu kennen. Außerdem sollte man wissen, welche Verluste man in Kauf nimmt, bevor man loslegt. Eine Möglichkeit, auch eine Durststrecke unbeschadet zu überstehen, besteht darin, dass Sie nur die Hälfte Ihres Trading-Kapitals riskieren und die andere Hälfte für schlechte Zeiten aufbewahren. Zudem sollten Sie schon im Voraus wissen, dass Sie bei einem Trade höchstens einen kleinen Prozentsatz Ihres Kapitals riskieren (zwei bis fünf Prozent). Wenn Sie Ihre Risikoparameter festlegen, sollten Sie ermitteln, wo die Obergrenze der Trades liegt, die Sie in einem Markt oder einer Marktgruppe gleichzeitig laufen haben. Machen Sie nicht den Fehler, in jedem Markt dieselbe Zahl von Kontrakten zu traden. Jeder Markt hat unterschiedliche Risiken, deshalb sollten Sie sich die Zeit nehmen, herauszufinden, wie sehr Ihnen jeder einzelne schaden könnte. Dazu können Sie zum Beispiel die Schwankungsbreite des Marktes in einem größeren Zeitrahmen herausfinden; dadurch können Sie auch leichter technisch korrekte Stopps setzen.

Sobald Sie wissen, wie viele Kontrakte Sie maximal traden können, sollten Sie sich eine Liste erstellen, auf die Sie jederzeit zurückgreifen können. Sie sollten außerdem einen festen Betrag ermitteln, den Sie in all Ihren Positionen riskieren. Ich würde Ihnen nicht empfehlen, zu irgendeinem Zeitpunkt mehr als 30 Prozent Ihres

Risikokapitals aufs Spiel zu setzen, vor allem dann nicht, wenn Sie Futures traden. Bei Aktien können Sie Ihr gesamtes Kapital verwenden und dennoch nur einen kleinen Teil davon riskieren; bei Rohstoffen müssen Sie vorsichtiger sein, da man bei einem höheren Prozentsatz sein Kapital leichter verlieren kann. Riskieren Sie nicht immer das Maximum; tun Sie dies nur bei einem Trade, der dies auch verdient. Es kommt vor, dass man das Gefühl hat, man sollte nur zwei Kontrakte traden, obwohl man sonst eigentlich zehn tradet, und es wird auch irgendwann einmal der Fall sein, dass man das Gefühl hat, man sollte fünf oder zehn Kontrakte traden oder in einigen Fällen sogar mehr. Denken Sie daran, immer das zu traden, was der Trade verdient.

Wenn Sie einen Money-Management-Plan erstellen, dann sollte dieser jegliche Regel enthalten, die Ihnen hilft, Ihr Geld zu bewahren, egal wie klein diese Regel ist. Treffen Sie Vorkehrungen, wie Sie etappenweise in Märkte einsteigen und wieder aus ihnen aussteigen, und kümmern Sie sich auch um den pyramidenförmigen Aufbau Ihrer Trades. Sie sollten sich auch die nötige Zeit nehmen und ein realistisches Gewinn-Verlust-Verhältnis entwickeln. Stellen Sie zunächst sicher, dass Ihre Gewinne höher sind als Ihre Verluste und dass das Chance-Risiko-Verhältnis einen Trade lohnend erscheinen lässt. Es gibt viele Dinge, die Ihr Money-Management-Plan enthalten kann. Das Wichtigste ist jedoch, dass Sie überhaupt einen erstellen. Das Zweitwichtigste ist, dass Sie sich daran halten. Wenn Sie eine Vorkehrung getroffen haben, dass Sie höchstens fünf Dollar pro Wertpapier in einer Aktie verlieren, dann müssen Sie aus diesem Trade aussteigen, sobald diese Vorkehrung erreicht wird, oder Ihr Plan ist wertlos. Ohne die nötige Disziplin hat kein Trader Erfolg, deshalb sollten Sie besonderen Wert darauf legen, dass Sie Ihren Plan auch diszipliniert verfolgen.

Probleme, die auftreten können, wenn man keinen passenden Money-Management-Plan hat:

1. Man hat keine Grundlage, um sich vernünftige Ziele zu setzen.
2. Man konkurriert mit Top-Tradern, die über einen solchen Plan verfügen.
3. Man riskiert ständig viel zu viel.
4. Man weiß nie, wie viele Papiere man traden kann.
5. Man lässt seine Verluste zu groß werden.
6. Man erlebt wahre Horrortage.
7. Man hat keine Ahnung, wo man seine Stopps platzieren soll.
8. Man kauft niedriger nach.
9. Man riskiert bei jedem Trade den gleichen Betrag.
10. Man weiß nicht, wie man seinen Trade pyramidenförmig aufbaut oder wie man in Etappen tradet.

Was man berücksichtigen sollte, wenn man seine Risikoparameter festlegt und seinen Money-Management-Plan erstellt:

1. Traden Sie nur, was Sie sich leisten können.
2. Denken Sie zunächst defensiv und erst danach offensiv.
3. Denken Sie daran, Ihre Verluste klein zu halten und Ihre Gewinne laufen zu lassen.
4. Verwenden Sie nie Ihr gesamtes Geld zum Traden; bewahren Sie die Hälfte für schlechte Zeiten auf.
5. Rikieren Sie bei keinem Trade mehr als fünf Prozent Ihres Kapitals (zwei Prozent wären noch besser).
6. Sind Sie vorsichtig bei miteinander verbundenen Positionen.
7. Setzen Sie sich ein maximal zulässiges Risiko für alle offenen Positionen.
8. Erstellen Sie eine Tabelle mit der maximal zulässigen Zahl von Positionen.
9. Kombinieren Sie diese mit technischer Analyse, um herauszufinden, wie viele Wertpapiere Sie traden können.
10. Riskieren Sie nicht immer das Maximum.
11. Auch Null ist eine akzeptable Zahl von Kontrakten.
12. Steigen Sie nur in Trades ein, die über ein akzeptables Chance-Risiko-Verhältnis verfügen.
13. Setzen Sie eine Trennlinie.
14. Schränken Sie Ihre Aktivitäten ein, wenn Sie eine Durststrecke durchlaufen.
15. Sie sollten wissen, welche Märkte wechselhafter verlaufen.
16. Wenn Sie Ihre Trades pyramidenförmig anordnen, dann beginnen Sie mit den großen Kontrakten und packen Sie kleiner werdende Beträge oben drauf.
17. Entwerfen Sie einen Plan zum Ausbau Ihrer Trading-Größe.
18. Ihr Plan sollte realistisch sein, und man sollte sich problemlos daran halten können.
19. Werden Sie bei Gewinnen oder Verlusten nicht aggressiv, und verlieren Sie nicht den Kopf.

Hilfreiche Fragen, die Sie sich stellen sollten:

… Habe ich echte Risikoparameter?
… Weiß ich, wie viele Kontrakte ich in jedem Markt traden soll?
… Gehe ich ein zu hohes Risiko ein?
… Wo liegt meine tägliche Verlustobergrenze?
… Habe ich bereits zu viel verloren?
… Muss ich meine Tradingaktivitäten neu bewerten?

TEIL 5

Selbst-kontrolle

KAPITEL 16

Disziplin: Der Schlüssel zum Erfolg

Sobald man einen Trading-Plan mit soliden Ein- und Ausstiegsstrategien sowie Risikoparametern zusammengestellt hat, sind die wesentlichen Schritte auf dem Weg zu einem erfolgreichen Trader fast schon getan. Was noch bleibt, ist die Disziplin, den festgelegten Regeln auch wirklich zu folgen. An diesem Punkt scheitern die meisten Trader. Viele wissen zwar, was sie tun müssen oder tun sollten, traden jedoch weiterhin schlecht, da es ihnen an Disziplin mangelt, das Richtige zu tun. Egal wie oft sie sich sagen, es nicht zu tun, jagen sie auch weiterhin den Markt, riskieren zu viel oder lassen Verluste über die Stopps hinausgehen. Sie mögen alles dafür tun, Ihre Fähigkeiten als Trader ebenso zu verbessern wie Ihre Kenntnisse des Marktes oder Ihr Wissen über technische Analyse, aber solange sie sich nicht auf ihre Disziplin konzentrieren, werden sich ihre Ergebnisse nicht verbessern.

ERFOLG ERFORDERT DISZIPLIN

Um ein Spitzen-Trader zu werden, muss man viele Fähigkeiten erlernen, doch außer zu wissen, was man tun muss, muss ein Trader unbedingt über die nötige Disziplin verfügen, das Richtige zu tun. Es gibt unzählige Möglichkeiten, wie ein Trader Geld verdienen oder es verlieren kann. Jeder weiß, dass es wichtig ist, Verluste einzuschränken, weniger zu traden, einen Risikoplan zu haben und seine Hausaufgaben zu erledigen, doch ohne Disziplin ist es unmöglich, all diese Tools zusammenzufügen und zu einem erfolgreichen Trader zu werden. Disziplin stellt sicher, dass all diese Dinge auch tatsächlich ausgeführt werden, und als Einzelwerkzeug ist sie wahrscheinlich wichtiger als alle anderen Werkzeuge zusammen. Disziplin benötigt man in jedem Bereich des Tradings, und sie sollte auf der To-do-Liste ganz oben angesiedelt sein. Alles, was man tut, kann mit der nötigen Disziplin noch verbessert werden.

Zu den Eigenschaften, die alle Top-Trader gemein haben, zählt Disziplin. Einer der Gründe, warum Profi-Zocker Geld verdienen, besteht darin, dass sie ungeheuer disziplinierte Menschen sind. Einer undisziplinierten und rücksichtslosen Person fällt Trading wesentlich schwerer als einer Person, die über ausgezeichnete Disziplin verfügt. Ohne Disziplin sind Trader nicht wählerisch genug; stattdessen neigen sie dazu, ohne Absicherung zu traden, schlampig vorzugehen und Verluste außer Kontrolle geraten zu lassen. Ein Trader kann über ein tolles Trading-System verfügen und dennoch Geld verlieren, wenn er nicht über die nötige Disziplin verfügt, sich innerhalb seines Money-Management-Plans und seiner Risikoparameter zu bewegen. Jene Trader, die letztlich am erfolgreichsten sind, verfügen über die Disziplin, sich an ihre eigenen Regeln zu halten. Im restlichen Kapitel beschäftige ich mich mit einigen Bereichen, in denen Disziplin unerlässlich ist, und ich helfe Ihnen dabei, an der nötigen Disziplin zu arbeiten.

DIE DISZIPLIN AUFBRINGEN, AUF DEN RICHTIGEN ZEITPUNKT ZU WARTEN

Ich bin mir sicher, Sie haben schon davon gehört, dass Geduld eine Tugend ist – wie wahr das doch ist, wenn es ums Traden geht. Geduld bedeutet, darauf zu warten, dass man das Signal eines Indikators erhält oder dass eine Trendlinie erreicht wird, bevor man überstürzt einsteigt und alles vorwegnehmen will. Es bedeutet, nach einem Break-Out auf einen Rückzug des Marktes zu warten, bis man einsteigt. Es bedeutet, dass man nicht jeden Move jagt, nur weil man Angst hat, etwas zu verpassen. Es bedeutet außerdem, dass man nicht aus Langeweile oder nur zum Spaß tradet. Man muss in der Lage sein, sich hinzusetzen und ganz ruhig abzuwarten, bis sich die passenden Gelegenheiten ergeben, selbst wenn dies heißt, dass man den ganzen Tag nicht tradet. Ich kenne nur sehr wenige Menschen, die dazu in der Lage sind, schließlich sind sie ja »Trader« und keine »Zuschauer«. Sie denken, sobald sie nicht traden, verdienen sie ihre Bezeichnung nicht. Einigen fällt es schwer, ruhig dazusitzen und auf eine Gelegenheit zu warten, ohne den Zwang zu verspüren, etwas tun zu müssen. Trader wollen traden, und sie werden kribbelig, wenn sie auf die passende Gelegenheit warten müssen, sodass sie sich auf irgendetwas stürzen, nur um zu traden. Trader, die offensichtlich überstürzt in Trades einsteigen statt auf besser abgestimmte Trades mit höherer Erfolgswahrscheinlichkeit zu warten, verfügen über weniger Disziplin und schneiden schlechter ab, als es sein müsste. Ein guter Trader hat die Disziplin, auf die richtige Abstimmung eines Marktes zu warten, da er ganz genau weiß, dass es besser ist, gar nicht zu traden, als schlecht zu traden. Wer die Geduld aufbringt, den Markt auszusitzen, kann auf seinen Vorteil warten und davon profitieren.

Für mich war ein Aspekt von Disziplin, dass ich den Drang, die kleinen Gegenwellen des Haupttrends zu traden, nicht unterdrückte. Ich achtete gerne auf den Stochastik oder eine Kanallinie und dachte mir, der Markt sei fällig für einen kleinen Rückgang. Heute weiß ich, dass es sich hierbei um Trades mit geringer Gewinnwahrscheinlichkeit handelt, und ich versuche, sie zu umgehen. Es ist nicht leicht, einfach dazusitzen und einem Markt dabei zuzuschauen, wie er sich in die erwartete Richtung entwickelt, während man auf die Fortsetzung eines Trends wartet, aber ein disziplinierter Trader ist dazu in der Lage. Anstatt voreilig einzusteigen, wartet er, bis sich der Haupttrend fortsetzt, weil sich der Trade hier erst so richtig lohnt. Ein Trader, der lernt, auf die Trades mit hoher Gewinnwahrscheinlichkeit zu warten und erst dann einzusteigen, verbessert seine Chancen, am Ende ganz oben zu stehen.

> **ES MAG LANGWEILIG SEIN, ABER BEI IHM FUNKTIONIERT ES**
>
> Einer der Typen, mit denen ich trade, besitzt die Fähigkeit, tagelang gar nichts zu machen. Er kann einfach nur dasitzen, den Markt beobachten und Pressemitteilungen studieren, bis er das Gefühl hat, dass alles passt. Er hat die nötige Disziplin entwickelt, erst dann zu traden, wenn er einen Trade mit der passenden Abstimmung bekommt. Wir sticheln zwar alle ganz gerne, wenn er nicht tradet, aber im Endeffekt schneidet er besser ab als die meisten von uns. Ich beobachte ihn jeden Tag und habe keine Ahnung, wie er es schafft, dem Drang zu traden zu widerstehen, während alle anderen um ihn herum Trades eingehen und Aktien ausrufen, doch er schafft es, sich zu beherrschen. Er war nicht immer so diszipliniert, und in den frühen Zeiten seiner Trading-Karriere hat er sich auch schon in ein gewaltiges Loch eingegraben, weil er ohne Absicherung tradete. Doch nachdem er sich zum Zweck der Selbstfindung eine Auszeit vom Traden genommen hatte, kam er diszipliniert zurück und tradet seitdem wesentlich besser.

DIE DISZIPLIN AUFBRINGEN, TRADING OHNE ABSICHERUNG ZU VERMEIDEN

Ein Trader, der sich immerzu im Markt befindet und ständig zu viele Positionen am Laufen hat, ist nicht sehr diszipliniert. Es kann nicht immer einen Grund geben, um dabei zu sein; es gibt auch Zeiten, in denen man sich am besten außerhalb des Marktes befindet oder die Zahl seiner Positionen und Wertpapiere zurückschraubt.

Dies ist schon immer eines meiner Hauptprobleme gewesen: Ich musste immer dabei sein, egal welche Marktsituation vorlag. Wenn ich keine Kaufposition hatte, glaubte ich, ich sollte eine Verkaufsposition haben; wenn ich es mir leisten konnte, 5.000 Wertpapiere zu traden, wollte ich immer das Maximum traden. Es gehörte zu meinen größten Hürden, die nötige Disziplin zu finden, um gegen diesen Drang anzukämpfen. Ein Trader ist viel besser dran, wenn er weniger Trades eingeht und weniger Positionen hält und sich stattdessen darauf konzentriert, dass die zeitliche Abstimmung passt.

Ich glaube fest daran, dass sich die Top-Trader lediglich auf einen oder zwei Märkte konzentrieren und darin zu Experten werden. Sobald jemand zu viele Positionen am Laufen hat, beeinträchtigt dies sein Trading-Verhalten, da er irgendwann den Überblick verliert. Dennoch verwenden manche die ganze Zeit ihr komplettes verfügbares Kapital, selbst wenn es der Markt nicht verdienen sollte. Die Trader, die diszipliniert genug sind, abzuwarten, verhalten zu traden und eine überschaubare Zahl von Positionen zu bewahren, schneiden langfristig gesehen besser ab. Sie haben vielleicht nicht die tollen Tage, die ein aggressiver Trader hat, dafür haben sie häufiger Tage mit Gewinnen und seltener Tage mit riesigen Verlusten. Viele Tage mit kleinen Gewinnen sind besser als wenige Tage mit großen Gewinnen und viele mit wesentlich größeren Verlusten.

DIE DISZIPLIN AUFBRINGEN, EIN TRADING-SYSTEM ZU ENTWICKELN, ZU TESTEN UND SICH DARAN ZU HALTEN

Zwar kann Trading durchaus Spaß machen, dennoch muss man sehr hart arbeiten. Einer jener Bereiche, für den man zahllose Stunden investieren muss, sind Entwicklung und Test einer Trading-Strategie. Manche glauben, sie hätten ein gutes System, stecken aber nicht genügend Arbeit hinein, um es anständig zu testen. Sie testen es vielleicht nur anhand der Daten weniger Monate und denken, es sei toll, obwohl sie es in Wirklichkeit anhand der Daten der letzten drei Jahre testen sollten. Einige machen sich überhaupt nicht die Mühe, es zu testen, sondern steigen blind ins Trading ein, was alles andere als clever ist. Wenn Sie Erfolg haben wollen, müssen Sie die Disziplin aufbringen, an Ihren Trading-Strategien zu feilen und sie ausreichend zu testen. Dies kann wochenlange oder gar monatelange harte Arbeit bedeuten, doch Sie sollten sich nicht davor drücken oder glauben, das, was Sie haben, würde vollkommen ausreichen. Wenn Sie sich dafür nicht die Zeit nehmen, bevor Sie Ihr Geld riskieren, sind Sie in meinen Augen ein Dummkopf, der sein Geld bald los sein wird.

Der nächste Punkt, an dem Disziplin ins Spiel kommt, ist jener, bei dem es um die Einhaltung einer bewährten und getesteten Strategie geht. Wenn ich meine Trading-Systeme und -Regeln verfolge, mache ich das meist recht gut, doch manchmal verliere ich die Disziplin, setze meine Signale außer Kraft oder trade aus dem Stegreif, weil ich gerade nichts Besseres zu tun habe. Wenn Sie etwas haben, an dessen Erfolg Sie fest glauben, dann zweifeln Sie es nicht im Nachhinein an; halten Sie einfach daran fest, besonders bei den Exits. Es ist eine Sache, einen Trade völlig zu verpassen, weil man nicht einsteigt, aber eine andere, wenn man schon eingestiegen ist und einen Stopp missachtet. In diesem Fall fordert man Unannehmlichkeiten förmlich heraus. Wenn es Teil Ihrer Strategie ist, auszusteigen, sobald der Markt eine Trendlinie durchbricht, dann müssen Sie dies auch tun, und zwar immer und nicht nur dann, wenn es Ihnen gefällt.

DIE DISZIPLIN AUFBRINGEN, TRADING-REGELN AUFZUSTELLEN UND SICH DARAN ZU HALTEN

Top-Trader haben Regeln, an die sie sich halten und die sie jedes Mal schriftlich vorliegen haben. Diese Regeln sind normalerweise eine Anhäufung von all dem, was sie gelesen oder gehört haben und wovon sie sich Erfolg versprechen, wie etwa: »Steige aus Verlusten vorzeitig aus«. Meine Regeln kleben zwischen zwei Computermonitoren, etwa 20 Zentimeter vor meiner Nase. Es ist gut, dass ich sie vor mir habe; schwierig wird es, wenn es darum geht, die nötige Disziplin aufzubringen, um ihnen treu zu bleiben. Ich weiß, dass ich, sobald ich verliere, meine Regeln gerne missachte, doch genau dann sollte ich mich eigentlich noch genauer an sie halten. Dann muss ich dies anerkennen und wieder in die richtige Spur finden. Manchmal, wenn ich merke, dass ich in einen Trott verfalle, höre ich auf, gehe spazieren und schnappe mir eine Limo. Wenn ich zurückkomme, lese ich mir meine Regeln durch und steige aus allen Positionen aus, die ihnen in irgendeiner Form zuwiderlaufen. Dies führt meistens dazu, dass ich am Ende gar keine Positionen mehr habe. Wenn ich einen richtig schlechten Tag habe, kann es schon mal vorkommen, dass ich diesen Schritt missachte, was natürlich dazu führt, dass ich einen noch schlechteren Tag habe. Es ist schwierig, sich immer an seine Regeln zu halten. Wenn Sie jedoch über ein gutes Regelwerk verfügen, dann können Ihnen Ihre Trading-Regeln nur gut tun, wenn Sie auch die nötige Disziplin aufbringen, sich daran zu halten.

Hier nun die formgetreue Kopie der Regeln auf meinem Schreibtisch:

> **WENN ICH MICH AN DIESE REGELN HALTE, VERBESSERE ICH MICH**
>
> - **PPC**
> - **Trade weniger** und **sei wählerischer** bei deinen Trades.
> - Trade am Morgen verhalten, bis du ein Gefühl für den Trend des Marktes entwickelst.
> - Du musst nicht immer ans Äußerste gehen.
> - Steige aus Verlusten 30 Minuten nach Eröffnung aus.
> - **Habe einen Grund** für jeden Trade.
> - Achte auf **bessere Einstiegsbereiche**; betrachte zunächst einen Chart.
> - Trade keine News.
> - Kaufe nicht, wenn sich der Stochastik an der Spitze befindet.
> - Warte auf den **Kursrückgang**.
> - **Kaufe bei abnehmenden Kursen**.
> - **Trenne dich zunächst von Verlusten**.
> - Versuche, **in Richtung des Trends einer Aktie zu traden**.
> - Trade an großen Tagen nur in die Richtung des Marktes – werde nicht übermütig.
> - Nimm **kleinere Verluste** schneller mit.
> - Steige aus schlechten Trades innerhalb von 45 Minuten aus.
> - Denke wie ein Profi.
> - Vermeide große Verluste.
> - Achte auf den größeren Zeitrahmen.
> - Lege deine **Stopps** im Voraus fest.
> - Wenn du zu viel verlierst, **mach eine kleine Pause**.
> - **Es ist okay, bei einem Trade Verluste zu machen**.
> - **Steige in Etappen** ein und aus.

- Halte dich von Aktien fern, die dir schaden.
- Warte nicht, bis große Gewinne kommen.
- **Wenn der Trade vorbei ist, STEIGE AUS.**
- Sei kein Zocker.
- Jage nicht.
- Gehe keine dummen Trades ein.

Wie Sie sehen können, beziehen sich die meisten Regeln lediglich auf einige meiner Schwächen: Traden ohne Absicherung, zeitliche Abstimmung und Begrenzung des Schadens. Wenn ich die nötige Disziplin aufbringe, diese Schwächen zu überwachen, bin ich wesentlich erfolgreicher. Ich habe zum Beispiel festgestellt, dass ich an schlechten Tagen meist drei Mal so viel trade wie an guten Tagen. Dies ist der Fall, weil ich versuche, Verluste wettzumachen, und daher auch öfter als sonst kleinste Gewinne mitnehme. Ich lege auch verstärkt Wertpapiere an und habe mehr Positionen am Laufen als sonst. Es ist schwer, dieser Versuchung zu widerstehen, aber es muss einfach sein. Ich werde im nächsten Kapitel noch erklären, dass es nicht darauf ankommt, jeden Tag mit einem positiven Ergebnis abzuschließen. Ignorieren Sie einen schlechten Tag; Sie können ihn in der Zukunft leicht wieder reinholen. Es besteht keine Veranlassung, alles sofort wieder wettzumachen; was dagegen leicht passieren kann, ist, dass aus einem schlechten Tag ein sehr schlechter Tag wird. Einen sehr schlechten Tag holt man wesentlich schwerer wieder rein als einen schlechten Tag. Seien Sie also vorsichtig.

DIE DISZIPLIN AUFBRINGEN, EINEN TRADING-PLAN UND DIE RICHTIGE STRATEGIE ZU ERSTELLEN UND ZU BEFOLGEN

Ich kann dazu nicht viel sagen, außer, dass Sie unbedingt einen Trading-Plan haben sollten. Es kann eine Weile dauern, um dies richtig zu machen, aber danach werden Sie dies nachvollziehen können.

Einige wollen lieber traden, als sich aufs Traden vorzubereiten. Sie bringen nicht die nötige Disziplin auf, einen langfristigen Trading-Plan und eine Strategie für jeden Tag zu entwickeln. Sie sind der Meinung, genau zu wissen, was sie wollen, und möchten ihre Zeit nicht damit verschwenden, einen Plan zu erstellen. Aber ein Trader, der ohne Plan tradet, tut dies ohne die nötige Disziplin. Ich habe fast fünf Jahre gebraucht, bis ich die nötige Disziplin aufbrachte, erst dann zu traden, wenn ich zuvor einen guten Plan erstellt hatte. Der Grund dafür, dass ich ihn tatsächlich erstellt habe, war, dass ich versuchte, Geld fürs Traden zu beschaffen. Sobald ich einen soliden Trading-Plan hatte, fiel mir das Traden wesentlich leichter. Wie alle anderen Pläne, ist auch ein Trading-Plan nur dann etwas wert, wenn man über die nötige Disziplin verfügt, sich an ihn zu halten.

DIE DISZIPLIN AUFBRINGEN, SEINE HAUSAUFGABEN ZU ERLEDIGEN

Der nächste Punkt ist, dass Sie Ihre Hausaufgaben erledigen und die Märkte jeden Abend überprüfen. Ein Trading-Tag geht nicht von 9.30 bis 16 Uhr oder wann immer die Märkte, auf denen Sie traden, geöffnet haben. Ein guter Trader zu sein bedeutet, dass man die Disziplin aufbringt, vor und nach der Eröffnung des Marktes zu arbeiten. Es bedeutet, dass man bis spät abends den Tag Revue passieren lässt, seine laufenden Positionen durchgeht, diese bewertet und den nächsten Tag plant. Es bedeutet auch, dass man am nächsten Tag früh loslegt, seinen Tagesplan durchgeht, Charts überprüft und alle Pressemitteilungen durchschaut, die beim weiteren Vorgehen hilfreich sein könnten. Wenn Sie all dies nicht ohnehin schon tun, dann fangen Sie an, sich jeden Abend ein wenig Zeit zu nehmen, um den Markt zu studieren, Charts anzuschauen und die Trading-Strategie für den nächsten Tag festzulegen. Bevor Sie einen Trade eingehen, sollten Sie wissen, wie die Charts in verschiedenen Zeitrahmen aussehen. Schreiben Sie sich die verschiedenen Unterstützungslinien, Trendlinien, Durchbrüche, Stopps und Ähnliches heraus. Wenn Sie dies anhand mehrerer Zeitrahmen tun, ist es recht zeitaufwendig, aber Sie bekommen einen genaueren Eindruck vom Markt und werden zu einem besseren Trader.

Die Top-Trader, die ich kenne, arbeiten genauso hart; sie bleiben am Abend am längsten und kommen am Morgen als Erste. Sie führen ein geregeltes Familienleben und glauben, dass Trading ihr Geschäft ist. Sie nehmen es nicht auf die leichte Schulter und tun alles für den Erfolg. Sie lesen täglich das *Wall Street Journal* und *Investor's Business Daily* und jedes Buch, das sie zwischen die Finger kriegen. Sie versuchen sich ständig einen Vorteil zu verschaffen. Sie haben sich die nötige Disziplin angeeignet, um es an die Spitze zu schaffen, und werden meist auch dafür belohnt. Wer erst drei Minuten vor Eröffnung kommt und schon aufbruchbereit ist, sobald die Schlusssirene ertönt, zahlt für seine lockere Einstellung. Selbst wenn solche Leute Geld machen, könnten sie vermutlich noch mehr verdienen, wenn sie, was ihre Vorbereitungen anbelangt, disziplinierter wären.

DIE DISZIPLIN AUFBRINGEN, SICH AN SEINE MONEY-MANAGEMENT-PARAMETER ZU HALTEN

Eines meiner Probleme der Vergangenheit bestand darin, dass ich mit einem kleinen Konto anfing zu traden und tolle Money-Management-Regeln aufstellte, die ich meinem Kontostand anpasste. Ich war durchaus konservativ und ging nur vernünftige Trades mit geringem Risiko ein, während ich die Größe meiner Positionen im Rahmen hielt. Danach verdiente ich erstmal ein bisschen Geld, und plötzlich flogen meine Money-Management-Regeln zum Fenster hinaus. Ich fing an, zu viele Kontrakte in zu vielen Märkten einzugehen, und bevor es mir bewusst wurde, riskierte ich fünf Mal so viel wie zuvor, aber mit gerade mal doppelt so viel Geld. An diesem Punkt dauerte es nicht mehr lange, bis ich vollständig eliminiert wurde. Ich hatte die nötige Disziplin verloren, um mich an meine Money-Management-Parameter zu halten, und ich bezahlte dafür.

Ein Trader sollte immer über die Disziplin verfügen, sich an seine Regeln zu halten, egal ob er Geld verdient oder verliert. Durststrecken sind normal. Lassen Sie sich davon nicht entmutigen; halten Sie sich einfach an Ihren Plan, und schränken Sie vielleicht Ihre Trading-Aktivitäten ein wenig ein, bis die Durststrecke vorbei ist. Bei Erfolgssträhnen sollten Sie mit derselben Disziplin vorgehen. Werden Sie nicht kopflos und glauben Sie nicht, Sie seien besser als der Markt; halten Sie sich an Ihren Plan, und versuchen Sie, dasselbe Tempo beizubehalten. Wenn Sie sich die Zeit nehmen, geeignete Risikoparameter zu ermitteln, dann bringt es Ihnen erst dann etwas, wenn Sie auch die Disziplin aufbringen, sie einzuhalten.

DIE DISZIPLIN AUFBRINGEN, VERLUSTGRENZEN ZU SETZEN

Ein Trader muss lernen, Verlustgrenzen zu setzen. Dies gilt für einzelne Trades, tägliche Verluste sowie das gesamte Konto. Wenn ein Trader dazu nicht in der Lage ist, kann es sein, dass er letztlich überwältigende Verluste einfährt und sein Konto möglicherweise überzieht. Man kann diese Grenzen problemlos in seinen Money-Management-Plan einbauen, doch dann sollte man über die Disziplin verfügen, aufzuhören, sobald diese Grenzen erreicht werden. Wenn man Grenzen setzt, wählt man nicht nur irgendwelche willkürlichen Zahlenwerte; man muss sich wirklich hinsetzen und genau ermitteln, wie viel Kapital man sich als Risiko leisten kann. Man muss wissen, dass man höchstens 1.000 Dollar pro Trade oder 2.000 Dollar am Tag verlieren kann oder dass man bei einem Verlust von 20.000 Dollar eine Woche lang völlig aussetzt. Kleine Trader benötigen am meisten Disziplin, da sie am ehesten eliminiert werden können. Viele kleine Trader sind der Meinung, ihr Kapital sei zu gering, um einem wirklichen Money-Management-Plan zu folgen, sodass sie diesen Punkt komplett ignorieren. Doch Money Management ist für alle Trader wichtig, egal wie groß oder klein sie sind.

ÜBER DIE NÖTIGE DISZIPLIN VERFÜGEN, AUS EINEM TRADE AUSZUSTEIGEN

Die Disziplin beim Ausstieg aus Verlusten und Gewinnen ist unerlässlich für den Erfolg. Steigen Sie nicht einfach aus, nur weil Ihnen danach ist; dies ist nicht gut, weil Sie dann ohne die nötige Disziplin aussteigen. Legen Sie vor Ihrem Einstieg die Ziele und Kriterien fest, und seien Sie dann diszipliniert genug, sich auch daran zu halten. Sobald Sie aus einem Trade aussteigen, blicken Sie nicht mehr zurück und sagen Sie nicht: »Was wäre, wenn?« Es stimmt, der Markt kann tatsächlich weiter steigen, aber das ist unwichtig. Wichtig ist, dass Sie die nötige Disziplin aufbringen, dann auszusteigen, wann Sie sollten. Was danach passiert, ist unbedeutend. Oft wird es vorkommen, dass Sie den Ausstieg um ein oder zwei Ticks verpassen und dann am Trade festhalten in der Hoffnung, diesen zusätzlichen Tick mitzunehmen. Es kann sein, dass er vor Ihren Augen 20 Ticks gegen Sie verläuft, da Ihnen die nötige Disziplin gefehlt hat, zum eigentlich vorgesehenen Zeitpunkt auszusteigen. Wenn es Zeit ist auszusteigen, tun Sie es, und seien Sie nicht gierig. Zu anderen Zeiten hat man vielleicht eine feste Zielvorstellung, und wenn sich der Markt diesem Bereich nähert, ändert man seine Order plötzlich ohne triftigen Grund. Ändern Sie Ihre ursprüngliche Order nur, wenn es einen einleuchtenden Grund dafür gibt.

Das Platzieren und Verwenden von Stopps benötigt ebenfalls Disziplin. Ein Trader sollte stets über die nötige Disziplin verfügen, bei jedem Trade eine Verlustgrenze zu setzen. Egal ob mental oder echt, man sollte keinen Trade eingehen, ohne für den ungünstigsten Fall gewappnet zu sein. Niemand denkt gerne über seine Verluste nach, sodass viele den Stopp ignorieren. Sie sollten sich jedoch angewöhnen, immer zu wissen, wo Sie aussteigen, wenn sich der Markt gegen Sie entwickelt. Wenn er diesen Bereich dann erreicht, sollten Sie natürlich auch diszipliniert genug sein und sich tatsächlich daran halten. Trader müssen über die Disziplin verfügen, einen Verlust mitzunehmen. Sie müssen sich stets vergegenwärtigen, dass es okay ist, ein wenig zu verlieren, dass man nicht mit jedem Trade Geld verdienen muss und dass Verluste zum Spiel dazugehören.

Wenn es Zeit ist, aus einem verlustreichen Trade auszusteigen, dann tun Sie es. Erfinden Sie nicht irgendwelche Gründe, nur um dabeizubleiben. Ein undisziplinierter Trader, der nicht in der Lage ist, aus einem Trade auszusteigen, kann diese Klippe dadurch umschiffen, dass er seine vorher bestimmten Ausstiegspunkte an einen Broker übergibt, der sich darum kümmert. Dadurch weiß er, dass er sich immer an seinen Ausstiegsplan hält.

DIE DISZIPLIN AUFBRINGEN, AN EINEM ERFOLGREICHEN TRADE FESTZUHALTEN

Ein Trader sollte auch die Disziplin aufbringen, an erfolgreichen Trades festzuhalten. Man muss der Versuchung widerstehen, aus solchen Trades zu früh auszusteigen. Jeder Trader will in der Lage sein, einen bedeutenden Move mitzunehmen; dies gelingt aber nur dann, wenn man zulässt, dass sich ein Trade entwickelt. Wenn Sie ständig frühzeitig aussteigen, wird es Ihnen, langfristig gesehen, schwer fallen, erfolgreich zu sein. Selbst wenn Sie gute Trades nicht allzu lange halten können, stellen Sie zumindest sicher, dass Sie bei Ihren erfolgreichen Trades mehr gewinnen, als Sie bei Ihren weniger erfolgreichen Trades verlieren. Tradern, die gegenteilig handeln, mangelt es an der nötigen Disziplin und sie werden sich nicht allzu lange behaupten können.

DIE DISZIPLIN AUFBRINGEN, AN DEN EIGENEN FEHLERN ZU ARBEITEN

Jeder macht Fehler, das ist Teil des Lernprozesses. Die Art und Weise, wie ein Trader mit seinen Fehlern umgeht, macht den Unterschied zwischen einem erfolgreichen und einem weniger erfolgreichen Trader aus. Ein disziplinierter Trader versucht ständig, aus seinen Fehlern zu lernen; anders als viele Trader ignoriert er sie nicht einfach. Er nimmt sich die Zeit, seine Trades und sein Abschneiden zu überprüfen und die notwendigen Veränderungen vorzunehmen, um sich zu verbessern. Eine Möglichkeit ist das Führen eines Tagebuches. Dies ist zwar recht zeitaufwendig, doch wer die nötige Disziplin dafür aufbringt, hat auf lange Sicht bessere Erfolgsaussichten, weil er – hoffentlich – nicht ständig dieselben Fehler wiederholt. Nur wer seine Fehler kennt, kann sie auch beheben.

DIE DISZIPLIN AUFBRINGEN, SEINE EMOTIONEN ZU KONTROLLIEREN

Erfolgreiche Trader wissen, wie sie ihre Emotionen kontrollieren. Sie sind diszipliniert genug, um nicht mit der Faust auf den Tisch zu hauen, ihren Ärger herauszuschreien oder sich diebisch über ihren Erfolg zu freuen. Außerdem geben sie nur sich selbst die Schuld an Verlusten. Wer jähzornig oder launisch ist und immer im Clinch mit dem Markt liegt, richtet sein Hauptaugenmerk auf die falsche Stelle. Es sollte dem Trading gelten und nichts anderem. Wenn ich trade, verspüre ich keinerlei Emotionen, besonders dann nicht, wenn ich große Verluste verzeichne. Ich halte einfach meinen Mund und behalte es für mich, ohne dass irgendjemand je erfährt, wie schlecht es um mich steht. Ich werfe nie eine Tastatur durch die Gegend oder beschimpfe einen Market-Maker. Für mich ist es etwas ganz Natürliches, andere hingegen haben daran zu kauen. Mit Emotionen erreicht man gar nichts, außer dass man ziemlich bescheuert aussieht. Wenn Sie von zu Hause aus traden, wird Sie niemand sehen, dennoch ist dieser Charakterzug nicht unbedingt erstrebenswert. Es gibt noch weitaus mehr Emotionen, für deren Kontrolle ein Trader die nötige Disziplin aufbringen muss, wenn er das Bestmögliche aus sich herausholen will. Dazu zählen Angst, Gier, Hoffnung, Rache und Vermessenheit. Ich komme zu einem späteren Zeitpunkt noch darauf zurück.

AN DER NÖTIGEN DISZIPLIN ARBEITEN

Mangelnde Disziplin zählt zu den größten Hindernissen auf dem Erfolgsweg eines Traders und ist besonders schwer zu überwinden. Dies fällt mir jeden Tag deutlich am schwersten. Ich weiß genau, wie man erfolgreich tradet, worauf man achten muss und was man unbedingt vermeiden sollte. Doch wenn ich nachlässig werde und die Kontrolle verliere, kann es leicht passieren, dass ich ohne Absicherung trade und zu lange an Verlusten festhalte. Ich muss mich anstrengen, damit ich mich an meine Parameter halte, und immer wieder kommt die Disziplin ins Spiel. Die nötige Disziplin zu bewahren ist ein ständiger Prozess, an dem ein Trader arbeiten muss. Schließlich betrifft Disziplin jeden Aspekt des Tradens.

Wo auch immer Ihre Schwächen liegen, es genügt nicht, sie nur zu kennen; Sie müssen auch die Disziplin aufbringen, an ihnen zu arbeiten. Am besten erstellen Sie zunächst eine Liste Ihrer Schwächen, um auf die richtige Spur zu kommen, wenn es darum geht zu lernen, wie ein disziplinierter Trader aus Ihnen wird. Dann nehmen Sie sich die Schwäche heraus, die Sie am ehesten korrigieren können, und arbeiten zunächst daran. Es ist gut, wenn man mit der einfachsten Schwäche anfängt, da man diese am ehesten überwinden kann. Danach steigt Ihre Zuversicht, wenn Sie ein größeres Problem angehen. Ich hatte einst die Schwäche, viel zu lange an verlustreichen Tages-Trades festzuhalten, sodass ich damit begann, ein 45-minütiges Zeitlimit für diejenigen Trades einzubauen, die nicht funktionierten. Das ist ganz einfach. Meine Software teilt mir mit, wie lange ich mich in jedem einzelnen Trade befinde, sodass ich nur darauf achten muss. Nach 45 Minuten steige ich aus, wenn ich mich im Minus befinde. Ich muss immer noch lernen, dass ich eher aus schlechten Positionen aussteige, doch das kommt mit der Zeit. Dies stellt zwar lediglich einen kleinen Schritt auf dem Weg zu einem disziplinierten Trader dar, doch dieser Schritt ist wichtig.

Das Erlernen von Disziplin ist für einen Trader eine der schwierigsten Aufgaben, doch wenn man Erfolg haben will, bleibt einem nichts anderes übrig, als daran zu arbeiten. Disziplin ist ein Charakterzug, über den einige Trader verfügen und andere nicht, doch wenn Sie engagiert sind und hart genug arbeiten, können Sie die nötige Disziplin entwickeln. Ich glaube nicht, dass man jemandem Disziplin in einem Trading-Buch vermitteln kann, aber zumindest kann man ihn darauf aufmerksam machen und auf ihn einwirken, damit er bewusst daran arbeitet.

Einige Menschen sind von Natur aus diszipliniert, beispielsweise Sportler, Musiker, gute Studenten und Profi-Zocker. Diese Menschen scheuen keine Zeit und keine Mühen, um in ihrem Metier an die Spitze zu gelangen. Wenn sie es schaffen, ihre Fähigkeiten auf das Trading zu übertragen, werden sie zu guten Tradern. Anderen fällt es relativ schwer, einen Trading-Plan und eine Strategie zu erstellen und sich daran zu halten. Trader sollten immer eine Liste ihrer Trading-Regeln vor sich haben, um eine ständige Selbstkontrolle zu gewährleisten. Disziplin ist kein Problem des Tradens, sondern ein persönliches Problem, sodass eine Lösung von außen durchaus hilfreich sein kann. Einige Trader suchen sich Hilfe bei Profis wie Hypnotiseuren und Psychologen, die ihnen zu mehr Disziplin verhelfen sollen. Was auch immer: Man muss daran arbeiten. Ohne Disziplin kann man einfach nicht gut traden. Ich habe das Thema Disziplin hier nur gestreift. Man benötigt sie, wo man geht und steht, daher sollte man sie auf keinen Fall vernachlässigen.

POKERSPIELEN: WIE ICH DISZIPLIN GELERNT HABE

Die Zeit, in der ich lernte, wie man richtig Poker spielt, hat mir sehr dabei geholfen, weniger zu traden und Disziplin zu entwickeln. Früher spielte ich häufig Poker, und dabei verhielt ich mich genauso wie beim Traden: Ich stieg nie vorzeitig aus und hoffte auf die Wunderkarten oder versuchte alle auszutricksen. Ich spielte aus Spaß und weil ich auf einen großen Gewinn hoffte, sodass ich selten passte. Als ich mich entschloss, an meiner Trading-Disziplin zu arbeiten, setzte ich mich an einen Pokertisch in einem Kasino und begann zu spielen, um zu gewinnen, und nicht, um Spaß zu haben. Dies bedeutete, dass ich echte Poker-Regeln befolgen musste, die ich zwar kannte, aber kaum benutzte. Ich fing an, sofort zu passen, wenn ich keine starke Eröffnungshand hatte. Ich wettete und erhöhte meinen Einsatz nur dann, wenn die Gewinnwahrscheinlichkeit höher lag als das Verhältnis zwischen dem potenziellen Gewinn und der Wette. Wenn ich zum Beispiel zehn Dollar wetten musste, um 80 Dollar zu gewinnen, und die Chancen, die zum Gewinn notwendige Karte zu bekommen, bei elf zu eins lagen, dann handelte es sich um eine schlechte Wette. Um diese Wette einzugehen, hätte der Gewinn bei zehn Dollar Einsatz schon mindestens 110 Dollar betragen müssen. Ich langweilte mich zu Tode, passte in den meisten Runden, aber ging mit vollen Taschen nach Hause. Die Hände, die ich spielte, besaßen eine hohe Gewinnwahrscheinlichkeit, so-

> dass ich erfreulich oft gewann. Damals erkannte ich, dass diese Disziplin, auf die aussichtsreichsten Situationen zu warten, auch beim Traden funktionieren müsste. Also fing ich an, meinen Trading-Stil zu verändern.

EIN BESSERER TRADER WERDEN

Ein besserer Trader zu werden bedeutet vor allem, die nötige Disziplin aufzubringen, das zu tun, was man tun sollte. Es ist eine Sache, zu wissen, wie man tradet; eine andere Sache ist es, tatsächlich die passenden Schritte auszuführen, durch die man Erfolg haben kann. Ein guter Trader bringt in allen Bereichen seines Tradings die nötige Disziplin auf; das heißt, er bereitet sich auf seine Trades vor, bevor der Markt eröffnet, er erledigt seine Hausaufgaben, und er weiß, warum er jeden Trade eingehen will, den er tatsächlich eingeht. Ein disziplinierter Trader geht keinen Trade »einfach so« ein, und er ist in der Lage, auf die geeigneten Trading-Gelegenheiten zu warten, anstatt sich auf irgendeinen Trade zu stürzen. Er hat einen Trading-Plan erstellt und seine Trading-Ideen einem Test unterzogen, verfügt über solide Risikoparameter und ist in der Lage, diese zu befolgen. Es ist nicht immer leicht, einem Trading-Plan zu folgen, doch ein guter Trader muss dazu in der Lage sein. Disziplin spielt auch eine Rolle, wenn es darum geht, aus verlustreichen Positionen auszusteigen, sobald sie dies verdienen, oder an guten Trades festzuhalten, solange sie funktionieren. Viele Trader machen genau das Gegenteil: Sie haben ein Problem damit, einen kleinen Verlust in Kauf zu nehmen, und werden bei einem Gewinn gleich so nervös, dass sie ihn mitnehmen, bevor er sich weiterentwickeln kann. Die Disziplin aufzubringen, die nötig ist, um die eigenen Emotionen unter Kontrolle zu halten, ist ein Aspekt beim Traden, der oft übersehen wird; dabei kann er sich entscheidend auf den Erfolg eines Traders auswirken. Die Emotionen können mit einem Trader leicht durchgehen, deshalb sollte man lernen, wie man sie bändigt. Als Trader denke ich, dass es immer gut ist, sich an bestimmte Trading-Regeln zu halten.

Eine Möglichkeit, wie man die nötige Disziplin aufbringt, sich auch daran zu halten, ist, sie sozusagen immer in Reichweite zu haben. So kann man schnell seine Liste zu Rate ziehen, wenn man merkt, dass man allmählich abschweift, und dadurch versuchen, wieder in die richtige Spur zu finden. Es fällt schwer, an der nötigen Disziplin zu arbeiten, doch wenn Sie damit ein Problem haben, müssen Sie eine Lösung finden. Denn ohne Disziplin ist Trading kaum vorstellbar.

Wie mangelnde Disziplin einem Trader schaden kann:

1. Man ist nicht in der Lage, geeigneten Trading-Regeln zu folgen.
2. Man tradet ohne Absicherung.
3. Es mangelt an der nötigen Konzentration.
4. Man wählt schlechte Einstiegspunkte.
5. Man jagt den Markt.
6. Man wartet nicht auf Trades mit höherer Gewinnwahrscheinlichkeit.
7. Man tradet in wechselhaften Märkten.
8. Man tradet gegen den Trend.
9. Man tradet ohne Strategie.
10. Man ist nicht auf das vorbereitet, was der Markt zu bieten hat.
11. Man hält sich nicht an seine Risikoparameter.
12. Man lässt zu, dass die Emotionen überhand nehmen.
13. Man ist nicht in der Lage, den Schaden zu begrenzen.
14. Man ist nicht in der Lage, an Gewinnen festzuhalten.
15. Man verhält sich unprofessionell.

Hilfreiche Fragen, die man sich stellen sollte:

… Bin ich ein disziplinierter Mensch?
… Bin ich ein disziplinierter Trader?
… Bin ich bereit, alles für den Erfolg zu leisten?
… Halte ich mich an meine Regeln und Pläne?
… Jage ich den Markt?
… Begehe ich ständig dieselben Fehler?

KAPITEL 17

Die Gefahren des Tradens ohne Absicherung

SEIEN SIE WÄHLERISCHER

Manche Trader gewinnen den Eindruck, dass ihre Erfolgsaussichten umso besser seien, je mehr sie traden. Irgendwann werden sie schon ein paar wirklich große Trades erwischen, und alles hat sich gelohnt, doch diese Chance besteht nur dann, wenn sie sich ständig im Markt befinden.

Andere glauben vielleicht, wenn sie ständig ein- und aussteigen und kleine Gewinne mitnehmen, werden sie stückchenweise dem Erfolg näher kommen. Solche Gedanken entsprechen bei weitem nicht der Realität. Traden ohne Absicherung gehört zu den unproduktivsten Dingen, die ein Trader machen kann. Ein Trader muss verstehen, dass zum Erfolg Disziplin gehört. Einer der wichtigsten Momente, wann Disziplin ins Spiel kommt, ist, wenn man die Fähigkeit erlernt, wählerischer vorzugehen und nicht die ganze Zeit zu traden. Ohne diese Disziplin verläuft Trading willkürlich und unkontrolliert. Es kommt mehrmals am Tag vor, dass ein Trader den Drang verspürt, in einen Trade einzusteigen, den er vorher nicht ausreichend geprüft hat oder dessen Chance-Risiko-Verhältnis er nicht analysiert hat. Wer ohne Absicherung tradet, scheint dies aus einer Laune heraus tun zu müssen, aus Langeweile, auf Grund einer Pressemitteilung, weil er Verluste wettmachen will oder weil er von anderen Tradern etwas gehört hat. Einige dieser Trades können durchaus lohnend sein, doch viele erweisen sich als mittelmäßig oder gar völlig unbrauchbar, und zwar aus dem einfachen Grund, dass sie auf mangelnder Planung beruhen und weder die Ausstiegspunkte noch das eventuelle Risiko vorherbestimmt wurden. Aus eigener Erfahrung und aus meiner Beobachtung anderer Trader weiß ich, dass Traden ohne Absicherung sich nicht lohnt und schädlich ist. Jene Trader, die am wählerischsten vorgehen, sind auch die besten.

Trader, die dazu neigen, ohne Absicherung zu traden, schmälern ihre Erfolgsaussichten, wenn sie zu oft ohne festen Plan traden. Um es an die Spitze zu schaffen, muss ein Trader die Geduld und Disziplin aufbringen, in aller Ruhe auf die passende Gelegenheit zu warten. Da 90 Prozent aller Trader auf lange Sicht Geld verlieren, leuchtet es ein, dass sie umso besser dran sind, je weniger sie traden. Wenn sie ihre Gesamtzahl an Trades auf Null herabsetzen würden, würden sie zumindest plus/minus null abschließen und damit besser abschneiden als die meisten anderen Trader. In dem Augenblick, in dem der durchschnittliche Trader seinen ersten Trade abschließt, nehmen die Chancen, dass sein Konto ausgeglichen verläuft, schlagartig ab und verschlechtern sich mit jedem weiteren Trade noch weiter.

TRADING IST NICHT BILLIG

Das beste Argument gegen das Traden ohne Absicherung überhaupt ist folgendes: Ein Trader wird dadurch wesentlich schneller Verluste erleiden, und zwar allein wegen der Trading-Kosten. Beim Traden sollte man versuchen, seine Kosten auf ein Minimum zu reduzieren. Die bei jedem einzelnen Trade anfallenden Kosten (Slippage und Vermittlungsgebühren) können sich äußerst negativ auf das Budget für Umsätze und Kosten (P&L-Statement) des Traders auswirken. Je weniger man tradet, desto weniger Kosten häufen sich auf dem Konto an und sorgen dafür, dass es schwindet. Wenn Sie als Trader langfristig überleben wollen, arbeiten Sie an der Reduzierung Ihrer Kosten – was Sie am besten dadurch erreichen, dass Sie weniger traden.

Vermittlungsgebühren und Slippage

Neueinsteiger sollten sich unbedingt vor Augen führen, dass jeder Trade, den man abschließt – egal ob mit Gewinn, Verlust oder plus/minus null –, den Trader eine bestimmte Summe Geld kostet. Kein Trader kommt um die Zahlung von Vermittlungsgebühren herum, und die meisten Trades beinhalten Slippage. Das heißt: Je mehr er tradet, desto tiefer gerät ein Trader, bei dem sich Gewinne und Verluste ausgleichen, in ein Loch. Zwar sind Vermittlungsgebühren beim Geschäftemachen unumgänglich, dennoch sollte man sie nicht auf die leichte Schulter nehmen, da das Konto eines Traders allein wegen Vermittlungsgebühren schwinden kann.

Nehmen wir beispielsweise an, ein Trader eröffnet mit 5.000 Dollar ein Futures-Konto mit allen Serviceleistungen (bei dem die Vermittlungsgebühren zwischen 35 und 100 Dollar pro Roundturn liegen können) und zahlt pro Roundturn bescheidene 50 Dollar. In 100 Trades wird er allein mit Vermittlungsgebühren den Wert seines Kontos aufbrauchen, und das dauert nicht allzu lange. Wenn der Trader gut genug ist, seine Gewinne und Verluste auszugleichen (ausschließlich Vermittlungsgebühren) und zwei Trades pro Tag abschließt, wobei er immer einen Kontrakt gleichzeitig tradet, dann wird das Kapital auf seinem Konto in weniger als zwei Monaten aufgebraucht sein. Sobald er anfängt, pro Trade mehrere Kontrakte zu traden, wird dies alles noch beschleunigt. Im Gegensatz zu Aktien, wo Vermittlungsgebühren auf Trades basieren können und die Kosten gleich bleiben, egal ob man 100 oder 500 Wertpapiere tradet, zahlt ein Rohstoff-Trader pro Kontrakt, und die Vermittlungsgebühren häufen sich schnell an, sobald man mehrere Kontrakte tradet. Wenn dieser Trader beginnt, fünf Kontrakte pro Trade abzuschließen, zahlt er jedes Mal 250 Dollar, wenn er tradet, und macht seinen Broker ziemlich glücklich. Wenn er anfängt, Kontrakte mit unterschiedlichen Fälligkeiten zu traden, entweder zwischen Märkten oder zwischen verschiedenen Monaten, dann entstehen auf beiden Seiten des Trades Vermittlungsgebühren, die sich noch viel schneller summieren. Trader müssen aufpassen, dass sie sich von ihrem Broker keinen Trade aufschwatzen lassen, der wie ein Spread nur verstärkt Vermittlungsgebühren verursacht. Zwar helfen Spreads dem Trader, sein Risiko zu minimieren, doch sie beinhalten auch die Zahlung zweier Vermittlungsgebühren, was sie vom Start weg zu einem wenig lohnenden Geschäft werden lässt, wenn man hohe Vermittlungsgebühren zahlen muss.

Hier nun ein Beispiel, wie sehr sich Vermittlungsgebühren im Endeffekt auf einen Trader auswirken können. Ich kannte einen Broker, der seinen Kunden 69 Dollar Vermittlungsgebühren pro Roundturn abknöpfte. Ein Kunde, der mit einem 10.000-Dollar-Konto anfing, ist mir bis heute im Gedächtnis geblieben. Sowohl der Kunde als auch der Broker waren aggressive Trader, und sie begannen mit einer tollen Glückssträhne. Innerhalb von zwei Monaten war das Konto um mehr als 30.000 Dollar angewachsen. Was so aussieht wie eine satte Rendite von 200 Prozent, beinhaltete in Wirklichkeit schier unglaubliche 25.000 Dollar an Vermittlungsgebühren, die in diesen zwei Monaten anfielen. Von den mehr als 45.000 Dollar Bruttogewinn seines Kontos sah der Kunde lediglich 20.000 Dollar an Nettogewinnen. Ihm war nicht bewusst, wie viel er an Maklergebühren abgegeben hatte; er war einfach froh, gut dabei zu sein. Jeder ihrer Trades beinhaltete drei, fünf, sechs oder zehn Kontrakte. Sie tradeten ständig in mehreren Märkten und tauschten regelmäßig ihre Positionen. Im dritten Monat war alles anders. Die Glückssträhne war vorbei, und sie begannen, im einen oder anderen Trade zu verlieren. Innerhalb von zwei Wochen verloren sie 25.000 Dollar, da sie im Vergleich zu vorher mit einer verstärkten Positionsgröße tradeten. Das Kapital auf dem Konto fiel von mehr als 30.000 auf weniger als 5.000 Dollar, während sich Verluste und Vermittlungsgebühren anhäuften. Letzten Endes hatte der Trader 5.000 Dollar verloren, während er mehr als 35.000 Dollar an Vermittlungsgebühren angehäuft hatte. Sein Trading hatte zwar einen Bruttobetrag von mehr als 30.000 Dollar eingebracht, doch sein Konto wies einen Verlust auf, der auf die Kosten des Tradens ohne Absicherung zurückzuführen war. In diesem Fall handelte es sich sowohl um überhöhte Kosten als auch um mangelnde Absicherung, was der Trader im Gegensatz zum Broker zu spüren bekam. Wäre er ein wenig konservativer vorgegangen, dann hätte er vielleicht genauso viel verloren, aber zumindest wäre der Broker nicht gar so gut davongekommen.

Eine eindeutige Möglichkeit für einen Trader, Kosten zu sparen, besteht im Einsatz von Discount-Brokern. Doch selbst wenn er durch einen Discount-Broker tradet, der pro Transaktion zwischen zwölf und 15 Dollar kostet, kann ein relativ verhalten agierender Trader ein 5.000-Dollar-Konto innerhalb von ein bis zwei Monaten aufbrauchen, wenn er nicht aufpasst. Als ich noch als Parketthändler aktiv war, zahlte ich auf den Märkten, auf denen ich Mitglied war, gerade mal 1,50 Dollar plus kleinere Gebühren pro Transaktion und zwölf Dollar pro Transaktion auf den anderen Märkten. Obwohl ich so wenig zahlte, gab es dennoch Tage, an denen ich mehr als 1.000 Dollar an Vermittlungsgebühren verzeichnete. Angesichts meines Kontostandes irgendwo zwischen 25.000 und 35.000 Dollar waren drei oder vier Prozent an Vermittlungsgebühren pro Tag viel zu hoch. Trading ohne Absicherung und solch hohe Kosten jeden Tag bescherten meinem Konto ein nicht unerhebliches Loch.

Was den Tradern zugute kommt, ist die Tatsache, dass die Vermittlungsgebühren ständig günstiger werden, doch egal, wie günstig sie werden, man muss sie dennoch in Betracht ziehen. Die Richtung des Marktes herauszufinden ist an sich schon schwer genug; wenn man dazu noch die riesige Last von Vermittlungsgebühren und anderen kleineren Gebühren rechnet, kann man sich leicht vorstellen, warum so viele Trader Geld verlieren. Egal, wie viel Vermittlungsgebühr Sie zahlen, versuchen Sie alles, um sie zu drücken. Unabhängig davon, ob Sie einen Full-Service-Broker (bietet auch eine breite Palette ergänzender Dienstleistungen an) oder einen Discount-Broker beanspruchen, versuchen Sie, eine Pauschalgebühr zu bekommen, und vermeiden Sie Gebühren, wo immer es geht. Broker verlieren ungern Kunden und werden die Gebühren senken, sobald sie spüren, dass Sie Ihr Konto wechseln wollen. Dies gilt natürlich nur dann, wenn Sie kein Plagegeist sind, der pro Monat nur einen Trade abschließt; in diesem Fall wird Ihnen der Broker gerne dabei behilflich sein, die neuen Kontobelege und Überweisungsformulare auszufüllen.

Slippage spielt im Gesamtbudget/P&L eines Traders ebenfalls eine sehr große Rolle, und zwar sowohl auf Grund der zeitlichen Verzögerung eines Börsenauftrages als auch wegen des Spreads, den ein Trader zwischen dem niedrigeren Nachfragegebot/Bid-Preis und dem ihm zugeordneten höheren Angebotspreis/Ask-Preis zahlen muss. Ein System, das ohne Slippage positiv abschneidet, kann leicht ins Minus geraten, sobald man Slippage mit einrechnet. Anders als die vorher festgelegten Vermittlungsgebühren können sich die Slippage-Kosten andauernd ändern, je nachdem, wie unbeständig der Markt verläuft. Man kann nie einschätzen, wie hoch sie sein werden, und man sollte sie ernst nehmen, da sie das Abschlussergebnis eines Traders entscheidend beeinflussen können.

Wenn man die Vermittlungsgebühren und die Slippage-Kosten zusammenrechnet, kann man leicht erkennen, dass jeder abgeschlossene Trade relativ kostspielig ist. Es dauert nicht lange, bis ein zum Traden ohne Absicherung neigender Durchschnitts-Trader das meiste Geld auf seinem Konto verliert, und das nur wegen der bloßen Zahl seiner Trades. Jemand, der Rohöl tradet, auf dem Markt kauft und dafür 33,28 bezahlt, wenn der angemessene Preis bei 32,25 liegt, und zusätzlich noch 35 Dollar an Vermittlungsgebühren entrichtet, ist darauf angewiesen, dass der Markt sich um etwa zehn Punkte bewegt, damit er seine Kosten deckt. Wenn der Preis nämlich bei 32,35 liegt, könnte er bei 32,32 aussteigen. In diesem Beispiel bewegt sich der Markt um zehn Punkte, und der Trader deckt genau seine Vermittlungsgebühren, und seine Gewinne und Verluste gleichen sich aus. Es ist bei diesem Trade egal, ob der Trader einen Gewinn oder einen Verlust verzeichnet; diese zehn Cent werden sein Budget/P&L auf lange Sicht immer noch beeinflussen. Bei erfolgreichen Trades gehen diese Kosten von den Gewinnen weg, und bei verlustreichen Trades vergrößern sie die Verluste. Am Ende des Jahres wäre der Trader sehr froh, wenn er diese zehn Punkte, die er pro Trade weggegeben hat, noch hätte.

Sobald der Trader versteht, wie viel Geld das Traden kosten kann, wird ihm klar, dass er einen größeren Teil seines wertvollen Kapitals bewahren kann und länger im Spiel bleibt, wenn er weniger tradet. Ein Trader sollte sich nicht darauf konzentrieren, Geld zu verdienen, sondern darauf, Verluste zu vermeiden. Der Erfolg wird sich irgendwann einstellen, aber man muss sich im Markt befinden, wenn sich die richtigen Gelegenheiten ergeben. Sollte ein Trader sein Trading-Statement einmal näher betrachten, wäre er wahrscheinlich schockiert, wenn er sähe, wie viel er allein durch Vermittlungsgebühren verloren hat. Trading ist wahrlich nicht billig, und ein Trader sollte sich darauf konzentrieren, die Zahl seiner Trades zurückzuschrauben und etwas wählerischer zu sein.

> **VORTEILE EINES PARKETTHÄNDLERS**
>
> Parketthändler, die auf eigene Rechnung traden (auch Locals genannt), genießen gegenüber der breiten Öffentlichkeit riesige Vorteile. Leider geht ein Teil dieses Vorteils zu Lasten des durchschnittlichen Traders. Zunächst bekommen Locals, statt für den Spread zu bezahlen, den Bid- und Ask-Preis für fast alle ihre Trades, wodurch sie in gewissem Sinne für eine negative Slippage sorgen. Während er einen flüssigen Markt aufrechterhält, geht ein Local ein permanentes Risiko ein, da er bereit ist, jederzeit

> zu kaufen und zu verkaufen. Als Ausgleich dafür lässt er Trader für den Ein- und Ausstieg bezahlen, was ihm einen Vorteil bei jeder Transaktion verschafft. Der zweite Vorteil von Locals ist, dass sie weniger als einen Dollar pro Trade an Vermittlungsgebühren bezahlen. Das ist zehn Mal weniger als das, was ein durchschnittlicher Discount-Trader bezahlt. Ein Local kann bei einem Verlust sofort aussteigen, ohne sich Gedanken darüber zu machen, wie er die Vermittlungsgebühren bezahlen soll. Er kann für jeweils einen Tick traden und, ohne dass sich der Markt bewegt, einen Nettogewinn allein dadurch erzielen, dass er den Unterschied im Spread mitnimmt. Der durchschnittliche Trader benötigt einen Move von mindestens sieben Ticks im Markt, bevor er einen Gewinn aufweisen kann. Locals wissen auch, wer was macht; sie können sehen, ob große Börsenaufträge hereinkommen und ob der Markt durch Institutionen, Locals oder kleine Akteure bewegt wird. Sie sind stets von anderen guten Tradern umgeben und haben ein besseres Gespür dafür, was Investitionsgelder machen.

Das Privileg, auf dem Parkett traden zu dürfen, hat natürlich seinen Preis: Locals haben sehr hohe Fixkosten. Sie müssen einen Platz an der Börse kaufen, was in den größeren Märkten über eine halbe Million Dollar kosten kann, oder sie müssen sich einen mieten, was monatlich zwischen 5.000 und 8.000 Dollar kosten kann. Auf einigen der kleineren Börsen, wie zum Beispiel der Baumwoll-Börse/Cotton Exchange, kostet ein Platz weniger als 75.000 Dollar, doch das Volumen und die Gewinnchancen sind nicht dieselben. Zwar kosten solche Plätze meist recht viel, doch das Geld kann sich durchaus lohnen. Erfolgreiche Locals neigen dazu, sehr viel zu traden, da mit steigender Zahl von Trades ihre Fixkosten sinken. Ein aktiver Local kommt leicht auf mehrere hundert Trades pro Tag und kann sehr erfolgreich sein, wenn er pro Trade ein bis zwei Ticks macht. Der durchschnittliche Trader genießt nicht dieselben Vorteile, sodass er nicht in diesem Ausmaß kleine Gewinne einfahren kann. Vielmehr muss er bei seinen Trades wesentlich selektiver vorgehen.

KONZENTRIERT BLEIBEN

Abwechslung hat durchaus ihre Vorzüge, und man kann sein Risiko auch dadurch minimieren, dass man sich auf einigen unterschiedlichen Märkten befindet. Man sollte jedoch daran denken, dass professionelle Trader sich normalerweise nur auf einen Markt oder auf ausgewählte Märkte und Aktien konzentrieren. Zwar sind institutionelle Trading-Häuser breit gefächert und in fast jedem Markt aktiv, doch üblicherweise haben sie für jeden Markt einen anderen Trader. Jemand, der Energie tradet, tradet kein Getreide, und ein Kakao-Trader weiß nicht, wie es um Baumwolle bestellt ist, oder es ist ihm egal. Wer Halbleiter-Aktien tradet, tradet keine

Medikamenten-Aktien. Sogar innerhalb spezieller Gruppen kann es vorkommen, dass sich Top-Trader auf einen Markt spezialisieren. Ein Rohöl-Trader beispielsweise dürfte kaum Heizöl traden; er konzentriert sich ausschließlich auf Rohöl. Das Gleiche gilt für Parketthändler; auch wenn sie auf Grund ihrer Position dazu berechtigt sind, alle Energien zu traden, beschränken sie sich normalerweise auf einen Börsensaal und springen nicht hin und her. Gemeinsam mit institutionellen Tradern konzentrieren sie sich auf ihren Markt, in dem sie absolute Experten sind. Durch klare und einfache Aktionen schaffen sie es, jedes winzige Detail eines Marktes ganz genau im Auge zu behalten. Sie kennen ihren Markt in- und auswendig, und ganz »zufällig« gehören sie deshalb auch zur Elite unter den Tradern.

Während einige ohne Absicherung traden, indem sie ständig aus ihren Positionen ein- und aussteigen, tun es andere, weil sie sich in zu vielen Märkten auf einmal befinden. Sie sind der Meinung, auf jedem Markt gebe es etwas zu tun und man könne, sobald man weiß, worum es sich handelt, gutes Geld verdienen. Diese Trader versuchen, alles im Blick zu behalten – angefangen bei Kakao bis hin zu Eurodollars. Sie schauen sich die Kursquoten und Charts von 20 Märkten an und traden sie alle, ohne sich zu spezialisieren. Ein Chart ist ein Chart, und ein gutes Verhaltensmuster kann in jedem Markt funktionieren; wenn man es aber übertreibt, kann es sein, dass die Rendite stark abnimmt. Wenn man anfängt, sich selbst zu viel zuzumuten, und in mehreren Märkten tradet, fällt es schwer, die Konzentration zu bewahren. Der Einstieg in die Märkte ist nicht allzu schwer; wenn man ohne Absicherung tradet, kann man alles wie eine passende Gelegenheit aussehen lassen. Wenn man jedoch zu viele Positionen innehat oder aus ihnen aussteigen muss, können die Ergebnisse darunter leiden.

Ich war bekannt dafür, pro Tag in 15 Märkten ein- und auszusteigen, wobei ich manchmal in allen offene Positionen hatte. Wenn sie funktionierten, war es toll, doch allzu oft war es schwer, alles im Blick zu behalten, und ich verlor regelmäßig Geld. Bei so vielen Positionen konnte es leicht passieren, dass aus einem guten Trade ein schlechter wurde und dass Verluste außer Kontrolle gerieten.

Wenn man sich auf lediglich ein oder zwei Märkte konzentriert, kann man aus schlechten Trades schneller aussteigen, noch bevor sie echten Schaden anrichten können. Bei 15 Positionen könnte man meinen, das Risiko verteile sich, doch es gab Tage, an denen alles auf einen Schlag schief ging – es war niederschmetternd. An solchen Tagen fällt es schwer, Verluste mitzunehmen, da sie in der Summe riesig ausfallen können. Entweder machte ich gar nichts und hoffte darauf, dass sich einige Positionen umdrehen würden, oder ich stieg aus den Positionen, die kleinere Gewinne oder nur kleine Verluste aufwiesen, als Erstes aus, während ich dabei zusah, wie sich die schlechten Positionen weiter verschlechterten. Egal, was ich machte, ich hielt mich nicht mehr an meine Money-Management-Regeln und nahm an solchen Tagen große Treffer mit. Tage, an denen alles klappt, kommen wesentlich seltener vor, da ein Trader Gewinne schnell mitnimmt und einem Trade nicht die Chance gibt, sich zu entwickeln.

Ein Trader sollte versuchen, sich aufs Wesentliche zu konzentrieren, und sich nicht ständig Gedanken darüber machen, wie viel er verdienen kann, wenn er sich in allen Märkten befindet. Statt auf jeden Markt zu achten, sollte er sich die Zeit nehmen, sich auf diejenigen Märkte zu spezialisieren, auf denen er am erfolgreichsten abschneidet. Wenn man sich auf einige wenige Märkte konzentriert, kann man seine Ein- und Ausstiegspunkte besser ermitteln und dadurch das Risiko besser kontrollieren. Einzelne Trades leiden darunter, wenn man auf zu viele Märkte achtet, da es einem Trader nicht mehr so leicht fällt, sich auf die Trades mit höherer Gewinnwahrscheinlichkeit zu konzentrieren.

Wenn ein Trader längerfristig tradet und vorherbestimmte Ausstiegspunkte mit Stopps verwendet, kann er mit vielen Positionen fertig werden, vorausgesetzt, er verfügt über ausreichend Kapital. Bezeichnenderweise tun dies Terminhandelsberater und Fondsmanager, wenn sie einem systematischen Trading-System folgen. Sie erhalten eindeutige Ein- und Ausstiegssignale und können mehrere Wochen an Trades festhalten. Bei längeren Laufzeiten und regelmäßiger nächtlicher Erledigung ihrer Hausaufgaben wird es für sie weniger wichtig, Trades Tick für Tick zu beobachten.

WARUM MAN OHNE ABSICHERUNG TRADET

Nachdem man nun gesehen hat, wie sehr sich jeder eingegangene Trade auf das P&L-Statement eines Traders (Gesamtbudget für Umsätze und Kosten) auswirken kann, ist es leicht verständlich, warum ein Trader, der ohne Absicherung tradet, sein Geld meist verliert. Mit diesem Hintergrundwissen muss man unbedingt erkennen, was jemanden dazu veranlasst, ohne Absicherung zu traden, und dann nach Möglichkeiten suchen, dies zu verhindern.

Es gibt verschiedene Gründe, warum man ohne Absicherung tradet, und man kann sie in zwei Kategorien aufteilen. Die erste Kategorie umfasst emotionale Entscheidungen, die hauptsächlich von Angst, Nervosität und Gier beeinflusst werden. Ein häufiges Problem beim Traden ohne Absicherung ist, dass man zu häufig nur um des Tradens willen tradet. Dies ist besonders bei Day-Tradern weit verbreitet. Einige verspüren einen unkontrollierbaren Drang zu traden. Sie haben das Gefühl, falls sie keine Positionen am Laufen haben, einen möglicherweise auftretenden Move zu verpassen oder sich nicht alle Möglichkeiten, die der Markt bietet, zunutze machen zu können. Sie fühlen sich unwohl, nur am Rand zu sitzen, während sie auf die passende Gelegenheit warten. Andere brauchen die nervliche Anspannung, und wieder andere traden ohne Absicherung, weil sie versuchen, Verluste wettzumachen.

Die zweite Kraft, die hinter dem Traden ohne Absicherung steckt, hat weniger mit dem Trader selbst als vielmehr mit seiner Umgebung zu tun. Die Möglichkeit des Online-Tradings, das Traden wechselhafter Märkte und der Druck, den ein Broker ausübt – dies alles sind Faktoren, die dazu führen können, dass man ohne Absicherung tradet. Natürlich steuern Emotionen die Aktionen eines Traders, doch sie sind im Vergleich zu diesen unterschwelligen Umweltfaktoren nur zweitrangig. Obwohl es viele Gründe dafür gibt, dass man dazu neigt, ohne Absicherung zu traden, so haben sie doch alle dieselbe Ursache: mangelnde Disziplin und der vergebliche Versuch, einen Trading-Plan zu verfolgen.

EMOTIONELLES TRADEN OHNE ABSICHERUNG

Trading um des Nervenkitzels willen: der Action-Freak

Einige Trader verspüren das Bedürfnis, sich jederzeit im Markt befinden zu müssen. Sie haben ständig eine Position am Laufen oder sind andauernd auf der Suche nach einer neuen Gelegenheit. Wenn ihnen Geld zur Verfügung steht, versuchen sie, es die ganze Zeit zu verwenden. Wenn sie aus einer Position aussteigen, kehren sie meist die vorherige Position um, statt auf die nächste Gelegenheit zu warten. Ich bezeichne diese Trader als Action-Freaks, da sie zappelig werden, sobald sie keine Position innehaben, und sich wie ein Drogenabhängiger auf Entzug benehmen. Sie fühlen sich erst dann wohl, wenn sie einen Trade eingehen, und dann ist es auch nur vorübergehend, da sie ständig auf noch mehr Action spekulieren.

Diese Leute sind innerlich wesentlich zufriedener, wenn sie einen schlechten Trade eingehen, als wenn sie nur von draußen zuschauen. Sicher wollen sie Geld verdienen, doch das Traden befriedigt auch ein Grundbedürfnis nach Nervenkitzel. Einige mögen den Nervenkitzel wirklich und bekommen, egal ob sie Gewinne oder Verluste machen, einen Adrenalinstoß, den sie als Außenstehende oder bei einer guten Position nicht hätten. Sie haben das Gefühl, sobald sie eine Position innehaben, sei die meiste Arbeit bei diesem Trade getan, und sie betrachten es als ihre nächste große Herausforderung, einen neuen Trade ausfindig zu machen. Sie verspüren ein Bedürfnis, jede Gelegenheit, die ein Markt bietet, ausfindig zu machen, und sie können erst dann lockerlassen, wenn der Markt geschlossen hat.

Mit der Zeit habe ich gelernt, dass die besten Trading-Entscheidungen nach Börsenschluss getroffen werden. Ja, man muss schnell genug sein, um aus Moves und Marktsituationen Profit zu schlagen, solange der Markt geöffnet ist, doch seine Hausaufgaben sollte ein Trader bereits in der Nacht zuvor gemacht haben. Er sollte über eine Strategie verfügen, damit er auf verschiedene Szenarios reagieren kann. Dadurch ist er, wenn etwas passiert, darauf vorbereitet und steigt nur in solche Trades ein, mit denen er gerechnet hat, statt aus reinem Nervenkitzel zu traden.

Ich war früher ein echter Action-Freak, und es war mir wichtiger, neue Trades zu finden, als mich denen zu widmen, die ich schon hatte. Ich weiß schon gar nicht mehr, wie oft ich vor meinen Computern saß und die Märkte nacheinander absuchte, weil ich einen Trade finden wollte. Ich begann, meine Charts durchzusehen und mir zu sagen: »Mensch, Sojabohnen fallen; ich sollte sie jetzt kaufen.« Schneller als ich denken konnte, hing ich schon am Telefon – am anderen Ende der Börsensaal für Sojabohnen – und kaufte fünf Kontrakte. Ich kümmerte mich nie darum, den Trade zu studieren, Risiko und Rendite abzuwägen, mir Tages- oder 60-Minuten-Charts anzuschauen, mir darüber Gedanken zu machen, in welcher Phase einer Elliott-Welle sich der Markt befand und so weiter. Ich wollte ihn nicht verpassen, hatte nichts am Laufen, hatte zusätzliches Kapital zur Verfügung oder meine laufenden Positionen lieferten mir nicht genug Action. Sobald ich dann den Trade eingegangen war, schaute ich mir die anderen Märkte an, und es konnte durchaus sein, dass ich aus denselben Gründen in einen Trade mit japanischen Yen einstieg. Schneller als ich denken konnte, hatte ich zwölf wahllos zusammengestellte Positionen, von denen ich mich auf keine einzige konzentrieren konnte. Durch die Tatsache, dass ich zu viele Positionen eingegangen war, ließ ich meine Verluste zu sehr anwachsen, da ich einfach den Überblick verlor. Zwar hatte ich die Märkte in der Nacht studiert, doch ich verfing mich zu sehr in jedem Move, den ich während der Börsenzeiten entdeckte.

Neben den wahren Action-Freaks gibt es Menschen, die es wagen, einfach aus Jux zu traden, wobei sie sich aber in einem kleineren Rahmen bewegen. Ich hatte früher mehrere Kunden, die jeden Tag bei mir antanzten, um zu erfahren, ob es irgendetwas Aussichtsreiches gebe, da sie einen Trade eingehen wollten. Wenn ich ihnen mitteilte, Sojabohnen sähen gut aus, antworteten sie: »Okay, kaufen Sie welche. Lassen Sie mich nicht zu viel verlieren, und steigen Sie für mich aus, wenn Sie es für nötig halten.« Sie verfolgten den Trade nicht allzu aufmerksam, sondern hatten einfach gerne das Gefühl, irgendwo aussichtsreich dabei zu sein. Andere, so mein Eindruck, sprachen aus reiner Langeweile mehrmals am Tag mit ihrem Broker. Sie brauchten das Geld nicht und waren einfach nur froh, wenn es etwas gab, worüber sie sich beklagen konnten, wenn sie verloren hatten. Diese Leute traden nur wegen des Nervenkitzels, und es ist ihnen egal, wenn sie verlieren. Es liefert ihnen auch neuen Gesprächsstoff, und sie können ihren Golfpartnern erzählen, welche herben Verluste sie bei Sojabohnen oder Schweinebäuchen erlitten haben oder dass sie den Mut hatten, bei einem Minus von 12.000 Dollar trotzdem an einer Position festzuhalten, um sich danach zurückzukämpfen und schließlich aus den roten Zahlen herauszukommen. Manchmal sind es die Kriegsgeschichten und der Nervenkitzel wert, um dafür Verluste in Kauf zu nehmen.

Oft bereitet es einem Trader, der bei seinen Trades selektiver vorgeht, größte Schwierigkeiten, den Drang, unbedingt traden zu wollen, unter Kontrolle zu halten. Wenn man nur wegen des Nervenkitzels tradet, stehen die Chancen, dass man je ein guter Trader wird, nicht allzu gut. Wenn man einen Trade nur deshalb eingeht, um irgendeine Lust zu befriedigen, dann ist dieser meist mit der heißen Nadel gestrickt und alles andere als wohlüberlegt. Solch ein Trade ist in der Regel wesentlich schlechter als einer, den man mit der nötigen Ruhe geplant hat. Man kann von Zeit zu Zeit Glück haben, doch dabei handelt es sich nicht um seriöses Trading, und langfristig gesehen sind Verluste sehr wahrscheinlich.

> **EIN GESCHÄFTSMANN SEIN**
>
> In Kapitel 2 lieferte ich Ihnen ein Beispiel dafür, inwieweit ein Trader Trading als eigenständiges Geschäft ansehen sollte. Ein Geschäftsmann sollte keine Entscheidung überstürzt treffen, sondern vielmehr einen klaren Kopf bewahren und die Alternativen abwägen, die sich ihm bieten. Ein Trader sollte bei seiner Entscheidungsfindung ebenso verfahren und keinen Trade überstürzt abschließen. Ein Trader tradet, um Geld zu verdienen, darauf läuft es letztlich hinaus. Alles, was er tut, sollte darauf hinausführen; wenn er zu viele unnötige Risiken eingeht, weicht er von seinem Business-Blan ab. Ein Trader, der nicht zwischen Trading als Geschäft und Trading aus reinem Nervenkitzel unterscheiden kann, wird zu einem Zocker und verhält sich unprofessionell. Leider verfallen viele Trader dem reinen Nervenkitzel, statt daran zu arbeiten, ein besserer Trader zu werden. Eine Person, die anfängt, Trading als echtes Geschäft zu begreifen, verhält sich allmählich objektiver und kann regelmäßige Gewinne verzeichnen.

Angst, den Move zu verpassen

Es gibt verschiedene Gründe, warum jemand ohne Absicherung tradet, und jeder Einzelne hat seine eigenen Motive. Bei mir war es eher die Angst, etwas Großes zu verpassen, als der Nervenkitzel, sich in einem Trade zu befinden. Gott bewahre, dass Kaffee oder Lebendvieh einen großen Tag hatte und ich ihn verpasste. Ich hatte kein Problem damit, viele schlechte Trades abzuschließen, da ich wusste, dass ich über kurz oder lang den Trade schlechthin erwischen würde. Durch Erfahrung und viele erfolglose Trades lernte ich, dass es sich bisweilen einfach nicht lohnt, auf einem Markt zu traden, und dass die beste Strategie darin besteht, so lange zu warten, bis bestimmte Trading-Parameter erfüllt werden, statt gewaltsam in einen Trade einzusteigen, nur weil man Angst hat, etwas zu verpassen.

Mit der Zeit lernt ein Trader, dass man durchaus einen Move verpassen kann. Natürlich kommt es vor, dass man sich den Markt im Nachhinein anschaut und sich wünscht, man wäre dabei gewesen, doch solange der Trade nicht Teil eines Plans ist, sollten Sie sich möglichst zurückhalten und mit dem Einstieg so lange warten, bis der Markt sich zurückzieht. Nur weil man weiß, dass sich ein Markt in einem Trend befindet, ist das noch kein Grund, einen Trade darin abzuschließen. Es ist wichtig, dass man mit dem Einstieg wartet, bis der Markt sich in einem günstigen Bereich befindet. Wenn man dies nicht tut, läuft man Gefahr, ohne Absicherung zu traden.

Viele Trader verheddern sich, weil sie versuchen, in jeden verlockenden Durchbruch, den sie sehen, einzusteigen. Vielen fällt es zu schwer, die nötige Geduld aufzubringen, 20 Minuten, eine Stunde oder gar drei Tage zu warten, bis der Markt ein stärkeres Anzeichen für einen guten Trade liefert. Sie haben das Gefühl, wenn sie nicht augenblicklich handeln, könnten sie einen tollen Trade verpassen. Einem Action-Freak fällt es nicht immer leicht, einen Trade auszulassen, dabei wird es noch zahlreiche andere Trading-Gelegenheiten geben, und wenn man eine davon verpasst, na und? Warten Sie einfach auf Trades mit hoher Gewinnwahrscheinlichkeit und einem guten Chance-Risiko-Verhältnis, und Ihre Chancen steigen.

Man muss erst Erfahrungen sammeln, um zu wissen, welche Marktsituationen sich am besten fürs Trading eignen. Ein wechselhafter, flauer Markt kann dazu führen, dass man ohne Absicherung tradet, während sich ein trendorientierter Markt oft leichter traden lässt. Wenn sich ein Markt in einem starken Trend befindet, muss man nicht so oft ein- und aussteigen. Stattdessen kann man an seiner Position festhalten, bis der Trend vorbei ist, wodurch man eher Kosten sparen kann. Vernünftige Verlustobergrenzen lassen sich in einem trendorientierten Markt leichter ermitteln, sodass man sie in Bereichen platzieren kann, wo sie nicht unnötig erreicht werden. Wenn man einen Trade verpasst und der Markt trendorientiert verläuft, muss man ihn nicht unbedingt jagen, sondern sollte mit dem Einstieg so lange warten, bis er die Trendlinie wieder erreicht. Wenn man nicht abwartet, kann es sein, dass man sich zu weit von einem vernünftigen Stopp entfernt hat, wenn man einsteigt. Damit verschlechtert man auch sein Chance-Risiko-Verhältnis und erhält eine gute Möglichkeit, dabei zuzuschauen, wie einem der Markt direkt vor der Nase ausbricht.

Vielleicht befindet man sich in einer guten Position, doch man kann sie nicht mehr halten, weil man es, während sich der Markt allmählich wieder seiner Unterstützungslinie nähert, nicht mehr aushält und letztlich mit Verlust verkauft. Danach steigt man frustriert wieder ein, sobald ein neuer Spitzenwert erreicht wird, und alles fängt von vorne an. Wenn sich der Markt nicht mehr nahe genug an die Trendlinie zurückzieht und eine gute Gelegenheit verpasst wird, sollte sich ein Trader davon nicht verunsichern lassen. Er sollte einfach weitermachen und auf die nächste Gelegenheit warten. Dies zwingt ihn zumindest dazu, Trades mit höherer Gewinnwahrscheinlichkeit abzuschließen. Das Jagen des Marktes führt letztlich auch zu erhöhten Slippage-Kosten. Wenn man kauft und sich der Markt zurückzieht, ist es leicht, seine Limit-Orders zu erfüllen. Wenn sich der Markt jedoch schnell entfernt, muss ein Trader zum Markt gehen und den Angebotspreis zahlen – der schnell steigen kann.

In einem volatilen Markt kommt es eher vor, dass man ohne Absicherung tradet, da man Unterstützungs- und Widerstandslinien nicht mehr so leicht erkennen kann und sich somit auch schwer tut, gute Ein- und Ausstiegspunkte zu ermitteln. Was nach einem Break-Out aussieht, kann in Wahrheit lediglich ein Umschwung sein. Wenn der Markt tatsächlich durchbricht, sind die Folgebewegungen oft sehr gering, und die Moves können sehr schnell verlaufen. Wenn es so aussieht, als würde er stark nachlassen, erholt er sich stattdessen nachhaltig, nur um 20 Minuten später dann doch wieder zu fallen. Ein anderes Mal pendelt er innerhalb eines kleinen Schwankungsbereiches, wodurch man nur ein sehr geringes Gewinnpotenzial besitzt. In einem wechselhaften Markt findet man nur schwer geeignete Stellen, an denen man seine Stopps platzieren kann. Dies führt dann dazu, dass ein Trader viel zu oft gestoppt wird oder mehr verliert, als er eigentlich sollte. Diese Marktsituationen können dazu führen, dass man Zickzack-Seitwärtsbewegungen vollzieht, da jemand, der ohne Absicherung tradet, nach einem Move oft auf der falschen Seite des Marktes landet. Es kann leicht dazu kommen, dass man den Markt jagt, da jeder falsche Move durchaus einleuchtend erscheint. Deshalb ist es äußerst wichtig zu lernen, dass man nicht jeden Move jagt und dass man die Marktsituation richtig einschätzt.

Das P&L-Statement traden

Es gibt Trader, die versetzen sich selbst in eine schwierige Lage und versuchen, sich daraus zu befreien, indem sie ohne Absicherung traden. Es ist nie gut, sich an einem Tag, bei laufenden Positionen oder während eines Monats im Minus zu befinden, aber es macht den Unterschied zwischen einem guten Trader und einem schlechten Trader aus, wie man damit umgeht. Ein cleverer Trader, der eine Schlappe einstecken musste, hält sich an die Grenzen seines Money-Management-Plans, steigt aus und akzeptiert seine Verluste.

Leider kommt es oft vor, dass ein Trader versucht, seine Verluste dadurch wettzumachen, dass er noch intensiver tradet. Wenn jemand an einem Tag tief in den roten Zahlen steckt, schaltet er normalerweise sein Gehirn aus und überschlägt sich fast, nur um seine Verluste wettzumachen. Gerade in diesen Zeiten neigt man dazu, am meisten zu traden, und trifft natürlich auch die schlechtesten Trading-Entscheidungen. Das eigene P&L-Statement zu traden heißt im Grunde nichts anderes, als dass man seine Trading-Entscheidungen auf der Grundlage trifft, wie viel Geld man gewonnen oder verloren hat. Ein Trader sollte sich darüber im Klaren sein, dass er auch mal verlieren oder schlechte Tage haben kann und dass er, wenn er nicht in Form ist, besser langsamer vorgeht, als noch mehr Dampf zu machen. Anstatt sein P&L zu traden, sollte ein Trader den Markt traden und das Angemessene tun. Einige geraten in Panik und versuchen, es dem Markt heimzuzahlen, während sie ihre Verluste wettmachen wollen, doch normalerweise führt dies zu nur noch schlimmeren Verlusten. Andere fangen an, aggressiv kleine Gewinne anzuhäufen, weil sie darauf setzen, mit mehreren kleinen Gewinnen ihre Verluste auszugleichen. Man sollte sich an seinen Trading-Plan und an die Regeln seines Money-Management-Plans halten, und zwar unabhängig davon, ob man Gewinne oder Verluste macht.

Revenge (Revanche)-Trading

Oft tradet man ohne Absicherung, weil man versucht, Verluste der vorherigen Stunden oder Tage wettzumachen. Einige Leute steigen in Revenge-Trades ein, mit denen sie versuchen, ihre Verluste wieder zurückzuholen. Zum Revenge-Trading kommt es, wenn ein Trader das Gefühl hat, der Markt schulde ihm Geld und er alles dafür tut, um es sich zurückzuholen. Er glaubt fälschlicherweise, der Markt habe ihn abgezockt. (Das machen die Trader schon selbst!) Er kehrt ständig auf den Markt zurück und will ihm – in dem Glauben, er sei schlauer als der Markt – eine Lektion dafür erteilen, dass er beim ersten Mal von ihm ausgenommen wurde. Wir alle sollten wissen, dass der Markt immer Recht hat und normalerweise immer zuletzt lacht. Ein weit verbreiteter Gedanke beim Revenge-Trading lautet: »»#°?^%$!@°$#!! Ich habe jetzt 400 Dollar bei Sojabohnen verloren; das hole ich wieder raus und trade beim nächsten Trade mehr Kontrakte.«

Ich habe schon viele Leute, einschließlich mir selbst, erlebt, die nach einem schlechten Morgen mit Revenge-Trading begonnen haben und versuchten, ihre Verluste wettzumachen, was aber letztlich nur dazu führte, dass sie zu heftig und viel zu leichtfertig tradeten. Es kommt viel zu häufig vor, dass aus einem ohnehin schon schlechten Tag ein fürchterlich schlechter Tag wird. Natürlich kommt es vor, dass ein schlechter Tag umgebogen wird, aber langfristig gesehen ist Traden ohne Absicherung, nur um Verluste reinzuholen, der reinste Selbstmord. Ein einziger schrecklicher Tag genügt, um einen Trader zu eliminieren.

Ein Trader muss kapieren, dass es sich beim Trading nicht um eine Tagesveranstaltung handelt. Am Jahresende sind ein schlechter Trade, ein schlechter Tag oder eine schlechte Woche völlig unbedeutend. Ein Top-Trader erlebt im Verlauf eines Jahres viele davon; selbst die absoluten Top-Trader verlieren beinahe bei der Hälfte ihrer Trades. Das gehört zum Traden einfach dazu, und man muss es akzeptieren. Es gibt keinen Grund, nach einem schlechten Start in den Trading-Tag, die Woche oder den Monat in Panik zu verfallen. Es ist okay, wenn man aussteigt und am nächsten Tag neu beginnt; es ist okay, wenn man ein paar Tage oder Wochen braucht, um einen Verlust wettzumachen. Aber wenn man anfängt, einen Verlust mit Gewalt wettmachen zu wollen, weil man keine Lust hat, mit einem Tag voller Verluste nach Hause zu gehen, und man in Trades einsteigt, bei denen man seine bisherigen Verluste zugrunde legt, dann tut dies normalerweise gar nicht gut. Jeder neue Trade sollte unabhängig von allen anderen Trades verlaufen. Dies gilt nicht nur für Day-Trades; viele neigen dazu, auch beim Traden mit festen Positionen dieselben Fehler zu begehen, außer, dass es hier etwas länger dauert, bis man sich sein eigenes Grab geschaufelt hat. Es kommt zum Beispiel vor, dass ein Trader ein Gewinnziel von 500 Dollar pro Trade hat, doch wenn er 500 Dollar bei einem Trade verliert, lässt er sich leicht dazu verleiten, beim nächsten Trade 1.000 Dollar erzielen zu wollen. Er tradet aggressiver, geht ein höheres Risiko ein, und statt 1.000 Dollar zu gewinnen, kann er dieselbe Summe auch leicht verlieren. Dies kann sich leicht in die Höhe schrauben, und innerhalb kurzer Zeit kann es sein, dass der Trader seine Ziele und den Umfang seiner Trades nach oben korrigiert und Revenge-Trades eingeht.

Wenn Verluste und verlustreiche Positionen eskalieren, gehen die Trades leicht in den »Panik-Modus« über. Man kann einen Verlust von 1.000 Dollar nicht mitnehmen, weil er prozentmäßig einen Riesenbatzen des Gesamtkapitals ausmachen könnte, sodass man seine Positionen lieber behält und aus Verzweiflung sogar noch einen dritten Kontrakt eingeht. Dann hat man drei Kontrakte, und der Markt verläuft weiter nach unten. Bald wird man blass; man befindet sich mit 1.800 Dollar im Minus, und Panik macht sich breit. Man fängt an, sich zu überlegen, ob sich der Markt jemals wieder nach oben entwickelt und ob man nicht besser verkauft. Urplötzlich verkauft man sechs Kontrakte (drei, um die Käufe zu decken, und weitere drei, um zu kaufen).

Normalerweise geschieht dies, wenn sich der Markt schnell nach oben entwickelt und der Trader jetzt nicht so recht weiß, was zu tun ist. Tief im Inneren glaubt er, dass sein erster Trade richtig war und dass sich der Markt schließlich doch dafür entschieden hat, ihn zu bestätigen, doch er verkauft gerade. Schnell rappelt er sich auf, um wieder Käufe zu tätigen, und fängt an zu kaufen, als gäbe es kein Morgen. Je weiter der Tag voranschreitet, desto mehr bemüht er sich, und vielleicht kauft er sechs oder acht Kontrakte. Leider handelte es sich bei diesem Kursanstieg lediglich um eine gewöhnliche Aufwärtswelle innerhalb eines negativen Tages, und der Abwärtstrend hielt an. An diesem Punkt könnte er eine Zeit lang an seinen Positionen festhalten oder sie erneut umtauschen.

Dies scheint ein wenig weit hergeholt, doch es passiert tatsächlich. Ich hatte einmal einen Kunden, der immer nur einen Kontrakt abschloss und der an einem ähnlichen Tag wie diesem so verzweifelt war, dass er bei seinem letzten Trade des Tages 20 Kontrakte abschloss. Ich musste seine Positionen liquidieren, damit er in seinen Kontrakten auch Verluste decken konnte. Das konnte ich aber erst dann machen, als er von den 17.000 Dollar auf seinem Konto bereits 11.000 Dollar verloren hatte – und das alles nur, weil er bei einem Trade einen Verlust von 800 Dollar nicht mitnehmen wollte. An diesem Tag verzeichnete er mehr als 1.000 Dollar an Vermittlungsgebühren, mehr als in den drei vorhergegangenen Monaten zusammen. Es hatte drei Monate gedauert, um das Konto von ursprünglich 10.000 Dollar auf 17.000 Dollar anzuheben, und in einem Tag nahm es um zwei Drittel ab. Dieser Trader gab etwa zwei Wochen später auf, nachdem er noch mehr verloren hatte und ihm jegliche Zuversicht abhanden gekommen war.

Dieser Trading-Stil kann eine Trading-Karriere sehr schnell beenden. Wenn Sie niemals mehr als einen Kontrakt traden, dann tun Sie dies auch dann nicht, wenn Sie am Vortag große Verluste bei einem Trade einstecken mussten. Halten Sie sich stets an Ihren Money-Management-Plan. Sie haben sich ja etwas dabei gedacht, und er dient einem bestimmten Zweck: Er soll Sie davor bewahren, dass Sie überschnappen. Wenn Sie merken, dass Sie aus irgendeinem Grund von Ihren Risikoparametern abweichen, dann hören Sie auf, weil Sie anfangen, ohne Absicherung zu traden.

Es ist okay, bei passender Gelegenheit ein wenig aggressiver zu traden; doch denken Sie daran, dass es sich nicht immer um die passende Gelegenheit handelt. Wenn Sie Ihre Positionen bei besserem Verlauf gerne ausbauen, dann sollten Sie vielleicht besser mit kleinerem Volumen anfangen. Wenn Sie gut klarkommen, solange Sie fünf Kontrakte gleichzeitig abschließen, dann traden Sie zunächst nur zwei oder drei Kontrakte, um sich langsam einzugewöhnen. Wenn die Zeit reif ist, können Sie dies ausbauen oder beim nächsten Trade auf fünf Kontrakte erhöhen, aber nie, wenn Sie verlieren. Wenn ein Trader den Umfang seiner Kontrakte bei Verlusten nicht erhöht, dann vermeidet er Situationen, in denen er versucht, zu große Verluste durch Traden ohne Absicherung aufzufangen. Seine Verluste halten sich im Rahmen, und er kann sie in der Zukunft leichter wettmachen.

Ich habe diese Lektion schon recht früh gelernt. An einem Tag, der sich mir ins Gedächtnis eingegraben hat, begann ich morgens mit einer schlechten Notierung und verlor schnell 1.000 Dollar, weil ich in einem fallenden Markt kaufte, von dem ich annahm, er würde bald einen Umschwung erleben. Dies bedeutete damals einen Riesenverlust für mich, von dem ich mich beeinflussen ließ und der sich auch auf meine Einstellung auswirkte. Beim nächsten Trade verkaufte ich fünf Kontrakte, anstatt wie bisher ein oder zwei Kontrakte zu traden, da ich hoffte, alles schnell wieder zurückzubekommen. Aber sobald ich verkauft hatte, ließ ein Kaufprogramm den Markt direkt wieder steigen. Schneller als ich denken konnte, befand ich mich weitere 2.000 Dollar im Minus. An diesem Punkt gab ich die Hoffnung auf einen Pullback auf und entschied mich erneut für einen Positionswechsel, sodass ich weitere fünf Kontrakte kaufte. Wie es das Schicksal wollte, zog sich der Markt genau in dem Moment zurück, in dem ich Long-Positionen einging. Somit erlitt ich einen weiteren großen Verlust. Ich rannte den ganzen Tag der Musik hinterher und traf unsinnige, übereilte Trading-Entscheidungen mit viel zu vielen Kontrakten. Als sich alles wieder beruhigt hatte, hatte mich das Traden ohne Absicherung mehr als 7.000 Dollar von meinem 20.000-Dollar-Konto gekostet. Ich war in Panik geraten, hatte ohne Absicherung getradet und war Revenge-Trades eingegangen. Wenn ich meinen ersten Verlust lediglich als weiteren Trade betrachtet hätte und ein paar Minuten ausgestiegen wäre, um wieder einen klaren Kopf zu bekommen, wäre ich vielleicht wieder mit dem Markt gleichgezogen und hätte einen Tag mit normalen Verlusten oder gar kleineren Gewinnen gehabt. So dauerte es drei Monate, bis ich mich von diesem Verlust finanziell und vom Kopf her erholt hatte.

Was nicht heißen soll, dass ich diesen schwer wiegenden Fehler zum letzten Mal begangen hätte. Es kostete mich einige Jahre und noch viel mehr Geld, bis mir klar wurde, welch verheerende Folgen es haben kann. Jetzt weiß ich, wenn ich mich in einem schlechten Trade befinde, dass meine Denkweise von meiner jeweiligen Position beeinflusst werden kann. Ich habe gelernt, dass es das Beste ist, alle schlechten Positionen auszuklammern, mit dem Traden für ein paar Minuten aufzuhören und danach den Markt ganz von vorne zu bewerten. Schlechte Trades zu behalten oder verlustreiche Positionen auszubauen und auf einen Umschwung zu hoffen kann gelegentlich funktionieren, wenn man das nötige Glück hat, doch beim Trading geht es nicht um Glück. Man muss konstant das Richtige tun, und einen Verlust zu akzeptieren und trotzdem weiterzumachen ist das Richtige; ganz im Gegensatz zum Traden ohne Absicherung.

Mit kleinen Gewinnen zurückkommen

Nachdem sie einen Verlust verzeichnet haben, traden einige Trader ohne Absicherung, weil sie völlig anders an die Sache herangehen. Sie halten sich auch jetzt nicht an ihre normale Trading-Strategie, doch statt ihre Positionen auszubauen, beginnen sie, auf kleinere Gewinne zu spekulieren in der Hoffnung, dadurch ihre Verluste allmählich abzubauen. Sie haben Angst vor einem weiteren Verlust und fangen an, Gewinne mitzunehmen, sobald sie sie erkennen, ohne dass sich dabei ein guter Trade entwickeln kann. Es kann sein, dass sie zehn Trades benötigen, um ihre Verluste wettzumachen. Sie denken, sie könnten einen Verlust von 1.000 Dollar mit zehn schnellen Trades von jeweils 100 Dollar wettmachen. Dabei handelt es sich um kein allzu gutes Money Management: Man kann keine kleinen Gewinne und großen Verluste machen. Wenn ein Trader normalerweise nicht auf viele kleine Gewinne setzt, sollte er sein Vorgehen auch nicht durch sein P&L verändern lassen. Wenn er zehn solche Trades eingehen kann, warum tradet er dann nicht immer so?

Wenn Sie anfangen, in gute Trades einzusteigen, aber schnell wieder aussteigen, dann schaden Sie sich nur selbst. Man sollte sich immer vor Augen halten, dass, langfristig gesehen, ein schlechter Trade keine allzu große Bedeutung hat. Es besteht keine Veranlassung, noch zehn weitere dranzuhängen, denn der frühzeitige Ausstieg aus Gewinnen stellt eine schlechte Gepflogenheit dar, egal ob man damit Geld gemacht hat oder nicht. Wenn Sie auf kleine Gewinne spekulieren und kleine Moves traden wollen, dann tun Sie es. Tun Sie es aber auch regelmäßig, und stellen Sie sicher, dass die Verluste gering sind und Ihre Vermittlungsgebühren niedrig. Einige Trader tun dies mit großem Erfolg: Sie nehmen kleine Gewinne mit und noch kleinere Verluste. Sie dulden keine Verluste und schränken sie sofort ein. Es kommt selten vor, dass sie die Arten von Verlusten mitnehmen, die sie dazu veranlassen könnten, ihren gesamten Trading-Stil zu verändern.

Ego-Trading

Niemand will bei einem Trade oder für den Tag einen Verlust hinnehmen, doch manche Leute sehen Verluste als einen Schlag für ihr Ego an. Wenn ein Trader Geld verliert, sollte er die Verluste nicht bekämpfen, sondern seine Niederlage anerkennen und weitermachen. Wenn ein Trader den Markt bekämpft, dann bekämpft er meist sein Ego. Ein Ego besitzt einen starken Willen und kann dazu führen, dass man Dinge tut, die man eigentlich nicht tun sollte, sowohl innerhalb als auch außerhalb des Tradings. Folglich lässt ein Trader, der sein Ego nicht kontrollieren kann, zu, dass es einen erheblichen Einfluss auf sein Trading ausübt. Wenn das Ego die Kontrolle übernimmt, neigt ein Trader dazu, irrationale, emotionale Entscheidungen zu treffen, und tradet oft ohne Absicherung. Ein Trader muss aus allen schlechten Positionen aussteigen und danach alles zuvor Geschehene ausblenden. Sowohl nach guten als auch schlechten Trades sollte man jeden neuen Trade im Kopf ganz von vorne beginnen. Vergessen Sie, was Ihnen der Markt davor angetan hat, und nehmen Sie es nie persönlich. Denken Sie immer daran, dass verlustreiche Trades zum Trading dazugehören und dass man sie nicht umgehen kann. Gewöhnen Sie sich daran, aber versuchen Sie, sie im Rahmen zu halten.

Ein Trade sollte gar nichts bedeuten; wenn ein Trader Verluste zu persönlich nimmt, könnte es sein, dass Trading nichts für ihn ist. Hauen Sie nicht auf den Tisch oder versuchen Sie, irgendetwas zu finden, das schuld an Ihren Verlusten sein könnte; akzeptieren Sie diese einfach als Kosten, die zum Geschäftemachen dazugehören, und lassen Sie nicht zu, dass sie künftige Trades beeinflussen. Wenn ein Trader nicht in der Lage ist, sein Ego zu kontrollieren, dann kann dies ganz bestimmt zum Traden ohne Absicherung führen. Er könnte zu Revenge-Trading neigen und Entscheidungen auf der Grundlage seines P&L treffen (siehe vorherige Beispiele in diesem Kapitel).

Ein weiteres Beispiel für Ego/Revenge-Trading liegt vor, wenn ein Trader in einem bestimmten Markt kein Geld verdienen kann. Wenn er ständig Geld mit Rohöl macht, aber mit Schweinebäuchen immer verliert, dann sollte er sich bei seinen Trades an das Rohöl halten und die Schweinebäuche aufgeben. Dennoch kann das Ego dazwischenfunken und den Trader dazu bringen, dass er immer wieder Schweinebäuche tradet, da es einen Punkt klarstellen will: Es kann die Schweinebäuche schlagen. Es kann sein, dass man anfängt, diese Märkte ohne Absicherung zu traden, da man immer mehr Geld in ihnen machen muss, um die angehäuften Verluste wettzumachen. Man tradet nicht nur diese Märkte ohne Absicherung, sondern fängt auch auf anderen Märkten an, Druck auszuüben, wenn man das Bedürfnis verspürt, die Verluste von den Markten auszumerzen, in denen man keinen einzigen Cent verdienen kann.

Vor langer Zeit habe ich gemerkt, dass ich beim Traden von Gold und Silber einfach kein Geld verdienen konnte. Ich wusste zwar nie, warum, doch ich würde sagen, dass 80 Prozent meiner Trades in diesen Märkten mit Verlusten endeten. Schließlich gab ich auf, und ich habe sie seit Jahren nicht mehr getradet. Ich räumte ein, dass meine Trading-Strategien bei den Edelmetallen einfach nicht funktionierten; ich verneigte mich vor den Metallen und erklärte sie zu Siegern. Heute achte ich kaum noch auf sie. Ich schlage mich nicht, wenn Gold einen starken Move vollzieht und ich nicht dabei bin. Es ist nicht das, was ich trade, also ist es mir egal. Das Beste daran ist, dass mir das Traden von Metallen überhaupt nicht fehlt. Ich habe wahrscheinlich tonnenweise Geld gespart und konnte mich zudem auf die Märkte konzentrieren, auf denen ich besser trade.

Auch Egos können sich aufblähen

Ein Trader muss auch aufpassen, dass er nicht plötzlich zu viel tradet, wenn er sich in einer Glücksträhne befindet. Die beiden stärksten Emotionen beim Traden sind Angst und Gier. Wenn man verliert, gewinnt Angst die Oberhand, doch wenn man sich in einer absoluten Glücksträhne befindet, kann auch Gier zum Vorschein kommen.

Einige Trader legen bei den ersten paar Trades des Tages oder einiger Tage am Stück richtig gut los und häufen einen schönen Gewinn an, werden dann aber etwas überheblich, da ihr Ego anschwillt. Der Trader hat das Gefühl, er habe die Märkte erobert und könne gar nichts mehr falsch machen. Allmählich glaubt er, er müsse aggressiver traden und mehr Trades eingehen, da er ja schließlich sogar aus Dreck Geld mache.

Das Beste, was man tun kann, wenn dieses Gefühl einsetzt, ist, aus allen Positionen auszusteigen und Feierabend zu machen. Den meisten schlechten Tradern steigt das Glück jedoch zu Kopf, und sie fangen an, den Umfang ihrer Positionen zu vergrößern oder richtig dumme Trades in vielen verschiedenen Märkten einzugehen, und zwar einzig und allein aus dem Grund, dass sie sich für unbesiegbar halten. Sie hören auf, ihre Hausaufgaben zu erledigen, und fangen an, aus einer Laune heraus zu traden. Vielleicht erzielen sie noch ein paar weitere Gewinne, doch oft erleben Trader nach einer absoluten Glückssträhne ihre verlustreichsten Trades überhaupt.

Hauptverantwortlich dafür sind in erster Linie Traden ohne Absicherung sowie die Gier, aus einer Glückssträhne Kapital schlagen zu wollen. Eines sollte klar sein: Trading ist ein Spiel der Wahrscheinlichkeiten, und auf lange Sicht ist es extrem schwierig, eine Serie mit Gewinnen aufrechtzuerhalten. Sobald diese Serie endet, können die ersten ein bis zwei Verluste frühere Gewinne recht schnell angreifen, wenn ein Trader nicht aufpasst und ohne Absicherung tradet.

Zu nah gesetzte Stopps

Wenn ich über Emotionen rede, sollte ich vielleicht auch erwähnen, dass ein weiterer Grund, warum ein Trader ohne Absicherung traden könnte, darin besteht, dass er seine Stopps zu eng platziert hat. Dies erfolgt zum Teil aus Angst, da einige Trader befürchten, bei einem einzelnen Trade zu viel Geld zu verlieren. Wie ich bereits in Kapitel 9 erwähnt habe, kann man sehr leicht gestoppt werden, wenn man seine Stopps zu nahe platziert und sie innerhalb der normalen Schwankungsbreite des Marktes liegen.

Oft ist ein Trader frustriert, wenn er gestoppt wird, da es nahe dem Tiefstwert eines Moves passierte und sich der Markt danach wieder so zurückentwickelt, wie er es eigentlich vermutet hatte. Der Trader wird aus dem Markt herausgenommen, der sich danach so verhält, wie er es sich erhofft hatte. Danach steigt er wieder ein, weil er den Move ja schließlich nicht verpassen will. Es kann sein, dass er erneut einen nahen Stopp platziert, sodass sich der ganze Prozess den Tag hindurch ständig wiederholt. Wenn man Stopps platziert, sollte man sicherstellen, dass der Markt über ausreichend Spielraum verfügt. Wenn der Stopp richtig gesetzt und ein Trader gestoppt wird, dann sollte er sich fragen, ob es klug ist, erneut einzusteigen. Wenn man zu oft gestoppt wird, sollte man vielleicht weniger unbeständige Märkte traden, die nicht ganz so viel Angst und Schrecken verbreiten.

DURCH DIE UMGEBUNG VERURSACHTES TRADEN OHNE ABSICHERUNG

Für das Traden ohne Absicherung sind nicht nur die Persönlichkeit eines Traders und die emotionalen Aspekte, mit denen er zu kämpfen hat, verantwortlich. Einige Faktoren entstehen durch die Trading-Umgebung, mit der sich ein Trader ebenfalls auseinandersetzen muss. Zwar wird das Traden ohne Absicherung langfristig gesehen immer durch einen Mangel an Disziplin verursacht, doch man sollte wissen, welche Situationen einen Trader auf den falschen Weg bringen können und wann man den Drang, ohne Absicherung zu traden, bekämpfen sollte.

Trading während wechselhafter Bedingungen und zu Zeiten mit geringem Volumen

Ein Trader muss lernen, wann er tradet und wann nicht. Wie ich schon sagte, ist es schwierig, während eines wechselhaften Marktes zu traden. Ein wechselhafter Markt ist durch eine enge seitliche Schwankungsbreite und ein normalerweise geringes Volumen gekennzeichnet. Die Mittagszeit liefert ein hervorragendes Beispiel: Das Trading lässt normalerweise nach, und die Liquidität liegt weitaus niedriger als zu Beginn und am Ende eines Börsentages. Zu dieser Tageszeit können Moves ziellos und wechselhaft verlaufen. Wenn das Trading nachlässt, machen viele Parketthändler Pause und gehen essen. Dadurch lichten sich die Börsensäle, und auf Grund des geringeren Wettbewerbs auf dem Parkett können die verbleibenden Broker ihre Spreads ein wenig erweitern. Das Gleiche gilt für Market-Maker und Aktienspezialisten. Wenn sich die Spreads erweitern, scheint bereits eine kleine Order den Markt beeinflussen zu können, da ein Trader noch mehr zahlen muss, damit sein Auftrag überhaupt ausgeführt wird. Ein Markt, dessen normaler Spread zwischen drei und fünf Punkten liegt, kann sich jetzt auf einen Spread zwischen fünf und acht Punkten ausweiten. Dies scheint nicht unbedingt viel mehr zu sein, doch wenn sich der Markt innerhalb eines kleinen Schwankungsbereiches befindet und es mehr kostet, ihn zu traden, wird es wesentlich schwieriger, Geld zu verdienen.

Abb. 17-1 verdeutlicht, warum es schwierig sein kann, während der Mittagszeit zu traden. Wie Sie sehen, ist die Aktivität zwischen 11.30 und 13.30 Uhr (der grau markierte Bereich) gepunktet und weist keinen Trend auf. Die allgemeine Schwankungsbreite ist sehr schmal, und es gibt mehrere Moves zwischen zehn und 15 Punkten, von denen jeder einzelne durch ein oder zwei Orders verursacht sein könnte. Es kommt immer wieder mal vor, dass es einige Minuten lang gar keine Trades gibt, und ansonsten findet gerade mal etwa ein Tick pro Minute statt. Vergleichen Sie dies mit den hellen Bereichen, und Sie werden einen großen Unterschied bei der Trading-Aktivität und beim Trend feststellen. In der Mittagszeit sind die Moves beinahe willkürlich, und ein Trader kann sich mit den Schwankungen des

Marktes hin- und herbewegen. Ein aktiver und ungeduldiger Trader könnte bei 34,70 (Punkt A) verkaufen, wenn es so aussieht, als ob der Markt einen Sell-Off verzeichnet (heftiger Aktienverkauf am Ende einer Baisse), und danach bei 34,90 (Punkt B) kaufen, wenn der Markt allmählich wieder höher eröffnet. Wenn man in dieser Zeit nicht aufpasst, kann man leicht mehrere schlechte Trades in Folge eingehen, da man immer versucht, einen Break-Out zu erwischen, der aber während Phasen mit geringem Volumen nicht immer anhält.

Trader, die ohne Absicherung traden, suchen den ganzen Tag nach neuen Trades, und die Mittagszeit bildet hier keine Ausnahme. Wenn sie sich irgendwann einmal zurückhalten sollten, dann jetzt. Wenn das Volumen allmählich nachlässt und die Spreads breiter verlaufen, wird es äußerst schwierig, seine Market-Orders zu erfüllen. Angesichts der geringen Schwankungsbreite des Marktes steigt die Wahrscheinlichkeit, dass ein Trader Spitzenwerte kauft und Tiefstwerte verkauft. Dies ließe sich in einem trendorientierten Markt eher vermeiden. Es ist auch durchaus nichts Ungewöhnliches, wenn man sich eine kleine »Markterholung« einbildet, es übertreibt und sich auf einen Trade stürzt, nur weil man Angst hat, einen Move zu verpassen. Danach muss man dann dabei zusehen, wie sich der Markt noch weiter nach unten entwickelt. In der kommenden halben Stunde kann dieser Abwärts-

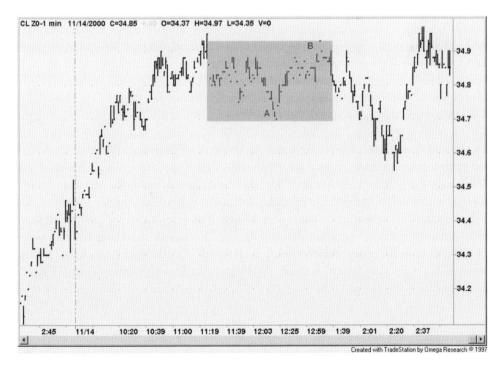

Abb. 17-1: *Ein-Minuten-Chart für Rohöl: Trading in einem wechselhaften Markt*

trend anhalten, und der Trader gibt irgendwann auf und verkauft die Position, oder er geht Short-Positionen ein, wenn sich der Markt im unteren Bereich seiner Schwankungsbreite befindet. Auch hier wird er seine Positionen wohl kaum erfüllen können. Ich habe dies während der Mittagszeit immer wieder erlebt. Ein Trader, der zwei oder drei solcher Trades eingeht, trägt nur noch weiter zu seinen Verlusten bei. Während der Mittagszeit herrscht normalerweise eine zu geringe Markttätigkeit, um einen Move aufrechterhalten zu können. Die Moves mögen zunächst echt erscheinen, doch hinter ihnen steckt nur wenig Momentum, da viele der Marktteilnehmer nicht daran beteiligt sind.

Oft kann man in dieser Zeit feststellen, dass der Markt seine Richtung für den Tag ändert, da viele Trader ihre morgendlichen Positionen auflösen und dadurch einen Tiefstwert oder Spitzenwert des Marktes auslösen.

Ein Trader sollte in einer wechselhaften Marktumgebung mit geringem Volumen nicht versuchen, neue Trades einzugehen. Wenn Sie einen Move verpassen, machen Sie sich nichts draus; es wird noch andere Chancen geben. Man muss nicht den ganzen Tag mit Gewalt nach Trades auf dem Markt Ausschau halten. Ihr Job ist es nicht, jeden Move des Marktes mitzunehmen, sondern auf die besten Gelegenheiten zu warten und daraus Profit zu schlagen. Was nicht heißen soll, dass Sie aus einem guten Trade wieder aussteigen sollen, aber versuchen Sie, in dieser Zeit unnötige Trades zu vermeiden. Mitunter mag es vermeintlich tolle Gelegenheiten geben, doch langfristig betrachtet ist das Traden während der Mittagszeit wenig lohnend. Wenn das Volumen nachlässt und der halbe Börsensaal leer ist, lassen Sie sich einen kleinen Tipp von den Profis geben – vielleicht wissen die ja irgendetwas. Wenn Sie dem Drang widerstehen und lieber auf eine bessere Gelegenheit zum Traden warten, sparen Sie Geld.

Mitunter verlaufen einige Märkte auch flau und weisen über mehrere Tage hinweg kaum Volumen auf. Wenn man sie in dieser Zeit tradet, kann man kaum etwas gewinnen. Festverzinsliche Wertpapiere sind dafür besonders bekannt, wenn einige Tage später ein Treffen der Notenbank oder die Veröffentlichung der neuesten Arbeitslosenzahlen bevorsteht. Wenn ein Markt flau oder innerhalb eines kleinen Schwankungsbereiches verläuft, dann sollte man ihn besser erst dann traden, wenn er sich für eine Richtung entschieden hat. Behalten Sie Ihr Geld, wenn der Markt wechselhaft oder ereignislos verläuft, da die potenziellen Gewinne nicht der Rede wert sind.

> **MITTAGSAKTIVITÄTEN**
>
> In meiner Zeit als Parketthändler verbrachten wir den Mittag damit, unter einem Stapel von Mänteln zu dösen, Schach oder »Liar´s Poker« zu spielen, mit unseren sexuellen Errungenschaften zu prahlen oder einander Streiche zu spielen (zum Beispiel der ewig junge Kalauer, jemandem ein Streichholz an die Hose zu halten). Am liebsten erinnere ich mich an die Geschichte, als einer der Broker wettete, dass es niemand schaffen würde, ein Stück Weißbrot in unter einer Minute zu essen. Am Mittag schickten wir einen Angestellten zum Bäcker, um fünf Weißbrote zu kaufen, da jeder glaubte, es zu schaffen. Doch am Ende, so glaube ich, haben es gerade mal zwei von 50 Leuten geschafft. Probieren Sie es doch selber mal; es ist fast unmöglich.

Internet und Online-Trading

Einige traden ohne Absicherung, weil sie es aufregend finden und weil es online ganz leicht ist. Es wird fast schon zu leicht, den ganzen Tag über in Trades einzusteigen, indem man einfach einen Knopf drückt, und wer nicht aufpasst, übertreibt es auch leicht einmal. Wenn ein Trader ständig tradet, kann dies bedeuten, dass er versucht, kleine Gewinne bei seinen Trades mitzunehmen – ganz nach dem Vorbild eines Parketthändlers. Kleine Gewinne mitzunehmen ist okay, solange auch die Verluste klein sind. Doch einem unerfahrenen Trader kann es leicht passieren, dass er hintereinander zehn Trades mit kleineren Gewinnen für zwei oder drei Ticks eingeht und danach Trades mit Verlusten so lange festhält, bis sie 15 Punkte gegen ihn verlaufen. Wenn man dazu noch Vermittlungsgebühren rechnet, wird es schwer, einen Gewinn zu erzielen, selbst wenn diese gering sind. Selbst wenn ein Trader so gut ist, dass er bei Verlusten schnell aussteigt, kann die übertriebene Mitnahme kleinerer Gewinne (was online völlig unproblematisch ist) riesige Kosten verursachen. Wenn man weiß, dass man aus einer schlechten Position schnell aussteigen kann, heißt das noch lange nicht, dass man schlampig traden kann, nur um eventuell einen schnellen Gewinn zu erzielen. Die Möglichkeit des Online-Tradings ist keine offene Einladung für übertriebenes Traden. Ein Trader muss bei seinen Trades auch weiterhin selektiv sein und nicht nur wegen des Nervenkitzels traden.

Was zum Traden ohne Absicherung förmlich einlädt, sind die Werbespots für Online-Trading im Fernsehen. Sie sind irreführend und vermitteln dem Trader oft den Eindruck, er verfüge über die gleichen Rahmenbedingungen wie die Profis. Die meisten Spots betonen, dass jemandem, der von zu Hause aus mit einem Online-Konto tradet, alle Tools zur Verfügung stehen, die er benötigt, um den Markt zu schlagen: schnelle Ausführung von Börsenaufträgen, Kursquotierungen, Pressemitteilungen, Forschung und vieles mehr. Sie alle scheinen eine schnelle »Kaufen-Verkaufen-Rein-raus«-Mentalität vermitteln zu wollen. Wenn man genauer darüber nachdenkt, dann besteht der einzige Grund, warum sie dies unterstützen, darin, dass es sich um Maklerfirmen handelt, die ihre Einkünfte aus Vermittlungsgebühren beziehen. Wenn diese Maklerfirmen die Trader dazu bringen, mehr zu traden, dann verdienen sie auch mehr. Sie betonen bei jeder Gelegenheit, dass man viele schnelle Trades abschließen soll, und dabei ist es ihnen völlig egal, ob es für den Kunden das Beste ist.

Durch die Möglichkeit des Online-Tradens und angesichts der Tatsache, dass er keinen Broker zu Rate ziehen muss, kann ein Trader, der Geld verliert, noch viel eher ohne Absicherung traden. Dies ist auch deshalb der Fall, weil es einem Trader, der Geld verliert, oft unangenehm ist, mit einem Broker zu sprechen. Wenn er den ganzen Tag aktiv sein kann und dabei nur sich selbst Rechenschaft schuldet, kann es sein, dass er Trades abschließt, die er nicht abgeschlossen hätte, wenn er einen Broker zu Rate gezogen hätte.

In Situationen, in denen ein Trader zum Revenge-Trading neigt, wird dies durch einen Internetanschluss nur noch unterstützt. Es kann erheblicher Schaden entstehen, wenn sich ein Trader, sein verletztes Ego und die Macht des Internets zusammenfinden und dabei nicht überwacht werden. Ein guter Broker kann zumindest versuchen, einem Trader gut zuzureden. Ich konnte dieses Verhalten schon bei mehreren Kunden beobachten, die sich selbst in ein tiefes Loch geschaufelt haben, indem sie riesige Verluste anhäuften und ohne Absicherung tradeten. Schließlich musste ich sie anrufen und ihnen vorschlagen, ein wenig langsamer zu machen, Positionen loszuwerden oder sich für den restlichen Tag freizunehmen. Sie versuchten mit aller Macht, vorherige Verluste wettzumachen, und schaufelten sich dabei ihr eigenes Grab.

Ich rief Kunden an, um ihnen mitzuteilen, sie sollten langsamer machen, ihre Verluste vergessen und morgen wieder von neuem beginnen. Sie stimmten mir zu, dass dies wahrscheinlich das Vernünftigste sei, doch zwei Minuten, nachdem sie aufgelegt hatten, waren sie wieder mittendrin und kamen so nur noch mehr in Schwulitäten. Ich bin der festen Überzeugung, dass sie es sich besser überlegt hätten, wenn sie gezwungen gewesen wären, mich vor dem Einstieg in einen neuen Trade anzurufen. Niemand will hören: »Ich habe es Ihnen doch gesagt« oder sich von einem bevormundenden Broker demütigen lassen, der im Nachhinein ein toller Trader ist; das heißt, diese Leute würden weniger traden.

Druck vom Broker

Zwar kann Online-Trading zu Trading ohne Absicherung führen, da man spielend leicht Trades eingehen kann, ohne dabei einen Broker hinzuzuziehen, doch auch ein aggressiver Broker kann Traden ohne Absicherung verursachen, wenn er versucht, seinen Lebensunterhalt damit zu verdienen. Ein Trader sollte stets berücksichtigen, dass das Hauptziel eines Brokers darin besteht, Vermittlungsgebühren für sich selbst zu erzielen, und dass ihm sein Eigeninteresse am meisten am Herzen liegt. Natürlich möchte er, dass seine Kunden Geld verdienen und langfristig dabei bleiben können, er will aber auch, dass sie aktiv und in großem Stil traden. Nicht alle Broker sind so, aber es gibt einige, die nur auf sich selbst schauen und alle möglichen Tricks anwenden, damit ihre Kunden ohne Absicherung traden. Sie können Spreads oder Optionen vorschlagen, um sich gegen eine Position abzusichern. Sie können Trader dazu ermutigen, Futures mit kleineren Margen oder billigere Aktien zu traden, aber mehr davon zu nehmen. Anstatt einen Sojabohnen-Kontrakt zu traden, schlagen sie vielleicht drei Getreide-Kontrakte vor. Lassen Sie nicht zu, dass Ihr Broker bestimmt, wo es langgeht. Wenn Sie einen Money-Management-Plan haben, dann halten Sie sich auch daran. Wenn Sie keinen haben, arbeiten Sie daran; er ist für das Trading unerlässlich.

TRADING IST KEIN NULLSUMMENSPIEL

Das Traden von Futures wird oft als Nullsummenspiel betrachtet. Das heißt, immer wenn jemand einen Dollar verdient, verliert ein anderer einen Dollar. Dies ist ein Mythos, denn in Wirklichkeit endet das Traden von Futures immer negativ, sobald auch noch die Vermittlungsgebühren dazugerechnet werden. Wenn Joe mit einem 20-Punkte-Move bei Rohöl 200 Dollar verdient und Sam 200 Dollar verliert, weil er sich auf der anderen Seite des Trades befunden hat, dann gibt es zwei glückliche Broker, die beide ihr Stück vom Kuchen abkriegen. Obwohl die Trades am Ende eine Nullsumme ergeben, kommen noch 60 Dollar hinzu (wenn man von Vermittlungsgebühren in Höhe von 30 Dollar pro Transaktion pro Trader ausgeht). In diesem Fall kassieren die Broker 30 Prozent vom Geld der Trader.

Dies ist vergleichbar mit einem Pokerspiel im Kasino. Die Spieler spielen nicht gegen das Kasino, sondern messen sich mit anderen Spielern. Bevor der Gewinner einer Runde jedoch den Jackpot erhält, zieht das Kasino einen kleinen Betrag für sich selbst ab. Am Ende des Abends liegt der Gesamtgewinn aller Spieler deutlich unter dem Betrag, den sie hätten, wenn sie zuerst am Tisch gewesen wären. Wenn lange genug gespielt wird, bleibt das meiste Geld im Kasino. Der Grund, warum die Spiele die ganze Nacht andauern, ist folgender: Die Spieler kaufen ständig weitere Chips. Das Gleiche gilt beim Trading. Je mehr man tradet, desto mehr Geld bleibt bei den Brokern, und desto weniger bleibt zum Traden.

EIN BESSERER TRADER WERDEN

Ein besserer Trader zu werden heißt, daran zu denken, dass Traden nicht einfach ist. Durch Traden ohne Absicherung wird es nur noch schwieriger, nicht nur wegen der Kosten, die sich anhäufen können, sondern auch wegen mangelnder Konzentration und auf Grund der extrem emotionalen Entscheidungen, die damit verbunden sind. Wenn Sie bei sich selbst ein ähnliches Verhalten feststellen, wie ich es in diesem Kapitel beschrieben habe, dann sollten Sie vielleicht weniger traden.

Bevor Sie das Problem lösen können, müssen Sie sich zugestehen, dass es überhaupt eines gibt, und feststellen, warum Sie ohne Absicherung traden und welche Faktoren dafür ausschlaggebend sind. Versetzen Sie sich selbst in unterschiedliche Situationen, um zu erkennen, ob Sie in ein bestimmtes Schema passen. Wenn Sie ohne Absicherung traden und herausfinden können, warum Sie dies tun, dann kommt der schwierigste Teil: die Disziplin aufbringen, daran zu arbeiten. Wie ich immer wieder betont habe, ist Disziplin ein wesentlicher Bestandteil eines erfolgreichen Traders. Erfolglosen Tradern mangelt es meist an Disziplin.

Um ein besserer Trader zu werden, sollte man zudem emotionale Entscheidungen vermeiden. Dies schafft man am besten dadurch, dass man sich nach seinem Trading-Plan richtet und schon im Voraus weiß, was man je nach Marktsituation tun sollte. Treffen Sie die nötigen Vorbereitungen, und lassen Sie sich nicht überraschen. Verändern Sie Ihr Trading-Verhalten nicht, wenn Sie gewinnen oder verlieren. Wie viel Sie zuvor gewonnen oder verloren haben, ist dem Markt vollkommen egal, also traden Sie unverändert weiter. Dies gilt besonders dann, wenn Sie gut traden und nicht mehr in Ihre Hosen passen. Die nötige Disziplin aufzubringen bedeutet auch, sich an einen guten Trading-Plan zu halten. Diesen sollte man bereits erstellt haben, bevor man in einen Trade einsteigt. Man sollte nie ohne einen soliden, mehrmals getesteten Plan und ohne Money-Management-Richtlinien traden. Wenn Sie sich an einen guten Plan halten, der Ihnen Ihre Trading-Ideen liefert, reduzieren Sie die Zahl derjenigen Trades, die Sie nur aus emotionalen Beweggründen oder ganz spontan eingehen. Ohne einen Trading-Plan zur Orientierung passiert es einem Trader nur allzu häufig, dass er den Markt jagt, anstatt zu warten, bis ihm der Markt eine passende Gelegenheit präsentiert.

Wer lernt, zu warten, reduziert die Zahl seiner Trades mit Sicherheit. Dies erfordert sehr viel Disziplin, besonders für einen rastlosen Trader. Es ist unheimlich wichtig, dass man hart daran arbeitet, die Zahl seiner Trades zu reduzieren, während man sich gleichzeitig darauf konzentriert, Trades mit hohem Gewinnpotenzial und geringem Risiko einzugehen. Egal ob Sie ein Day-Trader oder ein Positions-Trader sind: Warten Sie auf den Markt, und halten Sie die Konzentration hoch. Gehen Sie nicht zu viele Positionen ein. Es ist wesentlich besser für Sie, wenn Sie sich nur auf wenige Märkte konzentrieren, statt überall in Positionen einzusteigen. Denken Sie auch über einen erweiterten Zeitrahmen nach. Achten Sie auf 30- und 60-Minuten-Charts statt auf Ein- und Fünf-Minuten-Charts, wenn Sie Ideen sammeln. Denken Sie darüber nach, ein paar Tage an Trades festzuhalten, anstatt bei Börsenschluss wieder auszusteigen.

Trading sollte kein Unterhaltungsmittel sein; man sollte es als ernsthaftes Geschäft betrachten. Vermeiden Sie deshalb Trades, die Sie aus Langeweile eingehen oder weil Sie befürchten, einen Move zu verpassen. Jagen Sie die Märkte nicht; Sie werden nur wenige Positionen erfüllen, wesentlich höhere Slippage-Kosten haben und zu weit von Unterstützungslinien entfernt sein. Wenn Sie nicht jagen, werden Sie viele Trades verpassen, doch diejenigen Trades, die Sie eingehen, besitzen eine wesentlich höhere Gewinnwahrscheinlichkeit. Wenn Sie wegen des Nervenkitzels traden oder um Spaß zu haben, werden Sie viele Trades in Marktsituationen eingehen, in denen es sich nicht lohnt zu traden, zum Beispiel in der Mittagszeit. Besser Sie entspannen sich kurz und sind etwas selektiver, als dass Sie versuchen, jeden Move mitzunehmen. Passen Sie auf, dass Sie nicht zu großzügig traden, wenn Sie online traden, und hüten Sie sich vor aggressiven Brokern; in beiden Fällen sollten Sie die Zahl Ihrer Trades im Auge behalten.

Und schließlich noch eines: Ein wesentlicher Teil des Verlustes, der im P&L-Statement eines Traders auftaucht, entsteht durch Vermittlungsgebühren und Slippage-Kosten. Diese Kosten summieren sich schnell. Es gibt drei Möglichkeiten, sie zu reduzieren: (1) Finden Sie günstigere Vermittlungsgebühren, (2) jagen Sie keine Märkte, und (3) traden Sie weniger. Bedenken Sie: Wenn Sie sich daran halten, können Sie einen größeren Teil Ihres wertvollen Kapitals bewahren und haben die Chance, auf dem Markt zu überleben, während Sie lernen, zu einem besseren Trader zu werden.

Warum man ohne Absicherung tradet:

1. Nervenkitzel
2. Man tradet sein P&L
3. Revenge-Trading
4. Man lässt zu, dass das Ego überhand nimmt
5. Man hat Angst, den Move zu verpassen
6. Man verwendet schlechte Stopps
7. Aggressive Broker
8. Online-Angebote
9. Man tradet in einem wechselhaften Markt
10. Man tradet zur Mittagszeit

Tipps, wie Sie weniger traden können:

1. Denken Sie an die Trading-Kosten.
2. Reduzieren Sie Ihre Slippage-Kosten.
3. Disziplin, Disziplin, Disziplin.
4. Traden Sie nie ohne Plan.
5. Jagen Sie den Markt nicht; lassen Sie ihn auf sich zukommen.
6. Achten Sie auf Trades mit hoher Gewinnwahrscheinlichkeit, und meiden Sie diejenigen mit geringer Gewinnwahrscheinlichkeit.
7. Akzeptieren Sie Verluste als Teil des Geschäfts.
8. Vermeiden Sie Revenge-Trades.
9. Erhöhen Sie nie Ihre Positionen, wenn Sie verlieren.
10. Wenn Sie verlieren, dann gönnen Sie sich eine Pause und versuchen Sie, Ihren Kopf freizukriegen.
11. Jeder Trade sollte unabhängig von den vorherigen Trades abgeschlossen werden.
12. Werden Sie nicht übermütig; Glückssträhnen werden irgendwann einmal vorbei sein.
13. Verwenden Sie größere Zeitrahmen.
14. Konzentrieren Sie sich auf weniger Märkte.
15. Seien Sie kein Action-Freak.
16. Traden Sie nicht aus Langeweile.
17. Vermeiden Sie wechselhafte Märkte; trendorientierte Märkte lassen sich einfacher traden.
18. Vermeiden Sie es, in der Mittagszeit und während anderer Zeiten mit geringem Volumen zu traden.
19. Verfallen Sie nicht dem Irrglauben, Online-Trading würde Ihnen einen Vorteil verschaffen.
20. Wenn Ihr Broker aufdringlich wird, feuern Sie ihn.
21. Platzieren Sie Ihre Stopps richtig.

Hilfreiche Fragen, die Sie sich stellen sollten:

… Habe ich heute ohne Absicherung getradet?
… Bin ich ein Action-Freak?
… Halte ich mich an meine Risikoparameter?
… Habe ich zu viele Positionen am Laufen?
… Sind meine Vermittlungsgebühren überhöht?
… Halte ich die Konzentration hoch?
… Würde ich genauso traden, wenn ich nicht so viele Verluste hätte?

KAPITEL 18

Die innere Seite beim Trading: einen klaren Kopf bewahren

Rudyard Kiplings Gedicht »If« kam mir als Allererstes in den Sinn, als ich anfing, dieses Kapitel zu verfassen. Vieles, was in diesem Gedicht steht, trifft auch auf das Trading zu. Wenn Sie es noch nicht gelesen haben, hier ist es. Die Zeilen, die das Trading betreffen, habe ich kursiv gedruckt. Wenn Sie es schon kennen sollten, schadet es nicht, es noch einmal zu lesen. Ich habe dieses Gedicht in den vergangenen Jahren mehrmals gelesen und finde es immer wieder unterhaltsam.

WENN

Wenn du den Kopf behälst
Und alle anderen verlieren ihn
Und sagen: Du bist schuld.
Wenn keiner Dir mehr glaubt, *doch Du vertraust Dir*
Und Du erträgst ihr Misstrauen in Geduld,
Und wenn Du warten kannst und wirst nicht müde,
Und die Dich hassen, dennoch weiterliebst,
die Dich belügen, strafst Du nicht mit Lüge,
und Dich trotz Weisheit nicht zu weise gibst,
Ja wenn…

Wenn du Dich nicht verlierst in Deinen Träumen,
Wenn Du nicht ziellos wirst in Deinem Geist,
Wenn Du Triumph und Niederlage hinnimmst,
Beide Betrüger gleich willkommen heißt,
Wenn Du die Wahrheit, die Du mal gesprochen

Aus Narrenmäulern umgedreht vernimmst,
Und siehst Dein Lebenswerk vor Dir zerbrochen,
Und niederkniest, wenn Du es neu beginnst,
Ja wenn...

Setzt Du Deinen Gewinn auf eine Karte
Und bist nicht traurig, wenn Du ihn verlierst,
Und Du beginnst noch einmal ganz von vorne
Und sagst kein Wort, was Du dabei riskierst,
Wenn Du Dein Herz bezwingst und Deine Sinne,
All das zu tun, was Du von Dir verlangst,
Auch wenn Du glaubst, es gibt nichts mehr da drinnen
Außer dem Willen, der Dir sagt: Du kannst
Wenn ...

Wenn Dich die Menge liebt
Und Du doch Du bleibst,
Wenn Du den König und den Bettler ehrst,
Wenn Dich nicht Feind noch Freund verletzen können,
Und Du die Hilfe niemandem verwehrst,
Wenn Du die unverzeihliche Minute
sechzig Sekunden lang verzeihen kannst:
Dein ist die Welt und alles was darin ist
Und noch viel mehr, mein Freund,
dann bist Du ein Mann.

EINEN KLAREN KOPF BEWAHREN

Immer wenn ich die ersten Zeilen lese, erinnert es mich daran, einen kühlen Kopf zu bewahren und ruhig zu bleiben, wenn sich Panik breit macht. Es hilft mir zu erkennen, wie wichtig es ist, mit klarem Verstand zu traden und meine Emotionen im Griff zu halten. Yogi Berra sagte einmal: »Baseball findet zu 90 Prozent im Kopf statt, die andere Teil ist physisch.« Beim Traden ist dies nicht anders: Ohne mental vorbereitet zu sein wird es schwierig, Erfolg zu haben. Trading ist schon so schwer genug, wenn ein Trader aber anfängt, sich von Dingen wie persönlichen Angelegenheiten, Stress, dem Kampf mit einer Position oder einer Durststrecke ablenken zu lassen, wird es noch schwieriger. Ein Trader muss einen klaren Kopf bewahren, wenn er tradet, ansonsten lässt er sich ablenken und agiert weniger professionell.

Ich weiß, es ist schwer, aber wenn zu viel passiert, sollte man eine Möglichkeit finden, wieder in die Spur zu kommen, oder so lange mit dem Traden aufhören, bis man mit einem klareren Kopf weitermachen kann. Selbst etwas so Lapidares wie Müdigkeit kann einen Trader davon abhalten, dass er mental auf höchstem Niveau agiert. Zerbrechen Sie sich nicht wegen Fehlern oder Verlusten aus der Vergangenheit den Kopf, egal ob sich diese vor wenigen Augenblicken oder vor mehreren Tagen ereignet haben. Wenn Sie einen Fehler begangen haben, steigen Sie aus, und versuchen Sie, den Kopf freizubekommen. Denken Sie über Ihren nächsten Move nach; die Vergangenheit ist Geschichte, und ein Trader muss weitermachen.

Es ist wichtig, dass Sie beim Traden Ihre Spitzenleistung abrufen. Dem einen oder anderen fällt es schwer, Privates vom Trading zu trennen, aber er sollte dies unbedingt lernen. Wer seinen Tag damit beginnt, dass er mit seiner Frau streitet, sich über einen Stau aufregt oder andere Dinge im Kopf hat, die ihn belasten, etwa der Gedanke, wie viel Geld er zuletzt verloren hat, befindet sich klar im Nachteil, wenn er anfängt zu traden. Es ist schwer, sich richtig auf den Markt zu konzentrieren, wenn man sich emotionell auf etwas anderes fokussiert. Wenn Sie traden und andere Themen an Ihnen nagen, kann dies zu Problemen wie Ärger, Sorgen, Angst und Teilnahmslosigkeit führen, und keine dieser Emotionen hilft einem Trader. Es wird leicht, sich nicht mehr so viele Gedanken über Verluste zu machen oder sich über die Märkte aufzuregen. Man sollte seine gesamte Aufmerksamkeit dem Markt widmen und nichts anderem. Wenn sich ein Trader nicht völlig auf den Markt konzentrieren kann, sollte er aussteigen. Es ist okay, sich eine Auszeit zu nehmen, wenn persönliche Dinge Trading-Entscheidungen überschatten.

Ich weiß, dass es mehrmals vorkam, dass ich in meinem Privatleben zu viel um die Ohren hatte oder Geld zum Überleben brauchte und letztlich sehr viel Geld verlor. Einmal bedrückten mich einige Dinge, einschließlich gesundheitlicher Probleme, worunter mein Trading gelitten hat. Heute kann ich sagen, dass ich damals eine Auszeit hätte nehmen sollen, doch stattdessen zog ich mein Trading durch und verlor sehr viel Geld, was mich noch mehr bedrückt hat. Erst als ich meine persönlichen Probleme in den Griff bekam, gab es einen Umschwung in meinem Trading.

DER INNERE KONFLIKT

Als ich anfing, Tennis zu lernen, las ich einige Bücher, nahm Unterrichtsstunden und spielte vier Stunden am Tag, doch nichts half mir dabei so sehr, ein konkurrenzfähiger Spieler zu werden, wie das Buch *Der innere Geist des Tennissports (The inner mind of tennis)*. Dieses Buch hat nichts mit den körperlichen Aspekten des Spiels zu tun. Sie werden an keiner Stelle erfahren, wie man die Rückhand schlägt, aufschlägt oder wie man den Schläger hält. Dennoch half es mir mehr als alles andere, mich auf ein höheres Niveau zu bringen. Vielmehr erklärt das Buch, wie die meisten einen inneren Kampf mit sich selbst führen, während sie spielen. Jeder, der schon mal Sport getrieben hat, hat laut geflucht, wenn er schlecht gespielt hat. Wenn man dies tut, verflucht man sich nur selbst, und damit man dies tun kann, muss es mehr als einen aktiven Teil im Gehirn geben, der diese Unterhaltung führt.

Es gibt ein Unterbewusstsein, das wirklich weiß, was zu tun ist, und es gibt ein Bewusstsein, das zu kritisch ist. Um das ein bisschen zu vereinfachen, stellen Sie sich Folgendes vor: Das Unterbewusstsein will ständig essen, und das Bewusstsein sagt »Du musst abnehmen.« Wenn Sie solch einen inneren Konflikt ausfechten, können Sie keinen Erfolg haben; beide Teile Ihres Gehirns müssen zusammenarbeiten. Letztlich muss Ihr Unterbewusstsein abnehmen wollen, und erst dann hören Sie auf, so viel zu essen; bis dahin wird es ein Kampf sein.

Beim Tennis habe ich gelernt, meinem Unterbewusstsein die Oberhand gewinnen zu lassen. Das Ziel bestand darin, mich nicht mehr damit zu beschäftigen, ein toller Spieler zu sein, sondern meinem Körper freien Lauf zu lassen. Letztlich wusste ich, wie man spielt, und mein Unterbewusstsein hatte die besten Spieler der Welt spielen sehen und wusste daher, was es zu tun hatte. Somit betrachtete es mein Spiel bei weitem nicht so kritisch. Außer Selbsthypnose war einer meiner Tricks, die Körpersprache meines damaligen Lieblingsspielers Jimmy Connors zu imitieren. Ich schlich über den Platz wie er, stand da wie er, beugte mich wie er und schaukelte wie er beim Return mit dem Oberkörper hin und her. Dadurch konnte ich mich auf mein Spiel konzentrieren, und es hielt mich davon ab, mich selbst zu kritisieren. Durch diese Verwandlung verbesserte ich mein Spiel und wuchs über mich hinaus, weil ich mein Bewusstsein aus der Gleichung ausklammerte. Außerdem lernte ich, dass sich mein Bewusstsein völlig darauf konzentrierte, den Namen und die Nummer auf dem Ball zu lesen, sodass ich fast glaubte, auf dem Ball zu sitzen. Dies mag doof erscheinen, doch es funktionierte. Ich fing an, bei Turnieren genauso gut zu spielen wie im Training, und hörte auf, in wichtigen Situationen nach Luft zu schnappen. Es war immer mein Kopf, der mich in Turnieren daran hinderte, gut zu spielen. Sobald ich darüber hinweg war, verbesserte sich mein Spiel sprunghaft.

Warum ich diese Geschichte erzähle? Weil es beim Traden genauso abläuft. Wenn Sie in der Lage sind, Ihre mentalen Probleme beim Trading zu bewältigen, verbessern Sie sich. Hypnose stellt eine Möglichkeit dar; eine andere besteht darin, sich vorzustellen, man bewege sich direkt auf dem Markt und spüre jedes Hoch und Tief. Hauen Sie nicht auf den Tisch, wenn Sie falsch liegen, und hören Sie auf, sich aufzuregen oder sich selbst und den Markt zu beschimpfen. Diese Dinge schaffen einen inneren Konflikt, den man nicht braucht. Trader, die ihre Emotionen so sehr im Griff haben, dass man ihnen nicht anmerkt, ob sie gewinnen oder verlieren, sind auf dem Markt meist recht erfolgreich. Sie regen sich nie auf oder sind begeistert; stattdessen behalten sie ihr gewohntes Tempo von Tag zu Tag bei und kümmern sich nur um den nächsten Trade. Versuchen Sie, wie ein Top-Trader zu denken und zu handeln. Konzentrieren Sie sich genauso aufs Trading wie die Besten, und Sie werden gewaltige Verbesserungen spüren. Ich habe den Luxus genossen, immer gute Trader um mich zu haben, die ich nachahmen konnte. Letztlich gräbt es sich tief ins Unterbewusstsein ein, und besseres Trading geht einem in Fleisch und Blut über. Manchmal denke ich mir: »Was würde Joe jetzt machen?«, und dementsprechend handle ich, weil ich weiß, dass Joe immer Geld macht. Lernen Sie, wie ein Profi zu denken, und Sie bewegen sich allmählich in die richtige Richtung. Lassen Sie Ihren Kopf für und nicht gegen sich arbeiten, und Sie werden zu einem besseren Trader.

> **DIE SCHWER DEFINIERBAREN »SIE«**
>
> Viele suchen die Schuld gerne woanders. Wenn Sie schlecht traden, sind Sie selber schuld und niemand sonst. Weder die Market Maker noch eine schlechte Kursquotierung, ein Broker, ein Local oder ein Computerproblem. Es gibt keine »sie«, die hinter einem her sind. Wenn Sie Geld verloren oder Ihre Positionen kaum erfüllt haben, dann ist es Ihr Fehler; schieben Sie die Schuld keinem anderen in die Schuhe. Man muss die Verantwortung für seine Fehler übernehmen. Wenn Sie sich von einem Broker in die Irre führen lassen, sind Sie selber schuld, weil Sie ihm zugehört haben; zumindest beim zweiten Mal. Geben Sie nicht anderen Leuten oder Umständen die Schuld, wenn Sie schlecht traden. Wenn Sie dies doch tun, werden Sie sich nie verbessern, weil Sie nicht an Ihren Schwächen arbeiten, denn Sie glauben ja schließlich, keine zu haben. Wenn Sie Erfolg haben wollen, akzeptieren Sie, dass Sie an Verlusten schuld sind, und beschuldigen nicht den Markt, den Broker oder eine schlechte Erfüllung Ihrer Positionen.

ZEIT FÜR EINE KLEINE PAUSE

Es hat nicht unbedingt den Anschein, aber es kann ganz schön anstrengend sein und einen verrückt machen, wenn man sieben Stunden am Tag vor ein oder zwei Computerterminals sitzt. Ein Trader ist nach einem Trading-Tag fix und fertig. Angesichts des emotionalen Auf und Ab kann Trading genauso Kräfte zehrend sein wie harte körperliche Arbeit. Wenn man tradet, sollte man dynamisch und konzentriert sein, und das ist einer der Gründe, warum viele Top-Trader in der Mittagszeit eine Pause machen. Das Volumen geht am Mittag nicht deshalb zurück, weil Trader etwas essen müssen, sondern weil sie eine einstündige Auszeit brauchen, da Day-Trading kräftemäßig seinen Tribut fordern kann. Die meisten Trader, die ich kenne, machen nur deshalb eine Mittagspause, um sich zu entspannen. Dadurch können sie ihren Kopf wieder freibekommen, ihre vom ständigen Blick auf den Computer übermüdeten Augen schonen und den Markt neu bewerten. Viele der Trader, die ich kenne, gehen am Mittag ins Fitness-Studio oder eine Runde schwimmen. Dies gibt ihnen neue Kraft für den Nachmittag. Manche hauen sich aufs Ohr, andere spielen gerne eine Partie Backgammon oder machen Videospiele. Als ich in Miami Beach getradet habe, unternahm ich täglich einen Strandspaziergang und schaute mir die deutschen Touristinnen an, die »oben ohne« am Strand lagen; das war allemal besser als den Markt anzuschauen. Egal was Sie machen, es kann ganz schön anstrengend sein, den ganzen Tag zu traden, also sollten Sie irgendwann einmal eine kleine Pause einlegen, um den Kopf freizubekommen und sich auf den Nachmittag vorzubereiten. Wenn Sie einen Markt wie den Getreidemarkt traden, der nur drei Stunden und 45 Minuten geöffnet ist, dann schaffen Sie es wohl auch ohne Pause, doch bei Märkten mit längeren Öffnungszeiten ist eine Pause hilfreich.

DIE AUSSERKÖRPERLICHE ERFAHRUNG

Marktempfindungen können durch emotionale Reaktionen und die Positionen eines Traders verzerrt werden. Wenn Sie Long-Positionen innehaben, werden Sie immer neue Gründe finden, warum der Markt steigen wird. Es ist egal, was der Markt tatsächlich macht, weil man seine persönliche Empfindung nicht abschütteln kann. Wenn dies der Fall ist, müssen Sie aufhören und versuchen, sich ein klareres Bild des Marktes zu verschaffen. Es ist wichtig, dass man irrationalen Trading-Entscheidungen ein Ende setzt und sich wieder auf seinen Plan besinnt. Ein schlechter Trader wird niemals zugeben, dass er sich getäuscht hat oder kein klares Bild vom Markt hat. Er wird an seinen Positionen wesentlich länger festhalten, als er eigentlich sollte, da er überzeugt ist, richtig zu liegen. Ich erlebe dies ständig. Irgendeiner hat Long-Positionen und sagt: »Der Markt sieht stabil aus, also halte ich meine Positionen«, während ein anderer mit Short-Positionen sagt: »Ja, aber er ist etwas überzogen und wird jede Sekunde abstürzen.« Nun gut, einer von beiden irrt sich, aber beide denken mit ihren Positionen.

Was ich gerne mache, besonders bei Verlusten, ist Folgendes: Ich stelle mir vor, dass ich mir selbst über die Schulter schaue, um einen völlig neuen Blickwinkel des Marktes zu erhalten. Ich versuche, mir vorzustellen, dass ich meinen Körper verlassen und meine Positionen sowie den Markt anschauen kann, so, als ob ich völlig unbelastet wäre. Ich frage mich: »Angenommen, ich hätte diese Positionen nicht, wie würde mir der Markt gefallen?« Manchmal kann es sein, dass man Long-Positionen hält und damit völlig falsch liegt, es aber vom Kopf her nicht schafft auszusteigen. Man weiß, wenn man keine Position hätte, würde man versuchen, Short-Positionen einzunehmen, aber so wie die Lage ist, behält man seine Long-Positionen, weil man keinen Verlust mitnehmen will. Man denkt mit seiner Position, und dies ist nicht gut. Man sollte zumindest aus dem, was man hat, aussteigen und mit klarem Verstand von vorne beginnen.

DIE SCHLECHTEN EIGENSCHAFTEN

Viele Trader, die verlieren, sind nicht deshalb Verlierer, weil sie nicht wissen, wie man einen Chart liest, oder weil sie faul sind, sondern sie verlieren, weil mentale Probleme sie am Erfolg hindern. Es gibt viele schlechte Eigenschaften und Emotionen, die ein Trader hinter sich lassen muss, wenn er Erfolg haben will. Zwar bin ich mir sicher, dass ich viele unerwähnt lasse, doch im restlichen Kapitel beschäftige ich mich mit einigen, die ich für besonders gefährlich halte, was Trading betrifft. Dabei handelt es sich um Eigenschaften, die Ihr Denken verzerren und Sie davon abhalten, mit klarem Kopf zu traden. Falls Sie welche haben, sollten Sie daran arbeiten, Sie hinter sich zu lassen.

Hoffnung: ein Zeichen für Ärger

Wenn ein Trader gefragt wird, was der Markt seiner Meinung nach tun wird, und er antwortet: »Ich hoffe, er steigt«, dann hat er wahrscheinlich Long-Positionen, und der Markt fällt. Hoffnung sollte bei der Bewertung von Trades nie eine Rolle spielen. Sie ist normalerweise ein Zeichen dafür, dass man eine schlechte Position nicht wahrhaben will oder völlig unrealistische Vorstellungen von dem Trend hat, weil man meint, er wird ewig dauern. Sobald sich Hoffnung breit macht, muss ein Trader seine Positionen schleunigst neu bewerten, weil nur hoffen einfach nicht funktioniert. Wie bei einem Baseballspieler, der sich einen tiefen Flugball unter der Linie wünscht und anschließend seine Arme in die Luft schwingt. Jeder, der eine Position eingeht oder eine Marktrichtung auswählt, hofft, richtig zu liegen; das ist ein ganz normales Verhalten. Hoffnung wird in dem Augenblick gefährlich, in dem man falsch liegt, dies nicht zugeben will oder aus dem Markt aussteigt, Stopps ignoriert und seine verlustreichen Positionen weiter ausbaut.

> Ich erinnere mich an folgende Unterhaltung mit einem Freund:
> *John:* »Was glaubst du, machen die Schweine heute?«
> *Ich:* »Ich hoffe, sie fallen.«
> *John:* »Sie waren in den letzten Tagen ziemlich stabil.«
> *Ich:* »Ja, ich weiß.«
> *John:* »Hast du vor, sie billiger zu kaufen, oder willst du verkaufen?«
> *Ich:* »Ich habe schon seit einer Woche Short-Positionen inne und wurde eliminiert. Heute bin ich weitere Short-Positionen eingegangen, sodass ich jetzt wirklich hoffe, dass sie endlich mal fallen.«

Immer wenn bei der Beschreibung einer Position das Wort Hoffnung fällt, sollte der Trader wissen, dass es eng für ihn wird. Er sollte wissen, dass er daneben liegt und in einer schlechten Position steckt, aus der er sich weigert auszusteigen. Wenn man anfängt zu hoffen, weil man sich in einem Trade auf der falschen Seite befindet, dann dient einem jedes noch so kleine Signal als möglicher Umschwung. Es ist völlig egal, wie ein Chart aussieht; wer ihn betrachtet, schaltet den Verstand aus. Sobald ein Trader anfängt, darauf zu hoffen, dass der Markt etwas tut, geht ihm das Gefühl für die Marktrichtung verloren.

An dieser Stelle sollte man möglichst nach einem Ausstiegspunkt suchen und den Markt oder die Aktie mit klarem Kopf neu bewerten. Was nicht heißen soll, dass Sie aussteigen sollen, wenn Sie Long-Positionen haben und der Markt nach unten tendiert, aber eine Unterstützungslinie hat oder ein Indikator überverkauft ist. Wenn der Markt jedoch stark in die andere Richtung tendiert oder Sie keine Ahnung haben, was er macht, nehmen Sie den Verlust mit und machen Sie weiter. Wenn sich die Indikatoren nicht wie von Ihnen erhofft entwickeln, hoffen Sie nicht weiter darauf. Akzeptieren Sie die Tatsache, dass Sie sich getäuscht haben, und steigen Sie aus dem Trade aus. Einer der Vorteile eines rein systematischen Traders besteht darin, dass die Hoffnung aus der Trading-Gleichung ausgeklammert wird. Man muss nicht zu viel überlegen, wenn ein System alle Entscheidungen übernimmt; alles, was ein Trader tun muss, ist, seinen Plan einzuhalten und darauf zu hoffen, dass es sich um ein gutes System handelt.

Hoffen, dass es ewig hält

Hoffnung betrifft nicht nur Verlierer, sondern auch jemanden, dessen Trades normal verlaufen, der aber nicht wirklich weiß, wie viel er aus ihnen machen kann. Es kommt vor, dass ein Trader sich von einem Trade mehr erhofft, als der Trade ihm geben will. Man hofft noch immer darauf, dass er ewig anhält, wenn der Move schon längst sein Ende erreicht. Man muss immer den Markt traden und nicht seine eigene Meinung. Wenn man anfängt, sich eine Meinung zu bilden, und der Markt sich nicht daran hält und danach trotzdem darauf hofft, weil man mehr will, dann tradet man nicht mehr den Markt, sondern seine Meinung von ihm. Wenn man den Markt aufmerksam beobachtet und ihn realistisch einschätzt, ist man in der Lage, auszusteigen und einen größeren Teil seiner Gewinne zu behalten.

Sturheit

Ein weiterer Wesenszug, der wenig Erfolg verspricht, ist Sturheit, und Sturheit ist das Ergebnis von Hoffnung. Ein sturer Trader weigert sich, seinen Fehler zuzugeben, und hält zu lange an seiner Position fest, besonders dann, wenn sie nicht funktioniert. Er glaubt ständig, Recht zu haben, und weigert sich, einen Rat anzunehmen. Dazu kann ich nicht viel sagen, außer, dass ein Trader flexibel sein muss. Ein Trader muss in der Lage sein, seine Meinung zu ändern, wenn sich der Markt verändert. Wer mit einer Position verheiratet ist, schadet sich langfristig gesehen nur selbst. Wenn ein Trade nicht funktioniert, geben Sie ihn auf. Wenn er funktioniert, dann steigen Sie aus, sobald er es nicht mehr tut. Halten Sie an einer Idee nicht krampfhaft fest, sondern passen Sie sich dem Markt an.

Sturheit führt auch zu dem im letzten Kapitel besprochenen Revenge-Trading. Revenge-Trading liegt dann vor, wenn ein Trader zu stur ist, um zu merken, dass er nicht gewinnen kann, er aber unbedingt beweisen will, dass es wichtiger ist, Recht zu haben, als Geld zu verdienen. Wenn es Ihnen schwer fällt, bei einer bestimmten Aktie oder an einem bestimmten Tag Geld zu machen, dann steigen Sie aus und machen Sie weiter. Was soll's, wenn Sie vorige Woche 5.000 Dollar bei IBM verloren haben? Das ist Geschichte; Sie müssen die Aktie nicht ständig neu traden, nur um zu beweisen, dass Sie Ihr Geld zurückholen können. Konzentrieren Sie sich lieber auf die Aktien, bei denen Sie mehr Glück hatten.

Gier

In dem Film *Wall Street* sagt Gordon Gekko, gespielt von Michael Douglas: »Gier ist gut.« Dies klingt in einem Film wunderbar, doch in Wirklichkeit ist Gier etwas, das ein Trader vermeiden möchte. »Bären und Bullen machen Geld; Schweine werden geschlachtet« lautet ein geläufiges Zitat beim Traden, das der Wahrheit entspricht. Es ist eine Sache, an Gewinnen festzuhalten, und eine andere, gierig zu werden. Ein Trend hält nicht ewig an, und es kommt der Zeitpunkt, um auszusteigen. Gier führt dazu, dass man ohne Absicherung und mit mangelnder Disziplin tradet. Gier kann dazu führen, dass ein Trader einen Großteil seiner Gewinne letztlich wieder abgibt, wenn er versucht, einen Trade bis auf den letzten Tropfen auszuquetschen, statt zu wissen, wann er aussteigen sollte. Gier kann einen Trader wesentlich mehr riskieren lassen, als er sollte, nur um ständig noch mehr zu gewinnen. Anstatt zwei Kontrakte zu traden, kann Gier dazu führen, dass jemand seine Positionen verdoppelt oder verdreifacht, weil er hofft, noch mehr zu gewinnen. Zu hohes Risiko führt letztlich nur zu einem schnelleren Absturz.

Ein perfektes Beispiel hierfür liegt vor, wenn ein Trader dringend Geld braucht, um überfällige Rechnungen zu begleichen oder weil er sein Ferienhaus in den Hamptons bezahlen will. Er fängt an, mit Dollar-Zeichen in den Augen zu traden. Er betrachtet den Markt nicht mehr als einen Ort, der Trading-Gelegenheiten liefert, sondern sieht in ihm eine Quelle der Bereicherung. Er versucht, mehr aus dem Markt herauszuquetschen, als dieser ihm geben will, und steigt erst dann aus einer Position aus, wenn er Geld damit gemacht hat. In der Zwischenzeit kann sich ein Markt drehen, und aus einem guten Trade kann ein schlechter werden, bei dem ein

Trader viel zu lange mit dem Ausstieg wartet, weil er sich keinen Verlust leisten kann. Bei diesem Trade hätte es sich vielleicht um einen guten gehandelt, wenn der Trader statt seines P&L den Markt getradet hätte. Er hätte das nehmen können, was der Markt ihm geben wollte, und wäre damit auch recht gut gefahren, wenn ihm seine Gier nicht einen Strich durch die Rechnung gemacht hätte.

Solange man in möglichst kurzer Zeit möglichst viel Geld verdienen will, gibt es Gier. Gier ist nichts Neues. Seit jeher hat Gier zahllose Menschen dazu gebracht, Geld in allen nur denkbaren Unternehmungen zu verlieren. Angefangen beim Tulpenwahn der Holländer im 17. Jahrhundert bis hin zum Beginn des Nasdaq Ende der 90er hat Gier den Menschen schon immer den Verstand geraubt, da sie nur noch damit beschäftigt waren, wie viel Geld sie erzielen könnten.

> **DER HOLLÄNDISCHE TULPENWAHN IM 17. JAHRHUNDERT**
>
> Ich empfehle jedem, der Charles Mackays Buch *Extraordinary Popular Delusions and the Madness of Crowds* (Außergewöhnliche Volkstäuschungen und Massenwahn) noch nicht gelesen hat, dies nachzuholen. Neben *Reminiscences of a Stock Operator* (Erinnerungen eines Aktienhändlers) ist es das empfehlenswerteste Buch für einen Trader. Es stellt mehrere Fälle in der Geschichte dar, in denen ein Dummkopf aus Gier Geld verlor. Der berühmteste Fall ist der große Tulpenwahn des 17. Jahrhunderts. Man kaufte Blumen aus dem einzigen Grund, dass die Preise stiegen und man daraus Kapital schlagen wollte. Der Markt stieg jeden Tag weiter an, und ein Ende schien nicht in Sicht. Man stürzte sich auf ihn, und sowohl der Preis als auch realistische Einschätzungen blieben außen vor, denn solange sich der Markt erholte, konnte man Geld machen. Dieses spekulative Feuer erhielt neue Nahrung durch diejenigen, die sich sogar verschuldeten, nur um auch in den Markt einsteigen zu können. Die Preise schnellten in gerade einmal drei Jahren um fast 6.000 Prozent in die Höhe. Dann, urplötzlich, Peng! Sie stürzten ab und fielen in nur drei Monaten um 90 Prozent, ohne sich noch mal zu erholen. Die Wirtschaft geriet ins Trudeln, weil erhebliche Schulden dazu führten, dass die Konkurse rapide zunahmen. Dies kommt vielen Nasdaq-Tradern im Jahr 2000 bekannt vor, fand aber bereits im Jahre 1630 statt, als der Tulpenwahn Holland im Sturm eroberte. Dies zeigt lediglich, dass sich die Zeiten und die Menschen nicht wirklich ändern. Immer wenn das schnelle Geld lockt, macht sich Gier breit.

Trends gehen tatsächlich zu Ende

Die Gier kommt ins Spiel, sobald ein Trader einen hübschen Gewinn bei einem Trade erzielt und ihn nicht mitnehmen will. Er will mehr und bleibt viel zu lange an seiner Position kleben. Ein Trader muss lernen, wann er eine Position loslassen muss. Er ist mit dem Trade nicht verheiratet; es ist eher wie bei einem Date: Finden Sie einen Trade, steigen Sie ein, holen Sie das Bestmögliche für sich raus, und steigen Sie wieder aus, ohne zurückzublicken. Sicher, Sie versprechen, am nächsten Tag anzurufen, doch wenn es so weit ist, hat längst eine andere Aktie Ihre Aufmerksamkeit erregt.

Trends gehen irgendwann einmal zu Ende, egal, wie gut sie sind, denn wenn jeder auf der Welt kauft, wer bleibt dann noch als Käufer übrig? Bisweilen mag es so aussehen, als ob sich der Markt nur in eine Richtung entwickeln könnte. Die Pressemitteilungen sagen einen ansteigenden Markt voraus, und der Markt erholt sich tatsächlich und erreicht tagtäglich neue Spitzenwerte, weil neue Trader jeden Tag Käufe tätigen. Doch an einem bestimmten Punkt gibt es keine Käufer mehr, und die Investoren fangen an zu verkaufen, weil der Markt immer schneller steigt. Dabei handelt es sich um jene Trader, die gekauft haben, bevor der Markt anstieg, und deren Käufe diesen Anstieg erst eingeläutet haben. Sobald die Allgemeinheit einsteigt, wissen sie, dass es Zeit ist zu verkaufen. Um erfolgreich zu traden, muss man der Versuchung widerstehen, sich wie ein gieriger Trittbrettfahrer zu verhalten.

Es war reine Gier, die die Nasdaq-Aktien Ende der 90er auf überwältigende, völlig überbewertete Preise steigen ließ. Man sah, wie der Freund oder Nachbar Geld wie verrückt verdiente, und wollte ebenfalls mit einsteigen, da alles so einfach aussah. Zahllose Profis gaben ihren Beruf auf, um Day-Trader zu werden. Ärzte, Rechtsanwälte, Zahnärzte, Musiker, Kellner, Hausfrauen und Installateure glaubten, alles mitzubringen, was man als Trader benötigt, nachdem sie irgendwo ein dreistündiges Seminar besucht hatten. Sie warfen ihr hart verdientes Geld in einen Topf, um einer der vielen blühenden Day-Trading-Firmen beizutreten, die überall aus dem Boden schossen. Einige versuchten es von zu Hause aus via Internet. Man kaufte immer mehr Aktien, die zehn Mal so oft getradet wurden wie im Normalfall. Alle träumten davon, sich in drei Jahren zur Ruhe zu setzen, nachdem sie zwei Millionen Dollar mit Yahoo und Qualcomm verdient hatten. Ihre Gier führte nicht nur dazu, dass sie zu lange an ihren Positionen festhielten, sondern sogar immer neue hinzukauften, sobald sie ihr Gehalt erhielten. Letztlich holte diese Gier auch die Investoren ein, und sie verloren praktisch alles, was sie zuvor verdient hatten, wenn nicht mehr.

Ich musste riesige Verluste hinnehmen, als der Trend zu Ende ging, da ich mich zu sehr in dem Kaufwahn verfangen hatte. Der Grund für meine erheblichen Verluste bestand darin, dass ich zu viele Positionen innehatte, als die Gier Besitz von mir ergriff. Der Grund für meine Gier bestand darin, dass ich gerade die besten Monate meiner Karriere hinter mir hatte, weil ich S&Ps und Nasdaq-Futures gekauft hatte. Ich fing an zu glauben, es handle sich um leicht verdientes Geld, und ich sollte es ausnutzen. Folglich reizte ich meine Margen bis aufs Letzte aus. Sobald der Markt seinen ersten richtig schlechten Tag erlebte, verlor ich fast alles, was ich in den Monaten davor verdient hatte.

Ich sage es Ihnen aus Erfahrung: Traden Sie mit wenigen Positionen, und verfangen Sie sich nicht im allgemeinen Tohuwabohu des Marktes. Ein Trend endet irgendwann einmal, und die Preise normalisieren sich wieder, und zwar mitunter recht brutal. Große Verluste können Sie am besten dadurch vermeiden, dass Sie Ruhe bewahren, während jeder um Sie herum panisch reagiert. Halten Sie Ihre Positionen im kleinen Rahmen, rechnen Sie mit allem, und setzen Sie im Voraus Ihren Ausstiegspunkt fest.

Wasser aus einem Stein drücken

Bei einer Sache bin ich unerbittlich, und zwar, wenn es darum geht, nicht bei jedem Trade das Letzte herauszuholen. Probieren Sie ruhig, so viel wie möglich aus einem Trade herauszuholen, aber drehen Sie nicht wegen einer Zahl oder eines Bereiches durch. Was Trader gerne machen, ist Folgendes: Wenn sie Long-Positionen haben und der Markt auf 36,75 steigt und danach leicht fällt, überlegen sie sich allmählich, ob dies nicht eine gute Stelle zum Ausstieg wäre. Doch statt auszusteigen, denken sie, der Markt würde noch einen weiteren Move vollziehen und sie könnten neue Höchstwerte erreichen; also platzieren sie eine Limit-Order, um bei 36,74 auszusteigen, da sie glauben, der Markt würde bei seiner nächsten Welle neue Höchstwerte erreichen und sie würden ganz weit oben aussteigen können. Danach lässt der Markt ganz leicht nach, und der Trader wartet darauf, dass er wieder steigt, damit er seine Positionen erfüllen kann. Er hasst es, irgendetwas aufgeben zu müssen, also tut er gar nichts. Dann kann es sein, dass der Markt sich neuen Höchstwerten nähert, die aber nicht ausreichen, um die Positionen des Traders zu erfüllen, bevor der Markt wieder fällt. Statt seinen Gewinn mitzunehmen, wird er gierig und versucht, die paar zusätzlichen Ticks auch noch mitzunehmen. In der Zwischenzeit beginnt der Markt, weitere Aktien zu verkaufen, während er dabei zusieht. Nun steigt er auf keinen Fall aus, denn in diesem Fall würde er 30 Cent seines potenziellen Gewinns aufgeben. Er fällt immer weiter, bis sein Trade urplötzlich im Minus landet, und das nur, weil er auch den letzten Cent unbedingt noch rausholen wollte.

Wenn Sie wissen, dass Sie aussteigen wollen, und Ihren Kurs nicht erreichen können, dann steigen Sie aus. Kümmern Sie sich nicht darum, jeden möglichen Punkt aus dem Trade herauszuholen; dies ist weniger wichtig, als wenn Sie bei einem Marktumschwung wesentlich mehr als ein paar Ticks verlieren. Sobald der Move vorbei ist, sind sie nicht der Einzige, der versucht auszusteigen – tun Sie es also so schnell wie möglich. Das große Geld macht man nicht dadurch, dass man auch noch den letzten Tick aus einem Trade herausholt; man macht es, indem man während des Moves einen Großteil davon mitnimmt. Man macht es auch dadurch, dass man bei Verlusten schneller aussteigt.

Das andere Problem in dieser Kategorie tritt auf, wenn man einen guten Trade hat, schon 900 Dollar verdient hat und jetzt noch ein bisschen mehr erzielen will, um auf 1.000 Dollar zu kommen. Sie sind sich sicher, dass noch so viel Dampf im Markt steckt, damit dieser Bereich erreicht wird, und dann steigen Sie sowieso aus. Wenn der Markt diesen Bereich tatsächlich erreicht, fangen Sie an zu überlegen, ob Sie nicht doch noch ein paar Ticks mitnehmen, und Sie halten Ihre Positionen noch etwas länger. Letztlich kann es passieren, dass der Markt nach unten purzelt und Ihnen gar nichts bleibt. Hören Sie auf, sich Gedanken zu machen, wenn Sie einen kleinen Teil des Moves verpassen, und freuen Sie sich lieber über einen schönen Gewinn, wenn es so aussieht, als könne der Markt abflauen.

Wenn es so aussieht, als könne der Markt bald abflauen, trenne ich mich von meinen Limit-Orders, um meine Positionen zu erfüllen. Dies funktioniert normalerweise, wenn ich mit dem Trend trade und damit rechne, dass ich noch mehr rausholen kann, wenn irgendein unglücklicher Trader mit einer Market-Order später noch dazustößt. Wenn ich mich jedoch täusche und der Markt einen Umschwung erlebt, verwende ich Market-Orders zum Ausstieg. Ich zögere nicht. Wenn ich zehn Aktien am Laufen habe, arbeite ich meine Liste systematisch ab und werfe sie alle raus. Ich möchte nicht erleben, wie der Markt sich gegen mich wendet, wenn ich gerade eine große Position habe. Bei Market-Orders verliert man zwar ein wenig, aber es ist allemal besser, als später Verluste zu erleiden oder noch schlechter abzuschneiden.

Wie Gier zu großen Verlusten führen kann

Ich wurde während meiner gesamten Karriere immer wieder von dem Bazillus namens Gier befallen. Ich versuchte stets, so viel Geld wie möglich zu verdienen. Wenn ich 1.000 Dollar am Tag erreicht hatte, wollte ich daraus 2.000 Dollar machen; wenn ich 2.000 Dollar erreicht hatte, wollte ich daraus 3.000 Dollar machen, und so weiter. Dazu ging ich immer mehr Positionen und Kontrakte ein. Manchmal funktionierte dies wunderbar, aber meistens war es mit zu vielen Positionen unmöglich, sich an der Spitze zu halten. Auch nach zwölf Jahren als Trader muss ich noch immer gegen die Versuchung ankämpfen, zu viele Positionen einzugehen, sobald es gut bei mir läuft. Es kommt vor, dass ich bei einem erfolgreichen Trade meine Positionen aggressiv ausbaue, wenn es eigentlich besser wäre, allmählich einige Positionen abzuladen. Doch meine innere Stimme sagt mir: »Kaufe mehr, lade auf, wir können heute einen richtig schönen Reibach machen.«

Anstatt eines Kontrakts traden Trader drei, fünf oder zehn Kontrakte, weil sie gierig werden und immer mehr wollen. Wenn sie einige hundert Dollar am Tag erzielen, langweilen sie sich und versuchen daher, einige tausend Dollar zu verdienen, womit sie sich schließlich zu viel zumuten. Somit wird es für einen Trader wesentlich einfacher, eliminiert zu werden. Immer wenn ich eliminiert wurde, lag dies daran, dass ich ohne Absicherung getradet hatte. Natürlich lag ich mit meiner Markteinschätzung daneben, doch wenn ich mit weniger Positionen getradet hätte, wäre mein Verlust wesentlich geringer ausgefallen.

Das Problem bei einer zu großen Position ist, dass jeder einzelne Verlust zu groß ausfällt; keiner hat Lust auf einen großen Verlust, und während der Trader darauf wartet, dass er zurückgeht, wird der Verlust nur noch größer. Wenn man anfängt, viele Positionen zu traden, denkt man normalerweise, das Risiko würde sich verteilen, doch es gibt Tage, an denen alles auf einmal schief geht, und dies kann verheerende Folgen haben. Bei so vielen Positionen kann es leicht passieren, dass aus guten Trades schlechte werden und dass Verluste außer Kontrolle geraten. Wenn man sich auf lediglich ein oder zwei Märkte konzentriert, kann man aus schlechten Trades wesentlich schneller aussteigen, bevor diese ernsthaften Schaden anrichten. Die Erfahrung hat mir gezeigt, dass Trader, die regelmäßig auf bescheidene Gewinne spekulieren, wesentlich besser abschneiden als jene, die jedes Mal auf große Gewinne aus sind. Man erwischt pro Jahr nur ein paar wirklich gute Moves und ist folglich meistens gezwungen, seine Erwartungen zurückzuschrauben. Dies hat zudem den Vorteil, dass man bei Verlusten schneller aussteigen kann.

Die Gier bekämpfen

Die Gier zu bekämpfen ist ähnlich schwer, wie die nötige Disziplin aufzubringen, aber es lässt sich nicht vermeiden. Ein Trader hat wesentlich mehr Erfolg, wenn er nicht jedes Mal den großen Trades hinterherjagt und lieber mit der nötigen Konstanz agiert. Notwendige Schritte bei der Bekämpfung der Gier sind die Erstellung und Einhaltung eines guten Money-Management-Plans, vorher festgelegte realistische Ziele, ein Plan-Soll sowie die Verwendung von Stopps. Wenn man ein Plan-Soll festlegt, widersteht man der Versuchung, seine Trades endlos lange laufen zu lassen. Das einzige Problem hierbei ist, dass man, sobald man aussteigt und zuschaut, wie der Markt weiter verläuft, sich am liebsten dafür schlagen würde, dass man ausgestiegen ist. Ich glaube fest daran, dass man so lange wie möglich an seinen Gewinnen festhalten sollte, aber ich achte auch sehr genau darauf, auszusteigen, sobald ich Anzeichen dafür erkenne, dass ein Trade vorbei ist. Wenn ein Markt seinen bisherigen Höchst- oder Tiefstwert durchbricht, lässt sich nur schwer ermitteln, wann der Move zu Ende ist. Ein Markt ist nie zu hoch oder zu tief und kann sich immer weiterentwickeln.

Man muss vorsichtiger sein, wenn er in Bereiche vordringt, die auf den Charts nicht mehr verzeichnet sind. Wenn man sich realistische Ziele setzt, sollte man immer die durchschnittliche Schwankungsbreite/ATR eines Marktes im Kopf haben. Man sollte nicht versuchen, zwei Dollar mit einer Aktie zu erzielen, deren Schwankungsbereich gerade einmal 2,15 Dollar beträgt. In diesem Fall läge ein realistisches Ziel zwischen 75 Cent und 1,5 Dollar. Wenn man mehr im Sinn hat, wird man gierig. Sobald sich eine Aktie ihrer täglichen Schwankungsbreite nähert, sollte man aussteigen, egal wie groß der Gewinn ist. Auch hier gilt: Kümmern Sie sich nicht um die paar zusätzlichen Ticks; versuchen Sie lieber den größten Teil in der Mitte des Trades mitzunehmen.

Übertriebene Zuversicht

Übertriebene Zuversicht spielt eine Rolle, bevor ein Trader anfängt zu traden, aber auch nachdem bei ihm alles gut gelaufen ist. Bevor man mit dem Traden loslegt, glaubt man grundsätzlich an seinen Erfolg, und man schätzt seine Möglichkeiten nicht realistisch ein. Diese übertriebene Zuversicht kann dazu führen, dass ein Trader nicht darauf vorbereitet ist, was ihm das Trading bieten kann. Das größere Problem tritt jedoch auf, wenn ein Trader zu viel Selbstvertrauen hat und sich für unbesiegbar hält. Wenn ein Trader eine Glückssträhne durchläuft und Gewinne sowie Selbstvertrauen anhäuft, beginnt er übermütig zu werden, und sein Ego bläht sich auf. Der Trader bekommt das Gefühl, er habe die Märkte erobert, und kann überhaupt keine Fehler mehr machen. Er fängt an, zu glauben, er könne selbst aus Dreck noch Geld machen und sollte damit beginnen, aggressiver zu traden. Hier beginnt normalerweise der Absturz. Wenn ein Trader zuversichtlicher wird, macht er allmählich auch mehr Fehler und hört auf, das zu machen, was ihm zu seiner Glückssträhne verholfen hat. Er geht unbedeutende Trades ein, anstatt auf die guten zu warten. Er hört damit auf, seine Hausaufgaben zu machen, und es kann sein, dass er auch seinen Trading-Plan ignoriert. Dies lässt sich auf Gier und übermäßiges Selbstvertrauen zurückführen, da der Trader versucht, in zu kurzer Zeit zu viel zu erreichen. Die schlimmsten Rückschläge erleidet man normalerweise nach einer Glückssträhne, und sie sind meist das Ergebnis mangelnder Disziplin, die sich durch übertriebene Zuversicht ergibt. Denken Sie daran: Ein oder zwei Verluste mit höherem Volumen reichen vollkommen aus, um eine Reihe von Gewinnen mit geringerem Volumen auszulöschen.

Die Mehrheit meiner größten Verluste ereignete sich nach einem ansehnlichen Lauf. Im Sommer 1992 tradete ich Währungen, die in einem perfekten Trend verliefen; während ich immer mehr verdiente, baute ich meine Positionen weiter aus.

Ich begann mit einem DM-Kontrakt und steigerte mich auf drei Kontrakte. Außerdem tradete ich drei Kontrakte von Britischem Pfund, fünf von Schweizer Franken sowie einige Yen-Kontrakte. Innerhalb weniger Wochen hatte ich mein Konto von 8.000 auf 20.000 Dollar erhöht, wobei ich in den meisten Fällen ohne Absicherung tradete. Ich war hochnäsig und begann mir zu überlegen, wie ich Geld ausgeben könnte. Ich war extrem zuversichtlich und baute meine Positionen genauso schnell aus, wie ich mein Geld verdiente. Dann stürzte urplötzlich alles in sich zusammen. Innerhalb von zwei Tagen fiel mein Konto auf 7.000 Dollar. Ich war gezwungen, aus mehreren meiner Positionen auszusteigen, um meinen Margen zu erfüllen. Dennoch war ich mir sicher, richtig zu liegen, daher hielt ich an den restlichen Positionen fest. Etwa eine Woche später waren noch 2.000 Dollar auf meinem Konto.

Abgesehen von meiner übertriebenen Zuversicht bestand mein Fehler darin, dass ich meine Positionen um das Zehnfache vergrößert hatte, während ich mein Konto nur verdoppelt hatte. Ich hatte mir geschworen, dies nicht zu tun. Aber als alles wunderbar lief, kümmerte ich mich nicht mehr um meine Moncy-Management-Parameter, und Gier sowie übertriebene Zuversicht zeigten ihre Wirkung. Wenn Sie zu der Spezies von Trader gehören, deren Ego anschwillt, sobald sie ein paar gute Trades getätigt haben, halten Sie sich im Zaum. Überprüfen Sie Ihre Risikoparameter gründlich, und halten Sie sich unbedingt daran. Wenn Sie bescheiden bleiben und realistische Ziele haben, vermindern Sie das Risiko von Verlusten.

Angst

Die beiden größten Emotionen beim Traden sind Gier und Angst, und keine von beiden ist gut. Angst kann genauso wie Gier eine große Rolle beim Niedergang eines Traders spielen. Zwar verhindert Angst, dass ein Trader riesige Verluste erleidet und den Sinn für die Realität verliert, doch sie kann auch zur Verwendung von Stopps führen, die zu nahe gesetzt werden. Außerdem kann sie einen Trader dazu verleiten, Gewinne zu früh mitzunehmen und Trades gar nicht einzugehen, weil er befürchtet, er könne verlieren. Einige Trader haben zu viel Angst, den letzten Schritt zu wagen, und beobachten einfach den Markt, ohne jemals einzusteigen. Das ist nicht gut. Wenn Sie Angst vorm Traden haben, dann sollten Sie es sein lassen.

Angst, den letzten Schritt zu gehen

Einige Trader haben so große Angst zu verlieren, dass sie den letzten Schritt nie wagen. Sie verpassen einen Trade nach dem anderen, während sie auf etwas warten, das nie passiert. Es kann sein, dass Trading für solche Menschen nicht das Richtige ist. Einige haben vielleicht Angst vorm Gewinnen und umgehen daher jeden sich bietenden guten Trade. Es macht einen Unterschied, ob man auf einen guten Trade wartet oder ob man Angst davor hat zu traden. Einige Trader warten in aller Ruhe auf einen perfekt abgestimmten Trade, wollen einsteigen, aber schaffen es einfach nicht. Irgendwas stimmt nicht, und sie zögern. Normalerweise liegen sie mit ihrer ersten Einschätzung des Marktes richtig, haben jedoch zu große Angst, darauf aktiv zu werden. Ich kenne jemanden von dieser Sorte in meinem Trading-Saal. Er hat immer die tollsten Ideen, und die meisten setzen sie auch prompt in die Tat um. Wenn sie ihn danach fragen, wie er gehandelt habe, antwortet er ihnen, er habe gar nichts gemacht, obwohl alle anderen Geld mit seiner Kaufoption verdient haben. Er behauptet, er würde darauf warten, dass der Markt günstiger verläuft, um dann aggressiver zu traden, doch er verpasst ständig gute Gelegenheiten, weil er es nicht schafft, den letzten Schritt zu gehen. Vor einigen Jahren erlitt er einen großen Verlust auf dem Markt, und seitdem ist er sehr ängstlich.

Ich glaube nicht, dass Trading das Richtige für jemanden mit einer solchen Mentalität ist. Wenn Sie zu viel Angst haben zu traden, warum wollen Sie dann traden? Suchen Sie sich etwas, das besser zu Ihrem Risikoniveau passt, zum Beispiel Buchhaltung. Trading ist nicht für jeden geeignet; man sollte kein Weichei sein, um ein Trader zu werden. Nur wenige haben die Mentalität, eine Karriere zu starten, bei der sie nicht wissen, ob es zum Leben reicht. Die meisten kommen nicht damit klar, wenn sie kein geregeltes Einkommen haben. Wer zu viel Angst hat, gehört nicht in dieses Geschäft.

Verluste akzeptieren

Einige Trader haben ein Problem damit zu verlieren: Sie fühlen sich persönlich beleidigt. Doch wie ich in diesem Buch mehrmals betont habe, machen Verluste 50 Prozent der Trades eines guten Traders aus. Wenn man nicht weiß, wie man mit einem Verlust umgehen soll, oder Angst vor Verlusten hat, sollte man die Finger vom Traden lassen. Die besten Trader sind diejenigen, die am besten verlieren können. Zunächst kann man gar keine Angst davor haben, einen kleinen Verlust einzufahren. Wenn man schon vor einem kleinen Verlust Angst hat, kann aus diesem später leicht ein größerer Verlust werden. Wenn ein Trader gegen Sie verläuft, ist es in Ordnung auszusteigen. Ein Trader muss keine Angst davor haben, dass jemand schlechter von ihm denken wird, wenn er bei einem Trade einen Verlust mitnimmt. Es gibt keine Veranlassung dafür, einen Trade auszusitzen, in der Hoffnung, er entwickle sich wieder positiv, sodass man mit einem Gewinn aussteigen kann. Im Gesamtrahmen betrachtet wirkt sich ein kleiner Gewinn oder Verlust nicht allzu sehr auf Ihr P&L aus.

Vielen Tradern fällt es wesentlich schwerer, einen großen Verlust mitzunehmen. Die großen Verluste können durchaus tödlich für einen Trader sein. Doch kleine Verluste, die ignoriert werden, können leicht zu großen Verlusten werden. Wenn sie zu groß werden, haben einige Trader Angst davor, auszusteigen, weil sie es nicht ertragen können, einen solch heftigen Schlag zu bekommen. Es ist unheimlich, darüber nachzudenken, ob man aus einer Position aussteigt, die einen solch großen Teil des Startkapitals vernichtet. Es fällt unheimlich schwer zuzugeben, dass man falsch liegt und aussteigen muss; es macht keinen Sinn, dabei zuzuschauen, wie ein Verlust verheerende Ausmaße annimmt. Sie können keine Angst haben auszusteigen. Wenn Sie sich getäuscht haben, müssen Sie in den sauren Apfel beißen und aussteigen. Je früher, desto besser.

Zu eng gesetzte Stopps

Das andere Extrem bilden diejenigen, die so sehr Angst haben, Geld zu verlieren, dass sie zu eng gesetzte Stopps verwenden. Sie nehmen den alten Rat, seine Verluste einzuschränken, ein wenig zu genau. Ein Trader muss seinen Trades einen gewissen Spielraum lassen. Wenn Sie Angst davor haben, Geld zu verlieren, werden Sie nie erfolgreich sein können, da viele Trades, die eigentlich funktioniert hätten, gestoppt werden, bevor sie sich richtig entwickeln können. Natürlich muss ein Trader in der Lage sein, möglichst bald aus Trades auszusteigen, wenn sie nicht funktionieren. Er muss jedoch auch die richtige Balance finden, um lange genug in einem Trade sein zu können, bis er merkt, ob dieser überhaupt funktioniert.

Die Angst, Gewinne zurückgeben zu müssen

Die nächste Gruppe von Tradern sind diejenigen, die Angst davor haben, Gewinne zurückgeben zu müssen, sodass sie bei einem Gewinn viel zu früh aus einem Trade aussteigen. Dies lässt sich mit dem Ausstieg an einem zu eng gesetzten Stopp vergleichen. Ein Trade muss sich entwickeln; es hilft einem Trader nicht wirklich, wenn er sich in einem guten Trade befindet, aber zu früh daraus aussteigt. Große Moves können viel bewirken, also lassen Sie zu, dass sich Ihre Trades entwickeln; es ist in Ordnung, kleine Gewinne mitzunehmen, falls dies Ihrem Plan entspricht. Wenn Sie jedoch in einen Trade einsteigen, weil Sie nach einem großen Move suchen, dann sollten Sie nicht zu schnell wieder daraus aussteigen. Denken Sie daran, dass der Markt sich in Wellen bewegt, und entscheiden Sie sich im Voraus, ob es die Gegenwellen wert sind dabeizubleiben oder ob man aussteigen sollte. Was Sie unbedingt vermeiden sollen, ist, dass Sie zulassen, dass aus einem schönen Gewinn ein Verlust wird. Ein kleiner Gewinn, der sich in einen kleinen Verlust verwandelt, ist nicht der Rede wert; lassen Sie sich davon nicht beunruhigen. Wovor man sich hüten sollte, ist, wenn ein Gewinn von drei Dollar pro Wertpapier ins Minus rutscht; jedes Mal, wenn Sie dies tun, brechen Sie eine Goldene Trading-Regel.

Die Angst, den Move zu verpassen

Die wahrscheinlich größte Angst besteht darin, einen Move zu verpassen; dies gilt zumindest für mich. Meine Motivation bestand immer darin, dass ich Angst hatte, etwas Großes zu verpassen – Gott bewahre, dass der Markt sich bewegt und ich es verpasse! Ich ging einen schlechten Trade nach dem anderen ein, nur weil ich glaubte, ich müsse dabei sein, um den wirklich großen Trade zu erwischen. Genauso wenig wollte ich den Teil eines Moves verpassen, sodass ich bis zum letzten Moment mit dem Ausstieg wartete. Dies war letztlich ziemlich kostspielig, da ich wesentlich mehr zurückgab, als ich hätte verdienen können.

Einige Trader stürzen sich auf jeden Trade, als handelte es sich um die größte Chance ihres Lebens. Sie bekommen zu große Angst und jagen die Märkte, steigen an schlechten Stellen ein, brechen etwas übers Knie und nehmen ein Signal voraus, bevor es überhaupt abgegeben wird. Dies führt nicht nur zu einem schlechten Zeitmanagement, sondern ist oft auch ein Hauptgrund dafür, dass jemand ohne Absicherung tradet. Man muss sich darüber im Klaren sein, dass man durchaus einen Trade verpassen kann oder leicht verspätet einsteigt. Wenn man einen Trade verpasst, dann folgt kurz darauf ein weiterer; wenn man den Beginn eines Moves verpasst, dann ist das auch kein Problem, denn beim ersten Kursrückgang kann man immer noch einsteigen oder versuchen, lediglich einen Teil des Trades zu erwischen statt den ganzen. Wenn man darauf wartet, dass sich der Markt nach einem Move beruhigt, erhält man einen Trade mit einer wesentlich höheren Gewinnwahrscheinlichkeit, als wenn man einen Trade direkt nach einem Break-Out jagt. Sobald Ihnen klar wird, dass Sie durchaus auch einen Move verpassen können, werden Sie erfolgreicher sein. Natürlich kommt es vor, dass Sie im Nachhinein den Markt betrachten und sich wünschen, Sie wären bei einem Move dabei gewesen. Aber wenn der Trade nicht zum Trading-Plan gehört, sollten Sie davon absehen einzusteigen und lieber auf die nächste Gelegenheit zum Einstieg warten.

Ärger

Ich habe das Thema Ärger bereits gestreift, sodass ich meinen Rat noch mal etwas anders ausdrücke: Gute Trader ärgern sich nicht. Sie bleiben ruhig und suchen nach nichts und niemandem, dem sie die Schuld für ihre Verluste in die Schuhe schieben können. Ärger stellt eine unnötige Eigenschaft dar, die einige Trader daran hindert, ihre Spitzenleistung abzurufen. Sicher ist es manchmal gut, wenn man Dampf ablässt, aber es gibt produktivere Möglichkeiten, dies zu tun, als seine Maus auf den Tisch zu hauen oder endlos auf einen Spezialisten einzuschimpfen, der Sie nicht einmal hören kann. Versuchen Sie es mal mit dem Besuch eines Fitness-Studios, wenn Sie Dampf ablassen wollen; dies bringt Ihnen mehr. Meiner Meinung nach bringt es nichts, sich zu ärgern. Sie verschwenden nur Ihre Energie auf etwas, was bereits geschehen ist, und Sie können es sowieso nicht mehr ändern, egal wie sehr Sie sich aufregen. Wenn man die Energie, statt sich aufzuregen, in ein produktiveres Ventil umleiten könnte, dann könnte man sich nicht nur als Trader verbessern, sondern in allen Lebenslagen.

ZURÜCK IN DIE SPUR FINDEN

Zum Schluss gehe ich noch darauf ein, was ein Trader tun kann, wenn er in seinen Trott verfällt. Oft durchläuft ein Trader eine gewisse Durststrecke und verzweifelt, weil er keine Ahnung hat, was er machen soll. Egal, was er macht, es scheint falsch zu sein, und er verliert weiter, unabhängig davon, wie sehr er dagegen ankämpft. An dieser Stelle nimmt man sich am besten eine Auszeit vom Traden. Fahren Sie kurz in Urlaub oder machen Sie ein paar Tage irgendetwas anderes als zu traden, genau so lange, bis Sie darüber hinwegkommen. Sie müssen Ihre Verluste irgendwie aus dem Kopf kriegen, und eine Pause hilft Ihnen dabei ganz besonders. In all den Jahren habe ich nur selten freiwillig eine Auszeit vom Traden genommen, doch wenn es so weit war, half es mir dabei, wieder in die richtige Spur zurückzufinden. Ich nahm mir eine mehrmonatige Pause, um dieses Buch zu beenden. Mein Trading begann darunter zu leiden, da ich mich nicht mehr ausreichend darum kümmern konnte; jetzt bei meiner Rückkehr hoffe ich, wieder gut dabei zu sein.

Die andere Möglichkeit, von der ich oft Gebrauch mache, ist die Rückkehr zu den Wurzeln. Wenn ich mich in einem Trott befinde, fange ich an, mit extrem kleinem Volumen zu traden, und beginne, mich an die Trading-Regeln zu halten, die ich in letzter Zeit eher vernachlässigt habe, bis ich aus meinem Trott wieder herauskomme. In dieser Zeit überprüfe ich meine Systeme, meine Risikoparameter und meinen Trading-Plan – weniger deshalb, weil ich sehen will, ob sie funktionieren, sondern weil es mir wichtig ist zu erfahren, ob ich sie eingehalten habe. Wenn sie in der Vergangenheit funktioniert haben, werde ich mich auch künftig daran halten. Eventuell nehme ich ein paar Veränderungen vor, aber normalerweise liegt das Problem bei mir und nicht bei meinem Trading-Plan.

EIN BESSERER TRADER WERDEN

Ein besserer Trader zu werden bedeutet: Man kann seine Emotionen, inneren Konflikte und schlechten Eigenschaften kontrollieren und ist in der Lage, mit klarem Kopf zu traden. Mit klarem Kopf zu traden gehört zu den entscheidenden Dingen, die ein Trader tun kann. Zum Traden benötigt man viel Energie und geistige Frische, und sobald man sich von anderen Dingen ablenken lässt, wird das Trading darunter leiden. Dabei ist es völlig egal, ob Sie wegen Ihres letzten Verlustes Stress haben oder persönliche Probleme, die Sie belasten; Sie dürfen sich nicht davon ablenken lassen. Ein guter Trader lässt sich davon nicht verrückt machen, und wenn doch, hört er auf zu traden, bis er wieder in die richtige Spur zurückfinden kann. Wenn ein Trader einen Konflikt mit sich selbst ausmachen kann, verbessert er sich. Anstatt seine Energie negativ zu verschwenden, sollte man sich darauf konzentrieren, wie ein Top-Trader zu denken. Stellen Sie sich immer wieder folgende Frage: »Was würde ein Top-Trader in dieser Situation machen?« Seien Sie ehrlich mit sich selbst und fangen Sie damit an, das Richtige zu tun.

Wenn Sie merken, dass Sie anfangen, sich stur zu verhalten, in der Hoffnung, dass ein Trade funktioniert, oder über Ihre Position nachdenken, dann versuchen Sie sich vorzustellen, Sie würden den Markt aus einem völlig neuen Blickwinkel betrachten, und beurteilen Sie sich selbst gegenüber den Markt offen und ehrlich. Wenn Sie dies tun und Long-Positionen innehaben, doch dann merken, dass Short-Positionen besser wären, dann steigen Sie aus Ihren Positionen aus. Die ganze Hoffnung der Welt reicht nicht aus, um einen Marktumschwung herbeizuführen.

Worauf Sie unter anderem achten sollten, sind folgende Dinge: Hoffnung, Gier, Angst, Sturheit, Faulheit und Ärger. All das kann dazu führen, dass ein Trader auf verschiedene Art verlieren kann, und hindert ihn daran, mit klarem Kopf zu traden. Viele geben lieber anderen Faktoren die Schuld und denken, dass ihnen jemand hinterher ist. Doch die Wahrheit lautet, dass Sie selbst für Ihre Verluste verantwortlich sind und sonst nichts. Benehmen Sie sich wie ein Erwachsener und übernehmen die Verantwortung für Ihre Fehler; dann versuchen Sie, die Situation zu ändern. Wenn Sie anderen die Schuld geben, werden Sie nie besser.

Wenn Sie unterdurchschnittlich traden, gönnen Sie sich eine Pause und finden Sie die Gründe dafür heraus. Geschieht es aus dem Grund, weil Sie sich nicht genau genug an eine gute Strategie halten, oder haben Sie gar keine gute Strategie? Was auch immer der Grund dafür ist, es macht keinen Sinn zu traden, wenn man sich mitten in einem Trott ((Was ist gemeint?)) befindet. Gönnen Sie sich lieber eine Auszeit oder machen Sie deutlich langsamer, bis Ihnen klar wird, warum die Sache so läuft und bis Sie in der Lage sind, wieder klar zu denken.

Wie man sich mental schaden kann:

1. Man hat innere Konflikte.
2. Man tradet nicht mit klarem Kopf.
3. Man glaubt, »sie« warten da draußen nur auf einen.
4. Man hofft auf einen Marktumschwung.
5. Man hofft, dass der Markt seinen Trend ewig fortsetzt.

6. Man ist stur.
7. Man »denkt« mit seiner Position.
8. Man lässt sich durch Ärger verunsichern.
9. Man betreibt Revenge-Trading.
10. Man ist gierig.
11. Man versucht, zu viel zu gewinnen.
12. Man hat Angst, den Move zu verpassen.
13. Man fürchtet sich davor, Gewinne wieder zurückgeben zu müssen.
14. Man hat Angst vor zu großen Verlusten.
15. Man fürchtet sich davor, einen Verlust hinnehmen zu müssen.
16. Man ist nicht in der Lage, den letzten Schritt zu wagen.

Wie man einen klaren Kopf bekommt:

1. Gönnen Sie sich eine Trading-Pause.
2. Gehen Sie spazieren.
3. Betrachten Sie den Markt aus einem völlig neuen Blickwinkel.
4. Nehmen Sie einen Verlust mit und machen Sie weiter.
5. Stellen Sie sich vor, Sie befinden sich direkt im Markt.
6. Kehren Sie zu den Wurzeln zurück.
7. Überprüfen Sie Ihren Trading-Plan.
8. Vergewissern Sie sich, dass Sie über einen Money-Management-Plan verfügen.
9. Halten Sie sich an Ihren Plan.
10. Denken Sie wie ein Profi.
11. Hören Sie auf zu hoffen, und werden Sie realistisch.
12. Setzen Sie sich realistische Ziele.
13. Holen Sie sich professionelle Hilfe.
14. Versuchen Sie es mit Hypnose,
15. Versuchen Sie es mit Yoga.
16. Gehen Sie ins Fitness-Studio.

Hilfreiche Fragen, die Sie sich stellen sollten:

… Wenn ich keine Position am Laufen hätte, was würde ich tun?
… Werde ich zu schnell ärgerlich?
… Lasse ich zu, dass die Emotionen überhand nehmen?
… Beeinflussen persönliche Probleme mein Trading?
… Wie gehe ich mit einer Durststrecke um?

Über den Autor

Marcel Link tradet seit 1991 professionell. Er hat linkfutures.com gegründet und ist als Berater bei *TradeStation* tätig. Wenn Sie Näheres über die Entwicklung von Trading-Systemen erfahren wollen, wenn Sie wissen wollen, wann Seminare stattfinden, oder wenn Sie Marktinformationen benötigen, dann besuchen Sie *www.linkfutures.com*.

Bei weiteren Fragen oder wenn Sie einen Kommentar benötigen, erreichen Sie Marcel Link unter folgender E-Mail-Adresse: *marcel@linkfutures.com*

Index

A

ADX-Linie *138, 140*
Aktien-Trader *112, 212*
Ask-Preis *381, 382*
Ausbruch *53, 180, 181, 182, 183, 184, 185, 187, 224, 237*
Average *50, 52, 66, 74, 116, 136–138, 146–148, 151, 155, 165, 166, 170, 181, 190, 223, 227, 231, 232, 234, 237–239, 242, 252, 269, 270, 279, 287, 290–297, 301, 311, 343, 344, 347*
Average Directional Index (ADX) *132, 138–141, 147, 149, 170, 175–177, 187, 188, 190, 294, 295, 300, 301*
Average Range *227*
Average True Range (ATR) *50–55, 66, 227, 269, 270, 292, 293, 343–346, 421*
AvgTrueRange *293*

B

Bar *240, 289, 292, 300*
Bewegung *84, 89, 119*
Bid-Preis *381*
Black-Box-System *283*
Bollinger-Bänder *239*
Break-even-Punkt *215*
Break-Out *126, 179–194, 200–208, 219, 229–232, 249, 250, 255, 274, 281, 285, 288–291, 311, 364, 390, 399, 425*
Break-Out-Strategien *179*
Break-Out-Systeme *179, 204, 205, 249, 255, 285, 288–291, 311*
Break-Out-Trading *207*
Break-Out-Zonen *274*
Broker *17, 44–46, 72, 222, 253, 372, 380, 381, 386, 387, 398, 401–406, 411*
Bruchstelle *143*

C

Cancel-if-Close-Stopp *235*
CIC-Order *235*
Close *51, 235, 240, 289–297, 301*
Commodity Trading Advisor *266*
Congestion-Area *179*
Congestions *180*
Cotton Exchange *383*
Counter-Rally *253*
Crosses Over Average *292*
Crossover *74, 116, 118, 136, 137, 158, 165, 166, 237, 252, 292, 294, 314*
Crossover-Regel *294*
Crossover-Signal *158, 165, 166*

D

Day-Trade *114, 196, 249, 255, 392*
Day-Trader *54, 56, 70, 106, 115, 120, 129, 136, 222, 227, 230, 270, 404, 417*
Day-Trading *50, 51, 56, 70, 71, 77, 107, 119, 120, 205, 411, 417*
Disclosure Document *266*

Discount-Broker *44*, *381*
Discretionary-Trader *280*
Double Down *326*
Drawdown *306*, *315*, *317–319*, *322*, *323*, *334*, *337*
Durchschnitts-Trader *40*, *68–71*, *74*, *85*, *86*, *382*

E

E-Mini *48*, *63*
E-Mini-S&P-500 *221*
Easy-Language-Codes *284*
Ego/Revenge-Trading *391*, *395*, *396*, *402*, *405*, *415*, *428*
Einzel-Trader *67*
Elliott-Wellen-Musters *299*
Exchange Margin Requirement *226*
Exits *7*, *209*, *279*, *289*, *294–297*, *301*, *302*, *304*, *316*, *329*, *367*
Exponentieller Moving Average *166*
Exposure *331*

F

Fibonacci-Retracement-Bereich *201*
Fibonacci-Zahlenreihe *143*, *144*, *149*, *229*, *255*
Folgebewegungen *390*
Full-Service-Broker *72*, *381*

H

Hedgefonds-Manager *65*, *67*, *68*
Highflyer *252*
High Probability Trading *4*, *93*, *94*

I

Inside Straight *256*
Institutionelle Trader *34*, *68*
Intel-Aktie *110*

Intraday-Charts *134*, *138*, *188*
Intraday-Daten *308*
Intraday-Drawdown
Intraday-Handel *126*

K

Kanallinie *112*, *125*, *149*, *229*, *232*, *365*
Keep it simple, stupid (KISS) *132*
Kursbewegungen *53*, *107*, *118*, *143*, *146*, *150*, *152*, *158*, *163*, *164*, *169*, *208*, *221*
Kursveränderungen *119*, *120*
Kurzzeit-Trader *84*, *94*, *107*, *120*

L

Langzeit-Trader *78*, *84*, *106*, *129*, *327*
Limit *71*, *144*, *152*, *187*, *200*, *227*, *332*, *390*, *418*, *419*
Limit-Order *418*
Locals *382*, *383*
Long-Trade *112*
Look-back Periods *154*

M

Margin Requirement *226*
Market-Order *86*, *220*, *309*, *419*
Markt mit vorgegebener Schwankungsbreite *104*
Marktmomentum *107*, *152*, *154*
mechanisches System-Trading *156*, *170*
Mega-Trade *53*, *66*
Momentum-Oszillatoren *150*, *169*
Momentums *51*, *56*, *104*, *107*, *108*, *110*, *118*, *121*, *122*, *139*, *150*, *151*, *153*, *160*, *162*, *166*, *169*, *171*, *179*, *181*, *184*, *191*, *204*, *237*, *354*, *400*
Money-Management *8*, *14*, *22*, *62*, *170*, *224–226*, *242*, *265–270*, *276–278*, *325–344*, *348*, *349*, *352–360*, *364*, *371*, *384*, *390*, *391*, *393*, *403*, *404*, *420*, *422*, *428*

Money-Management-Plan 8, 14, 22, 62, 266, 269, 270, 276–278, 325–333, 336–338, 343, 344, 348, 349, 352–360, 371, 393, 403, 428

Money-Management-Regeln 333, 371, 384

Money-Management-Stopp 224, 225, 226

Money-Management-Systeme 170

Money-Management-Tool 242

Move 54–56, 58, 66, 70, 76, 77, 83, 86, 89, 90, 91, 107, 108, 115, 119, 126, 128, 129, 132, 134, 142–144, 146, 149, 154, 159, 165–167, 170, 171, 176, 179, 181–188, 192, 194, 198–208, 213–215, 221, 222, 226, 230, 234, 236, 253, 254, 259, 261, 275, 288, 290, 291, 294, 350, 364, 373, 383, 385, 387–390, 396–400, 403, 405, 409, 414, 418–421, 424, 425, 428

Moving Average-Crossover-System 116, 136, 137, 237

Moving Average Crossover 252

Moving Averages 74, 104, 116, 136–138, 146–152, 155, 163–166, 175, 180, 181, 190, 223, 229, 231, 232, 234, 237, 239, 242, 252, 279, 287, 290–297, 300, 307, 310, 311, 347

Multipler Zeitrahmen 174, 175

N

Nasdaq-E-Minis 63

News 7, 53, 68, 69, 72–75, 79, 81, 83–90, 94, 95, 97–99, 103–105, 184, 252, 368

O

Offer-Price 320

Omega Research

Online-Tradings 69–73, 78, 79, 386, 401, 403, 406

Order Flow 68, 77, 78

Oszillierende Indikatoren 104

Out-Sample-Methode 309–312

Out Sample 308, 312, 313, 322–324

Overtrade 207, 268

Overtradings 72, 73, 116, 120, 121, 139

P

P&L 172, 259, 281, 320, 379, 381, 382, 385, 390, 391, 395, 396, 405, 416, 423

P&L-Statement 259, 320, 379, 385, 390, 391, 405

Pattern 142, 169–172, 177, 195

Percentage-Move-Stopp 226

Plot 240

Positions-Trader 120, 227, 404

Profi-Trader 68, 69, 76, 77, 84

Pullback 121, 125, 128, 147, 148, 153, 167, 174, 176, 178, 185, 204, 207, 208, 235, 249, 289, 295, 296, 394

R

Rambus-Aktie 86

Relative-Stärke-Indikator (RSI) 104, 132, 150, 151, 160–163, 171, 172, 175, 232, 235, 248, 294

Retail-Trader 71

Retracement-Bereiche 143, 144

Retracement-Ebenen 148, 149

Retracement-Level 212

Revenge-Trading 391, 396, 402, 405, 415, 428

Reversal-Day-System 285

Reversals 287, 293

Risk-Management-Plan 15, 16, 242

S

Scalper 134, 227, 271, 273, 286, 327, 329

Schiebezone 112, 179, 208

Schwingungsindikatoren (Oscillating Indicators) 140, 248

Sell-Off 109, 142, 165, 167, 211, 399

Short 86, 90, 105, 109, 118, 130, 136, 153, 154, 159, 172, 183, 192, 199, 200, 211, 214, 220, 237, 259, 268, 296, 349, 400, 412, 413, 427

Slippage 24, 112, 116, 187, 219, 220, 272, 283, 303, 307, 309, 314, 315, 319, 320, 322–324, 336, 379, 381, 382, 390, 405, 406

Slippage-Kosten 116, 187, 381, 382, 390, 405, 406

Split 326

Spread 15, 32, 70, 380, 382, 383, 398

StandardDev (SD) 240, 297, 301

Star-Trader 46, 65, 88

Stochastik 56, 110, 114, 150–160, 163, 167, 169, 170–175, 187, 188, 190, 195, 200, 232, 235, 249, 251, 252, 286, 287, 293–295, 297, 301, 314, 315, 365, 368

Stochastik-Indikator 110, 114, 154, 155, 156, 160, 171, 174, 190

Stopp-Loss-Limit 227

Stopp-Loss-Order 29, 31, 37, 105, 113–115, 120, 128, 139, 143, 144, 148, 149, 158, 181, 184, 187, 190, 192, 193, 289, 357

Stopp-Order 63, 212

Stopp- und Exit-Parameter 295

Straight 68, 256

Straight-to-the-floor-Services 68

Strategen 68

System-Traden 170

System-Trading 8, 37, 156, 170, 240, 269, 279, 298, 303

T

The trend is your friend 122

Tools 27, 69, 71, 74–79, 108, 168, 191, 203, 206, 217, 242, 247, 363, 401

Top 12, 30, 32, 40, 132, 182, 253, 256, 260, 281, 316, 325, 327, 329, 331, 359, 364, 366, 367, 370, 384, 392, 410, 411, 427

Top-Trader 30, 40, 132, 253, 256, 281, 316, 329, 331, 364, 366, 367, 370, 384, 392, 410, 411, 427

Totalverlust 32, 33, 42, 43, 65, 277, 341

TradeStation , 74–76, 239, 280, 284, 288–300, 310, 313, 319, 429

Trading-Entscheidungen 38, 84, 108, 254, 265, 267, 268, 274, 275, 280, 320, 330, 340, 386, 391, 394, 409, 412

Trading-Firmen 40, 85, 331, 417

Trading-Plan 8, 13–16, 22, 62, 66, 246, 247, 265–269, 272, 274–278, 352, 358, 363, 369, 370, 375, 376, 386, 391, 404, 421, 425, 426, 428

Trading-Statement 382

Trading-Systeme 68, 179, 196, 205, 240, 265, 268, 269, 282, 284, 303, 328, 334, 335, 364, 366, 385

Trailing-Stopp 212, 232, 233, 240, 251

Trend-Trader 194

True Range 50, 66, 226, 227, 269, 270, 292, 343, 344

Two-Average-Crossover-Systeme 292

U

Umkehrungen 120

V

Volumen 44, 69, 104, 119, 132, 146, 175, 187, 191, 192, 195, 199, 200, 204, 206–208, 254, 256, 257, 290, 291, 338, 347, 350, 383, 393, 398–400, 406, 411, 421, 426

W

Whipsaw 169, 177, 290, 291

Z

Zielvorgaben 114

Das 1x1 der CFDs

Carsten Pferdekämper

Mit Contracts for Difference (CFD) schwappt derweil die neueste spekulative Welle aus England zu uns herüber. CFDs ermöglichen Anlegern Kurswetten mit einem Hebel von bis zu 100, was sonst nur im Futures-Handel erreicht wird. Hebel 100 bedeutet: Der Anleger wettet auf ein bestimmtes Papier, zum Beispiel eine Aktie. Steigt der Aktienkurs um einen Prozentpunkt, steigt der CFD um das 100-Fache. Mit CFDs haben Sie fast eine unbegrenzte Auswahl an Basiswerten, denn CFDs können Sie praktisch auf jeden Wert, auf nationalen genauso wie auf den internationalen Märkten handeln. CFDs gibt es auf Aktien, auf Indizes, Sektor-Indizes, Rohstoffe etc. etc.

151 Seiten, Hardcover; Preis € 19,90 (D); € 20,50 (A); SFr 33,80; ISBN 978-3-89879-306-3

Beruf: Trader

Van T. Tharp

Traumberuf: Trader! Vorteil: Selbständig, erfolgreich und finanziell unabhängig. Das denken viele. Doch von denen, die den Schritt wagen, sind nur 5 Prozent tatsächlich erfolgreich. Warum? Und: Was braucht man, um auf einem sehr, sehr hart umkämpften Feld ein erfolgreicher Trader zu werden? Unabhängig vom Zeitrahmen muss ein guter Trader viele Regeln einhalten, um Gewinne zu erzielen. Auch hängt kurz- wie langfristiges Trading stark vom mentalen Zustand des Traders ab. Denn die Märkte sind brutal. Amateure haben keine Chance.

355 Seiten, Hardcover; Preis € 44,90 (D); € 46,20 (A); SFr 77,00; ISBN 978-3-89879-155-7

Der Weg zum Profi Trader

Michael Parness

Michael Parness gilt als die personifizierte amerikanische Erfolgsstory. Sein Lebensweg führte ihn von ganz unten an die Spitze der amerikanischen Trading-Elite. In seinem neuen Buch zeigt er dem Leser zwei Dinge: wie man ein erfolgreicher Trader wird und wie man sein Leben um diese Berufung herum genussvoll leben kann. Parness versteht sich selbst als Trend-Trader, der wiederkehrenden Mustern an der Börse folgt, um zu kaufen und zu verkaufen. Trends lassen sich zwar nicht verändern, dienen jedoch als Hilfestellung für potenzielle Gewinne. »Der Weg zum Profi-Trader« gibt dem Leser das Rüstzeug mit auf den Weg, in jeder Situation Fehler zu vermeiden und langfristig an der Börse mit großem Erfolg zu agieren.

256 Seiten, Hardcover; Preis € 34,90 (D); € 35,90 (A); SFr 60,40; ISBN 978-3-89879-205-9

Moneymanagement

Bernhard Jünemann, Heinz Imbacher

»Börse kinderleicht« – nur zu gerne springen Anleger auf solche Buchtitel, vor allem, wenn die Kurse gerade steigen. Doch nach ein paar Erfahrungen im Dschungel der Börsen erkennen sie, dass sie nur moderne Märchenbücher gelesen haben. In der realen Welt der Finanzmärkte werden am Ende nicht die Hexen, sondern meist die privaten Anleger verbrannt. Börse ist nicht kinderleicht, aber durchaus erlernbar. Das vorliegende Buch lenkt den Blick auf Money-Management, einem der am häufigsten vernachlässigten Aspekte im Anlageprozess. Money-Management hilft, ein Vermögen so zu steuern, dass Risiken minimiert und Chancen beherzt genutzt werden können.

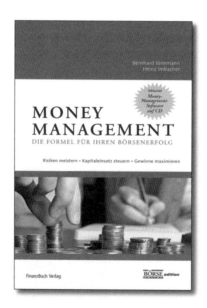

235 Seiten, Hardcover; Preis € 49,90 (D); € 51,30 (A); SFr 79,00; ISBN 978-3-89879-252-3

Die besten Trading-Strategien

Pierre M. Daeubner

80% aller kurzfristig agierenden Anleger verlieren Geld an den Märkten. Das ist die bittere Wahrheit. Sind die restlichen 20 % intelligenter, erfahrener oder einfach nur besser kapitalisiert? Nichts von all dem. Einzig und allein die Strategie ist ausschlaggebend. Daeubners neues Buch richtet sich sowohl an den Einsteiger als auch an den alteingesessenen Börsenprofi und beleuchtet alle gängigen Strategien umfassend und einleuchtend. Ein Muss für jeden Börsianer. Aus der Praxis für die Praxis.

273 Seiten, Hardcover; Preis € 34,90 (D); € 35,90 (A); SFr 55,50; ISBN 978-3-89879-209-7

Technische Trading Strategien

John L. Person

Der Handel mit Futures und Optionen ist ein höchst profitables Geschäft. Aber um wirklich Geld zu verdienen, muss man ein solides Grundverständnis der Märkte sowie die zur Verfügung stehenden technischen Werkzeuge besitzen. Nach 25 Jahren als Broker, Trader und Lehrer auf dem Gebiet des Futures- und Optionsscheinhandels gibt John L. Person seinen reichhaltigen Erfahrungsschatz an den Leser weiter. Anfänger wie Fortgeschrittene erhalten einen umfassenden Wegbegleiter zum Thema technische Trading-Strategien, der die Mechanismen und Methoden des Marktes eingehend erklärt.

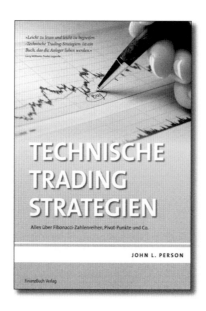

350 Seiten, Hardcover; Preis € 39,90 (D); € 41,10 (A); SFr 63,00; ISBN 978-3-89879-241-7